CHRISTIAN WOLFF

GESAMMELTE WERKE

I. ABT. BAND 9

CHRISTIAN WOLFF

# GESAMMELTE WERKE

HERAUSGEGEBEN UND BEARBEITET VON
J. ÉCOLE · J. E. HOFMANN · M. THOMANN · H. W. ARNDT

I. ABTEILUNG · DEUTSCHE SCHRIFTEN
BAND 9

AUSFÜHRLICHE NACHRICHT

HERAUSGEGEBEN VON
HANS WERNER ARNDT

1973

GEORG OLMS VERLAG
HILDESHEIM · NEW YORK

CHRISTIAN WOLFF

# AUSFÜHRLICHE NACHRICHT

VON SEINEN EIGENEN SCHRIFFTEN,
DIE ER IN DEUTSCHER SPRACHE
HERAUS GEGEBEN

MIT EINER EINLEITUNG VON
HANS WERNER ARNDT

1973

GEORG OLMS VERLAG
HILDESHEIM · NEW YORK

Reprografischer Nachdruck der zweiten Auflage Frankfurt/Main 1733
Printed in Germany
Herstellung: Anton Hain KG, Meisenheim/Glan
ISBN 3 487 04402 1

# EINLEITUNG

In Christian Wolffs schriftstellerischer Tätigkeit kommt mit der „Ausführlichen Nachricht von seinen eigenen Schrifften, die er in deutscher Sprache von den verschiedenen Theilen der Welt-Weißheit ... ans Licht gestellet" eine Periode zum Abschluß, die in den anderthalb Jahrzehnten zwischen 1710 und 1725 der Ausarbeitung und Darstellung seines philosophischen Lehrsystems gewidmet war. Unter dem gemeinsamen Titel der „Vernünftigen Gedanken" zu den philosophischen Disziplinen hatte Wolff in diesen Jahren das erste umfassende System der Philosophie redigiert, das uns in deutscher Sprache vorliegt[1]. Die „Ausführliche Nachricht", die rückschauend auf Wolffs deutschsprachige Schriften zur Philosophie Bezug nimmt, ist zugleich das letzte größere Werk philosophischen Gehalts, das Wolff in deutscher Sprache abgefaßt hat. Zwei Jahre nach ihrem ersten Erscheinen, 1726, folgt, beginnend mit der „Philosophia rationalis sive Logica", die Reihe seiner lateinischen Schriften zur Philosophie, die nun in breiterer

---

[1] In der Reihenfolge ihres Ersterscheinens handelt es sich hier um die folgenden Werke: „Vernünfftige Gedanken von den Kräfften des menschlichen Verstandes und ihrem richtigen Gebrauche in Erkäntniß der Wahrheit" (Halle 1713); „Vernünfftige Gedancken von Gott, der Welt und der Seele des Menschen, auch allen Dingen überhaupt" (Halle 1720); „Vernünfftige Gedancken von der Menschen Thun und Lassen" (Halle 1720); „Vernünfftige Gedancken von dem gesellschafftlichen Leben der Menschen und insonderheit dem gemeinen Wesen" (Halle 1721); „Vernünfftige Gedancken von den Würckungen der Natur" (Halle 1723); „Vernünfftige Gedancken von den Absichten der natürlichen Dinge" (Halle 1724); „Anmerckungen über die Vernünfftigen Gedancken von Gott, der Welt und der Seele des Menschen, auch allen Dingen überhaupt" (Frankf. 1724); „Vernünfftige Gedancken von dem Gebrauche der Theile in Menschen, Thieren und Pflantzen" (Frankfurt u. Leipzig 1725).

Ausführung und unter Einbeziehung einzelner Veränderungen in der formalen Abfolge der einzelnen Teile dieses Sytems[2] noch einmal der Darstellung seiner philosophischen Theorien im Hinblick auf ein gelehrtes europäisches Publikum dienen.

Der leitende Gesichtspunkt Wolffs bei der Redaktion seiner „Ausführlichen Nachricht" lag nicht, wie der Titel vermuten ließe, in der Absicht, die Hauptthesen seiner philosophischen Doktrin in einem inhaltlichen Résumé der vorausgegangenen deutschen Schriften noch einmal zusammenzustellen. Noch weniger ging es Wolff darum, Anhaltspunkte zu liefern, die zu einer Rekonstruktion der inneren Genesis seines Systems hätten dienlich sein können: die Motive, die Wolff dazu bewogen, bei der Konzeption seiner philosophischen Lehre dem einen oder anderen Standpunkt den Vorzug zu geben, treten hier zurück gegenüber einer Betrachtungsweise, welche die philosophische Theorie als einen Ausdruck zwingender Vernunfteinsicht wertet und einer Auffassung der Erkenntnis huldigt, die sich mit der demonstrativischen Kraft der „mathematischen Methode", ihrem Gehalt und Umfange nach, der Einsicht Gottes als des „einzig vollkommenen Weltweisen"[3] nach Maßgabe menschlicher Erkenntnisfähigkeit anzunähern versucht.
Der apologetische und moralisierende Charakter dieser Schrift bringt vielmehr ihre vordergründige Zweckbestimmung als einer Verteidigungsschrift zum Ausdruck, mit welcher Wolff sich abschließend gegen die wider ihn gerichteten Einwürfe und erhobe-

---

[2] Dies betrifft vor allem die Reihenfolge der verschiedenen Teile der Metaphysik, wobei Wolff nun den allgemeineren Teil, die „Philosophia prima sive Ontologia" den spezielleren der Cosmologia, Psychologia rationalis und Theologia naturalis verordnet. Eine ähnliche Gliederung hatte schon Wolffs Schüler Ludw. Phil. Thümmig in seinen „Institutiones Philosophiae Wolfianae" (Frft. u. Lpz. 1725/6) vorgenommen. Zur Frage der Abhängigkeit Wolffs von Thümmigs Gliederung vgl. Wundt, M., „Die deutsche Schulphilosophie im Zeitalter der Aufklärung", Heidelberger Abhdl. zur Philosphie und ihrer Geschichte 32, 1945 (Nachdr. Hildesheim 1964), S. 212 – 14.

[3] Vgl. Wolff, „Vernünfft. Ged. von Gott, der Welt . . ", § 943.

nen Anklagen zur Wehr setzen und rechtfertigen wollte⁴. Auf
dem Hintergrunde des unmittelbaren Anlasses einer Rechtfertigung seiner philosophischen Lehre jedoch benutzt Wolff die gegen
ihn erhobenen Vorwürfe zu ausladender barocker Selbstdarstel-
lung und zu einer in der philosophischen Literatur wohl einmaligen
Apotheose der Aufrichtigkeit seiner Überzeugung, der Lauterkeit
seiner Absicht und der Redlichkeit seines Tuns.

Wolff hatte von 1706 bis 1723 in Halle gewirkt, wohin er auf
Leibniz' Empfehlung als Professor Matheseos und der Natur-
lehre berufen worden war. Schon 1709 war er dazu übergegangen,
neben Vorlesungen auf dem Gebiete der reinen und angewandten
Mathematik auch solche über Philosophie zu halten, was ihm zunächst die Mißbill des auf diesem Gebiete herrschenden Kreises
der Thomasianer eingetragen hatte⁵. Nach dem Erscheinen seiner
„Vernünftigen Gedanken von Gott, der Welt und der Seele des
Menschen, auch allen Dingen überhaupt" im Jahre 1720 nahm das
Verhältnis zu der in Halle erstarkten Richtung des Pietismus um
August Hermann Francke und Joachim Lange feindselige Züge
an. Nachdem Wolff in einer Prorektoratsrede von 1721 die Grund-
wahrheiten des christlichen Glaubens schon im chinesischen Kon-
fuzianismus wiedererkannt haben wollte, brach der offene Kampf
aus, der sich zunächst in einer Reihe von gegen Wolff gerichteten
Streitschriften und Pamphleten und in von Wolff und seiner Ge-
folgschaft verfaßten Schutzschriften äußerte⁶. Im November 1723
führten die gegen Wolff erhobenen Beschuldigungen dann zu einer
Kabinettsorder des preußischen Königs Friedrich Wilhelm, daß

---

⁴ Als Verteidigungs- bzw. Streitschrift wurde sie auch von den Zeitge-
   nossen betrachtet, vgl. Ludovici, Carl Günther, „Ausführlicher Ent-
   wurf einer vollständigen Historie der Wolffischen Philosophie" (3
   Teile, Lpz. 1737/8), Teil 2, S. 261.
⁵ Vgl. meine Ausführungen in der Einführung zu Wolff, „Vern. Ged.
   von den Kräfften des menschl. Verst.", Hildesheim 1965, S. 93 – 95.
⁶ Die ausführlichste Aufzählung aller Streitschriften wider und für
   Wolff findet sich im genannten Werk von Ludovici, 1. Teil (3. Aufl.
   1738), Kap. XIV, „Von den Streitschrifften, welche wegen der
   Wolffischen Weltweisheit von deren Gegnern sowohl als Verteidigern
   nach und nach zum Vorschein gekommen", S. 188 – 321, u. 2. Teil,
   S. 504 – 651.

Wolff, weil er „in öffentlichen Schrifften und Lectionen solche Lehren vorträget, welche der natürlichen und in Gottes Wort geoffenbarten Religion sehr entgegenstehen, und bey der studirenden Jugend sehr großen Schaden thun" . . ., „seiner Profession gäntzlich entsetzet und Ihm ferner nicht mehr verstattet werden solle zu dociren", und daß er „binnen 48 Stunden nach Empfang der Ordre die Stadt Halle und alle übrigen Königl. Länder bei Straffe des Stranges zu räumen" habe[7].

Schon im Dezember 1723 war Wolff, über Merseburg aus Preußen ausreisend, in Marburg eingetroffen, wohin ihn der hessische Landgraf Karl gezogen hatte. Während der Jahre 1724 und 1725 war Wolff in Marburg neben seiner Vorlesungstätigkeit mit der Fertigstellung der Reihe seiner deutschsprachigen Schriften zur Philosophie beschäftigt. Gleichzeitig fuhr er fort, sich in einer Reihe von kleineren Traktaten gegen Anschuldigungen seiner Feinde zu verwahren. Mit der „Ausführlichen Nachricht" suchte er seinen Erwiderungen auf die gegen ihn erhobenen Vorwürfe ein Ende zu setzen, so daß er sich nicht mehr verpflichtet zu fühlen brauchte, auf die Angriffe selbst bekannter Gegner im einzelnen einzugehen.

Wolffs Verteidigungsschriften wie auch die „Ausführliche Nachricht" sind jedoch nicht auf eine theoretische Rechtfertigung seiner Philosophie angelegt, indem sie neue Begründungen für den einen oder anderen ihrer Lehrsätze lieferten. Nicht in einem einzigen Punkte hat Wolff die Angriffe seiner Gegner als berechtigt empfunden. In der Tat waren es auch in Wolffs Augen nicht Lehrsätze seines Systems, die unmittelbar den Anlaß zur Kritik gebildet hätten, sondern die vermeintlichen Konsequenzen, die nach dem Urteil seiner Gegner aus ihnen folgten. Im Zentrum der Kritik stand der strenge Determinismus der Wolffschen Theorie und ihre These von der Notwendigkeit alles Geschehens, bei der er sich im wesentlichen nicht von Leibniz unterschied. Der von pietistischer Seite vorgebrachte Einwurf war kein anderer als der stets gegen den ontologischen Determinismus gerichtete, er hebe die Verantwortlichkeit der Menschen, die mögliche Wahl zwischen

---

[7] Zit. nach Schrader, Wilh., „Geschichte der Friedrichs-Universität zu Halle" (Berlin 1894), Bd. 2, Anlage 19, S. 459 (Wiedergabe des Orig.-Textes der kgl. Ordre).

sittlich gutem und bösem Handeln auf und lasse sich schwer vereinbaren mit dem direkten Eingriff Gottes in das Weltgeschehen.
Wolff, auch hierin Ansätze von Leibniz weiter ausbauend, sie
damit aber gleichzeitig der öffentlichen Diskussion anheimstellend,
setzte sich gegen den Vorwurf zur Wehr, indem er darauf hin-
wies, daß er ja zwischen einer absoluten (in jeder möglichen Welt
geltenden und von Gottes Willen unabhängigen) und einer
„hypothetischen" Notwendigkeit (der mit der Schaffung eines
ersten Weltzustandes durch göttlichen Willensentschluß gesetzten
Notwendigkeit aller Abläufe im Realzusammenhange der existie-
renden Welt) unterschiede. Wolff versteht den gegen ihn erhobenen
Vorwurf so, als würden seine Gegner behaupten, er habe die
„absolute" oder „fatale" Notwendigkeit, die ihren Grund im
Wesen der Dinge hat, auch auf das Geschehen in dieser Welt
bezogen und weist demgegenüber auf seinen Begriff der „hypothetischen" Notwendigkeit hin. Inwieweit sich dieser allerdings mit
den Postulaten einer Ethik vereinbaren läßt, hat Wolff nicht in
zufriedenstellender Weise geklärt[8].
Der von den Pietisten erhobene Vorwurf – bezogen darauf, daß
nach Wolffs Lehre die Soldaten Friedrich Wilhelms nicht für ihre
Desertion verantwortlich gemacht werden könnten – soll dann
auch den unmittelbaren Anstoß zur Vertreibung Wolffs aus Halle
gebildet haben. Seine Hauptgegner waren als Verfasser von
Streitschriften Daniel Strähler, Joachim Lange und Franz Budde
in Jena[9]. Die Reihenfolge dieser Aufzählung wird sowohl der

[8] Vgl. Wolff, „Vern. Ged. v. Gott, der Welt . . .", § 570 ff. Und
Wolff, „Anmerckungen zu den Vern. Gedank. von Gott, der Welt . .",
§ 6, S. 10 ff, sowie meine Ausführungen in „Der Möglichkeitsbegriff
bei Chr. Wolff und J. H. Lambert", Diss. Göttingen 1960, (Masch.),
S. 41 – 61.
[9] Strähler, Dan., „Prüfung der vernünfftigen Gedancken des Hrn. Hof-
Rath Wolffs von Gott, der Welt und der Seele des Menschen, auch
allen Dingen überhaupt, worinnen des Hrn. Autoris Schlüsse examiniret, die Unrichtigkeit derselben gezeiget, dessen Irrthümer an den
Tag geleget, und die metaphysische ingleichen die damit verknüpffte
moralischen Wahrheiten in größeres Licht gesetzet werden", 1. Stk.
(Jena 1723), Wolff erwidert darauf in „Sicheres Mittel wider ungegründete Verleumbdungen, wie denselben am besten abzuhelfen"

chronologischen Abfolge der gegen Wolff gerichteten Angriffe wie
dem steigenden Grade der Reichweite des Einflusses der Genannten
gerecht. Nur Budde, der als gemäßigter Theologe galt und zwischen pietistischer und orthodoxer Richtung zu vermitteln suchte,

---

(Halle 1723). Strähler, Dan., „Der angestellten Prüfung der vernünfftigen Gedancken von Gott, der Welt und der Seele des Menschen, auch allen Dingen überhaupt, zweytes Stück. Worinnen die
Lehre von dem Willen vornehmlich untersuchet wird, zu mehrern Aufnehmen der Wissenschaft ans Licht gestellet" (Leipzig 1723); Lange,
Joach., „Der Theologischen Facultät zu Halle Anmerckungen über des
Hrn. Hof-Raths und Prof. Christian Wolffens Metaphysicam von
denen darinnen befindlichen der natürlichen und geoffenbahrten Religion und Moralität entgegenstehenden Lehren" (Halle 1723); Lange,
Joach., „Modesta disquisitio novi philosophiae systematis de Deo,
Mundo et Homine et praesertim de Harmonia commercii inter animam
et corpus praestabilita" (Halle 1723); ders., „Placidae Vindiciae
modestae disquisitionis de systemate philosophiae novo: quibus,
necessitate exigente, sic dictum monitum ad commentationem lucu-
lentem, eiusdem disquisitione oppositum, breviter expendit D. J.
Lange" (Halle 1723); ders., „Bescheidene und ausführliche Entdeckung der falschen und schädlichen Philosophie in dem Wolfiani-
schen Systemate Metaphysico von Gott, der Welt und dem Menschen;
und insonderheit von der so genannten harmonia praestabilita des
commercii zwischen Seel und Leib: Wie auch in der auf solches
System gegründeten Sitten-Lehre: Nebst einem historischen Vorbericht
von dem, was mit dem Herrn Auctore desselben in Halle vorge-
gangen" (Halle 1724); ders., „Ausführliche Recension der wider die
Wolfianische Metaphysic auf 9 Universitäten und anderwärtig edirten
sämmtlichen 26 Schrifften mit dem Erweise, daß der Herr Professor
Wolff sich gegen die wohlgegründeten Vorwürfe in seinen versuchten
Verantwortungen bisher keineswegs gerettet habe, noch auch künfftig
retten könne" (Halle 1725). Wolff Antwort auf Lange ist im wesentlichen in den beiden Schriften enthalten: Wolff, Chr., „De differentia
nexus rerum sapientis et fatalis necessitatis, necnon systematis har-
moniae praestabilitae et hypothesium Spinosae luculenta commentatio
in qua simul genuina Dei existentiam demonstrandi ratio expenditur
et multa religionis naturalis capita illustrantur" (Halle 1723) und
„Monitum ad commentationem luculentam de differentia nexus rerum
sapientis et fatalis necessitatis, quo nonnulla sublimia metaphysicae ac
theologiae naturalis capita illustrantur" (Halle 1724). Buddes Beden-

verfügte über einen größeren auswärtigen Einfluß[10]. Er hatte sich aus dem persönlichen Streit in Halle herausgehalten und ließ

ken erschienen in der von ihm selbst nicht herausgegebenen Schrift „Joh. Franciscus Buddeus Bedencken über die Wolffische Philosophie, nebst einer Historischen Einleitung zu gegenwärtiger Controversie, zum Druck übergeben von Jo. Gustavo Idirpio (Freyburg [i. e. Jena] 1724); eine zweite Auflage dieser Schrift erschien Frft. u. Lpz. 1724, die dritte Auflage wurde von Wolff selbst herausgegeben, mit seiner Verteidigung gegen die vorgetragenen Angriffe, unter dem Titel „Herrn J. F. Buddei... Bedencken über die Wolffische Philosophie mit Anmerckungen" (Frankf. 1724), schließlich erschien die Schrift noch einmal, herausgegeben mit dem Versuch einer Entkräftung der Wolffschen Widerlegung von Buddes Schwiegersohn Joh. Georg Walch (Halle 1725). Gegen die in Anschluß an Budde gegen ihn erhobenen Vorwürfe hatte sich Wolff verwahrt in der noch 1724 erschienenen „Zugabe zu den Anmerckungen", einer „Erinnerung, wie ich es künfftig mit den Einwürffen halten wolte, die wider meine Schrifften gemacht würden" als Anhang zur 3. Aufl. der „Vernünftigen Gedanken von Gott, der Welt..." von 1725 und in dem im gleichen Jahre erschienenen „Klaren Beweis, daß der Herr D. Budde die von ihm gemachten Vorwürffe einräumen und gestehen muß, er habe aus Übereilung die ungegründete Auflagen der Hällischen Widersacher recht gesprochen". – Zu den Streitschriften und der Biographie Wolffs vgl. außer dem genannten Werk von Ludovici auch Hartmann, Georg Volckmar, „Anleitung zur Historie der Leibnitzisch-Wolffischen Philosophie", Leipzig 1737, sowie Wuttke, H., „Christian Wolffs eigene Lebensbeschreibung, mit einer Abhandlung über Wolff" Leipzig 1841).

[10] Johann Franz Budde (1667 – 1729), der vor Wolffs Ankunft in Halle dort Professor der Moralphilosophie gewesen war, war während dieser Zeit auch durch eine Reihe philosophischer Schriften hervorgetreten, so „Elementa philosophiae practicae" (Halle 1697), „Elementa philosophiae instrumentalis" (Halle 1703) und „Elementa philosophiae theoreticae" (Halle 1703). Als Theologe in Jena hatte er durch ein ausgebreitetes, den Lehrbetrieb seiner Zeit stark beeinflussendes Schrifttum und den Versuch einer historisch-wissenschaftlichen Fundierung der Theologie bei vermittelnder Stellung zwischen Orthodoxie, Pietismus und Aufklärung einen weitreichenden Einfluß. Auf theologischem Gebiet sind seine wichtigsten Veröffentlichungen: „Institutiones theologiae moralis", ein weitverbreitetes und einflußreiches Lehrbuch der Ethik für die lutherische Kirche (1711) und „Institutiones theologiae dogmaticae" (Leipzig 1723).

sich andererseits auch nicht zur pietistischen Richtung rechnen, die
sich in Halle gegen Wolff verschworen hatte.

Man wird heute kaum die gegen Wolff gerichteten Angriffe als
allein durch die Schlechtigkeit und Denkschwäche seiner Gegner
motiviert abtun können. Bei der Erklärung der menschlichen
Selbstverantwortlichkeit, des Wunders und der göttlichen Ein-
griffsmöglichkeit in das Weltgeschehen war Wolff in der Tat mit
leichter Hand verfahren, indem er meinte, daß seine Unter-
scheidung zwischen absoluter und hypothetischer Notwendigkeit
gegenüber den christlichen Glaubensgehalten keinen Widerspruch
setze und daß die Eingriffe Gottes in das Weltgeschehen zwar
„supra rationem" aber nicht „contra rationem" seien. Die Ten-
denz seiner Lehre lief dennoch, für alle spürbar, auf eine dei-
stische Glaubenslehre hinaus, die zur persönlichen Frömmigkeit
und zum personalen Gottesverständnis des Pietismus in krassen
Widerspruch treten mußte.

Der Nachdruck bei Wolffs Verteidigung liegt weit weniger im
Theoretischen als in der Herausstellung der eigenen Rechtschaffenheit im Hinblick auf die methodische Durchführung seines Pro-
grammes. Das gilt auch in thematischer Hinsicht für die Behandlung der strittigen Punkte gegenüber den protestantischen Theologen, indem Wolff nicht nur die Vereinbarkeit seiner Lehre mit
der christlichen Offenbarung behauptet, sondern zugleich bemüht
ist, die Überzeugung zu vermitteln, daß sein methodischer An-
satz der einzig mögliche Zugang zu rationaler Einsicht in die
Grundwahrheiten der christlichen Religion ist.

Die gleichzeitige Ausrichtung der „Ausführlichen Nachricht"
auf ihren apologetischen Zweck und auf Wolffs werbende Selbst-
darstellung kommt schon in ihrem Aufbau zum Ausdruck. Die
ersten fünf Kapitel handeln von der Eigentümlichkeit der philosophischen Methodik und Theorienbildung Wolffs. In der faßlich-
sten Weise wollen sie die spezifischen Züge seiner „methodus
scientifica" zum Ausdruck bringen, von welcher er hier
noch als der „mathematischen Lehrart" bzw. der „demonstrativischen Schreibart" spricht. Die Rechtfertigungsgründe seiner Tätigkeit als akademischer Lehrer und philosophischer Autor findet
Wolff mehr als irgendeiner seiner Vorgänger im Methodischen,
das hier im Gegensatz nicht nur zur spinozistischen, sondern auch
zu der kartesischen Lehre eine eigenständige und von der philo-

sophischen Thematik innerlich unabhängige Behandlung erfährt. Die Zur-Schaustellung der Rechtschaffenheit eigener Methodik und der oft moralisierende Eifer dieser Ausführungen bilden den Hintergrund, vor dem sich Wolff dann im 6. bis 12. Kapitel der Reihe nach auf seine deutschen Schriften zur Philosophie bezieht, die Akzente setzt, die ihm zu eigener Rechtfertigung dienlich schienen, auf diejenigen Lehrstücke hinweist, die ihm in der Rückschau von besonderer Wichtigkeit waren und auf die sich die zeitgenössische Diskussion vorwiegend bezog. Dieser Teil des Werkes bietet keine eigentliche Darstellung der Wolffschen Theorien, sondern stellt in der lockeren Fügung von „Nachrichten" Angaben zur Thematik seiner Schriften neben solche zu biographischen Umständen und gibt im einzelnen im Rückgriff auf die methodische Rechtfertigung seiner Aufstellungen Hinweise auf die Unangemessenheit der gegen sie erhobenen Vorwürfe. Den Abschluß dieser Schrift bildet ein Appell Wolffs an seine Leserschaft, in dem er den vielfältigen Nutzen einer nach seinem Modell konzipierten Philosophie darlegt (13. Kap.), eben diesem Modell die Verfahrensweise seiner Widersacher gegenüberstellt (14. Kap.) und Ratschläge für ein Studium der Philosophie nach Wolffischen Grundsätzen erteilt (15. Kap).

Obschon die „Ausführliche Nachricht" keine inhaltliche Präzisierung von Wolffs philosophischer Theorie enthält, ist sie für unsere Kenntnis der Wolffschen Philosophie im einzelnen aufschlußreich. So bringt das zweite Kapitel die ausführlichste Behandlung Wolffs von Umstand und Eigenart der deutschsprachigen Redaktion seiner philosophischen Schriften. Als wichtigste Zielsetzung erscheint hierbei die Festlegung des in Collegien vorgetragenen Lehrstoffes im Hinblick auf eine Zuhörerschaft, die im Latein im allgemeinen einen nur noch geringen Kenntnisstand aufwies[11]. Hinzu trat die Möglichkeit der leichteren Überprüfbarkeit von Verfälschungen, derer er sich durch seine Gegner ver-

[11] Wolff selbst hielt in Halle seine Collegien in deutscher Sprache; vgl. Hartmann, G. V., „Anleitung .. ", S. 528, der berichtet, daß „dazumahl auf denen Universitäten in Deutschland, sonderlich aber in Halle eingeführet worden, daß der mündlich Vortrag derer Wissenschafften in der Mutter-Sprache geschehe".

gegenwärtigen mußte. Wolff legt hier die Prinzipien dar, nach denen er das lateinische Vokabular der Philosophie meist durch Präzisierung umgangssprachlicher deutscher Ausdrücke ins Deutsche übertragen und eine Auswahl unter den schon von einzelnen Autoren benutzten deutschen Ausdrücken vorgenommen hat. Diese Ausführungen sind insofern von großem Interesse, als die deutsche Begriffssprache der Philosophie sich in der Folgezeit ganz überwiegend an dem durch Wolff verbreiteten Sprachgebrauch orientiert hat[12].

Das dritte Kapitel „Von der Lehr-Art" gibt die Bestimmungen wieder, durch die Wolff die „tractatio methodo scientifica" definiert, indem sie alles „deutlich erkläret, gründlich erweiset und eine Wahrheit mit der andern beständig verknüpfft"[13]. Insbesondere geht es Wolff hier darum, eine bloß äußerlich-expositorische Anwendung der methodischen Regeln des euklidischen Beweisverfahrens zu unterscheiden von der wahren „demonstrativischen Lehr-Art"[14], der es um die Gewißheit der Begründungszusammenhänge aus gesicherten Prämissen geht. Wolffs Absehen richtet sich darauf, „das innere von der mathematischen Lehr-Art anzunehmen, das äussere aber, davon die Gewisheit nicht dependiret, wegzulassen"[15]. Wolff verteidigt sich indirekt gegen den Vorwurf des philosophischen Hochmutes, des „fastus philosophicus", den ihm die Anwendung der demonstrativischen Methode und der systematische Aufbau als unabdingbare Voraussetzungen wissenschaftlicher Theorienbildung eingetragen hatten, und versucht gleichzeitig deren Nützlichkeit auch im Felde der Rechtswissenschaft und Theologie darzutun[16].

Diese Ausführungen Wolffs spiegeln in treffenden Umschreibungen das Programm wider, das er im „Kurtzen Unterricht von der

---

[12] Vgl. das Register philosophischer Termini in lateinischer Sprache, für die Wolff deutsche Entsprechungen gegeben hatte, bei Ludovici, a.a.O., Teil 2, S. 233 – 265.

[13] Wolff, „Ausführl. Nachricht", § 23, S. 55.

[14] Ebd. § 34, S. 108.

[15] Ebd. § 24, S. 58.

[16] Ebd. § 35, S. 111 ff.

mathematischen Lehr-Art" seinen „Anfangsgründen aller mathematischen Wissenschaften" (1710) vorangestellt[17] und später 1713 in den „Vernünftigen Gedanken von den Kräften des menschlichen Verstandes" im Hinblick auf wissenschaftliche Methodik und philosophische Systematik weiterentwickelt hatte[18]. Es findet hier seine Zielsetzung in Wolffs Bestreben, „von allen Theilen der Welt-Weisheit Systemata zu schreiben"[19].

Die „Freyheit zu philosophiren" versteht Wolff vor allem im Sinne der Freiheit von autoritativer Bevormundung. Das Kapitel enthält eines der markantesten Plädoyers der deutschen Frühaufklärung für die Autorität der Vernunft, einer Vernunft, derer man sich auf dem Wege rationaler Einsicht vergewissert. Hier finden wir Formulierungen, die das Selbstverständnis der Aufklärung bis noch zu Kants „Beantwortung der Frage: Was ist Aufklärung" (1784) zum Ausdruck bringen: „Und in der That ist es ungereimt, daß man etwas um der Autorität anderer willen für wahr halten soll; aber noch viel ungereimter, wenn man einen Beweis für überzeugend erkennen soll, dessen überzeugende Krafft man bey sich nicht wahrnimmt[20]." So ist für Wolff wesentliches Moment dieser Gedankenfreiheit, „daß man sich in Beurtheilung der Wahrheit nicht nach andern, sondern nach sich richtet"[21]. Nur ein Wissenschaftsbegriff, der an der Selbstverantwortlichkeit der Vernunft orientiert ist, verbürgt die Sachgerechtigkeit menschlicher Einsicht und verhindert, daß sachfremde Konsequenzen aus der gewonnenen Erkenntnis gezogen werden: „Denn wer von der Sache nichts verstehet und am allerwenigsten davon zu urtheilen geschickt ist, der kan sie mit den ungereimtesten und gefährlichsten Consequentien belästigen[22]." Erst durch diese Autonomie der Vernunft eignet sich der Mensch die Werte der Moral, Religion und

[17] Wolff, Chr., „Anfangsgründe aller mathematischen Wissenschafften", Teil 1 – 4 (Halle 1710).
[18] Vgl. dazu meine Einführung zur Ausgabe dieses Werkes, Hildesheim 1965, S. 7 – 30 und 74 – 91.
[19] Wolff, „Ausf. Nachr.", § 25, S. 67.
[20] Ebd. § 40, S. 130.
[21] Ebd. § 41, S. 132.
[22] Ebd. § 42, S. 141.

staatlichen Ordnung in einer ihm gemäßen Weise zu. So habe er sich, schreibt Wolff im Hinblick auf seine Widersacher, der Freiheit zu philosophieren „dergestalt bedienet, daß ich keinen Satz in meinen Schrifften verteidiget, welcher der Religion, der Moralität und dem Staate entgegen wäre, und hat auch noch niemand einen einigen mir zeigen können, unerachtet man sich auf das äusserste bemühet einen zu finden und gewünscht, daß sich dergleichen in meinen Schrifften finden möchte"[23].

Das fünfte Kapitel, „Wie des Autoris Schrifften müssen gelesen werden" ist gerichtet gegen Unterstellungen und Vorurteile, unter denen der parteiische Leser die Wolffschen Schriften aufnimmt. Wolff plädiert dafür, daß der Leser „seine Schrifften mit einem leeren Gemüthe lieset" und nicht „nach dem urtheilet, was er von der Sache bey andern gefasset"[24]. Wolff entwickelt noch einmal die Grundsätze seiner Beweistheorie und verbindet dies mit der Aufforderung, seine Schriften als Ganzes zu beurteilen, nicht einzelne Sätze aus ihrem Begründungszusammenhange zu lösen und sie mißverständlich in andere Bezüge zu stellen.

Auch in seinen Ausführungen zu den einzelnen deutschen Schriften zur Philosophie, die Wolff im sechsten bis zwölften Kapitel seines Werkes macht, ist die apologetische Absicht allerorten der Leitgedanke bei der Auswahl des Stoffes, den Wolff hier bietet. Inhaltlich lassen sich kaum neue Gesichtspunkte für Wolffs Schriften gewinnen. Dagegen bezieht sich Wolff hier auf die Nachwirkung seiner Schriften und akademischen Lehrtätigkeit, nennt insbesondere seinen ältesten Schüler Thümmig[25] und Bilfinger und autorisiert gleichsam als authentische Schulmeinung des ersteren „Institutiones philosophiae Wolfianae" und des letzteren „Dilucidationes philosophicae de Deo, anima humana, mundo et genera-

---

[23] Ebd. § 43, S. 145.
[24] Ebd. § 44, S. 153.
[25] Thümmig, Ludw. Philipp (1697 – 1728), seit 1717 in Halle, war mit Wolff von Halle weggegangen und erhielt vom hessischen Landgrafen eine Stelle als Professor am Carolinum in Kassel. Seine „Institutiones philosophiae Wolfianae" (Frankfurt 1725 – 28) wurden zu einem der verbreitetsten Lehrbücher der Wolffschen Philosophie.

libus rerum affectionibus"[26]. Insbesondere von Thümmig, dessen
Werk weite Verbreitung auch im europäischen Ausland fand, sagt
er, „daß man ihm gar wohl zutrauen kan, daß er meinen Sinn
am besten wissen kan"[27]. In inhaltlicher Hinsicht bringen Wolffs
Ausführungen nur sehr allgemeine Hinweise, so wenn er meint,
„das Vornehmste demnach, was ich in der Ontologie gethan, bestehet darinnen, daß ich deutliche Begriffe davon gesucht, wo man
bey den Scholasticis nur undeutliche findet"[28], oder daß er die
Neutralität seiner Lehre deklariert[29] gegenüber der kartesischen,
okkasionalistischen und leibnizschen Theorie des Verhältnisses von
Leib und Seele.

Seine „Anmerkungen zu den Vernünftigen Gedanken von Gott,
der Welt und der Seele des Menschen, auch allen Dingen überhaupt" wertet Wolff in seiner „Ausführlichen Nachricht" als
selbständige Schrift[30]. In den „Anmerkungen" hatte Wolff bereits
1724, also unmittelbar nach den vorausgegangenen hallischen
Streitigkeiten, sich gegen die Angriffe des „hällischen Feindes" in
allen Punkten verteidigt. So bemerkt Wolff ausdrücklich, daß
seine Rechtfertigungsabsicht in der „Ausführlichen Nachricht"
sich im wesentlichen gegen die zuletzt von Budde gemachten Einwürfe richtet[31] und berichtet in großer Ausführlichkeit über seine
Auseinandersetzung mit dem Jenenser Theologen.

Wolffs ethische und naturphilosophische Schriften zur Philosophie,
die er in deutscher Sprache abgefaßt hatte und zu denen er sich

---

[26] Bilfinger, Georg Bernh. (1693 – 1750) hatte bei Wolff in Halle stu-
diert, lehrte seit 1719 in Tübingen und ging 1724 – 1731 nach Petersburg, lehrte darauf wieder in Tübingen und war später mit Verwal-
tungsaufgaben in Stuttgart beschäftigt: „Disputatio de Harmonia
praestabilita", Tüb. 1721, „De Harmonia animi et corporis humani
maxime praestabilita, Commentatio hypothetica" (Frkft/M. 1723,
wurde 1734 auf den römischen Index gesetzt), „Dilucidationes philosophicae de Deo, Anima humana, Mundo et generalibus rerum Affectionibus" (Frft./M. 1725).

[27] Wolff, „Ausf. Nachr.", § 81, S. 236.

[28] Ebd. § 71, S. 219.

[29] Ebd. § 100, S. 281.

[30] Ebd. § 116, S. 322.

[31] Ebd. § 120, S. 337/8.

in den Kapiteln 9–12 der vorliegenden Schrift äußert, hatten ungleich geringeren Anlaß zur Kritik geboten als seine Metaphysik.

Bei der Betrachtung seiner Ethik und Staatslehre, den „Vernünftigen Gedanken von der Menschen Tun und Lassen" (1720) und den „Vernünftigen Gedanken von dem gesellschaftlichen Leben der Menschen und insonderheit dem gemeinen Wesen" (1721) legt Wolff wiederum den Nachdruck auf den deduktiv-systematischen Aufbau seiner Theorie. So bezeichnet er den Satz, man solle tun, was die Vollkommenheit des Menschen befördert, hingegen unterlassen, was sie stört, als den Hauptsatz[32], „daraus man alles herleitet, was von den freywilligen Handlungen der Menschen geurtheilet werden mag". Von Interesse erscheint hier im besonderen, daß Wolff neben den fünf Tugenden des Verstandes, die er als traditionelle anführt (intelligentia, scientia, sapientia, prudentia, ars) noch sechs weitere einführt, die neben dem Scharfsinn, der Erfindungs- und Experimentierkunst und dem Witz auch das „Verständnis der Sprache und Gründlichkeit" umfassen[33].

Der deduktiv-systematische Aufbau kennzeichnet auch Wolffs Staatslehre, in der „durch den Grund des natürlichen Gesetzes... alle Handlungen in ihren Fällen determiniret" sind[34]. Die nicht selbstverständliche Behandlung der Staatslehre im System der philosophischen Wissenschaften begründet Wolff durch den propädeutischen Charakter des Unterrichts der Philosophie und ihren „Nutzen in höheren Facultäten und dem menschlichen Leben"[35]. Der verhältnismäßig kurze Abschnitt, den Wolff hier der Staatslehre widmet, steht in Gegensatz zu dem umfangreichen Schrifttum, das Wolff der Philosophia practica in den Jahren nach seiner Rückkehr nach Halle gewidmet hat, und zeigt die Verschiebung

---

[32] Ebd. § 137, S. 393/4.
[33] Ebd. § 142, S. 407/8.
[34] Ebd. § 160, S. 457.
[35] Ebd. § 152, S. 443.

an, die sich für Wolffs Interessenlage auf philosophischen Gebiete
ergab[36].

In den beiden letzten Kapiteln, die Nachrichten zu einzelnen
Schriften von Wolffs deutschsprachiger Darstellung der philosophischen Disziplinen enthalten, behandelt Wolff die „Experimental-Philosophie" (11. Kap.) und die Physik (12. Kap.). Beide umfassen das Gebiet der „philosophia nova" oder Naturlehre, das
Wolff als Professor Matheseos mit zu vertreten hatte. Im Kapitel
über die „Experimental-Philosophie" bezieht sich Wolff auf seine
„Versuche, dadurch zu genauer Erkäntniß der Natur und Kunst
der Weg gebahnet wird", die er in drei Teilen 1721–22 veröffentlicht hatte. Er rechnet sie hier zu seinen philosophischen
Schriften und betrachtet sie als Grundlage der Physik, die eine
theoretische Disziplin ist, „denn wir sind noch nicht in dem Stande,
daß wir die Würckungen der Natur und die Eigenschafften der
natürlichen Dinge aus einigen allgemeinen Gründen durch die
Vernunfft herleiten könten"[37]. Selbst der Aufbau der „Experimental-Philosophie", so wie ihn Wolff in seinen „Versuchen" dar-
gestellt hat, wird von ihm hier als ein „euklidischer" bezeichnet[38],
was sich für Wolff insofern rechtfertigt, als er „von allem demjenigen, was durch den Versuch sich zeigt, Raison gebe und dadurch so erkläre, daß man es begreiffen kan, warum es geschiehet,
unterdessen doch in der Erklärung nichts annehme, was nicht im
vorhergehenden durch untrügliche Versuche wäre ausgemacht
worden"[39].

Die Physik betrachtet Wolff sowohl unter dem mechanistischen
wie dem finalistischen Gesichtspunkt. In seinen deutschen Schriften
zur Philosophie hatte er sie „auf zweyerley Weise abgehandelt,
einmahl nach den würckenden Ursachen; darnach nach den Ab-

---

[36] In den Bereich von Ethik und Politik fallen alle größeren Werke, die
Wolff seit 1738 veröffentlicht hat: „Philosophia practica universalis"
(2 Bde. 1738/9), „Ius naturae" (8 Bde, 1740–48), „Ius gentium"
(1749), „Institutiones iuris naturae et gentium" (1750), „Philosophia
moralis sive Ethica" (5 Bde, 1750–53), „Oeconomica" (2 Bde,
1754/5).
[37] Wolff, „Ausf. Nachr.", § 164, S. 463/4.
[38] Ebd. § 166, S. 467.
[39] Ebd. § 166, S. 467.

sichten, die GOTT dabey gehabt"[40]. Das erste geschieht in den „Vernünftigen Gedanken von den Wirkungen der Natur" (1723), das letztere in den „Vernünftigen Gedanken von den Absichten der natürlichen Dinge" (1724), wozu noch Wolffs heute gewöhnlich als „Physiologie" bezeichnete „Vernünftige Gedanken vom Gebrauche der Teile in Menschen, Tieren und Pflanzen" treten (1725).

Auf der Grundlage seiner Rückschau auf die philosophischen Werke, die er in deutscher Sprache veröffentlicht hatte, richtet nun Wolff im letzten Teile der „Ausführlichen Nachricht" einen eindringlichen Appell an seine gegenwärtige und zukünftige Hörer- und Leserschaft. So ist er bemüht, in eingängigen Formeln die Vorzüge eines Studiums der Philosophie nach Wolffischer Methode zu preisen: „Ich füge meine Gründe bey und enthalte mich von aller Redens-Art, dadurch entweder ein Satz eingelobet, oder das Gegentheil davon getadelt und verachtet wird... ich lasse es lediglich darauf ankommen, was meine Gründe vermögen[41]." Die Hervorhebung des Nutzens, den die Philosophie als propädeutische Wissenschaft für die Einzelwissenschaften der höheren Fakultäten erbringe, erscheint ihm besonders geeignet, Wert und Zielsetzung eines Studiums der Philosophie darzutun. Von diesem Nutzen, den er als ein notwendiges und förderliches Be-nutzen philosophischer Grundlagen versteht, seien schon beim Erscheinen der zweiten Auflage der „Ausführlichen Nachricht" „herrliche Proben in allen Facultäten vorhanden"[42].

Indem nur der demonstrative Vortrag nach Wolff den Vorzug hat, daß „man die Wahrheit als Wahrheit erkennen könte"[43], dient er nach ihm auch gerade zur Bekämpfung des Skeptizismus und Atheismus. Um so unangebrachter erscheint Wolff der Vorwurf einer religionswidrigen Wirkung seiner philosophischen Lehre. Seine Beteuerung von Wahrheitsliebe und eigener Redlichkeit führen Wolff schließlich dazu, in einer letzten ausladenden Tirade das eigene Schicksal mit dem das Galilei zu vergleichen, die

---

[40] Ebd. § 179, S. 497.
[41] Ebd. § 191, S. 529.
[42] Ebd. § 194, S. 544.
[43] Ebd. § 207, S. 586.

Anklagen seiner Widersacher allein auf ihre verleumderische Absicht zurückzuführen und aus der Widersprüchlichkeit ihrer Gegenargumente die Unbegründetheit ihrer Angriffe zu folgern[44].

Wolffs Ausführungen zum Studium der Philosophie legen den Nachdruck auf die systematische Abfolge, nach welcher der Studierende sich mit ihren einzelnen Disziplinen vertraut zu machen hat. Der hier entworfene Studiengang spiegelt die chronologische Folge von Wolffs deutschen Schriften zur Mathematik und Philosophie wider. Die Mathematik als propädeutische Disziplin zur Philosophie bildet auch hier den Anfang: „Ehe man die Welt-Weisheit zu studiren beginnet, soll man vorher die Arithmetick und Geometrie studiren"[45]. Allerdings, so meint Wolff, könnte ein Vierteljahr intensiver Beschäftigung ausreichend sein[46]. Die Logik, welche durch die Reflexion über die mathematischen Beweisgänge zum theoretischen Bewußtsein ihrer Regeln gelangt, folgt nun in der Reihenfolge der zu studierenden Disziplinen, worauf man, „durch die Mathematick und Logick zu hurtigem Gebrauch des Verstandes gewöhnet" sich der Metaphysik zuwenden solle. Im Stadium seiner deutschsprachigen Darstellung der Philosophie unterscheidet Wolff diese noch nicht, wie später in seinem lateinischen Werk, in eine Metaphysica generalis (Ontologia) und eine Metaphysica specialis (Cosmologia generalis, Psychologia rationalis, Theologia naturalis). Mathematik, Logik und Metaphysik seinen für jedes wissenschaftliche Studium unentbehrlich, Ethik und Staatstheorie führen dann zu Theologie und Rechtswissenschaft, Experimentalphilosophie und Physik zur Medizin[47].

Die „Ausführliche Nachricht" ist in drei verschiedenen Auf-

---

[44] Vgl. Ludovici, a.a.O., 3. Teil, Lpz. 1738: „Über welcher Philosophie ihre vorgegebene Gefährlichkeit selbst unter den Gegnern derselben ein Widerspruch vorhanden ist, so daß diejenigen Sätze, welche, nach einiger Meinung, der Gottesverleugnung Thür und Thor aufsperren sollen, von anderen als Hauptgründe wider die Atheisterey sind angesehen worden; dieselbe Philosophie ist auch daher von der vermeinten Gefährlichkeit nicht unwahrscheinlich loszusprechen".

[45] Wolff, „Ausf. Nachr.", § 221, S. 650.

[46] Ebd. § 223, S. 655.

[47] Zu Wolffs Einteilung der Philosophie vgl. Lüthje, H., „Christian Wolffs Philosophiebegriff", in „Kant-Studien", 30. Bd., 1926.

lagen erschienen, mit den Erscheinungsjahren 1726, 1733 und 1757. Nur die zweite Auflage von 1733 wurde von Wolff selbst gegenüber der 1. Auflage „hin und wieder vermehret", vor allem durch die Hinzufügung der Marginalientitel und den Verweis auf die inzwischen erschienenen späteren Auflagen seiner deutschsprachigen philosophischen Schriften. Die dritte Auflage, drei Jahre nach Wolffs Tod erschienen, läßt das Bemühen erkennen, den Satzspiegel der zweiten Auflage von Seite zu Seite beizubehalten. Sie weist gegenüber dieser nur Angleichungen der Orthographie an den neueren Stand und vereinzelte Verbesserungen in der grammatischen Struktur auf. Als letzte Ausgabe Wolffscher Hand wurde die zweite Ausgabe des Werkes von 1733 dem Druck zugrundegelegt.

Inconcusfa perennat

P.Fehr fecit

# Christian Wolffens/

Königl. Schwediſ. Hochfürſtl. Heſſiſ. Hof-Rath
und Prof. Math. & Phil. prim. zu Marburg, wie auch
Prof. honor. zu St. Petersburg/ der Königl. Groß-
Brittanniſ. und Königl. Preußiſ. Societät der
Wiſſenſchafften Mitgliedes

## Ausführliche

# Nachricht

von
ſeinen eigenen

# Schrifften,

die er
in deutſcher Sprache
von den

# verſchiedenen Theilen

der

# Welt-Weißheit

heraus gegeben/
auf Verlangen ans Licht geſtellet.

Die andere Auflage, hin und wieder vermehret

FRANCKFURT am Mayn/ 1733.

Bey Joh. Benj. Andreä und Heinr. Hort.

# Vorrede.

## Geneigter Leſer!

JCh habe von der erſten Jugend an ein ſehnliches Verlangen nach Gewißheit der
Erkänntniß gehabt und in-
ſonderheit nach derjenigen getrachtet/
die zur Glückſeligkeit des menſchlichen Geſchlechtes dienet. Und aus
dieſem Triebe iſt es kommen/ daß ich
mich um die Beſchaffenheit der Er-
känntniß/ wodurch man Gewißheit
erhält/ mehr als andere bekümmert/
und zugleich darauf bedacht geweſen/
wie ich alle erfundene Wahrheit zu
einem gewiſſen Nutzen anwendete.
Weil ich nun gefunden/ daß man insgemein ſich um völlige Gewißheit we-

nig

nig bekümmert / auch nicht von dem /
was erfunden ist / denjenigen Nutzen
ziehet / den man davon zugewarten
hat / wenn man alles wohl erwegen
will ; so habe ich alle meine Sorge
darauf gerichtet / wie ich die philosophische Disciplinen dergestalt einrichtete / daß man die Wahrheit als
Wahrheit erkennen und sie zu der
Glückseligkeit des menschlichen Geschlechtes anwenden lernete. GOtt
hat mir auch die Gnade gegeben / daß
ich mit dieser Arbeit völlig zu Stande
kommen / unerachtet sie mir unter den
Händen gar sehr gewachsen ist / indem
ich Anfangs nur Vorhabens war von
einer jeden Disciplin ein Büchlein
von der Grösse zu schreiben / wie die
Logick ist.  Ich meines Orts freue
mich darüber / denn ich bin gewiß und
erfahre es schon / daß meine Arbeit
nicht fruchtloß sey. Unerachtet man
von einer dieser Schrifften Gelegenheit genommen mich zu verfolgen und

zu

zu lästern; so erfahre ich doch noch
täglich/ daß dieses niemanden irre
macht/ der meine Schrifften gelesen/
sondern vielmehr viele aufmuntert dieselben in die Hände zu nehmen/und der
Wahrheit Beyfall zu geben. Und ich
habe dieserwegen von vielen vorneh-
men/ berühmten und gelehrten Män-
nern angenehme Zuschrifften erhal-
ten/ mit denen ich sonst nicht bekandt
gewesen/ absonderlich zu der Zeit/da
man vermeynte/ ich würde Deutschland verlassen/ die so ansehnliche für
mich und die Meinen so vortheilhaffte
Vice-Präsidenten-Stelle bey der
Academie der Wissenschafften zu St.
Petersburg übernehmen und dadurch
abgehalten werden mein weiteres
Vorhaben auszuführen/ nemlich die
Welt-Weißheit in Lateinischer Sprache noch viel ausführlicher abzuhan-
deln/ als besonderer Umstände halber
in den deutschen Wercken nicht geschehen können. Nun habe ich zwar

)( 3                                nicht

nicht vermeynet/ daß ich nöthig hätte von diesen meinen deutschen philoso- phischen Schrifften eine Nachricht aufzusetzen/ weil man den Inhalt der- selben aus den Marginalien mit leich- ter Mühe ersehen kan/ absonderlich da ich in den neuen Auflagen dieselben vermehret/ damit man desto besser dar- aus ersehen kan / was abgehandelt wird; so haben doch verschiedene vor- nehme und gelehrte Männer davor gehalten / daß es nicht undienlich seyn würde/ wenn ich gegenwärtiger Um- stände halber den Inhalt derselben deutlich vorstellte und zugleich von meinem gantzen Vorhaben Rechen- schafft gäbe. Ich habe gefunden/ daß die Arbeit nicht ohne Nutzen seyn würde und / gleichwie ich jederman aufrichtig zu dienen jederzeit willig und bereit bin/ dieselbe dergestalt aus- geführet/ daß sie zugleich noch auf an- dere Weise nützlich wäre. Ich habe für allen Dingen die hieher gehörige
Schrif-

Schrifften specificiret/ da ohnedem
öffters eine Specification verlanget
wird/ und dabey einen und den andern historischen Umstand erinnert.
Ehe ich aber den Inhalt einer jeden
Schrifft ins besondere etwas ausführlich anzeige/ so habe ich verschiedene Materien überhaupt abgehan-
delt/ die dem Leser nicht unangenehm/
denen aber/ welche sich aus meinen
Schrifften erbauen wollen/ sehr nützlich seyn werden.   Ich bringe alles
bey/ was man von meiner Schreib-
Art zu behalten hat und zeige von allem in meinem Verfahren den Grund
an/ den ich dazu gehabt.  Man findet
z. E. die Ursachen/ warum ich Deutsch
und zwar rein Deutsch geschrieben;
man findet die Regeln/ nach welchen
ich mich in den deutschen Kunst-Wör-
tern geachtet;  man findet erwiesen/
daß ich dadurch meine Schrifften
nicht dunckel-gemacht/ noch auch den
Wörtern eine andere/ als die gewöhn-

liche/

liche / obwohl eine abgemessene Bedeutung beygeleget. Von der Schreib-Art komme ich auf die Lehr-Art und erkläre/wie ich alles in meinen Schrifften ausgeführet. Ich kan nicht in Abrede seyn/ daß ich mich nach dem Vorbilde der mathematischen Lehr-Art gerichtet: Allein ich habe eben deßwegen erwiesen / daß diese Lehr-Art der Mathematick nicht eigenthümlich ist/ sondern sich für die Welt-Weißheit gar wohl reime/ ja ohne dieselbe nicht möglich sey alles gründlich abzuhandeln/ damit man es als Wahrheit erkennen mag. Wer dieses mit Bedacht lieset, der wird zur Gnüge überzeuget werden/ daß meine Gegner sich in vieles nicht zu finden wissen / weil sie dieser Lehr-Art nicht gewohnet sind. Damit man aber auch urtheilen kan/ ob ich mich in den Schrancken der Freyheit zu philosophiren gehalten/ oder nicht; so habe ich dieselbe nach meinem Begriffe/

den

den ich davon habe/ vorgestellet und deutlich gnug gewiesen/ wie weit ich mich darnach geachtet. Da nun meine Schrifften auf eine andere Art eingerichtet sind/ als man bißher gewohnet gewesen; so habe ich auch gewiesen/ wie man dieselben lesen muß/ woferne man sie verstehen und daraus den Nutzen schöpffen will/ den sie haben. Nachdem ich umständlich erzehlet/ was ich in jeder Disciplin vor Materien abgehandelt und aus was für Gründen ich alles erwiesen/ auch was ich für Ursachen gehabt/ warum ich vielmehr diese als andere angenommen; so habe ich den Nutzen der Welt-Weißheit und insonderheit meiner erkläret/ auch gelehret/ wie man dieselbe studiren müsse. Auf solche Weise habe ich in allem erfüllet/ was ich mir vorgenommen gehabt und zum Theil vornehmen müssen/ die Welt-Weißheit unter uns Deutschen gegründeter und nützlicher zu machen.

Ich

Ich suche hierinnen nicht/ was meine/ sondern was des andern ist: denn sonst hätte ich meine Zeit mit andern Dingen zuzubringen gewust/ die mir Ehre bey der gelehrten Welt gegeben hätten/ und das andere vor mich behalten. So aber habe ich auf den gemeinen Nutzen gesehen/ weil mir nicht unbekandt/ wie nöthig gründliche Erkänntniß zu unsern Zeiten ist/ selbst der einreissenden Profanität mit Nachdruck zu steuren und dem verderblichen interessirten Wesen abzuhelffen. Ich achte es demnach nicht/ wenn man mich lästert: bejammere es aber/ wenn es Leute thun/ die bißher sich selbst vermessen haben/ daß sie allein erleuchtet und fromm wären/ indem eben dadurch die Profanität in vielen Gemüthern befestiget und die wahre Aufrichtigkeit und Lauterkeit in der Liebe getilget wird. Ich führe hierbey jeden auf das Exempel Christi/ mit dem Leute von gleichem Caliber

eben

eben so verführen. Daß man meine Gaben verachtet/ die mir GOtt verliehen; lasse ich mich um soviel weniger anfechten/ je mehr ich weiter nichts suche/ als daß ich in demjenigen/ was mir GOtt anvertrauet hat / möge treu erfunden werden. Wer ein besseres Talent von GOtt empfangen/ der kan was besseres geben/ er soll von mir nicht beneidet werden: Am allerwenigsten aber werde ich aus interessirten Absichten das Gute lästern. Ich vor meine Person habe es erfahren/ daß/ je mehr man das Gute lästert/ je mehrere sich finden/ welche es erkennen lernen. Und so muß doch endlich die Wahrheit obsiegen und diejenigen müssen zu Schanden werden/ welche entweder aus Unverstand / oder aus Boßheit der Wahrheit widersprochen haben. Ich liebe Wahrheit und Friede: Wenn ich aber genöthiget werde mich wider unmenschliche Anfälle zu vertheidigen; so bekenne ich ohne
Scheue/

Scheue/ wie ich die Sache einsehe/
und heuchele niemanden. Unterdessen
erfreue ich mich/ daß es noch niemanden gereuet/ der begierig gewesen die
Wahrheit gründlich zu lernen und zu
nutzen/ und sich meiner Anführung
bedienet; sondern ich vielmehr jederzeit erfahren/ wie man in kurtzer Zeit
zu einer solchen Erkänntniß gelanget/
dabey das Gemüthe Ruhe gefunden/
und die man wohl zu nutzen gewust.
Und aus dieser Ursache scheue ich auch
noch keinen Fleiß denenjenigen aufrichtig zu dienen/ die sich meiner Anführung bedienen wollen: Jedoch suche ich nichts durch Zwang/ sondern
liebe wie in allem/ also auch hier/ das
Freywillige. Ich habe jederzeit verdächtig gehalten/ was man andern
durch Zwang aufdringen will/ absonderlich wo einem niemand widerstehet.
Durch Hinderung des Guten verlange ich mein Interesse nicht zu befördern.
Jedermann aufrichtig zu dienen halte
ich

ich nicht allein für Chriſtlich / ſondern auch für menſchlich : andern aber zu ſchaden ſehe ich für kein Werck an/ was einem Menſchen anſtändig iſt/ und halte es für ein Kennzeichen/ daß einer noch bey weitem kein Chriſt iſt. Bey dieſen Gedancken werde ich beſtändig bleiben und/ wie bißher/ alſo künfftig mich darnach achten. GOtt beſſere die Verkehrten und leite die auf rechtem Wege ſind! Endlich muß ich zum Beſchluſſe noch dieſes erinnern/ daß ich weiter für keinen Satz ſtehe / als wie ich ihn angenommen und in meinen Schrifften vorgetragen und erwieſen habe : wovon man den Grund aus gegenwärtiger Schrifft einſehen wird. Derowegen bekümmere ich mich nicht/ ob das / was ich ſage/ eines andern Meynung gemäß ſey/ oder nicht/ ob es *Ariſtoteles, Carteſius,* Leibnitz oder ein anderer ſo verſtanden habe/ oder nicht. Ich trage meine Gedancken vor/ und die getraue ich mir gegen einem
jeden

jeden zu behaupten / und weiter stehe ich vor nichts. Derowegen werde ich mich am allerwenigsten dessen annehmen / was andere als Lehren des Hrn. von Leibnitz angeben / noch auch mich darum bekümmern / ob er in der That die Gedancken gehabt / oder nicht. Der Herr von Leibnitz hat selbst gestanden / daß ich in der Welt-Weißheit niemahls mit ihm conferiret / noch mich seine rechte Gedancken zu erfahren bemühet / und ich habe Ursachen gehabt / die ich hier anzuführen nicht für nöthig erachte. Unterdessen zweiffele ich nicht / daß / was der Herr von Leibnitz nach Uberlegung statuiret / gegründet sey / woferne man es recht einsiehet. Ich richte mich aber in allem nach meiner Absicht und habe das Ziel stets vor Augen / das ich mir zu erreichen vorgesetzt habe. Und bey diesen Gedancken werde ich unverändert verharren. Marburg den 4. Febr. 1726.

# Ausführliche Nachricht des AUTORIS

von seinen eigenen Schrifften/
die er
in deutscher Sprache von verschiedenen Theilen der Welt-Weisheit heraus gegeben.

## Das 1. Capitel.

### Von denen zur Welt-Weisheit gehörigen Schrifften des Autoris überhaupt.

#### §. 1.

Warum der Autor seine Schrifften erzehlet?

A ich mir vorgenommen habe von meinen deutschen Schrifften, welche ich von den verschiedenen Theilen der Welt-Weisheit herausgegeben, eine ausführliche Nachricht zu ertheilen; so erachte ich für allen Dingen nöthig dieselben hier zu erzehlen, wie sie nach einander heraus kommen,

A men,

men, und zum Theil wieder von neuem aufgeleget worden, damit man gleich sehen kan, von was für Schrifften gehandelt werden soll, was sie für Beyfall in der gelehrten Welt gefunden, und welche zum Grunde der übrigen geleget werden. Denn wenn ich mein Verfahren rechtfertigen will, wie ich solches zu thun mir vorgenommen habe; so muß ich auch gnugsamen Grund dazu haben, warum ich so viel Theile und nicht mehr oder weniger gemacht, und warum ich sie in dieser und nicht in einer anderen Ordnung hinter einander herausgegeben.

§. 2. Nachdem die deutschen Anfangs-Gründe aller mathematischen Wissenschafften, welche An. 1710. zu erst heraus kommen, nachhero aber A. 1717. zum andern und nun A. 1725 zum drittenmahle; nachdem aber die erste Auflage dieser Nachrichten heraus war, A. 1730. zum vierdtenmahle wieder aufgeleget worden, von den Liebhabern der mathematischen Wissenschafften wohl aufgenommen worden, als welche insonderheit an meiner Art des Vortrages ein Vergnügen fanden, und ich auch davon den Nutzen in meinen Collegiis spürete, den meine Zuhörer davon hatten, daß sie mit einem Buche versehen waren, das sich zu meinen Absichten und meinem Vortrage schickte; so war ich gesonnen auch die verschiedene Theile der Welt-Weis-

Des Autoris Logick, oder Vernunfft-Kunst.

Weisheit auf eine gleiche Weise abzuhandeln, indem ich nicht zweiffelte, daß ich damit eben den Nutzen in der Welt-Weisheit schaffen würde, den ich durch die erst erwehnte Anfangs-Gründe der mathematischen Wissenschafften in der Mathematick erhalten hatte, ja daß ich gleichfals in meinen Collegiis besser fortkommen würde, wenn meine Zuhörer in jedem Theile der Welt-Weisheit mit einem Buche versehen wären, das nach meinem Sinne eingerichtet wäre, und sich zu meinen Absichten und meinem Vortrage reimete. Zu dem Ende machte ich den Anfang mit der *Logick* oder Vernunfft-Kunst, und gab sie unter dem Titul der Vernünfftigen Gedancken von den Kräfften des menschlichen Verstandes und ihrem richtigen Gebrauche in Erkäntnis der Wahrheit An. 1712. heraus. Es schlug meine Hoffnung nicht fehl. Denn ich ward vielfältig versichert, daß dieses Büchlein nicht weniger Liebhaber fand als meine mathematische Anfangs-Gründe, und daß sich die Anzahl derselben vermehrete, nachdem man es besser kennen lernete. Daher ward es A. 1719. zum andern, A. 1722. zum dritten, und nun An. 1725. zum vierdten, ja nachdem diese Nachrichten heraus waren, A. 1727. zum fünfften und A. 1731. zum sechsten mahle wieder aufgeleget: unerach-

A 2         tet

tet es unterdessen einige besondere Umstände
verursachet hatten A. 1730. dieselbe in das
Lateinische zu übersetzen. In der andern
Auflage habe ich noch mehrere Exempel
hinzugesetzet, und in der dritten habe ich insonderheit aus den andern Theilen der zur
Welt-Weisheit gehörigen Schrifften einige angeführet, damit man die Regeln desto
besser brauchen lernet, wenn man sie durchlieset: welches in der ersten und andern
Auflage noch nicht geschehen konte, weil
diese Schrifften noch nicht heraus waren.
In der vierdten Auflage habe ich in dem
Capitel von dem Widerlegen meine Gedancken von der Consequentien-Macherey
eröffnet, und insonderheit auch gewiesen,
wie man Verfolgern begegnen muß, weil
man Controvertiren mit Vertheidigung
wider Verfolger und die Consequentien-
Macherey mit dem Methodo demonstrandi per indirectum vermengen wollen. Endlich in der fünfften Auflage ist das 26.
Capitel dazu kommen, wie man eine Fertigkeit in Ausübung der Logick erhalten
soll.

**Wodurch**
**der Autor**
**gehindert**
**worden**
**mit Her-**
**ausge-**
**bung der**

§. 3. Weil meine deutsche Anfangs-
Gründe der mathematischen Wissenschafften wohl abgiengen; so verlangte der Verleger von mir, daß ich sie in die Lateinische
Sprache übersetzen möchte. Als ich die
Sache bey mir überlegte, so fand ich vor
raths-

rathsamer, daß ich das Lateinische Werck ausführlicher einrichtete, damit es denen ein Gnüge thäte, welche in der Mathematick was ausführliches verlangen, damit sie weiter gehen können, wenn sie in den deutschen Anfangs-Gründen einen guten Grund geleget, darinnen ich mich in den Schrancken halten müssen, die der Zustand unserer Universitæten setzet. Von diesem Wercke kam A. 1713. der erste Theil, und A. 1715. der andere Theil heraus. Und demnach blieb das Vorhaben liegen, welches ich hatte von allen Theilen der Welt-Weisheit besondere Schrifften herauszugeben. Nun war ich zwar Willens dasselbe wieder vorzunehmen, als ich mit dieser Arbeit fertig war: allein es kamen wieder von neuem andere Abhaltungen, daß ich es noch länger aussetzen muste. Denn weil die erste Auflage von den deutschen Anfangs-Gründen grösten Theils aufgegangen war und der seelige Herr Verleger das Buch nicht wolte fehlen lassen; so war er bey Zeiten auf eine neue Auflage bedacht, und demnach muste ich es von neuem übersehen. Und ward diese andere Auflage A. 1717. zu Ende gebracht, wie ich schon vorhin (§. 2.) erinnert. Uber dieses hatten einige von dem Herrn Verleger verlanget, er möchte aus den Anfangs-Gründen zu bequemerem Gebrauche der Anfänger einen Auszug ver-

*zur Welt-Weißheit gehörigen Schrifften fortzufahren.*

A 3 ferti-

fertigen lassen. Weil ich nun gerne jeder=
man diene, so viel an mir ist; so konte ich
auch diesem seinem Begehren nicht entfal=
len, und nahm daher diese Arbeit über mich,
welche das erstemahl gleichfals A. 1717. und
nach diesem zum andernmahle A. 1723.
nachdem aber diese Nachrichten heraus ge=
wesen, A. 1727. zum dritten und A. 1731.
zum vierdten mahle zum Vorscheine kam.
Es fand sich noch die dritte Arbeit dazu.
Denn der seelige Herr Gleditsch in Leipzig
verlangte von mir ein *Mathematisches
Lexicon.* Weil ich ihm es nicht wohl ver=
sagen konte; so nahm ich auch diese Ar=
beit über mich, und kam dasselbe A. 1716.
zu Leipzig heraus. Auf solche Weise konte
ich bis A. 1718. an die Schrifften von der
Welt=Weisheit nicht gedencken. Es fand
sich aber auch damahls noch andere Arbeit.
Denn weil ich nicht allein dem Herrn von
Leibnitz, sondern nach seinem Tode auch
andern von meiner Erfindung Meldung
gethan hatte, wie es möglich sey, daß aus
einem Körnlein Saamen von Getreyde eine
gantze Menge Achren wachsen können; so
munterten mich verschiedene auf, daß ich
dieselbe heraus geben möchte. Und dieses
geschahe A. 1718. unter dem Titul der
**Entdeckung der wahren Ursache
von der wunderbaren Vermehrung
des Getreydes/** welcher Tractat, da er
eine

eine Weile gefehlet, wegen der Nachfrage zu Ulm nachgedruckt, jetzund ( nemlich A. 1726. ) aber von neuem von mir revidiret, und mit einem Anhange vermehret, von dem rechten Verleger von neuem wieder aufgeleget worden. Uber dieses fanden sich verschiedene Ursachen, warum ich erst einige Nachricht von meinen mathematischen und philosophischen *Lectionibus* unter dem Titul: *Ratio prælectionum Wolfianarum in Mathesin & Philosophiam universam* drucken ließ, ehe ich die zur Welt-Weisheit gehörige Schrifften vornehmen konnte. Man findet die Ursachen in der Vorrede desselben Büchleins umständlich beschrieben, und will ich sie deßwegen allhier nicht wiederhohlen. Auf solche Weise verzog es sich bis in das 1719te Jahr, ehe ich mich an meine Arbeit wieder wagen konnte, die ich mir schon A. 1712. vorgenommen hatte.

§. 4. Als ich nun fort fuhr meine Schrifften von den verschiedenen Theilen der Welt-Weisheit herauszugeben; so machte ich A. 1719. den Anfang von der **Metaphysick** oder **Haupt-Wissenschafft,** weil diese der Grund von der übrigen Erkäntnis ist, woferne man in der Welt-Weisheit alles aus seinen ersten Gründen herleiten will. Sie kam zu Ende

Metaphysick oder Haupt-Wissenschafft des Autoris.

A 4                                  de

de gedachten Jahres aus der Preße, und
war A. 1720. im Anfange desselben Jahres unter dem Titul: Vernünfftige Gedancken von GOtt, der Welt und
der Seele des Menschen auch allen
Dingen überhaupt, in den Buchläden
zu haben. Ich rechne zu der Metaphysick oder Haupt-Wissenschafft, wenn
sie recht vollständig seyn soll, 1. die
Grund-Wissenschafft oder *Ontologie*
von der allgemeinen Betrachtung der
Dinge; 2. die Geister-Lehre oder
Pneumatick von der Seele des Menschen und einem Geiste überhaupt; 3. die
allgemeine Welt Lehre, oder *Cosmologie*, von der Welt überhaupt und 4. die
natürliche Gottes-Gelahrtheit oder
Theologie von GOtt. Und nach diesen
verschiedenen Theilen habe ich den Titul
des Buches eingerichtet. Dieses Buch
fand sehr viele Liebhaber, und ward ich von
vielen braven Leuten versichert, daß sie mit
grossem Vergnügen dasselbe gelesen, und
sich daraus erbauet hätten. Derowegen
war schon A. 1721. eine neue Auflage vonnöthen und ich schritte mit Freuden dazu,
bezeugte auch meine Freude öffentlich in der
von neuem beygesetzten Vorrede. Denn
mir ist bekandt, und ich bin dessen zur
Gnüge überzeuget, daß ich darinnen die
rechte Waffen an die Hand gegeben, damit
die

die Atheisterey und Profanität bestritten
werden kan, und einen guten Grund zu einer vernünfftigen Moral geleget, wodurch
eine wahre Tugend von einem gezwunge-
nem und angewöhntem Heuchel-Wesen
unterschieden werden mag. Es war diese
andere Auflage mit dem Ende des gedachten Jahres fertig und zu Anfange des 1722-
zigsten in den Buchläden zu haben. Diese
ist abermahls bald wieder aufgegangen, und
nun in diesem 1725zigsten Jahre die dritte
Auflage erfolget. Ich habe darinnen nichts
geändert, ausser die unrichtige Citata mit
Fleiß corrigiret und hin und wieder etwas
hinzugesetzet, welches zu mehrerer Erläuterung dienen kan. Nach der ersten Auflage
dieser Nachrichten ist die vierdte von der Metaphysick A. 1729. erfolget mit einem Vor-
berichte, der in den vorhergehenden Auflagen nicht zu finden, und Anno 1732. die
fünffte.

§. 5. Als man mich A. 1723. aus einigen interessirten Absichten verfolgete und
den Vorwand dazu aus der Metaphysick
nahm; so verkehrte man mir meine Worte,
damit man mich gefährlicher Irthümer beschuldigen konte, und zog hin und wieder einige Worte auf gantz etwas anders, als ich
intendiret hatte, wie es insgemein zu geschehen pfleget, wo man entweder nicht in dem
Stande ist eine Sache reiflich zu erwegen,

*Anmer-*
*ckungen*
*über die*
*Meta-*
*physick.*

A 5                              oder

oder auch durch widrige Affecten daran gehindert wird. Weil ich nun an Streit und
Zanck kein Wohlgefallen habe, mir auch zur
Gnüge bekandt ist, daß man damit nichts
fruchtet, indem doch jederzeit ein jeder
Recht haben will, wenn er auch wider sein
Gewissen wider die Wahrheit reden und
schreiben solte; so suchte ich weiter nichts
als mich gegen verständige und der Billigkeit ergebene zu vertheidigen. Zu dem Ende
gab ich A. 1724. in der Andräischen Buch-
handlung zu Franckfurth am Mayn Anmerckungen über die vernünfftige
Gedancken von GOtt, der Welt und
der Seele des Menschen, auch allen
Dingen überhaupt, zu besserem Verstande und bequemerm Gebrauche
derselben heraus. Wer demnach mit we-
nigerer Uberlegung in meiner Metaphysick
zurechte kommen will, der darf nur diese Anmerckungen in die Hand nehmen; so wird er
sich durch Leute nicht irre machen lassen, denen daran gelegen ist, daß sie meine Worte
verkehren, damit sie ihren Verleumdungen
und Lästerungen einen Schein geben können.   Weil man dieses Buch bequem be-
fand bey Durchlesung der Metaphysick mit
zu gebrauchen; so habe ich es zu dem andern
Theile derselben gemacht und A. 1727. unter dem Titul: Der vernünfftigen Gedancken von GOtt, der Welt und
der

der Seele des Menschen/ auch allen
Dingen überhaupt/ anderer Theil,
bestehend in ausführlichen Anmerckungen, hin und wieder vermehrter von
neuem drucken lassen. Und ist dieses Buch
jetzt zum drittenmahle wieder aufgeleget
worden.

§. 6. Als ich einmahl den Anfang ge- *Ethick*
macht hatte meine deutsche Wercke von der *oder Mo-*
Welt-Weisheit heraus zu geben; so fuhr *ral des*
ich auch desto eiffriger fort, je länger ich von *Autoris.*
diesem Vorhaben war abgehalten worden.
Und daher kamen gleich auf die Leipziger O-
ster-Messe A. 1720. meine vernünfftige
Gedancken von der Menschen Thun
und Lassen, zur Beförderung ihrer
Glückseligkeit heraus, darinnen ich 1.
die allgemeinen Gründe der Moral und Politick und des Rechtes der Natur, 2. die
Haupt-Gesetze der Natur, die den Menschen im Stande der Freyheit angehen, und
3. die Regel der Moral, wodurch man zur
Ausübung des Gesetzes der Natur und der
Tugend gebracht, von den Lastern aber
zurücke gezogen wird, abhandele. Ich
gab dieses Buch gleich nach der Metaphysick heraus, weil man den Grund der hierinnen vorgetragenen Lehren in der Metaphysick findet, und die Moral sich mit der
Metaphysick unmittelbar verknüpffen lässet. Es fand auch so wohl als die Metaphysick

physick seine Liebhaber, und war daher A. 1722. nöthig, daß man auf eine neue Auflage gedencken muste, die auch gegen das Ende des Jahrs fertig ward und mit der Leipziger-Neu-Jahrs-Messe A. 1723. heraus kam. Nach diesem ist dieses Buch Anno 1728. mit einem Vorbericht zum drittenmahle wieder aufgeleget worden.

*Politick des Autoris.* §. 7. Unerachtet ich A. 1720. das Pro-Rectorat bey der Universität zu verwalten überkam, dabey sich vieles zu thun fand; so ließ ich mich doch nicht dadurch gantz abhalten in meinem Vorhaben fortzufahren, sondern fertigte meine Politick aus, die A. 1721 während des Pro Rectorats unter dem Titul: **Vernünfftige Gedancken von dem gesellschafftlichen Leben der Menschen / und insonderheit dem gemeinen Wesen zu Beförderung der Glückseligkeit des menschlichen Geschlechtes** an das Licht trat. Ich gab dieses Buch nach der Moral heraus, weil die Politische Lehren aus den Gründen der Moral fliessen, wenn man zu dieser das Recht der Natur mit rechnet, woferne man sie gründlich begreiffen will. Ich war A. 1723. im Begriff zu der andern Auflage zu schreiten: allein die bekandte Verfolgung und die Rechtfertigung wider Herrn *D.* **Budden,** der sie vertheidigen und den Verfolgern das Wort reden wolte, hat es gehindert,

dert, daß sie nicht eher als die Leipziger Oster-
Messe A. 1726. zu stande kommen können.
Nach diesem ist dieses Buch A. 1731. zum
drittenmahle aufgeleget worden.

§. 8. Nachdem ich mit den Theilen der
Welt-Weisheit zu Ende war, welche zu
Beförderung der Glückseligkeit des menschlichen Geschlechtes auf Erden gehören, in
so weit sie durch die natürlichen Kräffte
mag erkandt, und zum Theil erreichet werden; so schritt ich ohne einigen Verzug zur
**Physick** oder **Natur-Wissenschafft**,
darinnen die Erkäntniß der Natur abgehandelt wird. Weil ich nun gewohnet bin
in Erklärung der Natur nichts auf sandigen Grund zu bauen, sondern vielmehr
dasjenige zum Grunde zu legen, was durch
untrügliche Erfahrung heraus gebracht
wird; so gab ich zuerst diejenigen **Versuche** heraus, dadurch **zu genauer Erkäntniß der Natur und Kunst der
Weg gebahnet wird.** Weil mir gleich
viel gilt, was für Lehren heraus kommen,
wenn ich nur versichert bin, daß sie der
Wahrheit gemäß sind, dieses aber mein
geringster Kummer ist, ob sie alt, oder neue
sind, ob sie von diesem oder jenem Manne behauptet werden, oder seinen Gründen
gemäß sind; so verlange ich mir auch bey
Versuchen oder Experimenten nichts zu erschleichen. Und deßwegen nahm ich mir

*Experi-
mental-
Philoso-
phie des
Autoris.*

vor

vor dieselben auf das ausführlichste zu be=
schreiben, damit ein jeder in dem Stande
wäre vor sich zu urtheilen, mit was vor
Rechte dieses oder jenes daraus geschlos=
sen wird. Derowegen wuchs mir die Ar=
beit unter den Händen, daß ich unmög=
lich alles in einen Theil bringen konte:
vielmehr muste ich derselben drey machen.
Der erste Theil davon kam A. 1721. in
der Leipziger Michaelis=Messe; der andere
A. 1722. in der Oster=Messe, und endlich
der dritte in eben dem Jahre in der Michae=
lis=Messe heraus. Der erste Theil ist A.
1727. der andere A. 1728. der dritte A.
1729. zum andern mahle gedruckt worden.

§. 9. Nachdem ich auf diese Weise einen
sichern Grund zur Erkäntnis der Natur
geleget hatte; so grief ich die Erklärung der
Natur selbst an und kamen A. 1723. in der
Oster=Messe meine vernünfftige Ge=
dancken von der Würckung der Na=
tur heraus, darinnen ich die Ursachen des=
sen, was in der Natur geschiehet, anzeige,
und die Art und Weise untersuche, wie sie
dieses hervorbringen. Mit einem Wor=
te, ich erkläre die natürliche Begebenheiten
durch ihre würckende Ursachen der Erfah=
rung und zu dem Ende angestellten Ver=
suchen gemäß, als welche ich deswegen zu=
erst heraus gegeben hatte. A. 1725. kam
dieses Buch zum andernmahle heraus.

§. 10.

**Physick oder Natur-Wissen-schafft des Autoris.**

§. 10. Meine Verfolger fiengen sich zwar dazumahl schon an zu regen, und machten mir verschiedene Abhaltungen, so daß ich nicht allein nöthig hatte in einem geschriebenen Aufsatze mich wider sie zu rechtfertigen, sondern auch wider öffentlich ausgestreuete Verleumdungen in einer Lateinischen Schrifft zu vertheidigen, die unter dem Titul: *De differentia nexus rerum sapientis & fatalis necessitatis, nec non harmoniæ præstabilitæ & hypothesium Spinosæ Commentatio luculenta* vorhanden, worzu nach diesem noch wegen besonderer Umstände ein Anhang unter dem Titul: *Monitum ad Commentationem de differentia nexus rerum sapientis & fatalis necessitatis* kam: allein ich ließ mich dieses doch nicht anfechten; sondern machte daß diesen Sommer über noch die **vernünfftige Gedancken von den Absichten der natürlichen Dinge** bis zur Leipziger Michaelis-Messe zu Stande kamen, da ich zeige, was GOtt für Absichten bey den natürlichen Dingen habe, und wie er eines um des andern willen geordnet. Ich nahm diese Arbeit um so viel freudiger über mich, weil dadurch der Mensch von den Creaturen gleichsam als auf einer Leiter hinauf zu GOtt steiget, meine Absicht aber bey meinen Schrifften von der Welt-Weisheit ist, daß der Mensch zu Verstand und Tugend

Tugend gebracht werde, so weit es durch
die natürlichen Kräffte geschehen kan, und
dadurch selbst nach höhern zu fragen geleitet werde, welche uns die Christliche Religion an die Hand giebet. Weil GOtt
die Welt dazu gemacht, daß wir ihn daraus als einen GOtt erkennen sollen, und
verlangt, daß wir ihn erkennen sollen, damit
wir ihn als einen GOTT ehren; so habe
ich auch die Erkäntnis der Natur dazu
anwenden wollen. Und dieses hat den andern Theil meiner Physick veranlasset, ob
ich ihn zwar als einen besonderen Tractat
ansahe, weil die Physick ohne denselben seyn
kan, auch man diese Materien nicht ordentlicher Weise darinnen abhandelt, die zu
den Absichten gehören, die wir bey den
natürlichen Dingen antreffen. Nachdem
dieses Buch nicht weniger Beyfall als die
übrigen gefunden; so habe ich es A. 1726.
von neuem heraus gegeben.

Der drit-
te Theil
der Phy-
sick von
dem Ge-
brauche
der Theile.
§. 11. Nachdem die Michaelis-Messe
vorbey war, wandte ich mich zu dem dritten Theile der Physick, oder den vernünfftigen Gedancken von dem Gebrauche der Theile in Menschen,
Thieren und Pflantzen, als welches in
den andern Theil von den Absichten nicht
konte hineingebracht werden, weil es weitläufftig fiel. Es war der dritte Bogen unter der Presse, als meine Verfolger einsei-
tiger

tiger Weise eine strenge Ordre wider mich
extrahiret hatten, wodurch alle meine Arbeit in Halle unterbrochen ward, die ich angefangen hatte. Ich gieng demnach und
trat mein Ambt in Marburg an, dazu ich
noch vor Johannis die Vocation erhalten
hatte: Allein es ließ sich bey der plötzlichen Schutz-
und unvermutheten Veränderung nicht Schrifften
gleich thun, daß ich allhier meine angefan- des Auto-
gene Arbeit fortsetzte. Denn weil ein ge- ris.
wisser Mann, nemlich D. Budde in Jena, ein sehr nachtheiliges Bedencken von
meiner Philosophie meinen Verfolgern zu
Liebe gestellet hatte, und dieses von ihnen
ob zwar wider seinen Willen gar zum Drucke war befördert worden, dieser berühmte Mann aber für einen angesehen ward,
der von Sachen, die zur Welt-Weisheit
gehören, zu urtheilen geschickt wäre, über
dieses den Ruhm eines bescheidenen Theologi vor sich hatte, und doch auf mich mit
der allergrösten Hefftigkeit loßgieng; so
muste ich ihm zeigen, daß er keinen Richter in diesen schweren metaphysischen Streitigkeiten abgeben könte, noch auch sich
sonst in den geziemenden Schrancken gehalten hätte. Und deswegen ward ich genöthiget sein Bedencken von der Wolffischen Philosophie mit Anmerckungen erläutert zu Franckfurth am Mäyn
A. 1724. heraus zu geben. Hierzu kam
B die

die Nothwendigkeit der Anmerckungen
über die Metaphysick, davon ich oben (§. 5.)
geredet. Und weil der Vertheidiger meiner Verfolger noch recht haben wolte,
so werd ich ferner genöthiget eine Zugabe zu diesen Anmerckungen noch in diesem Jahre hinzuzusetzen. Ja als er sich
schämete, daß er unrecht haben solte, und
sich noch ferner rechtfertigen wolte, als
wenn er Ursache gehabt mich auf eine so entsetzliche Art anzufallen; kam noch A. 1725.
der klare Beweiß darzu, daß der Herr
D. Budde die von ihm gemachten
Vorwürffe einräumen und gestehen
muß, er habe aus Übereilung die ungegründete Auflagen der Hällischen
Widersacher recht gesprochen. Diese
Hindernisse und noch andere verursachten,
daß ich hier in Marburg nicht so gleich die
in Halle unterbrochene Arbeit fortsetzen
und zu Ende bringen könte. Hierzu kam
noch ferner, daß ich neben dieser Arbeit,
als ich sie wieder vorgenommen hatte, noch
die Logick, Metaphysick, Politick, und
die Anfangs-Gründe aller mathematischen
Wissenschafften von neuem übersehen muste, weil von allen neue Auflagen höchst
nöthig waren. Und also hat sichs endlich
verzogen, daß ich erst diese Oster-Messe
A. 1725. zu stande kommen bin, und damit durch Gottes-Hülffe meine gantze Arbeit

beit zu Ende gebracht, die ich mir vorgenommen hatte. Der Titul dieses letzten
Theils von der Physick ist: **Vernünfftige Gedancken von dem Gebrauche
der Theile in Menschen, Thieren und
Pflantzen,** welche A. 1730. zum andern
mähle wieder aufgeleget worden.

§. 12. Ausser diesen Schrifften, darinnen ich die gewöhnlichen Theile zur Welt-
Weisheit abgehandelt, und die beyden
Streit-Schrifften wider Herrn *D* Budden, habe ich noch A. 1716. einen besonderen Tractat von dem damahls erschienenen und gewöhnlichen Phænomeno oder
Nordscheine drucken lassen, welcher nichts
anders als eine Lection ist, die ich in dem
öffentlichen Auditorio auf der Universität
Halle als Professor Physices gehalten, weil
von mir begehret ward, daß ich meine Gedancken davon eröffnen möchte. Ich ward
genöthiget dieselbe drucken zu lassen, weil
man etwas davon in öffentlichen Druck
heraus gab, was von einem zerstümmelt
war nachgeschrieben worden. Uber dieses
fügte sichs A. 1718. daß ich meine Gedancken von der Ursache der Vermehrung des
Getreydes eröffnete ( §. 3. ) und weil mich
ein ungenanter Autor wider meinen Willen zu einem Entrepreneur machen wolte,
und aus dieser Absicht mit ungegründeten
Einwürffen zum Vorscheine kam, so hielt

*(Marginalie:)* Einige kleine Schrifften des Auto-ris.

ich

ich vor rathsam eine fernere Erläuterung
davon herauszugeben, welche A. 1730.
zum andern mahle gedrucket worden. Und
dieses gab zugleich Anlaß, daß ich zu Ende
der Metaphysick, die damahls (§. 4) heraus kam, **Eine Erinnerung, wie ich
es künfftig mit den Einwürffen halten wolte/ die wider meine Schrifften gemacht würden**, als einen Anhang
beyfügte, der auch noch bey der neuen Auflage unverändert zu finden. Als der Hällische Lermen angieng, gab ich einen Bogen
in Druck unter dem Titul heraus: **Sicheres Mittel wider ungegründete Verleumdungen**, darinnen ich Vorschläge
that, wie man den Verleumdungen abhelffen könne: allein diejenigen, die Interesse davon hatten, haben sich an diesen Vorschlag nicht gekehret.

Erklä-
rung der
Citatio-
nen in den
Schriff-
ten des
Autoris.

§. 13. Weil ich alles in einer beständigen
Verknüpffung mit einander abhandele, so
habe ich auch nöthig mich in den folgenden
Theilen auf die vorhergehenden zu beruffen.
Und da dieses gar vielfältig geschiehet; so
habe ich auch nicht jederzeit den Titul des
Buches anführen können. Ich verstehe
demnach durch *Log.* die vernünfftigen
Gedancken von den Kräfften des
Verstandes, und ihrem richtigen
Gebrauche in Erkäntnis der Wahr-
heit (§. 2); durch *Metaphysicam* die von
GOtt

GOTT, der Welt und der Seele des Menschen, auch allen Dingen überhaupt (§. 4); durch *Annot. Met.* die Anmerckungen darüber (§. 5); durch *Mor.* die vernünfftigen Gedancken von der Menschen Thun und Lassen (§. 6); durch *Pol.* die von dem gesellschafftlichen Leben der Menschen, und insonderheit dem gemeinen Wesen (§. 7); durch *Exper. T. I.* den ersten Theil der Versuche dadurch zu genauer Erkäntnis der Natur und Kunst der Weg gebähnet wird (§. 8); durch *Exper. T. II.* den andern Theil, und durch *Exper. T. III.* den dritten Theil dieser Versuche (§. cit.); durch *Phys.* die vernünfftigen Gedancken von der Würckung der Natur (§. 9); durch *Phys. T. II.* die von den Absichten der natürlichen Dinge (§. 10); durch *Phys. T. III.* die von dem Gebrauche der Theile in Menschen, Thieren und Pflantzen (§. 11). Ich habe auch unterweilen nöthig mich auf die Anfangs-Gründe der Mathematick zu beruffen, und verstehe durch *Arithm.* die Rechen-Kunst, durch *Geom.* die Geometrie, durch *Trigon.* die Trigonometrie, durch *Archit. Civit.* die Bau Kunst durch *Artill.* die Artillerie, durch *Archit. milit.* die Fortification oder Kriegs-Bau-Kunst, durch *Mech.* die Mechanick, durch *Hydrost.*

B 3

droft. die Hydroſtatick, durch *Aerom.* die
Arometrie, durch *Hydraul.* die Hydraulick, durch *Opt.* die Optick, durch *Catoptr.*
gie Catoptrick, durch durch *Dioptr.* die
Dioptrick, durch *Perſpect.* die Perſpe-
ctiv, durch *Sphær. Trig.* die ſphäriſche
Trigonometrie, durch *Aſtron.* die Aſtro-
nomie, durch *Geogr.* die Geographie,
durch *Chronol.* die Chronologie, durch
*Gnomon.* die Gnomonick, durch *Algebr.*
den erſten Theil von der Algebra, durch
*Anal. infin.* den andern Theil von der Algebra. Wenn nichts weiter dabey ſtehet,
ſo verſtehe ich dadurch die deutſchen Anfangs-Gründe aller mathematiſchen
Wiſſenſchafften (§. 2): ſtehet aber dabey
*Lat.* ſo werden die lateiniſchen angeführet,
oder die Elementa Matheseos universæ (§.
3), weil dasjenige, das ich zum Beweiſe als
gewiß annehme, in den deutſchen nicht anzutreffen. Ich führe dieſes zu dem Ende an,
weil ſich einige in die Citationes nicht finden können, gleichwohl aber es nöthig iſt,
daß man weiß, wo man ſuchen ſoll, was
als ein Grund zum Beweiſe angenommen
wird.

## Das 2. Capitel.
# Von der Schreib-Art
### des Autoris.
### § 14.

Ie deutsche Schrifften von der Welt-Weisheit habe ich haupt-sächlich zu dem Ende geschrieben, damit sich meine Zuhörer derselben in den Collegiis bedienen könten. Denn es gieng mit mir wie andern Professoribus, daß mei-ne Discurse unrecht nachgeschrieben wor-den, so daß öffters entweder gar kein Ver-stand herauskam, öffters aber ein Verstand, der meinem Sinne gantz entgegen stund. Meine Feinde suchten sich dessen zu bedienen, und nahmen davon zu ungleichen Urtheilen Anlaß, ob ihnen gleich bewust war, daß es ihnen selbst nicht besser ergangen war, und sie sich darüber beschweret hatten, wenn man von ihnen daher ungleich urtheilen wollen, worinnen ich nichts auszusetzen finde. Denn wenn ein Professor auf Uni-versitäten für alles das stehen solte, was seine Zuhörer nachschreiben; so würde man ihm öffters die ungereimtesten Meinungen beymessen müssen. Damit nun diesem Ubel abgeholffen würde, und meine Zuhö-rer in dem Buche nach meinem Sinne aus-

*Warum der Autor von der Welt-Weisheit geschrie-ben?*

B 4                          g. fühgeführet lesen könten, was sie entweder unrecht oder unvollständig nachschrieben; so gab ich die Lehren, welche ich in meinen Lektionen vortrug, ausführlich heraus, damit sie nur nöthig hätten darauf acht zu haben, wie man sie überlegen und untersuchen muß, wenn man sie will einsehen, und ihre Wahrheit begreiffen lernen. Weil aber gedruckte Bücher auch in andere Hände kommen, und mir ohne dem bekandt war, daß viele an meinen Schrifften ein Gefallen hätten; so suchte ich zugleich auch andern zu dienen, und führte dannenhero die Sachen dergestalt aus, daß einer vor sich darinnen zurechte kommen kan, wenn er mit gehöriger Aufmercksamkeit und Uberlegung darüber kommet und Zeit gnug dazu anwendet, wie bey solchen Schrifften erfordert wird, die von Wissenschafften gründlich handeln. Dieses erinnere ich mit Fleiß, damit man nicht meyne, man könne dergleichen Bücher wie ein Historien-Buch lesen, oder auch wie ihnen gleichgültige Bücher, darinnen man mehr Meynungen und ihre Beweise erzehlet, als Lehren auf eine demonstrativische Art ausführet.

*Nothwendige Erinnerung.*

§. 15. Daß ich aber von der Welt-Weisheit in deutscher Sprache schrieb, dazu hatte ich mehr als eine Ursache. Auf der Universität, wo ich die Welt-Weisheit lehrete, war es eingeführet, daß der Vortrag in den Colle-

*Warum der Autor deutsch geschrieben?*

Collegiis in deutscher Sprache geschahe.
Und also konte ich nicht wohl von dieser Die erste
Gewohnheit abgehen, fand auch mehr Ursache.
Gründe vor mich, warum ich dabey ver-
blieb, als daß ich davon abwiche, ob ich
gleich in Leipzig gewohnet war mich der lateinischen Sprache in meinen Collegiis zu
bedienen. Denn es ist nicht zu leugnen, Die an-
daß heute zu Tage viele auf Universitæten dere.
kommen, welche in der lateinischen Sprache es nicht so weit gebracht, daß sie den
lateinischen Vortrag verstehen können, und
die wenigsten sind darinnen so geübet, daß
sie, was lateinisch vorgetragen wird, eben
so wohl verstünden, als wenn man es ihnen in ihrer Mutter-Sprache vorgetragen
hätte. Da es nun in Wissenschafften nicht
auf die Worte, sondern auf die Sachen ankommet, und man nicht darauf zu sehen
hat, wenn man sie andern vortragen soll,
daß sie Worte ins Gedächtnis fassen, sondern daß man ihnen einen Begriff von der
Sache beybringe; so ist es nicht unbillig
sich in diesem Stücke nach der Fähigkeit der
Zuhörer zu richten. Am allerwenigsten Die drit-
aber halte ich wohl gethan zu seyn, wenn te.
man einige gar entweder versäumen, oder
von der Erlernung der Wissenschafften
wegtreiben wollte, weil sie das Unglück gehabt in ihren Schul-Jahren in der Latini-
tät versäumet zu werden. Hierzu kam noch Die vierd-
diese, te.

dieses, daß mir bekandt war, wie sich aus deutschen Schrifften auch andere erbauen, welche nicht studiret haben, und es öffters in Wissenschafften andern zuvor thun, die studiret haben. Und auf diese richtete ich zugleich mein Absehen, und mir sind auch Exempel bekandt, daß ich in diesem Stücke meinen Zweck erreichet habe.

§. 16. Da ich mir nun vorgenommen hatte von der Welt-Weisheit in deutscher Sprache zu schreiben; so schrieb ich auch auf eine solche Weise, wie es eine reine deutsche Mund-Art mit sich bringet. Ich habe mich nicht allein von ausländischen Wörtern enthalten, die man heute zu Tage in unsere deutsche Sprache häuffig mit einzumengen pfleget, sondern auch alle Redens-Arten vermieden, die unserer deutschen Mund-Art nicht gemäß, und bloß Ubersetzungen von Redens-Arten sind, die man aus fremden Sprachen entlehnet. Eben so habe ich keine lateinische Wörter mit untergemenget, weil diese sich so wenig in die deutsche Sprache, als die deutschen in die lateinische schicken. Der gemeine Gebrauch entschuldiget nicht: eine Gewohnheit muß vernünfftig seyn und einen guten Grund vor sich haben, wenn man sich darnach achten soll. Uber dieses erforderte es mein Zweck, den ich mir vorgesetzet hatte, daß auch

Warum der Autor rein deutsch geschrieben? Wie er solches bewerckstelliget.

Erste Ursache.

Andere Ursache davon.

auch andere meine Schrifften lesen solten,
die nicht studiret und niemahls lateinisch
gelernet haben. Ja da unsere deutsche
Sprache nicht so arm ist, daß sie aus andern Sprachen Wörter und Redens-Arten entlehnen muß; so ist gar keine Noth
vorhanden, warum wir fremde Wörter
und Redens-Arten darein bringen wollen.
Ich habe gefunden, daß unsere Sprache
zu Wissenschafften sich viel besser schickt als
die lateinische, und daß man in der reinen
deutschen Sprache vortragen kan, was
im Lateinischen sehr barbarisch klinget.
Derowegen habe ich die barbarischen
Kunst-Wörter der Schul-Weisen rein
deutsch gegeben: Denn es gilt einem Anfänger gleich viel, ob er das Kunst-Wort
deutsch oder lateinisch lernet, und, wer
studiret, kan das lateinische Kunst-Wort
sowohl als bey andern Wörtern das lateinische lernen. Hingegen werden durch
die lateinischen Kunst-Wörter andere ab-
geschreckt die Bücher zu lesen und sich daraus zu erbauen, die mit dem Latein entweder nicht können, oder nicht mögen zu
thun haben. Man kan nicht sagen, daß
dadurch ohne Noth die Kunst-Wörter
vervielfältiget würden: denn sonst müste
man auch im Lateinischen die Frantzösischen
und deutschen Kunst-Wörter von der Fortification und Artillerie behalten, weil im
Latei-

*Marginalien:*

Dritte Ursache.

Daß die deutsche Sprache zum Philosophiren geschickt.

Warum der Autor deutsche Kunst-Wörter eingeführet?

Lateinischen noch keine Wörter vorhanden,
dadurch sie sich übersetzen lassen, indem die
Römer von denen Sachen, die dadurch
bedeutet werden, nichts gewust haben.
Wenn im Deutschen einmahl Wörter eingeführet wären, und ich wolte sie verwerffen, weil sich die Sache geschickter auf eine
andere Weise benennen liesse; so könnte
man sagen, daß die Wörter ohne Noth
vervielfältiget würden: Allein da man
bisher noch keine deutsche Kunst-Wörter
erdacht, so habe ich nur dem Mangel abgeholffen, nicht aber durch eine überflüßige
Arbeit Wörter ohne Noth vervielfältiget.

**Wie es
der** Autor
**mit Kunst-
Wörtern
zu halten
pfleget.**

Und daß ich hierinnen gehandelt, wie ich
sonst zu verfahren gewohnet gewesen; kan
ich mit einem Exempel aus der Bau-Kunst
erweisen: Unsere deutsche Bau-Meister
und Werck-Leute haben in der Bau-Kunst
bey den so genannten fünff Ordnungen
Kunst-Wörter eingeführet, die nichts als
verstümmelte Italiänische Wörter sind.
Diese Wörter aber sind unter ihnen einmahl eingeführet und wer mit ihnen auskommen will, derselbe muß sie brauchen.
**Goldmann**, der sich um die Bau-Kunst
sehr verdient gemacht, hat in seinem Buche von den **Baustäben** andere Kunst-
Wörter eingeführet, welche nicht allein
rein deutsch sind, sondern auch mit der
sorgfältigen Benennung des *Vitruvii* über-
einkom-

einkommen. Deſſen ungeachtet bin ich
bey der gewöhnlichen Benennung geblieben, unerachtet ich denen zu Liebe, welche
**Goldmanns** Schrifften leſen wollen, zugleich die andere Benennungen beygefüget, gleichwie ich auch meine Kunſt-
Wörter in einem beſondern Regiſter la-
teiniſch gegeben, zum Gebrauche derer, die
lateiniſche Schrifften leſen.

§. 17. Indem ich auf deutſche Kunſt-
Wörter bedacht geweſen; ſo habe ich auf
folgende Regeln acht gehabt. 1. Wo mir
ein deutſches Wort bekandt geweſen, das von andern an ſtatt eines
lateiniſchen gebraucht worden, da
habe ich kein neues erdacht; ſondern
das alte behalten. Denn da die Benennung willkührlich iſt, und man nicht
aus den Wörtern nach den Regeln der
Sprach-Kunſt, ſondern aus den Begriffen nach den Regeln der Vernunfft-
Kunſt von den Sachen urtheilet; ſo gilt
es gleich viel, mit was für einem Nahmen man eine Sache beleget, und iſt nicht
nöthig, daß man erſt critiſiret, ob ſich der
Nahme dazu ſchickt, oder nicht. Es würde
dieſer Streit ohnedem nicht zu endigen
ſeyn. Denn da keine Sprache vorhanden,
darinnen die Wörter weſentliche Bedeutungen haben, die ſich nach den Regeln
der Sprach-Kunſt aus ihren Elementen,

den

Wie der
Autor
bey den
deutſchen
Kunſt-
Wörtern
verfah-
ren.

Die erſte
Regel.

den Sylben und Buchstaben, dergestalt
erklären lassen, als wie man die Begriffe
nach den Regeln der Vernunfft-Kunst
in andere einfachere und allgemeinere zergliedert; so kan die Benennung einer Sache auf vielerley Weise geschehen, daß sich
nach den Regeln der Sprach-Kunst vertheidigen lässet, es reime sich dieselbe mit
der Sache, indem man entweder auf dieses, oder auf etwas anders siehet, was in
ihr anzutreffen ist.    Aus dieser Ursache ha-
**Exempel.** be ich z. E. *Concipere* im Deutschen durch
das Wort gedencken gegeben, weil der
Herr von Tschirnhausen, dessen *Medici-*
*næ Mentis* zu Gefallen ich die Redens-Arten *concipere, non posse concipi, nullum habe-*
*re conceptum* erkläret, dieses Wort im Deutschen gebraucht, ja, wie ich aus mündli-
cher Unterredung mit ihm vernommen,
davor gehalten, daß man kein anderes seinem Sinne gemäß davor brauchen könne.
Ob ich nun zwar darüber mit niemanden einen Streit anfangen will; so muß
ich doch dem Herrn von Tschirnhausen
darinnen Recht geben, daß diejenigen,
welche für *Concipere* im Deutschen sagen:
einen Satz fassen, viel zu wenig sagen;
die anderen aber im Gegentheil zu viel,
welche die Worte einen Satz begreiffen,
davor gebrauchen wollen.    Und wer verstehet, was *Concipere* in dem Verstande,
wie

wie es von den Mathematicis und dem
Herrn von Tschirnhausen genommen
wird, zu sagen hat, der wird genugsamen Grund finden, warum er das Wort
gedencken allen übrigen vorziehet, wenn
er auf die eigentliche Bedeutung dieses
Wortes acht hat. Ferner ist zu mercken, Die an-
daß ich 2. die deutschen Kunst-Wör-dere Re-
ter nicht aus dem Lateinischen über-gel.
setzet habe, sondern sie vielmehr so
eingerichtet, wie ich es der deutschen
Mund-Art gemäß gefunden, und
wie ich würde verfahren haben,
wenn auch gar kein lateinisches
Kunst-Wort mir wäre bekandt gewesen. Dieses habe ich deswegen gethan, weil die Ubersetzung der lateinischen
Kunst-Wörter gemeiniglich im Deutschen
übel klinget: Welches um soviel weniger
zu verwundern, indem die meisten davon
selbst im Lateinischen übel klingen, daß man
auch deswegen die Lehren der Schul-Weisen heute zu Tage lächerlich macht und
ihrer barbarischen Sprache spottet. Z. E. Exempel.
Wie würde es im Deutschen geklungen haben, wenn ich das Kunst-Wort der Schul-
Weisen *Conscientia theoretico practica* von
Wort zu Wort hätte übersetzen, oder auch
dem lateinischen Worte nur eine deutsche
Endigung geben, und es das **theore-**
**tisch-practische** Gewissen nennen sollen?

len? Will es jemand thun, so will ich ihm
deswegen keinen Krieg ankündigen. Er
hat darinnen seine Freyheit. Mich dünckt
aber, da ich deutsch geschrieben, so lautet
es besser, wenn ich es das **nachgebende
Gewissen** genennet. Denn dieses Wort
ist rein deutsch, welches niemand leugnen
kan, und zu der Benennung lieget der
Grund in der Sache selbst, und zwar ein
solcher, darauf man in der Moral am
meisten zu sehen hat, nemlich weil diese Art
des Gewissens unter den besonderen Umständen noch nachgiebet, daß man dagegen
handeln kan, unerachtet es uns zu anderer
Zeit zu einem aufrichtigen Vorsatze bringet dasjenige, wovon es urtheilet, zu thun
oder zu lassen. Und dergleichen Grund
ist gnug die Benennung zu rechtfertigen.

**Einwurff
wird be-
antwor-
tet.** Es ist nicht zu leugnen, daß öffters ein anderer mit eben so viel Grunde die Benennung anders einrichten kan : allein das
hat nichts zu sagen. Denn wir fragen
nur, ob die Benennung geschickt geschehen,
und dieses kan auf vielerley Weise geschehen; nicht aber, ob sie auf die beste Weise
eingerichtet sey, denn diese Sorgfalt ist
ohne Nutzen. Ich will noch ein anderes
Exempel geben. Die *Ontologiam* nenne
**Exempel.** ich im deutschen die **Grund-Wissenschafft**, nicht die **Dinger-Lehre**, als
welches Wort man gebraucht hat, wenn
man

man diese Wissenschafft lächerlich machen
wollen.   Ich brauche das Wort Grund-
Wissenschafft, weil man in diesem Theile
der Welt-Weißheit die ersten Gründe der
Erkäntnis erkläret.   Also habe ich wieder
ein gutes deutsches Wort und dabey einen
von der Sache genommenen Grund,
warum ich ihm dergleichen Bedeutung
beygeleget, und bey diesem Grunde habe
ich noch dazu mit auf die Umstände der
gegenwärtigen Zeit gesehen, wo man das
Kind mit dem Bade zum Nachtheile der
Wissenschafften ausgeschüttet, und daher
einen Nahmen erwehlet, welcher den
Nutzen dieser Wissenschafft anzeiget. Ich
will noch ein anderes Exempel geben. Eine
*propositionem identicam* nenne ich einen
leeren Satz.   Die Benennung ist abermahl rein deutsch, denn es wird den Wörtern eintzeln genommen keine andere Bedeutung beygeleget, als sie haben, und diese
Bedeutung zeiget den Grund von derjenigen an, die sie in der Zusammensetzung haben.   In diesen Sätzen ist das Förder-
und Hinter-Glied einerley, und also sind
sie von Verstande leer, dergleichen in andern Sätzen anzutreffen, wo einer Sache
etwas beygeleget wird, was man als etwas
von ihr unterschiedenes ansiehet. *Propositiones identicas* im deutschen gleichgultige
Säe zu nennen, wie es ein gewisser

C                    Mann

Mann verbessern wollen, würde ich deswegen nicht billigen können, weil dieser
Nahme für die *propositiones æquipollentes*,
das ist, diejenigen gehöret, davon eine in
die Stelle der andern gesetzt werden kan,
ohne daß dadurch etwas in dem Schlusse
oder der Erkäntnis der Sache geändert
wird, wie ich auch dieser Art der Sätze den
Nahmen der **gleichgültigen** beygeleget,
weil man sie bey den versteckten Schlüssen
nöthig hat. Und ich brauche in diesem
Falle das Wort gleichgültig in seinem gewöhnlichen Verstande, davon ich meines
Erachtens abgehen würde, wenn ich *propositiones identicas* gleichgültige Sätze
nennen wolte. In einer *propositione
identica* kan unterweilen das Hinterglied
dem Fördergliede gleichgültig seyn, denn
ordentlicher Weise ist es einerley : Der
Satz aber selbst ist keinem andern gleichgültig. Die Haupt-Regel, darnach ich
mich geachtet habe, ist diese, darnach ich
erst jetzt in einigen Exempeln mein Verfahren gerechtfertiget habe, nemlich 3. daß ich
die deutschen Wörter in ihrer ordentlichen Bedeutung nähme und darinnen den Grund der Benennung zu
dem Kunst-Worte suchte. Denn auf
solche Weise ist mein Kunst-Wort rein
deutsch, weil ich deutsche Wörter in ihrer
eigentlichen Bedeutung brauche, und, indem

*Die dritte Regel.*

dem ich sie zu einem Kunst = Worte mache,
auf Sachen ziehe, darinnen etwas anzu=
treffen, so durch das Wort, in seinem eigent=
lichen Verstande genommen, angedeutet
wird.        Wem diese Vorsichtigkeit nicht
gnug ist, der kan mehrere dabey brauchen.
Und ich will es selbst rühmen, wenn ich meh=
rere finde.        Mir scheinet die von mir ge=
brauchte gnug zu seyn an einem solchen
Orte, wo einem um die Sachen, nicht
um die Worte zu thun ist.        Ja ich werde
meines Ortes niemanden deswegen tadeln,
vielweniger ihm den Krieg ankündigen,
wenn er noch wenigere dabey gebraucht hat.
Ich bin aber auch der Hoffnung, daß, wer
mit solcher Uberlegung meine Kunst Wör=
ter ansehen wird, als ich dazu gebraucht
habe, indem ich sie erwehlet, nicht Ursache
haben wird über mich einige Beschwerde zu
führen.        Ich erinnere zum Uberflusse, daß,
wenn man die Haupt=Regeln, die ich jetzt
angeführet, in besonderen Fällen anbrin=
gen will, man die Regeln sowohl von der
allgemeinen, als auch insonderheit der deut=
schen Sprach=Kunst in acht nehmen muß,
welche hier anzuführen unmöglich ist.

§. 18. Unerachtet ich deutsche Kunst=
Wörter gebraucht, so werden doch dadurch
meine Schrifften nicht dunckel und schwer
zu verstehen. Denn ich habe alle Wörter
vorher erkläret, ehe ich sie gebraucht, und

*Vorsich=
tigkeit bey
den Kunst
Wörtern.*

*Ob der
Autor
durch die
deutschen
Kunst=
Wörter
sein Buch*

**dunckel gemacht?** dannenhero können sie zu keiner Zweydeutigkeit und Misverständnis Anlaß geben. Wer einen Satz erklären will, daß er meinem Sinne gemäß ist, der darf nur auf die von mir gegebene Erklärung des Wortes acht haben, und so ist nicht möglich, daß er meinen Sinn nicht erreichen solte. Hätte ich lateinische Kunst-Wörter gebraucht, so wäre eben dieses nöthig, woferne man nicht dieselben nach seinem eigenen Gefallen auslegen wolte: welches aber nicht geschehen darf, woferne man versichert seyn will, daß man mir nicht etwas falsches andichtet, das von meiner Meinung weit entfernet ist. **Wie man den Autorem verstehen kan.** Ich schreibe mit Gedancken und gebe einem jeden Worte seine abgemessene Bedeutung, bey der ich beständig verbleibe. Wer mich nun verstehen will, der muß ihm diese Bedeutungen bekandt und geläuffig machen, damit er in meinen Schrifften keinen Satz anders ausleget, als es die Krafft meiner Worte leidet. Der berühmte Theologus und Cantzler der Tübingischen Universität, der bey seiner Einsicht eine einem Gottes-Gelehrten anständige Bescheidenheit besitzet, hat dieses längst öffentlich erinnert, wie ich es schon in meiner Commentatione de differentia nexus rerum sapientis & absolutæ necessitatis §. 2. angeführet: aber die mir auß Interesse zuwider sind, wollen solches nicht erkennen.

§. 19. Es

§. 19. Es ist nicht zu leugnen, daß man insgemein eine Unbeständigkeit im Reden liebet und ein Wort bald in diesem, bald in einem anderen Verstande nimmet, oder wenigstens die Bedeutung in etwas ändert. Dieses gehet an, wo man nicht gewohnet ist alle Sätze mit einander beständig zu verknüpffen, daß sie wie Glieder einer Kette alle mit einander zusammen hangen. Da man nun insgemein auf diese Verknüpfung nicht siehet, sondern einen jeden Satz vor sich erweget, als wenn er mit den übrigen nichts zu thun hätte; so kan man die Unbeständigkeit im Reden ohne Nachtheil der Wahrheit gebrauchen. Es ist genug, wenn man nur bey jedem Satze erinnert, wie man das Wort nimmet, oder wenigstens ihn dergestalt erläutert und beweiset, daß man den eigentlichen Verstand herausbringen kan, wenn man mit gehöriger Aufmerksamkeit die Sache überleget: Allein dieses gehet nicht an, wo man in einer beständigen Verknüpffung mit einander einen Satz aus dem andern herleiten soll: Denn weil man hier die vorgehende Sätze beständig als Gründe brauchet, daraus man die folgenden erweiset; so kan man einen Satz in keinem andern Verstande in Erweisung eines andern nehmen, als man ihn erwiesen hat, und man kan ihn in keinem andern Verstande erweisen, als man

ihn

Ob der Autor durch die Beständigkeit im Reden feine Schrifften dunckel gemacht, und warum er sie vermieden?

C 3

ihn erkläret hat. Derowegen gehet es nicht anders an, als daß man einem jeden Worte eine abgemessene Bedeutung beyleget und dabey beständig verbleibet. Wir haben auch das Exempel der Mathematicorum vor uns, welche aus eben dieser Ursache, die ich jetzt angeführet habe, zu allen Zeiten den Wörtern eine abgemessene Bedeutung gegeben und beständig dabey verblieben. Ja dieses ist die Ursache, warum man auch in folgenden Zeiten die Bedeutung keines Wortes geändert, sondern sie so behalten, wie man sie bey den Alten gefunden, auch wenn die Benennung aus einem Irrthume entsprungen und sich das Wort nach den Regeln der Sprach-Kunst für die Sache nicht am besten schicket, dergleichen Exempel wir in der Astronomie antreffen. Dadurch aber, daß ein jedes Wort beständig in einerley Bedeutung angenommen wird, kan keine Dunckelheit entstehen, so daß man nicht wüste, wie man einen Satz eigentlich erklären solte: vielmehr ist hier alles klar und lauter Licht, daß man nicht allein ohne einigen Fehl-Tritt den rechten Verstand finden, sondern auch auf eine überzeugende Art erweisen kan, daß ein Satz nicht anders als auf diese Weise verstanden werden mag. Die Unbeständigkeit im Reden macht vielmehr Dunckelheit, weil man dadurch

*Wie es Unbeständig-*

durch

durch zweiffelhafft werden kan, wie ein keit im Reden verursachet. Satz zu verstehen sey, absonderlich wo von der Unbeständigkeit im Reden nicht gnugsame Anzeige vorhanden. Wer demnach einen Satz unrichtig ausleget, wo man die Erklärung von einem Worte gegeben, und bey der einmahl gegebenen Erklärung beständig verbleibet, auch bloß in Ansehung derselben von einer Sache etwas behauptet, der thut es durch seine Schuld.

Wer mit seiner Schuld unrechte Auslegungen macht.

Denn warum schläget er nicht die gegebene Erklärung auf und hält sie gegen den Satz, den er verstehen will? Warum bringet er aus der gewöhnlichen Unbeständigkeit im Reden eine Bedeutung auf die Bahn, die vermöge des vorgesetzten Zweckes nicht statt finden kan, wenn man gleich sonst das Wort in dergleichen Fällen so zu nehmen pfleget? Die Beständigkeit im Reden kan bey dem Vorsatze nicht getadelt werden, da man alle Sätze in einer beständigen Verknüpffung miteinander aus den ersten Begriffen der Sachen, davon man redet, herleiten will, sondern ist dazu schlechter Dinges nöthig, wie ich erst erwiesen habe. Vielmehr ist der zu tadeln, der bey seiner Unbeständigkeit im Reden verbleiben will, wo man ihr keinen Platz einräumen kan, und um derselben willen dem andern seine Worte verkehret, weil er allzugemächlich ist als

C 4 daß

daß er die Mühe über sich nehmen wolte
die Erklärungen der Wörter nachzuschla=
gen und sie an die Stelle derselben in den
Säzen zu sezen, oder auch die Verwegen=
heit hat sich über ein Buch zu machen und
von denen darinnen vorgetragenen Sa=
chen zu urtheilen, davon er noch nicht weiß,
wie man es lesen muß, wenn man es ver=
stehen will, oder auch es auf gehörige Wei=
se zu lesen weder das Geschicke, noch Ge=
**Wenn ein** duld hat. Es kan ein Buch keine grössere
**Buch die** Deutlichkeit haben, als wenn man den
**gröste** Wörtern eine abgemessene Bedeutung in
**Deutlich=** einer Erklärung beyleget, und bey der ein=
**keit hat,** mahl fest gesezten Erklärung verbleibet.
**und doch** Dessen aber ungeachtet fället es doch denen
**schwer zu** beschwerlich zu lesen, welche nicht gewoh=
**verstehen.** net sind die Bücher mit Gedancken zu le=
sen, weil sie die Erklärungen der Wörter,
dadurch ihre Bedeutung in ihre Schran=
cken eingeschlossen wird, nicht stets vor Au=
gen haben und daraus die Säze erklären.
Ich habe aber längst (§. 19. c. 10. Log.)
gewiesen, daß man deswegen ein Buch
nicht dunckel nennen, sondern nur sagen
kan, es sey einem schwer zu verstehen, weil
man das Geschicke, oder die Gedult nicht
hat, die dazu erfordert wird, wenn man es
verstehen will. Wissenschafften sind keine
Historien und Mährlein, daß man, was
zu ihnen gehörig und gründlich ausgefüh=
ret

ret wird, wie diese lesen kan. Man neh=
me den *Euclidem*, über den sich noch kein
Mathematicus beschweret, daß er dunckel
geschrieben, und sehe zu, wie viel man dar=
aus verstehen wird, wenn man nach seiner
Gewohnheit ihn lesen will, nemlich bald
da, bald dort, und so geschwinde ohne
Nachdencken, als wenn man eine Histo=
rie oder ein Mährlein läse. Der Schuster
muß bey dem Leisten bleiben und sich nicht
an eine Arbeit wagen, darzu er kein Ver=
mögen hat.

§. 20. Damit meine Schrifften ver=
ständigen Lesern desto weniger dunckel wä=
ren, so habe ich auch die Wörter jeder=
zeit in der Bedeutung genommen, die ih=
nen die Gewohnheit zu reden zugeeignet
und sie nach der von mir zu diesem Ende
längst vorgeschriebenen Regel (§.6.c.2.Log.)
herausgesucht. Ja im Lateinischen behal=
te ich deswegen auch die einmahl eingefüh=
te Kunst = Wörter und mache darinnen
keine Aenderung, sie mögen klingen, wie sie
wollen, wie sichs künfftig zeigen wird, wenn
ich zu den lateinischen Wercken schreiten
werde: Allein da ich einem Worte nur
eine einige abgemessene Bedeutung zueig=
ne; so gehet es freylich nicht an, daß ich in
denen Fällen, wo man wegen der Unbe=
ständigkeit im Reden von der gewöhnlichen
Bedeutung abweichet, mit denen überein=

*Ob der Autor bey den ge= wöhnli= chen Be= deutungen geblieben?*

C 5 stimme,

stimme, welche Unbeständigkeit im Reden
lieben. Es ist mir allezeit möglich in besonderen Fällen zu erweisen, daß ich das
Wort in dem Verstande nehme, wie es
gewöhnlicher Weise genommen wird, so
seltsam diese Versicherung auch einigen
vorkommen dörffte: denn ich kan nicht in
Abrede seyn, daß einige in den Gedancken
stehen, als wenn ich von der gewöhnlichen
Bedeutung im Reden abgienge. Ich muß
aber die Ursachen dieses Wahnes entdecken,
damit man nicht vermeine, als wenn ich
bloß haberechten wolte. Es gehöret hier-
her die Unbeständigkeit im Reden, von der
ich erst gedacht habe, davon ich aber nicht
viel sagen will, weil ich bloß wiederhohlen
müste, was ich schon gesaget: jedoch erinnere ich, daß sie eine nicht der geringsten
ist, darauf man in besonderen Fällen zu sehen hat, wo man vermeinet, daß mein Urtheil von anderer ihrem unterschieden ist.
Ein Exempel giebet das Wort Vernunfft
(§. 368. 379. 380. Met.) Am allermeisten
aber kommet es daher, daß man sich einbildet, als wenn den Wörtern eine ungewöhnliche Bedeutung beygeleget würde, weil einem die Erklärungen, die ich gebe, fremde
vorkommen: denn weil man diese Erklärungen bey andern nicht findet; so schleußt
man gleich, es werde das Wort anders
als von andern genommen. Man vermeinet,

*(Marginalia:)* Warum man meinet der Autor ändere die Bedeutung der Wörter?

*(Marginalia:)* Exempel.

net, wer eine ungewöhnliche Erklärung von
einem Worte giebet, der nehme das Wort
in einem ungewöhnlichen Verstande. Und
dieses hat einen Schein. Denn da durch
die Erklärung dem Worte eine abgemessene Bedeutung zugeeignet wird; so scheinet
derjenige das Wort in einem andern Verstande anzunehmen, der eine andere Erklärung giebet: Allein dieser Schein verschwindet gar bald, wenn man die Sache
genauer überleget. Lieber! wenn nehmen
zwey ein Wort in einerley Bedeutung?
Wir sind darinnen wohl mit einander eines, wenn sie dadurch eine Sache andeuten. Nun ist zu einer Erklärung des Wortes genug, wenn so viel hinein kommet,
daß man die Sache dadurch erkennen und
von andern unterscheiden kan, wenn sie
vorkommet (§. 41. c. 1. Log.) Derowegen
da öffters mehr als eine dergleichen Eigen-
schafft zu finden, die ein Ding von allen andern unterscheidet; so gehet es auch an, daß
man in Erklärungen unterschieden ist,
die Erklärungen beyde gut sind und
man dessen ungeachtet das Wort in einerley Verstande nimmet. In der Mathematick sind dergleichen Exempel nicht rare.
Z. E. Es gilt gleich viel, ob einer sagte: **Exempel.**
der Triangel sey eine Figur, die drey Seiten hat, oder ob er saget: er sey eine Figur,
die drey Winckel hat. Die Erklärungen
sind unterschieden: allein beyde dienen einerley

nerley Figur zu erkennen. Derowegen
wird das Wort in beyden Fällen in einerley Bedeutung genommen. Und es hat
auch eine Erklärung so viel Nutzen als die
andere. Man kan aus einer eben so wohl
die übrigen Eigenschafften des Triangels
herleiten und erweisen, als aus der andern.
Es ist auch nichts gewöhnlichers bey den
Mathematicis, als daß sie in Erklärungen
der Wörter unterschieden sind, indem ein
jeder dieselbe dergestalt einrichtet, wie er
sie zu seinem Vorhaben am bequemesten
findet. Deswegen aber lässet sich niemand
träumen, als wenn die Wörter in unge-
wöhnlichem Verstande genommen würden,
wenn man ungewöhnliche Erklärungen
giebet. Man siehet nur darauf, ob die
Erklärung richtig ist, das ist, dasjenige,
was erkläret wird, von allen andern unterscheidet, und ob man im Beweisen bey
der einmahl angenommenen Erklärung beständig verbleibet, auch das übrige durch
richtige Folge daraus herleitet. Und so
urtheilen auch der Sachen verständige in
andern Wissenschafften, und können nicht
anders urtheilen, woferne sie verstehen,
wie man in Wissenschafften verfahren muß.
Es hat aber noch eine andere Ursache, warum man sich einbildet, als wenn die Wörter in einem andern Verstande genommen
würden, unerachtet man bey der gewöhnlichen

Die ande-
re Ursache
warum
man ver-
meinet/

lichen Bedeutung derselben verbleibet.
Nemlich wenn es an deutlichen Begriffen
fehlet und man gar keine Erklärungen hat,
als betrügliche, die nur den Schein einer
Erklärung haben, aber nicht das Wesen,
und man giebet einen deutlichen Begriff
und wickelt aus einander, was der undeutliche, oder zum Theil wohl gar dunckele in
sich fasset; so befremden einen die Erklärungen, weil in ihnen einer Sache was zugeeignet wird, darauf man nicht acht gegeben, und demnach nicht vermeinet, daß
es ihr zukomme.       Und daher bildet man
sich ein, es sey eine andere Sache, die erkläret wird, als der man bisher den Nahmen beygeleget, den man erkläret, folgends
daß das Wort in einem andern Verstande
genommen werde. Um dieser Ursachen willen bildet man sich am meisten ein, als wenn
ich die Wörter anders nähme, als man
bisher gewohnet gewesen, und ich von der
gewöhnlichen Bedeutung abgienge, da ich
doch beständig dabey verbleibe, bis die Unbeständigkeit im Reden einen Unterscheid setzet, der ich keinen Platz einräumen kan,
so lange ich Vorhabens bin alles in einer
beständigen Verknüpffung mit einander
aus einander herzuleiten.   Denn ich habe
am meisten mit darauf gesehen, daß ich mit
den Wörtern deutliche Begriffe verknüpffte, die man bisher nicht tüchtig erkläret,

und

und die einem bloß um der undeutlichen
Begriffe willen, die man damit verbindet,
**Exempel.** deutlich vorkommen.  Z E. Ich erkläre
das Wort **Vollkommenheit** durch die
Zusammenstimmung in der Mannigfaltigkeit. *Aristoteles* setzet die **Vollkommen-**
**heit** darinnen, daß nichts von demjenigen
fehlet, was zu einer Sache gehöret, und
mit ihm saget man dannenhero insgemein,
dasjenige sey vollkommen, dem
nichts fehlet: Allein vollkommen seyn
und keinen Mangel an dem leiden, was
etwas zugehöriges ist, sind bloß gleichgültige Redens-Arten, deren eine die andere
nicht erklären kan.  Wer demnach von der
**Vollkommenheit** nichts anders als dieses
zu sagen weiß, der hat keinen deutlichen
Begriff von ihr.  Die Erklärung, welche
den deutlichen Begriff gewehret (§. 36. c.
1. Log.), muß anzeigen, was zu einer
Sache gehöret, damit ihr nichts fehlet.
Man kan es am besten erkennen, wenn
man nach einer Erklärung ein Urtheil fällen will.  Wir wollen demnach ein Exempel nehmen, und zusehen, wie weit man
mit dem vermeinten Begriffe kommen kan.
Man setze, es werde ein Gemählde gegeben, davon man urtheilen soll, ob es vollkommen sey, oder nicht.  Das Urtheil
gründet sich in der Regel, die aus einer allgemeineren Regel der **Vernunfft-Lehre**

(§. 2.

(§. 2. c. 4. Log.) durch **unmittelbahre Folge** hergeleitet wird (§. 29. c. 4. Log.): Wem die Erklärung der **Vollkommenheit** zukommet, dem kommet auch die **Vollkommenheit** zu. Lieber! wie heisset nun der Schluß, den man nach der *Aristotelischen* und gemeinen Erklärung nach der **Vollkommenheit** machen muß, wenn man die **Vollkommenheit** des **Gemähldes** beweisen oder beurtheilen will? Wem nichts fehlet, was zu ihm gehöret, das ist vollkommen. Dem **Gemählde** fehlet nichts, was zu ihm gehöret; Also ist es vollkommen. Man siehet nun leicht, daß es darauf ankommet, daß man zeigen soll, es fehle dem **Gemählde** nichts, was zu ihm als einem solchen **Gemählde** gehöret. Zeiget dir nun deine Erklärung, was du anfangen solst, wenn du die **Vollkommenheit** des **Gemähldes** finden solst? Nein: denn man fraget, woraus erkenne ich, ob dem **Gemählde** nichts fehlet, was zu ihm gehöret; so kanst du mir aus deiner Erklärung nicht antworten. Eine Erklärung, die nicht zureichet eine Sache zu erkennen, wenn sie vorkommet, sondern mich im Zweiffel lässet, ob sie da sey, oder nicht, ist keine Erklärung (§. 36. c. 1. Log.) Und demnach hat *Aristoteles* keine Erklärung von der **Vollkommenheit** gegeben. Die gemeine Erklärung

rung, die man davon zu haben vermeinet, ist ein betrüglicher Begriff. Sie hat bloß den Schein, nicht aber das Wesen, und demnach ist sie zu nichts nutze: Allein lasset uns nun sehen, was es mit unserer Erklärung für eine Beschaffenheit hat! Dieses giebet uns folgenden Schluß an die Hand, wenn man nach der **Vollkomenheit des Gemähldes** fraget: Worinnen das mannigfaltige zusammenstimmet, das ist vollkommen. In diesem Gemählde stimmet das mannigfaltige zusammen; Also ist es vollkommen. Hier siehet man gleich, daß, wenn ich von der **Vollkommenheit des Gemähldes** urtheilen will, ich auf das sorgfältigste alles von einander unterscheiden muß, was darinnen unterschieden werden muß, damit ich in Erfahrung komme, was die Mannigfaltigkeit in gegenwärtigem Falle ausmachet. Man siehet ferner nicht weniger, daß ich nach dem Grunde forschen muß, warum jedes vielmehr so als anders ist, damit man inne wird, ob alles zusammen stimmet, oder nicht: denn nach meiner Erklärung stimmet dasjenige zusammen, was sich entweder unmittelbahr durch einen allgemeinen Grund erklären lässet, oder dessen besondere Gründe sich aus einem allgemeinen herleiten lassen. Derowegen zeiget meine Erklärung, was zu thun ist, wenn man nach der Vollkommenheit

menheit einer Sache forschet. Und also
ist sie ein Licht, welches die Finsternis ver=
treibet, die bey der gewöhnlichen Erklä=
rung vorhanden. Sie zeiget mir, worauf
es ankommet, wenn nichts fehlen soll, was
zu einer Sache gehöret, und wie ich es an=
fangen muß, wenn ich darnach forschen
soll. Und also enthält sie in sich die Ant=
wort auf die Frage, welche bey der gemei=
nen vermeynten Erklärung übrig blieb, daß
man nicht weiter fortgehen konte, folgends
ersetzet sie den Mangel, den man bey ihr
verspüret. Wer siehet nun nicht, daß ich
die Bedeutung des Worts **Vollkom-**
**menheit** keinesweges ändere, sondern viel=
mehr es in eben dem Verstande brauche,
wie es gewöhnlicher Weise genommen
wird, nur daß ich die Merckmahle anzeige,
daraus man die Sache, die durch das
Wort bedeutet wird, erkennet und sie be=
urtheilet, folgends was der zwar klare, aber
doch undeutliche Begriff in sich fasset, den
wir von der **Vollkommenheit** haben und
dadurch uns das Wort verständlich wird.
Wer nun in besondern Fällen darauf acht
hat, wenn er von der **Vollkommenheit**
einer Sache, z. E. Von der Aehnlichkeit
eines Bildes, als darinnen seine **Voll-**
**kommenheit** bestehet, urtheilet, der wird
finden, daß er sich nichts anders als die Zu=
sammenstimmung in der Mannigfaltigkeit

vorstel=

vorstellet und die Zusammenstimmung auf
eine solche Art erforschet, wie ich angewiesen habe.    Man muß aber von meiner Erklärung der Vollkommenheit nicht mehr
erfordern, als man von allgemeinen Begriffen verlangen kan.    Nemlich man kan
daraus nicht die Vollkommenheit der
besonderen Arten der Dinge erkennen, denn
dieses wäre eben so viel als wenn man aus
der allgemeinen Erklärung der Triangel einen recht wincklichten Triangel erkennen
und seine Eigenschafften daraus herleiten
wolte; sondern es ist genug, daß wir daraus urtheilen können, ob dieses oder jenes,
was wir bey besonderen Arten der Dinge
antreffen, ihre Vollkommenheit ausmacht,
oder nicht, z. E. daß die Aehnlichkeit eines
Bildes seine Vollkommenheit sey, und
sich daraus herleiten lässet, was alle Vollkommenheiten überhaupt miteinander
gemein haben.    Ich kan auf gleiche Art
von andern Wörtern zeigen, daß ich ihnen
ihre Bedeutung gelassen, die sie haben.
Wenn es andere nicht sehen, so ist die
Schuld ihre, daß sie meine Schrifften
nicht mit solcher Uberlegung lesen, wie ich
sie schreibe.    Da ich in einem Exempel gezeiget, wie ich meine Erklärungen erwege,
ehe ich sie meinen Schrifften einverleibe und
zum Grunde der Erkäntnis setze; so kan
ein jeder vor sich urtheilen, oder bey Durchlesung

*Erinne-*
*rung.*

lesung meiner Schrifften sie auf eine gleiche Art erwogen. Ist dieses nicht geschehen, so darf er sich nicht wundern, wenn sein Urtheil von meinem unterschieden ist. Unterdessen werden Verständige urtheilen, ob derjenige einen Richter abgeben kan, der mit geringerer Uberlegung Schrifften lieset, als sie sind geschrieben worden.

§. 21. Endlich muß ich von meiner Schreib-Art noch dieses erinnern, daß ich niemahls mehr Worte gebraucht, als die Sache erfordert, und mich aller verblümten und hochtrabenden Redens-Arten enthalten. Denn ich handele Wissenschafften ab und suche durch Deutlichkeit der Begriffe die Worte verständlich zu machen, und durch kräfftige Gründe den Leser von der Wahrheit dessen, das ich vortrage, zu überzeugen. Ich verlange niemanden etwas zu bereden: denn mir ist nichts daran gelegen, ob mir einer Beyfall giebet, oder nicht. Wen nicht meine Gründe überzeugen, der thut mir keinen Gefallen, wenn er annimmet, was ich behaupte. Dieses läufft meiner Absicht zu wider, die ich habe. Ich suche die Wissenschafft in Aufnahme zubringen, und lasse mir angelegen seyn zu gründlicher Erkäntnis den Weg zu bahnen. Dieses erhalte ich nicht, wo man nur auf guten Glauben annehmen will, was ich sage, und nicht so viel Fleiß und

*Warum der Autor sich nicht nach den Regeln der Red-ner-Kunst gerichtet?*

D 2 Uber-

Überlegung anwendet, als dazu erfordert
wird, daß man verstehet, was ich vortrage, und davon überzeuget wird. Und deswegen brauche ich keine Künste den Leser
durch Worte einzunehmen. Meine Wor-
„te fallen, wie ich dencke. Und ich setze kei-
„nes vergebens. Ich rede nicht so, weil es
„Mode ist in dergleichen Fällen so zu reden;
„sondern weil meine Gedancken, welche mir
„die Sachen vorstellen, diese und keine an-
„dere Worte erfordern. Derowegen brau-
„che ich ein Wort, so offt ich an eine Sache
„gedencke, und frage nichts darnach, ob es
„offte, oder wenig vorkommet. Und des-
„wegen wollen meine Schrifften auch mit
„Gedancken gelesen seyn, und darf man kein
„Wort vorbey lassen, darauf man nicht acht
„zu geben hat, warum es da stehet.

## Das 3. Capitel.
# Von der Lehr-Art
### des Autoris.

### §. 22.

**Wie der Autor seine Sachen ausgeführet.**

IN meinem Vortrage der Sachen
habe ich hauptsächlich auf dreyerley gesehen, 1. daß ich kein Wort
brauchte, welches ich nicht erkläret hätte, wo durch den Gebrauch des Wortes sonst eine Zweydeutigkeit entstehen
kön-

könte , oder es an einem Grunde des
Beweises fehlete: 2. daß ich keinen Satz
einräumete, und im folgenden als einen
Förder-Satz in Schlüssen zum Beweise
anderer brauchte, den ich nicht vorher erwiesen hätte: 3. daß ich die folgende Erklärungen und Sätze mit einander beständ-
dig verknüpffte und in einer steten Verknüpffung aus einander herleitete. Jedermann weiß, daß dieses die Regeln sind,
nach welchen man sich in der Mathematick
richtet. Und demnach kan ich mit einem
Worte sagen, ich habe mich beflissen nach
der mathematischen Lehr-Art meine Sachen vorzutragen. Von der mathematischen Lehr-Art habe ich einen Unterricht meinen sowohl deutschen, als lateinischen Anfangs-Gründen der gesammten mathematischen Wissenschafften vorgesetzet. Was
ich darinnen von dieser Lehr-Art angeführ-
ret, darauf habe ich in meinem Vortrage
beständig gesehen. Und ich getraue mir
auch mein Verfahren jederzeit daraus zu
rechtfertigen, und werde bald eine und die
andere Probe davon ablegen. Wer nun
aber die mathematische Lehr-Art, wie sie
daselbst von mir beschrieben worden, mit
meiner Logick vergleichet, die ich in den
**vernünfftigen Gedancken von den**
**Kräfften des Verstandes** abgehandelt
(§. 4.); der wird finden, daß die mathe-

D 3 mati-

matische Lehr-Art in einer sorgfältigen
Ausübung der Vernunfft-Lehre bestehe.
Und demnach ist es gleich viel, ob man nach
der mathematischen Lehr-Art etwas ausführet, oder nach den Regeln der Vernunfft-Lehre, wenn nur diese ihre Richtigkeit haben. Ja da ich erwiesen, daß man
in der Mathematick die natürliche Art zu
gedencken behält (§. 346. Met.) und daß
die Vernunfft-Lehre nichts anders ist als
eine deutliche Erklärung derselben (§. 103.
Annot. Met.); so kan ich auch sagen, ich
habe mir angelegen seyn lassen alles so vorzutragen, wie es sich auf eine natürliche
Art gedencken lässet.

§. 23. Wir finden bey den Mathematicis, daß sie einer jeden Wahrheit ihren
gehörigen Titul vorsetzen. Wenn sie etwas erklären, so schreiben sie den Nahmen
der Erklärung dabey. Wenn sie einen
Satz ohne Beweiß annehmen, so schreiben sie den Nahmen des Grund-Satzes
dabey. Wenn sie einen Satz beybringen,
den sie erweisen müssen, so schreiben sie den
Nahmen des Lehr-Satzes oder der Auf-
gabe dabey, nachdem er entweder unter
diese, oder unter jene Art gehöret. Wenn
sie den Beweiß vornehmen, so schreiben sie
den Nahmen des Beweises dazu, und
wenn sie einen Zusatz oder Anmerckung anhängen, den Nahmen eines Zusatzes oder
einer

*Warum der Autor nicht einer jeden Art der Wahrheit ihren gehörtgen Titul vorgesetzet?*

einer **Anmerckung.** Dergleichen trifft
man in meinen Schrifften nicht an, die ich
von der **Welt-Weisheit** heraus gegeben;
aber wohl in denen übrigen, die ich von der
**Mathematick** geschrieben. Derowegen
scheinet es, als wenn ich mich in meinen
**philosophischen Schrifften** nach der
**mathematischen Lehr-Art** nicht gerichtet hätte. Ich will hier nicht wiederhohlen, was ich schon anders wo erinnert,
nemlich in der Vorrede über die **Moral**
oder die vernünfftigen Gedancken
von der Menschen Thun und Lassen,
daß nicht deswegen etwas in mathematischer Gewisheit ausgeführet wird, weil
man die Wörter, **Erklärung**, **Satz**,
**Beweiß** 2c. davor schreibet; sondern weil
man alles deutlich erkläret, gründlich erweiset und eine Wahrheit mit der andern
beständig verknüpfft: mir ist an diesem Orte genug, daß ich erinnere, warum ich es
vor rathsamer gehalten diese Nahmen weg
zu lassen, als dabey zu setzen. Ich habe
in meinen Schrifften darauf gesehen, daß
ich alles gründlich abhandelte, so viel es
möglich wäre. Da nun darzu genug ist,
wenn man alles auf das sorgfältigste in acht
nimmet, was bey richtigen Erklärungen,
bey wohl ausgeführten Beweisen und bey
Verknüpffung einer Wahrheit mit der andern zu beobachten vorfället; so habe ich

*Wenn et-
was nach
der mathe-
matischen
Lehr-Art
vorgetra-
gen wird.*

D 4 mich

mich auch bloß um dieses bekümmert, damit derjenige, welcher mit gehöriger Aufmerckfamkeit und geziemender Uberlegung
meine Schrifften liefet, zu gründlicher Erkäntnis gelanget. Weil es aber ausser der
Mathematick nicht Mode ist, daß man zu
einer jeden Art der Wahrheit den Nahmen
ihrer Classe setzet, dahin sie gehöret; so habe ich auch ohne dringende Noth darinnen
keine Aenderung machen wollen. Es ist
ohne dem bekandt, daß das ungewohnte einen befremdet und einigen Anstoß verursachet. Da ich nun dieses vermeiden können; so habe ich es auch für billig geachtet
*Einwurff* es in der That zu vermeiden. Man kön-
*wird be-* te zwar vermeynen, als wenn ich einen Vor-
*antwortet.* theil davon gehabt hätte, wenn ich die Sätze und Beweise von einander abgesondert
hätte. Denn so würden meine Widersacher und Verfolger gesehen haben, was
der Satz wäre, den ich behauptete, und
was hingegen der Beweiß wäre. Und so
würden sie mir nicht Schuld gegeben haben, daß ich den Satz läugnete, weil sie
in dem Beweise einige Worte angetroffen,
die sich verkehren lassen, und das Gegentheil von dem Satze geben, den ich aus
den ersten Begriffen herzuleiten suche. Sie
würden mir bloß Schuld gegeben haben,
daß ich den vorgesetzten Zweck nicht erreichet hätte, indem mein Beweiß die Sache
nicht

nicht auf eine überzeugende Art ausmach-
te: Allein wer diese Gedancken hat, der
verspricht sich mehr von ihnen, als man
von ihnen erwarten kan. Es stehet ja jederzeit bey einem jeden §. der Satz zur Seite, der darinnen ausgeführet. Dessen
ungeachtet verkehren sie ihn und geben vor,
ich behauptete das Gegentheil. Ich hätte
dieses bloß hingesetzet um ein Blendwerck zu
machen. Wenn ich nun gleich den Satz
mit andern Buchstaben hätte drucken lassen und auch darbey geschrieben, daß dieses der Satz wäre, den ich ausführen wolte; so würde man doch eben so wie jetzt gesaget haben: Es wäre mein rechter Ernst
nicht gewesen diesen Satz zu erweisen, ich
hätte nur ein Blendwerck gemacht und das
Gegentheil darunter verstehen wollen. Ich
habe ja zur Gnüge erinnert, daß, wenn
ihre Einwürffe Grund hätten, sie weiter
nichts in sich hielten, als daß ihnen meine
Beweise nicht anstünden und ihrer Meynung nach die Sache auf eine überzeugende
Art nicht ausmachten, indem ja meine
Sätze das Gegentheil in sich fasseten und
sie nur einige Worte in dem Beweise ver-
kehreten. Und habe es gleich in der Vorrede zu den Anmerckungen über das **Bud-**
**dische Bedencken** gethan. Aber man
singt einem Tauben! Man wiederhohlet
die alten Beschuldigungen, an statt daß

*Art der*
*Gegner*
*des Auto-*
*ris.*

man

man der Wahrheit Platz geben, oder das
Gegentheil zeigen solte. Derowegen ist
dadurch nichts versehen worden, daß ich
nicht einen jeden Satz, wie ich es in der
Mathematick gethan, mit anderer Schrifft
drucken lassen und dabey gesetzet, daß dieses der Satz, das andere aber der Beweiß
sey; sondern bey dem gemeinen Vortrage
dasjenige behalten, was das Wesen von
der mathematischen Lehr-Art ist.

§. 24. Ich habe dieses schon in der Vorrede zu der Moral erinnert, und die Ursachen angezeiget, warum ich für rathsamer
angesehen die gemeine Art des Vortrages
mit der mathematischen Verknüpffung der
Wahrheiten miteinander zu vereinigen und
also das innere von der mathematischen Lehr-
Art anzunehmen, das äussere aber, davon
die Gewisheit nicht dependiret, wegzulassen Dieses hat man für eine Ursache angeben
wollen warum meine Schrifften dunckel
seyn müssen, indem ich sie weder nach der
mathematischen, noch nach der gemeinen
Art geschrieben hätte: Allein man erhebe
seine Gedancken über die Worte und dencke der Sache nach; so wird man die Nich-
tigkeit dieses Vorgebens gar leichte sehen.
Aus der mathematischen Lehr-Art habe ich
angenommen, daß ich kein Wort brauche,
als was ich vorher erkläret habe, und wenn
ich es einmahl erkläret habe, bey derselben
Erklä-

Ob der
Autor des-
wegen sei-
ne Schrifff-
ten dun-
ckel ge
macht?

Das Ge-
gentheil
wird er-
wiesen.

Erklärung beständig verbleibe; daß ich
nichts unbewiesen annehme und die Gründe des Beweises im folgenden aus dem vorhergehenden herhohle, damit nichts angenommen wird, was nicht vorher wäre ausgemacht worden. Und dieses habe ich auf
gewöhnliche Weise vorgetragen, damit eine fremde Art des Vortrages dem Leser,
der desselben nicht gewohnet ist, nicht beschwerlich fallen möchte. Woher soll nun
eine Dunckelheit kommen, daß man den
eigentlichen Verstand meiner Worte nicht
wohl errathen kan? Ich möchte den Beweiß gerne sehen! Wer mit Gedancken urtheilet, der muß vielmehr gestehen, daß,
weil ich alle Worte erkläre und bey der Erklärung beständig verbleibe, meine Schriften die gröste Klarheit haben müssen, die
man ihnen geben kan, indem man den Verstand meiner Worte jederzeit gewiß finden
kan, wenn man sich darum bemühet, und
niemahls zweiffelhafft verbleiben darf, ob
man ihn getroffen. Und da ich bey dem
gemeinen Vortrage verbleibe, so suche ich
diese Erklärungen auf eine desto leichtere
Manier beyzubringen. Wem aber meine
Schrifften dunckel sind, der hat es sich und
nicht mir zuzuschreiben, weil er unachtsam
ist und nicht auf meine Erklärungen acht
hat, die ich gegeben. Z. E. mir ist bekandt,
daß sich jemand Weitläufftigkeit gemacht,

*Warum einigen die Schrifften des Autoris dunckel sind.*

was

was ich durch das Wort selbständig verstünde und durch Muthmaffungen herauszubringen vermeynet, es hieffe so viel als das
lateinische Wort *subsistere*, und werde dadurch eine **Substantz** verstanden: Allein
(§. 929. Met.) gebe ich die Erklärung mit
folgenden nachdrücklichen Worten:»Das-
»jenige Ding welches den Grund seiner
»Würcklichkeit in sich hat und also derge-
»stalt ist, daß es unmöglich nicht seyn
»kan, wird ein selbständiges Wesen
»genennet. Und daraus erhellet zur Gnüge, daß ich durch das selbständige Wesen dasjenige verstehe, was man im Lateinischen *Ens a se* heisset und durch die Selbständigkeit, was die Schul-Lehrer *Asei-
tatem* nennen. Ich habe dieses Wort dazu genommen, weil ich im Deutschen kein
anderes finden können, so sich hieher besser
schickte. Denn selbständig bedeutet eigentlich seinem Ursprunge nach ein Wesen,
das von sich selbst oder aus eigener Krafft
bestehet, welches auch das lateinische Wort
*Ens a se* haben will: Wenn nun einer die
irrige Auslegung des Wortes selbständig
für den Begriff annimmet, den ich mit dem
Worte verknüpffe, und mir Schuld giebet, ich erkennte bloß GOtt für eine Substantz; derselbe verstehet mich nicht, bloß
um deswegen, weil er meine Schrifften
nicht mit gehöriger Aufmercksamkeit durchlieset,

lieſet, und zwar von Anfange bis zu Ende,
wie ich in der Vorrede zur Metaphyſick erinnert, daß es geſchehen müſſe : denn ſo
würde er aus (§. 929. Met.) erſehen haben,
was ich durch ein ſelbſtändiges Weſen
verſtehe , und dieſe Erklärung würde er
durch §. §. 12. 14. 29. Met. völlig verſtanden haben, darinnen ich erkläre, was unmöglich iſt, was die Würcklichkeit bedeu-
te und was der Grund zu ſagen hat. Man Erinne-
ſiehet aus dieſem einigen Exempel, daß ein rung.
Buch alle Deutlichkeit haben kan, die man
ihm geben kan, und deſſen ungeachtet von
einigen unrecht verſtanden wird, wenn ſie
es nicht mit Bedacht leſen wollen, wie ſichs
gehöret.

§. 25. Allein einige gehen noch weiter Ob man
und verwerffen gar, daß ich mich in der die mathe-
Welt-Weisheit nach der mathematiſchen matiſche
Lehr-Art habe richten wollen.  Sie mey- Lehr-Art
nen, mathematiſche Beweiſe fänden in der bey der
Welt-Weisheit nicht ſtatt, am allerwenig- Welt-
ſten aber könte man ſie in der Metaphyſick Weisheit
verlangen.  Es iſt demnach auch nöthig, anbringen
daß ich zeige, warum ich anderer Meynung, kan?
und daß meine Meynung allerdings gegründet ſey.  Wenn ich alles auf das ge-
naueſte überlege, was in der mathematiſchen Lehr-Art vorkommet, ſo finde ich die- Warum
ſe drey Haupt-Stücke, 1. daß alle Wör- dieſes
ter, dadurch die Sachen angedeutet angehet.

werden,

werden, davon man etwas erweiset/ durch deutliche und ausführliche Begriffe erkläret werden; 2. daß alle Sätze durch ordentlich an einander hangende Schlüsse erwiesen werden; 3. daß kein Förder-Satz angenommen wird, der nicht vorher wäre ausgemacht worden/ und solchergestalt die folgenden Sätze mit dem vorhergehenden verknüpfft werden/ gleichwie man die folgende Erklärungen mit den vorhergehenden verbindet, indem man in ihnen Wörter brauchet, die im vorhergehenden erkläret werden. So habe ich die mathematische Lehr-Art beschrieben so wohl in dem Unterrichte, den ich vor die deutschen Anfangs-Gründe der mathematischen Wissenschafften und dero Auszug gesetzet, als in der Commentatione de methodo mathematica, die zu Anfange der Elementorum Matheseos universæ anzutreffen. Und auf nichts anders, als darauf habe ich gesehen, als ich mir vorgenommen hatte die mathematische Demonstrationen, absonderlich in der Arithmetick und Geometrie, auf das sorgfältigste auseinander zu wickeln. Ja da ich auch so viele Jahre Gelegenheit gehabt in meinen Lectionibus die Beweise den Anfängern zu erläutern und in aller möglichen Klarheit und Deutlichkeit vorzustellen; so habe ich

niemahls

niemahls keine andere allgemeine Regeln
als diese in der mathematischen Lehr=Art
wahrgenommen. Ich bin auch gewiß,
daß niemand, der geschickt ist, die mathe=
matische Lehr=Art, wie sie bey den alten
Geometris dem *Euclide, Archimede, Apol-*
*lonio &c.* vorkommet, zu erwegen, es an=
ders als so finden wird. Wenn man nun
den Grund dieser Regeln suchet, so findet
man ihn nicht in dem Begriffe von der
Grösse, sondern in der Natur des Verstan=
des. Denn lieber! Warum soll man die
Wörter erklären? Nicht weil es Nahmen
der Grösse sind, sondern weil die Wör=
ter Zeichen der Gedancken sind, wodurch
man sich die Sachen vorstellet, und dem=
nach einem jeden Worte sein Begriff zu=
kommen muß, wenn es verständlich seyn
soll. Man muß aber zur Erklärung einen
deutlichen und ausführlichen Begriff haben,
darinnen dasjenige enthalten ist, wodurch
eine Sache in ihrer Art determiniret wird,
damit man daraus ihre übrige Eigenschaff=
ten und was ihr sonst zugeeignet werden
mag, erweisen kan. Warum nimmet man
in einem Beweise keinen Förder=Satz an,
der nicht vorher ausgemacht und erwogen
worden, ob er richtig sey oder nicht? Nicht
deswegen, weil man mit Grossen zu thun
hat; sondern weil der Satz, der aus an=
dern geschlossen wird, sonst zweiffelhafft
bleibet,

Worinnen ihr Grund zu suchen.

bleibet, folgends nicht völlig erwiesen wird,
sondern nur unter der Bedingung als wahr
paßiren kan, woferne die angenommenen
Förder-Sätze in den Schlüssen ihre Richtigkeit haben. Es sind demnach die Regeln,
nach welchen man sich in der mathematischen Lehr-Art richtet, allgemeine Regeln,
die man in acht nehmen muß, wenn man
etwas gründlich erkennen will, und in dieser Absicht braucht man sie auch in der Mathematick. Warum solte man sie nun nicht
auch ausser der Mathematick brauchen können, wenn man eine Sache gründlich zu
erkennen bemühet ist! Was soll für Gefahr daher zu besorgen seyn, daß man in
der Welt-Weisheit, ja in der übrigen Erkäntnis, kein Wort gebrauchen will, dem
man nicht durch eine richtige Erklärung seine abgemessene Bedeutung beygeleget hat?
Warum soll man nicht bey derselben beständ-
dig verbleiben, nachdem man sie einmahl
feste gestellet, und nicht durch Unbeständ-
digkeit im Reden davon abweichen? Warum soll man Bedencken tragen nichts vor
die lange Weile anzunehmen, noch für wahr
paßiren zu lassen, ehe man die Richtigkeit
erkandt? Warum soll man im Beweise
sich nicht an bündige Schlüsse halten? Warum soll man nicht die Sätze ordentlich nach
einander setzen, damit diejenigen voran stehen, die man als Gründe des Beweises zu
den

*Ob Ge-*
*fahr dabey*
*vorhanden*
*daß man*
*sich ausser*
*der Ma-*
*thematick*
*nach ihrer*
*Lehr-Art*
*richtet?*

den folgenden brauchet? Ich sehe im geringsten nicht, warum man in der Welt-
Weisheit dieses unterlaßen soll. Vielmehr **Warum**
bin ich versichert, wenn man sich nach die- **man dieses**
sen Regeln nicht achtet, so kan man in kei- **thun muß.**
ner Sache die Wahrheit als Wahrheit er-
kennen, noch denen, welchen bekandt ist,
was zu gründlicher Erkäntnüs erfordert
wird, ein Gnügen thun. Es scheinet aber,
daß diejenigen, welche die mathematische
Lehr-Art in der Welt-Weisheit nicht leiden wollen, nicht so viel, als nöthig, erwegen, worinnen eigentlich ihr Wesen bestehe. Denn sonst wäre es ja eben so viel, als
wenn sie verlangten, man solle sich in der
Welt-Weisheit nicht nach den Regeln der
Logick achten, welche nichts anders lehret,
als wie man Erklärungen machen und Sätze beweisen soll; ja man solle von der natürlichen Art zu dencken abweichen. Und
lieber! Was soll man denn thun, wenn
man sich nicht nach den Maximen achten
soll, darauf sich die mathematische Lehr- **Verkehrte**
Art gründet? So muß man Wörter brau- **Lehr-Art.**
chen, die man selbst nicht recht verstehet,
was sie sagen wollen! So muß man im
Reden unbeständig seyn und ein Wort bald
so, bald anders nehmen! So muß man
Sätze fürwahr paßiren laßen, von deren
Richtigkeit man noch nicht überzeuget ist!
So muß man im Beweise nach keinen bün-

E                                                        digen

digen Schlüssen fragen, sondern die Richtigkeit der Sätze nur durch undeutliche
Vorstellungen einsehen wollen! So muß
man alles untereinander werffen, das hinterste zu förderste, das förderste zu hinterste
setzen, und im vorhergehenden als bekandt
voraus setzen, was erst im folgenden abgehandelt wird! Unerachtet leyder! mehr

**Ist ge-
mein/ oh-
ne daß
man es
erkennet.**

als zu Viele auf diese Art verfahren, so bin
ich doch versichert, daß es ihnen nicht anstehen würde, wenn man dieses die Regeln
oder Maximen von ihrer Lehr-Art nennen
wolte. Denn da ich dergleichen uberhaupt
von der Metaphysick in der Vorrede erinnert; so will man mir es sehr übel deuten,
daß ich so ein nachtheiliges Urtheil gefället
und davor gehalten, es müsse dieserwegen
die Metaphysick in einen gantz andern
Stand gesetzet werden, damit die Dunckelheit und Ungewißheit daraus vertrieben,
und die Sachen verständlicher und gründ-

**Sinn des
Autoris.**

licher abgehandelt würden. Ich lasse einen jeden bey seinen Gedancken, und werde mit niemanden wie in keiner andern Sache, also auch in dieser einen Streit anfangen. Hingegen bleibe ich auch bey meinen,
daß dieses der gröste Verderb für die Wissenschafften ist und ihre Aufnahme gewaltig hindert, daß man nicht mit gesammten
Kräfften sich dahin bemühet, wie man alles deutlich erkläret, gründlich erweiset und
ordent-

ordentlich miteinander verknüpffet. Ich
gestehe es auch noch gantz frey, daß ich keine Feder würde angesetzt haben von allen
Theilen der Welt-Weisheit Systemata zu
schreiben, wenn ich nicht diese Absicht gehabt hätte. Und eben dieses treibet mich
an dem Baue der Wissenschafften noch ferner zu arbeiten: ich zweiffele auch nicht,
daß noch eine Zeit kommen wird, da man
an gründlicher Erkäntnis mehr Geschmack
haben wird. Und es fehlet GOTT Lob!
auch jetzt nicht an solchen Liebhabern, ob
gleich die Lehrer der Unwissenheit darwider
schreyen.

§. 26. Nachdem ich mir nun vorgenommen gehabt einem jeden Worte eine beständ-
dige Bedeutung zuzueignen (§. 22.) und,
so viel möglich, bey derjenigen zu verbleiben, welche ihm die Gewohnheit zu reden
beygeleget (§. 20.); so habe ich mir angelegen seyn lassen von allem, davon ich gehandelt, für allen Dingen einen deutlichen und
ausführlichen Begriff beyzubringen (§. 36.
c. 1. Log.). Da ich aber auch alles genau
zu erweisen Vorhabens gewesen (§. 22.); so
habe ich in die Erklärungen nicht mehr gebracht, als genug ist die Sache, welche ich
erkläret, von andern zu unterscheiden, und
das übrige, was ihr zukommet, darauszu-
erweisen. Und so muß es meines Erachtens in Wissenschafften seyn. So wollen

E 2                          es

Warum der Autor von der Welt-Weisheit geschrieben?

Wie sich der Autor bey seinen Erklärungen aufgeführet.

Richtigkeit seiner

**Verfahrens.**

es die Regeln einer vernünfftigen Logick haben, und so finden wir es auch in der Mathematick, insonderheit in der Geometrie und Arithmetick, wo man die Regeln der Vernunfft-Kunst auf das allergenaueste in acht genommen. Man muß einen Unterscheid machen unter Erklärungen, die man zum Grunde der Wissenschafften leget, und unter andern, die zum Behuff des Gedächtnisses gemacht werden. In jene bringet man nicht mehr, als genug ist die Sache in ihrer Art zu determiniren, und das übrige daraus zu erweisen: in diese hingegen wird alles zusammen gezogen, was man von einer Sache erkandt hat, damit man es desto besser behalten kan. Von dieser letzteren Art sind die Erklärungen, welche in **Königs** Theologia positiva zu finden, der sie auch deswegen jedesmahl zu Ende des Artickuls setzet, nachdem er alles vorher erwiesen, was er von der Sache zu sagen hat. Wenn mein Vorhaben wäre gewesen Erklärungen zum auswendig lernen zu machen, dadurch man behielte und sich leicht erinnerte dessen, was von einer Sache beygebracht worden; so würde ich es ebenfalls so gemacht haben: Allein da ich Wissenschafft beybringen will; so muß ich mich nach den Regeln achten, die dazu vorgeschrieben sind. Wer Erklärungen für das Gedächtnis machet, der bringet,

**Beschaffenheit der Erklärungen zum Behuff des Gedächtnisses.**

get, wie wir gesehen haben, alles hinein,
was er von einer Sache lehret, und also
kan ich sagen, er führet von ihr weiter nichts
aus als dieses.　　Ich thäte aber ihm das
gröste Unrecht, wenn ich ihn beschuldigen
wolte, er leugnete das übrige, davon er in
seiner Erklärung nicht Meldung thut.
Denn was man mit Stillschweigen über=
gehet, das leugnet man deswegen nicht.
Es kan seine Ursachen haben, warum man
es nicht für nöthig erachtet davon zu ge=
dencken: man kan auch wohl aus Verges=
senheit etwas weglassen, weil man eben zu
der Zeit, da man es anführen sollen, nicht
daran gedacht hat.　　Wer demnach auf
das schärffeste censiren will, der kan weiter
nichts sagen, als es sey etwas weggelassen
worden, welches man mit hätte beybringen
können und sollen.　　Ich setze mit Bedacht
dazu: **beybringen können.** Denn es
kan seyn, daß es einem an einem überzeu=
gendem Beweise fehlet.　　Wer nun ver=
meynet, er könne einen Satz nicht so bewei=
sen, daß ihm kein Zweifel übrig bleibet, der
thut besser, er lässet den Beweiß weg und
denen über, die ihn gründlich erweisen kön=
nen, oder auch bis zu einer andern Zeit
ausgesetzt, da er durch weiteres Nachden=
cken selbst dergleichen findet.　　Wer auf=
richtig handelt, der gibt nicht mehrere Wis=
senschafft vor, als er seinem Urtheile nach

Ob man
leugnet,
was man
mit Still=
schweigen
übergehet?

E 3　　　　besitzet

besitzet.　Die Welt ist auch nicht so einfältig mehr, daß man glaubte, es müste einer alle Fragen, die man bisher erörtert,
gründlich beantworten können, wenn er

**Beschaf-
fenheit der
Erklärun-
gen für
Wissen-
schafften.**
für verständig will angesehen werden. Wer
hingegen Erklärungen für die Wissenschafften machet, der bringet, wie wir gesehen,
nichts weiter hinein als gnug ist eine Sache
in ihrer Art zu determiniren, und das übrige daraus zu erweisen, und also kan ich
nicht einmahl sagen, er eigne einem Dinge
weiter nichts zu, als was in seiner Erklärung stehet, vielweniger kan ich sagen, er
leugne alles, was in der Erklärung nicht

**Exempel.**
enthalten ist.　Z. E. Indem ich erweisen
will, daß ein GOtt sey, und was man
ihm vor Eigenschafften und Wercke aus
dem Lichte der Vernunfft beylegen könne;
so habe ich für allen Dingen dem Worte
GOtt eine abgemessene Bedeutung durch
eine Erklärung zueignen müssen. Ich richte sie demnach so ein, wie ich sie zu meinem
Beweise, der von der Zufälligkeit der Welt
genommen ist, bequem gefunden, nemlich
daß GOtt sey ein selbständiges (oder
durch eigene Krafft bestehendes) Wesen, darinnen ein zureichender Grund
von der Zufälligkeit der Welt (oder
der Würcklichkeit der Welt und unserer Seele) zu finden ist (§. 945. Met.)
Es ist gewiß, daß durch diese Erklärung
dem

dem Worte keine andere Bedeutung beygeleget wird, als die es bisher gehabt.
Denn man wird kein anderes Wesen finden, welches durch eigene Krafft bestehet,
und durch dessen Eigenschafften man verstehen könte, warum diese Welt und unsere Seelen ihre Würcklichkeit erreichet haben, als dasjenige, was wir Christen aus
dem geoffenbahrten Worte kennē lernen und
als GOtt verehren. Es ist gewiß, daß durch
diese Erklärung GOtt von allen übrigen
Dingen unterschieden wird, eben deswegen,
weil kein anderes ausser ihm anzutreffen,
dem dieses zukäme, was hier zum Unterscheide gesetzet wird. Es ist gewiß, daß
diese Erklärung hinreichend ist, wenn man
GOttes Existentz oder Würcklichkeit aus
der Zufälligkeit der Welt und seine Eigenschafften aus ihrer allgemeinen Beschaffenheit erweisen will, wie von mir geschehen.
Und solchergestalt habe ich nicht nöthig gehabt mehr in die Erklärung des Wortes
zu bringen: denn ich gebe es für weiter nichts
aus als für eine Wort-Erklärung, dadurch
man verstehen kan, wie das Wort genommen wird. Ich habe auch keine andere
Erklärung zu meinem Vorhaben nöthig.
Wissen sich andere in Wort-Erklärungen
nicht zu finden; so ist die Schuld ihre,
nicht meine. Es hat mir auch diese Erklärung nicht im Wege gestanden, daß ich nicht

hätte

hätte erweisen können, GOTT habe die
Welt aus nichts gemacht, das ist, als
nichts ausser ihm vorhanden war, daraus
er sie hätte machen können. Ich habe von
Hertzen lachen müssen, als ich vernommen,
man wolle aus dieser Erklärung erzwingen,
ich hielte GOtt nicht für die Ursache der
Welt, sondern machte sie von ihm independent, und ihn selbst nur zu einem Wesen, das über die Welt speculire, die ausser ihm ewig vor sich bestehe. Denn was
lässet sich leichter erweisen aus meinen Erklärungen, als daß GOtt die Ursache der
Welt sey. Vermöge der Erklärung, davon die Rede ist, hält GOTT in sich den
Grund von der Zufälligkeit der Welt. Nun
ist nach meiner Erklärung der Ursache (§.
29. Met.) dasjenige Wesen die Ursache eines Dinges, welches in sich den Grund
hält, warum dasselbe ist, und also die Ursache von der Welt, welches in sich den
Grund hält, warum diese zufällige Welt
vielmehr ist als nicht ist. Derowegen ist
GOtt die Ursache der Welt. Es braucht
einen einigen Schluß zu diesem Beweise,
und man hat dazu nichts nöthig als zwey
Erklärungen, die ich gegeben. Wiewohl
wäre es, wenn man so viel Fleiß anwendete meine Schrifften zu verstehen, als zu
verkehren, zu tadeln und zu lästern. Ich
bin in dem Stande alle meine übrige Er-
klärun-

Einfalt der Gegner des Autoris.

Erinnerung.

klärungen, sowohl als diese zu rechtfertigen. Wer mit Bedacht alles erweget, der wird es zur Gnüge finden.

§. 27. Was den Beweiß meiner Sätze betrifft; so habe ich einen Unterscheid unter denjenigen gemacht; die ich aus der Erfahrung angenommen, und die ich aus andern Gründen erweisen müssen. Wo ein Satz auf einer Erfahrung beruhet, die einem jeden bekandt ist, oder die ein jeder gleich haben kan, da habe ich nicht für nöthig erachtet, mich erst auf die Erfahrung zu beruffen, sondern den Satz gleich hingesetzt, wie er derselben gemäß ist. Hiervon trifft man in dem 3. Capitel meiner Gedancken von GOtt, der Welt und der Seele des Menschen viele Exempel an. Man findet auch einige in dem 4. Capitel und mehrere an andern Orten. Man muß demnach nicht meynen, daß solches für die lange Weile angenommen werde; sondern in dergleichen Fällen muß man auf die Erfahrung zurücke gedencken. Wo ich aber vermeynet, daß man nicht so gleich auf die Erfahrung fallen möchte, darauf ein Satz beruhet; so habe ich besondere Exempel angeführet. Dergleichen findet man abermahls gar viele in den angezogenen Orten. Z. E. Wenn ich sage, wir könten in der Beschaffenheit der Empfindungen nichts nach unserem Gefallen ändern, sondern

Wie der Autor bey Beweisen durch die Erfahrung verfahren.

E 5                    müsten

müsten sie annehmen, wie sie kämen (§.
226. Met.); so erkläre ich solches durch
Exempel von besonderen Sinnen, die ich
zwar nur allgemein anführe, die aber den
Leser auf besondere ihm erkandte Fälle führen. Ich sage z. E. Ein Geruch möge mir
angenehm oder beschwerlich seyn; so bliebe
er wie er ist, und ich könte die Empfindung,
so ich davon hätte, nicht anders machen.
Weil wohl niemand ist, der nicht sein Le-
be-Tage so wohl angenehmen Geruch, als
auch beschwerlichen gehabt hätte; so fället
auch dem Leser bey, was ihm aus eigener
Erfahrung beywohnet, und es wäre überflüßig gewesen ein mehreres hier anzuführen. Denn wenn sich einer besinnet, daß
ihm ein Gestanck beschwerlich gewesen; so
wird er gar wohl wissen, er habe nicht machen können, daß der Gestanck des Mistes
ihm wie Ambra oder Weyrauch gerochen.
Wenn er diesen Geruch vertreiben wollen,
habe er die Nase entweder verstopffen, oder
etwas wohlriechendes davor halten müssen,
wie ich angemercket, daß es geschehen müsse, wenn wir die Veränderungen in den
Gliedmassen der Sinnen verhindern wollen (§. 229. Met.) und zwar dem von mir
zugleich angezeigetem Grunde gemäß, daß
eine stärckere Empfindung die geringere verdunckelt (§. 225. Met.). Wer in dergleichen Dingen Schwierigkeiten machen will,
der

**Erinne-
rung.**

der kan mir keine Schuld beymessen; son=
der er muß sie bey sich suchen: denn wofer=
ne einer nicht mit starcken Vorurtheilen ein=
genommen ist, wenn er lieset, was ich aus
der untrüglichen Erfahrung von den Em=
pfindungen beybringe, der wird nicht allein
verstehen, was ich davon schreibe, sondern
auch die Richtigkeit desselben einsehen. Ja
es werden sich tausende eher verwundern,
wie es möglich ist, daß einen ein Vorur=
theil oder widriger Affect so blenden kan,
daß man mit offenen Augen nicht siehet,
als einer kommet, der von Vorurtheilen
und widrigen Affecten frey ist, und dieses,
was von den Empfindungen gelehret wird,
nicht verstehen, oder, wenn er es verstanden,
für unrichtig halten solte.

§. 28. Wenn ich aber die Erfahrung *Worauf*
zum Grunde der Erkäntnis geleget, dar= *der Autor*
auf der Bau der Wissenschafften aufge= *insonder=*
führet werden soll; so habe ich die meiste *heit bey*
Sorge davor getragen, daß ich bey Erfah= *der Erfah=*
rungen nichts erschliche (§. 4. c. 5. Log.) *rung ge=*
das ist, nicht fremde Gedancken mit ein= *sehen.*
mengete, und also für Erfahrung ausgä=
be, was keines Weges dazu gehöret. Ich *Ursache*
habe den Nutzen davon über die massen *seines*
groß und umgänglich gefunden, sowohl *Verfah=*
wenn man tüchtige Begriffe von den Din= *rens.*
gen suchet, damit man zu thun hat, oder
auch richtige Gründe für die Beweise aus
                                        der

der Erfahrung herleiten will. Ich habe aber
auch gefunden, daß diese Sorgfalt etwas
schweres ist, und man fast leichter eine Fertigkeit im Demonstriren, als dieselbe erlangen kan. Für meine Person muß ich gestehen, daß mir dieselbe schwerer als das
Demonstriren gefallen. Derowegen nimmet mich auch nicht wunder, wenn Leute, die an diese Sorgfalt die gantze Zeit
ihres Lebens gar nicht gedacht, dieselbe
auch nicht besitzen, denn es ist eine Sache,
die nicht allein durch vielfältige Ubung muß
erhalten werden, sondern die auch noch darzu besondere Geschicklichkeit erfordert, ehe
man zu dieser Ubung schreiten kan. Was
ist es wunder, daß einer für ein leeres Wort
hält, damit er keinen Begriff verknüpffen
kan? Die meisten Menschen sind ja gewohnet nach ihrer Elle alles auszumessen. Von
sich urtheilen sie auf andere. Wenn sie keinen Begriff von einer Sache haben, davon man mit ihnen bekandten Wörtern reden muß; so bilden sie sich gleich ein, man
könne keinen Begriff davon haben. Und
lieber! Wie ist es möglich ihnen einen Begriff beyzubringen von einem Vermögen,
oder auch der daher rührenden Würckung
der Seele, wenn sie weder geschickt sind,
noch sich bemühen wollen, wie sie diese Würc-
ckung vollbringen. Ich halte es ihnen zu
gute, wenn sie dergleichen Sorgfalt tadeln;

deln; bedaure sie aber, wenn sie dieselbe
unter unnütze Subtilitäten rechnen, und
als eine unnöthige Grille verwerffen. Denn
leyder! daher kommet es, daß wir von vielen Dingen unrichtige Begriffe formiren,
wodurch wir nicht allein den Fortgang der
Wissenschafften aufhalten, sondern auch
unfähig werden die Wahrheit einzusehen,
wenn sie noch so klar und deutlich vorgestellet wird. Ja daher kommet es, daß man
unrichtige hypotheses macht und übele
Grund-Sätze aus der Erfahrung ziehet,
und hartnäckig wird, wenn man der Wahrheit einen Platz einräumen soll. Die meisten
Vorurtheile des gemeinen Volckes rühren
von dem Mangel dieser Sorgfalt her, die
man von ihnen nicht fordern kan: Allein
ich wolte wünschen, daß nicht auch Vorurtheile unter den Gelehrten gefunden würden, die sich wie Ströme aus dieser Quelle ergiessen, und daß man nicht gar dergleichen Vorurtheile, weil man sie mit dem
gemeinen Manne gemein hat, für Lehren
des gantzen menschlichen Geschlechtes ausgäbe. Ich muß von dieser Sorgfalt Exempel anführen, damit man verstehen kan,
was sie eigentlich sagen will. Wir treffen
eines in dem Begriffe von dem Gedächtniß
an (§. 252. Met.) Man vermeynet insgemein, das Gedächtnis sey ein Behältnis
der Begriffe, die wir gehabt haben, daraus

Quelle der Vorur-
theile.

Exempel
von der
Sorgfalt

so bey Er-
fahrungen
und Ge-
brauchen.

aus wir sie zu seiner Zeit wieder hervor langen könten. Beydes hält man für eine
Sache, die aus der Erfahrung klar ist.
Wir bilden uns ein, wir erführen es, daß
wir die Begriffe der Sachen behielten, und
daß wir sie zu anderer Zeit wiederum her-
vorlangten: Allein es ist hierunter viel er-
schlichenes, welches die Einbildungs-Krafft
mit darein menget, wie es zur Gnüge erhellet, wenn es ein witziger Kopff erklären soll,
der auf Gleichnisse verfället, die von solchen
Dingen genommen werden, darinnen etwas
verwahret wird, daß man es zu anderer Zeit
wieder finden kan, wenn man es haben
will. Die Erfahrung, daran ich mich (§.
230. & seq. & §. 248. & seq. Met.) gehalten, lautet gantz anders. Wenn wir auf
unsere Gedancken acht haben; so erkennen
wir weiter nichts, als daß wir uns Sachen,
die wir ehemahls empfunden, vorstellen,
auch wenn sie nicht zugegen sind, und es
uns gar wohl bewust ist, daß wir dieselben
schon zu anderer Zeit empfunden, oder auch
wenn wir eine Sache durch Hülffe unserer
Sinnen von neuem empfinden, z. E. eine
Person, die wir vor diesem gesehen, noch
einmahl sehen, uns nicht weniger bewust
ist, daß wir sie schon zu anderer Zeit empfunden, z. E. die Person schon zu anderer
Zeit gesehen. Und deswegen habe ich auch
weiter nichts von der Seele vorgegeben, als
was

was man in ihr wahrnimmet, wenn man
in besonderen Fällen darauf acht hat. Und
wenn ich mit allgemeinen Worten etwas
vortrage, so lasse ich bloß das besondere weg,
wodurch dieser Fall determiniret wird, den
wir vor Augen haben, und halte mich an das
allgemeine, wodurch die Arten von dergleichen Fällen determiniret werden. Alsdenn
schliesse ich von der Würcklichkeit auf die
Möglichkeit (§. 15. Met.) und eigene in
gegenwärtigem Falle der Seele ein Vermögen zu, eine abermahls vorkommende Sache wieder zu erkennen, sie mag entweder
durch die Sinnen, oder durch die Einbildungs-Krafft derselben vorgestellet werden.
Und ich sage, wir erkennen eine Sache wieder, wenn wir uns bewust sind, daß wir
dieselbe schon vorhin empfunden. So halte ich meine Begriffe rein, daß nichts hinein kommet, als dessen Möglichkeit man erkandt hat, und schliesse die Wörter in abgemessene Bedeutungen ein, die nichts unrichtiges in sich enthalten. Und solchergestalt lege ich zu untrüglichen Schlüssen in
Wissenschafften den Grund, wo doch endlich alles dahin ausläufft, daß man die Möglichkeit des einen durch die Möglichkeit des
andern erweiset: Allein wenn wir bey unserem Exempel von dem Gedächtnisse verbleiben; so siehet man gar eigentlich, wie
man aus einer angenommenen hypothesi

Darein

darein mischet, deren Möglichkeit man
noch nicht erwiesen hat, ja die an sich noch
nicht verständlich ist.   Vermöge der natürlichen Begierde, die der Mensch zur Wissenschafft hat, und die ihm nöthig ist, weil
er GOtt aus seinen Wercken erkennen soll,
(§. 235. Phyf. II.) wollen wir gleich wissen,
wie etwas zugehet, wenn wir es obferviren.
Da nun dieses sich nicht durch die Vernunfft so gleich heraus bringen lässet, als
die eine Wahrheit durch Verknüpffung mit
andern aus ihnen herleitet (§. 368. Met.) wozu demnach nicht allein eine Erkäntnis anderer Wahrheiten, sondern auch eine Fertigkeit im Schliessen (§. 362. 363. Met.)
erfordert wird, daß wir anderer Geschicklichkeit geschweigen, die dazu gleichfalls nöthig (§. 364. Met.); so braucht man die
Einbildungs-Krafft, das Gedächtnis und
natürlichen Witz.   Man besinnet sich auf
ähnliche Fälle, aber die man nur in der
Undeutlichkeit für ähnlich hält; man urtheilet, es gehe in diesem Falle eben so zu,
wie in dem andern, und dann richtet man
die Worte nach der angenommenen hypo-
thefi ein, solchergestalt erschleicht man sich
etwas unvermerckt bey der Erfahrung, menget es in den Begriff mit ein und leget dadurch ein Hindernis in den Weg in der Erkäntnis der Wahrheit fort zu gehen, verleitet hingegen sich und andere, die darauf
fussen

<!-- marginal note -->
Woher die
Begriffe
unreine
werden?

fuſſen wollen, in Irrthum. Ich will es
deutlicher in Application auf unſer Exempel ſagen.     Wir haben einen Gedancken, Exempel.
der wir vorhin gehabt haben.     Dencket
z. E. ein Gelehrter daran, daß er dieſen
Gedancken ſchon vorhin gehabt; ſo fället
ihm z. E. ein, daß er auch öffters ein Buch
wieder in Händen gehabt, welches er vorher gehabt hatte (§. 238. Met.). Wie es
hier zugegangen, daß er es hat wieder haben können, iſt ihm bekandt. Er hat es
in das Repoſitorium geſetzt und darinnen
unter andern Büchern verwahret. Daraus hat er es wieder hervorgelangt, als er
es brauchte. Was ihm nun hiervon beyfället, bringet er bey der Seele wieder an,
und ſtellet ſich vor oder vermeynet vielmehr
unter dem Bilde des Repoſitorii ſich etwas
in der Seele vorzuſtellen, darein ſie ihre
Begriffe ſtellete und ſie darinnen verwah-
rete, die ſie durch die Sinnen erhielte, und
daraus ſie ſie zu anderer Zeit wieder hervor-
langte. Wer heiſſet aber einen bey demjenigen, was er von dem Gedächtniſſe obſer-
viret, ſich die Art und Weiſe erſchleichen,
wie es in der Seele ſtatt haben kan, und
durch ein leeres Wort ſich wegen einer fremden Bedeutung, die hieher nicht gehöret,
ſelbſt betrügen, als wenn er die Sache wü-
ſte, da er nichts davon begriffen? Ich ha- Billigkeit<br>des Auto-
be dergleichen niemanden vor übel und ſu- ris.

che

che auch keine Gelegenheit jemanden deswegen zu verkleinern, wie ich dann auch in
meinen Schrifften niemanden anführe, der
sich vergehet; allein wenn man mir zur Last
auflegen will, daß ich richtig verfahre, und
mit Gewalt auf mich loß dringet, daß ich
bey der gemeinen Verwirrung verbleiben
soll; so achte mich befugt zu seyn mein Verfahren zu rechtfertigen und, wo man den
Gründen Autorität entgegen setzen will,
den Ungrund derselben zu zeigen. Wer
mich auf den rechten Weg weiset, wenn ich
ihn nicht finden kan, dem bin ich verbunden.
Wer mich von dem rechten Wege abführen
will, dessen Stimme höre ich nicht, und
gehe meinen Weg fort, ohne mich daran
zu kehren, was er von mir saget. Wer
mir aber den Weg vertritt und mich auf den
Abweg stossen will, gegen den wehre ich
mich, daß ich mich auf dem rechten Wege
erhalten und darauf meinen Stab weiter
fortsetzen kan. Ich wolte wünschen, daß
jederman bey Erfahrungen dergleichen Behutsamkeit brauchte; so würde man in vielen Fällen seine Unwissenheit erkennen und
sich nicht mit leeren Wörtern blenden, man
würde von vielen Vorurtheilen frey bleiben
und das Gute nicht hindern, sondern es
Erinne-   mit Freuden annehmen. Scheinet jeman-
rung.   den das Exempel von dem Gedächtnisse
von keiner Wichtigkeit zu seyn, welches ich
ange-

angeführet habe, der darff sich in meinen
Schrifften nur umsehen, so wird er mehrere finden, zumahl wenn er sich bemühet,
was ich aus der Erfahrung annehme, nach
der gegebenen Vorschrifft zu rechtfertigen.
Ich führe aber mit Fleiß ein solches Exempel an, das man mit gelassenerem Gemüthe
ansehen kan: denn wem ist nicht bekandt,
daß die Affecten den Menschen blenden, daß
er die Wahrheit nicht sehen kan? Ich achte dieses vor was wichtiges, daß man bey
Erfahrungen nichts erschleichet: siehet es jemand vor was geringes an, oder verachtet
es gar, das kan ich wohl leiden. Ich suche niemanden die Wahrheit aufzudringen,
weder durch Gewalt, noch durch heimliche
Griffe. Mir sind die Meynungen verdächtig, dazu man den Beyfall erzwingen muß,
es geschehe auf eine offenbare, oder verborgene Art. Es lehret es auch die Erfahrung,
daß die Wahrheit doch erkandt und gutwil-
lig angenommen worden, auch wenn man
den Beyfall durch Gewalt hindern wollen.

§. 29. Ich führe nur das Vornehmste
an, indem ich das Verfahren in meinen
Schrifften von der Welt-Weißheit rechtfertigen will: sonst könte ich noch gar vieles
erinnern, worauf ich bey der Erfahrung gesehen. Wer meine Schrifften mit Bedacht
lieset, wie sie von mir sind beschrieben worden, und nach der Vorschrifft derjenige

*Wie sich der Autor bey Be-weisen durch Gründe der Ver-nunfft aufgefüh-ret.*

F 2 Exem-

Exempel, die ich jetzund gebe, indem ich
mein Verfahren rechtfertige, untersuchet,
was für ein Grund zu diesem und jenem vorhanden, was ich thue; der wird ihn vor
sich selbst finden und erkennen, was ich für
eine Regel in acht genommen. Derowegen
gehe ich weiter fort und schreite zu der andern Art des Beweises, welcher aus dem
Grunde der Vernunfft geführet wird. Ich
habe meine Gedancken davon anderswo (§.
21. c. 4. Log.) eröffnet und man wird leicht
erachten, daß ich mich nach den Regeln gerichtet, die ich daselbst vorgeschrieben. Ja
es kan auch denen, welche meine Schrifften
lesen, nicht unbekandt seyn, daß ich mich
darnach geachtet, indem ich es in der Vorrede über die Logick viele Jahre vorher (§. 3.
4.) erinnert, ehe etwas von meinen zur
Welt-Weißheit gehörigen übrigen Schriff-
Worauf ten herauskommen. Bey dem Beweise pfle-
der Autor ge ich auf zweyerley zu sehen, auf die Ma-
bey der terie und auf die Forme. Was die Materie
Materie betrifft; so nehme ich keinen Satz an, der
des Be- nicht entweder aus der Erfahrung klar ist,
weises sie- oder im vorhergehenden erwiesen worden.
het. Es sind aber diese Sätze entweder die Erklärungen der Wörter, oder der Sachen,
oder allgemeine Urtheile, die in besonderen
Fällen angebracht werden. Ich bemühe
mich, so viel nur immer möglich ist, von denen Dingen aus ihren Begriffen zu urtheilen,

len, und deßwegen lasse ich mir auch ange=
legen seyn von allem Erklärungen zu geben.
Ich weiß von keinen andern Schlüssen, als
die unter den beyden Regeln enthalten sind,
welche längst die *Aristotelici* fleißig eingeprä=
get: 1. *Cui competit definitio, illi competit*
*definitum.* 2. *Quicquid prædicatur de omni*
*genere, prædicatur etiam de quavis specie sub*
*genere isto contenta, & quicquid prædicatur*
*de omni specie, prædicatur etiam de omni in-*
*dividuo sub specie ista contento,* d. i. 1.
Wenn ich in einem Dinge die Merck=
mahle antreffe, die in der Erklärung
enthalten sind; so kan ich ihm auch
den Nahmen beylegen, den dasselbe
Ding führet. 2. Was von einem gan=
tzen Geschlechte gesaget wird, das
lässet sich auch von einer jeden darun=
ter gehörigen Art sagen, und was von
einer gantzen Art gesaget wird, das
lässet sich auch von einem jeden eintze=
len darunter gehörigem Dinge sagen.
Denn ich habe nicht allein in der Logick (§.
1. & seq. c. 4.) erwiesen, daß die Schlüsse
sich einig und allein hierauf gründen, son=
dern ich habe auch in der Mathematick noch
keinen andern Schluß gefunden, ob ich gleich
so vielfältige mahl einerley Beweise in ihre
Schlüsse zergliedert. Vermöge der Erklä=
rungen zeige ich, daß ein Ding, davon die
Rede ist, unter dieses oder jenes Geschlech=

F 3 te,

te, diese oder jene Art gehöret, und nach diesem eigene ich ihm zu, was von diesem Geschlechte oder dieser Art entweder aus der Erfahrung ausgemacht, oder aus ihren Begriffen erwiesen worden. So führe ich mich in Ansehung der Materie auf, und daher beruffe ich mich niemahls auf das, was hernach folgen wird, sondern allezeit auf dasjenige, was vorher erwiesen worden. Und eben dieses hat mir am meisten mißfallen, daß man insgemein von den Dingen nicht aus ihren Begriffen urtheilet und nach diesem auch die Sätze nicht nach ihnen einrichtet. Und ist dieses mit eine von den vornehmsten Ursachen gewesen, warum ich von allen Theilen der Welt-Weißheit geschrieben.

**Worauf der Autor bey der Forme des Beweises gesehen.** Was nun ferner die Forme des Beweises betrifft, so habe ich mich darnach geachtet, was ich davon (§. 21. c. 4. Log.) geschrieben. Ich habe die gebrauchte Schlüsse mit einander verknüpfft, indem ich die Hintersätze der vorhergehenden zu Fördersätzen in den folgenden gemacht, oder auch aus verschiedenen Hindersätzen verschiedener Schlüsse ein Grund-Urtheil, wie ich es (§. 94. Annot. Met.) nenne, formire, das ich als einen Fördersatz in den folgenden Schlüssen brauche. Auf diese Weise habe ich es in der Mathematick gefunden, als ich mir habe angelegen seyn lassen die Beweise auf das sorgfältigste zu zergliedern, und bey reiffer

Uber-

Uberlegung habe ich gesehen, daß man nicht anders verfahren könne, woferne ein Beweiß gründlich seyn soll. Ja ich habe wahrgenommen, daß so gar die natürliche Art der Gedancken nach diesen Regeln eingerichtet, und es eben daher kommet, daß dergleichen Beweise, wenn sie recht erwogen werden, so überzeugend sind und die Sache so vorstellen, als wenn man alles gleichsam mit Augen sähe. Ja eben daher kommt es, daß, wer meine Sachen mit Bedacht lieset und sich Zeit nehmen kan sie gehöriger Weise zu erwegen, alles so findet, wie er es gedencken kan: wie ich mich dann entsinne, daß viele bekannt, wenn sie in meinen Schrifften läsen, so wäre es ihnen nicht anders, als wenn alles ihre eigene Gedancken wären.

*Woher die überzeugende Krafft der Beweise komme?*

§. 30. Von dem Beweise aber habe ich nicht alle Schlüsse, wie sie in der Ordnung auf einander folgen, in das Buch hinein gesetzet, nicht allein weil niemand dergleichen zu thun pfleget, sondern weil es auch überflüßig ist und einem Leser, der mit Nachdencken zu lesen gewohnet, unnöthige Weitläufftigkeit beschwerlich fället, ja das Buch ohne Noth groß macht. Ich bin zufrieden gewesen, wenn ich so viel hinein gesetzt, als dazu genug ist, daß einem Leser das übrige einfället, der das Buch von vornen an bis zu Ende in seiner gehörigen Ordnung fortlieset und sich mit denen darinnen enthaltenen

*Wie viel der Autor von dem Beweise in seine Schrifften gesetzet?*

Erklä-

Erklärungen und Sätzen bekandt macht.
Denn dieses war zu meiner Absicht genug.
Und konte ich deßwegen noch kürtzer seyn,
weil ich verschiedenes dem Leser bloß durch die
beygefügte Citationes in das Gedächtniß
bringe. So habe ich es in der Mathematick gefunden, wo man am schärffsten demonstriret. Ja die meisten Mathematici,
sonderlich die neueren, gehen nicht einmahl
so weit; sondern lassen gar weg, was man
bey einem Leser als bekandt voraus setzen kan,
und was er daraus vor sich bey gehörigem

**Wenn ein Beweiß nicht hinreichend ist.**

Nachdencken mit dazu zu bringen weiß. Daraus aber lässet sich nicht erweisen, daß ein Beweiß nicht hinreichend sey: denn in diesem
Fall wird erfordert, daß aus denen vorhandenen Gründen sich derselbe nicht ergäntzen
lässet. Ich will ein Exempel geben, damit
man dieses desto besser verstehe. Wenn ich
erweisen will, daß ein nothwendiges Ding
seyn müsse; so lautet der Beweiß davon (§.

**Exempel eines hinreichenden Beweises.**

928. Met.) also: Wir sind (§. 1). Alles, was ist, hat seinen zureichenden
Grund, warum es vielmehr ist als
nicht ist (§. 30): und also müssen auch
wir einen zureichenden Grund haben,
warum wir sind. Haben wir nun einen zureichenden Grund, warum wir
sind; so muß derselbe Grund entweder in uns, oder ausser uns anzutreffen seyn. Ist er in uns zu finden; so
sind

sind wir nothwendig ( §. 32): ist er
aber in einem andern zu finden; so muß
doch das andere seinen Grund, warum es ist / in sich haben und also nothwendig seyn, und demnach giebet es
ein nothwendiges Ding. Hier findet
sich so viel, als genug ist, daß man sich aller Sätze erinnert, wenn man den gantzen
Beweiß ordentlich überdencken will. Denn
indem ich den Satz annehme: Wir sind;
so fällt mir aus dem vorhergehenden ein,
wenn ich es auf gehörige Weise durchgegangen bin und mich damit bekandt gemacht habe aus §. 30. Alles, was ist, hat seinen zureichenden Grund, warum es
vielmehr ist, als nicht ist. Und demnach schliesse ich auf ordentliche Weise: Also haben auch wir einen zureichenden
Grund, warum wir vielmehr sind)
als nicht sind. Hier habe ich den gantzen
Schluß hingesetzet und also mehr als nöthig
gewesen wäre, indem ich den Ober-Satz
bloß durch die Anführung des 30. §. hätte
andeuten dörffen. Ich nehme nun, wie es
die Lehre von der Demonstration ( §. 21. c.
4. Log.) erfordert, den Hintersatz als einen
Fördersatz zu einem neuen Schlusse an:
Wir haben einen zureichenden Grund,
warum wir vielmehr sind, als nicht
sind, und vermöge des Grundsatzes: Alles was einen zureichenden Grund

F 5 hat,

hat / hat denselben entweder in ihm,
oder ausser ihm, schliesse ich ferner: Also müssen wir diesen Grund entweder
in uns, oder ausser uns haben. Den
Obersatz lasse ich weg, weil er einem vor sich
beyfället, wenn man den Untersatz und den
Hintersatz weiß, und dabey so klar ist, daß
ihn niemand in Zweiffel ziehen darff als zu
welchem Ende die verstümmelte Schlüsse
eingeführet worden ( §. 17. c. 4. Log.) und
im Demonstriren beliebet werden (§. 21. 25.
c. 4. Log.). Ich nehme der Lehre von der
Demonstration gemäß diesen Hintersatz:
**Wir haben diesen Grund entweder in
uns, oder ausser uns** von neuem an als
einen Untersatz, und zwar weil ich noch nicht
erwiesen, welches von beyden wahr ist, ob
wir ihn nemlich in uns, oder ausser uns haben, so zeige ich, daß es in beyden Fällen
ein nothwendiges Ding geben müsse. Denn
jetzt verlangen wir nur zu wissen, ob es eines gibt, oder nicht, aber noch nicht, ob
wir, oder etwas anders ausser uns dasselbe
sey. Demnach nehme ich anfangs an: **Wir
haben den zureichenden Grund in uns:**
durch die Citation §. 32. führe ich auf den
Satz: **Was einen zureichenden Grund
in sich hat, dasselbe ist nothwendig.**
Und also schliesse ich daraus: **Also sind wir
nothwendig.** Da nun aber nicht erwiesen worden, daß wir den zureichenden Grund
war-

warum wir sind, in uns finden; so folget
auch nur Bedingungs=weise, daß wir noth=
wendig sind, nemlich woferne dieses wahr
ist, daß wir den zureichenden Grund, war=
um wir sind, in uns haben: wovon nach
diesem das Gegentheil erwiesen wird, und
damit zugleich der Hintersatz wegfället, daß
wir nothwendig sind.    Ich nehme ferner
auch den andern Fall an, der nach diesem im
Fortgange der wahre befunden wird: **Wir**
**haben den zureichenden Grund aus=**
**ser uns**, welcher nach der im Demonstriren
üblichen Gewohnheit, wovon in den An=
fangs=Gründen der Geometrie viele Exem=
pel vorhanden, in diesen gleichgültigen ver=
wandelt wird, wenn man keinen versteckten
Schluß haben will (§. 28. c. 4. Log.): **Es**
**ist etwas ausser uns, welches den zu=**
**reichenden Grund in sich hat, warum**
**wir sind** und vermöge des Satzes: **Was**
**einen zureichenden Grund / warum**
**wir sind, in sich hat, hat auch den**
**Grund, warum es selbst ist, in sich**,
den ich als einen durch das vorhergehende
klaren Satz keines ferneren Beweises vor nö=
thig erachte, schliesse ich daraus: **Also ist**
**etwas ausser uns, welches den Grund**
**in sich hat, warum es ist.** Daß der an=
genommene Satz aus dem vorhergehenden
klar sey, lässet sich auf zweyerley Weise zei=
gen.    Einmahl habe ich §. 579. Met.) ge=
wiesen,

wiesen, daß nichts zufälliges einen zureichenden Grund in sich haben kan, warum
das andere ist, indem man immer wieder
fragen muß, warum dasselbe ist, und also
unendlich fortgehen muß und doch keinen findet. Und daher kan man den hier angenommenen Satz als einen gleichgültigen mit dem
daselbst enthaltenen ansehen, den man nach
dem Exempel der Geometrarum für den andern annehmen kan, wenn man ihn nöthig
hat. Derowegen braucht er nicht erst ins
besondere erwiesen zu werden. Will man
es aber näher haben; so darff man nur auf
den Begriff von dem zureichenden Grunde
sehen; so wird man es daraus gleich verstehen, und also erkennen, daß dieser Satz
unter diejenigen gehöret, die aus der Erklärung der Wörter klar sind. Denn Lieber!
Wie erkläre ich das Wort Grund? Erkläre ich es nicht durch **dasjenige, wodurch
man verstehen kan, warum das andere ist?** Ist nun der Grund zureichend,
das ist, verstehe ich nun völlig, warum das
andere ist, wenn ich bey demjenigen, was
ich als die Ursache, das ist, als dasjenige
Ding angegeben, das den Grund in sich enthält, warum das andere ist, dabey man eben
wieder diese Frage wiederhohlen muß, warum das andere ist? Keines weges: ich verstehe eine Sache alsdenn erst völlig, wenn
ich dabey weiter nichts zu fragen finde. Und
dem-

demnach habe ich weder den Regeln einer Demonstration, noch dem Exempel der Mathematicorum, wenn sie auf das genaueste demonstriren wollen, zuwider gehandelt, indem ich diesen Satz ohne einen ferneren Beweiß angenommen. Wer sich hierbey einen
Scrupel macht, der darff nur den hier angeführten §. 30. Met. nachschlagen, welcher
ihn so gleich in §. 29. zurücke weißt; so wird
ihm der Scrupel bald verschwinden. In
andern Schrifften citiret man nicht einmahl
die Stellen, wo man aus dem Scrupel kommen kan, der einem entstehet. Ich thue es,
damit man desto weniger Anstoß findet.
Nachdem nun der Hintersatz herausgebracht
worden, **daß ein Ding ausser uns sey,
welches den Grund in sich hat/ warum es ist,** so nehme ich ihn abermahls zum
Untersatze eines neuen Schlusses an und
schliesse vermittelst des Obersatzes, den ich
durch die Citation §. 32. zu Gedächtnisse
führe; **Was den Grund, warum es ist,
in sich hat, ist nothwendig,** den Satz;
**Es ist ein Wesen oder ein Ding ausser
uns/ das nothwendig ist.** Da nun in
beyden Fällen, die wir oben heraus gebracht,
folget, daß ein nothwendiges Ding seyn
müsse, einer aber von ihnen wahr seyn muß,
wie ich im vorhergehenden erwiesen; so schliesse ich endlich ohne alle Bedingung: **Es sey
ein nothwendiges Ding würcklich
vor-**

vorhanden. Wer verstehet, was zu einer
Demonstration erfordert wird, der mag ur=
theilen, ob ich hierinnen verstossen und einen
Paralogismum begangen, folgends der Be=
weiß, den ich von GOTT geführet, nicht
überzeugend seyn könne, weil er gleich im
Anfange einen Haupt=Fehler hat, indem
nicht erwiesen worden, was den zureichen=
den Grund in sich hat, warum wir sind,
habe den Grund, warum es ist in sich sel=
ber. Die Furcht, die man hat, es könne
ein Atheist den Grund des Menschen in sei=
nen Vor=Eltern suchen, und also mit seiner
Argumentation zu Verleugnung der Exi=
stenz eines nothwendigen Wesens, davon
er doch habe sollen überzeuget werden, in alle
Ewigkeit zurücke gehen, ist eitel und verge=
bens, massen er darinnen keinen zureichen=
den Grund findet, er mag so lange fortge=
hen als er will, indem immer die alte Frage
wiederhohlet werden muß, und man also
niemahls zu Ende kömmet. Freylich wer
den Satz des zureichenden Grundes ver=
wirfft, und nur einen Grund, aber keinen
zureichenden erfordert, warum etwas ist,
dem kan der Atheist auf solche Weise begeg=
nen, mir aber nicht. Und deßwegen hat

auch der Herr von Leibnitz gar wohl erin=
nert, daß man ohne den Satz des zureichen=
den Grundes die Existenz GOttes nicht de=
monstriren könne, nemlich wenn man die
Erkänt=

Erkåntniß der Creatur zum Grunde leget
und von ihr auf den Schöpffer schliessen will.
Man muß aber mit der Demonſtration nicht
einen jeden Beweiß vermengen, wie ich schon
zu anderer Zeit in den Anmerckungen über
das Buddeiſche Bedencken N. o. p. 10.
& ſeq. N. q p. 16. und N. u. p. 18. erinnert. Ich wolte wünschen, daß nur überall, **Erinne-**
wo in Schrifften etwas erwiesen wird, von **rung.**
dem, was dazu nöthig iſt, so viel beygebracht
würde, wie ich hier gethan: ich wolte mich
niemahls beschweren, daß der Beweiß un-
vollſtåndig wåre. Ja ich wolte zugleich
wünschen, daß diejenigen, welche von mir
verlangen, daß ich ihnen wie Kindern den
Brey ins Maul schmieren soll, und nicht
selber zulangen wollen, ihre Beweise auf
eine solche Art zu juſtificiren suchten, wie
ich hier gethan; so würden sie sehen, ob sie
Ursache hätten sich ihrer Geschicklichkeit halber im Demonſtriren zu erheben. Ich getraue mich mit diesem Beweise allen Ver-
ſtåndigen unter die Augen zu gehen und würde die Zeiten glückselig preisen, da wir lauter
solche Beweise in Diſciplinen antreffen. Wie
sie mit ihren auskommen wollen, da mögen
sie zusehen. Die Exempel, welche ich gebe,
führe ich allzeit umſtåndlich aus, weil ich
davor halte, es sey besser ein ausführliches
Exempel zu geben, als viele unausführliche,
wo ich mein Verfahren zu rechtfertigen gesonnen

sonnen bin. Ich erwehle auch jederzeit Exempel, die von Widersachern angefochten
worden, und von einer Wichtigkeit sind,
damit man nicht meyne, als wenn ich mit
Fleiß diejenigen ausgelesen hätte, die am besten gerathen wären.

§. 31. Weil ich, so viel mir nur immer
möglich ist, darauf gesehen, daß die Sätze,
welche ich behauptete, richtig möchten erwiesen werden; so habe ich auch niemahls
mehr eingeräumet, als sich in dem Orte erweisen lässet, wo der Satz vorgebracht wird.
Wir haben schon ein Exempel in dem vorhergehenden, was erst (§. 30.) angeführet
worden. Denn da ich erweisen soll, daß ein
GOtt sey; so gehe ich mit langsamen Schrit-
ten fort, und erweise, wie wir gesehen, anfangs nur dieses, daß ein nothwendiges Wesen seyn müsse und zwar auf eine solche Weise, daß man im Zweiffel verbleibet, ob entweder wir dieses nothwendige Wesen selbst
sind, oder ob es etwas von uns unterschiedenes sey. Nach diesem untersuche ich erst,
ob man die Seelen der Menschen und die
Welt für ein nothwendiges Wesen halten
könne, oder aber als ein von beyden unterschiedenes davor erkennen müsse. Und so
gehet es durch viele Sätze durch, ehe endlich
heraus kommet, daß es ein nothwendiges
Wesen giebet, darinnen ich den Grund von
der Würcklichkeit der Seele und der Welt

zu

*[Marginalia:]*

Warum
der Autor
in seinen
Sätzen
niemahls
mehr ein-
räumet
als an
dem Orte,
wo er sie
vordrin-
get, sich
erweisen
lässet?

Exempel.

zu suchen habe und welches von beyden unterschieden ist: Allein alsdenn ist noch nicht
klar, daß ein GOtt sey, wenn wir ihn vor
ein solches Wesen halten, wie ihn die Christen aus dem geoffenbahrten Worte GOttes angeben. Derowegen muß nach und
nach durch viele Sätze erwiesen werden,
daß dieses nothwendige Wesen alle diejenige Eigenschafften habe, welche man GOtt
vermöge der Schrifft zueignet. Wenn nun
alles, was in gar vielen unterschiedenen Sätzen erwiesen worden, zusammen genommen wird; so lässet sich endlich ein solcher
Begriff heraus bringen, wie wir Christen
von GOtt aus seinem geoffenbahrten Worte
haben. Derowegen wenn man erkennen will,
was für einen Begriff von GOtt der Leser
aus meinen Schrifften erhält; so muß er es
nicht aus einer einigen Stelle beurtheilen
wollen, sondern alles zusammen nehmen,
was nach und nach erwiesen worden. Ich
gebe noch ein anderes Exempel. Indem
ich von der Verknüpffung der Dinge mit
einander rede (§. 645. Met. & seq.) oder behaupte, daß alles mit Raison neben einander
geordnet sey und auf einander folget, und
eines immer um des andern willen vorhanden sey; so lässet sich noch nicht erweisen,
daß diese Gründe göttliche Absichten sind,
die er vermöge seiner Weißheit in die Natur eingeführet: denn ich habe an dem Or-

Noch ein anderes Exempel.

G
te

te noch nicht erwiesen, daß ein GOtt sey,
sondern lege erst den Grund dazu, und
demnach muß ich es hier ausgesetzet lassen,
bis sichs an seinem Orte ausführen lässet.
Wenn ich nach diesem in Erwegung alles
dessen, was von GOtt und der Welt
erwiesen worden, von der Verknüpffung
der Dinge rede, so sage ich nicht mehr bloß:
Es sey in der Welt alles mit Raison neben
einander geordnet und folge mit Raison
auf einander, das ist, man könne allzeit
unter verschiedenen Dingen, die zugleich
sind, in dem einen etwas finden, daraus
sich verstehen lässet, warum das andere neben ihm zugluch ist, und gleichergestalt,
wo eines auf das andere folget, in dem
vorhergehenden etwas antreffen, daraus
man verstehen kan, warum das andere auf
dasselbe folget. Ich gehe vielmehr alsdenn
weiter, und sage: GOtt habe alles aus besonderen Absichten der Welt weißlich neben
einander geordnet und dirigire alles zum
Beweise seiner Güte zum besten der Creatur, insonderheit des Menschen: Allein solte ich dieses als einen Satz annehmen, den
man demonstriren solte; so fiele es unmöglich einen demonstrativischen Beweiß an
dem Orte, wo ich von der Verknüpffung
der Dinge rede, zu geben. Denn es sind gar
zu viele Sätze hierinnen enthalten, in die
derselbe zergliedert werden muß, wenn
man

man ihn demonstrativisch ausführen soll.
Ich nehme hier an 1. daß ein GOTT
sey, 2. daß GOtt die cörperliche Dinge
freywillig neben einander geordnet, 3. daß
er hierinnen stets seine Absichten gehabt,
die er zu erreichen gesucht, 4. daß er dadurch seiner Weißheit ein Gnügen gethan,
5. daß er seine Güte gegen die Creatur erweise, 6. daß er ihr und insonderheit dem
Menschen zum besten alles dirigiret. Wer
verstehet, was zum Demonstriren erfordert
wird (§. 21. c. 4. Log.), der wird finden,
wie viele andere Sätze voraus gesetzt werden müssen, ehe man aus ungezweiffelten
Gründen der Vernunfft diese Sätze erweisen kan. Es gehet mit dem Demonstriren nicht so leicht an, als man vermehnet.
Man muß grosse Aufmercksamkeit brauchen, damit man nicht mehr saget, als sich
an einem jeden Orte beweisen lässet. Daß
ich aber dieselbe gebraucht, kan mir nicht
verarget werden: denn es ist eben mein
Vorhaben gewesen zu Befestigung der
Wahrheit auf eine zu unseren Zeiten, da
die Wissenschafft steiget und demonstrativische Beweise gefordert werden, höchst-
nöthige Weise die natürliche Erkäntniß von
GOtt auszuführen, um denen zu begegnen, die sich für andern starck am Verstande zu seyn bedüncken und sich selbst alle
Scrupel zu benehmen, die einem bey die-

*Was für Aufmercksamkeit bey dem Demonstriren nöthig und der Autor gebraucht.*

G 2 sen

sen so wichtigen Wahrheiten entstehen können, wenn man durch Demonstriren seinen Verstand geübet. Und GOtt Lob!
es sind auch viele, die meine Arbeit zu dem
Zwecke zu gebrauchen wissen, dazu ich sie
geschrieben. Ja ich zweiffele nicht im geringsten, es werden sich mit der Zeit noch
mehrere finden, denen es nicht unange-
nehm seyn wird, daß ich diese Arbeit über
mich genommen. Es wäre vielleicht nicht
undienlich, wenn ich noch mehrere Exempel von dieser Art anführete, weil diejenigen, welche der Wahrheit zuwider sind,
daraus Gelegenheit nehmen, mich mit ungegründeten Auflagen zu belästigen: allein
man darff nur die Anmerckungen über die
Metaphysick durchlesen; so wird man darinnen mehrere antreffen. Ich mag nicht
hier von neuem wiederhohlen, was ich in
einem andern Orte geschrieben.

§. 32. Aus eben dieser Ursache, daß ich
niemahls mehr einräumen können, als sich
an dem Orte, wo ein Satz erwiesen worden, hat erweisen lassen, ist es kommen,
daß unterweilen einige Sachen nur unter
einer ausgemachten Bedingung erwiesen
worden, die nach diesem wohl gar wegfallen, wenn man erwiesen hat, daß die Bedingung unmöglich sey. Wir haben selbst
vorhin (§. 31.) ein Exempel gesehen, da ich
erwiesen, wir wären nothwendig, woferne

Erinne-
rung.

Warum
der Autor
unterwei-
len etwas
nur unter
einer noch
nicht aus-
gemach-
ten Be-
dingung
erweiset?

ne wir den Grund, warum wir sind, in uns haben, ob gleich noch nicht ausgemacht worden war, ob diese letztere Bedingung richtig oder unrichtig sey, und also der Satz, der daraus gefolgert wird, gleichfals im Zweiffel bleibet. Gleichergestalt habe ich (§. 89. Met.) von den einfachen Dingen erwiesen, daß, wenn sie entstehen sollen, sie auf einmahl anfangen müsten zu seyn, da sie vorher nicht waren, unerachtet sich an demselben Orte noch nicht ausmachen ließ, ob sie entstanden sind, oder nicht (§. 28. Annot. Met.). Eben so habe ich (§. 579. Met.) gezeiget, daß, wenn ich eine zufällige Begebenheit vollständig durch blosse natürliche Ursachen erklären will, ich niemahls zu Ende komme, sondern ohne Aufhören fortgehen muß, unerachtet an dem Orte noch nicht ausgemacht worden, ob etwas gantz natürlicher Weise zur Würcklichkeit gereichen kan, was zufällig ist: wovon nach diesem in der Theologia naturali oder dem Capitel von GOtt das Gegentheil erwiesen wird, als dessen Existenz oder Würcklichkeit eben daraus gezeiget werden mag (§. 201. Annot. Met.). Wer nun aus solchen Stellen folgern will, als wenn die unmögliche Bedingung, als möglich angenommen würde, der gehet weiter als er soll, und erweget die Sachen nicht so reiflich, wie sichs gehöret. Denn wo der Autor eine Bedingung,

*(Randbemerkungen:)* Exempel. — übereilete Auslegung.

gung, unter der er etwas erweiset, im Zweiffel lässet, ob sie gewiß sey, oder nicht, da muß
der Leser dieselbe nicht determiniren wollen
und annehmen, als wenn sie der Autor entweder vor möglich oder vor unmöglich hielte.

**Einwurff beantwortet.** Wolte man sagen, man solle dergleichen Sätze nicht in Disciplinen setzen, sondern bloß diejenigen, deren Bedingung ausgemacht wäre; so fürchte ich gar sehr, daß man den
demonstrativischen Vortrag nicht genug
einsiehet. Wir haben öffters nur nöthig,
daß etwas unter einer noch nicht ausge-
machten Bedingung erwiesen wird, wenn
wir es als einen Grund anders zu erweisen
brauchen wollen. Als wenn wir die Würcklichkeit eines nothwendigen Dinges behaupten wollen, ohne noch zu wissen, was es für
andere Eigenschafften habe; so können wir
dazu den Satz brauchen: wenn wir den
Grund, warum wir sind, in uns haben, so
sind wir nothwendig (§. 21). Und dergleichen Exempel zeigen sich gar viele, wenn
man solche Schrifften mit Bedacht durchgehen will, darinnen man sich nach dem demonstrativischen Vortrage gerichtet. Ja
die Mathematici erweisen unter allerhand
Bedingungen, z. E. wie die Bewegung der
schweren Cörper seyn müsse, ehe sie ausgemacht, welche in der Natur statt findet.
Wenn nun ein Naturkündiger durch Versuche ausgemacht, welche davon in der Natur

**Exempel der Mathematicorum.**

tur statt hat; so siehet man auch, welcher
Satz angebracht werden mag. Und eben
daraus erhellet ferner, daß dergleichen Sätze wohl ihren Nutzen haben, aber keinen
Schaden bringen. Denn ein Verständiger weiß, was unter einer Bedingung gesaget wird, lasse sich nicht eher anbringen,
als bis man zeiget, daß dieselbe Bedingung
vorhanden sey. Findet sichs nun nach diesem, daß eine Bedingung möglich, oder
unmöglich sey; so weiß man, was man be-
jahen oder verneinen soll. Wer anders
verfähret, der mißbrauchet einen Satz,
weil er ihn zur Unzeit anbringet, und davor kan der andere nicht stehen, der ihn
erwiesen. Es dienen aber auch dergleichen
Sätze im Erfinden, indem sie uns Anlaß
geben, die angenommene Bedingungen
zu untersuchen, ob sie möglich sind, oder
nicht. Z. E. Wenn die Mathematici erwiesen haben, daß unter der Bedingung einer auf unveränderte Art fortwürckenden
Ursache der Schwere folge, es werde die
Geschwindigkeit nach den ungeraden Zahlen in gleicher Zeit vermehret, und die Versuche bestätigen das letztere (§.4. & seq. T. II.
Exper.); so hat man gefunden, daß die Ursache der Schwere durch den gantzen Raum
um die Erde in denen Höhen, darinnen
wir Versuche angestellet, auf unveränderte Art fort würcke.

*Warum Sätze un-ter einer noch nicht ausge-machten Bedin-gung keinen Schaden bringen?*

*Ihr Nu-tzen im Erfinden.*

§. 33. Ich muß aber noch mehr sagen, nemlich daß ich unterweilen von einer Sache weniger erwiesen, als sich von ihr behaupten lässet, eben deswegen, weil sich an dem Orte, wo der Satz erwiesen worden, noch nicht mehr erweisen lässet, unterdessen doch dasselbe dazu dienet, daß man nach diesem ein mehreres erweisen kan. Wir haben hiervon ein Exempel in dem wichtigen Beweise, daß ein GOTT sey: denn daselbst habe ich anfangs (§. 945. Met.) nur heraus gebracht, daß GOtt das selbständige Wesen sey, darinnen der Grund von der Würcklichkeit der Seele und der Welt zu finden, das ist, aus dessen Eigenschafften man verstehen kan, warum vielmehr diese Welt als eine andere und unsere Seelen als andere, die beyde so wohl wie sie möglich waren, die Würcklichkeit erreichet, weil sich anfangs aus den vorhergelegten Gründen nicht mehr erweisen lässet, dieses aber eben dazu dienet, daß man nach diesem in einem eigentlichen Verstande die Art und Weise ausmachen könne, wie die Würcklichkeit der Welt und unserer Seele von GOtt herrühret, nemlich durch die Schöpffung (§. 1033. Met.), da er durch seine Macht würcklich gemacht, was er durch seinen Verstand als möglich heraus brachte, und also ausser ihm nichts vorhanden war, daraus er es hätte machen können.

*Warum der Autor unterweilen weniger von einer Sache erwiesen als von ihr behauptet werden kan?*

*Exempel.*

können. Dieses ist dem demonstrativischen Vortrage gemäß, wo man alle Begriffe auf das genaueste zergliedert, was sie in sich fassen, und dann in die Sätze nicht mehr bringet, als man aus den vorher bestätigten Gründen erweisen kan, jeden Satz aber an dem Orte anführet, wo man ihn nach diesem zum Beweise anderer, die folgen, von nöthen hat. Und wir haben auch in diesem Stücke das Exempel der Mathematicorum vor uns, selbst in der Geometrie, wo man unstreitig die allervollkommenste Beweise findet, wenn sie auf die Art eingerichtet worden, wie wir sie bey den alten Geometris antreffen; denn einige von den Neueren haben die Schärffe der Alten aus den Augen gesetzet, welches von Verständigen nicht gebilliget wird. Man lese die Vorrede, welche der berühmte Mathematicus in Engelland, vor weniger Zeit Professor Astronomiæ Savilianus zu Oxfurt, Johann Keil vor die lateinische Uebersetzung der Anfangs-Gründe des *Euclidis* gesetzet, die wir von dem *Commandino* haben und er wieder auflegen lassen; so wird man finden, was man in Engelland davon hält. Will man mit ihm allein nicht zu frieden seyn; so kan man des berühmten **Barrows**, der Professor Matheseos zu Cambridge gewesen, Lectiones mathematicas dazu nehmen, daß ich andere mit

*Ob dieses Verfahren dem demonstrativischen Vortrage gemäß?*

*Exempel der Mathematicorum.*

Stillschweigen übergehe. Z. E. Es ist
ein bekandter Lehr=Satz in den Anfangs=
Gründen der Geometrie, daß der äussere
Winckel in einem Triangel, wenn die ei=
ne Seite verlängert wird, so groß sey, wie
die beyden inneren entgegen gesetzten zusam=
men genommen. Ehe *Euclides* diesen Satz
erweisen konte, darinnen die Grösse des
äusseren Winckels determiniret wird; so er=
wiese er vorher einen anderen Satz, daß er
grösser sey als einer von den beyden inneren
entgegen stehenden allein genommen, weil
er ihn als einen Grund brauchte andere
Sätze zu erweisen, durch die sich endlich die
determinirte Grösse genau erweisen ließ.
Er macht es also eben so, wie wir es mit
dem Beweise von der Schöpffung gemacht.

Einwurff
wird be=
antwor=
tet.

Nun weiß ich wohl, daß *Ramus* in seinen
Scholis Mathematicis den *Euclidem* deswe=
gen getadelt: allein sein Tadeln ist zu früh=
zeitig gewesen, wie es längst vor mir andere
gleichfals erkandt. Denn da ich selbst in
den lateinischen Elementis Vorhabens war
diesen Satz, daß der äussere Winckel grös=
ser ist, als einer von den beyden inneren,
die ihm entgegen gesetzet sind, wegzulas=
sen, weil er überflüßig ist, so bald man den
andern weiß, daß der äussere so groß ist,
wie die beyden inneren zusammen genom=
men; so muste ich ihn doch behalten, wo
ferne ich von der Schärffe zu demonstriren

*nicht*

nicht abweichen wolte, und fand also den
Satz in soweit nicht überflüßig, sondern
höchst nothwendig. Unterdessen tadelte
*Ramus* doch weiter nichts, als daß *Euclides* überflüßige Sätze erwiesen hätte, indem
er weniger erwiesen, da sich ein mehreres
wahr befindete und von ihm selbst nach diesem erwiesen würde: hingegen gab er ihm
nicht Schuld, daß er die eigentliche Größ-
se nicht determinirte, und erkläretes deswegen seinen Satz vor irrig, und also führete er sich bey seinem *Censiren* verständiger
auf als diejenigen, welche vorgeben, es
werde die Schöpffung geleugnet, weil von
GOtt anfangs nur erwiesen wird, daß er
das selbständige Wesen sey, darinnen der
Grund von der Würcklichkeit der Welt
zu finden: denn es hätte gleich der Schöpffung in einem eigentlichen Verstande sollen gedacht werden. *Ramus* würde sich so
aufgeführet haben, wenn er den *Euclidem*
beschuldiget hätte, er leugne, daß der äussere Winckel, wenn die Seite eines Triangels verlängert wird, so groß sey wie die
beyden inneren zusammen genommen:
denn wenn er es zugäbe, so hätte er gleich
die determinirte Grösse anzeigen sollen. Es
sey auch nicht genug, daß er dieses hernach
erweise. Dadurch sey der Anstoß noch nicht
gehoben. Er hätte es gleich anfangs thun
sollen. Da dieses nicht geschehen: so sähe
man

Unver-
stand der
Gegner
des Auto-
ris.

man daraus, daß es ihm kein rechter Ernst
sey, wenn er sie hernach anzeiget. Er
wolle damit nur ein Blendwerck machen,
damit er nemlich von denen übrigen Geometris nicht ausgelacht werde, wenn er einer von ihnen einmüthig angenommenen
**Woher er** Wahrheit widerspricht: Allein es war frey-
**kommet?** lich nicht möglich, daß sich *Ramus* so gar
sehr vergieng, weil er in der Sache, davon
er urtheilete, nicht gantz unverständig war,
und, ob er wohl eine grössere Begierde den
*Euclidem* zu tadeln hatte, als sich rechtfertigen ließ; so war er doch von keinem bitteren Hasse gegen ihn dergestalt eingenommen, daß er sich dadurch hätte blenden lassen alle andere Mathematicos für Maul-
würffe anzusehen, die keine eigene Augen
hätten zu sehen, sondern nur hören könten und daher glauben müsten, was er sagte.

**Was der** §. 34. Weil ich mir nun angelegen seyn
**Autor** lassen mich in allem, so viel möglich, nach
**bey Er-** der demonstrativischen Lehr-Art zu achten;
**klärungen** so habe ich auch in der Ordnung mich dar-
**und Sä-** nach geachtet, in welcher ich die Erklärun-
**tzen für** gen und Sätze vorgebracht. Ich habe nem-
**Ordnung** lich ein jedes an demjenigen Orte vorgetra-
**gehalten.** gen, wo es das folgende zu verstehen und
zu erweisen von nöthen war. Und wer die-
ses in acht nimmet, der wird allzeit den
Grund anzeigen können, warum jetzt diese

se Erklärung gesetzt wird und warum man
eben an diesem Orte und keinem andern
den Satz bringet, davon die Frage ist,
warum er eben da stehet. Ich kan dieses
mit desto grösserem Vertrauen sagen, weil
ich schon so vielmahl, da ich meine Schrifften denen, die gründliche Erkäntniß und
Wissenschafft lieben, erkläret, solches selber erfahren, massen ich auch den Grund
der Folge meiner Lehren auf einander anzuzeigen gewohnet bin, damit meine Zuhörer erkennen, daß sie ein *Systema verita-*
*tum* bekommen, das ist, daß ihnen die
Wahrheiten in einer solchen Verknüpffung
mit einander vorgetragen werden, wie zu
gründlicher Erkäntniß erfordert wird. Und Vorgän-
in diesem Stücke habe ich gleichfals das ge des
Exempel des *Euclidis* und der alten und Autoris.
neueren Mathematicorum vor mir, welche in dieser
die Schärffe im demonstriren geliebet. Denn Ordnung.
unerachtet einige von den Neueren, insonderheit bey den Frantzosen, die Ordnung
des *Euclidis* verwerffen wollen; so habe ich
doch den Ungrund davon schon längst
anderswo (§. 22. c. 11. Log.) gezeiget. Ursache
Mit Wissenschafften hat es die Bewand- davon.
nis, wie mit dem menschlichen Cörper, da
nicht alles, was von einerley Art ist, sich
an einem Orte bey einander befindet; sondern vielmehr dergestalt vertheilet ist, wie
der Gebrauch des einen Theils den andern
neben

neben sich erfordert. Es ist ein ander Werck,
wenn der Anatomicus, welcher einem eine Erkäntnis derjenigen Theile beybringen
will, daraus der menschliche Leib zusammen gesetzet ist, alle Theile von einer Art
besonders vorstellet, damit man sie kennen
lernet und desto leichter behält: ein anderes aber ist es, wenn man den eigentlichen
Bau des menschlichen Leibes verstehen will,
damit man die darinnen sich ereignende Bewegungen begreiffen mag.   Da ich nun
gleichfalls Vorhabens gewesen bin, nicht
allein die Sätze und Erklärungen, welche
man in den Disciplinen hat, oder auch ich
selbst hinzugethan, denen Lehr-Begieri-
gen bekandt zu machen, damit sie dieselbe
verstehen und ins Gedächtniß fassen; sondern zugleich ihren Zusammenhang mit einander zu zeigen, damit sie als Wahrheit
erkandt werden: so habe ich auch alles in
der Ordnung vortragen müssen, wie die
Erkäntniß des einen die Erkäntniß des andern erfordert.   Wer die erste Absicht hat,
der kan ihm nach Gefallen eine andere Ordnung erwehlen, und wird deswegen von
mir nicht getadelt werden.   Er muß sich
aber begreiffen, daß er diejenige Ordnung,
die er in einer andern Absicht erwehlet, nicht
andern aufdringen will, welche die Wahrheit in ihrer Verknüpffung mit einander
erkennen wollen und ihnen also ein anderes
Ziel

Ziel vorgeſetzet, daß ſie auf dem vorigen
Wege nicht erreichen können.

§. 35. Es fehlet nicht an Leuten, die
es für einen Hochmuth auslegen, daß man
behauptet, zu einem demonſtrativiſchen
Vortrage wäre dieſelbe Ordnung ſchlech-
terdinges nöthig und ohne dergleichen Ordnung könne man nicht zur Wiſſenſchafft
oder gründlichen Erkäntnis der Wahrheit
gelangen, daß man völlig überführet ſey,
es ſey Wahrheit, was man behauptet.
Nun iſt wohl dieſes ein ſchlechter Beweiß,
daß derjenige ſich aus Hochmuth über alle
andere und alle Vorfahren erhebet, der die
Diſciplinen in denen Stücken verbeſſern
will, darinnen er noch einen Mangel ver-
ſpüret. Denn ſonſt müſte man es immer
bey dem alten laſſen und dörffte in keinem
Stücke auf eine Beſſerung dencken, damit
man nicht den Vorwurff hätte, man wäre hochmüthig, denn man wolte klüger
ſeyn als alle andere. Man wolte ſo viel
kluge und gelehrte Leute, die vor uns gelebet, für Maul-Würffe anſehen, die nicht
auch Augen gehabt hätten zu ſehen. Wer
Tugenden und Laſter vernünfftig zu beurtheilen weiß, und nicht allein bedencket,
daß die Wiſſenſchafften ein unerſchöpffli-
ches Meer ſind, und der Verſtand des
Menſchen ſich immer nach und nach zu einem höheren Grade der Vollkommenheit

bey

*Warum man in der Theologie und Juriſterey ohne dieſe Ordnung auskommen kan?*

*Einfältiger Vorwurff der Gegner*

*Wird abgelehnet.*

bey Erweiterung der Wissenschafften bringen lässet, sondern auch über dieses aus der
weisen Vorsorge GOttes gelernet, daß es
seine Art sey dem menschlichen Geschlechte
in Wissenschafften zu der Zeit etwas mit-
zutheilen, wenn dasselbe ihm beginnet unentbehrlich zu werden; der wird weder für
seine Person vor dergleichen Vorwurff er-
schrecken, noch vielweniger aber ihn andern machen, oder darauf acht haben,
wenn ihn andere vorbringen: Allein weil
nicht jederman so viel Erkäntniß beywohnet, daß er sich zu finden weiß, und Leute, die in der Noth stecken sich durch Sophistereyen zu retten, alles zusammen suchen, wodurch sie den verhafft zu machen
vermeynen, der ihnen einen Stein des An-
stosses worden; so achte ich nicht undienlich zu seyn, wenn ich eines und das andere
erinnere.    Ich mercke demnach vor allen
Dingen an, daß man sowohl in der Theologie, als in den Rechten eine wohl gegründete Erkäntniß erreichen kan, unerachtet
man nicht die darinnen enthaltene Wahrheiten in einer solchen Verknüpffung mit
einander vorträget, wie sich eine aus der
andern erweisen lässet.    Denn was erstlich
die Gottesgelehrtheit betrifft, so ist bekandt,
daß darinnen keine Wahrheiten vorgetragen werden, die sich durch die Vernunfft
begreif-

**Mangel des demonstrativischen**

begreiffen laſſen, ſondern man vielmehr diejenigen beybringet, welche uns GOtt in ſeinem Worte geoffenbahret hat. Da nun
hierzu der Beweiß aus der Schrifft genommen wird, ſo hat man nicht nöthig beſtändig
eine Wahrheit aus der andern zu erweiſen,
ſondern wo man Stellen in der Schrifft
findet, darinnen ein Satz enthalten iſt, nimmet man daraus den Beweiß. Und demnach gehet es hier an, daß man die Wahrheit, welche GOtt geoffenbahret, richtig erkennet, ob gleich nicht eine aus der andern
erwieſen wird. Man kan hier einen jeden
Satz, der aus den Worten der Schrifft
dargethan wird, anſehen, als wenn er mit
den übrigen nichts zu thun hätte. Ich führe jetzt nicht an, daß, wenn man den Sätzen
Beyfall geben ſoll, es nicht auf eine nach
den Regeln der Logick geführte Demonſtration ankommet, ſondern die Uberzeugung
von einer höheren Krafft herrühret. Es iſt
hier genug, daß man den rechten Sinn der
Schrifft erkläret und nach dieſem zeiget, wie
der von uns behauptete Satz vermöge dieſer Erklärung in der angeführten Schrifft-
Stelle enthalten ſey. Und auf ſolche Weiſe
erhellet, daß, wenn man eine demonſtrativiſche Ordnung in denen zur Welt-Weisheit gehörigen Diſciplinen für nützlich und
nöthig für diejenigen erachtet, welche die dahin gehörige Sätze als Wahrheit begreiffen

H und

Vortra-
ges in der
Theolo-
gie, was
er zu ſa-
gen hat.

und davon nicht bloß überredet sondern
überzeuget seyn wollen (§. 13. c. 13. Log.),
man keinesweges denen GOttes-Gelehrten
gewisse und überzeugende Erkänntnis ab-
spricht, unerachtet sie sich nach dieser Ordnung nicht richten. Wären *Aristotelis*
oder *Cartesii*, oder anderer Welt-Weisen
Schrifften eine philosophische Bibel, darinnen wir durch sie aus GOttes unmittel-
bahrer Offenbahrung von demjenigen unterrichtet würden, was der Vernunfft gemäß ist; so könte man es auch ohne diese
Ordnung zu einer gewissen und überzeugenden Erkäntnis bringen. Allein da die
Wahrheiten aus der Vernunfft durch ihre
Verknüpffung mit einander erkandt und
erwiesen werden; so hat es auch mit der
Welt-Weisheit eine andere Beschaffenheit
als mit der GOttesgelehrtheit. Eben dieses
müssen wir von den Rechten sagen. Ein
Rechts-Gelehrter macht keine Gesetze, sondern erkläret sie nur und, wo keine klare Gesetze vorhanden, suchet er die Sache entweder durch Folgerungen heraus zu bringen
aus denen, die vorhanden sind, oder aus den
Maximen, darauf sich dieselbe gründen, zu
entscheiden. Und da kan er abermahl zu
rechte kommen und eine gründliche Gelehrsamkeit und Einsicht in den Rechten erlangen, unerachtet er nicht den Vortrag nach
der Demonstration einrichtet. Allein eine
gantz

*Mangel des demonstrativischen Vortrages in den Rechten, was er zu sagen hat.*

gantz andere Beschaffenheit hat es in der
Welt-Weisheit, da kan man sich keine völlige Gewisheit zu Uberzeugung derer, die
verstehen, was dazu erfördert wird, versprechen, woferne man sich nicht nach den
Regeln der Demonstration ächten will.
Wer die dazu erforderte Fähigkeit nicht hat,
der lässet sich durch Beweisthümer bereden, die noch nicht in demonstrativische
Klarheit gesetzet sind: allein wenn er nicht
die Zeit seines Lebens in diesem Zustande
verbleibet, so kan er bey zunehmender Fähigkeit des Verstandes den Mangel seiner
Beweise erkennen und daran zweiffeln, was
er vor diesem mit so grösser Gewisheit zu
erkennen vermeynete. Wer demnach ein
Werck von der Welt-Weisheit zu schreiben
gesonnen, daraus man erkennen soll, daß
diejenigen Sätze, welche behauptet werden,
Wahrheit sind, der muß sich nach den Regeln der Demonstration richten, und eine
Wahrheit aus der andern erweisen. Am
allermeisten ist dieses nöthig, wo man den
Zusammenhang der Wahrheiten einzusehen beliebet, oder auch mit solchen Wahrheit zu thun hat, die man nicht unmittelbahr
aus der Erfahrung herleiten kan, oder diese
zugleich durch ihre Gründe erkennen will.

§. 36 Unerachtet ich aber nicht leugne,
daß ein Gotts- und Rechts-gelehrter zu einer
gründlichen und gewissen Erkäntnis, jener

in

reß die
demon-
strativi-
sche Lehr-
Art nichts
nuhet.

in den von GOtt unmittelbar geoffenbahrten Wahrheiten, dieser hingegen in den
Rechten gelangen kan; so folget doch daraus nicht, daß die demonstrativische Lehr-
Art beyde nichts nuhet und daher in ihren
Sachen überflüßig wäre, wenn man Systemata nach derselben schreiben wollte. Und
ich kan nicht in Abrede seyn, daß ich es für
eine sehr nühliche Arbeit hielte, weñ jemand,
der geschickt dazu ist und so ein wichtiges
Unternehmen ausführen kan, in der Theologie und den Rechten dergleichen Systema

Nuhen in
der Theo-
logie.

verfertigte. Wenn man die geoffenbahrten Wahrheiten in eine beständige Verknüpffung mit einander brächte, wie eine
ihren Grund in der andern hat; so würde
man besser einsehen, welche neben einander
bestehen könten und welche hingegen wieder einlauffen: welches in der That nicht
wenig beytragen würde zu Beylegung der
Religions-Streitigkeiten, wo nicht auf einmahl, doch nach und nach, aus Ursachen,
die ohne mein Anführen bekandt sind.
Man würde Widrig-gesinnten, wo sie von
der Richtigkeit des Glaubens abgehen, solches besser zeigen können, damit sie nicht
durch verkehrte Auslegungen der Schrifft,
wie jeht zu geschehen pfleget, Ausflüchte suchten, indem man mit ihnen aus solchen
Gründen, die sie zugeben, disputirte, das
ist, zeigete, wie der Sah, dessen Wahrheit
sie

sie nicht erkennen wollen, aus andern, die
sie selbst willig einräumeten und zu leugnen
nicht verlangten, durch eine richtige und
nothwendige Folge hergeleitet würde. Man
würde in Erklärung der Schrifft hin und
wieder ein grosses Licht bekommen: denn
da niemand in Abrede ist, man müsse die
Schrifft dergestalt erklären, daß sie dem
Glauben ähnlich sey, man aber am besten
siehet, was dem Glauben ähnlich ist, wenn
man die Wahrheiten, die man glauben
muß, in einer feinen Verknüpffung mit
einander einsiehet, so würde man nach diesem demonstrativisch zeigen können, daß eine
gegebene Erklärung einer Schrifft-Stelle,
die durch die Aehnlichkeit des Glaubens
ihre Determination erhält, richtig sey.
Und alsdenn würden sich solche Schrifft-
Stellen nicht mehr, wie jetzund geschiehet,
zu Bestätigung irriger Meynungen anführen lassen, indem aller Schein, den man
ihnen durch verkehrte Auslegungen giebet,
benommen wird.   Man würde die Theologie in ihrem Zusammenhange deutlicher
als voll göttlicher Weisheit einsehen, und
dadurch nicht allein vor sich vieles Vergnügen daran finden, sondern auch andern die
Augen eröffnen, die durch Vorurtheile verblendet sind und deren Göttlichkeit nicht erkennen wollen.   Ja man würde alsdenn
dieselbe auch nutzbahrer zu einem gottseli-

H 3                        gen

gen Leben machen, weil die Erkänntnis um
so viel mehr in den Willen dringet, je deutlicher dieselbe ist.   Ich übergehe mit Stillschweigen, was sich noch weiter sagen liesse und zu seiner Zeit offenbahr werden
wird, wenn GOtt einen Mann erwecket,
welcher die von ihm geoffenbahrte Wahrheiten, die man in der Theologie vorträget, in eine solche Ordnung bringet, wie
eine in der andern gegründet ist.   Der
unvergleichliche Breßlauische Theologus,
der Seel. Herr Neumann, aus dessen
Munde ich in meiner Jugend viel Gutes
gehöret, das mir in meinen künfftigen Jahren ein Licht gewesen, wünschte dergleichen
Arbeit, als dem vermöge seiner tieffen
Einsicht der Nutzen nicht verborgen seyn
konnte: er erkandte aber auch, daß niemand
darzu geschickt sey, als der sich in der Mathematick genug geübet und daraus die
Art eines demonstrativischen Vortrages erlernet: wie er dann mir selbst die Mathematick und Physick in Ansehung der Theologie recommendirte.   Er erkandte daß es
seine Abwechslungen habe und zu einer
Zeit ein Wahrheit auf eine andere Art
müsse vorgetragen werden als zu einer andern, nachdem es nemlich der Zustand der
Zeiten erfordert.   Und nach seiner Einsicht
waren die Zeiten vor der Thüre, da ein
demonstrativischer Vortrag viel fruchten
könnte:

Daß er
von Got-
tes-Ge-
lehrten
erkandt
worden.

könnte: wie ich dann auch noch einen Brieff
von ihm in Händen habe, darinnen er seine
Freude darüber bezeigete, als ich die allgemeinen Gründe der Moral in der zu Leipzig
Anno 1703. unter dem Titul: *Philosophia
practica universalis* gehaltenen Disputation
auf mathematische Art erwieß.   Es sind
aber auch andere Theologi der Meynung
und hat ein mit Verdiensten berühmter
Theologus, nemlich der Hr. Abt **Schmidt**
in Helmstädt, mir vor mehr als zehen Jahren dergleichen Arbeit recommendiret, weil
er einige Proben eines demonstrativischen
Vortrages von mir gesehen hatte.   Eben
so ist kein Zweiffel, daß es seinen Nutzen haben würde, wenn man die bürgerlichen Gesetze, welche auf Universitäten gelehret werden, in eine solche Ordnung brächte, wie
eines den Grund in dem andern hat. Denn
man würde auch hier besser sehen, wie weit
dieselben mit einander übereinstimmeten,
und ob einige den andern zuwider wären,
oder nicht.   Man würde die allgemeine
Maximen erlernen, darinnen die Gesetze
gegründet sind, und daher in anderen Fällen, wovon kein Gesetze vorhanden, denen
gemäß determiniren können, was rechtens
ist.   Man würde die Billigkeit der Gesetze
desto klärer einsehen und bey dem Gebrauch
derselben von der natürlichen Billigkeit so
wenig abweichen, als sich nur immer thun

*Nutzen in
der Juri-
sterey.*

H 4                                 lässet.

läſſet. Ja man würde viele Geſetze in allgemeinere faſſen können und dadurch das Gedächtnis weniger beſchweren, auch die Anbringung derſelben in beſonderen Fällen ungemein erleichtern. Uber dieſes würde man auch die Rechte mit weniger Mühe und in kürtzerer Zeit lernen können, dergeſtalt daß diejenigen, welche ſie auf Univerſitäten ſtudiren, die Welt-Weisheit und Mathematick in der Zeit zugleich mit ſtudiren, da ſie jetzt die Rechte kaum oben hin lernen. Wir haben jetzt, da die andere Auflage dieſes Werckes heraus kommet, die Probe in Marburg, wo der nicht weniger in der Welt-Weisheit und Mathematick, als denen Rechten geübte Profeſſor Juris, Herr D. **Cramer** ſich in dem Vortrage der Rechten nach der demonſtrativiſchen Lehr-Art richtet, und deswegen einen groſſen Beyfall findet. Man kan auch aus ſeinen in Druck gegebenen Proben ſehen, was für ein Unterſcheid iſt, wenn einer nichts als die Rechte allein im Kopffe hat, und wann ein Rechts-Gelehrter eine gute Philoſophie beſitzet und durch die Mathematick den Kopff in Ordnung geſetzt.

§. 37. Ich habe mich in meinen Schrifften nach dem demonſtrativiſchen Vortrage geachtet, ſo viel an mir geweſen iſt, und bin nicht darwider, daß es einer beſſer mache. Es iſt ohnedem leichter etwas zu verbeſſern,

*Warum der Autor nicht prætendiret, daß*

als

als zuerst zu machen. Und ist um so viel weniger Ursache vorhanden, warum man einen beneiden soll. Leute, die nur censiren und tadeln wollen, mögen mercken, was D. **Luther** denen vor eine Lection giebet, die seine Ubersetzung der Bibel tadeln wolten (a). Es ist auch mir ein leichtes zu tadeln, was andere gemacht haben: und zwar auf eine überzeugende Art zu zeigen, woran es ihnen fehlet: allein ich habe niemahls ein Gefallen daran, weil ich glaube, es sey rühmlicher etwas thun, daran man noch was aussetzen kan, als bloß aussetzen, was bey dem, so andere gethan, noch fehlet, ja weil ich sowohl wie **Luther** erfahren, daß das erstere gar ungemein schwerer sey als das letztere. Ein Anfänger, der nicht recht addiren kan, kan sehen, wo es der größste Rechen = Meister im Addiren versehen. Gleichwie ich aber bereit bin denjenigen zu loben, der die Welt = Weißheit noch gründlicher ausführen wird als von mir geschehen, und es ihm zu dancken, wenn er mir Gelegenheit gibt etwas zu lernen; so habe ich auch niemahls prætendiret, daß alle auf eine demonstrativische Art schreiben solten. Es wäre nicht allein ungereimet von einem etwas fordern, was nicht in seinem Vermögen stehet; sondern es wäre auch unrecht,

alle auf eine demonstrativische Art schreiben.

H 5

(a) Vid. Buddei Supplement derer Schrifften Lutheri F. 159.

recht, wenn man diejenigen gantz verabsäumen wolte, die entweder nicht die Fähigkeit, oder nicht die Gedult haben die Wahrheiten völlig einzusehen und in einer beständigen Verknüpffung mit einander zu erlernen. Ja es wäre auch dem gantzen menschlichen Geschlechte nachtheilig, wenn man niemanden Wahrheit lehren wolte, als der sie in ihrer Verknüpffung mit einander fassen könte und wolte: denn wenn es auf den Gebrauch ankommet, so kan man eine Wahrheit so wohl nutzen als der andere, ob man sie gleich nicht demonstrativisch erkandt hat, wenn man sie nur verstehet, und gleich nur undeutliche Begriffe davon hat. Wir haben ja Exempel in der Mathematick. Ein Ingenieur und Feld-Messer practiciret die Geometrie, ob er gleich seine Praxin nicht demonstriren kan. Ein Glaßschleiffer verfertiget gute Fern- und Vergrösserungs-Gläser, ob er gleich Hugenii Beweise in der Dioptrick davon nicht begreiffen kan. Es rechnet einer Ephemerides und verfertiget Calender nach den astronomischen Tafeln, unerachtet er die geometrische Rechnungen, darnach sie verfertiget worden, weder verstehet, noch zu demonstriren weiß. Es zeichnet einer Sonnen-Uhren, ob er gleich nicht demonstriren kan, daß sie auf eine solche Art auf einer gegebenen Fläche müssen ge-

zeich-

zeichnet werden. Wie es nun in der Mathematick angehet, daß Ingenieurs und Feld-Messer die geometrische, Glaßschleiffer die optische, Calender-Schreiber astronomische, Sonnen-Uhrmacher gnomonische Wahrheiten nutzen können, ob sie dieselben gleich bloß auswendig gelernet, und nicht selbst als Wahrheiten erkandt, oder auch auf das höchste nur durch einige Gründe dieselben zu bestätigen wissen, die keine vollkommene Demonstration ausmachen; so gehet solches auch in den übrigen Disciplinen und Facultäten an. Unterdessen wie ein Verständiger nicht leugnen kan, daß einer in der Mathematick vielen Vortheil davon hat, wenn er diejenige Wahrheiten, darauf seine Ausübung gegründet ist, mit demonstrativischer Gewißheit erkennet; so verhält sichs ebener massen mit aller übrigen Erkäntnis. Gleichwie es aber eine grosse Thorheit wäre, wenn Feld-Messer, Ingenieurs, Glaßschleiffer, Calender-Schreiber, Sonnen-Uhrmacher nicht leiden wolten, daß die Mathematici die Auflösung ihrer Aufgaben und die dazu gehörige Gründe auf eine demonstrativische Art ausführeten; so handeln auch diejenigen nicht besser, welche die Welt Weißheit, ja die zu den so genannten höheren Facultäten gehörige Lehren, nicht wollen auf eine demonstrativische Art vortragen lassen. Wer nicht geschickt

*Vortheil dessen der die Wahrheit demonstrativisch erkennet.*

*Unfug der Verächter dieser Erkäntniß.*

geschickt ist die Wahrheit auf eine solche Art
zu lernen, es mag entweder am Verstande,
oder am Willen, oder an beyden zugleich
liegen, der bleibet ohne dem bey Zeiten davon, und gesellet sich zu deyen, wo er seinen Verstand nicht so anstrengen und nicht
so viele Gedult haben darff. Und also wird
durch den demonstrativischen Vortrag niemand verabsäumet, weil diejenigen, vor
die er nicht gehöret, sich an andere halten:
hingegen wenn jener wegbleibet, so werden
so viele herrliche Köpffe verabsäumet, die
von andern nicht vergnüget werden. Ja
es dienet eben dieser Vortrag dazu, daß die
tüchtigen Köpffe von den untüchtigen, die
gründlich gelehrte von denen, welche nur
obenhin etwas gelernet, abgesondert werden: welches im gemeinen Wesen grossen
Nutzen hat, woferne man mit Wahrheit
regieret.

## Das 4. Capitel.

# Von der Freyheit zu philoso-
phiren, deren sich der Autor
bedienet.

### §. 38.

Vorha-
ben des
Autoris.

BIsher habe ich ausführlich gewiesen,
wie ich mich in dem Vortrage meiner
Lehren aufgeführet. Allein nun muß
ich

ich auch zeigen, wie ich mich in Erwehlung
der Lehren, die ich vorgetragen, aufgeführet
habe. Und dieses ist um so viel mehr nöthig, weil es Leute giebet, die andere überreden wollen, als wenn ich mich in diesem
Stücke nicht in gebührenden Schrancken
gehalten hätte: wiewohl mich dieses keinesweges befremdet, sondern vielmehr befremden müste, wenn es nicht geschähe; massen
aus der Geschichte der Gelehrten, insonderheit der Welt-Weisen überflüßig bekandt,
daß dieses allzeit ein Vorwurff gewesen, den
man denenjenigen gemacht, die in etwas
eine Aenderung vornehmen wollen. Wir
haben das Exempel noch an dem *Cartesio,*
davon ich an einem andern Orte ausführlicher zu handeln werde Gelegenheit haben. (b)

§. 39. Da ich mir vornahme alle Theile der Welt-Weißheit in einer beständigen
Verknüpffung mit einander abzuhandeln,
so habe ich mich gleich entschlossen bloß darauf zu sehen, ob etwas wahr ist, oder nicht.
Ich habe mich aber darum nicht im geringsten bekümmert, ob es alt, oder ob es neue
ist; ob es werth gehalten und gerühmet,
oder ob es verachtet wird; ob ich es schon
bey andern gefunden, oder ob ich vor mich
selbst darauf kommen; ob es ein berühmter
Mann, oder ein anderer gesaget, von dem
man

*Daß der Autor bloß auf Wahrheit gesehen.*

(b) Vid. Trimestre æstivum Hor, Subser. An.
1730. Num. I.

man in der gelehrten Welt wenig Rühmens
machet, ja den man wohl gar verspottet.
Was ich demnach nach meinem Urtheile
als wahr befunden, das habe ich in meinen
Schrifften behauptet und, wo man noch zur
völligen Gewißheit nicht kommen kan, dasjenige erwehlet, was ich die gröste Wahrscheinlichkeit zu haben erachtet. Denn dieses erforderte auch meine Absicht, die ich
hätte, die Sachen dergestalt abzuhandeln,
daß sie als Wahrheit erkandt würden, und
die Verknüpffung einer Wahrheit mit der
andern zu zeigen. Derowegen gieng es nicht
an, daß ich mich entweder nach der Mode,
oder nach meinem Vortheile richten könte,
nachdem ich mich in Erwehlung gewisser
Meynungen entweder diesem, oder jenem gefällig erwiese hätte, der mir durch seine Gunst
würde förderlich gewesen seyn, oder mit
dem Hasse den Vorsatz und die Bemühung
mir zu schaden würde unterlassen haben.
Hätte ich aus interessirten Absichten andern
zu gefallen etwas annehmen und es für
Wahrheit ausgeben wollen, da ich dessen
anders überzeuget bin; so wäre ich ein Be-
trieger gewesen. Durch Betriegereyen
aber habe ich in der Welt mein Glück nicht
machen mögen. Das Glücke, was ich
nicht durch Aufrichtigkeit haben kan, verlange ich nicht.

**Warum er dieses gethan.**

**Warum sich der**

§. 40. Ich habe mich aber in Beurtheilung

lung der Wahrheit nach mir und nicht nach andern gerichtet. Denn wenn ich mich nach andern richten solte, so müste ich vor wahr ausgeben, was ich nicht davor erkennte, und Beweise für überzeugend halten, wo ich noch zeigen könte, was mir im Wege stünde, warum ich es noch nicht als erwiesen annehmen könte. Auf solche Weise hielte ich es bloß fürwahr, weil es andere sagten, daß es wahr seyn solte. Und so würde ich nicht allein vor mich alles auf das Vorurtheil der Autorität bauen, sondern auch andere dazu anführen wollen. Da nun niemand billigen kan, daß man etwas deswegen für wahr hält, weil es andere sagen, die man für scharffsinnig und gelehrt hält; vielweniger aber, daß man andere zu diesem Vorurtheile anführet; so kan man auch nicht verlangen, daß man sich in Beurtheilung der Wahrheit mehr nach seinem Geschmacke, als nach anderer ihrem richtet. Es erfordert aber dieses insonderheit auch meine gantze Absicht, die ich gehabt habe, als ich mir vorgenommen alle Theile der Welt = Weißheit zum Nutzen derer zu erläutern, die sich vorgenommen haben die dahin gehörige Wahrheiten gründlich zu erkennen. Denn meine vornehmste Absicht ist gewesen, daß ich die Sachen dergestalt abhandelte, damit die Wahrheit als Wahrheit möchte erkandt werden, und

man

man davon völlig überzeuget würde. Und
demnach habe ich mich auch beflissen nach
der mathematischen Lehr=Art meine Sachen vorzutragen (§. 22). So wenig es
nun in der Mathematick angehen würde,
daß einer von denen darinnen enthaltenen
Lehrsätzen überzeuget würde, sie wären der
Wahrheit gemäß, wenn man die Beweise nicht völlig ausführen wolte, sondern sich
damit begnügen, daß *Euclides*, *Archimedes*
oder ein ander berühmter *Mathematicus*
diesen Satz vor wahr hielte und diese Gründe zum Beweise angäbe; so wenig kan es
auch in andern *Disciplinen* geschehen, daß
man von der Wahrheit überzeuget wird,
wenn man sie bloß deswegen als wahr annehmen soll, weil es so viele gelehrte und
berühmte Männer sagen, und glauben der
Beweiß, den man angiebet, habe die gröste Krafft einen davon zu überzeugen, daß
es Wahrheit sey, weil eben sie ihn davor
ausgeben und seine überzeugende Krafft andern anpreisen: wie man leyder von mir verlanget. Z. E. Wenn ich sagte: In
einem jeden Triangel machten alle drey
Winckel zusammen genommen 180. Grad
und wolte haben, man solte es als eine
Wahrheit erkennen, weil es *Euclides* und
mit ihnen alle *Mathematici* davor hielten,
wenn aber jemand nach dem Beweise frag-
te, bloß antwortete, man bewiese es dadurch,

Einfalt der Gegner des *Autoris*.

Wird nachdrück-
lich erwie-
sen.

durch, weil die Wechsels-Winckel zwischen
den Parallel-Linien einander gleich wären,
und dieses wäre der kräfftigste Beweis
nach dem Zeugnisse aller Mathematicorum,
hingegen verlangte, man sollte es dabey
bewenden lassen und sich nicht unterstehen
den Beweis ordentlich zu führen und aus
seinen ersten Gründen herzuleiten; so würde
ich bey verständigen Mathematicis gar
schlechte Ehre einlegen und sie würden mir
wenig Danck wissen, daß ich so viel Ehrerbietigkeit gegen sie hätte: Ja es würde auch
der Mathematick dadurch wenig aufgehol-
fen werden, und wäre dieses nicht der Weg,
worauf man andere zu einer solchen Erkäntniß führete, daß aus ihnen *Euclides,*
*Archimedes* und *Appollonii* würden, das ist,
Männer, welche nicht allein die von ihren
Vorfahren erfundene Wahrheit begreiffen,
sondern auch in den Stand gesetzt werden
Wahrheiten zu erfinden, die sich ferner daraus herleiten lassen, und jenen unbekandt
gewesen. Wenn ich auf gleiche Weise in
andern Disciplinen verfahre, so müssen Verständige gleiche Gedancken von mir führen.
Wenn ich bloß auf guten Glauben die
Wahrheit einem gewehren sollte und von
dem Leser verlangen, er möchte die Beweise
gelten lassen, weil ich sie ihm anpriese und
auf diejenigen schimpffte, die sie nicht vor
überzeugend ansehen wollten; so möchte ich

J                                    mit

mit der Welt-Weisheit nichts zu thun haben. Es wäre meine Arbeit überflüßig und ich hielte sie mir vor unanständig. Und in der That ist es ungereimet, daß man etwas um der Autorität anderer willen für wahr halten soll; aber noch viel ungereimter, wenn man einen Beweis für überzeugend erkennen soll, dessen überzeugende Krafft man bey sich nicht wahrnimmet. Es ist eben sopiel, als wenn ich verlangte, der andere sollte mir zugefallen glauben, es schmecke süsse wie Honig, wenn es mir bitter wie Galle schmeckte. Der Verstand lässet sich nicht befehlen. Und wenn es auf den Beyfall ankommet, so muß gantz anders ein Beweis ausgeführet werden, wo der Verstand geübet ist, als wo er ungeübet ist. Wer seinen Verstand geübet hat, der weiß von beydem zu sagen, und erkennet den Unterscheid. Er empfindet, wie ihm jetzt zu Muthe ist, und besinnet sich, wie ihm vor diesem zu Muthe war, als er einerley Beweis hörete. Wer aber seinen Verstand nicht geübet hat, der weiß nur von einem zu sagen, das andere sind ihm Böhmische Dörffer, die er nicht gesehen und davon er nicht reden kan. Es zeiget demnach eine Ubereilung an, wenn man von einem ungeübten Verstande auf einen geübten schliessen will, und zugleich eine thörichte Herrschsucht und eitelen Hochmuth, wenn

man

*Unfug der Gegner des* Autoris.

man prætendiren will, ein geübter Verstand
solle sich nach einem ungeübten richten und
jenen für seinen Richter erkennen. Es ist
ein gemeiner Wahn, der viel Schaden stifftet, daß man vermeynet, die Seele könne
ohne gehörige Ubungen eine Fertigkeit erreichen, da sie es doch so wenig vermag als
der Leib. In Erwegung dessen habe ich
mich nicht nach andern, sondern nach mir
selbst gerichtet, wenn es auf die beyde
Fragen ankommen ist, ob ein Satz wahr
sey oder nicht, und ob ein Beweis zu einer Uberführung zureichend sey oder nicht.
Denn da ich gefunden, daß mir ehedessen,
da ich mich bemühete die Wahrheit zu lernen, die Sachen auch anders vorkommen
sind, als jetzund, und mir ebenfalls überzeugend geschienen, welches ich nach diesem
zu einer Uberzeugung nicht hinreichend befunden, nach reiffer Uberlegung aber ich die
Ursachen gefunden, warum ich jetzt schwerer zum Beyfall zu bringen wäre, als vor
diesem; so habe ich leicht erachten können,
daß noch mehrere seyn würden, den es eben
so, wie mir ergehen würde, und folgends
meine Sachen so auszuführen gesucht, damit sie auch bestünden, wenn sie von einem
geübten Verstande untersucht würden.
Und ich habe es auch bey unseren Zeiten vor
nöthig geachtet, daß ich hierauf sähe. Denn
man hat nicht allein die Mathematick in

Vorsich-
tigkeit des
Autoris in
Erkännt-
nis der
Wahr-
heit.

Warum
man heute
zu Tage
auf

J 2  Auf-

Gründ-
lichkeit zu
sehen.

Aufnahme gebracht, wo man einen Begriff
von einer gründlichen Ausführung bekommet; sondern es haben auch viele brave
Männer in anderen Disciplinen herrliche
Proben von gründlich ausgeführten Wahrheiten gegeben. Wer demnach die Mathematick so studiret, wie der Gebrauch der
Vernunfft dadurch erleichtert wird, und er-
meldete Proben in andern Disciplinen begreifft; der verfället in lauter Zweiffel, wo
ein ungeübter Verstand völlige Beruhigung zu finden vermeynet. Damit man nun
nicht Ursache hat an wichtigen Wahrheiten
zu zweiffeln, sondern vielmehr dieselben mit
Gewisheit erkennet, auch wenn man durch
einen geübten Verstand sie überleget; so
halte ich es für wohlgethan, wenn man
sich angelegen seyn lässet die Disciplinen
auf eine solche Art abzuhandeln, daß auch
diejenigen, die mehr als andere auf Ver-
stands-Ubungen zu wenden Zeit und Gelegenheit gehabt, damit zufrieden seyn können oder, wo ja noch etwas fehlet, doch
nun näher sind als vorhin dem Mangel
vollends abzuhelffen.

Was die
Freyheit
zu philo-
sophiren
ist und
warum
der Autor

§. 41. Und hierinnen bestehet die Freyheit zu philosophiren, daß man sich in Beurtheilung der Wahrheit nicht nach andern, sondern nach sich richtet. Denn
wenn man gehalten ist etwas für wahr
zu halten, weil es ein anderer saget, daß
es

es wahr sey, und den Beweis deswegen sie geliebet. muß gelten lassen, weil ihn der andere für
überzeugend ausgiebt; so ist man in der
Sclaverey. Man muß sich befehlen lassen für wahr zu halten, was man doch nicht
als wahr erkennet, und einen Beweis für
überzeugend anzusehen, dessen überzeugende
Krafft man bey sich nicht empfindet. Gleichwie nun ein Sclave seinen Willen einem
andern unterwerffen muß, daß er thun
muß, wozu er keine Lust hat und das er
sonst nicht thun würde, wenn es nach seinem Willen gienge: so muß man auch hier
seinen Verstand einem andern unterwerffen,
daß man vor wahr ausgiebet, das man
noch nicht für wahr halten kan und einen
Beweis als kräfftig erkläret, unerach- **Erklä.**
tet er einen im Zweiffel stecken lässet. Und **rung.**
demnach bestehet die **Sclaverey im** *phi* **Sclave-**
*losophi*ren in Unterwerffung seines Ver- **rey im**
standes dem Urtheile eines andern oder, **philoso-**
welches gleichviel ist, in *Resolvirung* seines **phiren.**
Beyfalles in die Autorität eines andern.
Hingegen wo man nicht gehalten ist für
wahr zu halten, als was man erkennet, daß
es wahr sey, und keinen Beweis darff gelten
lassen, als weil man seine überzeugende
Krafft bey sich verspüret; so ist man in der
Freyheit. Man hält etwas für wahr, weil
man es als wahr erkennet, und giebet einen
Beweis für überzeugend aus, weil man bey

J 3                                    sich

sich befindet, daß man dadurch überzeuget
wird, und nichts dagegen einzuwenden hat.
Gleichwie nun ein Freyer thut, was ihm
gefället, und was er will, weil er es nemlich
so und nicht anders für gut befindet; so
richtet man sich auch hier nach seinem eigenen Urtheile, daß man nichts vor wahr ausgiebet, als was man vor wahr hält, und keinen Beweis für hinreichend erkläret, als
bey dem man nicht das geringste mehr auszusetzen findet.  Und demnach bestehet die
**Freyheit zu** *philosophiren* in einem unge-
hinderten Gebrauche seines Verstandes,
oder, welches gleichviel ist, in Resolvirung
seines Beyfalles in die Gründe, wodurch
eine Wahrheit erwiesen wird.  Ich gestehe
es gantz gerne, daß ich niemahls verlangt
habe im philosophiren einen Sclaven abzugeben; sondern jederzeit die Freyheit zu
philosophiren geliebet, denn ohne diese hätte
ich niemahls zu philosophiren verlanget.
Und warum sollte ich überflüßige Arbeit
vorgenommen haben, da ich auf andere Wege wohl noch in der Welt was würde zu
thun gefunden haben? Sollte ich bloß andern zu gefallen gesagt haben, es sey wahr,
was wahr ist, es sey wohl erwiesen worden
wie sie es erwiesen; so hätte es meines Sa-
gens nicht gebraucht: denn dadurch wird
es nicht mehr wahr, als es vorher ist, weil ich
es auch sage.   Warum sollte ich aber auch
gar

gar wider mein besser Wissen und Gewissen anders als eine Wahrheit fürtragen, was ich als irrig erkenne, und andere überreden, es wäre ein Beweis kräfftig und überzeugend, da er mich zu überzeugen nicht zureichet, sondern ich selbst daran noch viele Mängel bemercke? Sollte ich meine Aufrichtigkeit andern zu gefallen bey Seite setzen und Lehrbegierige hinter das Licht führen, damit ich mich anderen gefällig erwiese; so hielte ich das philosophiren für eine unanständige Sache: denn dadurch müste man wider die natürliche Pflichten handeln und mit Wissen und Willen andern Schaden zu thun verlangen. Wer unwissend einem andern einen Irrthum beybringet, der ist zu entschuldigen, weil es von einer Schwäche des Verstandes herrühret, davor man nicht stehen kan: allein wer mit Wissen andere in Irrthum verleitet, oder auch nur zu leiten vermeynet, den muß man schelten, weil es ein Fehler am Willen ist, den man ändern kan und soll, und zwar einer von den gröbsten, indem hier ein Vorsatz vorhanden seinem Nächsten um seines Vortheiles willen zu schaden. Und in Erwegung dessen allen habe ich die Freyheit zu philosophiren der Sclaverey vorgezogen, aber auch getrachtet, so viel Geschicklichkeit zu erreichen, daß ich nicht vonnöthen hätte einen Sclaven abzugeben.

J 4 §. 42.

**Wie weit man die Freyheit zu philosophiren im gemeinen Wesen einzuschräncken hat.**

§. 42. Die Freyheit zu philosophiren kan, wie alles andere, was an sich gut ist, gemißbrauchet werden, nemlich von denen, die entweder schwach sind am Verstande und die Wahrheit nicht einzusehen vermögen, oder auch aus anderen Absichten, die nichts taugen, Gefallen haben schädliche Irrthümer fortzupflantzen. Unterweilen kan es aus beyden Ursachen geschehen, und wären die besonderen Ursachen, wenn der Mangel an dem Willen lieget, zu weitläufftig hier zu erzehlen, wo ich diese Materie nur in so weit berühre, als ich zu Rechtfertigung meiner Schrifften einen und den anderen Grund daher zu nehmen nöthig habe. Da nun im gemeinen Wesen die Freyheit der Unterthanen eingeschrencket wird, in so weit durch deren Misbrauch die gemeine Wohlfahrt und Sicherheit gestöhret wird ( §. 217. Polit. ); so hat man auch daselbst der Freyheit zu philosophiren ihre Schrancken zu setzen, damit nicht durch deren Misbrauch einiges Nachtheil erwachse. Nun hat man im gemeinen Wesen darauf zu sehen, daß die Religion lauter und unverfälscht erhalten werde ( §. 366. 367. Polit. ), daß die Tugend in Aufnahme komme ( §. 316. Polit. ) und daß nichts wider die Gesetze und Verfassungen eines Staates vorgenommen ( §. 409. Polit. ), noch auch zum Nachtheile der Macht und Gewalt der Obrigkeit etwas ge=

geschehe (§. 461. Polit.). Derowegen hat man im gemeinen Wesen die Freyheit zu philosophiren so weit einzuschräncken, daß niemand der Religion, der Tugend und dem Staate entgegen stehende Meynungen behaupte. Man siehet aber leicht, daß dieses 1. in dem Falle geschiehet, wenn man Hauptsätzen der Religion widerspricht und das Gegentheil davon behauptet, denn Meynungen, dabey der Grund der Religion bestehet und darinnen die GOttes-Gelehrten selbst nicht mit einander einig sind, muß man hieher nicht ziehen, woferne man nicht zu steten Zänckereyen Anlaß geben und dadurch die Ruhe im gemeinen Wesen stöhren will. Man siehet ferner, daß dieses 2. geschiehet, wenn man Laster und Schand-Thaten für Tugenden anpreisen will, oder auch sonst Irrthümer heget, wodurch man zu schädlichen Lastern verleitet wird. Man siehet endlich, daß dieses 3. geschiehet, wenn man wieder die Verfassungen und Gesetze des Staates und die Person der hohen Landes-Obrigkeit und laa anderer von ihren verordneten Obrigkeiten verschiedenes behaupten wollte, wodurch die Unterthanen könnten irre gemacht und zum Ungehorsam, ja Empörungen verleitet werden. Es wäre hier gar vieles zu erinnern, wenn alles auf seine behörige Weise determiniret werden

*Wie hierbey auf die Religion zu sehen.*

*Wie weit auf die Tugend.*

*Wie weit auf den Staat.*

J 5 sollte:

sollte: allein dieses könnte alsdenn erst geschehen, wenn man von dieser Materie ins
besondere zu handeln sich vorgenommen
hätte. Ich erinnere aber nur dieses: daß,
wenn einer wider die Religion, die Tugend und gute Sitten, und wider den
Staat etwas lehren soll; er solche Sätze
behaupten müsse, welche den Haupt-Sä-
tzen der Religion, der Tugend und guten
Sitten, und der Staats-Verfassung entweder überhaupt, oder ins besondere in demjenigen, darinnen der Autor lebet, mit
klaren und ausdrücklichen Worten widersprechen. Denn woferne man einräumen
wolte, daß es der Freyheit zu philosophiren zuwider sey, wenn der andere Sätze
behauptet, die man durch Auslegungen,
oder auch durch Consequentien verdächtig
machen kan, als wenn sie dem Staate, der
Tugend und guten Sitten und der Religion entgegen stünden; so würde die Freyheit zu philosophiren gäntzlich aufgehoben,
weil man durch verkehrte Auslegungen allzeit des andern Meynung verkehren und sie
durch vermeynte Consequentien verdächtig
machen kan, wie es leider! die Erfahrung
aller Zeiten mehr als zu viel bezeuget, indem
diese verderbliche Mode von den Heyden her
bis auf die Christen geerbet worden, und
von diesen noch weiter fortgebracht wird,
auch wo man die Reinigkeit der Lehre für

aus

andern haben will und aus der Frömmigkeit mit Verachtung anderer ein Geprän-
ge machet. Diejenigen, welche Sachen
und Wörter am allerwenigsten zu unterscheiden geschickt sind, können in verkehrten Auslegungen am besten Meister spielen: denn sie sind verwegen, wo einen Verständigen die Schaam zurücke hält, daß er
so offenbahr des andern Worte verkehren
soll. Gleichergestalt sind diejenigen, welche
in vernünfftigen Schlüssen am wenigsten
geübet sind, allzeit die fertigsten mit verhaßten Consequentien anderer ihre Meynungen zu belästigen: denn auch hier sind sie verwegen, wo einer, der vernünfftige Schlüsse zu machen geübet ist, sich schämen würde
mit solchen Consequentien aufgezogen zu
kommen, die mit dem streitigen Satze gar
nichts zu thun haben. Ein jeder siehet,
daß hier nicht die Frage ist, ob man im
Controvertiren, wo man den Ungrund und
die Unrichtigkeit eines Satzes, den der andere behauptet, zeigen will, auch durch richtige Folge erweisen kan, daß dadurch ein
anderer Satz über den Hauffen geworffen
werde, dessen Wahrheit man zugeben muß;
sondern ob man verstatten kan, daß durch
Consequentien erwiesen werden soll, es habe einer die Schrancken der Freyheit zu philosophiren überschritten, und sey dadurch
eines straffbaren Verbrechens schuldig, das
man

Wer Mei-
ster in
verkehrten
Ausle-
gungen
ist.

Wer in
Conse-
quent en-
Mache-
rey.

Erinne-
rung we-
gen der
Conse-
quentien.

man an hohem Orte zur Ahndung denun-
ciren muß. Ich behaupte, daß dergleichen nicht verstattet werden kan, weil man
sonst die Verfolgungen um widriger Meynungen willen rechtfertigen müste, ja was
noch mehr ist, weil man dadurch Anlaß
giebet, daß einer aus Haß den andern ver-
Wenn sie folget. Wo einer einen Satz behauptet,
zu einer den man deswegen vor irrig hält, weil man
Controvers vermeynet, er sey der Religion, oder auch
vers hin-
reichend. der Moralität und dem Staate um der
Consequentien willen entgegen; so hat man
Ursache zu einer Controvers, aber nicht zu
einer Beschuldigung eines Verbrechens,
daß man die im gemeinen Wesen gesetzte
Schrancken der Freyheit zu philosophiren
überschritten und sich dadurch derselben
verlustig gemacht. Und zwar behaupte ich
dieses, wenn es die Wahrheit ist, daß einer in einen Irrthum verfallen, daraus
nachtheilige Consequentien fliessen, und also noch mehr in demjenigen Falle, wo man
bloß Consequentien vorgiebet, aber nicht
zeigen kan, daß sie aus einem Satze flies-
Schaden sen. Wenn man auch nicht alles nach den
der aus Gründen der Vernunfft überleget, sonder Con- dern nur auf die Erfahrung acht hat, so
sequenti-
en-Ma- wird man mir solches gerne zugeben. Denn
cherey ent-wer ist in der Geschichte der Gelehrten so
standen. unerfahren, daß er nicht wüste, wie man
durch die Consequentien-Macherey zu allen
Zei-

Zeiten der Freyheit zu philosophiren Ein=
trag gethan und dadurch Gelegenheit erhal=
ten, diejenigen zu verfolgen, welche nicht
in ihren Meynungen sich denen unterwerf=
fen wollen, welche die weltliche Macht auf
der Seite gehabt. Denn wer von der Sa=
che nichts verstehet und am allerwenigsten
davon zu urtheilen geschickt ist, der kan sie
mit den ungereimtesten und gefährlichsten
Consequentien belästigen. Je weniger ei=
ner verstehet, je unrichtiger stellet er sich die
Sache vor. Und je mehr er unrichtiges
annimmet, was dem andern niemahls in
Sinn kommen ist, je schlimmere Conse=
quentien kan er dem andern beymessen. Wir
dörffen nur bey dem gemeinen Exempel von
den Antipodibus, oder denen Menschen
bleiben, die von der andern Seite der Erde
sind und uns die Füsse zukehren. Wie man
noch nicht in Schulen lernete, daß es der=
gleichen Leute gäbe; so meynte man auch,
diejenigen giengen zu weit und wären der
Religion zuwider, welche dieses behaupte=
ten. Denn da man keinen rechten Begriff
von der Schwere und von dem Stande ei=
nes Cörpers auf dem Erdboden hatte; so
bildete man sich ein, die Leute hiengen den
Kopff unter sich und müsten sich wider ihre
Schwere an dem Erdboden erhalten. Mit
einem Worte, man stellte sich vor, als
wenn es eben so viel wäre, als wenn sie mit

*Exempel davon.*

den

den Füssen an der Decke stehen solten und
den Kopff unter sich halten. Weil wir nun
dergleichen nicht vermögend sind zu thun, so
hielt man sie für andere Menschen als wir
sind. Und daraus zog man die Consequentien, sie kämen nicht von Adam her, wären also auch in ihm nicht gefallen, folgends
von Christo nicht erlöset worden, und also sey
Christus nicht ein Heyland aller Menschen.
Also muste derjenige die allgemeine Gnade GOttes leugnen, der Leute zugab, welche uns die Füsse kehrten, ja man gab ihm
ferner Schuld, daß er deswegen GOtt zum
Urheber der Sünde machte, und was dergleichen mehr war. Diejenigen welche an-
nahmen, sie wären so wohl gefallen, als
die von Adam herkämen, gaben den Ver-
theidigern der Antipodum gar Schuld, sie
statuirten, daß zwey Christi und also zwey
Söhne GOttes wären, und wären demnach einer entsetzlichen Ketzerey schuldig.
Und deswegen verfolgte man sie, setzte verständige und nützliche Leute von ihren Aem-
tern ab und brachte sie um ihr zeitliches Glücke. Aus solchen Exempeln siehet man zur
Gnüge, daß man nicht einräumen kan durch
Consequentien die Freyheit zu philosophiren einschräncken zu lassen: denn wo man
dieses thut, so ist es eben so viel als wenn
man verlangte, man solte sich in Beurtheilung der Wahrheit dem Urtheile derer un-
terwerf-

Warum
die Frey-
heit zu
philoso-
phiren
durch
Conse-
quentien-
Macherey

terwerffen, die nichts von der Sache ver=
stehen, und nichts als wahr annehmen, was nicht diejenigen Personen, die das Glück erhoben, in ihren Schul-Jahren ge=
lernet: welches die ärgste Sclaverey unter der Sonnen ist, die bey dem Philosophi=
ren erdacht werden kan.   Und damit sol=
ches erhelle, so darff man nur erwegen, daß es viel schlimmer ist, als wenn man auf die Autorität eines Mannes angewiesen wird, z. E. daß man nichts behauptet, was dem *Aristoteli* oder *Cartesio* zu wider ist.   Denn da keiner von den Welt=Weisen lauter Irr=
thümer, sondern ein jeder vielmehr auch vie=
le Wahrheiten hat; so kan man doch diese Wahrheiten fruchtbarlich gebrauchen und andere noch unerkandte daraus herleiten, ohne daß einem bey dem vermeynten aufge=
legten Joche Eintrag geschiehet.   Sind Irrthümer, die man muß *passiren* lassen und denen man nicht widersprechen darff; so ist man nicht verbunden dieselbe zu ge=
brauchen um fernere Sätze daraus herzu=
leiten, die auch irrig seyn würden.   Und man findet hier weiter keine Beschwerde, als daß man nicht alle Wahrheit sagen darff: man weiß aber auch, welche man vor sich behalten muß, und kan sich vor Ver=
folgern in acht nehmen : Allein wo es heis=
set, man hat Freyheit zu philosophiren und dieselbe wird nur dahin gedeutet, daß Leu=
te=

nicht ein=
zuschrän=
cken.

te, welche das Glücke in einen gewissen
Stand erhoben, in *Aristotelis* und *Cartesii*
Stelle tretten sollen, und man seinen Ver=
stand ihrem Urtheile unterwerffen soll; so
wird jederzeit ein anderes Joch aufgeleget,
wenn ein anderer Mann in den Stand er=
höben wird, der privilegiret seyn soll aus=
züsprechen, was recht ist. Derowegen muß
wegen widriger Meynungen derer, die ein
ander in dem Amte folgen, und die Frey=
heit zu philosophiren als ein ihnen allein zu=
gehöriges *Privilegium* geniessen sollen, der
andere, so sich nach ihnen richten soll, sei=
ne Meynung beständig ändern, damit er
nach ihrem Urtheile nicht der vermeynten
Freyheit zu philosophiren entgegen handelt
und sich durch den Mißbrauch derselben
verlustig macht. Da einer nun nicht vor=
her sehen kan, was für ein Mann inskünff=
tige kommen wird, dem mit seinem Amte
eine Einsicht soll gegeben werden, die er nie=
mahls gehabt, und was er in seinen Stu=
denten=Jahren wird gelernet oder auch aus
Büchern sich bekandt gemacht, ja nach dem
Maasse seiner Gaben mit eigenen Einfäl=
len vermehret haben; so kan man sich auch
nicht nach ihm ächten, und folgends ist
nicht möglich, daß einer für Verfolgungen
sicher ist, er muß dann ein veränderlicher
Sclave seyn.

§. 43.

§. 43. In Erwegung dessen, was bisher
ausführlich erinnert worden, habe ich mich
der Freyheit zu philosophiren dergestalt bedienet, daß ich keinen Satz in meinen
Schrifften vertheidiget, welcher der Religion, der Moralität und dem Staate entgegen wäre, und hat auch noch niemand
einen einigen mir zeigen können, unerachtet man sich auf das äusserste bemühet einen
zu finden und gewünscht, daß sich dergleichen in meinen Schrifften finden möchte.
Ja ob ich gleich behauptet (§. 42.), daß
Consequentien keinem als Lehren imputiret
werden können und man daraus weiter
nichts als den Ungrund seiner Sätze zeigen
kan, wenn sie würcklich daraus fliessen; so
habe ich doch schon auch vor mich darauf
gesehen, ob dergleichen schädliche Consequentien aus meinen Sätzen fliessen und
bey Gelegenheiten um Ungegründeten vor-
zubeugen das Gegentheil erwiesen: aus
welcher Absicht ich gezeiget (§. 768. Met.),
daß die vorher bestimmte Harmonie ohne
einen GOtt nicht bestehen könne, wie wir
Christen aus seinem geoffenbahrten Worte
erkennen und verehren; wie sie der Weisheit GOttes gemäß sey (§. 1050. Met.);
was sie vor Nutzen in der Erkäntnis der Eigenschafften Gottes schaffet (§. 18. Phys. II.)
Und dieses habe ich um so viel mehr gethan,
weil mir nicht allein bekandt ist, daß heute

*Wie sich der Autor der Frey-heit zu philoso-phiren be-dienet.*

*Beschaf-fenheit der heuti-*

K                              zu

gen Frey-
heit zu
philoso-
phiren.

zu Tage die so gepriesene Freyheit zu philosophiren, um deren Willen man unsere Zeiten für glückselig erkläret, von Seiten der Welt-Weisen von einigen zu einer veränderlichen Sclaverey gemacht werden will (§.42.); sondern weil ich auch gar wohl wuste, daß man auf mich laurete, wie man mich fangen wollte in meiner Rede, weil man aus interessirten Absichten meine Freyheit zu philosophiren mit scheelen Augen ansahe. Um Consequentien, die aus meinen Sätzen nicht fliessen, sondern in eine Classe mit denen gehören, welche man wider die Antipodes vorgebracht (§.42.), habe ich mich niemahls bekümmert; wie es dann an sich unmöglich ist darauf acht zu haben, wenn man auch vorher sehen könnte, daß, wo sich Haß mit Unverstande paaret, dergleichen Einfälle sich ausbrüten ließ. Denn da dergleichen bloß imputirte Consequentien allemahl statt finden, es mag einer behaupten was er will; so dörffte man, wo eine vermeinte Freyheit zu philosophiren und man nicht auf die Autorität eines gewissen Mannes angewiesen ist, gar nichts sagen und wäre demnach die Freyheit zu philosophiren das Mittel einen stumm zu machen, daß man seinen Mund in keiner Sache aufthun dörfft. Wer reden wollte, der müste erst das Oraculum fragen, was er sagen sollte, und fleißige Gedächtnis-
Ubun

Warum
man auf
ungegrün-
dete Con-
sequenti-
en nicht
Reflexion
machen
kan.

Ubungen anstellen, damit er keine Sylbe anders vorbrächte, als sie ihm wäre vorgesaget worden. Will man zweiffeln, daß die Consequentien-Macherey alles beschmeissen könne; so darf man sich nur in der Geschichte der Gelehrten umsehen, und man wird finden, daß zu verschiedenen Zeiten einander entgegengesetzte Meynungen mit verhaßten Consequentien angeschwärtzet worden, ja auch wohl von verschiedenen angeschwärtzt werden. Wir haben vorhin gesehen, wie man die geographische Lehre von den Antipodibus, oder Leuten, die uns die Füsse zukehren, durch Consequentien als gefährlich vorgestellet, so daß die Fundamental-Articul der Christlichen Religion dadurch zu Grunde giengen und also einer nicht seelig werden könnte, woferne er antipodes glaubte, ja daß man den Socinianern die Waffen in die Hände gäbe, damit sie mit der ewigen Geburt des Sohnes GOttes nur ein Gespötte trieben (§. 42.). Allein Lieber! gehet es nicht eben so wohl an, daß man die entgegengesetzte Meynung mit eben dergleichen Consequentien beläßtiget? Diejenigen, welche leugneten, daß die Erde rund sey und antipodes vorhanden wären, oder wenigstens seyn könnten, die nahmen an, die Erde schwebe nicht in der freyen Himmels-Lufft, sondern sey auf etwas festem gegründet. Denn

*(Marginalie:)* Ob Consequentien-macherey alles beschmeissen kan.

K 2      auch

auch diejenigen, welche vermeynten, sie
schwimmte auf dem Wasser, musten doch
ein festes Behältnis setzen, darinnen das
Wasser war. Hier wird ein Consequen-
tien-Macher sagen, er leugne, daß die
Erde von GOtt in der freyen Himmels-
Lufft könne schwebend erhalten werden, und
leugne also die Allmacht GOttes, folgends
führe er die Menschen von dem Vertrauen
auf GOtt ab, mache aus dem wahren
GOtt einen ohnmächtigen Gott: welches
in der That nichts anders sey, als die Menschen zu der Atheisterey verführen, indem ein
ohnmächtiger Gott ein heydnischer Götze
und also kein GOtt sey. Ein geübter Con-
sequentien-Macher wird noch mehrere Consequentien finden, die mir nicht einfallen,
weil ich die dazu erforderte Geschicklichkeit
nicht besitze (§. 42.) J. Unterdessen ist genug,
daß die Consequentien wider die Antipodes
nicht von besserer Art sind, als die ich hier
wider die entgegengesetzte Meynung ange-

**Arbeit/ so
mit Nu-
tzen zu
verrich-
ten.**

führet. Es wäre eine nicht unnütze Arbeit,
wenn jemand die Consequentien zusammen
suchte, damit entgegen gesetzte Meynungen
zu verschiedenen Zeiten beläftiget worden,
und die Autores mit anführte, die sie vorgebracht oder auch, da sie von andern vorgebracht worden, approbiret: denn so würde man sehen, wie das wahre so wohl, als
das falsche sich mit solchen Consequentien
bele-

belegen laſſen, und wie ſich in dieſem Stücke Leute vergangen, die ſonſt ihre Ver-
dienſte haben, und warlich zu bedauren
ſind, daß ſie ſich ſo vergangen, weil nicht
jedermann nach Billigkeit zu urtheilen geſchickt, vielweniger gewohnet iſt. Hieraus nun würden diejenigen, die ſich
unterweilen aus Unvorſichtigkeit zum
Nachtheile ihres guten Ruffes, den ſie
ſonſt haben, übereilen, behutſamer werden, daß ſie mit der Conſequentien-Ma-
cherey ſich nicht vermengeten. Diejenigen,
welche ſie auf Muthwillen ziehen, würden
ſich ſchämen lernen. Wer nicht im Stande iſt vor ſich ſelbſt von einer Sache zu urtheilen, würde ſich durch die Conſequentien-
Macher nicht laſſen irre machen. Und die
Freyheit zu philoſophiren würde durch
Unverſtand und Muthwillen nicht zum
Nachtheile der Wiſſenſchafften gekräncket
werden. Ja wenn es einem zu weitläufftig fiele alles zuſammen zu ſuchen; ſo wäre
es genug, wenn nur nachdrückliche Proben aus verſchiedenen Zeiten zuſammen geſucht würden.

**Das**

## Das 5. Capitel.
# Wie des Autoris Schrifften
## müssen gelesen werden.

### §. 44.

Achdem ich ausführlich gezeiget, auf was für Art und Weise meine Schrifften geschrieben sind; so lässet sich daraus auch ferner zeigen, wie sie müssen gelesen werden. Ich habe mich in meinen Lehren und Meynungen nach niemanden gerichtet, sondern bloß darauf gesehen, ob ich es nach den von mir gemachten Erklärungen als wahr begriffen und mit tüchtigen Gründen erweisen kan (§. 39. 40.). Derowegen wenn ich auch in andern Schrifften etwas gefunden, so mir angestanden; so ist dieses mein geringster Kummer gewesen, ob ich des andern Meynung getroffen habe, oder nicht. Es ist mir genug gewesen, daß ich es in dem Verstande, wie ich es angenommen, als wahr erkandt, oder wenigstens als wahrscheinlich gefunden habe. Und deswegen eigne ich auch niemanden eine Meynung zu, wo ich nicht eine gehörige Untersuchung angestellet, daß ich gewiß versichert bin, es sey dieses, und nichts anders seine Meynung gewesen. Derowegen prætendire ich mit

Recht

Recht von meinem Leser, daß er sich anstelle,
als wenn er von allen den Materien, die er
bey mir lesen will, nichts wüste, und dannenhero alle Säße nach den von mir gegebenen
Erklärungen untersuche. Hat er gleich bey
andern gelesen, was einige bey mir vorhandene Worte in sich zu fassen scheinen; so kan
er doch nicht den Verstand hinein bringen,
den er entweder mit Recht, oder nach seiner
eigenen, oder auch anderer ihrer Auslegung
aus dem Ansehen nach gleichgültigen Worten gefasset. Denn sonst laufft er Gefahr,
daß er mir fremde Meynungen andichtet,
von denen ich weit entfernet bin, und, wenn
er dieselbe bestreitet, nicht mit mir, sondern
einem Gegner zu thun hat, den er sich nach
seinem Wahn erdichtet. Oder so er auch in
dem Verstande es annehmen wollte, wie er
es ausleget; so nimmet er eine irrige Meynung an, nicht aus meiner, sondern seiner
eigenen Schuld, weil er in meine Schrifft
eine Meynung hinein getragen, die nicht
darinnen zu finden ist. Weil ich alles hinreichend erkläret, so kan man den rechten
Verstand meiner Worte finden, wenn man
meine Schrifften mit Bedacht lieset. Wer
aber dieses nicht thun will, sondern die Wörter, nach seinem eigenen Gefallen und bey
andern gefundenen Meynungen erkläret, der
dichtet mir an, und träget in meine Schrifft
hinein, was nicht darinnen zufinden ist.

*Warum man den Sinn des Autoris erreichen kan.*

K 4　　　　Wer

Unbefugte
prætension.

Wer nun nachdem mir beymessen will, daß meine Schrifften nicht so geschrieben wären, daß sie ein jeder verstehen könne; dem kan ich es zwar nicht wehren, allein er thut mir das höchste Unrecht, und fordert von mir, was an sich schlechter dinges unmöglich ist: wie wir dann auch deswegen sehen, daß man selbst in GOttes Wort hinein träget, was nicht darinnen zu finden ist, wenn man mit Vorurtheilen eingenommen darüber kommet, und daher eine Meynung darinnen mit Macht finden will, die nicht darinnen anzutreffen. Gehet es nun an, daß die Menschen Meynungen, die sie anders woher haben, in GOttes Wort hinein tragen und ihm seine Worte verkehren; so kan man von mir nicht prætendiren, daß ich auf eine solche Art schreiben sollte, daß niemand Meynungen, die er anderswo gefasset, hinein tragen sollte. Ich bin nicht zu tadeln, wenn dieses geschiehet; sondern man muß denen ihre Unachtsamkeit verweisen, welche nicht mit gehörigem Bedachte meine Schrifften lesen, oder, woferne sie es der Mühe nicht werth achten so viel Zeit und Fleiß daran zu wenden, als sie zu verstehen erfordert wird, davon wegbleiben und sie ungelesen lassen. Wer heisset sie meine Meynung aus der Gleichgültigkeit der Wörter errathen wollen, womit andere ihre vortragen, da sie so viel in meinen Schrifften
finden,

finden, als den rechten Verstand heraus zu
bringen erfordert wird? Es wird demnach
ein jeder unpartheyischer Leser die Billigkeit
meiner Regel erkennen, daß er meine Schrifften mit einem leeren Gemüthe lieset und
mich nicht nach dem urtheilet, was er von
der Sache bey andern gefasset, mit dem ich
gleiche Gedancken seiner Meynung nach
haben soll.

Billigkeit
der Regel
des Autoris.

§. 45. Da ich nun von andern weiter
nichts annehme, als in so weit ich es erweisen kan, daß es Wahrheit sey, und in so weit
es sich mit meiner Kette der Wahrheiten verknüpffen lässet (§. 44.); so muß mir auch
niemand des andern Meynung gantz beymessen, wenn ich mit ihm nur in einigen
Stücken einig bin. Denn sonst eignet er
mir Sätze zu, die ich nicht behaupte, und,
wenn er sie ansicht, so hat er nicht mit mir
zu thun: er kan auch nicht verlangen, daß
ich mich der Einwürffe annehmen soll, die
er darwider machet. Derowegen wenn er
wissen will, wie weit er mir von dem, was
ein anderer statuiret, beymessen kan; so
muß er meine Schrifften selbst durchlesen
und nicht nur entweder im Register nachschlagen, was er darinnen findet, oder auch
auf dem Rande nach dem Inhalt der Articul sehen, die darinen abgehandelt werden,
nach diesem aber dieselben nach seinem Gefallen erweitern, ohne nachzusehen, wie weit

Daß man
dem Autori nicht
anderer
Meynungen gantz
beymessen
soll, wenn
er mit
ihnen in
etwas
überein
kommet.

K 5        ich

ich eigentlich mit einem andern einig bin. Er
darf auch nach diesem nicht mir die Schuld
beylegen, daß er mich unrecht verstanden.
Denn er hat vielmehr seine Unachtsamkeit
anzuklagen, daß er nicht alles durchgelesen
und mit gehöriger Aufmercksamkeit erwogen hat, wie nöthig ist, wenn man ohne
Ubereilung urtheilen will, wie weit ich mit
andern übereinkomme, und was hingegen
andere noch weiter behaupten, davon ich
entweder das Gegentheil habe, oder gar
schweige, oder das ich zu weiterer Untersuchung ausgesetzt lasse. Z. E. Wenn ich in
diesem Stücke (§. 1075. Met.) den Schul-
Lehrern und unseren GOttes-Gelehrten, die
es mit ihnen gehalten, Recht gebe, daß, wenn
gleich die Welt ewig von GOtt wäre hervorgebracht worden, und also als ein Werck
anzusehen, das von einer Würckung herkäme, die beständig in ihm gewesen und sich
auſſer ihm geäuſſert; so würde ihre Ewigkeit dennoch von der Ewigkeit GOttes und
sie der Daure nach von GOtt unterschieden
seyn: so kan mir deswegen noch niemand
beymessen, daß ich diese Bedingung vor
möglich halte, mit ihnen die Möglichkeit der
Schöpffung von Ewigkeit behaupte und
also für unmöglich halte aus der Vernunfft
zu erweisen, daß die Welt von GOtt in
einer endlichen Zeit erschaffen worden.
Denn ich kan einem unter einer Bedingung

*Exempel von dem Unterscheide der Ewigkeit GOttes und der Welt.*

Recht

Recht geben, ob ich gleich die Bedingung
nicht einräume, sondern entweder dahin gestellet seyn lasse, ob sie möglich, oder unmöglich ist, oder sie wohl gar für unmöglich
erkläre. Wer demnach daraus erweisen
will, daß ich auch in den übrigen Stücken
ihnen Recht geben müste, weil ich ihnen in
einem Recht gebe, der irret gar sehr. Ja
er würde irren, wenn auch gleich das eine
mit dem andern nothwendig verknüpfft
wäre: denn es könnte ja seyn, daß einer diese
Verknüpffung nicht einsähe, und alsdenn
wäre es ein Fehler, daß man das eine annähme, da man doch das andere verwürffe,
welches man zu geben müste, woferne das
Erste wahr seyn sollte. So urtheilen Leute,
die alles auf gehörige Weise erwegen und
ihnen angelegen seyn lassen ein gründliches
Urtheil zu fällen, damit sie sich vor den Rich-
ter-Stuhl der Vernunfft wagen dörffen.
Gleichergestalt wenn ich (a) sage, es sey **Noch ein**
wider einen Atheisten schwer zu demonstri- **anderes**
ren, auch öffentlich noch von niemanden **Exempel**
erwiesen worden, nemlich ohne GOttes **von dem**
Existenz und Eigenschafften voraus zu **Anfange**
setzen, daß die Welt und das menschliche **der Welt.**
Geschlechte einen Anfang genommen, damit
man diese Wahrheit als einen Grund brauchen könnte einen Atheisten auf demonstrativische

(a) in Ral. Prælect. Sect. 2. c. 3. §. 43. p. 155.

tivische Art zu überzeugen, daß ein GOtt sey, dem solche Eigenschafften zukommen, wie wir ihm in seinem geoffenbahrten Worte beylegen; so thut man unrecht, wenn man mir beymessen will, als wenn ich denen beypflichtete, welche es schlechter dinges für unmöglich halten aus den Gründen der Vernunfft zu erweisen, daß GOtt die Welt in einer endlichen Zeit erschaffen habe, auch wenn man die göttliche Eigenschafften als bekandt annimmt und nicht mehr mit einem Atheisten, sondern mit einem andern zu thun hat, der schon auf andere Weise über-

**Das dritte Exempel von den Elementen der Cörper.**

führet worden, daß ein GOtt sey. Eben so wer für die Elemente der natürlichen Dinge einfache Dinge erkennet, die keine fernere Theile haben, der nimmet deswegen nicht gleich mit mir an, daß sie eine Krafft in sich haben, die beständige Veränderungen hervor bringet. Und wer dieses mit mir erkennet, der nimmet deswegen nicht mit dem Herrn von **Leibnitz** an, daß diese Krafft eine eingeschränckte Vorstellung von

**Billigkeit der Regel des Autoris.**

der Welt hervorbringe. Und demnach erkennet man auch die Billigkeit dieser Regel, daß man mir nicht gleich eines andern Meynung gantz beymessen soll, wenn man findet, daß ich in etwas mit ihm einig bin, viel weniger aber des andern Meynung in allem für meine ausgeben, wenn ich nur etwas behaupte, welches obenhin betrachtet das An-

Ansehen hat, als wenn es in etwas mit eines andern Meynung überein käme, da es doch nicht völlig dieselbe, sondern von ihr noch gar viel unterschieden ist.

§. 46. Ich kan hier auch noch dieses hinzusetzen, daß, wenn ich etwas verwerffe, was ein anderer auch verwirfft, man mir nicht beymessen müsse, als wenn ich keine andere Gründe als der andere dazu hätte; noch auch, wenn ich etwas vertheidige, was von einem andern vertheidiget wird, als wenn ich es in Ansehung derselben Gründe thäte, darauf der andere bauet. Denn es ist möglich, daß man verschiedene Gründe dazu hat, warum man etwas verwirfft und warum man es annimmet. Und es gilt nicht gleich viel, aus was für Gründen man etwas verwirfft oder vertheidiget, massen einige Gründe Wahrheit seyn können, da die andere irrig sind. Derowegen wenn man einem, der mit einem andern einen Satz entweder annimmet, oder verwirfft, auch die Gründe beymessen wollte, warum der andere ihn annimmet, oder verwirfft; so würde man einen eines Irrthums, oder einer Ubereilung beschuldigen, da er von beydem frey ist. Z. E. Viele verwerffen den natürlichen Einfluß der Seele in den Leib und des Leibes in die Seele, weil sie ihn nicht begreiffen können. Ich führe andere Gründe an, warum ich der Aristotelischen

*Daß man dem Autori nicht beymessen soll, als wenn er etwas aus eben der Ursache verwürffe oder vertheidigte, warum es andere gethan.*

*Exempel vom natürlichen Einfluß der See'e in den Leib*

**und dieses in die Seele.**

lischen Meynung nicht beypflichten kan (§. 762. Met.). Derowegen geschiehet mir offenbahr unrecht, wenn man mir Schuld geben will, daß ich etwas deswegen verwürffe, weil man es nicht begreiffen könte, wie es möglich wäre. Und man thut mir um soviel mehr unrecht, da ich nicht allein (§. 762. Met.) ausdrücklich erinnere, es sey dieses noch nicht gnug ihn zu verwerffen, sondern gar behaupte, man könne ihn auch noch nicht verwerffen, wenn gleich dazu kommet, daß er nicht in der Erfahrung gegründet sey. Gleichergestalt verwerffen einige den natürlichen Einfluß deswegen, weil sie es vor unmöglich halten, daß in ein einfaches Ding ein anderes endliches Wesen von aussen würcken könne. Man thäte mir aber unrecht, wenn man mir deswegen, daß ich dem natürlichen Einflusse des Leibes in die Seele und der Seele in den Leib nicht beypflichte, diesen Grund als eine Lehre beymessen wollte, da ich gantz andere Gründe vor mich anführe (§. 703. Met.) und von dem andern nichts in meinen Schrifften zu finden. Ja wenn der Herr von **Leibnitz** behauptet, daß kein endliches Wesen in ein einfaches Ding von aussen würcken könne; so thut man ihm höchst unrecht, wenn man ihn beschuldiget, es könne gar nichts von aussen, auch nicht GOtt das unendliche Wesen durch seine un-

unendliche Krafft hinein würcken. Und
zwar thut man ihm um so vielmehr unrecht,
da er das Gegentheil mit ausdrücklichen
Worten behauptet. Derowegen damit
man weiß, aus was vor Gründen ich etwas
verwerffe, oder vertheidige; so muß man
meine Schrifften nicht nur oben hin ansehen, sondern mit gehöriger Erwegung lesen.    Denn es ist eine Ubereilung, die man
nicht verantworten kan, wenn man gleich
als eine ausgemachte Sache annehmen
will, es wären dieses die eintzige Gründe,
warum man etwas verwerffen oder vertheidigen könne, die man bey einem Autore
gelesen, oder von jemanden gehöret, ehe man
es erweisen kan, daß nicht mehrere seyn können, und daher so sicher gleich schliessen:
wer diesen Satz verwirfft, oder vertheidiget,
der muß es aus diesen und keinen andern
Gründen thun, daß man nicht einmahl vor
nöthig erachtet nachzusehen, was der andere
vor Gründe anführet.    Am allerwenigsten
aber ist dergleichen Ubereilung zu verantworten, wenn man sich dabey rühmet, man
habe alles offt und reiflich erwogen.

§. 47. Ich habe alle Wörter erkläret,
die ich in meinen Sätzen gebraucht (§. 18.)
und die Wörter, welche ich in den Erklärungen gebraucht, auch vorher durch andere Erklärungen verständlich gemacht
(§. 34.).    Da ich nun einer Sache weiter
nichts

Ubere-
lung so zu
vermei-
den.

Wie man
den eigent-
lichen
Verstand
der Sätze
des Auto-
ris heraus
bringet.

nichts beylege, als in Ansehung dieser Erklärungen; so muß auch derjenige, der meinen Satz verstehen will, nichts anders durch die Wörter verstehen, als ich, und demnach nicht allein die Erklärungen ansehen, die ich von dem Wörte gebe, welches in einer Sache gebraucht wird, sondern auch ferner die Erklärungen nachschlagen, die ich von denen in gegenwärtiger Erklärung vorkommenden Wörtern gebrauche. So macht man es in der Mathematick, wenn man die Sätze verstehen will, welche von den Mathematicis behauptet werden. Derowegen da ich auf eben die Art in meinen Schrifften verfahren, wie man dort zu verfahren pfleget (§. 25.); so kan man auch bey mir nicht anders den eigentlichen Verstand meiner Sätze heraus bringen, als auf eben die Art und Weise, wie er in den mathematischen Schrifften heraus gebracht

*Exempel von der Würckung der Wunder=Wercke.*

wird. Z. E. Ich habe (§. 639. Met.) erwiesen, es würde durch ein Wunder=Werck die gantze künfftige Welt geändert. Wer diesen Satz verstehen will, der muß das Wort Welt nach der von mir (§. 544. Met.) gegebenen Erklärung auslegen. Durch die Welt verstehe ich die gantze Reihe der veränderlichen Dinge, die neben einander sind, und auf einander folgen, insgesamt aber mit einander verknüpfft sind. Und ich sage (§. 545. Met.), daß Dinge mit einan=

einander verknüpfft seyn, wenn ein jedes
unter ihnen den Grund in sich enthält, warum das andere neben ihm zugleich ist, oder
auf dasselbe folget. Ich habe aber auch
(§. 29. Met.) erkläret, was ich durch das
Wort **Grund** verstehe, nemlich dasjenige,
woraus man verstehen kan, warum das andere ist. Wer auf diese Erklärungen insgesammt acht hat, der wird nicht allein meinen Satz verstehen, sondern auch alle unrichtige Auslegungen widerlegen können, in
so weit von einer Veränderung geredet
wird. Man muß aber auch ferner acht
haben auf die Erklärung des Wunder-
Werckes, damit man auch dieses Wort
nicht etwan in einem andern Verstande
nimmet, als es von mir genommen wird.
Ich habe aber auch (§. 633. Met.) das
Wort **Wunder-Werck** erkläret, daß es
nemlich eine übernatürliche Würckung sey.
Was ich durch übernatürlich verstehe,
findet man (§. 632. Met.): nemlich ich verstehe dadurch, was weder im Wesen, nach
der Krafft der Cörper gegründet ist. Ich
habe auch ferner gezeiget, was das Wesen
des Cörpers bey mir heisset (§. 606. Met.),
nemlich die Art und Weise der Zusammensetzung aus seinen Theilen: ja auch was die
Theile heissen (§. 24. Met.), nemlich die
viele unterschiedene Dinge, die zusammen genommen eines machen. So findet

L                    man

man auch (§.623.Met.), was die Krafft
der Cörper ist, nemlich eine Bemühung
die Materie zu bewegen, und so weiter.
Wer nun auf diese Erklärungen acht hat,
der wird nicht allein meinen Satz verstehen,
sondern auch alle unrichtige Auslegungen
widerlegen können, in so weit darinnen
die Ursache der Veränderungen angegeben
wird. Nemlich wenn ich sage: **durch**
**ein Wunder-Werck wird die gantze**
**künfftige Welt geändert;** so ist der
Verstand dieser: wenn in einem Cörper
eine Veränderung geschiehet, ohne daß ich
in ihm etwas finde, woraus ich verstehen
kan, wie diese Veränderung erfolget, ich
mag alles wohl erwegen, was in dem
Unterscheide seiner Theile und der Art und
Weise, wie er daraus zusammen gesetzet
ist, und bey seiner Bewegung wahrgenommen werden mag; so wird nach diesem in
der Reihe der Dinge, die auf einander
folgen, immer etwas anzutreffen seyn, welches nicht da gewesen wäre, wenn die erwehnte Veränderung nachgeblieben wäre, und zwar wird sich diese Veränderung
nicht weiter erstrecken, als in so weit in
ihr etwas zu finden, daraus man verstehet,
warum das andere erfolget, und so ferner
auch in diesem etwas anzutreffen, daraus
man verstehen kan, warum weiter etwas
erfolget. Daß dieses der Verstand meiner
Worte

Worte seyn müsse, kan ich aus den angeführten Erklärungen auf eine demonstrativische Art erweisen. Es ist aber gnug, daß ich mich auf die Erfahrung beruffe. Z. E. Herr Profeſſ. Bülffinger, der alle Einwürffe mit aller Bescheidenheit, aber dabey gründlich widerleget, die man wider meine Metaphysick vorgebracht (a), hat meine Sätze jederzeit so erkläret, wie ich sie erkläre, weil er meine Erklärungen vor Augen gehabt, und so geantwortet, wie ich würde geantwortet haben, wenn ich den Ungrund der Einwürffe hätte zeigen sollen, weil durch meine Erklärungen zugleich der Grund von der unrichtigen Auslegungen erhellet. Hingegen Herr *D.* Budde mit seinen Consorten bringen überall einen verkehrten Verstand heraus, weil sie auf meine Erklärungen nicht acht haben; sondern allerhand fremde Begriffe, die sie aus Büchern ins Gedächtnis gefasset, mit Worten verknüpfen, die einige Verwandnis mit Worten zu haben scheinen, damit andere ihre Irrthümer vorgebracht, weil sie mit dem Vorsatze über das Buch kommen gewisse Irrthümer darinnen zu finden.

§. 48. Da man nun auf meine Erklärungen, die ich von denen Wörtern gegeben, acht

*Wer den Autorem recht erkläret.*

*Wer unrecht.*

*Warum des Autoris*

L 2

(a) in Dilucidationibus philosophicis de Deo, anima & mundo,

Schrifften gantz müssen gelesen werden / wenn man sie verstehen will.

acht haben muß, wenn man meine Sätze verstehen will, und nicht allein bloß auf die Erklärung derjenigen Wörter, die in einem Satze vorkommen, sondern auch immer weiter fort auf die fernere Erklärungen derjenigen Wörter, die in den Erklärungen vorkommen ($.47.); so muß man meine Schrifften gantz lesen, wenn man sie verstehen will. Man wird aber finden, daß man bey dem Lesen auch gnugsame Aufmercksamkeit brauchen muß, damit einem die vorhergehende Erklärungen geläuffig werden, ehe man zu den folgenden schreitet. Denn sonst wird es einem sehr mühsam fallen die folgende zu verstehen, und doch leicht auf Mißverstand gerathen, weil einem fremde Begriffe, oder zum wenigsten nicht gantz reine Begriffe, die in der Undeutlichkeit viel fremdes mit einmengen, geläuffiger sind.

Was erfordert wird die Schrifften des *Autoris* zu verstehen

Und deswegen erkennen dieser Sache Verständige, daß, wenn man meine Schrifften verstehen will, Aufmercksamkeit und Fähigkeit sie zu verstehen erfordert wird. Nemlich die Fähigkeit wird durch Ubung erreichet, als wenn man mathematische Schrifften mit gehörigem Fleisse durchliest, die auf demonstrativische Art geschrieben sind, damit man sich gewöhnet abgemessene Begriffe mit den Wörtern zu verknüpffen, die allzeit vor Augen zu haben wenn man sie braucht, und auch in der Undeut=

deutlichkeit sie erblicket, und von andern
unterscheidet, ob man gleich nicht deutlich
erweget, was sie in sich fassen: gleichwie an=
fangs einer, der auf dem Claviere will
spielen lernen, die Claves, welche er greiffen
soll, sorgfältig unterscheiden muß, bis er
sich eine Fertigkeit zu wege bringet dieselbe
blindlings und im Finstern zu greiffen.
Wer nun diese Fähigkeit noch nicht besitzet,
der muß sie erst in Lesung meiner Schrifften
erhalten, und also gehet es ihm, wie den
Anfängern der Mathematick, und er muß
mit solchem Fleisse, und solcher Weile die=
selben lesen, wie sie den *Euclidem* zu lesen
pflegen. Wem dieses nicht anstehet, der
bleibe davon: denn sie sind vor ihn nicht
geschrieben. Will er sich aber doch daran
wagen und hin und wieder, wo ihn das
Register und die Beyschrifften an dem
Rande hinweisen, eintzele Stücke heraus
nehmen; der muß es ihm nicht lassen ent=
gegen seyn, wenn man ihm darnach zeiget,
daß er die Sache nicht verstehet und sich
Meynungen dichtet, die in meinen Schrifft=
ten gar nicht zu finden sind. Was ich aber
gesagt in Ansehung der Erklärungen, eben
das gilt in Ansehung der Beweise, wenn
man sie begreiffen will. Denn es ist eben
eine solche Verknüpffung der Beweise, wie
der Erklärungen in meinen Schrifften an=

*Wer von den Schrifften des Autoris bleiben soll.*

*Erinne=rung.*

L 3

anzutreffen, indem der Beweis eines jeden
Satzes einen immer weiter zurücke auf andere Sätze weiset (§. 29.).

**Wie man die Be-weise des Autoris begreif-fen lernet.**

§. 49. In den Beweisen nehme ich keinen Grund an, als der im vorhergehenden
ausgemacht worden, entweder durch die
Erfahrung, oder durch andere Gründe
(§. 29.). Und derowegen muß man das
vorhergehende inne und wohl erwogen haben, wenn man in den folgenden Beweisen
zu rechte kommen will. Man muß demnach
die citirte §. §. nachschlagen und ferner
diejenigen, die in ihnen wieder citiret werden, bis man auf solche kommet, da nichts
weiter angeführet wird. Alsdenn hat man
meinen Beweis erst vollständig inne und
kan von seiner Krafft urtheilen. Jedoch
wenn er diese Krafft bey sich empfinden soll,

**Wer die Krafft des Beweises empfindet.**

so muß er sich gleichfalls mit den vorhergehenden Sätzen wohl bekandt gemacht haben und über dieses eine Fähigkeit besitzen,
die er nicht anders als durch Ubung erreichen kan, und einige Verwandnis mit der
vorigen hat (§. 48.). Derowegen hätte ein
gewisser Mann nicht so offenhertzig bekennen dörffen, daß er keine Krafft in meinen
Beweisen, als z. E. in dem Beweise, daß
ein GOtt sey, bey sich empfunden: denn
man weiß es ohne sein Bekäntnis und würde es ihm nicht glauben, wenn er es gleich
anders vorgäbe. Und also erfordert es
auch

auch meine Art zu beweisen, daß man meine
Schrifften gantz durchlesen muß, wenn man
begreiffen will, ob es Wahrheit sey, was ich
vorgetragen. Aber auch aus dieser Ursache
erfordern Verständige, daß, wenn man erkennen will, ob Wahrheit in meinen Schrifft-
ten sey, man sie mit Aufmercksamkeit und
Fähigkeit des Verstandes lesen muß. Ich
rede die Wahrheit, und Verständige müssen
mir darinnen Zeugnis geben. Derowegen
fürchte ich mich nicht, ob gleich Widrigge-
sinnte daraus Anlaß nehmen mich zu lästern und einen Hochmuth daraus machen
wollen. Wer sich an das Urtheil derer
kehren wollte, die eine Sache nicht verstehen und aus Bosheit lästern; der müste in
Verbesserung der Wissenschafften gar
nichts vornehmen. Ich habe aber auch in
meine Beweise niemahls mehr gesetzet, als
dazu genug ist, daß einem Leser das übrige
einfället, der das Buch von vornen an bis
zu Ende in seiner gehörigen Ordnung fortlieset und mit denen darinnen enthaltenen
Erklärungen und Sätzen bekandt macht
(§. 30). Und demnach wollen meine Beweise wohl erwogen werden und, damit einem beyfället, was alsdenn noch weiter
nöthig ist, so muß man sich auch das vorhergehende wohl bekandt machen, ehe man
zu dem folgenden schreitet. Wer so verfähret, der kan erst von der Krafft meiner

*Offenher-
tzigkeit des
Autoris.*

*Wie die
Beweise
des Auto-
ris be-
schaffen.*

L 4 Be-

Beweise urtheilen: wer es aber an Uberlegung fehlen lässet und sich die Fähigkeit des Verstandes nicht zu wege gebracht, die hier erfordert wird, der urtheilet, wie man im Sprüchworte zu sagen pfleget, wie der Blinde von der Farbe.

**Ob der Autor hier bloß vergebliche Schwierigkeiten macht.**

§. 50. Wer demonstrativische Schrifften gelesen und verstehen lernen, der wird mir in allem Beyfall geben: denn er wird inne' werden, daß ich aus der Erfahrung schreibe, und seine eigene Erfahrung, die er an sich gehabt, wird ihn überzeugen, daß dieses die lautere Wahrheit sey. Wollen aber auch Unerfahrene überführet werden, daß ich die Wahrheit rede, und nicht bloß Schwierigkeiten erdichte, damit ich Glauben finden mag, wenn ich meinen Gegnern beständig ihr Mißverständnis vorhalte, so muß ich ihnen zu gefallen noch auf einen andern Beweis dencken.

**Beweis daß es nicht geschehe.**

Ich habe erinnert (§. 22.), daß ich mich der mathematischen Lehr-Art beflissen und erkenne den *Euclidem* als einen Meister darinnen (§. 34.) Derowegen fordere ich auch mit Recht, daß man meine Schrifften mit dem Bedacht lieset und mit der Fähigkeit des Verstandes, womit man die Schrifften des *Euclidis* lieset, wenn man sie verstehen und seine Lehren als Wahrheit erkennen will. Derowegen wer an dem zweiffelt, was ich gesaget, wie

wie meine Schrifften müſſen geleſen werden (§. 48. 49.), der nehme den *Euclidem*
in die Hand und ſehe zu, wie er zu rechte
kommen wird, wenn er hin und wieder einen
Satz aufſchläget, ohne ihn ordentlich von
vornen an zu leſen, oder, wie ihm zu Muthe
ſeyn wird, wenn er ſo gleich hinter einander
weg in einigen Tagen den gantzen *Euclidem*
durchleſen will. Hingegen wende er nach
und nach ſolchen Fleiß an, wie ich zu Leſung
meiner Schrifften erfordere, und gebe nach
dem gleichfals acht, wie ihm zu Muthe ſeyn
wird, wenn er nun den *Euclidem* völlig ver-
ſtehet. Er mercke darauf, ob er wohl von
dieſem Zuſtande vorher einen Begriff gehabt, darinnen er ſich nun befindet, und
komme alsdenn zu meinen Schrifften, und
verfahre gleichfals damit, wie er es mit
dem *Euclide* gemacht. Ich bin gewiß, er
wird mir alsdenn in allem Recht geben.
Wem dieſer Weg zu weitläufftig iſt, dem Erinne-
kan ich nicht helffen. Es hat eine jede rung.
Fertigkeit ihre Ubungen, dadurch ſie erlanget wird. Wer jene nicht anſtellen will,
der kan auch dieſe nicht erreichen. Es iſt
Wunder, daß die Menſchen nicht von der
Seele erkennen wollen, was ſie von dem
Leibe zugeben müſſen, auch wenn ſie bloß
nach ihren fünff Sinnen urtheilen.

§. 51. Vielleicht werden einige meynen, Ob der
es ſey den Regeln der Klugheit zuwider, Autor

**L 5** **daß**

daß ich von diesen Schwierigkeiten rede: denn ich würde dadurch die Leser von meinen Schrifften abschrecken und die Zahl der Liebhaber derselben vergeringern. Nun ist mir zwar vor meine Person wenig daran gelegen, ob viele oder wenige meine Schrifften lesen: allein ich kan doch auch nicht leugnen, daß ich diese Sorge für vergeblich halte. Denn es sind zweyerley Menschen in der Welt. Einige hungern und dursten nach der Wahrheit, und die scheuen keinen Fleiß, sondern wenden vielmehr unverdrossen alle Mühe und Arbeit an, wo sie nur inne werden, daß sie Nahrung finden. Denen andern gilt es gleich viel, ob sie Wahrheit haben, oder nicht, und diese sind träge, finden an dem Nachdencken keinen Geschmack und sind überflüßig vergnügt, wenn sie nur in das Gedächtnis fassen, damit sie in ihrem Amte zur Noth auskommen können, tragen auch wenig Sorge, ob sie es nicht mit mehrerem Nutzen verwalten könnten, wenn sie eine bessere Einsicht in die Wahrheit hätten. Für die Letzten sind meine Bücher nicht geschrieben, denn ich habe mich niemahls nach der Trägheit derer gerichtet, die nur oben hin etwas lernen wollen. Sie lassen sie auch wohl ungelesen, wenn sie nicht etwan darüber kommen um was aufzusuchen, was sie mit anbellen helffen. Die Ersten aber, welche Geschmack an mei-

*Marginalia:*

durch diese Schwierigkeiten die Leser abschreckt.

Unterscheid der Menschen in Ansehung der Wahrheit.

Für welche die Bücher des *Autoris* geschrieben.

meinen Schrifften haben, finden es vor sich
selbst, was ich gesaget, daß man sie mit mehrerer Application als Bücher die auf andere
Art geschrieben, lesen muß. Sie erfahren aber
nach diesem, wenn sie die Mühe und den daraus im Anfange erwachsenden Verdruß
überwunden haben, daß ihnen im Fortgange
leichte wird, was ihnen anfangs schwer
schiene, und sie mit vielem Vergnügen fortfahren können, auch die angewandte Mühe sie nicht gereuet.

§. 52. Es ist bekandt, daß sich Leute gefunden, welche mich aus interessirten Absichten verfolget und ihre Verfolgung zu
bescheinigen vorgegeben, als wenn insonderheit in meinen Gedancken von GOTT,
der Welt und der Seele des Menschen solche Lehren zu finden wären, wodurch den
Atheisten die Waffen in die Hände gegeben, allen Lastern Thür und Thore geöff-
net, alle Religion über den Hauffen geworffen und alle Gesetze entkräfftet würden.
Diese Beschuldigungen hat Herr D. **Bud-**
de in Jena durch seine Autorität unterstü-
tzen wollen und, nachdem ihm sein Unfug
nachdrücklich gewiesen worden, um nicht
das Ansehen zu haben, daß er sich übereilet
hätte und aus allzu gutem Vertrauen gegen meine Verfolger zu leichtglaubig gewesen wäre, sich nicht gescheuet vorzugeben,
als wenn ich mich darwider nicht zu retten
wüste

*Warum der Autor verlanget, daß man nicht mit Vorurtheilen über seine Schrifften kommen soll.*

wüste und seine Beschuldigungen noch bestünden. Da nun in solchen Fällen nichts leichter ist, als daß sich bey einigen Gemüthern Vorurtheile einschleichen, indem die Erfahrung von dieser Würckung gnugsam zeuget, aus welcher das Sprichwort entstanden, calumniare audacter, semper aliquid hæret, das ist, ein Land-Lügner findet immer einigen Glauben; so muß ich mir bey den gegenwärtigen Umständen der Zeit auch ausdingen, daß man nicht mit dem Vorsatze über meine Schrifften komme Irrthümer, die gefährlich sind, darinnen zu suchen. Denn sonst dörffte man sich hin und wieder ohne Ursache einen Anstoß machen, wo nichts weniger als was gefährliches zu finden ist, und dadurch mit vergeblicher Mühe die Zeit verderben, die man glücklicher anwenden kan meine Schrifften zu verstehen. Ich fordere dieses mit so viel mehrerem Rechte, weil die vermeynte Irrthümer, darauf man so entsetzliche Beschuldigungen gründet, nicht in meinen Schrifften anzutreffen sind, sondern nur Consequentien seyn sollen, die nicht aus meinen Sätzen, welche ich behaupte, sondern aus verstümmelten und verkehrten Worten, die man hin und wieder aus den Beweisen nimmet, und wider die von mir gegebene Erklärungen nach seinem Gefallen ausleget, fliessen sollen. Ein unpartheyischer Leser,

*Besonderes Recht dieses zu prætendiren.*

der

der ohne Vorurtheile über meine Schrifften kommet, und sie mit Bedacht und Fähigkeit lieset (§. 47. 49), wird nichts finden, was ihm anstößig seyn könte. Vielmehr so bald er verstehet, was ich vortrage, wird er bekennen, daß meine Schrifften wider Herrn D. Budden und seine Consorten keine Vertheidigung gebrauchen. Und eben deswegen weil sie selbst vor mich reden und an sich die beste Schutz-Schrifft sind, keiner andern aber gebrauchen, habe ich in einer kleinen Vorrede zu der dritten Auflage meiner Gedancken von GOTT, der Welt und der Seele des Menschen die harte Beschuldigungen aus dem Buddischen Bedencken mit Herrn D. Buddens eigenen Worten ohne einige Verantwortung vor mein Buch drucken lassen. Denn es sind bereits gar viele Proben vorhanden, daß unpartheyische Leser darinnen gefunden haben, was ich ihnen gewähre, nemlich die sicherste Waffen wider Atheisterey und Profanität.

§. 55. Vielleicht dörfften einige vermeynen, wenn meine Schrifften so klar sind, daß sie die Stelle einer Vertheidigung wider die Auflagen meiner Widersacher vertreten; so dörffte man sich nicht ausdingen, daß man die Vorurtheile bey Seite setzen solle, indem man sie lieset: wenn gleich einer mit Vorurtheilen darüber käme, so würden

*Warum der Autor keine Vertheidigung vonnöthen hat.*

*Es wird einem Einwurffe begegnet.*

würden sie doch verschwinden, wenn er mit
Bedacht meine Schrifften durchläse. Es
hält dieser Einwurff was wahres in sich.
Unterweilen kan es geschehen, daß einer ein
Vorurtheil von einem Buche hat und ihm
dasselbe verschwindet, wenn er darüber kommet, indem es gantz anders beschaffen ist,
als er nach seinem Vorurtheile vermeynte.
Allein es gehet deswegen nicht immer an.
Ich weiß auch Exempel, daß Leuten von
meinen Schrifften Vorurtheile beygebracht
worden/ oder auch, ehe ich sie geschrieben,
von meinen Lectionibus, die nach diesem
gantz anders Sinnes worden, wenn sie entweder meine Schrifften gelesen, oder, nachdem sie an verschiedenen Orten andere gehöret, sich auch endlich entschlossen mich
zu hören.     Ich ziele hier nicht bloß auf
den Vorwurff meiner Verfolger, als wenn
gefährliche und Land- und Leut-verderbli-
che Lehren in meinen Schrifften wären,
sondern auch auf dasjenige, wodurch andere meine Sachen zu verkleinern gesucht.
Damit ich aber ein Exempel anführe, so
will ich eines wehlen, was nicht in Zweiffel gezogen werden kan.     Meine Widersä-
cher in Halle hatten viel ausgesprenget von
gefährlichen Lehren, die ich vortragen sölte,
daß auch der Ruff davon dem gelehrten Ad-
juncto, nunmehro Professori auf der Universität Wittenberg, Herrn Hollmannen einen

**Marginalia:**

Ob einer/
der mit
Vorur-
theilen
über die
Schriff-
ten des
Autoris
kommet/
sie verste-
hen kan.

Exempel.

nen Widerwillen wider mich erwecket und
einen Eckel vor meine Schrifften erreget
hatte. Als es doch aber fast unglaublich
schiene, daß, wenn einer auch gleich im
Grunde des Hertzens gar nichts taugete, er
doch so boßhafft und verwegen seyn solte,
und der Jugend dergleichen frey und ohne
Scheu vortragen; so überwund er sich endlich selbst und machte sich über meine Schrifff-
ten, da er es gantz anders fand. Denn
unerachtet er nach der Freyheit zu philosophiren, deren ich mich selbst bediene (§. 40.)
und einen andern ungekräncket genieffen laf-
se, frey von der Sache urtheilete, wie er sie
nach seiner Einsicht fand, und daher in seinen beyden Differtationibus de harmonia
præstabilita nicht allein wider den Herrn
von Leibnitz und Herrn Profess. Hülfs-
fingern, sondern auch wider mich freymüthig erinnerte, was ihm im Wege stünde,
daß er das Systema harmoniæ præstabilitæ
vor nicht völlig demonstriret hielte, und er
deswegen es nicht mit uns dem gemeinen
Systemati influxus physici vorzöge, sondern
vielmehr vor irrig hielte; so bekennete er doch
nicht weniger, daß von solchen gefährlichen
Lehren, wie meine Widersacher mir Schuld
geben wollen, nicht das geringste darinnen
zu finden sey, und daß ich weder die Seele
ihrer Freyheit beraube, noch eine unvermeidliche Nothwendigkeit behaupte, wohl aber
diese

diese wider die Fatalisten glücklich bestreite,
in dieser Materie nichts vortrage als was
von allen Theologis und Metaphysicis für
wahr erkandt worden, Herr **Lange** insonderheit so weit gehe, daß er auch bey mir zu
Irrthümern macht, was in der Schrifft
stehet und von allen Theologis beständig
vertheidiget, von niemanden aber jemahls
als den Socinianern in Zweiffel gezogen
worden; hingegen aber meine Worte verstümmelt auf eine solche betrügliche Art anführet und verkehret und dadurch den Leser,
der meine Schrifften nicht selbst ansiehet,
einnimmet, daß er selbst darüber in Eiffer
gerathen, ob ihn zwar die Sache nichts angehet, und härtere Worte deswegen wider
ihn gebraucht zu haben bekennet, als sonst
würde geschehen seyn, auch der Wahrheit
zu Steuer die Feder selbst angesetzet und das
unrichtige und ungebührende Verfahren
Herrn D. **Langens** gezeiget. Weil dieses, was ich hier anführe, der Welt vor
Augen lieget, so darf man an der Wahrheit nicht zweiffeln: wolte ich aber noch andere dazu setzen, die mir bloß aus Brieffen
und mündlichen Nachrichten bekandt sind,
so würden meine Widersacher, die von allem mich zu lästern Gelegenheit nehmen,
auch da Materie gefunden zu haben vermeynen. Unerachtet ich nun gewonnen zu haben
versichert bin, wenn man meine Schrifften
mit

mit Bedacht und ordentlich zu lesen sich re-
solviret; so hat es dennoch seine Ursachen,
warum ich von dem Leser verlange, er solle
die Vorurtheile bey Seite setzen, und nicht
mit dem Vorsatze darüber kommen solche
gefährliche Meynungen darinnen aufzusuchen, wie Herr D. **Lange** sich weiß machen lassen und Herr D. **Budde** auf guten
Glauben von ihm angenommen. Nemlich
ich will nicht sagen, daß alle von gleicher
Einsicht sind und dabey aus unparthey-
ischem Gemüthe es ihnen gleich viel gelten lassen, wer Recht hat, ob gleich hierauf gar
vieles ankommet; sondern ich begnüge mich
bloß dieses anzuführen, daß diejenigen, welche nicht gantz unpartheyisch sind, nicht mit
gehöriger Aufmercksamkeit und Uberlegung,
wie erfodert wird, wenn man meine Schrifften verstehen will (§. 47. 49), alles durchlesen, sondern nur hin und wieder nachsuchen,
ob sie einige Worte finden, die ausser dem
Contexte und dem gantzen Zusammenhange
meines Systematis sich auf den Irrthum deuten lassen. Wir haben das Exempel an Herrn
D. **Langen,** der die Beschuldigung vorher
feste gestellet, ehe er meine Schrifften angesehen, und nach diesem in Worten gesucht,
was gar nicht darinnen zu finden ist. Denn
wenn er auch gleich mit Wissen und Willen
unterweilen meine Worte verkehret haben
mag; so will doch glauben, daß es ihm nicht

Ursachen
warum
Vorur-
theile hin-
derlich die
Schriff-
ten des
Autoris
zu verste-
hen.

N                                    allzeit

allzeit bloß an einem guten Willen gefehlet.
Und wolte man dieses Exempel nicht paßiren lassen, so könte ich ein anderes von einem seiner Collegen anführen, bey dem diejenigen, welche ihn kennen, wohl alle den
Willen absolviren werden.

## Das 6. Capitel.
# Von der Logick des Autoris
## insbesondere.

### §. 54.

Vorha-
ben des
Autoris.

Nachdem ich bisher überhaupt von
demjenigen gehandelt, was meine
philosophische Schrifften insge-
samt angehet; so will ich auch nun noch ferner zeigen, was von jeden insbesondere zu
mercken denen nicht undienlich ist, die eine
Nachricht davon zu haben verlangen. Und
deswegen will ich von jeder Disciplin insbesondere in einem besonderen Capitel handeln
und von denen dahin gehörigen Schrifften
anführen, was ich vor nöthig erachte. Ich
habe zwar schon An. 1718. in meiner Ratione prælectionum in Mathesin & Philosophiam universam, darinnen ich in der andern Abtheilung von meinen Lectionibus
über alle Theile der Philosophie geredet
umständlich angezeiget, was ich vor Gründe
in einer jeden Disciplin angenommen, warum

Was der
Autor in
der Ratio-
ne Præle-
ctionum
abgehan-
delt.

um ich dieselbe erwehlet und andern vorge=
zogen, wie ich selbst in meinem Studiren
und denen darauf angestellten Uberlegun=
gen fortgegangen, was ich für Nutzen bey
meinen Zuhörern zu stifften mir vorgenom=
men, und was dergleichen mehr ist, und
dörffte daher überflüßig scheinen von dieser
Materie hier von neuem zu handeln, weil
man es genug achtete den Leser dahin zu
verweisen: allein dieses ist noch nicht genug Wie weit
mich von gegenwärtigem Vorhaben abzu= gegen=
halten, weil ich eben nicht werde nöthig ha= wärtiges
ben bloß dasjenige zu wiederhohlen, was Vorha=
dorten zu finden ist, sondern vielmehr vie= ben davon
les anführen können, wovon dort nicht abgehet.
gedacht worden. Und da meine Absicht
nicht eben dieselbe ist, welche ich damahls
gehabt; ich auch hier von meinen Schrifft=
ten, und nicht von meinen Lectionibus
handele: so würde sich auch vieles hieher
nicht schicken, was ich dorten von Rechts=
wegen angeführet. Ich lasse demnach mit
gutem Bedacht alle Nachrichten weg, die
man in der Ratione prælectionum finden
kan, wenn sie gleich auch hier nicht am un=
rechten Orte angebracht würden, und wer=
de dannenhero in einigen Stücken kürtzer
seyn können, als sonst würde geschehen seyn,
wenn die Ratio prælectionum nicht vorhan=
den wäre. Von diesem Büchlein aber re=
de ich hier deswegen nicht insbesondere, weil

es

es nicht unter die deutsche Schrifften gehöret, die ich von den verschiedenen Theilen der Welt-Weisheit heraus gegeben,
und davon ich gehörige Nachricht zu ertheilen mir vorgenommen habe (§. 1.)

**Wie der Autor die Logick ab-gehandelt.** §. 55. Ich habe mir vorgenommen die
Welt-Weisheit auf eine solche Art abzu-
handeln, daß man sie in seinem künfftigen
Amte und im menschlichen Leben nutzen
könte. Denn ich habe es für einen schädlichen Wähn gehalten, als wenn man sie
bloß darzu erlernen solte, damit man in
Gesellschafften Materien zu discurriren, in
den Schulen Materien zu disputiren und in
der verkehrten gelehrten Welt Materien zu
Zanckereyen hätte. **Absicht des Autoris bey der Logick.** Derowegen habe ich
auch bey der Logick diese Absicht gehabt
und deswegen das nöthige und nützliche
von dem überflüßigen, oder auch dem, was
nicht sonderlich zu gebrauchen ist, abgesondert, und von dem Nutzen der wenigen
Regeln in allerhand Fällen weitläufftig geredet. Es lässet sich aber, was ich in der
Logick fürgetragen, wie der Herr Professor
**Thümmig** in den Lateinischen Institutionibus gethan, die er von meiner Philoso-
**Inhalt der Logick.** phie aus den deutschen Schrifften zu bequemerem Gebrauche der Lernenden auf Univer-
sitäten mit vieler Geschicklichkeit verfertiget,
und die man in Franckreich für das beste
Compendium Philosophiæ öffentlich erkandt,

kandt, in zwey Haupt-Theile bringen, deren
einer die Theorie, oder die Regeln der Logick,
der andere aber die Praxin oder den vielfältigen Nutzen der Regeln zeigen. In den ersten
Theil gehören die ersten vier Capitel; in den
andern aber die übrigen eilffe: wiewohl Herr
**Thümmig** nicht unrecht gethan, daß er
auch verschiedenes aus den ersten 4. Capiteln
in den andern Theil gezogen, weil er die Theorie von der Praxi abzusondern sich vorgenommen, dergleichen Intention ich nicht gehabt
habe. Denn ich hielt es vor rathsam gleich einige mit der Theorie zu verknüpffen, wegen
besonderer Umstände, darauf ich zu sehen Ursache hatte, die aber Herr **Thümmigen**
nichts angehen. In der Theorie handele ich
von den drey Würckungen des Verstandes,
wie man sie insgemein zu nennen pfleget,
den Begriffen, den Urtheilen und den Vernunffts-Schlüssen: in der Ausübung zeige
ich den Nutzen dieser Lehre in Erfindung der
Wahrheit, sowohl durch die Erfahrung
vermittelst rechten Gebrauches der Sinnen,
als durch die Vernunfft vermittelst rechten
Gebrauches des Verstandes; ferner in Beurtheilung der Wahrheit, in Beurtheilung
und Lesung der Bücher, im Uberführen,
im Widerlegen und im Disputiren.

§. 56. Die drey Würckungen des Verstandes oder *tres mentis operationes* sind der
Grund von der alten *Aristotelischen* Logick,

*Inhalt der Theo-rie.*

*Und die Aus-übung.*

*Warum der Autor nach den drey Wür-ckungen*

M 3

des Ver-
standes
die Theo-
rie der
Logick ab-
handelt.

gick/ wie sie die **Schul-Weisen** abgehandelt. Viele von den Neueren haben verworffen, daß man die Logick darnach abhandelt: allein da ich mich nicht darum bekümmere, ob es alt, oder ob es neue ist und
ob es werth gehalten und gerühmet, oder ob
es verachtet wird (§. 39); so habe ich mich
auch hier nicht daran gekehret, sondern bin
vergnügt gewesen, das ich dieses Verfahren
gegründet gefunden. Denn die **Logick** soll
zeigen, wie wir den Verstand in Erkäntnis
der Wahrheit gebrauchen. Es erkläret aber
dieselbe deutlich, was in der Seele vorgehet,

Natürli-
che Logick.

indem wir etwas erkennen. Und daher ist sie
auch von der **natürlichen Logick** nicht
unterschieden. Sie giebet keine andere Regeln, als die uns von der Natur vorgeschrieben sind; sondern erkläret bloß dieselbe. Nun

Worauf
alle Er-
käntnis
ankom-
met.

bedencke man, worauf alle unsere Erkäntnis, die wir haben, ankommet. Was können wir weiter thun, als daß wir uns die
Sachen entweder bloß vorstellen, oder von
ihnen urtheilen? Und demnach bestehet unsere Erkäntnis entweder in **Begriffen** oder
in **Urtheilen**. Wenn wir von einer Sache
urtheilē, eignen wir ihr entweder zu, was wir
bey ihr wahrnehmen, oder wir schliessen aus
andern Urtheilen, was ihr zukommen kan.
Und eben so verfahren wir, wenn wir einer
Sache etwas absprechen.    Derowegen haben wir zweyerley Urtheile. Einige werden

den unmittelbahr aus den Vorstellungen
der Dinge genommen : die andere durch
Vernunffts-Schlüsse heraus gebracht. Jene nenne ich **Grund-Urtheile**: diese **Nach-
Urtheile**, im Lateinischen judicia intuitiva
& discursiva. Zu aller dieser Erkäntnis (mehrere aber haben wir nicht) brauchen wir drey
Verrichtungen. Entweder wir stellen uns
eine Sache bloß vor, und lassen es dabey bewenden, oder wir urtheilen von ihr entweder aus den blossen Begriffen, oder vermittelst der Vernunfft-Schlüsse. Und also
kommet alles auf diese drey Würckungen des
Verstandes an, eine Sache sich vorstellen,
davon urtheilen, und davon raisoniren. Derowegen habe ich auch nichts anders als diese
drey Würckungen des Verstandes erklären
können, wenn die künstliche Logick nicht von
der natürlichen unterschieden seyn, sondern
bloß die natürliche deutlich erklären solte.
Weil man aber von einer Sache nicht ur- Grund
theilen kan, die man sich nicht vorstellet, wo- der Ord-
ferne man nicht andern Urtheile bloß nachsa- nung von
gen will, die man von ihnen gehöret ; so ist al- der Theo-
lerdings die blosse Vorstellung der Dinge rie der
(*simplex rerum apprehensio*) oder die Lehre Logick.
von den Begriffen (*de notionibus*) das erste, wovon ich habe handeln müssen. Und
weil man die Sachen, welche man sich vorstellen kan, durch Nahmen anzudeuten pfleget, damit man von ihnen reden kan, und

weil

weil man die Wörter im Urtheilen und Raisoniren höchst nützlich und nöthig gebraucht;
so habe ich auch gleich nach den Begriffen
den Gebrauch der Wörter erkläret, in so
weit sie bey den Würckungen des Verstandes die Stelle der Begriffe vertreten. Endlich weil im Raisoniren Urtheile als bekandt
und im Vorrathe voraus gesetzt werden,
auch die Grund-Urtheile aus blossen Vorstellungen gemacht werden; so habe ich zum
andern von den Urtheilen und zum dritten
von den Schlüssen gehandelt. Auf solche
Weise meyne ich genug gerechtfertiget zu
seyn, warum ich in Abhandlung der Theorie von der Logick bey der gemeinen Abtheilung geblieben. Denn wenn ich die Sache selbst vor mich untersucht, wovon man
eigentlich in der Logick handeln müsse, woferne man daraus den Gebrauch des Verstandes in Erkäntnis der Wahrheit lernen
soll; so habe es nicht anders gefunden, als
daß man von diesen dreyen Würckungen des
Verstandes reden müsse.

§. 57. Ich erinnere hier beyläuffig einmahl für allemahl, wie ich gewohnet bin
etwas von andern anzunehmen. Nemlich
wenn ich es verstehen lernen, was ein anderer haben will, so stelle ich mich an, als wenn
ich von der Sache noch nichts wüste, sondern
mir erst aufgegeben würde die Wahrheit in
diesem

*Wie der Autor verfähret, wenn er etwas von andern annimmet.*

diesem Stücke zu suchen. Ich fange demnach an zu überlegen, was dabey nöthig ist,
und sehe zu, ob eben dasselbe aus den mir
bereits bekandten Wahrheiten, oder auch
aus der mir beywohnenden Erfahrung
durch Uberlegung kommet. Wenn es
geschiehet, so erkenne ich es als wahr, und
nehme es an; kommet aber was anders
heraus, so giebet mir doch der andere Anlaß
die Wahrheit zu finden, wenn er auch selbst
auf dem unrechten Wege ist. Und in diesem Falle erkenne ich ihn selbst für meinen
Wegweiser und werde nicht allein zurücke
gehalten, wegen seines Irrthums ihn zu
verkleinern, sondern vielmehr angetrieben
ihn dabey, so viel möglich, zu entschuldigen, und erwege deswegen desto unpartheyischer, wie viel dem andern irriges bey-
zumessen. Derowegen ist bey mir keine
Gefahr, daß ich das Argumentum ab invidia practicire und durch Consequentien
den andern verhaßt zu machen suche, oder
auch seinen Irrthum mit Irrthümern anderer vergleiche, die einen verhaßten Nahmen
haben. Ja ich glaube, daß kein besser
Mittel wider die Ketzermacherey ist, da
man durch Beymessung der Gefährlichkeit
der Irrthümer andern zu schaden trachtet,
als wenn man auf diese Art verfähret. Ich
erhalte aber auch dadurch, daß dasjenige,
was ich von andern annehme, mit demje-

*Besondere Danckbarkeit des Autoris.*

*Mittel wider die Consequentien- und Ketzermacherey.*

M 5 nigen

nigen, was ich vorhin behauptet, zusammen stimmet und darf nicht besorgen, daß ich mir unwissend widerspreche. Aber eben hieraus kommet, daß ich unterweilen eines andern Meynung nur in etwas annehme, so daß ich gar wohl sagen könnte, ich wäre gar nicht seiner Meynung (§. 45.), auch nicht allzeit etwas aus eben der Ursache vertheidige und verwerffe, warum es andere gethan (§. 46.). Ich sage meine Kunst-Griffe offenhertzig heraus, nicht aus Unge-dult, als wenn sie mir von meinen Wider-sachern zur Vertheidigung heraus gelocket würden; sondern weil ich davor halte, es werden einige seyn, die davon Nutzen haben werden. Denn mir lieget nichts näher an, als daß die Wahrheit als Wahrheit er-kandt und zum gemeinen Nutzen ange-wandt wird. Derowegen wenn ich finde, was mir in Erkäntnis Vortheil bringet; so wollte ich gleich, daß alle, die mit Er-käntnis der Wahrheit umgehen, diesen Vor-theil auch einsehen und glücklich gebrau-chen möchten. Ich verlange nichts vor andern voraus zu haben: ich freue mich vielmehr, wenn andere vor mir etwas vor-aus haben, und liebe sie und halte sie werth, weil sie mir dadurch einen Trieb geben mit neuem Eiffer das angefangene fortzusetzen und ich von ihnen lerne, was mir behülff-lich ist weiter zu gehen.

**Nutzen von dem Verfahren des Autoris.**

**Offenher-tzigkeit des Autoris.**

**Ursache davon.**

§. 58.

§. 58. Unerachtet ich nun den Aristotelischen Welt=Weisen darinnen Recht
und Beyfall gegeben, daß man in der Logick keine andere Theorie vonnöthen habe,
als daß man die drey Würckungen des Verstandes erkläre (§. 56.); so habe ich ihnen
doch nicht weiter Beyfall gegeben, als ich
in meiner Uberlegung Grund darzu gefunden.    Und deswegen habe ich nicht aus
Ubereilung ein grösser Vertrauen zu ihnen
gefasset, als sich gebührete, und geglaubet,
als wenn sie auch alles, was zu diesen drey-
en Würckungen des Verstandes gehöret,
gründlich und vollständig abgehandelt hätten, daß ich also bloß wiederhohlen dörffte,
was sie geschrieben.    Nein: der Sprung
wäre für mich zu groß.    Und demnach habe ich alles reiflicher überleget, ehe ich etwas
angenommen.    Ich habe in den Actis
Eruditorum (a) gefunden, daß der Herr
von **Leibnitz** den allgemeinen Unterscheid
der Begriffe deutlich erkläret, den *Cartesius*
in Erkäntnis der Wahrheit sehr nützlich
anpreiset (b) aber nicht erkläret, und den
seine Nachfolger erklären wollen, aber nicht
vermocht.    Ich fand auch, daß er noch
hinzusetzte, was bey *Cartesio* noch fehlete.
Denn *Cartesius* gieng nicht weiter als auf
die

*Wie der Autor die drey Würckungen des Verstandes und insonderheit die Lehre von den Begriffen vorträget.*

*Historische Nachricht von der Lehre von dem Unterscheide der Begriffe.*

(a) A. 1684. p. 537.
(b) de Methodo.

die Klarheit und Deutlichkeit der Begriffe;
Leibnitz fügte auch bey, was ihre Voll-
ständigkeit angehet. Nach diesem habe ich
gefunden, daß der den berühmten Capuci-
ner und subtilen Welt=Weisen *Valerianum*
*Magnum* zu seinem Vorgänger gehabt:
Denn mir ist aus seinem eigenen Munde
bekandt, daß er seine Philosophiam qua-
dripartitam, die zu Warschau heraus kommen, gelesen, und sie für ein Buch gehalten,

**Was der**
**Autor**
**dabey**
**gethan.**

daraus man was lernen kan. Ich habe
nach meiner Art diesen Unterscheid der Begriffe überleget, und ihn so der Wahrheit
gemäß gefunden, wie ihn der Herr von
Leibnitz angegeben. Nur habe ich für
nöthig erachtet die deutlichen Begriffe in
ausführliche und unausführliche noch ferner zu unterscheiden, nicht allein um des
Nutzens willen, den dieser Unterscheid in
der Logick hat, wo man von Erklärungen
handelt, denn daselbst könnte man ihn zur
Noth missen; sondern wegen seines vielfältigen Nutzens in der Welt=Weisheit, wo
man die deutliche und undeutliche Erkäntnis zu unterscheiden hohe Ursachen hat.
Denn der von mir hinbey gefügte Unterscheid findet sich allerdings in unsern Begriffen, so wohl als der übrige, indem nicht
alle deutliche Begriffe gantz, sondern einige
nur zum Theil deutlich, zum Theil aber
undeutlich sind, und hat seinen grossen
Nutzen,

Nutzen, wie sichs zeiget, wenn man die Welt-Weisheit, wie sie von mir abgehandelt wird, durchgehet.

§. 59. Es gehen aber unsere Vorstellungen entweder auf einzele Dinge, oder wir stellen uns was allgemeines vor. In Wissenschafften haben wir mit einzelen Dingen nicht zu thun, sondern nur mit allgemeinen Begriffen, damit wir allgemeine Urtheile fällen können, die wir in Vernunffts-Schlüssen mit Nutzen brauchen, sowohl wenn wir im menschlichen Leben von denen uns vorkommenden Dingen urtheilen sollen, als wenn wir in Wissenschafften etwas zu erweisen, oder durch Uberlegung herauszubringen vonnöthen haben. Ich habe gefunden, daß die allgemeine Logick in Ansehung dessen alles gar wohl in *Individua*, *species* und *genera*, oder in einzele Dinge, Arten und Geschlechter der Dinge unterscheidet, und dieser Unterscheid zu den Urtheilen zum Behuff der Vernunffts-Schlüsse nöthig und hinreichend: allein ich habe dabey zugleich angemercket, daß die gemeine **Logick** denselben Unterscheid nicht deutlich genug erkläret. Derowegen habe ich zwar behalten, was ich darinnen gut gefunden, aber zugleich den Mangel ersetzet, indem ich den Grund von diesem Unterscheide gezeiget und daraus deutliche Begriffe von den einzelen Dingen und den Arten

Warum der *Autor* die Eintheilung in *Individua*, *species* und *genera* behalten und was er dabey gethan.

Arten und Geschlechtern der Dinge hergeleitet, damit verständlich und zugleich
brauchbar würde, was man darinnen nicht
genug verstanden, und daher nicht so sehr
brauchen können, wie angehet, wenn man
deutliche und ausführliche Begriffe hat.
Und es wäre zu wünschen, daß man seine
Urtheile allemahl so abfassete, wie es die
species und genera haben wollen: wovon
sich die Ursache bey den Vernunfft-Schlüs-
sen und dadurch hergeleiteten Nach-Urthei-
len zeiget.

§. 60. Damit ich nun aber so wohl
den allgemeinen Unterscheid der Begriffe,
als auch ihre Eintheilung *in species* und
*genera* zum Nutzen anwendete und brauchbar machte; so habe ich verschiedene Aufgaben hinzugesetzet, welche ich aus den Erklärungen mit Beyhülffe der Erfahrung
aufgelöset. Denn da in Disciplinen an
deutlichen und ausführlichen Begriffen alles gelegen ist, wie man aus der Lehre von
den Urtheilen und den Vernunffts-Schlüssen abnehmen kan; so habe ich auch gewiesen, wie man aus den Vorstellungen
einzeler Dinge, die einem vorkommen,
deutliche Begriffe formiren kan, und zwar
allgemeine von den Arten und Geschlech-
tern, darunter sie gehören, und aus was
Ursache hingegen die Begriffe undeutlich
bleiben, auch warum sie sich bey uns wieder

**Wie der
Autor
die Lehre
von dem
Unter-
scheide der
Begriffe
nutzbar
gemacht.**

der verschlimmern können, und wie weit
wir solches zu verhüten vermögend sind.
Weil aber auch nicht weniger daran gelegen ist, daß wir alle Begriffe der Arten
und Geschlechter auf das genaueste unterscheiden; so habe ich auch angewiesen, wie
man aus dem Begriffe von einer Art den Begriff eines Geschlechtes, und hinwiederum
aus dem Begriffe eines Geschlechtes die
Begriffe der Arten, auch aus dem Begriffe von einer Art Begriffe anderer Arten
finden kan.   Denn ich habe gefunden, daß
weder die Lehre des *Cartesii* von den klaren
und deutlichen Begriffen nebst den **Leib-**
**nitzischen** und meinen Verbesserungen,
noch die Lehre der Schul-Weisen von den
*Individuis, speciebus,* und *generibus,* wenn
auch ihrer Dunckelheit durch mich abgeholffen worden, fruchtbarlich zu gebrauchen
sey, woferne nicht die erst angeführte Aufgaben aufgelöset würden, deren Auflösung
ich mir demnach habe angelegen seyn lassen,
um die Logick zu erweitern.   Ob nun aber
gleich *Aristoteles* die Arten und Geschlechter der Dinge in den so genannten *Prædica-*
*mentis* in Ordnung bringen wollen, auch
dieses nicht allein in Erklärungen, sondern
auch in Einrichtung der Urtheile grossen
Nutzen haben würde, wenn er das geleistet
hätte, was er vorgenommen; so habe ich
doch in meiner Logick nichts davon gedacht.

Warum
der Autor
die *Prædi-*
*camenta*
weggelas-
sen.

weil

weil dasjenige, was die gemeine Logick von
den *Prædicamentis* vorträget, noch bey wei=
tem nicht genug ist, zu einem so wichtigen
Vorhaben, als dasjenige ist, um dessen wil=
len man die Arten und Geschlechter in ge=
wisse Classen zu bringen unternommen:
Derowegen weil ich nichts vorbringen wol=
len, als was sich ohnfehlbar so wohl in
Wissenschafften, als im gemeinen Leben ge=
brauchen lässet, ja für diejenigen unentbehr=
lich ist, welche die Wahrheit einzusehen und
im menschlichen Leben anzuwenden verlan=
gen; so habe ich meines Erachtens Ursach
genug gehabt diese Materie gantz wegzu=
lassen.

Warum
der Autor
dieses al=
les um=
ständlich
anführet.

§. 61. Ich führe dieses alles zu dem Ende
an, damit man daraus erkennen lerne, wie
man das, was andere erfunden, mit Nutzen
gebrauchen kan und weiter darauf bauen
soll: denn dieses ist der Weg, wodurch den
Wissenschafften aufgeholffen wird. Man
kan nicht *prætendiren*, daß, wenn einer ein
*Systema* schreibet, er bloß seine eigene Erfin=
dungen hinein bringen soll: denn dieses
wäre eben so viel als vorgeben wollen, daß
unsere Vorfahren gar nichts gutes gehabt
hätten. Wer weiß, wie es mit Erfindungen
hergehet, der wird von denen am wenigsten
halten, welche von einer gantzen bereits ein=
geführten Disciplin schreiben und vorgeben,
sie hätten alles vor sich gefunden und nichts
von

von andern angenommen. Die Erfindungen, damit in einer Disciplin der Anfang
gemacht wird, sind sehr schlecht: denn da
alle Wahrheit aus andern vorher bekandten
erfunden wird, so müssen die ersten Erfindungen aus demjenigen hergeleitet werden,
was alle gemeine Leute wissen, und daher
gehen sie nicht tief. Wenn demnach einer,
was er von der gantzen Disciplin schreibet,
in der That von sich hat, so sind es, wenn es
am besten gerathen, nur die ersten Anfangs-
Gründe von der Disciplin, oder auch wohl
gar angenehme Träume, die nichts hinter
sich haben, wenn man des rechten Weges
verfehlet, unterweilen auch wohl gemeine
und bekandte Sachen mit fremden und ungewöhnlichen Wörtern vorgetragen. Hingegen wenn er weit gehet und vorbringet,
was nutzet; so hat er gewiß auch des Lichtes sich bedienet, was ihm andere in ihren
Schrifften gegeben. Unterdessen ist gewiß,
daß, wenn man es auf eine solche Art untersuchet, wie ich es gewohnet bin, alles
eben so heraus kommet, als wenn wir die
ersten Erfinder gewesen wären, denn wir
haben es auch in der That aus uns bey-
wohnender Erkäntnis heraus gebracht, als
wie wir es würden gemacht haben, wenn
wir es vor uns gefunden hätten (§. 57.).
Man kan auch ferner aus demjenigen, was
ich bisher beygebracht, lernen, wie es möglich

*Marginalia:* Ungegründetes Vorgeben unverständiger Autorum.

*Marginalia:* Wie man Antheil an der Erfindung schon erfundener Wahrheiten nimmet.

N　　　　ist,

Mittel mit einander zu verknüpffen, was von vielen angenommen wird.

ist, daß man aus verschiedenen *Autoribus* annimmet, was man bey ihnen gutes findet und dessen ungeachtet, doch alles mit einander verknüpfft ist. Daher betrügen sich diejenigen, welche vermeynen, ihre Sachen dörfften nicht zusammen hangen, weil sie *Eclectici* wären, das heisset, von allen annehmen, was ihnen am wahrscheinlichsten vorkäme. Derowegen hätte auch *Cartesius* besser gethan, wenn er aus der alten Philosophie mit beybehalten hätte, was gutes darinnen zu finden ist, massen er in der That zu verschiedenen Vorurtheilen Anlaß gegeben hat, welche in einem und dem andern Stücke die Wahrheit aufgehalten haben, unerachtet man nicht leugnen kan, daß man ihm auch viel gutes zu dancken hat, wie wir auch hier in der Logick ein Exempel gehabt. (§. 58.).

Wohin alles, was von den Begriffen gelehret wird, zielet.

§. 62. In Wissenschafften bekümmert man sich um allgemeine Erkäntnis und leget den Grund dazu durch die Erklärungen oder *Definitiones.* Und dahin zielet endlich alles, was ich von den deutlichen und ausführlichen Begriffen, ingleichen von den vollständigen lehre. Denn deutliche und ausführliche Begriffe geben die Erklärungen und vollständige ihre Verknüpffung mit einander (§. 26. 34.), mehr aber hat man dabey nicht zu gedencken. Und deswegen habe ich in dem ersten Capitel von

von den Begriffen zugleich von den Erklärungen gehandelt. Der Herr von Tschirnhausen rühmet in seiner Medicina Mentis
gar sehr die Erklärungen der Sachen und
ziehet sie den Wort-Erklärungen vor. Allein ich habe bey reiffer Uberlegung gefunden, daß man in Wissenschafften auch mit
den Wort-Erklärungen auskommen, ja
selbst die Erklärungen der Sachen aus diesen herleiten kan.　Unterdessen ist nicht zu
leugnen, daß man öffters mit den Erklärungen der Sachen leichter fortkommen kan,
als mit blossen Wort-Erklärungen.　Herr
von Tschirnhausen macht das meiste
Werck daraus, wie die Erklärungen der
Sachen zu finden sind. Allein was er saget,
sind Regeln, die er von den Erklärungen der
Sachen in der Geometrie genommen, wovon sonderlich der berühmte Mathematicus
in Engelland Isaac Barrow in seinen
Lectionibus Geometricis viele Exempel gegeben, wodurch dem Herrn von Tschirnhausen sein Licht aufgegangen ist: Denn
mir ist aus seinem eigenen Munde bekandt,
daß er dieses Buch für andern gelesen und es
in hohem Werthe gehalten.　Ob ich nun
zwar selbst durch die Barrowische Lectiones Geometricas besser verstehen lernen,
was der Herr von Tschirnhausen von
Erfindung der Erklärungen der Sachen
geschrieben; so habe ich doch bald wahrge-

　　　　nom-

nommen, daß nach denen von ihm vorgeschriebenen Regeln ausser der Geometrie
nicht wohl Erklärungen der Sache zu finden
sind. Und demnach habe ich schon dazumahl,
als ich in Leipzig seine Medicinam Mentis
andern erklärete, der Sache selbst weiter
nachgedacht und verschiedene Fälle unterschieden, da man Erklärungen der Sach
suchet, und dabey gewiesen, wie man in jedem dazu gelanget.

Warum
der Autor
von dem
Gebrau-
che der
Wörter
gehandelt
und was
er davon
vorgetra-
gen.

§.63. Da wir uns nun deutliche Begriff
von denen Dingen, die uns vorkommen, zu
erlangen bemühen, damit wir allgemeine Erklärungen und Grund-Urtheile daraus formiren können, als worinnen der Grund alle
gründlichen Erkäntnis zu denen Wissenschafften geleget wird; so hat man auch nöthig alles dasjenige, was man in seinen Begriffen unterscheidet, und durch dieselbe sich
vorstellet, mit besonderen Nahmen zu belegen. Denn die allgemeine Erkäntnis ist gan
figürlich, woferne sie deutlich werden soll
(§.319. Met.) Und aus dieser Absicht hab
ich auch von dem Gebrauche der Wörter gehandelt, wobey ich absonderlich gezeiget, wi
man sich verständlich erklären soll; wie ma
sich in acht zu nehmen hat, daß man nich
leere Wörter mit Sachen vermenget und au
was für Art und Weise die gewöhnliche B
deutung eines Wortes heraus gebracht wird
Woraus man abermahl siehet, daß ich mi
ange-

angelegen feyn laffen dasjenige vorzutragen,
was einem zu gründlicher Erkäntnis nöthig
ift. Und auf folche Weife laffe ich mich bedüncken die erfte Würckung des Verftandes auf eine pragmatifche Art erkläret zu
haben, daß nichts vorkommet, was in Erkäntnis nicht feinen gewiffen Nutzen hat,
aber auch nichts ausgelaffen worden, was
einem nöthig ift, der durch die erfte Würckung des Verftandes einen ficheren und
unbeweglichen Grund zur Erkäntnis der
Wahrheit legen will und bey feiner Erkäntnis, die er erreichet, darauf bedacht feyn,
wie er fich in den Stand fetzet diefelbe im
menfchlichen Leben wohl zu nutzen.

§. 64. Indem ich die andere Würckung
des Verftandes, nemlich die Urtheile erkläre; fo habe ich nicht mehr Unterfcheid von
ihnen beygebracht, als man im künfftigen
Gebrauche der Logick und die dritte Würckung des Verftandes zu verftehen vonnöthen hat. Denn ich habe nichts vortragen
wollen, was man nach diefem ohnedem wieder zu vergeffen pfleget. Ich will nicht, daß
man die Welt-Weisheit der Schule zu gefallen lerne, damit man miteinander difputi-
ren und öffters unnütze Zänckereyen anfangen kan; fondern daß man fie im künfftigen
Leben gebrauche und in den fo genannten
höheren Facultäten nutze. Und derowegen
habe ich mich auch mit demjenigen vergnü-

*Was der*
*Autor bey*
*der andern*
*Würckung*
*des Ver-*
*ftandes*
*gethan.*

get,

get, was einem zu dieser Absicht höchst nöthig
ist. Unterdessen habe ich mir angelegen seyn
lassen zu ersetzen, was in der gemeinen Logick
fehlet. Ich habe nemlich die wahre Beschaffenheit des Urtheiles aus der Natur der
Seele vorgestellet, und daraus von allem,
was gelehret wird, den Grund angezeiget.

**Nutzen seiner Arbeit.**

Dieses hat nicht allein den Nutzen, daß man
als Wahrheit dasjenige erkennet, was von
den Urtheilen gelehret wird, und ist der philosophischen Erkäntnis gemäß, die zeigen
soll, warum etwas vielmehr so, als anders
ist; sondern es dienet auch ferner dazu, daß
wir die Grund-Urtheile aus der Erfahrung
zu ziehen geschickt werden, und wo man in
Demonstrationen aus vielen durch nicht zu-
sammenhangende Schlüsse heraus gebrach-
ten Sätzen einen ziehen muß, damit man im
Demonstriren fortgehen kan und die vorhergehende Schlüsse mit den folgenden verknüpfft werden. Insgemein lässet man den

**Warum der** Autor **den Unter-scheid der Sätze er-kläret den man in der Mathe-matick machet.**

Unterscheid der Sätze weg, den man in der
Mathematick gar genau in acht zu nehmen
pfleget, da nemlich die Sätze in Grund-
Sätze, Lehr-Sätze, Heische-Sätze und Aufgaben unterschieden werden. Ich habe für
nöthig erachtet denselben zu erklären, weil er
einen sehr grossen Nutzen hat, wenn man die
Logick recht gebrauchen will. Denn wenn
man nachschläget, was ich von dem Gebrauche der Logick lehre, so wird man finden,
daß

daß ein grosser Theil desselben sich einig und
allein auf diesen Unterscheid gründet. Ich
würde also den Gebrauch der Logick sehr ge-
schmälert haben, wenn ich diesen Unterscheid
hätte weglassen wollen.    Weil endlich der
Herr von Tschirnhausen in seiner Medicina Mentis so viel von dem Unterscheide
machet, daß wir einen Satz gedencken, oder
nicht gedencken können, oder nicht wissen, ob
er sich gedencken lässet, oder nicht, und viele
es mißbrauchen, wenn derselbe darinnen ein
Kennzeichen der Wahrheit, des Irrthums
und des unbekandten gefunden zu haben
vermeynet; so habe ich um so viel nöthiger
erachtet davon deutliche Begriffe beyzubringen, weil der Herr von Tschirnhausen
selbst keinen davon beygebracht. Denn ohne
deutliche Begriffe ist nicht möglich den
Mißbrauch zu verhüten.

*Warum
er den Un-
terscheid
der Sätze,
die sich
gedencken
lassen,
von an-
dern er-
kläret.*

§. 65. Was man in der gemeinen
Logick, die von vielen so verachtet wird,
von den Vernunffts-Schlüssen lehret, habe
ich in allem richtig gefunden. Ich habe aber
nach meiner Art die Sache auch hier so
vorgetragen, wie sie durch genaue Uberlegung von denen Erfindern heraus gebracht
worden, damit man nicht allein siehet, daß
es Wahrheit sey, sondern auch zugleich im
Nachdencken geübet wird: welches hier um
so viel nöthiger gewesen, weil man in der
Scholastischen Philosophie kein Exempel

*Wie der
Autor die
dritte
Würc-
kung des
Verstan-
des abge-
handelt.*

N 4

an-

antrifft, wo alles mit so reiffer Uberlegung
untersucht worden, als wie wir es bey der
dritten Würckung des Verstandes finden.
Und kan man hieraus erkennen, wie das
beste von Leuten verächtlich gehalten, getadelt und verworffen wird, wenn sie nicht
in dem Stande sind die Beschaffenheit desselben einzusehen, nicht eben allzeit aus Unvermögen, sondern auch weil sie sich nicht
die Zeit nehmen die Sache gehöriger Weise zu überlegen.     Wer mit Bedacht durchgehet, was ich hiervon vorgetragen, der
wird ein Muster finden, wie man in ge-
nauen Uberlegungen verfahren und von einem auf das andere kommen muß. Es
wird ihm aber auch dasjenige, was er hier
lernet, sehr dienlich seyn die Demonstrationen in der Mathematick auf gehörige Art zu
zergliedern, und dadurch ein Vermögen zu
demonstriren sich zu wege zu bringen. Weil
man aber ein grosses Vorurtheil heute zu
Tage von dieser Lehre hat, dem ich meinen noch sehr jungen Jahren selbst Platz
gegeben, wie ich noch nicht in dem Stande war alles so zu überlegen, wie zu einer
gründlichen Einsicht in die Beschaffenheit
der Sache erfordert wird; so habe ich auch
dasselbe zu benehmen mir angelegen seyn
lassen und dannenhero umständlich gezeiget, was sie in mathematischen Demonstrationen, in Erfindung selbst mathematischer
Wahr-

Nutzen
der Arbeit
des Auto-
ris.

Wahrheiten, in Einrichtung gründlicher
Beweise auſſer der Mathematick nach Art
der mathematiſchen Demonſtrationen und
in Widerlegung der Irrthümer nutzen:
daraus man nicht allein die wahre Beſchaffenheit der Demonſtrationen einſehen lernet, ſondern auch ein Muſter erhält, nach
dem man ſich auſſer der Mathematick im
Demonſtriren üben kan.    Weil aber die
Schlüſſe, welche in der andern und dritten
Figur geſchehen, bloß deswegen als richtig
zugelaſſen werden, weil ſie ſich zu der erſten
Figur reduciren laſſen, dieſe Reduction aber
allgemein nicht ohne Umwege zu erweiſen
iſt, wie man zur Gnüge aus der Welt-
Weisheit der Schul-Weiſen ſiehet, hingegen die beſondere Exempel, welche vorkommen, ohne einige Mühe von einem jeden Anfänger zu der erſten Figur reduciret
werden können; ſo habe ich es bloß bey der
erſten Figur bewenden laſſen, und von den
übrigen nur überhaupt ſo viel beygebracht,
als nöthig iſt, die dahin gehörige Ver-
nunffts-Schlüſſe durch andere zu unterſcheiden.    Und dieſes habe ich um ſo viel
mehr gethan, weil man mit den Schlüſſen
in der erſten Figur auskommen kan, und
ſo man vermittelſt der natürlichen Logick
auf einen Schluß in der andern und dritten Figur fället, deſſen Richtigkeit insbe-
ſondere vermittelſt der leichten Reduction

Warum
der *Autor*
die andere
und dritte
Figur
weggelaſ-
ſen.

N 5                                          zu

zu der ersten Figur gleich einzusehen vermögend ist. Hierzu kommet, daß wenn man durch die Reduction der Schlüsse in der andern und dritten Figur zu der ersten aus allgemeinen Gründen erweisen will, daß sie denen in der ersten Figur gleichgültig und folgends richtig sind, man vieles noch erklären muß, was den Anfängern zu lernen beschwerlich fället und sie doch nach diesem nicht weiter nutzen können. Derowegen habe ich auch alles, was sonst in Ansehung dieser Reduction gelehret wird, weggelassen. Ich erinnere nur noch dieses, daß man insonderheit hier bey der dritten Würckung des Verstandes aus meinem Vortrage ersehen kan, es sey richtig, was ich behaupte, daß die natürliche Logick von der künstlichen nicht unterschieden, sondern diese bloß eine deutliche Erklärung der andern ist.

§. 66. Nachdem ich die Regeln, welche ich von den dreyen Würckungen des Verstandes vorgetragen, aus den überall angeführten Gründen für richtig erkandt hatte; hätte ich es wohl dabey können bewenden lassen. Allein die Liebe zur Wahrheit und die daher rührende Begierde alles gewiß zu erkennen und alle Scrupel, die entstehen können, aus dem Wege zu räumen, haben mich veranlasset noch auf Proben zu dencken, wodurch ich der Richtigkeit dieser

*Wie der Autor seine Logick auf die Probe gestellet.*

Regeln

Regeln durch die Erfahrung überzeuget und dabey versichert würde, daß ich die wahre Logick gefunden. Und ich führe dieses hier an, daß auch andere nach diesem Probier-Steine meine Logick examiniren können, oder auch sehen, ob andere, die man ihnen anpreiset, die Probe halten, oder nicht. Ich habe selbst erfahren, was Vorurtheile von der Logick vermögen, wo man begierig ist alles mit Gewißheit zu erkennen und vor sich selbst zu überlegen, damit man mit eigenen Augen siehet. Ich habe demnach die mathematische Demonstrationen, damit ich zu thun gehabt, deren an der Zahl nicht wenige sind, auf eine solche Art zergliedert, wie ich in meiner Ratione Prælectionum sect. I. c. I. §. 38. p. 35. angewiesen, und gefunden, daß ich nirgends etwas angetroffen, wovon ich nicht den Grund aus meiner Logick anzeigen können. Wer mich in Lectionibus demonstriren gehöret, dem wird bekandt seyn, daß ich nach dieser Art alle Beweise vortrage, und allein genug Proben in diesem Stücke angestellet hätte, wenn ich auch gleich vor mich nichts auf diese Art erwogen hätte. Hierdurch habe ich gefunden, daß meine Logick in Regeln ist, was ordentlich eingerichtete und vollständige Demonstrationen in der Mathematick, insonderheit der Geometrie sind. Und auf die Art und Weise bin ich versichert

*(Randbemerkung:)* Ursache dieses Vorhabens.

*(Randbemerkung:)* Erste Probe.

chert gewesen, daß meine Logick das inner-
ste von der mathematischen Lehr-Art erkläret. Nach diesem habe ich auch darauf acht
gehabt, wie wir ordentlicher Weise vor uns
selbst zur gemeinen Erkäntnis und von einem Gedancken auf den andern kommen.
Und ich habe mit Vergnügen wahr genommen, daß die natürliche Art zu dencken eben
diejenige ist, die ich in meiner Logick deutlich beschrieben: wovon ich zu erst in meinem *Lexico Mathematico* unter dem Worte
*Demonstratio* Meldung gethan. Daraus
habe ich zweyerley erkandt, nemlich 1. daß
die künstliche Logick von der natürlichen
nicht unterschieden, sondern jene vielmehr
eine deutliche Erklärung von dieser ist, wie
ich vorhin angezeiget: 2. daß, wenn man
in der Mathematick die Demonstrationen
so erweget, wie ich sie in meinen Lectionibus vorzutragen gewohnet bin, man in der
Mathematick bey der natürlichen Art zu
dencken verbleibet. Woraus ich ferner erkandt, warum die mathematische Demonstrationen so überzeugend sind, und
warum man durch deren fleißige und offt-
malige Erwegung die Kräffte des Verstandes erweitert. Ja daher war mir auch klar,
daß man um so viel weniger Ursache zu zweiffeln habe, ob die mathematische Lehr-Art
sich auch ausser der Mathematick gebrauchen lasse, weil es die natürliche Art zu dencken

Andere
Probe.

Beschaf-
fenheit der
künstli-
chen Lo-
gick und
Demon-
stratio-
nen.

Uberzeu-
gende
Krafft der
Demon-
stratio-
nen.

cken ist.　Ich recommendire andern gleich-
falls diese Probe, damit sie inne werden, wie weit eine Logick gut sey.　Endlich bin Dritte
ich zu der dritten Probe geschritten, und Probe.
habe so wohl in der Mathematick, als in
andern Disciplinen alles auf eine solche Art
erwogen, wie es von Erfindern heraus gebracht worden, oder wenigstens heraus gebracht werden können, massen bekandt ist,
daß man einerley Wahrheit auf verschiedene Art und Weise heraus bringen kan, wie
ich zu seiner Zeit umständlicher zeigen werde.　Hier habe ich gefunden, daß meine Logick zureichet, in so weit man der Logick in
diesen Verrichtungen einen Platz einräumen kan.　Aber freylich habe ich gesehen,
daß der Gebrauch der Logick allein zum Erfinden nicht genug ist; sondern man noch
andere Regeln nöthig hat, davon ich in der
Metaphysick und bey anderer Gelegenheit
eines und das andere gedacht habe.　Und
diese dritte Probe habe ich auch selbst in der
Algebra angestellet, und werde ich an seinem Orte und zu seiner Zeit davon eines
und das andere umständlicher anführen.
Ich habe diese Proben insgesamt bis hieher
fortgesetzet und habe demnach aus keiner
Ubereilung ein Vertrauen zu meiner Logick
gefasset, daß ich darinnen des rechten Weges nicht verfehlet.

§. 67.

§. 87. Weil man die Logick bloß zu dem
Ende lernet, damit man in Erkäntnis der
Wahrheit desto glücklicher fortkommen und
den Irrthum desto leichter vermeiden will;
so habe ich mich nicht begnügen lassen die
Theorie davon pragmatisch zu machen, und
nichts vorzutragen, als was einem zu diesem Zwecke unentbehrlich ist; sondern ich
habe auch von dem Nutzen der Logick bey
allen Verrichtungen, die einem Gelehrten
vorfallen können, ausführlich gehandelt.
In der Application der Logick bin ich weitläufftiger, als in der Theorie. Und ich
nehme in der *Praxi* keine andere Regeln
an, als die in der Theorie stehen: welches
ich auch nicht nöthig habe, indem ich jene
bey so vielerley und so weitläufftigen Proben zureichend gefunden (§. 66). Und solchergestalt hangen auch meine Lehren der
Logick alle wohl mit einander zusammen,
und, da ich bloß die natürliche Art zu dencken deutlich erkläre, so kommen sie auch
einem jeden, der sie ohne Vorurtheil und
mit Erwegung lieset, natürlich vor, denn
er findet, daß es bey ihm so hergehet, wie
ich es beschreibe. Vor diesem hat man diese Application der Logick gar nicht gezeiget:
Derowegen da man zugleich die Theorie
nicht auf eine pragmatische Art vorgetragen, auch es an Deutlichkeit der Begriffe fehlet; so ist kein Wunder, daß viele den
Nutzen

Nutzen der Logick nicht eingesehen, einige
denselben wohl gar geleugnet und ein Quint-
lein Mutter-Witz einem Centner Schul-
Witze vorgezogen. Da ich aber gewiesen,
daß der Schul-Witz mit dem Mutter-Wi-
tze, das ist, die künstliche Logick mit der natürlichen einerley ist, wenn man darinnen
die Wahrheit erreichet; so kan man daraus
nicht mehr einen Beweiß wider die künstliche Logick ziehen. Ich habe gesehen, daß
dieses Vorhaben andern gefallen und sie
meinem Exempel gefolget. Daß ich aber
auch alle nöthige Fälle erwogen, dabey ein
Gelehrter die Logick brauchen kan; lässet
sich nicht schwer erweisen. Denn er will
entweder die Wahrheit vor sich erkennen,
oder sie andern beybringen. Wer die Wahrheit selbst vor seine Person zu erkennen trachtet, der will sie entweder von andern lernen,
oder vor sich durch eigenes Nachdencken
heraus bringen. Wer sie von andern lernen will, der lernet sie entweder aus münd-
lichem Vortrage, oder aus Büchern. Und
also muß er wissen, wie er dasjenige, was
ihm andere vorsagen, überlegen und untersuchen, und die Bücher beurtheilen soll.
Wer durch eigenen Fleiß die Wahrheit vor
sich erfinden will, der muß sie entweder vermittelst der Erfahrung durch rechten Gebrauch der Sinnen, oder vermittelst der
Vernunfft durch rechten Gebrauch des
Ver-

*Warum ihm der Autor abgeholffen.*

*Wie weit er ihnen abgeholffen.*

Verstandes heraus bringen. Und also muß
er bestehen, wie man sich so wohl bey der
Erfahrung aufzuführen hat, als wenn man
eine Wahrheit aus der andern durch blosses Nachdencken herausbringen will. Wer
die Wahrheit andern beybringen will, der
will ihn entweder von der Wahrheit überführen, oder seine Irrthümer widerlegen,
oder mit ihm wegen streitiger Puncte disputiren. Da ich nun gewiesen, wie man die
Logick gebrauchen soll, wenn man die Wahrheit sowohl durch die Erfahrung, als durch
Nachdencken heraus bringen will; wenn
man die von andern herausgebrachte Wahrheit und ihre Schrifften beurtheilen soll;
wenn man andere zu überführen, oder zu
widerlegen, oder mit ihnen zu disputiren
Vorhabens ist; so meyne ich nichts von den
Verrichtungen eines Gelehrten vorbey gelassen zu haben, da ihm die Logick nützlich seyn
kan. Ich habe schon vor vielen Jahren einen Methodum angegeben die Wahrheit
der Christlichen Religion zu demonstriren
(a). Der Seel. Abbt zu Loccum *Molanus*
hatte sein Vergnügen daran und munter-
te mich auf ein Werck darnach auszuführen. Ich erinnerte, daß dabey verschiedenes vorkäme, so erst ausgeführet werden
müste. Dazu rechnete ich, daß man einen demonstrativischen Methodum die

Schrifft

*Methodus des Autoris die Wahrheit der Christlichen Religion zu erweisen.*

(a) in Actis Erudit. A. 1707. p. 167.

Schrifft zu erklären und eine Theologiam naturalem und Philosophiam moralem, die auf eine demonstrativische Art ausgeführet wäre, haben müste. Darauf ich zu erst meine Gedancken richtete, damit in einer so wichtigen Sache nichts übereilet würde. Und dieses gab mir Anlaß, daß ich auch den Nutzen der Logick in Erklärung der heiligen Schrifft zeigete. Ich habe gefunden, daß die daselbst gegebene Regeln gute Dienste thun, als ich in der Astronomie die Frage erörtern sollen, ob die Bewegung der Erde um die Axe und um die Sonne der Schrifft zuwider sey, oder nicht: denn ich habe gefunden, daß man nicht allein die gewöhnliche Antwort der **Copernicaner** vermeiden kan, als wenn sich die Schrifft nach dem Begriffe des gemeinen Mannes accommodirte, welches mir niemals gefallen wollen; sondern auch seine Auslegung demonstriren kan, welches seinen Nutzen hat, wo man mit Leuten zu thun hat, die sehr über alles zu scrupuliren gewohnet sind, oder aus Vorurtheile andern Meynungen anhängen, denen ihre Auslegung gemäß ist. Insonderheit aber hat mich dieses erfreuet, daß dadurch vermieden wird, was insgemein zu geschehen pfleget, und zu vielfältigem Streite Anlaß giebet, daß man nemlich nicht seine Gedancken in die Schrifft hinein träget, und solchergestalt das Wort GOttes rein bewahret.

O

*Warum der Autor den Nutzen der Logick in Erklärung der heiligen Schrifft gelehret.*

wahret. Was ferner hieraus für Nutzen zu
gewarten sey, will ich vor dieses mahl mit
Stillschweigen übergehen. Ich erinnere
nur noch dieses, daß man wider die schuldige
Ehrerbietigkeit handelt, die man gegen das
Wort GOttes haben soll, wenn man seine
philosophische Gedancken und öffters seine
Irrthümer in die Schrifft hinein träget und
vor göttl. Wahrheiten ausgiebet. Den wenn
sichs nach diesem offenbar zeiget, daß man
von natürl. Dingen Irrthümer gehabt; so
giebt man dadurch bey vielen nicht geringen
Anstoß, daß man dieses mit solchem Eiffer
für eine in der Schrifft mit klaren Worten
enthaltene Lehre ausgegeben. Und eben
deswegen thut mir es wehe, wenn Leute,
deren Amt ist die Schrifft zu erklären und
den Sinn des Geistes GOttes in seinem
Worte zu erforschen, sich in Beurtheilung
philosophischer Hypothesium ungeziemend
aufführen und der Schrifft zu ihrem vermeynten Vortheile mißbrauchen. Da nun
aber der von mir angewiesene Gebrauch der
Logick in Erklärung der Schrifft auch denen Welt-Weisen darzu dienet, damit sie
sich wider diejenigen vertheidigen können,
welche die Schrifft und folgends die Autorität GOttes sehr unbedachtsam wider sie
mißbrauchen wollen; so habe ich auch in
dieser Absicht nöthig gehabt denselben nicht
vorbey zu lassen. Und so meyne ich, sey
endlich

---

endlich klar, daß ich vor den Gebrauch der
Logick genug gesorget.

## Das 7. Capitel.
## Von der Metaphysick des Au-
### ris insbesondere.

### §. 68.

Ch habe schon oben (§. 4.) erinnert,
daß ich die Metaphysick in vier Disciplinen eintheile, nemlich in die
*Ontologie*, *Psychologie*, *Cosmolo-*
*gie* und *Theologiam naturalem*. Daher hat
auch nicht allein Herr *Profeß.* **Thümmig**
in seinen *Institutionibus Philosophiæ Wolfia-*
*niæ* von der Metaphysick vier Theile gemacht
und in deren erstem die *Ontologie* oder Grund-
Wissenschafft, in dem andern die *Cosmolo-*
*gie* oder **allgemeine Welt-Lehre**, in dem
dritten die *Psychologie* oder **Seelen-Leh-**
**re** und endlich in dem vierdten die *Theolo-*
*giam naturalem* oder natürliche Gottes-
Gelahrtheit vorgetragen; sondern Herr *Pro-*
*feß.* **Bülffinger**, der in seinen *Dilucida-*
*tionibus philosophicis de* DEO, *anima hu-*
*mana, mundo & generalibus rerum affectio-*
*nibus* hauptsächlich diejenigen Materien erläutern und wider alle gemachte Einwürffe vertheidigen wollen, welche aus Mißverständnis von einigen widrig gesinnten
vorgebracht und zum Theil aus Vorsatze

um

*Warum*
*der Autor*
*vier Di-*
*sciplinen*
*zur Me-*
*taphysick*
*rechnet.*

O 2

um recht zu haben durch Verkehrung meiner Worte erdichtet worden, hat sein sehr gründliches Werck gleichfalls in vier Abtheilungen abgefasset, davon die erste zur *Ontologie*, die andere zur *Cosmologie*, die dritte zur *Psychologie* und die vierdte zur *Theologie* gehöret. Warum ich diese Theile zur Metaphysick gerechnet, kan man leichte erachten. Die *Ontologie* mit der Pneumatick oder *Psychologie* und *Theologie* haben schon die Scholastici für die Metaphysick angegeben, und *Cartesius* nebst seinen Anhängern haben die *Psychologie* und *Theologie* allein darinnen behalten. Da man aber zu gründlicher Ausführung insonderheit der *Theologie* die *Ontologie* nicht entbehren kan; so habe ich diese mit dazu genommen. Und aus dieser Absicht habe ich die allgemeine *Cosmologie* noch weiter hinzugesetzt.

§. 69. Die *Ontologie* oder **Grund-Wissenschafft** ist von den *Scholasticis* mit dem grösten Eiffer getrieben und sehr hoch erhaben; von *Cartesio* und den Neueren verachtet worden. Da ich mich darum nicht bekümmere, ob etwas alt oder neue ist; ob es verachtet, oder im Werthe gehalten wird; sondern bloß darauf gesehen, ob es Wahrheit ist (§. 39): so habe ich auch vorher die Sache selbst untersucht, wie ich zu reifferer Uberlegung kam, unerachtet mir eine Verachtung gegen diese Disciplin schon auf

Worauf der Autor bey der Ontologie gesehen.

Vorurtheil so er dagegen gehabt.

auf der Schule beygebracht ward und ich
dannenhero in meinen Studenten = Jahren
auch eine schlechte Idee mir von dem Herrn
von **Leibnitz** machte, weil ich in den Actis
Eruditorum fand, daß er in seinem Speci-
mine Dynamico und in der Controvers mit
dem Herrn **Sturm** von der Natur demjenigen beypflichtete, was ich in der Welt=
Weißheit der Schul=Weisen für das aller-
verächtlichste hielt: wie ich denn glaubte,
es hienge ihm noch davon an, weil er in seiner Jugend in der Scholastischen Philosophie wäre auferzogen worden und nach diesem nicht Zeit gehabt die Sache zu überdencken, auch wie ich ihn wegen seiner mathematischen Erfindungen schon hoch hielte und
mit ihm in Brieffen bekandt worden war.
Als ich nun aber durch ihn veranlasset ward, Wie er
wie ich in der Ratione Prælect. sect. 2. c. 3. davon ab=
§. 5 & seq. p. 141. & seq. erinnert, einigen kommen.
Sachen weiter nachzudencken, und da-
durch endlich auch auf die *Ontologie* ver-
fiel, um zu untersuchen, was es damit für
eine Bewandnis habe; so fand ich, daß die Wie er
Schul=Weisen bloß klare, aber undeutliche die Onto-
Begriffe von denen Dingen gehabt, die in logie der
der Grund=Wissenschafft von ihnen abge= Schul-
handelt werden, und ihre so genannte *Cano-* Weisen
*nes* oder **Grund = Lehren** weder aus den befunden.
Begriffen erwiesen, noch auch jederzeit genug determiniret werden. Durch das erste
gieng

gieng mir schon ein grosses Licht auf. Denn
ich hielt anfangs wenigstens einige von ihnen gebrauchte Kunst-Wörter nicht mehr
vor leere Worte, massen ein Wort, dem
ein Begriff zukommet, er mag deutlich, oder
undeutlich seyn, kein leerer Thon ist. Derowegen da ich schon aus der Erfahrung
hatte, man könne zu deutlichen Begriffen
kommen, wo die Alten nur undeutliche gehabt; so zweiffelte ich auch nicht hieran bey
der Grund-Wissenschafft. Und war dannenhero darauf bedacht, wie man dazu gelangen möchte. Ich erkandte auch, daß dieses nützlich und nöthig wäre, indem man die
ersten Gründe der Erkäntnis daraus herhohlen müste, wovon ich bald mit mehrerem
reden will. Ich kan zwar nicht leugnen, daß
mir anfangs, als ich auf die Erklärung der
in der Grund-Wissenschafft gebrauchten
Wörter zu halten anfieng, dennoch die meisten verdächtig blieben, als wenn sie ungegründet und unnöthig wären: allein da ich
in meiner Uberlegung fort fuhr, fand ich,
daß mehr davon gegründet war, als ich
anfangs selbst geglaubet hätte. Freylich
aber war es Finsternis für einen, der darüber kommet, weil überall deutliche Begriffe
fehlen, ohne welche man sich nicht gegen andere verständlich erklären mag (§. 14. c. 1.
Log). Weil nun in Disciplinen durch die
Erklärungen der Grund zu aller übrigen Erkäntnis

**Warum Finster-niß darin-nen.**

käntniß geleget wird; so zweiffelte ich auch
nicht, daß man weiter kommen würde, wenn
man nur erstlich deutliche Begriffe hätte.
Ich habe mich demnach darum bemühet und
lasse es in diesem Stücke noch nicht an meinem Fleisse ermangeln um weiter zu gehen:
wie ich denn künftig auch öffentlich zeigen
werde, was ich heraus gebracht, und schon
würde gezeiget haben, wenn mir meine Zeit
nicht wäre gestohlen worden. (a) Unerachtet Warum
ich aber denen gerne recht gebe, daß in der ihnen die-
Grund-Wissenschafft der Schul-Weisen ses der Au-
viele Finsternis und daher dieselbe selbst nicht verarget.
fruchtbarlich zu gebrauchen ist; so finde ich
doch weder Ursache dieses ihnen zu verargen,
noch ihre Arbeit gäntzlich zu verachten. Zu
ihrer Zeit war man in der Welt-Weisheit
nicht an deutliche Begriffe gewöhnet, wie
wir daher auch finden, daß Leute von fast
ausserordentlicher Scharffsinnigkeit, dergleichen Exempel wir an **Keplern** haben,
sich in der Welt-Weisheit mit Wörtern
vergnügten, die sie nicht erklären konten.
Und unerachtet *Cartesius* deren Nothwendigkeit behauptete, und deren Fruchtbarkeit doch mehr als eine Probe zeigete, auch
darinnen von den berühmtesten Welt-Weisen und Gelehrten, die nach ihm kamen, Beyfall fand, so war es doch nicht eine so leichte
O 4       Sache

(a) Ist nun geschehen in der Lateinischen Ontologie, welche An. 1730. heraus kommen.

Sache diesen Mangel zu ersetzen, wie es ein jeder selbst erfahren kan, der Fähigkeit besitzet und die Sache mit Ernst angreifft. Wir haben auch das Exempel an dem berühmten **Clauberge**, der, ob er gleich genug Geschicklichkeit darinnen bewiesen, daß er die Lehren *Cartesii* in eine gute Ordnung gebracht, wie sie miteinander zusammenhangen, welches nicht jedermannes Gabe ist, dennoch in Erklärungen der Grund-Wissenschafft sich grösten Theils vergeblich bemühet. Gleichergestalt hat man nicht Ursache die Grund-Wissenschafft schlechter Dinges zu verachten: denn sie haben klare Begriffe und also nicht leere Wörter, wie in der Physick. Klare Begriffe sind der Anfang zur Erkäntnis und ohne den Anfang kan ja keiner weiter gehen. Ja es ist auch bekandt, daß öffters einer, der geschickt ist, weiter zu gehen, den Anfang nicht in seiner Gewalt hat, und dannenhero nicht weiter gehet, weil ihm der Anfang fehlet. Und in so weit erkenne ich auch in der Grund-Wissenschafft, daß man Ursache hat den Schul-Weisen für ihre Bemühungen danckbar zu seyn, weil man sonst erst vor sich das thun müste, was sie gethan, ehe man weiter fortgehen und deutliche Begriffe suchen kan, oder auch ohne ihren Anfang nicht weiter kommen mag.

*[Marginalia:]* Was Clauberg in der Ontologie gethan.

*[Marginalia:]* Warum der Autor die Arbeit der Schul-Weisen nicht gantz verachtet.

§. 70.

§. 70. Wer dieses bedencket, was bisher gesaget worden, der wird erkennen, daß ich die Scholasticos weder zu viel, noch aus einem Vorurtheile erhebe. Ich rühme das gute, was sie an sich haben und verwende es in meinen Nutzen: erkenne aber auch die Mängel, die sich noch bey ihnen finden. Ich entschuldige ihre Fehler, so viel als sich Grund dazu findet: mache doch aber keine Tugenden daraus. Ich verachte sie nicht, vielweniger das gute, was sie haben, um einiger Fehler willen, die sich bey ihnen entschuldigen lassen; ich lobe doch aber nicht, was man für eine Unvollkommenheit bey ihnen erkennen muß. Ich sehe mehr auf das gute, weil ich es nutzen kan, als auf das schlimme, was ich zu nichts brauche. Ich liebe sie wegen des guten, hasse sie aber nicht wegen des schlimmen, ob ich wohl an diesem kein Gefallen habe. Es ist alles aus dem vorhergehenden klar. Ich halte für keine leere Wörter, die sie in der Grund-Wissenschafft haben; aber deswegen sehe ich doch für leere Wörter an, damit sie einen in der Natur-Lehre abspeisen. Ich eigne ihnen bey ihren Wörtern klare Begriffe zu und halte die Wörter selbst für nöthig; bekenne doch aber, daß es keine deutliche Begriffe sind, und ihre Wörter erst können gebraucht werden, wenn diese dazu kommen. Ich halte davor, daß man durch sie Anlaß be-

*Ob der Autor aus einem Vorurtheile die Scholasticos zu viel erhebet.*

O 5        kom-

kommen kan es in der Grund-Wissenschafft
lichte zu machen, ob ich gleich nicht ver-
heele, daß sie selbst im Duncklen gesessen.
Ich erkenne, daß zu unseren Zeiten ein geübter bey ihrem Schimmer-Lichte so viel
sehen kan, daß er in das helle Mittags-Licht
kommet, und erkenne mit Danck, daß sie
mir dieses Licht angezündet, weil ich sonst
vielleicht gantz im Finstern wäre sitzen geblieben. Ich sehe nicht, wo hierinnen etwas
unrichtiges, oder tadelhafftes ist.   Da ich
nun mein Verfahren genugsam rechtfertigen kan; so erhebe ich auch nicht bloß dieselben andern zu gefallen und thue ihnen
nach, was sie gethan haben, und dieses kan
um so viel weniger statt finden, weil ich
meine Gründe dazu vor mich habe, die ich
hier gesaget, in so weit es die gegenwärtige
Sache betrifft, warum es aber andere gethan, nicht weiß, oder auch wohl andere
gantz andere Gründe davon angegeben. Es
ist mir aber wenig daran gelegen, warum
andere die Scholasticos entweder hoch, oder
geringe achten, entweder loben, oder schelten.   Mir ist genug, daß ich bey Verständigen rechtfertigen kan, was ich thue,
und daß ich es vor meine Person gut befinde, was ich thue, und mich dessen nicht
gereuet, aber wohl gereuen würde, wenn
ich es nicht thäte.

§. 71.

§. 71. Das Vornehmste demnach, was ich in der *Ontologie* gethan, bestehet darinnen, daß ich deutliche Begriffe davon gesucht, wo man bey den Scholasticis nur undeutliche findet. Und darzu habe ich gebraucht theils den Grund des Widerspruches, den *Aristoteles* in der Metaphysick als einen Grund-Satz recommendiret; theils den Satz des zureichenden Grundes, den der Herr von **Leibnitz** in die Metaphysick zuerst eingeführet. Weil die Scholastici den Satz des zureichenden Grundes nicht in Deutlichkeit wie den Grund des Widerspruches erkandt, und gleichwohl dieser Satz in die meisten Begriffe und Lehren der Grund-Wissenschafft Deutlichkeit bringet; so ist kein Wunder, daß es ihnen an deutlicher Erkäntnis in der Grund-Wissenschafft gefehlet. Und siehet man hier eine neue Ursache, warum sie zu entschuldigen sind. Ja aus dieser Ursache muß man insonderheit **Claubergen** und andere **Cartesianer**, oder andere die nach *Cartesii* Zeiten die Grund-Wissenschafft verbessern wollen, entschuldigen, daß ihnen ihr Vorhaben nicht gerathen, unerachtet sie den Fehler, der bey den Scholasticis war, erkandten und gar wohl wusten, daß es auf deutliche Begriffe ankam, auch Vorhabens waren diese zu suchen. Ich halte es für sehr nützlich, wenn man sich gewöhnet darauf acht

*Vornehmste Sorge des Autoris bey der Grund-Wissenschafft und worauf er seine deutliche Begriffe gebauet.*

*Erinnerung.*

acht zu haben, wie nach den Umständen der
Zeit etwas angegangen, was sich zu einer
anderen Zeit nicht thun ließ. Unter andern
dienet es auch darzu, daß man sich nicht
über andere, die vor uns gelebet, aus Eitelkeit überhebet, weil man es weiter als sie
gebracht, noch auch dieselben verachtet,
weil sie weniger, als jetzund bekandt, gewust
haben. Aus den Erklärungen, die ich
gegeben, habe ich auch Lehr-Sätze erwiesen, die man als Gründe der Erkäntnis
brauchen kan, auch zum Theil schon ohne
Beweis von den Scholasticis angeführet
worden.

**Was der Autor von dem Wesen der Dinge behauptet, und was er bey dieser Lehre gethan.**

§. 72. Ich pflichte denen bey, welche
das Wesen von der Würcklichkeit unterscheiden, und jenes in der inneren Möglichkeit suchen, vermöge derer in dem ersten
Begriffe eines Dinges nichts widerspre-
chendes angenommen wird. Es ist bekandt,
daß diejenigen unter den Scholasticis dieser
Meynung gewesen, welche man Realisten
genennet, da hingegen die Nominalisten
die Würcklichkeit von dem Wesen nicht abgesondert. Unter jenen finden sich die beyde große Lehrer unter den Scholasticis
*Thomas* und *Scotus.* Weil *Jacobus Tho-
masius* Dilucid. Stahl. p. 33. mehr vor die
Nominalisten ist und muthmasset, es hätten *Thomas* und *Scotus* aus Liebe zu dem
*Aristotele* dieser Meynung beygepflichtet;

**Quelle eines Vorurtheiles.**

so

so nehmen viele dieses für ein Evangelium
an und wollen es entweder für ein grosses
Versehen auslegen, daß ich diese Meynung
behauptet, oder auch andere gar mir eine
Fatalität andichten, weil *Poiret* hierinnen
die Quelle von einer unvermeidlichen
Nothwendigkeit gefunden zu haben vermeynet.    Gleichwie aber für dem letzteren keine Gefahr ist, wie dann die meisten unserer
Theologorum der Realisten Meynung angenommen; so sehe ich auch noch nicht,
warum eben *Thomas* und *Scotus* aus allzu
grosser Liebe für den *Aristotelem* darauf sollen gefallen seyn.    Jedoch wie ich mich um
andere wenig bekümmere, warum sie dieser,
oder einer anderen Meynung beygepflichtet,
mir es auch gleich viel gilt, wer es gesaget
(§. 39.), wenn ich es nur in meiner Untersuchung als wahr gefunden (§. 57.); so
habe auch ich hier weder aus Liebe gegen den
*Aristotelem*, noch aus Liebe gegen den *Tho-
mam* oder *Scotum* das Wesen und die
Würcklichkeit von einander unterschieden,
sondern weil ich es in meiner Untersuchung
als wahr und diese Wahrheit im Fortgange
sehr fruchtbar und nützlich gefunden. Wer
meine Metaphysick mit den Anmerckungen
darüber so durchliset, wie ich es begehre
(§. 44. & seq.); der wird die Fruchtbarkeit dieses Unterscheides einsehen und erkennen, in wie viele Verwirrungen man verfället,

*Warum Wesen und Würck- lichkeit von ein- ander zu unterschei- den.*

fället, wenn man Möglichkeit und Würcklichkeit nicht genug von einander unterscheidet, oder, welches gleichviel ist, das Wesen
und die Existenz nicht von einander abson-
dert.     Und wenn ich Gelegenheit finden
werde den Nutzen meiner Philosophie durch
allerhand Proben zu zeigen, so wird sich
dieses noch weiter zeigen.     Ich habe aber
bey der Lehre von dem Wesen der Dinge
hauptsächlich gezeiget, daß man die ersten
Determinationes dazu nehmen müsse, wodurch das andere, was einem Dinge zukommet, zugleich determiniret wird, und
hernach aus dem Begriffe des Wesens selber gewiesen wie es die Raison oder den
Grund von allem dem übrigen in sich enthält, was ihm zukömmet.     Ich habe aber
auch hieraus gewiesen, woher die Veränderungen eines Dinges kommen, und warum diese ohne eine äussere Ursache nicht ihre
Würcklichkeit erreichen können.     Es stehet
freylich dieses alles nicht an einem Orte bey
einander: denn wo man demonstrativisch
verfahren will, gehet es nicht an.     Derowegen wer meine Schrifften gantz durchlieset, und alles wohl erweget und sich bekandt machet, der siehet erst recht ein, was
darinnen enthalten ist.     Wer aber dasjenige, was ich von dem Wesen ausgeführet, und nicht aus den Scholasticis genommen, recht einsiehet; der wird noch mehreres daraus demonstriren können, als von
mit

Worinnen das We-
sen be-
stehet.

Wozu dessen
Begriff
dienet.

mir in der Metaphysick nicht geschehen, aber
zu einer andern Zeit geschehen soll, wenn ich
diese Materien ausführlicher abhandeln
werde. Weil ich aber zu dem Wesen die
blosse Möglichkeit rechne und die Würcklichkeit davon absondere; so habe ich auch
die Nothwendigkeit und die Ewigkeit desselben behaupten müssen, wie es auch von
den meisten Theologis geschehen, und folgends es als unveränderlich ansehen müssen. Ich habe in meinem Tractate von
der Vermehrung des Getreydes und zwar
im Anhange (z. & seq.) schon einigen Nutzen
der Lehre von dem Wesen und der Würcklichkeit gezeiget, und in der Erkäntnis der
Natur muß man beständig dieselbe vor
Augen haben, woferne man wohl zu rechte
kommen will. Ja man kan zeigen, wie
viele bloß deswegen nicht accurat verfahren, weil sie dieselbe nicht vor Augen haben. Es lässet sich auch kein fruchtbarer
Begriff von der Wahrscheinlichkeit geben,
woferne man darauf nicht acht hat. Anderen Nutzen will ich jetzt mit Stillschweigen übergehen. Ich habe aber bereits auch
daraus einen fruchtbaren Begriff von der
Aehnlichkeit und Unähnlichkeit hergeleitet,
dergleichen man bisher nicht gehabt und
daraus der Herrn von Leibnitz seinen erkläret, der nicht so verständlich ist, auch
mit der Lehre von dem Wesen sich nicht so
deut-

*Warum die Ewigkeit des Wesens behauptet wird.*

Der Autor bindet sich nicht an Leibnitzen.

deutlich zusammen reimet. Und siehet man schon aus dieser Probe, daß ich mich auch an des Herrn von Leibnitz Autorität so wenig als an anderer ihre Lehre, unerachtet ich von ihm sowohl als von andern angenommen, wenn ich was gutes bey ihm gefunden, aber anfangs niemahls weiter als eine Sache, die ich zu untersuchen hätte, ob und wie sie sich aus der mir bereits beywohnenden Erkäntnis herleiten liesse. (§. 57.)

Warum der Autor von den zusammen gesetzten und einfachen Dingen weitläufftig handelt.

§. 73. Wir haben zweyerlen Arten der Dinge, Zusammengesetzte, dergleichen die Cörper sind, und Einfache, dergleichen unsere Seele ist und, wie ich erweise, die Elemente der Cörperlichen Dinge seyn. Die Schul=Weisen haben von dem Zusammengesetzten und Einfachen wenig vorgebracht. Der Herr von Leibnitz hat die Lehre von dem Einfachen gar sehr erweitert. Und ich habe vermeynet, daß sowohl die Lehre von dem Zusammengesetzten, als von dem Einfachen auf eine ausführliche Weise abgehandelt werden muß. Denn jene leget den Grund zu der Philosophie der Cörper; diese hingegen zu der Philosophie ihrer Elemente und insonderheit der Seele. Die Grund=Wissenschafft aber soll diejenigen Lehren abhandeln, welche den Grund zu den übrigen legen.

§. 74.

§. 74. Indem ich von den zusammengesetzten Dingen handele, gebe ich einen
deutlichen Begriff von dem Raume, der
Extension oder Ausdehnung in die Länge,
Breite und Dicke, von der Figur, von der
Stetigkeit, dergleichen man bisher nicht
gehabt, und zeige, wie ein zusammenge-
setztes Ding entstehen und aufhören kan,
und was für Veränderungen sich darinnen
ereignen können, und was sonst etwan mehr
diesem anhängig ist. Dieses sind die gemeinen Begriffe, darnach man von cörperlichen
Dingen urtheilet; aber sie leiten auch den
Verstand in der Erkäntnis der Natur, und
machen es helle und lichte, wo es sonst dunckel und finster ist.

§. 75. Das Einfache nehme ich in einem
engen Verstande, wie es dem Zusammengesetzten entgegen gesetzet wird, und von ihm
die Erklärung des Zusammengesetzten ver-
neinet werden mag. Ich zeige aber, daß
einfache Dinge seyn müssen, weil man sonst
keinen zureichenden Grund des Zusammengesetzten finden mag. Weil der Herr von
**Leibnitz** die Lehre von dem Einfachen sich
sonderlich hat angelegen seyn lassen, so habe
ich auch die meisten Sätze bey ihm gefunden, die hieher gehören, jedoch auf meine
Art aus denen vorher bestätigten Gründen
erwiesen und mit einander selbst verknüpfft,
daß sie natürliche Glieder von meiner Kette
wor-

P

*Marginal notes:*

Was der Autor von dem Zusammengesetzten lehret.

Was der Autor von dem Einfachen vorträget.

worden, und ich den Leser urtheilen lasse,
ob er sie lieber bey mir, als bey dem Herrn
von **Leibnitz** lesen will. Es sind aber
diese Begriffe von unserer Seele hergeleitet,
und lassen sich daher durch dieselbe erläutern: sind auch fast alle von den Welt-
Weisen gebraucht worden, wenn sie von
dem Ursprunge der Seele und ihrer Unsterblichkeit gehandelt. Nur werden sie
hier allgemein in ihrer Deutlichkeit vorgetragen. Ich habe aber bey dieser
Gelegenheit auch den Begriff der Zeit und
der That und Leidenschafft erläutert,
und insonderheit den Unterscheid zwischen einem endlichen und unendlichen Dinge erläutert, davon ich ausser dem ersten bey
dem Herrn von **Leibnitz** nichts gefunden.
In der Lehre von der Substantz bin ich bey
ihm verblieben, habe doch aber hin und wieder nach meiner Gewohnheit eines und das
andere hinzugesetzt, was nützlich zu gebrauchen ist.

Was der Autor von der Wahrheit und Voll-kommen-heit lehret.

§. 76. Ich finde bey den Scholasticis, daß
sie einem jeden Dinge Wahrheit und Vollkommenheit zugeeignet. Und da ich ihren
Wörtern einen deutlichen Begriff beygeleget, habe ich die Lehre von der Wahrheit
und Vollkommenheit von grösserem Nutzen
gefunden, als ich vermeynet. Ich habe
aber gefunden, daß man zum Verstande
dieser Lehren vonnöthen hat zu wissen, was
die

die Ordnung ist und was diese zu sagen
hat. Bey der Wahrheit habe ich zugleich
ihren Unterscheid von dem Traume gewiesen, den *Cartesius* gesucht, aber nicht gefunden, weil er den Satz des zureichenden
Grundes nicht deutlich eingesehen, darinnen mir derselbe gute Dienste gethan, gleichwie auch der Herr von **Leibnitz** in der
Lehre von dem Einfachen und der Substantz desselben sich mit grossem Nutzen bedienet. Es ist aber insonderheit von grossem Nutzen, was ich von der Vollkommenheit eines Dinges überhaupt ausgeführet,
und ist eben derjenige Begriff, den ich längst
in der Bau-Kunst von der Vollkommenheit
des Gebäudes gegeben, und zum Grunde
der Bau-Kunst geleget. Denn meines
Erachtens sollen eben die Regeln der Bau-
Kunst zeigen, wie man in einem Gebäude
alles dergestalt determiniret, damit darein
eine Vollkommenheit kommet. Ich habe
diesen Begriff auch schon vorher in der
Moral gebraucht, ob zwar nicht öffentlich,
weil ich die Moral erst nach der Metaphysick
in Druck gegeben.

§. 77. Die Begriffe von den Arten und
Geschlechtern der Dinge habe ich zwar schon
in der Logick erkläret (§. 59.), aber nur so
weit, als dort genug ist. Hier habe ich
noch verschiedenes angeführet, was dort
keinen Nutzen hat, hingegen in der Metaphysick

*Was der Autor von den Arten und Geschlech-tern der Dinge redet.*

P 2

physick wohl zu gebrauchen ist. Waͤrum
ich aber verschiedenes, was sonst in der Ontologie erklaͤret wird, weggelassen und an
anderen Orten erklaͤret, habe ich in dem
Buche (§. 190. Met.) selbst erinnert.

**Was der Autor überhaupt bey der Ontologie gethan.**

§. 78. Wenn ich nun alles zusammen
nehme, was ich von der Ontologie beygebracht; so wird man erkennen, daß mir
die Schul-Weisen mit ihren unerklaͤreten
Woͤrtern Anlaß gegeben, deutliche Begriffe zu suchen, da sie bisher gefehlet; daß
mir der Herr von **Leibnitz**, dem ich es zu
dancken habe, daß ich den Satz des zureichenden Grundes deutlich erwogen, diese
Arbeit erleichtert; daß ich die Lehre von dem
Wesen der Dinge von den Schul-Weisen,
die von dem einfachen von dem Herrn von
**Leibnitz** gelernet, in so weit ich durch ihn
aufgemuntert worden, auf dasjenige acht
zu haben, was sich von der Seele in diesem
Stuͤcke abstrahiren laͤsset, und als ein
Grund bey der Lehre von dem Ursprunge
und der Unsterblichkeit der Seele gebraucht worden; aber durch meine Uberlegungen als Wahrheit erkandt, und ihre
Beweise entweder gantz von neuem gegeben, oder doch ausfuͤhrlich auseinander gewickelt, damit sie eine Krafft zu uͤberfuͤhren
gewinnen; die Lehre aber von dem Zusammengesetzten, und insonderheit die wichtigen
von

von dem Unterscheide eines endlichen und
unendlichen Dinges, von der Wahrheit,
Ordnung und Vollkommenheit von neuem hinzugesetzet ; daß ich endlich alles zusammen in eine solche Ordnung gebracht,
wie eines durch das andere verstanden und
erkandt wird, und solchergestalt aus der
Grund-Wissenschafft ein Systema gemacht,
da alle Lehren wie die Glieder in dem menschlichen Cörper mit einander zusammen hangen, und bey ihrem verschiedenen Unterscheide dennoch zusammen conspiriren, und immer eine um der anden willen da ist. Und
in dieser Absicht hat auch jede Lehre ihre
Stelle erhalten, wo sie fürgetragen wird.
Ich erzehle hier, was ich gethan, und zwar **Erinne-**
nach der Einsicht, die ich habe, und nach **rung.**
der Intention, die ich gehabt, wie ich das
Buch geschrieben. Wie ich meiner Intention
ein Gnügen gethan und wie weit meine
Einsicht gehet, stehet einem jeden frey nach
der ihm beywohnenden Einsicht zu beurtheilen.    Wer es verachtet, mit dem werde ich
deswegen keinen Streit anfangen.    Kan er
es besser machen, so weise er es in der That,
und ich werde es selbst rühmen, auch wenn
er durch dasjenige, was er bey mir verachtet, in den Stand gesetzet worden, es besser
zu machen, und er es nicht erkennen will.
Bey mir mischet sich in Beurtheilung der
Wahrheit einer Lehre kein Affect mehr dar-

ein.

ein. Ich bin GOtt Lob! über diesen Berg hinaus. Ich meyne nun aber in die Grund-Wissenschafft Licht gebracht zu haben, da vorher Finsternis darinnen war.

**Was noch in der Ontologie zu prästiren übrig.** Jedoch halte ich es erst für den ersten Durchbruch der Sonne und glaube, es seyn noch viele Wolcken zurücke, die noch müssen vertrieben werden. Ich werde auch selbst weiter noch meine Kräffte dazu anwenden, daß die noch vorhandene Wolcken immer mehr und mehr vertrieben werden. Unterdessen meyne ich doch, daß schon die Sonne bey diesem Durchbruche mit fruchtbarem Lichte scheinet: denn ich habe es selbst erfahren und werde ausser dem, was man in meinen Schrifften davon sehen kan, künfftig noch mehrere Proben davon ablegen. Scheinet jemanden meine Sonne nicht helle genug, so lasse er mir seine scheinen: mir soll lieb seyn, wenn das schwache Licht durch das helle verdunckelt wird. Durch blosses Anbellen aber wird sie ihren Glantz nicht verlieren. Ich rede nach der Thorheit der Menschen, weil es unterweilen nöthig ist sich in die Zeit zu schicken.

**Wie der Autor in der Ordnung der Theile der Metaphysick verfahren.** §. 79. Der andere Theil von der Haupt-Wissenschafft ist die **allgemeine Welt-Lehre**, welche auch der Herr Professor **Thümmig** in Institutionibus *Philosophiæ Wolffianæ* als den andern Theil der Metaphysick vorträget. Er hat in den Prolego-

menis

menis §. 2. 3. 4. die Urfachen angewiefen,
warum die Cofmologie nach der Ontologie, die Pfychologie aber nach der Cofmologie tractiret werden muß.  Seine Gründe, die er angeführet, find richtig: aber fie
ftehen nicht dem, was ich gethan habe, entgegen.  Ich habe einen Theil der Pfycholo- Warum
gie von der Cofmologie abgehandelt. Der der Autor
Grund dazu ift diefer.  Die Pfychologie die Pfycho-
theile ich in zwey Theile ein.  Der eine logiam
handelt von demjenigen, was man von der empiri-
Seele des Menfchen aus der Erfahrung cam der
erkennet: der andere aber erkläret alles aus Cofmo-
der Natur und dem Wefen der Seele und mittiret.
zeiget von dem, was man obferviret, den
Grund darinnen.  Den erften Theil nenne
ich *Pfychologiam empiricam,* den andern aber
*Pfychologiam rationalem.* Die *Pfychologia
empirica* ift eigentlich eine Hiftorie von der
Seele und kan ohne alle übrige Difciplinen
erkandt werden: hingegen die *Pfychologia
rationalis* fetzet die Cofmologie als bekandt
voraus.  Wenn man demnach die Difciplinen in ihrer Ordnung befonders tractiren will; fo folget auf die Ontologie die
Cofmologie und auf diefe die Pfychologie.
Und aus diefer Abficht hat fo wohl Herr
**Thümmig** in feinen *Inftitutionibus* die
Cofmologie nach der Ontologie gefetzet,
als auch Herr **Bülffinger** in feinen Dilucidationibus die allgemeine Lehren von
P 4                    der

der Welt vor denen, die zur Seele gehören, erwogen. Allein weil ich die verschiedene Disciplinen, welche zur Haupt-
Wissenschafft gehören, nicht ins besondere
abgehandelt, so habe ich den einen Theil
von der Psychologie, nemlich die *Empiri-*
*cam*, vor die Cosmologie gesetzet, weil sie
leichter als diese ist und Anfängern anmu-
thiger fället, denen der Verdruß dadurch
benommen wird, den sie bey der Ontologie
gehabt, indem sie auf verschiedenes genauer
haben acht geben müssen, als sie zu thun
etwan gewohnet sind. Nach der Psychologie folget endlich die *Theologia naturalis,*
welche ihre Gründe aus den vorhergehenden Disciplinen insgesammt nimmet. Und
deswegen haben sie auch Herr **Bülffinger**
und Herr **Thümmig,** wie ich, zuletzt abgehandelt.

§. 80. Herr Profess. **Thümmig** hat in
seinen Institutionibus meine Lehren von der
Welt in besonderen Capiteln unter gewisse
Titul gebracht, und daraus kan ein jeder
gleich sehen, was ich davon vorzutragen
mir vorgenommen und was man eigentlich in der bisher ungewöhnlichen Disciplin
der Cosmologie zu suchen hat. Ich gebe
anfangs einen Begriff von der Welt, und
zeige, daß darinnen zwar alles mit einander
dem Raume und der Zeit nach verknüpfft
ist

Was der
Autor für
allgemeine
Lehren
von der
Welt vor-
getragen.

ist und die Begebenheiten darinnen ihre
Gewißheit haben, deſſen ungeachtet aber
doch keine unvermeidliche Nothwendigkeit
darinnen anzutreffen ſey, ſondern nur eine
Nothwendigkeit unter einer Bedingung,
die mit der Zufälligkeit beſtehen kan. Dieſem
füge ich bey, wie natürlicher Weiſe eine
Begebenheit in der Welt ihre Würcklichkeit erreichen kan, und erweiſe daraus, daß
mehr als eine Welt möglich iſt. Nach
dieſem erkläre ich das Weſen und die Natur
der Cörper und zeige, was ſie für allgemeine
Eigenſchafften haben. Ich unterſuche ferner die Geſetze der Bewegung und erweiſe,
daß ſie nicht ſchlechter Dinges nothwendig
ſind, und dannenhero auch die Natur nicht
ſchlechter Dinges nothwendig ſey. Ich
weiſe den Unterſcheid zwiſchen dem Natürlichen und Ubernatürlichen, der wegen der
Zufälligkeit der Welt möglich iſt. Ich
erwege die Elemente der cörperlichen Dinge und wie ſie aus ihnen ihren Urſprung
nehmen. Endlich handele ich auch von der
Vollkommenheit der Welt und zeige was
die Ordnung und der Lauff der Natur
iſt.

§. 81. Ich rechne zu der Welt nicht allein das Welt-Gebäude, in ſo weit es aus
den groſſen Welt-Cörpern auf gewiſſe Weiſe zuſammen geſetzet iſt, die ich in der Phy-
ſick erkläre; ſondern auch alle Veränderun-

*Was der
Autor
von dem
Begriffe
der Welt
und des*

P ſ gen,

**Ver-
knüpffung
der Dinge
darinnen
lehret.**

gen, die sich so wohl mit den gantzen Welt-
Cörpern, als auf ihnen ereignen. Und in
dieser Benennung folge ich dem Herrn von
Leibnitz, weil ich gefunden, daß man in
vielen Fällen, wo man von der Welt urtheilen will, auf alles acht haben muß, was
Raum und Zeit, so lange als die Welt dauret, erfüllet; da hingegen sich in wichtigen
Puncten viele Schwierigkeiten gar öffters
hervor thun, wenn man seine Gedancken
bey der Welt nicht auf alles zugleich richtet.
Ich nehme aber dieses nicht bloß an, weil
es seinen Nutzen hat das Wort in einer so
weitläufftigen Bedeutung zu nehmen; sondern ich zeige auch, daß dieses alles zusammen, was die gantze Zeit und den gantzen
Raum erfüllet, ein Ding ausmachet. Die

**Woher
die Ein-
heit kom-
met.**

Einheit entstehet durch die Verknüpffung
der Dinge miteinander, da immer in einem
eine Raison zu finden, daraus man verstehen kan, warum das andere neben ihm zu
gleich ist, und eines auf das andere erfolget.
Und habe ich schon erinnert (§. 176. Annot.
Met.), daß diese Verknüpffung nichts anders ist, als daß die Veränderungen in der
Natur von ihren würckenden Ursachen und
göttlichen Absichten dependiren und alles
auch dem Raume nach aus diesen Absichten

**Zweyerley
Erklärun-
gen der
natürl.
Dinge.**

geordnet ist. In welcher Absicht ich auch
die natürliche Dinge auf zweyerley Art erkläret, einmahl aus den würckenden Ursachen

chen in den Gedancken von den Würckungen der Natur, darnach aus den göttlichen
Absichten in den Gedancken von den Absichten der natürlichen Dinge. Es mercket Herr Profess. **Bülffinger** in seinen Dilucidationibus (§. 143.) gar wohl an, daß
man es lieber *nexum*, als *concatenationem
rerum* nennet, weil das letztere Wort einmahl aus der Stoischen Philosophie und
*Spinosæ* Schrifften eine übele Bedeutung erhalten. Und in meiner *Commentatione luculenta de differentia nexus rerum & fatalis
necessitatis* habe ich ausführlich gewiesen, wie
ein grosser Unterscheid zwischen der Fatalität
und dieser Verknüpffung der Dinge sey, indem diese ein Abdruck der göttlichen Weißheit in den Geschöpffen der Dinge ist, jene
aber die Weißheit GOttes von den Geschöpffen ausschleußt. Ich habe es aber auch
selbst nachdrücklich in meinen deutschen
Schrifften von der Welt-Weißheit (§. 15.
16. Phys. II.) gewiesen. Es ist aber nicht an
dem, daß ich diese Verknüpffung der Dinge, die ich in dem Capitel von der Welt lehre, auch auf die Seele des Menschen deute.
Denn wo ich von der Welt handele, habe
ich mit der Seele gar nichts zu thun; sondern von dieser rede ich erst in dem fünfften
Capitel, wo ich die *Psychologiam rationalem*
erkläre. Daselbst weise ich zwar auch, daß
die Gedancken der Menschen in einander ge-
grün-

Was der nexus rerum ist.

Ob er auf die Seele extendiret wird.

gründet sind, dergestalt daß man aus dem
vorhergehenden verstehen kan, warum der
andere folget, aber nicht wie in Cörpern
nach den Gesetzen der Bewegung, sondern
nach eigenen Gesetzen der Gedancken und des
Appetites. Und wer auf den Unterscheid
der Verknüpffung der Gedancken und der
Appetite in der Seele und der Verknüpffung der Begebenheiten in der Welt acht
hat, der kan auch daraus aus denen von mir
in der *Ontologie* gelegten Gründen die Immaterialität der Seele erweisen, daß sie ein
besonderes und von cörperlichen Dingen
gantz unterschiedenes Wesen seyn müsse.
Her Bülffinger, der meine Schrifften mit
Bedacht und Fähigkeit gelesen, hat den Unterscheid dieser Verknüpffung gar wohl
wahrgenommen und ihn dannenhero in seinen *Dilucidationibus* sect. 2. c. 2 p. 145. &
seq. ausführlich gezeiget. Und Herr Thümmig, der nicht allein mein Zuhörer in der
Welt-Weißheit gewesen, sondern auch als
mein Domesticus mit mir davon vielfältig
zu reden Gelegenheit gehabt, daß man ihm
gar wohl zutrauen kan, daß er meinen Sinn
am besten wissen kan, hat in seinen Institutionibus (§. 235. *Psychol.*) diesen Beweiß
von der Immaterialität der Seele auch angeführet. Aus der Verknüpffung der cörperlichen Dinge miteinander habe ich gewiesen, was eigentlich der von den Physicis

Beweiß
von der
Immate-
rialität
der Seele.

eis heute zu Tage so genannte *Mechanismus*
sey, und daß dadurch Wahrheit in die Welt
kommet (§. 558. 559. Met.). Ja ich habe
an seinem Orte, wo ich von GOtt handele (§. 1037. Met.), erwiesen, daß dadurch
zugleich der Abdruck von der göttlichen
Weißheit in der Welt geschehen. Und dieses habe ich zu dem Ende gewiesen, damit
man nicht durch Verleugnung des *Mecha-
nismi* den Fortgang der Erkäntnis der Natur aufhält; aber auch nicht durch den
Mißbrauch desselben auf Irrthümer verfället, welche der Erkäntniß GOttes nachtheilig sind. Wer aber meine Schrifften
von Anfange bis zu Ende mit Bedacht
durchlieset, wird vor sich zur Gnüge inne
werden, wie viel man Vortheil davon hat,
selbst in der natürlichen Erkäntniß von
GOTT, wenn man die weise Verknüpffung der Dinge miteinander recht einsiehet.

§. 82. Da die Atheisten ihren schädlichen
Irrthum in der unvermeidlichen Nothwendigkeit aller Dinge zu gründen pflegen, und
deswegen keinen Urheber der Natur nöthig
zu haben vermeynen; so habe ich mir vorgenommen gehabt aus der Zufälligkeit der
Welt die *Existenz* und übrige Eigenschafften GOttes zu erweisen, zumahl da ich erkandte, daß die Welt hauptsächlich ein Spiegel der *Existenz* GOttes ist, in so weit sie
zufäls

Mecha-
nismus
der Cör-
per.

Wie sich
der Autor
angelegen
seyn lassen
die Fata-
lität aus
der Welt
zu ver-
dammen,

zufällig ist (§. 9. 10. Phyſ. II.), und daß
zwar alles, was ſich in einem jeden Dinge
unterſcheiden läſſet, eine Dependentz von
GOtt anzeiget, jedoch nicht alles auf eine
Art von ihm dependiret, damit eine jede
Creatur ein Spiegel aller Eigenſchafften
GOttes wird, und ihren Schöpffer zeigen
kan, wie er iſt (§. 205. Annot. Met.). In dieſer Abſicht habe ich wider die Fataliſten und
*Spinoſam* behauptet, daß dasjenige, woraus ſie eine unvermeidliche Nothwendigkeit
machen wollen, nichts anders als eine *Ne-
ceſſitas hypothetica* oder eine **Nothwendigkeit unter einer Bedingung** ſey;
daß die Verknüpffung der Dinge miteinander nur eine Gewißheit mache (§. 56. Met.),
die Begebenheiten in der Welt nicht ſchlechter Dinges nothwendig ſind (§. 563. Met.),
noch durch die Gewißheit dazu gemacht
werden (§. 564. Met.); daß die entgegen geſetzte Begebenheiten ſo wohl, als die ſich ereignen, möglich ſind (§. 566. Met.), unerachtet es nicht angehet, daß ſie zugleich mit
dem übrigen ihre Würcklichkeit erreichen
können (§ 567. Met.), als welches an ſich
unmöglich iſt, indem es z. E. nicht zugleich
regnen und nicht regnen kan. Hier diſputir
ich mit den Fataliſten aus ihren Gründen
und behaupte wider ſie eben diejenigen Sätze, die längſt alle *Metaphyſici* und *Theologi*
gelehret, welche in der Welt eine Nothwendigkeit

digkeit unter einer Bedingung, eine determinirte Wahrheit der zufälligen Begebenheiten, die Vorherſehung GOttes und die
Gewißheit dieſer Vorherſehung behauptet.
Wer meine Schrifften mit Bedacht lieſet,
der ſiehet es gar wohl, daß ich die Sätze der
Gottes-Gelehrten wider *Spinoſam* und die
Fataliſten vertheidiget und befeſtiget. Ich
will mich nicht auf Herrn **Bülffingern** beziehen, maſſen derſelbe in ſeinen *Dilucidatio-*
*nibus* überhaupt alle Einwürffe gehoben, die
man wider meine Metaphyſick gemacht,
und die Richtigkeit meiner Lehren erwieſen;
ſondern ich beziehe mich vielmehr (§. 53.) auf
den Wittenbergiſchen *Philoſophum* Hn. Prof.
**Hollmannen**, der dieſes in ſeinen *Obſer-*
*vationibus elencticis in Controverſia Wolfia-*
*na* p. 4. mit ausdrücklichen Worten bezeuget und p. 40. 41. gar viel an der Aufrichtigkeit derer *deſideriret*, welche den *Spinoſismum*
und eine unvermeidliche Fatalität in meinen Schrifften gefunden zu haben vorgegeben, auch der Theologiſchen Facultät in
Halle p. 42. es für ſehr unanſtändig hält,
daß ſie offenbahr ungegründeten Auflagen
ihre Approbation gegebē, und ſich nicht wenig
wundert, wie ſie ſich dazu reſolviren können,
und zwar urtheilet er ſo nicht aus Uebereilung,
ſondern nachdem er meine Metaphyſick
dreymahl durchgeleſen und alles mit der grö-
ſten Schärffe unterſucht hatte, weil er mit
dem

Zeugniſſe für den Autotem̃s.

Fehltrit der Theo-logiſchen Facultät Halle.

Überzeugende Krafft der Schrifft des Autoris.

dem grösten Haſſe wider meine Perſon eingenommen darüber kam, indem er vermeynte es wäre wahr, was meine Widerſacher in Halle eine geraume Zeit heraus geſprenget hatten, als wenn ich ſolche Lehren vortrüge, dadurch alle Religion über den Hauffen geworffen würde, wie er umſtändlich p. 34. anführet. Gleichwie nun Herr **Hollmann** aufrichtig verſichert, daß er immer mehr und mehr darinnen beſtätiget worden, daß in denen angefochtenen Stellen **nichts gottloſes, nichts gefährliches, nichts von der geſunden Lehre entferntes** enthalten ſey, je öffter er mein Buch mit Bedacht und ſo, wie ich es erfordere (§. 44. & ſeq.), durchgeleſen; ſo bin ich auch gewiß, daß es ein jeder ſo finden wird, der nur meine Schrifften ſelbſt in die Hände nimmet und nicht den Vorſatz hat bloß Worte aufzuſuchen, die er verdrehen kan, damit er was zu läſtern Urſache habe.

Was der Autor von dem Weſen der Natur und Eigenſchafften der Cörper lehret.

§. 83. In dem Cörper unterſcheide ich die Materie, das Weſen und die Natur, und pflichte hierinnen der alten Philoſophie bey. Gleichwie man aber darinnen bloß die Wörter, nicht aber die Sachen erkläret findet; ſo habe ich mir angelegen ſeyn laſſen hiervon deutliche Begriffe zu geben. Ich nehme mit *Carteſio* an, daß die Materie eine Extenſion habe, oder in die Länge, Breite und Dicke ausgeſpannet ſey: allein ich hal-

halte davor, daß noch was mehreres darzu **Materie.**
gehöre, nemlich die *Vis inertiæ* oder widerste-
hende Krafft, die **Kepler** in ihr entdecket,
und Herr **Newton** in ihr gleichfals erkandt, wodurch sie geschickt wird zu leiden,
und darinnen man den Grund zu suchen hat,
warum die Leidenschafften der Materie sich
auf eine verständliche Art erklären lassen.
Das Wesen des Cörpers suche ich in der Art **Wesen**
der Zusammensetzung aus seinen Theilen **des Cör-**
und unterscheide es von dem Wesen einer **pers.**
Materie nach ihrer Art, das durch die Vermischung der einfacheren Materien erkannt
wird. Solchergestalt ist gas Wesen eines
organischen Cörpers seine Structur, die er
hat: das Wesen aber eines andern, der keine Gliedmassen hat, seine Textur, die aus
der Zusammensetzung der durch die Vermischung entstandenen Cörperlein oder anderer aus ihnen zusammengesetzten gröberer
Theile entstehet. Die Natur erkläre ich mit
dem Herrn von **Leibnitz** durch die bewe-
gende Krafft, die ohne würckliche Bewegung niemahls seyn kan, und gebe demnach
zu daß alle Materie beständig in Bewegung
ist, wie es der Herr von **Tschirnhausen**
und der Herr von **Leibnitz** behauptet, unerachtet nicht der gantze Cörper beständig beweget wird. Denn in diesem letztern Falle
wird erfordert, daß alle Materie nach einer
Gegend beweget wird, welches aber nicht

Q                              nöthig

nöthig ist, wenn der Cörper in einem Orte verbleibet. Und aus dieser Krafft muß man die Würckungen der Cörper erklären. Solchergestalt siehet man, daß man auf die Materie, das Wesen und die Natur acht zu geben hat, wenn man die Veränderungen vollständig erklären will, die sich in cörperlichen Dingen ereignen. Weil die Cörper unter die zusammengesetzte Dinge gehören; so eigne ich ihnen auch alle Eigenschafften zu, die von diesen in der Ontologie erwiesen worden, vergesse aber auch nicht der andern, die aus der Natur der Materie und des Cörpers, das ist, aus der widerstehenden und bewegenden Krafft erfolgen. Die Sorge derer, als wenn dadurch ein Beweißthum für die Existentz GOttes verlohren gienge, ist vergeblich: denn er wird vielmehr erst dadurch demonstrativisch, wie ich schon zu anderer Zeit erinnert und nach diesem klärer erhellen wird.

§. 84. Die Natur würcket nicht nach ihrem Gefallen; sondern richtet sich nach Regeln, die sie in ihren Würckungen nicht überschreiten kan. *Cartesius* und andere haben sie gesucht, aber nicht gefunden. *Wallisius*, *Christophorus Wrenn*, und *Hugenius* sind die ersten gewesen, welche den Grund der Wahrheit erreichet. Die Regeln, welche sie erfunden, haben viele und auch ich in meinen Lateinischen *Elementis Mechanicæ* erwie-

*(Marginalia:)*
Woraus die Veränderungen der Cörper zu erklären.

Unnöthige Sorge.

Was der Autor von den Gesetzen der Bewegung abgehandelt

erwiesen. Die allgemeine Regeln, darinnen diese gegründet sind, haben sie nicht demonstriret, sondern sie haben sie bloß angenommen, als Sachen, die aus der Erfahrung bekandt seyn, und in einem andern
Orte, als in der Mathematick ausgeführet
werden müssen. Ich habe demnach dieselben Grund-Regeln von den Regeln der Bewegung, welche **Newton** und andere mit
ihm die Gesetze der Bewegung nennen,
ausgeführet, damit man sie als Wahrheit
erkennet, und desto sicherer in der Mathematick darauf bauen kan. Und hiermit habe ich
eine Arbeit verrichtet, die noch gefehlet. Weil
aber diese Regeln weder in dem Wesen der
Cörper, noch in der Materie gegründet sind;
so habe ich zu deren Beweise *Experimente*
oder Versuche zum Grunde geleget, dergleichen auch schon nach *Hugenii* Exempel *Ma-
riotte* in seinem Buche von der Bewegung
durch den Stoß der Cörper aneinander gebraucht alle Regeln der Bewegung zu bestätigen. Ich habe aber bloß diejenigen Gesetze der Bewegung erwiesen, welche man insgemein braucht, wenn man die Regeln der
Bewegung erweisen will, und die ich auch
selbst als Grund-Sätze zum Beweise der
Regeln der Bewegung angenommen. Denn
dieses ist zu meinem Vorhaben genug, nemlich daß man die Richtigkeit derjenigen
Gründe erkennet, die man in der Mathema-

Die Ma-
thematick.

Q 2                    tick

tick zum Beweise der Regeln der Bewegung
annimmet, und daß man begreiffen lernet,
es haben die Gesetze der Bewegung keine unvermeidliche Nothwendigkeit, folgends sey
die Natur nichts nothwendiges: welches
zwar Connor in seinem Evangelio Medici angenommen, aber nicht erwiesen; Der Herr
von Leibnitz wohl eingesehen, aber den
Grund des Beweises bloß angedeutet, und
die Ausführung andern überlassen. Es ist
aber um so viel mehr nöthig gewesen, daß
die Gesetze der Natur deutlich erwiesen würden, darauf die Mathematici die Beweise
der Regeln der Bewegung gründen; weil
verschiedene dieselben gar vor irrig gehalten,
weil sie sie nicht recht eingesehen, dergleichen
Hartsœcker bey demjenigen gethan, der haben will, daß die Würckung und Gegenwür-
ckung eines Cörpers in den andern einander gleich sind. Nun hat zwar der Herr
von Leibnitz angemercket, daß noch mehrere Gesetze der Natur sind, daraus sich eben
so wohl als aus jenen die Regeln der Bewegung demonstriren lassen: allein ich habe
mich diesesmahl nicht weiter vertieffen mögen. Diejenigen, welche sich mit Verachtung anderer groß machen wollen und vorgeben, als wenn das auszuführen nichts
wäre, was andere ohne Beweis angeben;
könten hier Gelegenheit finden einen Versuch

*(Randnotiz:)* Nothwendigkeit des Beweises der Gesetze der Bewegung.

*(Randnotiz:)* Erinnerung für die Gegner des Autoris.

such zu thun und die **Leibnitzische** Be-
wegungs-Gesetze, die ich nicht erwiesen,
gleichfalls erweisen. Vielleicht würden so
wohl sie, als andere dadurch auf andere Gedancken kommen.    Ich werde dessen ungeachtet bey anderer Gelegenheit trachten zu
erweisen, daß auch dasjenige, was der
Herr von **Leibnitz** als Bewegungs-Gese-
tze vorbringet, seine Richtigkeit habe.

§. 85. Aus dem, was von dem Wesen
und der Natur der Dinge, und den Bewe-
gungs-Gesetzen gesaget worden, bestimme
ich den Unterscheid zwischen dem natürlichen
und einem Wunder-Wercke.    Ich behalte
den gemeinen Begriff, den man von dem natürlichen und den Wunder-Wercken hat,
daß nemlich jenes aus dem Wesen und der
Natur der Cörper erfolgen kan, ein Wunder-Werck aber nicht, sondern die Kräffte
der Natur überschreitet.    Allein da diese
Worte so wenig Deutlichkeit haben als der
Schul-Weisen ihre Erklärungen in der
Grund-Wissenschafft; so habe ich auch hier
mich bemühet die Deutlichkeit hinein zu bringen: welches sich gar leichte hat thun lassen,
weil ich erkläret, was die Natur und das
Wesen der Cörper zu sagen hat.    Ich gehe
aber auch nicht weiter, als man von dieser
Materie aus der Vernunfft reden kan, denn
ich erweise bloß, daß es der Natur und dem
Wesen der Cörper nicht entgegen sey, daß

Q 3                    Wun-

*Was der Autor von dem na-türlichen und von Wunder-Wercken redet.*

*Begriff davon.*

Wunder-Wercke geschehen, folgends weiter nichts als die innere Möglichkeit derselben. Daß aber auch ein Wesen vorhanden sey, welches Wunder-Wercke thun kan, die an sich nicht unmöglich sind, ist eine Sache, davon erst in der *Theologia naturali* geredet wird. Und daß Wunder-Wercke würcklich geschehen sind, lassen wir den Gottesgelehrten über aus der Schrifft zu erweisen. Man siehet, daß ich überall bey meiner gewöhnlichen Behutsamkeit verbleibe und nicht mehr vorgebe, als sich an einem jeden Orte erweisen lässet. Daß die Wunder-Wercke dem Lauffe der Natur zuwider sind und die Ordnung der Natur aufheben, ist eine Sache, die in allen Systematibus stehet. Auch der Jenaische Theologus Herr *D. Budde* schreibt in seinen Institut. Theolog. lib. 2. c. 1. §. 28 p. 238. *Per miracula ordo naturæ tollitur*, das ist, **durch Wunder-Wercke wird die Ordnung der Natur aufgehoben.** Da ich mich nicht begnüge bloß etwas zu sagen, viel weniger für einen Mann angesehen werden mag, dem zu gefallen man für wahr halten soll, was er saget; so habe auch ich deutlich gewiesen, wie durch ein Wunderwerck die Ordnung der Natur aufgehoben wird, und dadurch in dem künfftigen Zustande der Welt allzeit etwas zu finden ist, was sonst in der Welt nicht gewesen wäre, nachdem

Würckung derselben.

dem durch ein Wunderwerck eine Begebenheit in die Welt hinein gebracht worden, die
natürlicher Weise nicht erfolget wäre. Ich
habe aber auch gewiesen, was dazu nöthig
wäre, wenn durch ein Wunderwerck die
Ordnung der Natur nicht solte gehoben
werden Und hierinnen führe ich in Deutlichkeit zwey Sätze aus, deren einer insgemein
erkandt, von dem Herrn von **Leibnitz**
aber tieffer eingesehen; der andere aber von
ihm hinzugesetzet worden. Ich rede aber
als ein Welt-Weiser bloß von dem, was
möglich ist; keinesweges aber entscheide ich
die Frage von dem, was würcklich geschiehet, als welches ein Eingriff in die geoffenbahrte Gottesgelehrtheit wäre, indem die
Entscheidung nicht aus den Gründen der
Vernunfft geschehen kan, sondern vielmehr aus den Gründen der göttlichen Offenbahrung geschehen muß.

§. 86. Ich habe schon erinnert, daß ich
einfache Dinge für die Elemente der Cörper erkenne, weil man sonst keinen zureichenden Grund der Zusammensetzung haben kan (§. 75). Und demnach kan ich nicht
verstatten, daß man ihnen Eigenschafften
beyleget, die bloß dem Zusammengesetzten
zukommen. Ja ich kan auch in ihnen keine
Veränderungen verstatten, die sich bloß in
einem Zusammengesetzten ereignen können.
Was ich aber in der Grund-Wissenschafft

*Was der Autor von den Elementen behauptet.*

Q 4 von

von den einfachen Dingen überhaupt bey=
gebracht, das applicire ich hier auch auf die
Elemente der cörperlichen Dinge. Uner=
achtet aber der Herr von **Leibniz** den Un=
terscheid der Art von andern einfachen Din=
gen bestimmen wollen; so lasse ich dieses
doch ausgesetzt, weil ich ihn noch nicht als
Wahrheit erkandt habe (§. 39). Ich ver=
werffe aber auch nicht, dessen Ungrund ich
noch nicht erweisen kan. Damit die Leh=

**Was aus den Elementen erwiesen wird.**

re von den Elementen nutzbar würde, so er=
weise ich, daß der Unterscheid von dem Zu=
sammengesetzten von dem Unterscheide in
dem Einfachen herkomme: denn so zeiget sich
ein Grund, daß man aus der Vernunfft die
Schöpffung aus nichts demonstriren kan.
Ich zeige aber auch die Unähnlichkeit eines
jeden einfachen Dinges, so zu der Zahl der
Elemente gehöret, damit ich die Grösse der
allgemeinen Harmonie der Dinge erweisen
kan: welches ein Grund ist die Unendlichkeit
der göttlichen Erkäntniß und Weißheit
durch die Betrachtung der Natur verständ=
lich und in etwas begreifflich zu machen (§.

**Satz des nicht zu unterschei=denden.**

13. 18. Phys. II.). Ich erweise aber den Satz
des nicht zu unterscheidenden, den der Herr
von **Leibniz** in die Haupt=Wissenschafft
eingeführet, zugleich bey dieser Gelegenheit,
in so weit es die zusammengesetzten Dinge
betrifft, aus der inneren Beschaffenheit der
zufäl=

zufälligen Dinge und insonderheit aus ihrer Würcklichkeit. Endlich lasse ich mir angelegen seyn zu zeigen, wie aus den einfachen Dingen zusammengesetzte entspringen, die einen steten Raum erfüllen. Hingegen kan ich nicht zeigen, wie die Bewegung in die cörperliche Dinge kommet, weil ich dasjenige, wodurch die Elemente in ihrer Art determiniret werden, noch zu weiterer Untersuchung ausgesetzt seyn lasse. Und demnach verlanget man von mir ohne Grund, daß ich aus meinen Lehren von den Elementen diese Frage entscheiden soll. Wenn ich mit dem Herrn von **Leibnitz** behauptete, daß in ihnen sich die Welt wie in unserer Seele vorstellte, jedoch auf eine dunckele Weise, daß sie sich dessen nicht bewußt sind, was in ihnen vorgestellet wird; oder sie durch etwas anders in ihrer Art determinirte; so könte man die Entscheidung der gedachten Frage von mir verlangen: Jetzund aber nicht.

§. 87. Die Vollkommenheit der Welt erweise ich aus denjenigen Gründen, die ich von der Vollkommenheit in der Grund-Wissenschafft angegeben (§. 76.). Ich zeige aber, warum es schwer, ja unmöglich ist die Vollkommenheit der Welt zu beurtheilen, und was man hier für Vorsichtigkeit vonnöthen hat. Insonderheit zeige ich auch an, warum bisweilen einige ausserordentliche Dinge in der Welt erfolgen müssen.

Ursprung des zusammen gesetzten.

Was der Autor von der Ordnung, dem lauffe der Natur und der Vollkommenheit der Welt vorbringet.

Q 5

sen, die von dem, was ordentlich geschiehet, abweichen und für **natürliches Ubel** gehalten werden. Ich gewähre darneben einen deutlichen Begriff von der Ordnung und dem Lauffe der Natur, und weise, woher diese Ordnung kommet und woher sie eine Vollkommenheit hat. Wer aber dieses genau überleget, der wird finden, daß man insgemein mehr annimmet als erweiset, daß eine Ordnung in der Natur sey, geschweige dann daß man ihre Zufälligkeit unwidersprechlich erwiese. Man bildet sich insgemein alles sehr leichte an, wo man weder Erklärungen, noch ausgeführte Beweise zu geben gehalten seyn will. Es weiß in der Welt niemand mehr, als die nichts wissen. Je mehr man aber weiß, je mehr siehet man, daß unser Wissen Stück-Werck ist und daß die Menschen das meiste nicht wissen, wovon sie so viel sagen können.

**Erinnerung.**

§. 88. Aus diesem allem, was ich bisher angeführet, wird man ermessen können, was ich bey der Cosmologie gethan, und ob ich Ursache gehabt eine neue Disciplin aus diesen Lehren zu machen. Es ist mir aber wenig daran gelegen, ob man erkennet, was ich dabey gethan, oder nicht. Ich bin zu frieden und habe überflüßig meinen Zweck erreichet, wenn man die Wahrheit dessen erkennet, was ich vorgetragen, und die Lehren

**Warum der Autor nicht weiter ausführet, was er bey der Cosmologie gethan.**

ren in den Nutzen verwendet, den sie haben
können, und ich zum Theile angedeutet.
Derowegen halte ich mich hierbey nicht auf;
sondern schreite gleich zu der Psychologie
oder Seelen=Lehre fort.

§. 89. Ich habe schon oben erinnert Warum
(§.79.), daß ich die Seelen=Lehre in zwey der Autor
Theile vertheilet, deren einer dasjenige in die Psy-
sich fasset, was man von der Seele durch die chologie
Erfahrung erkennet; der andere hingegen in zwey
den Grund davon in dem Wesen und der Theile ab-
Natur der Seele zeiget. Ich habe nicht getheilet.
ohne Ursache dieses von einander abgeson=
dert. Denn was man von der Seele aus der
Erfahrung erkennet, sind wichtige Wahr=
heiten, daran sehr viel gelegen ist, indem
nicht allein die Regeln der Logick, darnach
der Verstand in Erkäntnis der Wahrheit
geleitet wird, sondern auch die Regeln der
Moral, darnach man den Willen des Men=
schen zum Guten lencket und vom Bösen
zurücke hält, daraus ihren Beweis erhalten.
Zum Grunde so wichtiger Lehren muß man
nichts annehmen, als von dessen Wahrheit
man einen gleich überzeugen kan. Was
man aber von der Seele durch untrügliche
Erfahrungen erkennet, ist von der Beschaf=
fenheit, daß man einen gleich dessen über=
führen kan, wenn er nur auf sich selbst, oder
auf andere acht haben will. Unerachtet ich
nun

nun auch in dem andern Theile dahin gesehen, daß ich den richtigen Grund von dem
angezeiget, was wir von der Seele durch genaue Aufmerckfamkeit wahrnehmen; so ist
doch nicht jedermanns Werck so viel Aufmerckfamkeit zu gebrauchen, als den Grund
der Wahrheit einzusehen erfordert wird.

**Erinne-
rung.**
Zudem ist mein Unternehmen etwas neues
und man ist dessen noch nicht gewohnet.
Man weiß aber, wie zu allen Zeiten der
Wahrheit widersprochen wird, wenn sie
neue ist. Ja es ist bekandt genug, wie Leute,
die ein Interesse dabey haben, wenn sie die
Wahrheit nicht auffkommen lassen, oder
auch sonst dem andern zu schaden Gelegenheit suchen, daraus Anlaß nehmen den
Autorem entweder zu verkleinern, oder gar
zu verfolgen, und in dieser Absicht alles verdrehen und zum ärgsten kehren.

**Was der
Autor von
der Seele
lehret.**
§. 90. Weil der Herr Profess. Thümmig in seinen *Institutionibus* alles, was
von der Seele gelehret wird, in besonderen
Capiteln unter besondere Titul gebracht,
und in der *Psychologia empirica* und *rationali* einerley Eintheilung behalten; so fället
bey ihm gleich in die Augen, was ich von der
Seele vortrage, und daß einerley Sache
auf zweyerley Art vorgetragen wird. Es
sind drey Haupt-Sachen, darauf alles
hinaus laufft, nemlich das Vermögen zu
erken-

erkennen, das Vermögen zu begehren oder zu wollen und die Gemeinschafft zwischen Leib und Seele.    Ich nehme aber den Unterscheid der Seele zwischen dem oberen und dem unteren Theile derselben bey beydem Vermögen auf das genaueste in acht, welcher von den Alten längst erkandt, und auch von einigen **Cartesianern**, z. E. dem *de la Forge* in seinem Tractatu de mente humana beybehalten worden: denn ich habe ihn von grosser Wichtigkeit sowohl in der Logick, als in der Moral gefunden, und finde zur Gnüge, wie man in beyden Disciplinen nichts gründliches beybringen kan, woferne man nicht den oberen und unteren Theil der Seele von einander genaue unterscheidet. Derowegen findet man sowohl das untere Vermögen zu erkennen und zu begehren, als auch das obere Vermögen beydes zu verrichten dergestalt ausgeführet, daß man eigentlich erkennen mag, was zu einem jeden gehöret, und was ein jedes für einen Grund in dem Wesen und der Natur der Seele hat.    Die Gemeinschafft zwischen Leib und Seele äussert sich nicht auf einerley Art bey dem oberen und unteren Theile der Seele, unterdessen gehet sie doch nicht bloß auf einen.    Und deswegen ist sie von dem Vermögen zu erkennen und zu begehren abgesondert und ins besondere abgehandelt worden.

Warum der obere Theil von dem untern untern unterschieden wird.

§. 91.

§. 91. Es kommet in der Seele auf
zweyerley an, auf die Vorstellungen der
Dinge, derer wir uns bewust sind, und
auf den Appetit, der daraus entspringet.
Die Gedancken, dadurch wir uns die Dinge vorstellen, sind so wohl denen Dingen
nach unterschieden, die wir uns vorstellen,
als in der Art und Weise, wie wir uns
dieselben vorstellen. Der letztere Unterscheid
ist einerley mit dem Unterscheide der Begriffe, den ich in der Logick ausgeführet
(§. 58.). Nemlich wir stellen uns die Sache
entweder dunckel, oder klar, und in dem
letztern Falle entweder deutlich, oder undeutlich vor. Die dunckele Vorstellungen gewähren keine Erkäntnis, und deswegen
haben wir damit nicht viel zu thun; sondern verbleiben hauptsächlich bey dem Unterscheide der deutlichen und undeutlichen,
rechnen aber zu diesen mit die Dunckelen.
Und aus dieser Ursache mache ich den Unterscheid zwischen dem oberen und unteren
Theile der Seele. Zu dem unteren Theile
der Seele rechne ich die dunckele und undeutliche Vorstellungen, und die daraus
entstehende Appetite; zu dem oberen Theile
aber die deutliche Vorstellungen nebst dem
Willen, der von ihnen kommet. Wir stellen uns aber entweder gegenwärtige Dinge vor, oder abwesende, und im letzten Falle sind wir uns entweder bewust, daß wir
Diese

Grund
des Auto-
ris von der
Eintheil-
lung der
Psycho-
logie.

Unter-
scheid der
Vorstel-
lungen in
der Seele.

Warum
Sinnen
und Ein-
bildungs-
Krafft in

diese Vorstellungen schon zu anderer Zeit
gehabt haben, oder daß wir sie noch nicht
gehabt haben, oder wir sind uns dessen nicht
bewust.   Und in dieser Absicht eigne ich der
Seele eine Empfindungs-Krafft, eine Einbildungs-Krafft, ein Gedächtnis und
Vergessenheit zu.   Bey der deutlichen
Erkäntnis äussern sich die drey Würckungen
des Verstandes, davon in der Logick geredet
worden (§. 525.).

*der Seele
zu finden.*

*Worin
Verstand.*

§. 92. Weil zu dem unteren Vermögen
zu erkennen die Empfindungs- und Einbildungs-Krafft nebst dem Gedächtnisse gehöret; so habe ich nicht allein den Unterscheid
dieses Vermögens klar und deutlich bestimmet, sondern zugleich verschiedenes beygebracht, was von einem jeden observiret wird.
Ich habe demnach bey der Empfindungs-
Krafft gewiesen, daß die Empfindungen
verschiedene Klarheit haben und die stärcke-
ren die geringeren verdunckeln. Insonderheit
habe ich angemercket, wie weit die Empfindungen nothwendig sind, und wie weit wir
sie in unserer Gewalt haben, auch worüber
wir keine Gewalt in ihnen haben.   Denn
diese Anmerckungen sind dienliche Gründe
in der Moral, wenn es darauf ankommet,
wie man zeigen soll, daß die Sinnen in Ausübung der Tugend nicht hinderlich sind,
noch uns auf die Laster-Bahn verleiten.
Bey

*Was der
Autor bey
dem unte-
ren Ver-
mögen zu
erkennen
vorträget.*

*Empfin-
dungs-
Krafft.*

Bey der Einbildungs-Krafft habe ich nicht
allein den Unterscheid derselben von den
Empfindungen gezeiget und erinnert, was
sich leichter einbilden lässet als das andere;
sondern insonderheit auch eine Regel gegeben, darnach man jederzeit den Grund anzeigen kan, warum uns dieses vielmehr als
etwas anders einfället, und aus der man
verstehet, wie aus den gegenwärtigen Empfindungen die Einbildungen nach einander
hervor kommen. Ich zeige dabey zugleich,
wie man die Träume aus dieser Regel verständlich erklären kan, und wie weit die
Kunst zu erdichten und einige Kunst zu erfinden darinnen gegründet. Bey dem Gedächtnisse habe ich gewiesen, woher wir erkennen, daß wir einen Gedancken schon gehabt, warum wir etwas wohl darein fassen,
anderes hingegen leicht wiederum vergessen,
wie wir uns auf das besinnen, was uns nicht
bald einfallen will, wie sich das Gedächtnis
nebst der Einbildungs-Krafft erläutern
lassen und was die Gedächtnis-Kunst für
Gründe hat, daraus sie sich verstehen lässet.
Wer dieses wohl inne hat, was ich von dem
unteren Vermögen zu erkennen beybringe,
der wird in allen vorkommenden Fällen den
Grund anzeigen können, warum wir jetzt
vielmehr diese als andere Gedancken haben,
so ferne sie bloß von dem unteren Vermögen herrühren. Und demnach kan man
diese

diese Lehren mit Nutzen nicht allein in der Moral, sondern auch bey vielen andern Gelegenheiten gebrauchen. An ihrer Richtigkeit kan man nicht zweiffeln, weil man einen gleich durch die Erfahrung davon überführen kan : indem ein jeder alle Augenblicke dasjenige in sich selbst wahrnehmen kan, was hier gelehret wird.

*Ihre Richtigkeit.*

§. 93. Das obere Vermögen zu erkennen nenne ich den Verstand, welches dem Menschen, aber nicht den Thieren zukommet, die das Untere mit ihnen gemein haben. Es äussert sich aber das Obere nicht ohne vorhergehenden Gebrauch des Unteren, und von dem Gebrauche des einen kommet man nicht zu dem Gebrauche des andern durch einen Sprung. Nemlich ehe sich die Würckungen des Verstandes äussern, davon ich in der Logick ausführlich gehandelt, muß man auf die Vorstellungen der Sinnen und Einbildungs-Krafft aufmercksam seyn und darüber reflectiren. Und zu dem Ende erkläre ich, was so wohl die Aufmercksamkeit, als die Reflexion sey, und wie man jene erweitern, diese aber zu einer Fertigkeit bringen kan. Bey dem Verstande führe ich umständlich an, was in der Seele eigentlich vorgehet, wenn sie allgemeine Begriffe formiret, wenn sie urtheilet und raisoniret, oder durch Schlüsse etwas heraus bringet: worinnen die Gründe zu finden von den dreyen Würckungen

*Was er von dem oberen Vermögen zu erkennen beybringet.*

*Wie man von den Würckungen des Verstandes fortschreitet.*

*Würckungen des Verstandes.*

R            des

des Verstandes, die man in der Logick erkläret. Und da ich hier zeige, was die natürli-
liche Logick ist, das ist, nach was für Regeln
der Verstand in seinen Würckungen sich ordentlicher Weise richtet, ja richten muß; so
erkennet man augenscheinlich, was ich von
der natürlichen und künstlichen Logick erinnert (§. 56.). Ich habe schon längst, als ich

**Gesetze der Sele.** in Leipzig anfieng über die Mathematick und
Philosophie zu lesen, in meinen noch gantz
jungen Jahren erkandt, daß die Seele eben
ihre Gesetze hat, darnach sich ihre Veränderungen ihrem Wesen gemäß ereignen,
gleichwie die Cörper die Gesetze der Bewegung haben, nach welchen ihre Veränderungen ihrem Wesen gemäß geschehen: wie
aus einem Corollario zu ersehen, welches
ich an die *Dissertationem de seriebus infinitis*
angehänget. Und darnach habe ich auch
schon dazumahl meine Moral eingerichtet.

**Besondere Tugenden des Ver-standes.** Ich handele aber bey dem oberen Vermögen zu erkennen zugleich von anderen Ei-
genschafften der Seele, die ihr in Ansehung dessen zukommen, als von der Scharffsinnigkeit, von der Tieffsinnigkeit, von
dem Vermögen zu abstrahiren und allgemeine Begriffe zu formiren, von dem
Vermögen zu demonstriren, von der
Kunst zu erfinden, von der Vernunfft,
von dem Witze oder Ingenio, und gebe
nicht allein hiervon fruchtbare Begriffe,
daraus man raisoniren kan, sondern bringe

ge auch über dieses allerhand nützliches bey,
welches zu genauerer Erkäntnis dieser Eigenschafften der Seele dienet. Es werden
aber hierbey noch viele andere Materien
zugleich mit abgehandelt, die von gewissem
Nutzen sind. Weil man zu der allgemeinen Erkäntnis Wörter und andere Zeichen
gebrauchet, so erkläre ich nicht allein die Beschaffenheit der Wörter und lege dadurch
den Grund zu der allgemeinen Sprach-
Kunst; sondern untersuche auch den Unterscheid der übrigen Zeichen, die man an
statt der Wörter zu gebrauchen pfleget.
Und weil die Wörter auch selbst Zeichen
unserer Gedancken sind; so habe ich bey dieser Gelegenheit die Lehre von dem Zeichen
überhaupt abgehandelt, weil ich (§. 77.)
in der Grund-Wissenschafft dieselbe weggelassen hatte. Da der Unterscheid zwischen
der figürlichen und anschauenden Erkäntnis in den Wörtern und übrigen Zeichen
gegründet ist; so führe ich auch denselben
aus und vergesse dabey nicht, was ferner
von beyder Art der Erkäntnis zu mercken
dienlich ist. Ich erkläre auch den Unterscheid zwischen der Erkäntnis, die aus der
Erfahrung und aus der Vernunfft kommet, und zeige insonderheit, wie sorgfältig man sich bey der Erfahrung aufzuführen hat und was für Geschicklichkeit dazu
erfordert wird, woferne man gewisse Er-

Allgemei-
ner Er-
käntnis.

Anschau-
en der Er-
käntnis.

käntnis

kåntnis dadurch erlangen will. Ich weise auch zu dem Ende, woher man die Er-
fahrungs- und Versuch-Kunst lernen kan,
und woher die Erfahrung ihre Gewißheit
hat: wobey insonderheit gewiesen wird,
was für Gewißheit in den Handlungen
der Menschen ist, wo sie sich auf die Erfahrung gründen. In Ansehung der Vernunfft findet man ausgeführet, was Wissenschafft, was eine blosse Meynung und
was ein Irrthum ist, ingleichen worinnen
eine Demonstration von einem wahrscheinlichen Begriffe unterschieden: worbey insonderheit ein deutlicher Begriff von der
Wahrscheinlichkeit gegeben wird, daran
es bisher gefehlet, und daraus ich zu seiner
Zeit vieles, was in Disciplinen und im
menschlichen Leben nutzen kan, herleiten
werde. Von sonderbaren Fragen, die
hin und wieder erörtert werden, will ich
keine Meldung thun, weil ich bloß gesonnen bin die vornehmste Sachen, die ich
abgehandelt, anzuzeigen.

**Vernunfft.**

§. 94. Von dem Vermögen zu erkennen komme ich auf das Vermögen zu begehren. Ich nehme aber auch hier den Unterscheid in acht, den ich bey dem Vermögen zu erkennen so sorgfältig beobachtet,
nemlich daß ich das untere Vermögen zu
begehren von dem oberen absondere und jedes ins besondere erwege. Dieses wird auch
in

**Wie der Autor die Lehre von dem Wil-len aufführet.**

**Unter-scheid de**

in der Aristotelischen und Scholastischen Appeti-
Philosophie in acht genommen, und heisset tes.
daselbst das Untere *appetitus sensitivus*, die
sinnliche Begierde; das Obere hingegen
*appetitus rationalis*, der Wille. Die Be- Ursprung
gierden und der Wille kommen aus dem desselben.
Vermögen zu erkennen; aber nicht durch
einen Sprung. Es entstehet anfangs eine
Lust und dadurch werden wir bewogen von
der Sache in Ansehung unserer zu urtheilen,
woraus denn endlich der Appetit erwächset.
Im Gegentheile nimmet der Abscheu für einer Sache seinen Anfang von der Unlust,
oder dem Wider-Willen, den man dar-
an hat. Und aus dieser Absicht habe ich Lust und
von der Lust und Unlust gehandelt, ehe ich Unlust.
von dem Vermögen zu erkennen auf den
Appetit und Willen komme. Weil ich bey
*Cartesio* in seinen Brieffen einen fruchtbaren Begriff von der Lust angetroffen, so
habe ich denselben behalten, und darnach
den Begriff von der Unlust eingerichtet,
der ihm entgegen gesetzet wird. Dieser Begriff setzet den von der Vollkommenheit voraus, den *Cartesius* nicht gegeben. Derowegen da ich denselben in der Grund-
Wissenschafft beygebracht, so ist von mir zugleich der Begriff von der Lust vollständiger
worden: wodurch ich erhalten, daß man
ihn mehr gebrauchen kan, und daß man seine Richtigkeit desto besser einsiehet. Man

R 3 hat

hat aber Ursache auf die Lust und Unlust acht zu haben, weil darinnen der Ursprung oder die erste Quelle des bösen anzutreffen ist, indem man bey der Lust und Unlust durch den Schein geblendet wird. Ich zeige demnach, worinnen dieser Schein bestehet, wenn Lust und Unlust beständig, wenn sie veränderlich sind und woher die Grade kommen, auch was deutliche und undeutliche Erkäntnis dabey thut. Von der Lust und Unlust komme ich auf den Begriff von dem guten und bösen, daraus man dasselbe nach der Vernunfft beurtheilet, und zeige, woher es kommet, daß uns darbey der Schein blenden kan, indem man nach dem unteren Vermögen zu erkennen von dem guten und bösen urtheilet.

**Gut und Böß.**

§. 95. Aus der undeutlichen Erkäntnis des guten und bösen leite ich die sinnliche Begierde und den sinnlichen Abscheu her und die Affecten setze ich in einem mercklichen Grade dieser Begierde und dieses Abscheues, in so weit sie in der Seele als Gemüths-Bewegungen angesehen werden. Ich zeige aber auch, was dabey für Veränderungen im Leibe vorgehen, jedoch nur überhaupt. Denn wenn man bey besonderen Arten der Affecten dieses insbesondere ausführen solte; so würde es eine Arbeit werden, die weitläufftiger würde, als es mein Vorhaben leidet, und auch mehrere Zeit und

**Was der Autor von der sinnlichen Begierde und den Affecten lehret.**

und Gelegenheit alles gehöriger Weise zu untersuchen erfordert, als ich anderer Verrichtungen halber gehabt.　Ich rühme aber
den Nutzen davon selbst in der Moral und
wolte wünschen, daß diejenigen, welche sich
auf das Taveln legen, ihr Heyl vielmehr an
solchen Materien versuchten, die ich noch
unberühret gelassen.　Denn hier hätten sie
die beste Gelegenheit ihre Geschicklichkeit zu
zeigen, weil man ihnen nicht vorrücken könte, es sey leichter etwas zu verbessern, und
noch vielleichter etwas zu tadeln, als zu erst
erfinden. Was die besondere Arten der Affecten betrifft, so habe ich nicht allein davon
fruchtbare Erklärungen gegeben, daraus
ich in der Moral habe demonstriren und den
Grund von demjenigen anzeigen können,
was man observiret; sondern auch zugleich
gewiesen, aus was für Ursachen jede Art von
den Affecten entstehet, damit meine Lehren
pragmatisch würden und sich insonderheit in
der Moral gebrauchen liessen, wo man viel
mit den Affecten zu thun hat.　Es fehlet
insgemein an guten Erklärungen bey denenjenigen, die von den Affecten geredet, und
daher ist es kein Wunder, daß meine vielen
seltsam vorkommen, die sich alles befremden lassen, was sie noch nicht gehöret, und
darnach urtheilen, wie es ihnen in ihren
Ohren klinget.　Ich bin aber genug in dem
Stande zu zeigen, daß alles, was ich vor-

Lehre für die Geg-ner des Autoris.

Besonde-re Arten der Affe-cten.

Warum die Erklä-rung der-selben eini-gen frem-de vor-kommen.

R 4　　　　gebracht,

gebracht, der Erfahrung gemäß sey, und
die Fruchtbarkeit in der Moral und wenn
man im menschlichen Leben von den Affe=
cten zu urtheilen hat, bestätiget ihre Güte
zur Gnüge. Und daran ist mir, der ich
Wahrheit und nutzbare Erkäntnis suche,
mehr gelegen, als an dem Urtheile derer,
die aus Ubereilung eine Sache nicht mit den
rechten Augen ansehen. Ich zeige endlich
von den Affecten überhaupt, daß von ih=
nen die Sclaverey kommet, wodurch der
Mensch zu dem verleitet wird, was der
Vernunfft entgegen stehet, und darwider
man in der Moral am meisten zu streiten
hat. Insonderheit aber findet man auch
die Verwandschafft, welche die Affecten
mit einander haben. Und diese Erkäntnis
hat ihren wichtigen Nutzen in der Moral,
wenn man die Affecten lencken will, daß
sie zum guten förderlich sind und einen zum
bösen nicht verleiten können.

**Sclave=**
**rey des**
**Men=**
**schen.**

**Was der**
**Autor von**
**dem Wil=**
**len lehret.**

§. 96. Die vernünfftige Begierde oder
der Wille entstehet eigentlich aus der deut=
lichen Vorstellung des guten und der ver=
nünfftige Abscheu oder das Nicht=Wollen
aus der deutlichen Vorstellung des bösen.
Nichtwollen ist was mehreres als das Wol=
len unterlassen. Denn wenn man das Wol=
len unterlässet; so stellet man sich die Sache
weder gut, noch böse vor: wenn man aber
saget, man wolle nicht, so stellet man sich
das=

daſſelbe als ſchlimm vor.     Weil nun aber
Wollen aus der Vorſtellung des guten und
Nichtwollen aus der Vorſtellung des böſen
kommet ; ſo habe ich auch gewieſen, daß
wir allzeit Bewegungs-Gründe brauchen,
warum wir etwas wollen : aber auch gewieſen, warum dieſelben in den gewöhnlichſten
Fällen verborgen ſind, und wie man es anzufangen hat, damit ſie einem in die Augen
fallen. Und hierdurch iſt nicht allein die ſo genannte *Indifferentia perfecti æquilibrii* einiger *Scholaſticorum* verworffen worden, wie
auch *Carteſius* gethan ; ſondern ich habe
auch gewieſen, wie deswegen der Unterſcheid zwiſchen dem vorhergehenden und
nachfolgendem Willen gegründet iſt, und
warum der vorhergehende von dem nachfol-
gen unterſchieden ſeyn kan.     Ingleichen
wird dadurch die Regel des Appetites beſtätiget, welche ſchon von den Alten angemercket worden, und der Grund von aller Ausübung in der Moral iſt : **Wir wollen
nichts als inſoweit wir es vor gut halten, und haben an nichts keinen Ab-
ſcheu, als in ſo weit wir es vor böſe halten.**     Indem ich die *Indifferentiam perfecti
æquilibrii* verwerffe, bediene ich mich, wie auch
längſt von andern geſchehen, des Gleichniſſes
von der Wage. Damit man aber nicht wäh-
nen möchte, als wenn man von materiellen
Dingen auf die Seele ſchlieſſen wollen, ſo ha-

Urſprung
deſſelben.

Regel des
Appetits.

Gleichnis
von der
Wage.

R 5                    be

be ich diesen Einwurff mit ausdrücklichen
Worten umständlich gehoben und gezeiget,
wie ohne dergleichen Schluß, den ich kei=
nesweges billige, dieses Gleichnis zur Er=
läuterung des Willens dienen kan. Und
demnach kommet es seltsam heraus, wenn
man mit diesem Vorwurffe wider mich auf=
gezogen kommet als einer Sache, die ich
nicht gesehen hätte, und erst von andern mir
müste vorgehalten werden. Noch wun=
derlicher aber kommet es heraus, wenn Herr
D. Lange dieses thut und daraus gefähr=
liche Consequentien ziehet, da er in seiner
Medicina mentis dieses Gleichnis in dem
anstößigen Verstande erkläret, den er
mir aufbürden will. Damit man nun
Freyheit des Wil=lens. aber zu einem besseren Begriffe von der
Freyheit des Willens gelangen möchte, so
habe ich alles erwogen, was bey den freyen
Handlungen vorkommet, bey denen hinge=
gen nicht anzutreffen ist, die wir nicht frey
nennen. Ich habe gewiesen, daß wir die
freyen Handlungen verstehen müssen, daß
sie an sich nicht schlechter Dinges noth=
wendig sind, auch durch die Bewegungs=
Gründe weder an sich, noch in Ansehung
unserer nothwendig gemacht werden (wo=
rinnen die so genannte Indifferentia exercitii gegründet ist) und endlich daß die
Seele sich dazu determiniret, nicht aber
von etwas anderm determiniret wird:

Woraus

Woraus dann endlich die Erklärung von
der Freyheit gezogen wird, daß sie sey ein
Vermögen der Seele aus zweyen
gleichmöglichen Dingen durch eigenen Willkühr dasjenige zu wehlen,
was ihr am meisten gefället.    Weil
man aber auch von der *Necessitate morali*
oder Nothwendigkeit der Sitten hin
und wieder vieles bey den Welt-Weisen
findet; so zeige ich, daß solche nur eine
Nothwendigkeit unter einer Bedingung sey und der Freyheit nicht schade.
Und hierinnen sondere ich mich von denen
ab, welche die Freyheit verwerffen, denn
diese halten die Necessitatem moralem für
eine unvermeidliche Nothwendigkeit und
eignen den Bewegungs-Gründen einen
Zwang zu. Dieses beydes sind ihre Waffen,
damit sie wider die Wahrheit streiten, und
die nehme ich ihnen aus den Händen, indem
ich zeige, daß die Freyheit bey Bewegungs-
Gründen und der Necessitate morali, die
von dem Gesetze des Appetites herkommet,
bestehen kan.    Ich habe allzeit davor gehalten und bin noch der Meynung, daß,
wenn man einen Irrthum widerlegen will,
man auf die Gründe loß gehen müsse, die
man braucht den Irrthum zu erweisen, und
dabey das Wahre von dem Falschen absondern: Denn es wird selten ein Irrthum
seyn, wo nicht etwas Wahres mit dabey
ist.

*Necessitas moralis.*

*Vorsichtigkeit, so bey Irrthümer zu gebrauchen.*

ist. Und demnach habe ich mich auch hier bey der Freyheit darnach geachtet. Ich habe aber endlich auch gezeiget, daß der Wille des Menschen nicht gezwungen werden mag und auf die Einwürffe, welche man zu machen pfleget, geantwortet. Es ist viel daran gelegen, daß man einen rechten Begriff von der Freyheit hat, weil die Moral darnach eingerichtet werden muß, wenn sie nutzen soll.

§. 97. Nachdem ich so wohl den oberen, als unteren Theil der Seele nach ihren beyden Haupt-Vermögen erkläret, so komme ich endlich auf die Gemeinschafft zwischen Leib und Seele. Hier nehme ich mich zwar sorgfältig in acht, daß ich weiter nichts einräume, als was in der Erfahrung gegründet ist, damit man nicht zum Nachtheile der Wissenschafft etwas erschleichet: ich lasse doch aber auch nichts weg, was dazu gehöret. Es kommet diese Gemeinschafft auf zweyerley an: Nemlich 1. wenn die äusserliche Dinge in unseren Gliedmassen der Sinnen Veränderungen hervorbringen, so stellet sich die Seele dieselben ausser ihr vor und ist sich derselben bewust: wenn das Erste geschiehet, so erfolget auch das Letztere. Und dieses ist es, was allen Menschen aus der Erfahrung bekandt ist, und das meines Wissens noch niemand geleugnet. 2. Wenn die Seele eine Handlung

Was der Autor von der Gemeinschafft zwischen Leib und Seele lehret.

lung beschlossen hat, so erfolgen die Bewegungen der Gliedmassen des Leibes, welche sie zu vollbringen oder das Verlangen der Seele zu erfüllen vonnöthen sind. So bald jenes geschiehet, erfolget auch dieses. Und das ist es abermahl, was allen Menschen aus der Erfahrung bekandt ist, und meines Wissens noch niemand geleugnet. Und so weit kan man sich mit Recht auf den Beyfall des menschlichen Geschlechtes beruffen: denn obgleich nicht möglich ist alle Menschen zu fragen, so kan man doch aus der gemeinschafftlichen Natur des Menschen erweisen, daß ein jeder dieses wahrnehmen muß und es daher keinem unbekandt seyn kan. Wer mehr hinzu setzet, der mischet von seinen Gedancken zu der Erfahrung, wodurch er sich vorstellen will, wie es möglich ist, daß eines ohne das andere nicht geschiehet. Dieses letztere aber haben wir weder im menschlichen Leben, noch in der Moral und Politick vonnöthen, brauchen es auch nicht in der Theologie, Jurisprudentz und Medicin. Uberall ist genug, daß man weiß, wenn die Gliedmassen der Sinnen gerühret werden, so ist auch die Seele sich dessen bewust, was geschiehet, und hat davon ihre gehörige Empfindung, und, wenn die Seele Handlungen beschleußt und zu vollbringen verlanget, so erfolgen auch die dazu nöthige Bewegungen im Cörper. Z. E. Wenn ein

Beyfall des menschlichen Geschlechtes wird erwiesen und erhält Zeit und Maaße.

Wie weit man die Gemeinschafft der Seele und des Leibes zum Gebrauch in Disciplinen erkennen muß.

ein Rechts-Gelehrter einem halsstarrigen
Inquisiten die Tortur zuerkennet, so ist er
zufrieden, daß er aus der Erfahrung versichert ist, der Inquisite empfindet den
Schmertz, so bald die peinliche Instrumenten
an ihm appliciret werden. Er bekümmert
sich aber wenig darum, wie es zugehet, daß
er den Schmertz empfindet. Ja er mag
auch in der Philosophie eine Hypothesin erwehlet haben, was er für eine will, die Gemeinschafft zwischen Leib und Seele zu erklären; so wird er sich doch darüber keinen
Scrupel machen, ob der Inquisite auch
werde den Schmertz fühlen, wenn man die
Instrumenten an seinem Leibe würcklich appliciret. Es spricht ein Rechts-Gelehrter
einmahl wie das andere, er mag ein In-
fluxioniste, oder Occasionaliste, oder
ein Harmoniste, oder ein Neutraliste
seyn. So wenig als man sich nach andern
hypothesibus physicis richtet, wo man sich
im menschlichen Leben nach der Erfahrung
richtet, so wenig siehet man auch in gleichen
Fällen auf die Meynungen der Welt-Weisen von der Gemeinschafft zwischen Leib und
Seele. Gleichergestalt wenn man ausge-
hen will, so ist einem genug, daß man weiß,
es erfolgen die Bewegungen im Leibe, so
bald man will, die dazu nöthig sind, und
bekümmert sich wenig darum, wie es zugehet. Es mag nun einer abermahl ein
In-

Influrioniſte, oder Occaſionaliſte,
oder Harmoniſte, oder Neutraliſte
ſeyn, ſo macht ſich einer nicht mehr Gedancken dabey als der andere, und ſorget
einer ſo wenig als der andere, ob der Leib
das werde vollbringen können, was die
Seele haben will. Ein jeder gründet ſich
auf die Erfahrung und verläſſet ſich darauf. Weil man nun ſiehet, daß der Leib
die Bewegungen vollſtrecket, wodurch das
Verlangen der Seele erfüllet wird, ſo bald
dieſe einen ernſten Willen dazu hat, der in
einem Vorſatze und einer Bemühung den
Willen der Seele zu erfüllen beſtehet; ſo
eignet man der Seele eine Direction über
den Leib zu. Dieſes Wort aber ſaget nichts
mehr, als was wir aus der Erfahrung angeführet. Wer demnach zugiebet, was **Regiment**
von der Gemeinſchafft der Seele und des **der Seele**
Leibes aus der Erfahrung bekandt iſt, der **über den**
räumet auch der Seele das Regiment über **Leib.**
den Leib ein. Wer vermeynet, daß dieſes
nicht genug iſt, der ſage, was mehreres,
was ihm davon bekandt iſt: ich habe noch
bey niemanden etwas anders gefunden, ſo
in der Erfahrung gegründet wäre. Um **Vereini-**
eben dieſer Gemeinſchafft willen des Leibes **gung bey-**
und der Seele machen Leib und Seele zu- **der mit**
ſammen einen Menſchen aus und wird die- **einander.**
ſer Leib unſer Leib, wie ich ausdrücklich
(§. 218. Met,) ausgeführet. Deswegen

ſaget

saget man Leib und Seele sey mit einander
vereiniget, wie ich gleichfals angemercket
(§ 539. Met. ). Ob aber diese Unio physica
oder metaphysica sey, habe ich gar nicht
entschieden, weil den meisten diese Wörter
leere Thone sind, damit ich nichts zu thun
habe, ich auch nicht sehe, was aus der Art
der Vereinigung, die man durch die Hypothesin, wodurch die Gemeinschafft erkläret
wird, erläutern muß, für Nutzen im menschlichen Leben und in den Disciplinen erwächset.     Ich habe meine Philosophie von un-
nützen Fragen gesäubert: am allerwenigsten
aber speise ich den Leser mit leeren Worten
ab, denen kein abgemessener Begriff zukommet, damit er sich einbildet, als wüste er
etwas, da er doch nichts verstehet, und folgends auch zu nichts zu gebrauchen weiß.
Denn wenn es auch scheinet, als ob einige Dinge, die ich vortrage, nicht viel zu sagen hätten; so zeiget sich doch das Gegentheil im Fortgang, und wer sich bemühet
nach meinen Begriffen im menschlichen Leben zu urtheilen und zu handeln, dem wird
der eigene Glaube von ihrem Nutzen in die
Hände kommen.

*Wie die Philoso-phie des Autoris beschaffen.*

§. 98. So stehet es mit der *Psychologia
empirica*: in der *Psychologia rationali* zeige
ich den Grund an, warum die Seele dergleichen Vermögen hat, wie ihr vermöge der Erfahrung zukommet, und wie dasselbe

*Wie der Autor den Be-griff von der Seele*

selbe von ihr bewerckstelliget wird, was **heraus bringet:** durch dieses verschiedene Vermögen mög- **und wie** lich ist. Ich suche demnach vor allen Din- **derselbe** gen einen Begriff von der Seele, daraus **beschaffen.** ich den Grund von alle dem, was ihr ver- möge der Erfahrung zukommet, herleiten kan. Da nun dasjenige, was wir am er- sten von unserer Seele erkennen, darinnen bestehet, daß sich die Seele ihrer selbst und anderer Dinge ausser sich bewust ist; so un- tersuche ich, was dieses bewust seyn zu sa- gen hat. Und dadurch erhalte ich Gründe, daraus ich beweisen kan, daß weder die Ma- terie, noch ein Cörper dencken kan, ihm auch nicht das Vermögen zu dencken beyge- leget werden mag. Auf solche Weise fället der *Materialismus* weg und erhellet, daß die Seele ein besonderes vor sich bestehendes Ding sey und zwar unter die Zahl der einfa- chen gehöret. Ich zeige nach diesem, daß dasjenige zu bewerckstelligen, was durch das verschiedene Vermögen der Seele möglich, oder wozu sie durch die verschiedene Facul- täten aufgeleget ist, nicht mehr als eine Krafft möglich ist. Da wir nun finden, daß die Seele ihr diejenigen Cörper in der Welt zugleich vorstellet, die zugleich in die äussere Gliedmassen der Sinnen würcken, und zwar nach Beschaffenheit der darinnen sich ereignenden Veränderungen; so muß auch diese *limitirte Idea* oder eingeschränckte

S                    Vor

Vorstellung von der Welt von dieser Krafft herkommen. Derowegen weil die Veränderungen in den Gliedmaſſen der Sinnen von dem Stande des Cörpers herrühren; so kan niemand leugnen, daß die Seele eine Krafft hat ſich die Welt vorzuſtellen nach dem Stande unſeres Leibes in der Welt und zwar denen Veränderungen gemäß, die ſich in den Gliedmaſſen der Sinnen ereignen. Man ſetzet hier kein Syſtema zum Grunde, daraus die Welt-Weiſen die Gemeinſchafft zwiſchen Leib und Seele erklären. Dieſe Krafft von der wir reden, wird von der Seele erwieſen, ohne daran zu gedencken, wie ſie und der Leib in ihren Verrichtungen von einander dependiren. Und daher kan auch dieſe Krafft in allen Syſtematibus der Welt-Weiſen gebraucht werden, ſie mögen ſich nach dieſem zu einer Meynung ſchlagen, zu welcher ſie wollen, oder gar keine davon annehmen, wie ich in den Anmerckungen über die Metaphyſick gezeiget. Und deswegen hat auch Herr Profeſſ. Thümmig in ſeinen Inſtitutionibus aus dieſer Krafft den Grund von allen Facultäten der Seele angezeiget, ohne auf eine von gedachten Meynungen zu reflectiren, die er erſt nach dieſem als hypotheſes in der vierdten Abtheilung beſonders abhandelt. Ich habe in der *Pſychologia empirica* wahrgenommen daß die Reihe der Gedancken, die unnunter-

brochen

Krafft der Seele die Welt vorzuſtellen dependiret nicht von der vorher beſtimmten Harmonie.

brochen auf einander folgen, jederzeit von
einer Empfindung ihren Anfang nimmet.
Und daher siehet man die Ursache, warum **Warum**
man aus dem Begriffe von der Seele den **aus der-**
Grund anzeigen kan, wie alles in der See- **selben**
le bewerckstelliget wird, was durch ihre ver- **sich alles**
schiedene Facultäten möglich ist.  Denn **erklären**
durch die Krafft, wovon die Empfindungen **lässet.**
herrühren, kommet auch alles übrige in der
Seele her, und da das übrige von den Empfindungen herrühret, so muß sich auch aus
dieser vorstellenden Krafft der Seele das
übrige herleiten lassen, nemlich vermöge der
Gesetze, nach welchen diese Krafft sowohl in
Ansehung der Erkäntnis, als des Appetites
würcket.   Denn gleichwie man aus der
Structur oder dem Wesen der Cörper nicht
zeigen kan, wie seine Veränderungen daraus erfolgen, ohne auf die Regeln der Bewegung mit acht zu haben: so gehet es auch
nicht an, daß man zeiget, wie aus dieser Krafft
die Veränderungen in der Seele erfolgen,
ohne auf die ihrer Natur vorgeschriebene Regeln zu sehen.   Ich nehme demnach diese **Wesen der**
Krafft, welche ich der Seele beygeleget, als **Seele.**
den Haupt-Grund an, daraus sich das übri-
ge herleiten lässet: und in dieser Absicht nenne ich diesen Begriff von der Seele nach der
gewöhnlichen Sprache der Welt-Weisen
den wesentlichen Begriff und die erwehnte
Krafft ihr Wesen.  Die Schwierigkeiten **Erinn-**
Dabey **rung.**

dabey machen, sind des *methodi demonstra-*
*tivæ* nicht kundig, und machen keinen Unterscheid unter den Erklärungen, die zum Demonstriren dienen und unter denen, die man
zum Behuff des Gedächtnisses macht (§. 25).
Niemand leugnet deswegen in der Geometrie, daß der Triangel Winckel habe, weil
man nur der Seiten in der Erklärung gedencket: wer dieses thäte, würde ausgelacht
und damit anstatt der Antwort zurücke gewiesen werde. Und dieses von Rechtswegen.

§. 99. Alles, was in der Seele vorkommet, gehet entweder das Vermögen zu erkennen, oder das Vermögen zu wollen an.
Die Seele empfindet nichts, als was eine
Veränderung in den Gliedmassen der Sinnen verursachet und, wenn sie eine Handlung beschlossen hat und sie dieselbe zu
vollbringen sich bemühet, erfolgen die dazu
nöthige Bewegungen im Leibe (§. 97.)
Wie dieses zugehet, ist beständig unter den
Welt-Weisen gefraget worden: allein man
hat allzeit Schwierigkeiten dabey gefunden.
*Aristoteles* eignete der Seele ein blosses
Vermögen zu und nahm demnach an, daß
eine auswärtige Ursache seyn müsse, wodurch die Seele zu würcken *determiniret*
würde. Und deswegen nahm er an, daß
der Leib durch seine Krafft die Empfindungen in der Seele hervor bringet: gleichwie
er auch im Gegentheile setzte, daß die Seele
durch

*Was der
Autor zu
Erklä-
rung der
Gemein-
schafft
zwischen
Leib und
Seele für
eine hypo-
thesin er-
wehlet.*

*Systema
influxus.*

durch ihre Krafft die Bewegungen im Leibe
hervor bringe. Und diese hypothesin hat man
das *Systema influxus physici* genannt: welches eine geraume Zeit einig und allein unter
den Welt-Weisen im Brauch gewesen. *Car-* | *Systema*
*tesius* brachte eine andere hypothesin auf. Er | *causarum*
setzte nemlich, daß weder die Seele, noch der | *occasio-*
Leib ihrem Wesen und der Natur nach eine | *nalium.*
Krafft haben in einander zu würcken, sondern vielmehr die Würckungen, welche man
dieser Krafft zuschreibet, deswegen erfolgen,
weil GOtt ein Gesetze gemacht, daß auf solche Bewegungen im Leibe solche Gedancken
in der Seele und auf den Willen der Seele
Bewegungen im Leibe erfolgen sollen: welche Meynung insonderheit *Malebranche* in
Franckreich weiter ausgeführet und heute
zu Tage unter dem Nahmen des *Systematis*
*causarum occasionalium* bekandt ist. Unter
uns Deutschen hat es sonderlich der berühmte Mathematicus und Physicus **Johann**
**Christoph Sturm** eiffrig defendiret und
der seelige Herr Prof. **Hamberger** auf der
Universität Jena propagiret. Und Herr D.
**Budde** hat es in seiner Philosophie wenigstens unwissende angenommen. Er hat die
Sache, aber nicht den Nahmen. Endlich hat
der Herr von **Leibnitz** das dritte *Systema* 
hinzu gethan, welches man das *Systema har-* | *Systema*
*moniæ præstabilitæ* nennet und welches einige | *harmoniæ*
Cartesianer, als der berühmte Benedictiner- | *præstabi-*
| *litæ.*

S 3        **Mönch**

Mönch **Lamy** und *Parent*, weiland ein
Mitglied der Académie der Wissenschafften
zu Paris, für eine blosse Verbesserung des
*Cartesianischen* angesehen. Er setzte nemlich,
daß Leib und Seele ihre besondere und eigene
Krafft haben, dadurch ein jedes von ihnen
vor sich das seine würcket, ohne Zuthun des
andern, bey der Würckungen aber zusammen
stimmen, weil GOtt Leib und Seele so zugerichtet, daß sie in einer beständigen Harmonie miteinander würcken, indem er der
Seele einen Leib zugesellet, darinnen sich ihrer Empfindungen gemäße Veränderungen
ereignen und solche Bewegungen erfolgen,
wie es die freywillige Rathschlüsse der Seele mit sich bringen. Der Herr von **Leibnitz**
hat seine Gedancken davon Anno 1695. im
Journal des Scavans eröffnet und wieder verschiedene Einwürffe, die von einigen Gelehrten in Franckreich und insonderheit von dem
berühmten *Bayle* in Holland gemacht worden, nach diesem vertheidiget. Herr Prof.
**Bülffinger** hat in seiner *Commentatione hy-*
*pothetica de harmonia animi & Corporis hu-*
*mani maxime præstabilita* die darwider gemachte Einwürffe auswärtiger Gelehrten
angeführet und beantwortet. Der berühmte
Theologus *Jaquelot*, welcher durch seine
herrliche Schrifften, die er zu Vertheidigung
der natürlichen und Christlichen Religion
mit grossem Beyfall geschrieben, einen ge-
grün-

*Historie dieses Systematis.*

gründeten Ruhm erlanget, hat schon vor
mehr als 20. Jahren* erkandt und öffentlich
bekannt, daß man durch dieses Systema allein
aus der Natur der Seele und des Leibes ihre
Gemeinschafft verständlich erklären kan, daß
es der Freyheit nicht im geringsten nachtheilig ist und daß es GOtt nicht unmöglich sey
der Seele einen Leib zuzugesellen, welcher
seiner Natur und Wesen nach ohne ihren
Einfluß in einer beständigen Harmonie mit
ihr würcket. Was er saget, habe ich in al- Wie es
lem wahr gefunden, als ich alles auf gehöri- der Autor
ge Weise untersucht, und aus dieser Ursache befunden.
habe ich das *Systema harmoniæ præstabilitæ*
in Erklärung der Gemeinschafft zwischen
Leib und Seele denen übrigen vorgezogen,
zumahl da bey denen übrigen sich Schwierigkeiten finden, die bey diesem nicht vorhanden, nemlich daß die Gesetze der Natur sowol
in Ansehung der Seele, als des Leibes un-
verletzt erhalten werden, da hingegen in
den übrigen *Systematibus* bald der Leib die
Gesetze der Seele, bald die Seele die Gesetze
des Leibes turbiret. Ich habe aber nirgends Erinne-
behauptet, daß es der Natur eines Geistes zu- rung.
wider sey in einen Leib zu würcken, am allerwenigsten aber einem Geiste überhaupt und
GOtt selbst die Würckung in Cörper abge-
sprochen. Denn was ich nicht entweder de-

mon-

_____

(*) Nemlich von der ersten Edition an zurechnen, die
A. 1726. heraus kommen.

monstriren, oder mit sehr wahrscheinlichen Gründen erhärten kan; das pflege ich auch nicht zu behaupten.

**Wie der Autor das Systema harmoniæ prætabilitæ gebraucht.**

§. 100. Weil ich nun dieses Systema in Erklärung der Gemeinschafft zwischen Leib und Seele denen übrigen vorgezogen; so habe ich auch diejenige Fragen darnach erkläret, die von der Gemeinschafft zwischen Leib und Seele dependiren, unerachtet sie sich leicht auf eine solche Art hätten erklären lassen, daß man bey einem jeden Systemate die Erklärung behalten kan. Weil einige dieses nicht haben sehen können, oder nicht sehen wollen; so hat es Herr Prof. Thümmig in seinen Institutionibus in der That erwiesen, und alles, was der Seele vermöge der Erfahrung zukommet aus dem von mir angegebenen Begriffe der Seele heraus geleitet, ohne darauf acht zu haben, worinnen eigentlich die Gemeinschafft des Leibes und der Seele mit einander bestehet; hingegen die Lehre von den dreyen Systematibus, welche *Aristoteles*, *Cartesius* und **Leibnitz** erfunden, um die Gemeinschafft zwischen Leib und Seele zu erklären, zuletzt in einer besondern Abtheilung abgehandelt und gezeiget, wie man ein jedes mit dem vorhergehenden vereinbaren kan. Und solchergestalt hat er dasjenige bewerckstelliget, was ich in den Anmerckungen über die Metaphysick erinnert, daß man meine gantze Metaphysick, auch
in

in der Lehre von der Seele, ohne einige
Aenderung behalten kan, man mag in Erklärung der Gemeinschafft der Seele und
des Leibes ein Systema erwählen, was man
für eins will, oder gar keinem beypflichten:
welches diejenigen nicht erkennen wollten,
die darbey einen Vortheil zu finden vermeynten, wenn sie andere überreden könnten, es fiele mit der vorher bestimmten Harmonie nicht allein meine Metaphysick, sondern meine gantze Philosophie über den
Hauffen.  Die Systemata, von denen hier
die Rede ist, erklären bloß eine Frage, wie
es möglich ist, daß die Gemeinschafft zwischen Leib und Seele bestehen kan.  Und
demnach sind es philosophische hypotheses,
keine Lehren, folgends verwirfft man nicht
ihnen zu gefallen, was in der Erfahrung
gegründet, sondern sie muß man vielmehr
für unrichtig erklären, so bald man zeigen
kan, daß sie demjenigen widersprechen, was
die Erfahrung lehret.  Derowegen wenn
auch gleich ein Welt-Weiser es versähe
und eine unrichtige hypothesin in diesem
Stücke erwehlete; so geschiehet doch dadurch weder der Theologie, noch Medicin,
noch der Moral und Politick der geringste
Eintrag, als wo man von der Gemeinschafft zwischen Leib und Seele bloß dasjenige annimmet, was man aus der Erfahrung davon erkennet.  Und demnach kan

*Absicht der Systematum von der Gemeinschafft des Leibes und der Seele.*

*Ob sie gefährlich seyn können.*

S f                                    ein

ein Welt-Weiser sich wehlen, was er will,
wo man Freyheit zu philosophiren hat.
Derowegen siehet man auch, warum man
in der Römischen Kirche selbst an geistlichen
Personen, als an *Malebranche* und **Lamy**,
es vertragen können, daß sie das gemeine
Systema influxus verworffen und das Systema causarum occasionalium ihm vorgezogen, und warum auch in unserer Kirche
verständige und unpaßionirte Theologi sich
nicht dargegen gesetzet, als **Sturm** in Alt-
dorf, **Hamberger** in Jena und der berühmte Medicus Herr **Berger** in Wittenberg von dem Systemate influxus abgegangen und das Systema causarum occasionalium vertheidiget. Ja dieses ist die Ursache,
warum selbst Personen von dem geistlichen
Stande in der Römischen Kirche das Systema harmoniæ præstabilitæ gerühmet und
dem Herrn von **Leibnitz** deswegen kein
unschönes Wort gesaget, auch wenn sie
dagegen Einwürffe gemacht und es selbst
nicht angenommen. Aber aus eben dieser
Ursache habe ich in Halle, wo die Universität
durch die Freyheit zu philosophiren in Flor
kommen, und da man auf nichts gewisses
gewiesen war, kein Bedencken getragen
dasselbe Systema in meiner Metaphysick zu
erklären und zu erweisen, daß es allerdings
den Vorzug habe, den ihm *Jaquelot* für den
andern eingeräumet. Allein eben deswegen,

Freyheit
zu philo-
sophiren
wird ge-
duldet.

Warum
der Autor
sich der-
selben
bedienet.

gen, weil es eine philosophische hypothesis
ist, habe ich sie auch nicht weiter gebraucht,
als wozu man philosophische hypotheses
zu gebrauchen pfleget, nemlich die Fragen
zu erklären, welche die Gemeinschafft zwischen Leib und Seele angehen; keinesweges
aber habe ich sie zu einem Grunde gemacht,
daraus ich andere Wahrheiten erwiesen
hätte: wie ich denn diejenigen, welche andere bereden wollen, als hätte ich die gantze Philosophie auf diese hypothesin gebauet, schon mehr als einmahl erinnert, sie
sollten mir nur einen einigen Satz in der
*Theologia naturali*, **Moral** und **Politick** oder auch sonst zeigen, der aus der
harmonia præstabilita als seinem Grunde
wäre erwiesen worden. Allein da nicht ein
einiger in meinen Schrifften zu finden, so
haben sie bis diese Stunde nicht den geringsten anführen können. So gewiß ist,
was ich sage, und so augenscheinlich erhellet es gleich, wenn man die anderswo angeführte Stellen aus der Metaphysick
nachschläget. Ich habe demnach mit der
grösten Behutsamkeit diese hypothesin vorgetragen, indem man selten finden wird,
daß man sich so sorgfältig in den Schrancken von einer hypothesi hält, da vielmehr
andere ihre hypotheses brauchen, so viel sie
können, und sie überall einflechten, wo es
nur angehen will, damit sie sie bey andern

in

Wie er
sich in ge-
bührenden
Schran-
cken ge-
halten.

**Art des Autoris**

in Werth bringen, wenn sie einen so vielfältigen Nutzen sehen. Allein ich liebe die Wahrheit aufrichtig und bin gegen keine Meynung passioniret. Mir ist nichts daran gelegen, daß jemand etwas annimmet: ich suche vielmehr es dahin zu bringen, daß niemand etwas als wahr annimmet, dessen Wahrheit er nicht einsiehet.

**Wie der Autor die besondere Würckungen der Seele erkläret.**

§. 101. Es mag nun einer in Erklärung der Gemeinschafft zwischen Leib und Seele eine hypothesin oder Meynung erwählen, was er für eine will; so kan er doch nicht leugnen, daß bey allen Veränderungen in der Seele, sie mögen Nahmen haben, wie sie wollen, auch einige im Leibe, insonderheit dem Gehirne sich ereignen: welches insonderheit die Medici aus vielfältiger Erfahrung erkandt, und einige verleitet, daß sie die Seele für ein materielles Wesen angesehen. Derowegen wenn man die Würckungen der Seele erklären will, so hat man dasjenige, was in der Seele vorgehet, von dem, was sich in dem Leibe ereignet, genau zu unterscheiden und beydes ins besondere zu erklären. Es ist aber nöthig, daß man beyde Veränderungen zwar von einander unterscheidet, jedoch sie zugleich mit einander erkläret, weil die Wörter, welche wir brauchen, auf beyde zugleich zu deuten sind. Z. E. Wenn wir

**Exempel.**

vom Sehen reden, so gehöret dazu so wohl

wohl die Veränderung in dem Auge durch
das hinein fallende Licht und die daraus
ferner erfolgende Veränderung im Gehirne, als die Vorstellung der Seele, wodurch wir uns desjenigen Dinges bewust
sind, welches die Veränderung im Auge
verursachet. Beydes zusammen machet
das Sehen im Menschen aus. Wir finden, daß man längst in der Aristotelischen
und Scholastischen Philosophie auf beydes
gesehen, unerachtet man nicht genug von
einander unterschieden hat, was eigentlich
zur Seele und was hinwiederum für den
Leib gehöret. *Cartesius* hat diesen Unterscheid klärer zu zeigen angefangen, jedoch
wegen seiner Meynnng von der Gemeinschafft zwischen Leib und Seele weniger
Veränderungen in dem Leibe zugelassen,
als sich würcklich darinnen ereignen. Ich
habe durchgehends zwar auf das genaueste
mit *Cartesio* zu unterscheiden mir angelegen
seyn lassen, was zu der Seele und was zu
dem Leibe gehöret; jedoch in allen Fällen
durchgehends auch die Veränderungen im
Leibe angedeutet, welche sich bey einer jeden Verrichtung der Seele darinnen ereignen, in so weit es wegen nicht gnug-
samer Erkäntnis des Gehirnes und der
Nerven geschehen kan. Und unerachtet ich
hin und wieder die Sache aus der vorher
bestimmten **Harmonie** des **Herrn von**
**Leib-**

Leibnitz erkläret; so habe ich doch schon
in den Anmerckungen gewiesen, was davon in einem jeden Systemate kan stehen bleiben. Und Herr Prof. Thümmig hat deswegen in seinen Institutionibus auch die
Veränderungen in jedem Falle ohne auf eine
hypothesin zu sehen vorgetragen (§. 100.).
In der Seele leite ich alles aus der vorstellenden Krafft der Seele her und zwar aus
denen Vorstellungen derer Dinge, die sie
empfindet, nach den Regeln der Erkäntnis
und des Appetites; in dem Leibe aber
aus den Veränderungen in den Gliedmassen der Sinnen vermöge der Regeln der
Bewegung.

§. 102. Ich bewerckstellige demnach hier
etwas insonderheit in Ansehung der Seele,
was man bisher noch nicht gehabt; nemlich
ich leite alles Vermögen der Seele aus einem Begriffe von ihr her und zeige, nach
was für Regeln aus diesem Vermögen die
Würckungen erfolgen. Und solchergestalt
kommet man in den Stand auch dasjenige,
was in der Seele vorgehet, auf eine verständliche Art zu erklären, gleichwie man
in der Physick heute zu Tage die Veränderungen der cörperlichen Dinge erkläret.

Dieses ist von grösserem Nutzen, als man
sich einbilden könte. Denn es lassen sich
nicht allein die Gemüther der Menschen
besser beurtheilen, als bisher möglich gewesen,

sen, sondern man gelanget auch dadurch
zu einer demonstrativischen Erkäntnis, wie
die Gelehrten in Verfertigung ihrer Schrifften verfahren, und was dergleichen mehr
ist. Wenn mir GOtt die Gnade verleihet,
daß ich bald ungehindert des Meinen warten kan, und mir Leben und Gesundheit
fristet; so werde ich nicht unterlassen den
Nutzen durch durchdringende Exempel
nachdrücklich zu zeigen. Denn ich zweiffele
nicht im geringsten, daß, wenn Leute von
Fähigkeit die Erkäntnis der Seele auf die
Art und Weise weiter fortführen werden,
wie ich angefangen, die Kunst zu erfinden
und die Moral zu Beförderung Verstandes und Tugend nicht ein geringes gewinnen wird. Ich rede nach meiner Einsicht
und verschweige nicht, was ich nützlich zu
seyn erachte. Ein jeder hat die Freyheit zu
urtheilen, wie er will.

§. 103. Gleichwie ich aber sowohl das
untere Vermögen zu erkennen, als zu wollen von dem oberen unterschieden habe
(§. 90. 94.); so zeige ich auch ins besondere,
wie sowohl das untere Vermögen zu erkennen und zu wollen, als auch das obere
aus der vorstellenden Krafft der Seele entspringet und durch diese einige Krafft bewerckstelliget wird, was durch alles insgesamt möglich ist. Wenn man Herr

Wie der
Autor sich
bey Erklärung
des Vermögens
der Seele
aus ihrem
Begriffe
aufführet.

Thüm-

Thümmigs Institutiones aufschlägt, so
fället es gleich in die Augen, weil er jedes
in einem besonderen Capitel abgehandelt,
da ich alles zusammen in einem in unverrückter Ordnung vortrage und, wie schon
vorhin (§. 101.) erinnert worden, eines
und das andere mit einstreue, was zu der
Erklärung der Gemeinschafft zwischen Leib
und Seele nach des Herrn von **Leibnitz**
Sinne gehöret. In den Anmerckungen
über die Metaphysick habe ich gezeiget,
was für ein Unterscheid in die Erklärung
der Würckungen der Seele kommet,
nachdem man entweder diese, oder eine
andere Meynung von der Gemeinschafft
zwischen Leib und Seele annimmet. Man
**Warum** siehet aber aus der Erklärung des verschie-
**die Syste-** denen Vermögens der Seele, oder der so
**mata von** gewannten Facultäten, aus der einigen
**der Ge-** vorstellenden Krafft derselben auf das
**mein-** kläreste und deutlichste, daß die Systema-
**schafft** ta die Gemeinschafft zwischen Leib und
**zwischen** Seele zu erklären mit der Freyheit gar
**Leib und** nichts zu thun haben, indem die Art und
**Seele mit** Weise, wie die Seele durch Veranlassung
**der Frey-** der gegenwärtigen Empfindungen zu ihren
**heit nichts** Rathschlüssen kommet, mit der Gemein-
**zu thun** schafft zwischen Leib und Seele gar nichts
**haben.** zu thun hat. Der Leib ist weiter nicht interessiret als bey dem Ursprunge der Empfindungen und bey der Ausführung der
Rath-

Rathschlüsse der Seele, keinesweges aber
bey der Art und Weise, wie die Seele zu
ihren Rathschlüssen gelanget. Es kommet demnach von weniger Uberlegung her,
wenn man in Beurtheilung der verschiedenen Systematum von der Gemeinschafft
zwischen Leib und Seele die Freyheit mit
einflechten will. Es mag einer die Gemeinschafft zwischen Leib und Seele erklären, wie er will, so hat dieses mit der
Freyheit niemahls etwas zu thun. Derowegen kan einer, der die Freyheit leugnet, so wohl als ein anderer, der sie vertheidiget, ein jedes von diesen Systematibus
erwehlen: wie wir denn auch finden, daß
Leute, welche keine Freyheit erkannt, dem
gemeinen Systemati influxus zugethan gewesen. Wenn es weit kommet, so kan
man weiter nichts fragen, als ob die Vollziehung der Handlung durch die Bewegung
des Leibes auf eine solche Weise möglich ist,
wie sie das Systema angiebet, nachdem sie
freywillig beschlossen worden. Z. E. der
Herr von **Leibnitz** räumet die Freyheit
der Seele ein. Er sttzt aber die Bewegungen im Leibe, wodurch die Handlung dem
freywilligen Rathschlusse der Seele zu gefallen vollzogen wird, würden bloß durch eine
cörperliche Krafft determiniret. Hier ist
es ungereimet, wenn man fraget, ob das
Systema harmoniæ præstabilitæ die Freyheit

Exempel
von der
harmonia
præstabi-
lita.

T

heit aufhebet: denn es ist nicht möglich,
daß es die Freyheit aufheben kan, weil es
mit dem Ursprunge der Rathschlüsse aus
denen vorher gegangenen Empfindungen
nichts zu thun hat, als welches keine Sache ist, die auf die Gemeinschafft des Leibes
und der Seele mit einander ankommet.
Wer die Frage einrichten will, wie sichs
gehöret, der muß bloß fragen: ob es möglich ist, daß Bewegungen im Leibe durch
eine blosse cörperliche Krafft, die vor sich
keine Freyheit hat, bewerckstelliget werden,
welche von der Seele freywillig beschlossen
worden. Und aus dieser Ursache habe ich
so offte verlangt, diejenigen, welche wider
das Systema harmoniæ præstabilitæ etwas
einwenden wollen, möchten die Ursachen
anzeigen, warum sie diese Bewerckstelligung für unmöglich halten, da meines Erachtens dieselbe niemand für unmöglich halten kan, als der mit den Socinianern die
Vorsehung oder Præscientz GOttes und
die determinirte Wahrheit der zufälligen
Dinge von Ewigkeit her leugnet. Es hat
auch sonder Zweiffel *Bayle* dieses erkandt,
indem er eben diese Bewerckstelligung für
eine unmögliche Sache angegeben. Und
alle diejenigen, welche erkandt und öffentlich bekannt, daß das Systema harmoniæ
præstabilitæ die Freyheit der Seele gantz
ungekränckt lasse, haben es gleichfalls ein-
gese-

gesehen, und dannenhero bloß darauf acht
gehabt, ob von Seiten des Leibes die Sache
möglich sey. Wer die Momenta der Leh- Erinne-
ren und Meynungen beurtheilen will, das rung.
ist, wie weit sie entweder mit andern Lehren, oder mit den Lebens-Pflichten streiten,
oder auch jene bestätigen, diese befördern;
der muß mehr Uberlegung brauchen, als
gemeiniglich von denen angewandt wird,
welche sich dieses Urtheiles anmassen.

§. 104. Ich habe in der *Psychologia rati-* Daß die
*onali* keine andere Sätze als in der *Psycholo-* Psycho-
*gia empirica* aus der Erfahrung angenom- logia ra-
men worden: denn ich suche hier bloß von tionalis
Demjenigen was in der *empirica* angemer- der Wahr-
cket worden, den Grund aus der Natur der heit keinen
Seele anzuzeigen, und sölchergestalt *à* Eintrag
*priori* oder aus Gründen auf eine ver- thut.
ständliche Art zu erklären, was der Erfahrung gemäß ist. Gesetzt nun, daß der Begriff, den ich von der Natur der Seele gegeben, gantz unrichtig wäre, welches man
doch nummermehr erweisen wird; gesetzt
auch ferner, daß sölchergestalt von keinem
Vermögen und keiner Würckung der Seele
der richtige Grund wäre angezeiget worden; so bleibet deswegen doch alles ungekränckt, was von der Seele aus der Er- Beweis.
fahrung erkandt und in der *Psychologia em-*
*pirica* angeführet wird. Denn man muß

T 2         einen

einen Unterscheid machen unter Lehren und
unter den hypothesibus oder Theorien der
Welt-Weisen, dadurch sie auf eine verständliche Art zu erklären suchen was man
von ungezweiffelter Gewißheit aus der Erfahrung annimmet. Das Recht, was man
einem Physico einräumet, muß man auch
einem Metaphysico verstatten. Wie man
demnach jenen nicht beschuldiget, daß er
den Wind leugnet, wenn er seinen Ursprung auf eine unrichtige Weise erkläret,
sondern bloß saget, er habe es nicht getroffen, seine Meynung sey der Wahrheit nicht
gemäß, oder die Sache völlig zu erklären
nicht hinreichend; so kan man auch diesen
nicht beschuldigen, daß er durch die Erfahrung von der Seele erkandte Wahrheiten
leugnet, wenn er sie aus der Natur der
Seele erklären will, und darinnen verfehlet.
Man kan gleichfals weiter nichts sagen,
als er habe der Wahrheit gefehlet und es
zur Zeit noch nicht getroffen. Unterdessen

**Nutzen noch nicht gantz gegründeter hypothesium.** wie man in der Physick siehet, daß die unrichtigen Gedancken, indem man sie nach
und nach verbessert, uns endlich auf die
richtigen gebracht, wie wir dessen ein klares Exempel an dem Regenbogen haben,
wenn wir auf alles acht haben wollen, was
sich die Naturkündiger nach und nach für
Gedancken davon gemacht, und ich zu seiner
Zeit an einem andern Orte ausführen werde;

de; so ist kein Zweiffel, daß nicht auch in
der Metaphysick gleichfals dieses statt haben
sollte und dannenhero meine Gedancken
von der Natur der Seele, wenn sie gleich
bey genauer Untersuchung solcher Leute,
die Fähigkeit dazu haben und deren Werck
es ist, unrichtig sollten erfunden werden,
dennoch den Nutzen hätten, daß sie zu gegründeten Gedancken Anlaß gäben, dazu
man ohne meine nicht gelangen würde.
Weil nun dieses, was ich hier sage, durch *Freyheit,*
so viele Proben nicht allein aus der Physick, *so den*
sondern auch aus der Mathematick bestäti- *Welt-*
get werden mag; so hat man eben den *Weisen*
Welt-Weisen in ihren hypothesibus keinen *nicht zu*
Eintrag zu thun, wenn sie gleich der Wahr- *kräncken.*
heit nicht gemäß befunden werden; son-
dern man muß sie in ihren Untersuchungen
ungehindert gehen lassen, bis sie nach und
nach die Wahrheit heraus bringen. Und
dieses muß um so vielmehr geschehen, so
lange sie selbst keine Lehre, oder Pflicht daraus bestätigen. Diese Vorsichtigkeit ha- *Vorsich-*
be ich auch gebraucht und dannenhero das- *tigkeit des*
jenige, was ich in der *Psychologia rationali* *Autoris.*
vorgetragen zu verständlicher Erklärung
dessen, was man von der Seele aus der
Erfahrung lernet, in meiner Moral und
Politick nirgends gebraucht. Ja ich bin
hierinnen behutsamer gegangen, als nöthig
gewesen wäre; indem ich so gar dasjenige
T 3        nicht

nicht als einen Grund zu Bestätigung einer
Lehre oder Pflicht gebrauchen mögen, was
meines Wissens von vielen noch nicht als
eine Wahrheit erkandt wird.

§. 105. Weil ich in der Lehre von GOtt
nöthig habe zu erweisen, daß er der voll-
kommenste Geist sey und ihm alle Eigenschafften eines Geistes in dem höchsten
Grade zukommen; so habe ich, nachdem ich
den Begriff eines Geistes, daß er sey ein
Wesen, welches einen Verstand und frey-
en Willen hat, befestiget, und daraus erwiesen, daß die Seelen der Menschen, aber
nicht der Thiere Geister sind, überall bey
den Eigenschafften der Seele erwiesen, was
dazu erfordert wird, damit sie zu dem
höchsten Grade gelangen, aber zugleich
gezeiget, wie weit die Seele davon entfernet
ist, nemlich als ein endliches Wesen von
dem unendlichen. Ich habe nach meiner
Art ein jedes an dem Orte erwiesen, wo
Gründe zum Beweise dazu vorhanden.
Denn man begreifft einen Satz am leichtesten, wo einem die Gründe im frischen Andencken sind. Weil doch aber dieses dem
gemeinen Vortrage zuwider ist, so hat sich
Herr Prof. Thümmig bemühet die gemeine Art des Vortrages so viel mit bey zu behalten, als nur immermehr möglich ist, und
deswegen dasjenige, was von einem Geiste
überhaupt gelehret wird, in ein besonderes

**Was der Autor von dem Geiste überhaupt lehret.**

res Capitel zusammen getragen: gleichwie
er auch insbesondere abhandelt, was ich hin
und wieder von den Seelen der Thiere ein=
gestreuet. Aus meinem Begriffe von dem
Geiste ersiehet man, daß, da nicht ein=
mahl die Seelen der Thiere in die Zahl der
Geister gehören, vielweniger die Elemen=
te der cörperlichen Dinge, ob sie gleich wie
die Seelen der Menschen und Thiere ein
einfaches Wesen sind, für Geister können
ausgegeben werden. Ubrigens wird man
in meinen Schrifften nirgends finden, daß
ich von einem Geiste behauptet, als wenn
es seiner Natur zuwider wäre in einen
Cörper zu würcken, sondern nur von der
Seele aus den Gesetzen der Natur, darauf
ihre Ordnung sich gründet, erwiesen, es
habe keine Wahrscheinlichkeit, daß unsere
Seele auf eine natürliche Art in den Leib
würcke: welches alle diejenigen erkennen,
die aus den Gründen den natürlichen Ein=
fluß des Leibes in die Seele verwerffen,
die Cartesius längst dargegen angeführ=
ret.

*Ob alle einfache Dinge Geister sind.*

*Erinnerung.*

§. 106. Indem ich die Unsterblichkeit
der Seele erweisen will, so zeige ich nicht
allein, daß sie ihrer Natur und Wesen nach
unverweslich sey und natürlicher Weise
nicht untergehen könne, sondern auch
daß sie nach dem Tode noch in dem Zustan=
de deutlicher Gedancken verbleibe, und sich

*Wie sich der Autor bey dem Beweise von der Unsterb= lichkeit*

T 4 ihres

**der Seele aufgeführ-ret.**

ihres vorigen Zustandes im Leben erinnere. Und zwar habe ich genugsamen Grund dazu. Denn wenn die Seele iheer Natur und Wesen nach unverweßlich ist, so kan sie mit dem Leibe nicht untergehen: welches insonderheit in dem Systemate harmoniæ præstabilitæ erhellet, da die Seele zu ihren Gedancken den Leib nicht vonnöthen hat, sondern ohne ihn gedencken kan. Woraus man ersiehet, daß dasselbe der Unsterbiichkeit der Seele sowohl, als der Existentz und den Eigenschafften GOttes das Wort redet. Wenn die Seele sich nach dem Tode ihres gegenwärtigen Zustandes erinnert, so kan sie auch um deswillen, was sie im Leibe begangen, belohnet und gestraffet werden. Und demnach bedencke ich dabey alles was der christlichen Religion zu statten kommen kan. Herr Thümmig hat nach diesen Gründen die Unsterblichkeit der Seele in seiner Dissertatione de immortalitate animæ gar wohl ausgeführet, welche bey Verständigen grossen Beyfall gefunden, daß sie auch schon mehr als einmahl wieder aufgeleget worden.

**Worauf der Autor bey der Theologia naturali gesehen.**

§. 107. Weil die Lehre von GOTT die allerwichtigste ist, welche in der gantzen Welt-Weißheit vorkommet; so habe ich mir auch angelegen seyn lassen dieselbe auf eine demonstrativische Art abzuhandeln. Und

Und deswegen habe ich keine Gründe ange=
nommen, die nicht von ungezweiffelter Ge=
wißheit sind, und hingegen alles in einer
beständigen Verknüpffung miteinander
auseinander hergeleitet. Wer demnach von
meinem Verfahren urtheilen will, der muß
des demonstrativischen Vortrages kundig
seyn. Gleichwie ich aber jederzeit gewoh=
net bin meine Sachen so vorzutragen, wie
sie durch Uberlegung aus ihren Gründen
hergeleitet werden; so habe ich auch solches
in dieser wichtigen Materie in acht genom=
men. Wie nun alles mit Uberlegung und
Gedancken geschrieben ist; so muß man es
auch mit Uberlegung und Gedancken lesen,
wenn man es wohl verstehen und von der
Richtigkeit dessen, was behauptet wird,
überzeuget werden will. Wer aber in ei=
nem Abend damit fertig werden und alles
in einem hinter einander weglesen will; der
muß es sich zurechnen, wenn er die wahre
Beschaffenheit der Sache nicht einsiehet,
sondern hin und wieder anstösset und sich
nicht zu rechte finden kan. Man erkennet
hieraus, daß ich die Lehre von GOtt bloß
für diejenigen auf eine solche Art abgehan=
delt habe, welche Fähigkeit besitzen die Sa=
chen aus ihren Begriffen zu beurtheilen und
die Eigenschafften, welche einem Dinge
zukommen, daraus herzuleiten. Denn die=
se haben einen Geschmack von der Gewiß=

T 5　　　　　　　　heit

heit und finden keine Beruhigung, wenn
man ihnen unausgeführte Beweise vorträget und GOtt Eigenschafften beyleget, die
man weder unter einander selbst, noch mit
demjenigen Begriffe verknüpffet, daraus
man erwiesen, daß ein GOtt sey.

§. 108. Weil ich so gehe, wie man die
Sache durch reiffe Uberlegung gefunden,
so setze ich keinen Begriff von GOtt als bekandt voraus; sondern daraus, daß wir
sind, schliesse ich, es müsse ein Wesen vorhanden seyn, das nothwendig ist und dieses nothwendige Wesen müsse zugleich in
sich den Grund enthalten, warum die übrigen Dinge seyn, die nicht nothwendig sind.
Auf solche Weise bringe ich zugleich den
Begriff von einem selbständigen Wesen heraus. Damit ich nun aber zeigen könte,
daß das selbständige Wesen von der Seele des Menschen, der sichtbahren Welt
und ihren Elementen unterschieden sey; so
untersuche ich die Eigenschafften des selbständigen Wesens, die sich aus seinem Begriffe herleiten lassen, nemlich daß es ewig
ist, das erste und das letzte, unverweßlich,
nichts cörperliches, ein einfaches Ding,
welches durch seine eigene Krafft bestehet,
und von allen Dingen independent ist. Da
nun solchergestalt erhellet, daß das selbständige Wesen ein gantz besonderes Wesen ist
von allen übrigen Dingen, die wir erkennen;

Was der
Autor bey
dem Beweise von
der Existentz
GOttes
in acht genommen.

Wie er
auf die
Gewißheit gesehen.

nen; so ist nun Zeit, daß wir es auch mit
einem besonderen Nahmen nennen.   Weil
es nun aber eben dasjenige Wesen ist, wel=
ches die Schrifft GOtt nennet, wie wir
nach diesem aus seinen ferneren Eigenschaff=
ten erkennen werden; so muß ich ihm frey=
lich den Nahmen GOttes beylegen, der
ihm gebühret. Unterdessen kan ich ihm doch
noch weiter keine Eigenschafften beylegen,
als die ihm gebühren, und daher davon in
die Erklärung nichts weiter setzen, als wo=
durch dieses Wesen gnugsam von andern
Dingen unterschieden wird.   Und deswe=
gen sage ich; GOtt sey das Wesen, dar=
innen der Grund von der Zufälligkeit der
Welt und unserer Seele zu finden.   Ich
habe demnach hinreichenden Grund, war=
um ich dem selbständigen Wesen einen Nah=
men beylege und warum ich es GOtt nen=
ne, aber auch nicht weniger Grund, war=
um ich ihm in der Erklärung weiter nichts
beylege, als was von ihm erwiesen worden,
und hinreichend ist GOtt von allen übrigen
Dingen zu unterscheiden. Dieses erfordert
die Gewißheit, welche man in der Erkänt=
nis suchet: was man aber in Ansehung der
Gewißheit thut, ja thun muß, dasselbe thut
der Wahrheit keinen Eintrag, die sich bey
den übrigen Eigenschafften GOttes findet.
Uber dieses habe ich mir angelegen seyn las=
sen, diesen Beweiß von der Existentz GOt=
tes

*Erklä=
rung von
GOtt
wird ge=
rettet.*

*Wie der
Autor ge=
sucht sei=
nen Be=*

weiß ungemein zu machen.

tes so einzurichten, damit keine Secte mit Bestande etwas einwenden kan. Derowegen da alle Secten der Welt-Weisen entweder Monisten, oder Dualisten sind, die Monisten aber entweder Idealisten, oder Materialisten, und endlich die Idealisten entweder Pluralisten, oder Egoisten, wie ich in der Vorrede zu der andern Auflage meiner Metaphysick gewiesen; so habe ich gezeiget, daß, unerachtet der Beweiß für die Dualisten eingerichtt, als darzu ich mich und alle mit mir sich insgemein bekennen, derselbe dennoch auch bey den Idealisten und Materialisten bestehen muß. Da er aber bey der Egoisterey nicht bestehen kan; so habe ich gewiesen, daß sie ungereimet sey.

Erinnerung.

Ich bin allzeit der Meynung, daß wenn man jemanden überführen will und es kan geschehen, ohne daß man sich wegen seiner Irrthümer, die er heget, in einen Streit einlassen darff, man gar nicht nöthig hat ihn erst von seinen Irrthümern zu bringen. Am allerwenigsten aber bin ich der Meynung, daß man einen irrenden von der Erkäntnis GOttes gar ausschliessen soll, weil man seinen Irrthum davor ansiehet, daß man ihn nur verlachen, keinesweges aber widerlegen dörffe. Wenn er sich erst in diesem wichtigen Puncte zu rechte findet, so wird er sich in andern Irrthümern nach diesem noch eher weisen lassen.

§. 109.

§. 109. Es ist eine Sache, die niemand leugnet, daß derjenige GOtt noch nicht kennet, welcher nicht mehr von ihm weiß, als daß er das selbständige Wesen sey, darinnen der Grund von der Zufälligkeit der Welt zu finden. Unterdessen bleibet doch gewiß, daß GOtt dieses Wesen ist. Es ist aber nicht weniger gewiß, daß aus dem Begriffe zu ersehen, wie wir die Eigenschafften GOttes erkennen können. Denn da GOtt einen zureichenden Grund in sich enthalten soll, warum diese Welt vorhanden, da gar wohl auch eine andere hätte seyn können; so muß man ihm alle diejenigen Eigenschafften beylegen, die dazu erfordert werden, damit man verstehen kan, warum vielmehr diese Welt als eine andere vorhanden, oder in den Stand der Würcklichkeit kommen. Und hierdurch werden die Eigenschafften GOttes mit der Erklärung verknüpfft, die wir von seinem Nahmen gegeben. Ich habe aber aus diesem Grunde erwiesen, daß GOtt einen unendlichen Verstand und einen freyen und gantz vollkommenen Willen haben, auch allmächtig seyn müste, und was ihm in Ansehung seines Verstandes, Willens und seiner Macht für Eigenschafften zukommen.

*Wie sich der Autor bey dem Beweise der Eigenschafften GOttes aufgeführet.*

§. 110. Gleichwie ich aber überall gewohnet bin von denen Sachen, die ich abhandele, deutliche Begriffe beyzubringen;

*Wie bey Erklärung derselben.*

so

so habe ich auch dergleichen von den Eigenschafften GOttes zu geben mir angelegen seyn lassen. Und also erhalten alle Nahmen derselben ihre abgemessene Bedeutung, dadurch sie uns verständlich werden. Weil aber GOtt alles in dem höchsten Grade besitzet; so erweise ich auch jederzeit, daß diesem so sey. Und unerachtet wir den höchsten Grad nicht völlig begreiffen können; so gebe ich doch Mittel an die Hand, wie man ihn verständlich machen kan. Und eben deswegen müssen die Eigenschafften GOttes deütlich erkläret werden, denn sonst gienge es nicht an, daß man zeigete, wie sie im höchsten Grade bey GOtt anzutreffen sind. Ich habe aber auch gewiesen, wie man zu diesen deutlichen Begriffen der Eigenschafften GOttes gelanget, nemlich vermittelst der Aehnlichkeit zwischen GOtt und dem Wesen der Seele, jedoch daß jederzeit der Unterscheid in acht genommen wird, der sich zwischen einem endlichen und unendlichen Wesen befindet, damit sie von allen Einschränckungen befreyet werden, die wir bey der Creatur antreffen. Ich habe bey der Deutlichkeit der Begriffe von den Eigenschafften GOttes und bey der Verständlichkeit ihrer Unendlichkeit auf zweyerley meine Gedancken gerichtet. Einmahl habe ich darauf gesehen, daß man weiß, wie es anzugreiffen ist, wenn man GOtt aus

Worauf der Autor bey der Deutlichkeit derselben und Verständlichkeit ihrer Unend-

aus seinen Wercken durch Betrachtung der lichkeit ge
besonderen Geschöpffe erkennen will, dazu sehen.
ich Anleitung in dem andern Theile der
Physick von den Absichten der natürlichen
Dinge gegeben. Denn man wird finden,
daß man in dieser Arbeit nicht zurechte kommet, woferne es an deutlichen Begriffen
fehlet, und insonderheit nicht so vieles Vergnügen daraus schöpffet, als wie sich zu
der deutlichen Erkäntnis vergesellschafftet.
Dieses ist eine Sache, darüber man nicht
nöthig hat zu disputiren. Man greiffe das
Werck so an, wie sichs gebühret; so wird
man es erfahren. Ich habe dasjenige wohl
erwogen, was in der Psychologie von der
Seele beygebracht wird aus Betrachtung
ihrer Würckungen, die sich in der Erfahrung zeigen. Ich habe die Eigenschafften
GOttes, wie ich sie in der Theologia naturali vortrage, wohl überleget und daß sie
die allgemeine Betrachtung der Welt erläutert und befestiget. Ich habe zu diesem Ende die allgemeine Betrachtung der Welt
angestellet, und die dazu nöthigen Begriffe
aus der Grund-Wissenschafft hergehohlet.
Ich habe mir angelegen seyn lassen mit
Fleiß zu untersuchen, was man von den besonderen Arten der Creaturen gewisses erkandt, oder doch mit vieler Wahrscheinlichkeit heraus gebracht, und nicht auf den sandigen Boden der *hypothesium* oder auf will-
führlich

kührlich angenommene Gründe, sondern
auf die untrügliche Erfahrung gebauet.
Ich habe mich viel geübet im Demonstriren
und es überleget, wie der Verstand in dieser
Arbeit verfähret. Und nachdem dieses
alles nicht aus Ubereilung, sondern mit gutem
Bedacht und mit guter Weile geschehen;
so bin ich endlich zu der Bestätigung
der Eigenschafften GOttes durch die besondere
Betrachtung der Creatur und seiner
selbst geschritten. Wer mir auf dem Wege
nachfolget, den ich gegangen bin, der
wird es auch so wie ich finden, indem ich von
dem rede, das ich erfahren habe und mir
niemand abdisputiren kan, der mit mir nicht
einerley Erfahrung hat. Wer aber einen
andern Weg gehet als ich, von dem hintersten
anfängt, ehe er dasjenige vorher wohl
inne hat, was als der Grund voraus gesetzet
wird, um die Fähigkeit, die durch
Ubung im Demonstriren erreichet wird,
sich nicht bekümmert und in einem oder ein
paar Abenden alles auf einmahl einsehen
will; der kan nicht die Erfahrung haben,
die ich habe, und also von dem nicht urtheilen,
was ich sage. Er redet von dem, was
seiner Erfahrung gemäß ist. Das andere,
worauf ich bey der Deutlichkeit der Begriffe
von den Eigenschafften GOttes und der
Verständlichkeit ihres Grades gesehen, bestehet
darinnen, daß einem diese Erkäntnis
wohl

*Wer den Autorem wohl verstehet.*

*Nutzen der deutlichen Begriffe von*

wohl zu statten kommet bey den Pflichten von GOtt in der Moral, als welche nichts anders als Handlungen sind, welche durch Erwegung der Eigenschafften GOttes determiniret werden. Dieses aber ist nicht ein geringer Nutzen, wenn man erweget, was das zu sagen hat, daß der Mensch in den Pflichten gegen GOtt alles aus Wahrheit thut. Man wird auch finden, daß ich es in der Moral dazu angewandt, wenn man, wie vorhin gedacht, alles in gehöriger Ordnung und mit rechtem Bedacht und guter Weile in der Ruhe seines Gemüthes überlegen wird.

§. 111. Ob ich nun zwar die Eigenschafften GOttes vermöge meines Beweises von seiner Existentz daraus herleite, daß man sowohl GOttes Verstand und Willen, als seine Macht dergestalt sich vorstellen muß, damit man dadurch verstehen kan, warum die Welt vielmehr so, als anders ist (§. 109); so bringe ich doch eben diejenigen heraus, die wir GOtt vermöge des von ihm geoffenbahrten Wortes beylegen. Ich erweise, daß GOtt allwissend sey und von allen Dingen eine anschauende Erkäntnis habe, sie mögen vergangen, oder gegenwärtig, oder zukünfftig seyn, oder bloß im Stande der Möglichkeit verbleiben. Ich führe auch aus, wie dadurch, daß GOtt alles vorher weiß, weder der Zufälligkeit der Be-

*GOttes Eigenschafften.*

*Was der Autor GOtt vor Eigenschafften beygeleget.*

*Allwissenheit.*

U                    geben-

gebenheiten der Natur, noch der Freyheit
des Menschen ein Eintrag geschiehet, und
hebe die Schwierigkeiten, die dabey entste-
**Vernunfft** hen. Ich erweise, daß GOtt die allerhöch-
**GOttes.** ste Vernunfft hat, und zeige den Ursprung
des Wesens aller Dinge, aller Wahrheit
und aller Vollkommenheit von GOtt. Ich
**Freyer** erweise, daß sich GOtt selbst erkennet und
**Wille.** einen freyen Willen hat, hebe auch die
Schwierigkeiten, die man dargegen zu machen pfleget, und zeige, was es für eine Beschaffenheit mit dem göttlichen Rathschlusse habe und wie weit alle Dinge darunter
gezogen werden.      Insonderheit lehre ich
auch, auf wie vielerley Art und Weise man
den Willen GOttes erkennen kan, und gebe dabey die Merckmahle an die Hand, woraus man eine göttliche Offenbahrung erkennen kan, wodurch der Grund geleget
wird auf eine demonstrativische Art die göttliche Autorität der Heil. Schrifft auszu-
**Allmacht.** führen.      Ich erweise, daß GOtt allmächtig sey und keine grössere Macht, als er hat,
gedacht werden mag.      Damit man aber erkennen mag, wie er seine Macht gebraucht,
**Weißheit.** so handele ich auch von seiner Weißheit und
zeige, wie alles in der Natur göttliche Absichten sind und wie GOtt alles dergestalt
dirigiret, daß endlich seine letzte Absicht,
warum er die Welt gemacht, nemlich die
Offenbahrung seiner Herrlichkeit, dadurch
erreis

erreichet wird, und sowohl eine jede Creatur ins besondere, als auch die gantze Welt
insgesamt ein Spiegel der göttlichen Vollkommenheit wird. Und hierdurch erhellet
zugleich, warum GOtt in der Welt dergestalt alles mit einander verknüpfft, daß eine
jede Würckung ihre Ursache hat, dadurch
man sie verständlich erkennen mag, und zugleich alles seine End-Ursachen, damit beständig eines um des andern Willen geschiehet. Ich habe hieraus zugleich gezeiget, wie weit die Wunder-Wercke statt
finden, und dadurch die *obedientialem po-*
*tentiam* der **Scotisten** verständlich gemacht, auch klärlich dargethan, daß die
Wunder-Wercke, welche GOtt thut, mit
zu dieser Ordnung gehören, die GOtt für
andern zu bewerckstelligen beliebet. Nachdem ich diejenigen Eigenschafften GOttes
erkläret, daraus man als aus seinen ersten
Gründen die Einrichtung der Welt, oder
der gegenwärtigen Ordnung der Dinge erkennen kan; so komme ich auch darauf,
wie GOtt sowohl durch die Schöpffung,
als durch die Erhaltung und Regierung,
oder Providentz dasjenige ausführet, was
er vermöge seiner Allwissenheit, seiner allerhöchsten Vernunfft und unendlichen
Weißheit in seinem ewigen Rathe beschlossen hat, und zeige nicht allein, wie GOtt
zu dem Bösen nichts beyträgt, sondern auch

*Potentia*
*obedien-*
*tialis.*

*Schöpf-*
*fung, Er-*
*haltung*
*und Re-*
*gierung.*

U 2                                      wie

wie er es ohne Tadel zulaffen kan, und dar innen seiner Vollkommenheit gemäß handelt: wobey zugleich die Schwierigkeiten aus den von unseren Theologis angenommenen Gründen gehoben werden. Ich erweise ferner, daß GOtt gütig sey und hebe die Schwierigkeiten, die man sich dargegen macht. Ich erweise, daß er unendlich, unveränderlich, ewig, ein einiges Wesen und der allervollkommenste Geist sey. Ich weise, wie er dadurch der allergerechteste wird, indem er seine Güte nach der Weißheit gebrauchet, da wir Menschen aus unrechtem Gebrauche der Liebe theils gegen uns, theils gegen andere von der Gerechtigkeit abweichen. Ich handele von dem allerhöchsten Vergnügen GOttes und von seiner Seligkeit, die keiner Creatur mitgetheilet werden mag und beschliesse mit der völligen Zufriedenheit, die GOtt allein als ein Eigenthum besitzet, von einer Creatur aber nicht erhalten werden mag.

§. 112. Will man nun zum Behuff des Gedächtnisses (§. 26.) alles zusammen nehmen, was von GOtt erwiesen worden, und einen ausführlichen Begriff demjenigen gewehren, welcher fraget, was GOtt ist? so muß man nach dem, was ich ausgeführet, ihn also einrichten: GOtt ist der allervollkommenste Geist, welcher den allerhöchsten Verstand, den vollkommensten Willen

*(Marginalien:)*
Güte.

Unendlichkeit/ Unveränderlichkeit/ Einigkeit.

Gerechtigkeit.

Seligkeit.

Wie der völlige Begriff von Gott nach dem Autore heraus kommet.

len und die allergröste Macht besitzet, ein
selbständiges, ewiges, unverweßliches,
unsterbliches, unendliches und einfaches
Wesen, allwissend, allmächtig, der aller-
weiseste, gütigste und gerechteste, unveränderlich in allem, was er ist und will, der
Schöpffer, Erhalter und Regierer der
Welt, der alles so ausführet, wie er es
vorher bedacht und in seinem ewigen Rath
beschlossen hat, um seine Herrlichkeit zu offenbahren, der Vergnügen, Seligkeit und
Zufriedenheit in einem solchen Grade besitzet, so der Creatur nicht mitgetheilet werden mag, der von allen Dingen independent ist, von dem aber alle Dinge dependiren, der alles von sich selbst hat, von dem
aber alles, was da ist, erhält, was es hat.
Aus der Moral kan man noch hinzu setzen,
daß er das Wesen sey, welches der Mensch
für allen andern Dingen zu erkennen verbunden und das er über alle Dinge lieben,
fürchten und ihm vertrauen, auch als den
Geber alles Guten um Zuwendung des Guten und Abwendung des Bösen anruffen
und vor alles Gute, ja selbst für die zu seinem Besten ihm zugeschickte Widerwärtig-
keiten dancken soll Diesen Begriff bekommet
von GOtt, der meine Schrifften durchlieset, und zwar dergestalt, daß er von allem,
was gesaget worden, nicht blosse Worte,
sondern verständliche Gedancken hat, und

U 3                              daß

daß er von allem überführet ist, woferne er
so viel Zeit anwendet, als dazu erfordert,
nach der Vorschrifft, die ich in dem 5. Capitel (§. 44. & seqq.) gegeben habe. Mit
was für Recht man nun sagen kan, ich hätte die Erkäntnis von GOtt so abgehandelt,
daß sie auch gar wohl ein Atheist, der GOtt
verleugnet, zugeben könne, mögen Unpartheyische beantworten, welche nicht nur erwegen, was hier gesaget worden, sondern
auch meine Schrifften, wo von diesen Materien gehandelt wird, selbst nachschlagen. Ich dancke GOtt, daß er mir diese
Erkäntnis gegeben hat, und daß er sie auch
bey andern anschlagen lassen, die bey einem
unausführlichen Vortrage in Zweiffel und
Unruhe gerathen waren. Ich zweiffele
auch nicht, daß ferner viele diese Erkäntnis
nutzen werden, wenn sie meine Schrifften
selbst lesen werden um sich daraus zu erbau-
en: denn wer mit dem Vorsatze darüber
kommet, daß er etwas aufsuchen will, was
er tadeln und verlästern kan; der gehet mit
meinen Worten nicht besser um, als dergleichen Leute selbst mit GOttes Worte
umzugehen pflegen. Unterdessen da ich
bloß von GOtt gehandelt, in so weit man
ihn aus den Gründen der Vernunfft erkennen kan, als welches einig und allein die
Verrichtung eines Welt-Weisen ist; so
darff man sich nicht befremden lassen, wenn
man

**Widersa-**
**cher des**
**Autoris**
**werden**
**schamroth**
**gemacht.**

**Was der**
**Autor den**
**Gottes-**
**Gelehrten**
**überlas-**
**sen.**

man in GOttes Worte ein mehreres findet, was hier nicht berühret worden. Denn
GOttes Wort muß uns eben mehrere Erkäntnis von ihm gewehren, als wir durch
die Vernunfft erreichen können; sonst wäre es nicht nöthig gewesen, daß sich GOtt
dem Menschen in seinem Worte geoffenbahret hätte. Es ist genug, daß dasjenige, was wir von GOtt erwiesen haben,
auch in seinem Worte stehet, und solchergestalt das übrige, was dort weiter zu finden, dem nicht zu wider seyn kan, was wir
von GOtt erwiesen. Und eben dadurch
wird ein Mensch, der alles wohl bedächtig
thut, angetrieben GOtt aus seinem Worte weiter kennen zu lernen, und wenn er ein
mehreres darinnen findet, die Schrifft hoch
zu achten. Also wird die Welt-Weisheit
ein Weg-Weiser zu der Schrifft und zeiget
durch ihre Unvollkommenheit von der Ho-
heit der Schrifft: welche Absicht wir insonderheit stets vor Augen gehabt.

§. 1 1 3. Wer nun alles erweget, was in
gegenwärtigem Capitel von denen Materien angeführet worden, die ich in der Metaphysick abgehandelt, und man darinnen
abhandeln soll, wenn man dieser Wissenschafft ein Gnügen thun will, der wird sich
nicht wundern, warum ich sie in unserer
Sprache die Haupt-Wissenschafft nenne
und ihr die Lob-Sprüche nicht mißgönne,

*Warum der Autor auf die Meta-physick viel hält.*

U 4      wel-

welche ihr die Schul-Weisen beygeleget,
unerachtet sie dieselbe auf eine solche Art abgehandelt, daß man daraus nicht so viel Erkäntnis erhalten können, als sie gewehren
soll, folgends den Nutzen verlohren, den sie
einem gewehren kan, wen sie auf eine gehörige
Weise abgehandelt wird. Wer nun ferner
bedencket, daß ich mir zweyerley habe angelegen seyn lassen, nemlich 1. durch deutliche Begriffe alles verständlich zu machen,
2. durch stete Verknüpffung einer Wahrheit mit der andern alles gründlich zu erweisen; der wird mir nicht verargen, daß ich
vorgebe, ich hätte in dieser Disciplin angefangen es lichte zu machen. Weil nun aber
über dieses niemand leugnen kan, daß, wenn
in einer Sache einmahl ein Anfang gemacht
worden, nach diesem auch Hoffnung ist,
es werden andere weiter gehen und nach
und nach immer mehr ausführen, was noch
übrig ist; so wird sich niemand verständi-
ges darüber ärgern können, daß ich vor
mein Buch die Sonne stechen lassen, wie
sie aus denen sich brechenden Wolcken hervor kommet und Hoffnung macht, es werde das Gewölcke nach und nach gantz vertrieben werden.

Was er an ihr gethan.

Einfalt der Geg-ner des Autoris.

Da

## Das 8. Capitel.

# Von den Anmerckungen über die Metaphysick und den Schutz-Schrifften des Autoris.

### §. 114.

Nachdem viele unter den Studirenden den Nutzen verspüreten, den
sie von der deutlichen Erkäntnis
hatten, und einige Leute ihr Interesse dabey fanden, daß sie sie in der Unwissenheit unterhielten; so ergriffen sie die
Gelegenheit mit beyden Händen, als ihnen
jemand an die Hand gab, wie sie einige
Worte in meinen Schrifften verkehren
könnten.  Sie verkehrten demnach einige
Stellen in meinen Schrifften und zogen
verhaßte Consequentien daraus, schickten
ihre harte Beschuldigungen an hohen Ort
und schlugen Leute zu Richtern vor, von
denen jedermann wuste, daß sie der Sachen
unwissend und partheyisch wären. Als man
nun die Unbilligkeit dieses Suchens erkandte, mir die Beschuldigung zu meiner
Verantwortung communicirte und aus
eigener Bewegnis andere verständige und
unpartheyische Männer zur Untersuchung
beorderte; so stund dieses meinen Feinden
nicht an, sondern sie suchten durch hinterlistige Nachstellungen mir zu schaden.

*Warum der Autor Anmerckungen über die Metaphysick geschrieben.*

U 5                          Weil

Weil sie es aber zu bundt angefangen hatten, so waren sie in dem Stande der Nothwendigkeit sich durch Schmähen und Lästern zu helffen: welches sie auch nach ihrer darinnen erlangten Fertigkeit thaten. Ich habe niemahls Gefallen an Streit-Schrifften gehabt, weil mir gar wohl bewust ist, daß die meisten Streitigkeiten von Mißverständnis herrühren, und durch den Trieb schlimmer Affecten angefangen und unterhalten werden. Ja selbst Schutz-Schrifften räume ich nicht weiter Platz ein, als in so weit es die höchste Nothwendigkeit erfordert sich wider schädliche Anfälle zu vertheidigen. Derowegen hielte ich nicht vor rathsam mich mit meinen Feinden in Streit einzulassen, deren Art ohnedem vorhin bekandt ist, daß sie der Wahrheit nicht statt geben, sondern bloß durch Sophisterey en die Menge auf ihre Seite zu bringen suchen. Vielmehr weil alles auf blosse Verkehrungen meiner Worte ankam, die man zum Grunde einer frevelhafften Consequentien-Macherey legte; so vermeynte ich am besten gethan zu seyn, wenn ich denen zu gefallen, welche nicht Zeit, oder auch Fähigkeit haben, meine Metaphysick mit solchem Bedacht durchzulesen, wie erfordert wird (§. 44. & seq.) und, was an verschiedenen Orten erwiesen wird, nach diesem zusammen zu bringen um seinen Begriff völlig

**Was der Autor von Streit- und Schutz-Schrifften hält.**

völlig zu machen, die gantze Metaphysick
erläuterte, die eigentliche Absicht der Lehren
zeigte und den wahren Verstand meiner
Worte aus den gegebenen Erklärungen und
dem Zusammenhange meiner Lehren und
hypothesium wider die gemachte Verdrehungen rettete. Und auf solche Weise kamen die Anmerckungen über die Metaphysick zum Vorschein (§. 5.). Unerachtet
nun dieses Buch bey Verständigen und
Unpartheyischen die Stelle einer Schutz-
Schrifft vertreten sollte, auch, daß solches
geschehen sey, die Erfahrung gelehret; so
habe ich doch überhaupt darauf gesehen, daß
es zu besserem Verstande der Metaphysick
für diejenigen dienen möchte, welche das
Buch für sich durchlesen. Und es hat auch
in diesem Stücke gute Dienste erwiesen
und kan demnach beständig beybehalten
werden.

*Nutzen der Anmerckungen über die Metaphysick.*

§. 115. Nach diesen verschiedenen Absichten, die ich bey meinen Anmerckungen
über die Metaphysick gehabt, habe ich auch
verschiedenes in acht nehmen müssen. Damit sie eine Schutz-Schrifft wären; so habe ich die Verdrehungen meiner Worte an
gehörigem Orte angemercket und gewiesen,
wie man ihnen Gewalt thut. Denn da
ich meine Worte alle erkläre und die Sätze
alle mit einander verknüpffe, so kan ich
auf eine demonstrativische Art zeigen, was

*Wie der Autor diese Anmerckungen eingerichtet, in so weit sie eine Schutz-Schrifft sind.*

meine

meine Meynung ist, und was man mir andichtet. Weil man sein gantzes Vertrau-
en auf verhaßte Consequentien setzet,
darmit man mich anzuschwärtzen gedencket; so habe ich zugleich gewiesen, wie
dieselben wegfallen. Und da bey meinen
Widersachern Unverstand und Boßheit
mit einander um die Oberhand streiten;
so habe ich auch hin und wieder nützliche
Erinnerungen einfliessen lassen, damit andere sich nicht auch so vergehen, sondern
was zu ihrem Besten dienet, besser wahrnehmen. Ich habe bloß mit der Sach
zu thun und deswegen niemanden genennet: allein da sich einer und der andere getroffen gefunden, so hat er diese heilsam
Erinnerungen für Schmähungen und Lästerungen ausgegeben, an statt daß er si
zu seiner Besserung hätte anwenden sollen
Es sind aber diese Erinnerungen um so vie
nöthiger gewesen, je nachtheiliger für un
sere Kirche sich meine Feinde aufgeführe
haben, indem man von dergleichen Ver
fahren noch nie gehöret, weil die Welt ste
het. Und da meine Gegner sich in de
demonstrativischen Vortrag nicht zu finde
gewust, dem zu Folge man die Begriff
der Dinge sehr zergliedern, und ein jede
ins besondere an demjenigen Orte erweise
muß, wo es sich am füglichsten erweise
lässet; so habe ich auch in den Anmerckung
ge

*Warum der Autor Lehren seinen Gegnern gegeben.*

*Wie er sich nach ihrem Begriffe gerichtet.*

gen mich darnach geachtet und von den Sachen so geredet, wie es sich thun lässet, wenn
man alles als erwiesen voraus setzet. Dieses habe ich hier ohne Nachtheil der Wahrheit thun können, weil ich niemahls etwas
voraus gesetzet, als was in der Metaphysick
erwiesen worden. Daher ist es kommen,
daß meine Gegner selbst öffentlich bekannt,
man könnte mich aus den Anmerckungen
besser verstehen, als aus dem Wercke selbst,
zum offenbaren Zeugnisse wider sich selbst,
daß sie nicht verstehen, wie die Sachen abzuhandeln sind, wenn man sich nach dem
demonstrativischen Vortrage achten will.
Man hat aber auch daher Anlaß genommen zu lästern und mit Unwahrheit seinen
ungegründeten Auflagen einen Schein anstreichen wollen, indem man vorgegeben,
als wenn ich von meinen Meynungen abgienge und mich besser erklärete, da es doch
nicht möglich ist, daß man seine Worte
anders auslegen kan, wo man allen Worten ihre abgemessene Bedeutung zugeeignet
und die Sätze in beständiger Verknüpffung
mit einander erwiesen. Ein Exempel haben wir an der Verknüpffung der Dinge,
von der ich (§. 176. Annot. Met.) erwiesen
habe, daß sie nichts anders ist als dependentia a causis finalibus & efficientibus,
und daß auch selbst die Wunder-Wercke
mit in der Ordnung der Dinge gegründet
sind,

sind, in so weit sich Anlaß dazu darinnen
findet (§. 196. Annot. Met.), da etwas durch
GOttes ausserordentliche Krafft propter
rationes finales, oder damit er seine Absichten erreichet, hervorgebracht werden
muß, weil es sich natürlicher Weise nicht
bewerckstelligen lässet. Wenn man vorgeben will, als wenn ich meine Meynung
geändert hätte; so muß man zeigen, daß
ich in den Anmerckungen etwas gesaget,
was denen in der Metaphysick gegebenen
Erklärungen und daselbst erwiesenen Sätzen zuwider ist, dergleichen man nimmermehr das geringste mir wird zeigen können.
Allein meine Gegner sind solche liebe Herren, daß sie immer schreyen, ich hätte dieses,
oder jenes nicht genug erwiesen; ihnen aber
soll man alles glauben, weil sie es sagen, und
davon sie öffters nicht wissen, wie es anzufangen ist, wenn man erweisen soll: wie wir
dessen hier ein klares Exempel haben, da sie
nicht verstehen, wie man erweisen soll, ob
einer in seinen Discursen, dergleichen die
Anmerckungen über die Metaphysick sind,
von dem abgehet, was er in dem demonstrativischen Zusammenhange der Wahrheiten erwiesen. Ich habe ihnen nun gesagt, wie sie es angreiffen können. Wenn
ich mich meiner Sache nicht gemäß wüste;
so würde ich furchtsam seyn wie sie, die mit
aller Macht darnach trachten, wie sie die

*Wie sie geartet.*

Leute

Leute in Unwissenheit erhalten mögen, damit
sie ihre Blöße nicht einsehen können. Ich
verlange, daß derjenige, welcher meine
Schrifften lesen will, seinen Verstand üben
soll, so viel als nur immer möglich ist, und
fürchte mich nicht, daß ich mit ihm nicht
auskommen werde, wenn er seinen Verstand recht brauchen gelernet. Es braucht
nicht viel Verstand dazu, daß man siehet,
dergleichen Furcht sey ein klarer Zeuge, wie
man sich nicht getrauet seine Sache zu vertheidigen. Weil ich nun aber mit Schutz-
Schrifften nichts zu thun habe, als in so
weit es die äusserste Nothwendigkeit erfordert; so habe ich auch in diesem Stücke die
Sache so eingerichtet, daß der gantze Vortrag zum Unterrichte dienet und mit Nutzen
von denen gelesen werden kan, welche sich
weder um den Streit noch die Verfolgung
bekümmern, so dieses Buch zu schreiben
Anlaß gegeben. Ich bringe die Sachen so
vor, wie nöthig ist, wo man seine Lehren den
Ungeübten zum Besten verständlicher erklären und durch Wegräumung der Einwürffe und Zweiffel, die bey einem Anfänger
entstehen können, bestätigen will. Und die
eingestreuete Erinnerungen von dem Verfahren meiner Feinde sind nützliche Lehren,
die mehr als einen Gebrauch haben. Denn
sie dienen nicht allein dazu, daß man sich
in acht nimmet, wenn man sich an andere

*Wie der Autor andere unterrichtet, indem er sich defendiret.*

wegen

wegen ihrer Meynungen machen will, damit man weder diejenigen beleidiget, mit denen man zu thun hat, noch auch selbst seinen guten Nahmen bey Verständigen und bey den Nachkommen überhaupt an die Schantze schläget; sondern zeigen auch zugleich was es mit der Unart der Gelehrten für eine Beschaffenheit hat, damit man sich wider ihre Boßheit desto besser schützen und für ihrer Raserey in acht nehmen kan. Ein mehreres wird ein jeder selbst sehen, der seine Umstände mit zu rathe ziehet.

§. 116. Indem ich die Anmerckungen zu einer Schutz-Schrifft gemacht, so habe ich sie schon zugleich dergestalt eingerichtet, daß sie zum Unterrichte derer dienen können, welche für sich die Metaphysick lesen und desto leichter zu rechte kommen wollen. Derowegen wenn ich weiter nichts geschrieben hätte, als was in der ersten Absicht geschrieben worden, so könnte man sie schon als ein Hand-Buch bey der Metaphysick gebrauchen um desto besser einzusehen, was einem etwan dunckel, oder zweiffelhafft vorkommen dörffte, und die Scrupel zu heben, die einem etwan einfallen könnten. Allein ich habe noch ins besondere für diesen Gebrauch gesorget. Zu dem Ende nun habe ich, wo ich es für nöthig erachtet, den Grund angezeiget, warum ich die Sachen in dieser und keiner andern

Ord-

Wie der Autor die Anmerckungen eingerichtet, in Ansehung des Unterrichtes.

Ordnung abgehandelt und warum ich die
Erklärungen so und nicht anders einge=
richtet. Ich habe an denen Orten, wo ich
es für nöthig befunden, angezeiget, in was
für einer Absicht ich eine gewisse Materie
abhandele, ja zu was Ende ich einzele Sätze
beybringe, damit man auf dasjenige desto
mehr acht hat, was man als Gründe zu Be=
stätigung wichtiger und nützlicher Wahrheit
gebrauchet. Ich habe öffters den Nu=
tzen einiger Lehren angezeiget, wo ihn
nicht ein jeder vor sich sehen kan, damit man
nicht aus Ubereilung zu seinem Schaden
verachtet, was man werth halten und sich
wohl bekandt machen sollte. Endlich habe
ich noch vieles hinzu gesetzet, was in der
Metaphysick nicht stehet, damit diejenigen,
welche an gründlicher Erkäntnis der Wahr=
heit Wohlgefallen haben, desto weiter kom=
men können, massen die Wahrheiten sich
in so viel mehreren Fällen nützen lassen, je
allgemeiner sie sind. Und demnach sind die
Anmerckungen um so vielmehr ein nützli=
ches Hand=Buch, welches ein jeder mit
Vortheil dabey gebrauchet, der aus meiner
Metaphysick Unterricht holen will. Ob
nun aber gleich die Anmerckungen ein
Hand=Buch seyn und bleiben sollen, wel=
ches man in Durchlesung der Metaphysick
gebrauchen kan, zu desto besserem Verstan=
de dessen, was man lieset, und zu Vermeh=

Wozu die Anmer=ckungen über die Metaphy=sick zu ge=brauchen.

X rung

rung der Erkäntnis, die man aus der Metaphysick schöpffet; so habe ich sie doch zugleich so eingerichtet, daß man sie als ein besonderes Buch lesen und verstehen kan,
wenn man gleich die Metaphysick nicht dabey hat. Und hierunter habe ich mehr als
einem dienen wollen, und das Buch zu vieler Unterricht dienlich gemacht. Denn wer
entweder die Metaphysick von mir erklären
gehöret, oder auch schon vorher vor sich
dieselbe mit gehöriger Application durchgegangen, der kan solchergestalt die Anmerckungen mit Nutzen lesen, ohne daß er
nöthig hat die Metaphysick mit dabey zu
haben, indem alles, was in den Anmerckungen gesetzt wird, völlig verstanden werden
mag, ohne in der Metaphysick nachzusehen,
worauf sich solches beziehet. Wer nur
eine historische Nachricht verlanget von
dem, was eigentlich meine Meynung ist,
damit er wisse, was von dem Lermen meiner Widersacher zu halten sey; der darf
nur die Anmerckungen durchlesen und hat
nicht nöthig die Wahrheiten in der Metaphysick nach allen ihren Gründen zu untersuchen. Ja wer sich an meine Schrifften
nicht wagen will, weil ihm der demonstrativische Vortrag als etwas ungewohntes
beschwerlich fället, und doch einen Geschmack von meiner Philosophie zu haben
verlanget, der kan gleichfals die Anmerckungen

gen lesen.   Die Erfahrung hat mich gelehret, daß schon mehr als einer dadurch aufgemuntert worden meine übrige Schrifften zu lesen und sich in der darinnen enthaltenen Erkäntnis feste zu setzen.   Ich habe Vorsatz
meine Zeit, die mir GOtt auf der Welt des Auto-
zu leben bestimmet, und meine Kräffte des ris.
Verstandes, die er mir verliehen, dazu anzuwenden beschlossen, damit die Erkäntnis
der Wahrheit zu seiner Verherrlichung und
der Menschen Glückseligkeit ausgebreitet
werde, und deswegen habe ich auch an statt
einer leeren Streit- und Schutz-Schrifft
eine andere Schrifft verfertiget, dadurch ich
zugleich vielen andern Nutzen schaffte. Den
ich frage auch weiter nicht nach den Lästerungen und Verfolgungen meiner Feinde,
als in so weit ich sie als Hindernisse ansehe,
die ich aus dem Wege zu räumen habe, woferne ich den jetzt von mir berührten Zweck
erreichen will.

§. 117. Aus dem, was bisher von Warum
der Einrichtung meiner Schrifften gesaget der Autor
worden, wird man schon zur Gnüge sehen, die Nah-
warum ich meine Widersacher nicht mit men seiner
Nahmen genennet und ihre Schrifften und cher ver-
daraus ihre Worte angeführet. Ich su- schweiget.
che weiter nichts, als daß ein unpartheyischer Leser erkennet, wie ich von allen schädlichen Meynungen und gefährlichen Irrthümern gar weit entfernet bin, und man
              X 2                    nicht

**Erste
Ursache.**

nicht Ursache hat so ein unbesonnenes Geschrey und Lermen anzufangen, dergleichen
man heute zu Tage bey der eingeführten
Freyheit zu philosophiren am allerwenigsten vermuthen sollte, zumahl von Leuten,
die sich derselben selbst bedienet, und an
Orten, wo der Flor der Universitäten derselben zu dancken. Dazu aber hat man
weiter nichts nöthig, als daß man meine
Meynungen kennen lernet, und darf nicht
wissen, wer so unbesonnener Weise meine
Worte verkehret und mit so ungereimten
Consequentien mich verhaßt machen wollen. Uber dieses muß ich aufrichtig gestehen,
daß es mir allzeit wehe thut, wenn Leute,
die in Ansehung ihrer Gelehrsamkeit, oder
auch in Ansehung ihres Ambtes, ihrer
mehr wahrnehmen sollten, sich so vergehen
und es so wohl an ihrem Verstande, als
an ihrem Willen fehlen lassen. Und deswegen achte ich es sowohl für sie, als auch
für die Nachkommen vorträglich, daß nicht
im schlimmen ihr Andencken erhalten werde. Ihnen geschiehet eine Güte, damit sie
nicht bey der Nach-Welt zu Schanden
werden, wo man in Urtheilen aufrichtiger
ist, nachdem das Interesse aufgehöret, welches die Menschen verblendet. Die Nachkommen aber bleiben von dem Aergernisse
frey, welches sie daraus nehmen können,
wenn es Leute so gar sehr an ihrem guten
Willen

**Andere
Ursache.**

Willen fehlen laſſen, die andern ein Vor-
bild der Tugend ſeyn ſollten.

§. 118. Ich habe in der andern Vorrede
über die Metaphyſick erinnert, daß man auf
meine Gründe noch vieles bauen könne und
daß ich ſelbſt in dem Stande wäre dergleichen zu thun. Und in dieſer Abſicht habe
ich vieles in die Anmerckungen gebracht,
welches aus demjenigen hergeleitet werden
mag, was in der Metaphyſick ſtehet; aber
auch anderes hinzu geſetzet, was daſelbſt
entweder gar nicht berühret, oder doch nicht
ſo deutlich ausgeführet worden. Damit
habe ich erwieſen, daß ich in der Vorrede
nichts vorgegeben, was ſich nicht in der
That ſo befindete, denn ich liebe Wahrheit
und Aufrichtigkeit, und habe daher niemahls mit Leuten Gemeinſchafft gemacht,
die Meynungen nach Intereſſe erwehlen und
die Tugend in einen verſtellten Schein verkehren. Und hierdurch habe ich auch denen
einen Gefallen gethan, welche mehreren Unterricht von mir verlanget, indem ſie meine
Lehren fruchtbahr und nahrhafft finden.
Ich habe aber zugleich diejenigen beſchämet,
welche meynen, man könnte in dieſer Wiſſenſchafft nichts thun, wenn man nicht
einriſſe, was andere gebauet hätten, und
könnte keinen Ruhm erlangen, wenn man
nicht andern ihren guten Nahmen be-
ſchmutzte: welches inſonderheit ein ſchäd-

*Wie der Autor ſeine An-
merckun-
gen für
diejenigen
eingerich-
tet / die
weiter
gehen
wollen.*

X 3                    licher

Schädlicher Wahn der Deutschen.

licher Wahn bey uns Deutschen ist, da ein jeder, der kaum aus der Lehre kommen, ja öfters daraus entlauffen ist, sich dadurch hervor zu thun gedencket, daß er auf eine ungeziemende Weise diejenigen anfället, welche sich um die Wissenschafften und Gelehrsamkeit wohl verdienet gemacht, und von denen er noch gar viel zu lernen hätte und lernen könnte, wenn er nicht schon alles besser zu wissen vermeynte, oder doch so einfältig wäre, es sollten ihn andere davor ansehen, daß er entweder von Natur, oder doch mit geringem Fleisse in kurtzer Zeit mehrere Fähigkeit erreichet, als die grösten Leute durch so viele in langen Jahren beständig fortgesetzte Ubungen nicht erreichen können.

Gebrauch der Anmerckungen über die Metaphysick.

Da ich nun aber nicht allein dasjenige, was in der Metaphysick stehet, auf gar vielfältige Art erläutert, sondern auch verschiedenes hinzu gesetzt, was darinnen nicht zu finden; so thut derjenige wohl, welcher meine Metaphysick vor sich durchgehen will, daß er die Anmerckungen stets mit bey der Hand hat, und insonderheit einen jeden §. mit Bedacht durchlieset, wo er in der Metaphysick einen Anstoß findet. Vielleicht wird er auch aus den Anmerckungen lernen, daß er bey manchem mehr Anstand findet, wenn er sie gelesen, als er sich anfangs eingebildet, und dadurch zu mehrerer Aufmerckfamkeit aufgemuntert werden.

Ich

Ich habe ausser den neuen Zusätzen endlich
auch an verschiedenen Orten angewiesen,
was noch nützliches erfunden werden kan,
um denen Gelegenheit zu geben ihre Kräffte
zu versuchen, die sich so starck zu seyn düncken, als auch denen zu eigenem Nachdencken Anlaß zu geben, welche versuchen wollen, ob sie durch dasjenige, was sie aus
meinem Buche gelernet, vor sich weiter kommen können.

§. 119. Es würde weitläufftig fallen, *Erzehlung*
wenn ich die Anmerckungen gantz durchge- *einiger*
hen und alles anzeigen wollte, was ent- *Materien,*
weder weiter ausgeführet, oder von neu- *die der*
em hinzu gesetzt worden: damit doch aber *Autor*
erhelle, was man darinnen zu suchen hat, *entweder*
so will ich eines und das andere anführen. *weiter*
In der Ontologie habe ich gewiesen, daß *ausgefüh-*
der Satz des zureichenden Grundes weder *ret, oder*
in den cörperlichen Dingen, noch in Gei- *hinzu*
stern eine Nothwendigkeit einführet; in *gesetzt.*
welchem Falle man definitiones negativas *1. in der*
verstatten kan; was sich für Unterscheid in *Ontolo-*
der Würcklichkeit der Dinge befindet; was *gie.*
es mit dem Wesen der Dinge eigentlich
zu sagen habe; wie weit deutliche, aber un-
vollständige Begriffe in Irrthum verleiten; was Erdichtungen in der Erfindungs-
Kunst nützen; wie die allgemeinen Begriffe von den Dingen in der Physick ge-
nutzet werden; wie man zur Erkäntnis der

X 4　　　　　　　ein-

einfachen Dinge gelanget; wie grossen
Nutzen die Lehre von der Vollkommenheit
hat; was die Architectonica für eine Wissenschafft sey; was die Zufälligkeit für
einen Ursprung hat; wie die Arten und
Geschlechter der Dinge recht zu unterscheiden und dieser Unterscheid zu nutzen. In
der Psychologia empirica habe ich unter andern gezeiget, was diese Disciplin für Nutzen in der Moral und Logick hat; was
die Regel der Einbildung für Nutzen hat;
ob die Träume dem Satze des zureichenden
Grundes zuwider sind; wie die Schrifften der Gedächtnis-und Bücher-Gelehrten von denen unterschieden, die mit Verstande zusammen getragen worden; daß
man in der Logick alles auf den Grund der
dreyen Würckungen des Verstandes bauen muß; wie Grund-und Nach-Urtheile
unterschieden; was das vitium Subreptionis
oder das Erschleichen eigentlich bey der Erfahrung zu sagen hat; woher die Lehre von
den Schlüssen ihre Gründe hat; was eigentlich die natürliche Logick und Moral
sey; wie ein Zustand der Seele aus dem
andern kommet, und wie der gegenwärtige, durch den vergangenen mit dem zukünfftigen imprægniret wird; warum man
durch das Studiren den Verstand verderben kan; wenn Dichten ein Mittel zu erfinden ist, und wie die Kunst zu erfinden zunimmet;

*2. In Psychologia empirica.*

met; durch was für eine Philosophie man vernünfftig wird; wie man dem Irrthume am sichersten widerstehet; was eigentlich die Wahrscheinlichkeit ist, davon man bisher einen fruchtbahren Begriff verlanget und wie man zur Vernunfft=Kunst des wahrscheinlichen gelangen kan; was die Moral eigentlich für Gründe hat; welches der eigentliche Begriff von dem guten und bösen ist; was der Unterscheid des höheren und niederen Theiles der Seele nutzet; ob bey dem Willen jemahls ein Zustand einer völligen Gleichgültigkeit vorkommen kan; wie weit die Erfahrung von der Gemeinschafft zwischen Leib und Seele gehet und wie sie in der Moral, Politick und Theologie hinlänglich sey. In der Cosmologie habe ich den Nutzen dieser Disciplin in Besiegung der Atheisterey ausführlich angezeiget, auch über dieses gewiesen, wie die Verknüpffung der Dinge in der Welt nichts anders als dependentia à causis efficientibus & finalibus sey; wie dadurch das Stoische Fatum aus der Welt geschafft und der Weißheit GOttes Platz verschafft wird; wie weit man die Welt eine Machine nennen kan; ob die natürliche Begebenheiten eine Gewißheit haben und wie sie zur Würcklichkeit gelangen; wie die unvermeidliche Nothwendigkeit aus den eigenen Gründen der Atheisten widerleget wird; wie die natürlichen Be-

3. in der Cosmologie.

X 5                           geben-

gebenheiten von einander dependiren und
wie weit die freyen Handlungen der Menschen in dem Zusammenhange oder der Ordnung der cörperlichen Dinge gegründet; auch
wie weit man von den Wunder-Wercken
darinnen einigen Grund suchen kan; wie die
determinirte Wahrheit, dadurch die GOttes-Gelehrten die Vorsehung GOttes wider
die Socinianer behaupten, von der Nothwendigkeit unterschieden, und daß die Nothwendigkeit des Wesens der Freyheit GOttes nicht den geringsten Eintrag thut; worinnen es die Welt-Weisen bey den Elementen versehen; wie die Dinge in allem, was
sie sind, von GOtt dependiren und die Eigenschafften GOttes die letzten Gründe dessen sind, was einem Dinge zukommet; daß
die Unmöglichkeit zweyer ähnlicher Dinge in
der Welt der Allmacht GOttes nicht nachtheilig, und was die Erkäntnis derselben
nutzet; woraus GOttes Vernunfft und
Weisheit in der Einrichtung der Welt erkandt wird; wie die allgemeine Harmonie
der Dinge beschaffen und was ihre Erkäntnis nutzet; wie cörperliche Dinge aus den
Elementen entspringen; wie Verstand und
Imagination bey dem Begriffe der Materie
einander nicht hindern sollen; wie wir zur
Erkäntnis der Materie gelangen; daß die
Natur der Dinge nicht nothwendig sey; wie
weit die Philosophia corpuscularis ihren

Nutzen

Nutzen hat, und welches die wahre Be=
schaffenheit der mechanischen Philosophie
sey, auch wie weit man Cörper Machinen
nennet; daß ich grössere Zufälligkeit in der
Welt behaupte, als noch von keinem Welt=
Weisen geschehen; wie man aus der Krafft
der Cörper auf eine demonstrativische Art
zeiget, daß ein GOtt sey; daß die Natur
kein leeres Wort, viel weniger als ein Gö=
tze zu verwerffen sey; wie behutsam ich in Er=
klärung des Begriffes von dem übernatürli=
chen verfahren; daß der Lauff der Natur
nicht nothwendig sey; wie weit man die Leh=
ren der Atomisten kan passiren lassen; wie
die Vollkommenheit der Welt erkandt wird
und was diese Erkäntnis nutzet; ob man aus
GOttes Weißheit erweisen kan, daß kein
leerer Raum sey; und ob er unterweilen den
Lauff der Natur durch Wunder=Wercke
bessern muß.   In der *Psychologia rationali*    4. in Psy-
habe ich vor allen Dingen mein Vorhaben    chologia
entdecket, nemlich daß ich einen Versuch    rationali.
gethan, ob man nicht von der Seele auf ei=
ne gleiche Art philosophiren könne, als bis=
her in der Physick von cörperlichen Dingen
geschehen, damit man von den Veränderun=
gen, die sich in der Seele ereignen, zurei=
chenden Grund anzeigen möchte, woraus
man verstehen kan, wie sie erfolgen.   Denn
die sich einbilden, es könne wegen der Frey=
heit der Seele nicht geschehen, überlegen
nicht

nicht genug, wie weit dieselbe gehet. Da
man aber vermeynet, als wenn alles, was
ich in dieser Absicht vorgetragen, einig und
allein auf das *Systema harmoniæ præstabilitæ*
gienge, wodurch der Herr von **Leibnitz**
die Gemeinschafft zwischen Leib und Seele
auf eine verständliche Art zu erklären gesucht,
so habe ich gewiesen, was ohne einige Veränderung in allen Systematibus, sie mögen
Nahmen haben, wie sie wollen, statt findet
und wie hingegen dasjenige, was nach dem
*Systemate harmoniæ præstabilitæ* eingerichtet
ist, mit einer wenigen Veränderung in allem
übrigen beygebracht werden kan. Ich habe
zugleich angezeiget, wie sowohl das gemeine
*Systema influxus*, als das *Systema causarum
occasionalium* nach der neueren Erfindung
in der Physick und Metaphysick eingerichtet
werden kan, damit es mit denselben harmo-
niret und wenigeren Schwierigkeiten unterworffen ist: welches Hr. Prof. **Bülffinger**
in seinen *Dilucidationibus Philosophicis*
pag. 339. 350. & seqq. angeführtt und gebilliget, als der sich Mühe gegeben meine
Schrifften einzusehen und mehr Fleiß angewandt sie zu verstehen als andere dieselben zu
tadeln, auch um so vielmehr davon urtheilen
können, weil er nicht unerfahren als ein Anfänger darüber kam, sondern sich vorher gar
wohl in andern Büchern umgesehen hatte,
die sowohl von Auswärtigen, als Einhei-
mischen

mischen von philosophischen Materien waren heraus gegeben worden. So offt solche Leser über meine Schrifften kommen, so
offt habe ich sie auch geneigt vor mich gefunden. Ich habe insonderheit auch gewiesen,
daß die Seele nicht mehr als eine einige Krafft
nöthig hat alles dasjenige zu bewerckstelligen, was durch ihre verschiedene Facultäten
möglich ist, und was die Krafft die Welt
vorzustellen zu sagen hat. Ich führe über
dieses Ursachen an, warum man das *Systema harmoniæ præstabilitæ* erklären soll, wenn
man ihm gleich nicht beypflichtet, und führe
dabey aus, wie es eine blosse philosophische
*Hypothesis* oder Meynung sey, die weder in
die *Theologie*, noch in die Moral und Politick einen Einfluß hat, folgends mit verhaßten *Consequentien* nicht belästiget werden mag. Ich vermeyne den Unterscheid der
*Systematum*, dadurch man die Gemeinschafft zwischen Leib und Seele zu erklären
sucht, in grösseres Licht gesetzt zu haben, als
man sonst nirgends antreffen wird. Ich
habe Sonnen-klar gewiesen, daß im *Systemate harmoniæ præstabilitæ* der Freyheit nicht
der geringste Eintrag geschiehet, und wie genaue sie mit der *Theologia naturali* zusammen stimmet. Ich bringe noch verschiedenes
anderes vor, was in der Erkäntnis der Seele nicht zu verachten ist, als von der Aehnlichkeit der Erfindungen mit denen Sachen,
davon

davon sie erreget werden, von ihrer Undeut=
lichkeit, warum in allen Systematibus ihre
Veränderung einerley Grund hat, inglei=
chen von dem Ursprunge der Einbildungen,
von dem Unterscheide GOttes und der Men=
schen in Erkäntnis des vergangenen und
künfftigen, warum die Medici auf den Ma=
terialismum verfallen, warum die determi=
nirte Wahrheit des zufälligen die Zufällig=
keit und Freyheit nicht aufhebet, was es
mit der allgemeinen Erkäntnis für Beschaf=
fenheit hat, was Vernunffts=Schlüsse in
in der Seele zu sagen haben und was dabey
für ein Zustand im Gehirne ist, wie ich in
Erklärung des Willens a priori verfahre
und was Appetit und Wille eigentlich für
einen Grund haben, wie weit man der See=
le eine Indifferentiam exercitii zulassen kan,
worauf es bey Vollziehung der freyen
Handlungen im Systemate harmoniæ præ=
stabilitæ eigentlich ankommet, mit was für
Kunst GOtt den Leib zubereitet, warum
man Unverweßlichkeit und Unsterblichkeit
unterscheiden soll. Und damit meine Wi=
dersacher sehen, daß ich nicht zaghafft bin,
und weiter nichts als die Wahrheit suche;
so gebe ich ihnen selbst an, was man erwei=
sen muß, wenn man das Systema harmoniæ
præstabilitæ über den Hauffen werffen will,
weil ich doch sehe, daß sie sich nicht zu rech=
te finden können und wie blinde Leute im

sin=

finstern herum tappen, auch sich wider die
Wahrheit irrige Sätze erdichten, und mir
wider anständige Aufrichtigkeit dieselbe als
Gründe desselben ungescheuet beymessen,
ich aber Mitleiden mit ihnen habe, daß sie
sich so wohl von Seiten des Verstandes,
als des Willens so bloß geben. Wie ich
denn auch aus eben dieser Absicht die Einwürffe gegen dieses Systema so lebhafft vorstelle, als nur immermehr möglich ist, ausser daß ich mich von abgeschmackten Consequentien enthalte, die einem, der Wahrheit und Redlichkeit liebet, nicht anstehen,
wie ich zur Gnüge an andern Orten erwiesen. Endlich in der *Theologia naturali*
oder der Lehre von GOtt habe ich für allen
Dingen gewiesen, wie man verfahren müsse, wenn man diese Lehre auf eine demonstrativische Art vortragen will, weil meine
Gegner sich darein gar nicht zu finden gewust, und daher so seltsame Einwürffe auf
die Bahn gebracht, darauf sich ein Verständiger zu antworten vor Verständigen
schämet. Ich habe ferner angezeiget, warum die Existentz der sichtbahren Welt nicht
erst erwiesen worden; wie man die Eigenschafften GOttes untersuchen muß, und
auf was für eine Art und Weise ich dieselben erweise; worinnen die Erkäntnis alles
dessen, was möglich ist, bestehet, was es
mit der *Scientia media* eigentlich zu sagen
hat,

§. in
Theolo-
gia natu-
rali.

hat, worinnen der Grund der göttlichen
Vorsehung zu suchen, daß man die natürliche Wahrheiten nicht heydnische nennen
kan, ob die Nothwendigkeit des Wesens
dasselbe ausser GOtt setzet, ob die Wahl
des Besten die Freyheit hindert, warum zu
Demonstrationen in Disciplinen der Wille GOttes nicht als ein Grund gebraucht
wird, wenn man in allen Dingen auf den
Willen GOttes kommen und wenn man
die nächste Ursachen suchen soll, wie sich
der Irrthum von willkührlichem Wesen
entspinnet und warum er zum Anthropo-
morphismo gehöret, ob der Rathschluß
GOttes bloß auf die Würcklichkeit der
Welt gehet, ob derselbe eine Fatalität macht,
wie die *Providentia specialis* oder besondere
Vorsorge GOttes erkandt wird, wie die
Vernunfft in der Theologie nicht zu mißbrauchen, daß Christi Moral höchst vernünfftig sey, wie man die Inspirirten probiren soll, warum ich auf die Idealisten reflectire, wie ich alle Fatalität in der Welt
aufhebe, wie die Atheisten wegen der Absichten der natürlichen Dinge zu widerlegen, warum ich die *Philosophiam mechani-
cam* erhebe, in was für einem Verstande
eine Welt mit Wunder-Wercken und ohne Wunder-Wercke einander entgegen gesetzet werden, welches die beste Welt ist und
ob ihre Wahl der Freyheit zu wider ist, was
man

man in philosophischem Verstande das
Wesen GOttes nennet und daß ich überhaupt nichts irriges von GOtt lehre. Endlich habe ich noch zum Beschluß gewiesen,
daß die Meynung Grotii richtig sey, daß
auch ein Atheist die natürliche Verbindlichkeit erkennen muß und sich davon nicht frey
achten darf, weil einige, die von der wahren Meynung der Welt-Weisen und GOttes-Gelehrten in der Lehre von dem Gesetze
der Natur abgegangen und die Puffendorffische angenommen, grosse Gefährlichkeit darinnen suchen wollen, die ihre
Vorfahren in Puffendorffs Meynung zu
finden vermeynten.

§. 120. Meine Schrifften reden selbst
vor mich, wie es auch verständige und unpartheyische erkennen, und habe ich nicht
nöthig erst Schutz-Schrifften zu schreiben.
Daher ich auch meine Verfolger lästern
und schmähen lasse, wie sie wollen, indem
sie sich noch täglich immer weiter vergehen
und solche Proben ablegen, daß man nun
gar wohl siehet, was in ihnen verborgen
lieget. Es ist wohl wahr, daß sie eine
Zeitlang Leute einnehmen, die sie für verständig und aufrichtig ansehen, und ihr in-
neres nicht kennen lernen: allein mir ist wenig daran gelegen, daß ich denen nicht ge-
falle, die sich äffen lassen. Ich würde demnach ausser den Anmerckungen weiter nichts

Warum
der Autor
Herrn
Budden
geantwor-
tet.

Y                     geschrie-

geschrieben haben / wenn sich nicht Herr D.
**Budde** in Jena in die Händel gemenget
und entweder zum Richter, oder zum Advo-
caten der Hällischen Widersacher aufge-
worffen hätte.       Denn da dieser gelehrte
Mann selbst von allen Theilen der Welt-
Weißheit geschrieben und sich in seinen
Schrifften der Freyheit zu philosophiren bedienet, auch in Erwehlung der Meynungen nicht eben gar zu behutsam gegangen,
von seinen Anhängern aber den Ruhm einer
sonderbahren Bescheidenheit erhalten, und
in so vielen Jahren von einer zahlreichen
Universität eine grosse Menge Jünger durch
alle Lutherische Städte und Dörffer in
Deutschland ausgesandt; so konte es nicht
anders seyn, als daß sein Nahme bey denen,
die entweder meine Schrifften nicht gesehen, oder nicht Zeit gehabt sie mit Bedacht
zu lesen, ein Vorurtheil wider mich erweck-
te, woferne ich nicht nachdrücklich zeigete,
wie gar sehr er es an seinem Verstande und
Willen habe fehlen lassen, und sich in diesem Handel des Credits verlustig gemacht.
Und dieses war um so viel mehr nöthig, da
Herr **Budde** die harte und gantz unbesonnene Hällische Beschuldigungen mit
grossem Eiffer gegen mich wiederhöhlete und
so gar sich nicht entfärbete vorzugeben, als
wenn ich mit Wissen und Willen solche Irrthümer auf eine betrügliche Weise andern
bey-

beyzubringen suchte, dadurch alle Religion,
Moralität, Zucht und Gerechtigkeit aufgehoben würde, unerachtet er nicht in dem
Stande ist diese grausame Beschuldigungen nur wahrscheinlich zu machen, geschweige denn zu erweisen, ich aber mich meiner
Sache so gerecht weiß, daß ich sie als ein
Zeugnis wider meine Feinde für die dritte
Auflage habe drucken lassen, ohne das geringste dargegen zu erinnern. Denn ich bin
dessen genug versichert, daß, wer mein Buch
selbst mit Bedacht lieset, den Ungrund derselben gleich vor sich sehen muß, und daher
das Buch, das man angefochten, ehe man
es mit Application gelesen und verstehen lernen, die allerbeste Schutz-Schrifft ist. Und
gleichwie ich noch täglich erfahre, daß alle,
die mit dem Vorsatze die Wahrheit zu erkennen über mein Buch kommen, solches erkennen, so bin ich auch gewiß, daß in künfftigen Zeiten, wo die widrige Affecten nicht
mehr vorhanden seyn werden, die jetzund
die Menschen verblenden, daß sie entweder
nicht sehen wollen, oder nicht kennen, dieses ein jeder sehen wird.

§. 121. Die erste Schutz-Schrifft wider den Hrn. D. **Budden** sind die Anmerckungen, welche ich über sein Bedencken geschrieben, das er von meiner Philosophie
gestellet. Er hatte dieses Bedencken meinen
Feinden zu Gefallen aufgesetzt, um ihnen

*Worauf der Autor bey den Anmerckungen über das Buddische Beden-*

D 2

cken gese-
hen.

ein Freundschaffts-Stücke, mir aber ein
Feindschaffts-Stücke zu erweisen, damit
sie ihr falsches Angeben wider mich, wodurch sie mich stürtzen wollen, rechtfertigen könten, er aber sich an mir rächen möchte, weil er in den Gedancken stund, ich
hätte von seinem Buche de atheismo geurtheilet, es sey die Atheisten zu widerlegen

Historie
von dem
Buddi-
schen Be-
dencken.

nicht hinreichend. Es ward dannenhero
vielfältig von meinen Feinden abgeschrieben
und nicht allein nach Hofe geschickt um ihr
Verfahren wider mich zu rechtfertigen;
sondern man beruffte sich auch darauf ohne Scheue, als wenn man nun sehen könte, daß ihr falsches Anbringen wider mich
recht gewesen und gar nicht nöthig gewesen
wäre, daß man mich erst dargegen gehöret hätte. Denn dieses habe Herr Budde geschrieben, ein Mann, der so lange
für einen Philosophum paßiret und bey der
Sache kein Interesse habe. Endlich weil
sie sahen, daß ihnen Herr Buddens Bedencken so gute Dienste thate, wo sie es
schrifftlich hinschickten; so vermeynten sie,
es könte ihnen überall dergleichen Dienste
thun und liessen es wider Herrn D. Buddens Wissen und Willen drucken. Das
war dem guten Manne ein Donnerschlag
ins Hertze, der unterdessen vielerley Urtheile von der nie erhörten Art einen zu verfolgen vernommen hatte, und dem sein
Gewis-

Gewiſſen ſagte, daß er die Sache nicht unterſucht, ſondern alles bloß auf guten Glauben meiner Feinde angenommen hatte, an
deren Aufrichtigkeit er nun ſelbſt zu zweiffeln Urſache hatte, ja der ſich auch ſchämete,
daß er wider den bisher affectirten Schein
der Moderation ſeine Affecten ſo gewaltig
hervor blicken laſſen. Er ließ dannenhero
ſein Bedencken, als man es nach Jena
brachte, ſelbſt confiſciren und ſo gar an
Orten, wo die Univerſität keine Jurisdiction hat, auf geſchehene Requiſition durch
die Gerichts-Diener wegnehmen. Seine
Freunde urtheileten von ihm: Er ſey von
meinen Feinden verführet worden; habe es
auch nicht zu dem Ende geſchrieben, damit
es gedruckt werden ſolte. Ja ich habe ſelbſt
aus dem Munde eines gewiſſen Theologi
gehöret, der viele Hochachtung für ihn hat,
die Verführung müſte ſehr ſtarck geweſen
ſeyn, daß Herr **Budde** ihr untergelegen.
Unterdeſſen urtheileten andere, ein Theologus müſſe das achte Gebot nicht nur in
acht nehmen, wenn er etwas drucken lieſſe,
ſondern auch wenn er etwas ſchriebe, und
Herr **Budde** fand es dannenhero beſſer,
daß er ſich zu dem Bedencken verſtünde.
Damit er nun aber der Sache einen Schein
gebe, warum er in der erſten Hitze ſo gegen den Druck geweſen; ſo ließ er es
von neuem drucken und wendete vor, daß

Y 3 das

das erste nicht in allem recht gedruckt wäre,
unerachtet eines wie das andere ist. Dieser
Umstände wegen nun, muste ich in meinen
Anmerckungen über sein Bedencken nicht
allein zeigen, daß er mir lauter Lehren andichtete, davon das Gegentheil in meinen
Schrifften stünde, und wie er meine Worte
verkehrete; sondern auch daß er alles auf guten Glauben meiner Widersacher ohne weitere Untersuchung angenommen, daß nicht
alles Köche wären, die lange Messer trügen
und aus was für einer Gemüths-Verfas-
sung die Hefftigkeit der Affecten herkäme.
Ich ließ sein Bedencken mit dazu drucken,
damit der Leser desto besser in dem Stande
wäre von der gantzen Sache zu urtheilen.
Der Titul dieser Schrifft ist: *Herrn D.*
*Joh. Francisci Buddei, S. S. Theol. P. P. O.*
zu Jena **Bedencken über die Wolf-**
**sianische Philosophie mit Anmer-**
**ckungen erläutert von Christian**
**Wolffen.** Ich fügte einen Anhang bey,
darinnen ich aus Herrn *Clerici* Dissertatione de argumento theologico ab invidia du-
cto die fontes argumentorum Buddeanorum
anzeigte, weil man wohl kein besseres Exempel finden wird Clerici Regeln zu erläutern
als dieses Bedencken und die Hällische
Schrifft, daraus es extrahiret. Ich erboth mich bey jeder Regel die Application
zu machen, woferne Herr **Budde** an meinem

**Warum**
**der** Autor
**Buddens**
**Autorität**
**verdäch-**
**tig ma-**
**chen müs-**
**sen.**

**Titul und**
**Inhalt**
**der An-**
**merckun-**
**gen über**
**das Be-**
**dencken.**

nem Vorgeben zweiffeln und den Beweiß
verlangen solte. Er hat mich aber mit dieser Arbeit verschonet. Endlich führete ich
meine Sätze, die ich von GOtt, der Zufälligkeit der Welt und der Freyheit der
Seele behaupte, an und fügte überall die
§. §. dabey, wo sie in meinem Buche zu
finden; von der *Harmonia præstabilita* aber
erwieß ich Sonnen klar, daß es bloß eine
philosophische *Hypothesis* sey, die keinen Einfluß in die Theologie, Moral und Politick hat, und man demjenigen, der sie vertheidiget, die widrige Consequentien nicht
imputiren kan, wenn sie auch gleich würcklich daraus fliessen solten: wovon doch das
Gegentheil von mir erwiesen worden.

§. 122. Wenn man aus Liebe der Wahrheit und mit Aufrichtigkeit etwas zu erinnern hat, und am allermeisten wenn man
einen anklagen will; so muß man dasjenige, was er gethan hat, anführen, wie
es beschaffen ist, und die Sätze, die er behauptet, und die mit klaren Worten in
seinen Schrifften stehen, angeben. Ich
habe auch in dem **Sicheren Mittel** (§.
7.) solches erinnert, da man einen Anfang
machte mich mit allgemeinen Beschuldigungen zu lästern, und verlangt, wer
wider meine Schrifften etwas zu erinnern
hätte, der solte den Satz mit solchen Wor-

*Wie der Autor dem Streit ein Ende zu machen gesucht*

*Vorschlag den er gethan.*

Y 4                    ten,

344 Cap. 8. Von den Schutz-

ten, wie er in meinem Buche stehet, heraus
ziehen, wie er ihn verstünde, dabey setzen,
und endlich den Satz aus der Theologie anzeigen, dem er entgegen stünde. Auf solche
Art hätte man mir 1. keinen Satz angedichtet, 2. wäre leicht aus den von mir gegebenen Erklärungen und dem gantzen Zusammenhange meines Systematis zu zeigen gewesen, ob ein Mißverstand vorhanden sey, oder
nicht, 3. hätte sichs leicht zeigen lassen, ob zwischen dem Satze, wie er mit meinen Worten lautet, und nach meinen gegebenen Erklärungen oder definitionibus und ohne
dem gantzen Zusammenhange meiner Schrifft
Gewalt zu thun verstanden werden muß,
und einem Haupt-Satze unserer christlichen
Religion ein wahrer Widerspruch anzutreffen sey, oder nicht. Dieses habe ich geschrieben, ehe meine Verfolger mich angaben und
ehe Herr D. Budde an ein Bedencken ge-
dachte: ich habe auch mit den ersten in Gegenwart anderer mündlich darüber conferiren wollen; allein dieses schiene ihnen nicht

*Wie ihn seine Fein- de nicht annehmen wollen.* bequem, weil es nicht der Weg war den
Unschuldigen zu verdammen und das Mit-
tel seine Intention zu erreichen, die man
einmahl gefasset hatte. Man blieb also
bey allgemeinen Beschuldigungen, die
Consequentien seyn solten, so aus meinen
Lehren fliessen und habe auch keine andere
Ursachen der mir von ihnen verursachten
Fatali-

Fatalität erfahren, als es sey hinterbracht worden, als sollte ich solche
Lehren vortragen, die der in GOttes Wort geoffenbahrten Religion
entgegen stünden, eine Beschuldigung,
welche die drey im Römischen Reiche ein-
geführte Religionen einander selbst vorwerf-
fen. Und dieses war genug mich ungehö-
ret zu verdammen. Die unpartheyische
Welt kan urtheilen, wie man dergleichen
Verfahren nennen soll. Weil ich nun sahe, daß Herr Budde gleichfals nicht den
billigen Weg erwählet hatte, welches er
doch ohne mein Erinnern hätte thun sollen,
sondern vielmehr die Beschuldigungen meiner Feinde als eine klare Wahrheit feste
stellete und nach diesem hin und wieder aus
meinem Buche Worte aufsuchte, die ausser dem Contexte einigen Schein haben sollten, als wenn die Beschuldigungen als
Consequentien sich daher leiten liessen; so
hielte ich für das sicherste Mittel aus der
Sache zu kommen, wenn sie öffentlich in
Gegenwart verständiger und gelehrter
Männer mündlich vorgenommen würde.
Und in dieser Absicht lud ich ihn nach Marburg zu einer öffentlichen Disputation ein,
die so viele Tage oder Wochen währen sollte, als zu dieser Sache nöthig wäre. Ich
erboth mich auch ihm die aufgewandte
Kosten zu zahlen. Und weil doch das meiste

*Was der Autor D. Bud-den für Mittel vorge-schlagen.*

Y 5 darauf

darauf ankommet, daß sich Herr **Budde**
in den demonstrativischen Vortrag nicht zu
finden weiß; so gab ich ihm auf, er sollte
einen Beweiß von GOtt auf diese Art aufsetzen, daß er nichts unbewiesen annähme,
den Beweiß aller Sätze ordentlich ausfüh-
rete und die Eigenschafften GOttes mit
seiner Existentz aus einerley Gründen herleitete. Ich gab ihm dazu drey Monathe
Zeit und führete diese dringende Ursache an,
wenn er es unterliesse werde man daraus
seinen *pruritum litigandi* erkennen. Denn
woferne er sich über diese Arbeit gemacht
hätte, so würde er erfahren haben, was
man dazu für Erklärungen, oder Definitiones gebraucht; wie man dasjenige, was zu
einem völligen Begriffe eines Dinges gehöret, von einander trennen und ins besondere
erweisen muß, und wie es dem äusserlichen
Ansehen nach gantz eine andere Gestalt gewinnet, wenn es in einen demonstrativischen Zusammenhang gebracht wird, als
es vorher aussahe. Und dadurch würde
vieles, ja das meiste von dem Streite weg-
gefallen seyn. Es wäre auch denn mit ihm
ein Auskommen gewesen: denn so hätte er
nicht für leere Ausflüchte angesehen, welches die richtigen Antworten sind, die man
auf seine Einwürffe geben muß. Ich bin
gewiß, wenn er sich über diese Arbeit noch
machte; so würde er noch einen Zeugen der
Wahr-

*Was die vorge-schlagene Mittel würden gefruchtet haben.*

Wahrheit abgeben, die er jetzund verfolgen
hilfft. Ich erbiete mich auch schrifftlich mit
ihm darinnen in aller Liebe und Aufrichtigkeit zu conferiren, ohne daß der dritte Mann
erfähret, was unter uns vorgehet, ehe er seinen demonstrativisch ausgeführten Beweiß
an das Tagelicht bringet. Es ist heute zu
Tage höchst nöthig, daß man die zur natürlichen Religion gehörige Wahrheiten auf
eine solche Art ausführet, woferne man der
überall einreissenden Profanität nachdrücklich steuren will. Ich suche gründliche
Wissenschafft, damit man die Wahrheit als
Wahrheit erkennet, um dieselbe im Leben
des Menschen nutzbar zu machen. Es wäre
besser, wenn man diese Arbeit durch seinen
Beytrag fördern hülffe, als daß man mich
noch unbefugter Weise hindert zu thun,
was ich thun könnte, indem ich die Zeit
mit Vertheidigung zubringen muß, die ich
nutzbarer auf was besseres wenden könnte.

§. 123. Herr *D.* **Budde** hatte dreyerley Wege vor sich. Entweder er konnte
es auf eine mündliche Unterredung ankommen lassen, oder eine Demonstration
von GOtt und zwar auf eine ausgeführte
Weise geben, oder die Beschuldigungen
ordentlich erweisen, daß er nemlich meine
Sätze wie sie nach Anzeige der Beyschrif-
ten in den §. §. zu finden, mit meinen
Worten anführete, den Verstand, den

*Warum der Autor eine Zu-gabe zu den An-merckun-gen ver-fertiget.*

er

er ihnen beylegte, aus meinen Definitionibus oder Erklärungen behauptete und endlich erwiese, wie seine Beschuldigungen
durch eine richtige Folge daraus flieſſeten.
Ich war meiner Sache gewiß und konnte
aus Vertrauen zu ihrer Gerechtigkeit alles
dreyes begehren und mit ruhigem Gemüthe
den Ausgang erwarten. Es war billig,
daß Herr *D.* **Budde** einen von diesen Wegen erwehlete, um der Welt vor Augen zu
legen, daß er es nicht so an seinem Verstande
und Willen hätte fehlen lassen, wie ich in
den Anmerckungen jure retorſionis freymüthig vorgegeben. Allein da er sich übereilet und zu meinen Feinden mehr Vertrauen gehabt, als er hätte haben sollen,
wie ihm solches auch schon ehedessen von
andern Theologis unserer Kirchen verarget
worden; so konnte er freylich auf keinem
zurechte kommen. Gleichwohl mag er auch
seine Ursachen gehabt haben, warum er seine
Ubereilung nicht gestehen wollen. Und daher gab er eine Antwort heraus, um einen
Schein zu haben, als wenn er seine Auflagen vertheidigen könnte, ob er zwar nichts
weniger als dieses gethan. Er suchte zwar
sich darinnen gelinder zu erklären, daß er
nicht mehr vorgab, als wenn ich alle von
ihm mir imputirte Consequentien gar wohl
voraus gesehen hätte und sie bloß auf eine betrügliche Weise zu verbergen gesucht,

damit

damit ich sie desto sicherer andern beybringen könnte, und gab vor, daß er nicht mich, sondern nur meine Lehren des Atheismi beschuldigte, weil er vermeynte, er wäre nun des Beweises überhoben, den er zu geben schuldig war, aber nicht geben konnte: allein an statt, daß er beweisen sollte, es stünden diese Irrthümer in meinen Schrifften, die er mir beylegte, und die wider mich angeführte Consequentien fliesseten aus meinen Lehren und könnten mir mit Recht als Lehren imputiret werden; wiederhohlete er nur seine alte Beschuldigungen und schwieg von allem stille, was ich dargegen erinnert hatte. An statt daß er den Beweiß von mir fordern sollte, wozu ich mich offeriret, aber aus Liebe gegen ihn ihm frey gestellet hatte, ob er ihn verlangte, oder nicht, daß er das Argumentum ab invidia practiciret, gab er nur vor, er hätte nicht Ursache auf mich neidisch zu seyn, und man wunderte sich, wie Herr D. Budde so wenig Lateinisch verstehen wollte, daß er nicht wüste, was argumentum ab invidia wäre, da doch sein Talent in dieser Sache bekandt ist. Er konnte nicht leugnen, daß ich in dem Anhange nicht den allergeringsten Satz von GOtt, der Zufälligkeit der Welt und der Freyheit der Seele angeführet, der nicht in dem Orte stünde, den ich dabey citiret: weil es aber gleichwohl nicht

in

in seinen Kram dienete solches zu bekennen, indem er seine Ubereilung hätte gestehen und von seinen Beschuldigungen ab-
stehen müssen; so war er so verwegen, daß
er die Haupt-Sätze verkehrte, und diese con-
tradictorias propositiones für einen Auszug
meines Systematis ausgab. Uber dieses that
er dabey noch groß, und wollte sowohl in
der Vorrede, als in der Schrifft selbst hin
und wieder meine Art zu philosophiren
und zu controvertiren anzapffen, auch in
Dingen, die ihn nichts angiengen. Bey
so gestalten Sachen fand ich es für rathsam
ihm noch in einem und dem andern Stücke
die Wahrheit zu sagen und der Welt die
Augen zu eröffnen, damit sie eine bessere
Einsicht in die Sache bekäme. Und so kam
dann die **Nöthige Zugabe zu den An-**
**merckungen über Herrn** D. **Buddens**
**Bedencken heraus** (§. 11.).

**Was der**
**Autor in**
**dieser**
**Zugabe**
**abgehan-**
**delt von**
**Hrn.** D.
**Buddens**
**lehren.**

§. 124. In dieser Zugabe führte ich in
dem ersten Capitel mit klaren Worten aus
Herrn D. **Buddens** Schrifften aus, daß
er in seinen Schrifften selbst die wichtigsten Puncte lehre, worüber er mit mir einen
Streit angefangen und die er mir zum Theil
bloß wider die Warheit beymisset. Und
hierdurch eröffnete ich der Welt die Augen,
daß sie erkennen muste, ich hätte nicht
ohne Ursache mich darüber beschweret, daß
er es an seinem Willen habe fehlen lassen:
zu-

zugeschweigen was man in eben diesem
Puncte von meinen Feinden daraus schliessen konnte. Ich führte aus, daß er gleichfals nicht alle Beweisthümer, die von Welt-
Weisen und andern Gelehrten vor die Existentz GOttes vorgebracht werden, passiren
lässet, darauf er gleichwohl bey mir den
Vorwurff bauet, daß ich der Atheisterey
Thür und Thor öffnete. Ich zeigte, daß
er in seinem Beweise, den er vor den kräfftigsten hält, einen *circulum vitiosum* begehet, und ausser diesem noch viele andere
Fehler, die er an *Cartesio* tadelt. Ich wieß,
wie er mit klaren Worten leugnete, daß
man den Anfang der Welt aus der Vernunfft demonstriren kan, auch nachdem
man schon erkandt, daß ein GOtt sey, unerachtet er mich beschuldiget, daß ich den
Atheisten die Waffen in die Hände gäbe
und das beste Argument, darauf sie nichts
zu antworten wüsten, niederschlüge, weil
ich verlangte, man solle nicht ohne Beweiß
annehmen, daß die Welt einen Anfang
genommen, wenn man daraus wider einen
Atheisten erweisen will, daß ein GOtt sey,
und daß dieser Beweiß schwer sey, ehe man
auf andere Weise ausgemacht, es sey ein
GOtt; ja mir deßwegen mit Macht aufdringen wollte, ich statuirte die Ewigkeit
der Welt und leugnete also die Existentz
GOttes. Ich wieß, daß er die Ordnung
der

1. Wie
D. Budde
lehret,
was er
bey dem
*Autore*
für ge-
fährlich
ausgiebet.

der Natur für nothwendig ausgiebt, da er mir doch Schuld giebt, ich statuirte eine unvermeidliche Nothwendigkeit, weil ich in den Begebenheiten der Natur mit *Musæo* eine determinirte Wahrheit und mit den *Theologis* unserer Kirchen eine Nothwendigkeit unter Bedingungen einräumete. Ich hielt ihm vor, daß er in Erklärung der Gemeinschafft des Leibes und der Seele das gemeine *Systema influxus physici* verwürffe und das *Systema causarum occasionalium* approbire, unerachtet er mir deßwegen aufbürden wollte, daß ich der Seele das Regiment über den Leib benähme und also aller Schande und allen Lastern Thür und Thor öffnete. Ich wieß endlich, daß er für möglich, ja wahrscheinlich ausgäbe, es könne der Leib durch eine blosse cörperliche Krafft die freywillige Bewegungen bewerckstelligen, unerachtet er mir deßwegen Schuld gab, daß ich der Seele dadurch alle Freyheit benähme, alle Religion, Moralität und Policey über den Hauffen stiesse. Ich ließ es bey diesen Proben bewenden, unerachtet mir gar ein leichtes gewesen wäre noch mehrere davon anzuführen. Damit man nun aber ferner erkennen möchte, daß wenn man wegen gefährlicher Lehren in der Philosophie jemanden unter den Protestirenden anpacken sollte, man sich an ihn machen müste; so führte ich in dem andern Capitel aus, daß er

2. Was D. Budde

er in seiner Philosophie das völlige Systema für ge-
der Materialisten vorgetragen und nichts fährliche
darinnen als die Lehren der Materialisten lehren
connectiren, da er sich in andern Dingen, ausge-
wovon ich schon im ersten Capitel Proben breitet.
angeführet, vielfältig so gar in einer Sache
widerspricht.　Ich habe nemlich seine klare
Worte angeführet, damit er bekräfftiget, es
könne die Seele etwas cörperliches seyn und
sey das Gegentheil aus der Vernunfft unmöglich zu erweisen; es könne dieselbe auch
gar wohl sterblich seyn und lasse sich das
Gegentheil aus der Vernunfft unmöglich
erweisen; die Seele habe keine solche Freyheit, wie man ihr zueignet, und könnten die
Gesetze, Straffen und Belohnungen ohne
alle Freyheit bestehen. Ja ich habe gewiesen,
daß er den Menschen in Ansehung der Freyheit dem Viehe gleich mache und die Moral
in eine Abrichte-Kunst verwandele.　Wie
sehr der Materialismus heute zu Tage einreisset und dadurch ferner viele, zur Profanität verleitet werden, erfähret man leider!
mehr als zu viel.　Und gleichwohl hat man
dieses an Herrn *D.* **Budden** so lange ge-
duldet.

§. 125. Nachdem ich auf solche Weise Was der
zur Gnüge dargethan, daß Herr **Budde** Autor in
es an Liebe zur Wahrheit und Aufrichtig- der Zugabe
keit gar sehr fehlen lassen und er am aller- zu seiner
wenigsten Ursache habe andere ihrer philo- Defension
　　　　　　　　**Z**　　　　　　　sophi- vorge-
　　　　　　　　　　　　　　　　　　　bracht.

sophischen hypothesium wegen verdächtig
zu machen; so habe ich ferner in dem dritten
Capitel umständlich ausgeführet, daß er auf
meine Anmerckungen über sein Bedencken
nichts gründliches zu antworten gewust.
Ich habe gewiesen, daß er keinesweges darzuthun vermögend gewesen, als wenn ich die
**Existentz** kräfftigste Argumenta pro existentia Dei
**GOttes.** verworffen hätte, und daß er hingegen mir
recht geben müssen, wie alle übrige Argumenta nicht eher stich halten, als bis sie durch
den Beweiß von der Zufälligkeit rectificiret
werden, auch an meinem Beweise nichts
aussetzen können. Ich habe gewiesen, daß
es lauter Chicanen sind, was er von dem
Gesetze der Natur vorbringet, wenn er die
von unseren Theologis beständig vertheidigte moralitatem intrinsecam oppugniret.
**Erklärung** Ich habe gewiesen, daß er nicht verstehet,
**GOttes.** was dem demonstrativischen Vortrage gemäß sey, indem er meine Definitiones oder
**Ursprung** Erklärungen von GOtt critisiret. Ich ha-
**des Bösen.** be gewiesen, wie er bey der Lehre von dem
Bösen in der Welt sich so verwirret, daß er
selbst nicht weiß, wie er heraus kommen soll,
mir meine Worte verkehret und lauter Unwahrheiten andichtet, und wie unordentlich
er disputiret, da er niemahls einen Satz
angreifft der von mir vertheidiget wird, sondern nur hin und wieder Worte aufsucht, die
er ausser dem Contexte mit einigem Scheine
ver-

verkehren kan. Ich habe gewiesen, wie er Mögliche
sich bey der möglichen Ewigkeit der Welt Ewigkeit
selbst widerspricht, sie eine alte abgedroschene der Welt.
Scholastische Grille nennet, ob er sie gleich
mit klaren Worten in seiner Philosophie
lehret, hingegen nicht erweisen kan, daß sie
von mir vertheidiget worden. Ich habe ge-Verknüpf-
wiesen, daß er wider die Verknüpffung aller fung der
Dinge in der Welt nichts als Sophisterey-Dinge.
en vorbringet, und dieselbe weder der Freyheit, noch der Zufälligkeit Eintrag thut, daß
ich die *neceſſitatem hypotheticam* oder Nothwendigkeit unter einer Bedingung in ihrem
eigentlichen Verstande nehme und Herr
Budde wider mich bloß aus fälschlich im-
putirten Irrthümern disputiret, auch deßwegen Recht haben will, daß alles, was er
selbst für recht erkennen muß, verkehret werden müste, damit es mit ihnen übereinstim-
me. Ich habe gewiesen, daß er wider mich Freyheit
als einen Beweiß vorbringet, daß ich die der Seele.
Freyheit der Seele verwürffe, was doch der
Freyheit keinesweges zuwider ist, als daß wir
deßwegen Freyheit haben, weil wir vernünfftig sind; die Thiere aber dadurch der Freyheit beraubet sind, weil sie unvernünfftig
seyn; ingleichen daß man keine Freyheit habe, wenn man das Beste für andern erwehlet. Ich habe gewiesen, daß er mir von den Wunder-
Wunder-Wercken falsche Meynungen an-Wercke.
dichtet, und wie betrüglich er mit mir umge-

Z 2                                        het,

het, damit er den Leser hinter das Licht zu führen gedencket. Ich habe gewiesen, wie ungereimt sein Vorgeben sey, als wenn ich die gantze Philosophie auf das *Systema harmoniæ præstabilitæ*, eine philosophische hypothesin zur Entscheidung einer einigen Frage von der Gemeinschafft zwischen Leib und Seele, gegründet hätte, und wie ich dieses nicht anders vortrage, als wie es der Herr von **Leibnitz** vorgetragen und Jaquelot nebst andern geurtheilet, daß es der Freyheit keinen Eintrag thut. Endlich habe ich den nichtigen Grund der **Buddischen** Consequentien-Macherey angezeiget und Proben von der schändlichen Verkehrung meiner Lehren angeführet.

§. 126. Damit man aber die Art meiner Widersacher desto besser kennen lernete und dabey einsehen möchte, was ich in denen Puncten eigentlich statuirte, in denen man mich so gefährlicher Irrthümer beschuldiget und mit so grausamen Consequentien beschuldiget und mit so grausamen Consequentien belästiget; so habe ich meine Sätze ordentlich angeführet, wie sie in meinen Schrifften zu finden sind und füge die Anschuldigungen meiner Widersacher gleich bey. Man findet demnach 1. was ich eigentlich von der Welt lehre, in dessen Ansehung man mich eines Fati oder einer unvermeidlichen Nothwendigkeit beschuldiget: 2. welches eigentlich diejenigen Lehren sind, daraus man erzwingen

gen will, als wenn ich die Seele aller Freyheit beraubte und sie der mechanischen Nothwendigkeit unterwürffe: 3. welches endlich die Lehren von GOtt sind, darinnen ich den Atheisten das Wort reden und die Waffen in die Hände geben soll. Ich habe freylich nicht alle Sätze angeführet, die ich in dem Capitel von der Welt, der Seele und von GOtt vortrage: allein es ist dieses auch nicht nöthig gewesen. Denn ich bin bloß auf diejenige Stellen gegangen, daraus der Ungrund der Anschuldigungen erhellet. Wer die übrigen Sätze wissen will, der schlage mein Buch selbst auf. Wenn ich zeige, daß eben die Sätze in meinem Buche zu finden sind, welche denen entgegen stehen, die man mir aufbürden will, oder wenigstens gantz anders und unanstößig herauskommen, als sie von meinen Feinden vorgebracht werden; so siehet ein Unpartheyischer daraus zur Gnüge, daß ihr gantzer Lermen auf blosse Wort-Verkehrungen ankommet und keine reine Absicht zum Grunde hat. Es sey aber dem Trotz gebothen, der mir zeigen will, daß etwas anders, als ich daselbst angeführet, in meinen Schrifften stehet, oder auch, daß ich einen einigen Satz vorgebracht, der nicht in meinen Schrifften zu finden wäre. Herr *D.* Budde hat nichts davon anzeigen können, ob er gleich so viel Mühe angewandt etwas zu finden, dadurch er seinen von den

*Wie weit es nöthig gewesen hier zu gehen.*

*Zuversicht des Autoris zur Wahrheit.*

Z 3 Hälli-

Hällischen Widersachern entlehnten Beschuldigungen eine Farbe anstreichen wollen.

**Warum der** Autor **die** Ursachen angeführet/ daß Hn. D. Budden nicht zu viel geschehen.

§. 127. Es ist noch niemand unter den Heyden so unverschämet gewesen, der jemanden auf eine solche Weise verfolget hätte, wie meine Feinde mit mir umgegangen: welches nicht anders als einen Nachtheil für unsere Kirche bey denen erwecken kan, welche nicht wissen, wie wenige Gemeinschafft die reine Lehrer der Evangelischen Kirche mit diesen Leuten gehabt. Da nun Herr **Budde** in einer so nachtheiligen Sache Parthey mit ihnen machen wollte; so war es recht und billig, daß man bey ihm die Höflichkeit bey Seite setzte und in keiner Sache heuchelte, sondern vielmehr zu der Gerechtigkeit der Sache das Vertrauen hätte und in keinem Stücke eine Zaghafftigkeit spüren liesse, ja nicht einmahl einen Schein derselben von sich gäbe. Ich hätte freylich niemanden lieber als eben Herrn D. **Budden** damit verschonet, den ich wegen seiner Gelehrsamkeit jederzeit æstimiret und denen *Patribus ignorantiæ* weit vorgezogen. Allein da er diesen mir zum Schaden einen Gefallen erweisen wollte; so konnte ich ihm zu gefallen der Sache nichts vergeben. Weil sich nun derselbe beschwerete, ich wäre ihm zu harte und zu grob begegnet worden, und seinem Vorwande dadurch einen

Schein

Schein geben wollte, als wenn eine solche
Art zu controvertiren heute zu Tage unter
den Gelehrten nicht Brauch wäre; so hätte
ich mich zwar, wenn ich im Controvertiren
aus den Schrancken geschritten wäre, mit
dem Exempel seines Hällischen Consorten
schützen können: allein da ich darinnen wenig Trost findete, wenn ich weiter nichts als
ein böses Exempel vor mir hätte; so habe
ich ihm vielmehr zeigen müssen, was für
Gründe ich dazu gehabt, warum ich ohne
Complimente alles mit seinem Nahmen genennet. Ich habe demnach gezeiget, daß ich
ihn nicht als einen Controvertenten, sondern als einen Verfolger tractiret, auch
erwiesen, daß er sich als einen Verfolger
aufgeführet, und mit mir gantz anders verfahren, als er sonst im Controvertiren gewohnet ist, und zwar bey den Umständen,
da die Welt nöthig hatte ihn als einen Verfolger kennen zu lernen. Ich habe ferner gewiesen, daß ich mit ihm als einem unbefugten
Richter zu thun gehabt, dem ich zeigen müssen, woran es liege, daß er sich nicht zum
Richter in dieser Sache aufwerffen darf,
und zwar bey den Umständen, da die Welt
seinen Spruch als verwerflich erkennen
muste. Endlich habe ich ihm vorgehalten,
wie ich bloß das Jus retorsionis wider ihn gebraucht und hierinnen mich in gar engen
Schrancken gehalten gehabt, und zwar bey

Z 4

den Umständen, da die Welt nöthig hatte, an seiner Bescheidenheit zu zweiffeln.

§. 128. Da ich nun in der Zugabe deutlich genug gewiesen hatte, wie Herr Budde gar nicht in dem Stande sey seine unbesonnene Beschuldigungen zu erweisen, ja nicht einmahl zu bescheinigen, indem er in seiner Antwort nichts weniger gethan, als daß er sein Verfahren gerechtfertiget hätte, und er am allerwenigsten der Mann sey, der Ursache habe andere zu verketzern, auch er aus dem, was meine Feinde bey ihm vertragen, gar deutlich abnehmen könne, daß sie wider mich aus keiner reinen Absicht verfahren wären; so vermeynte ich, er würde nun in sich gehen, seine Ubereilung erkennen und inskünfftige vorsichtiger seyn, daß er solchen Leuten nicht glaubte, die durch ihre Aufführung bey denen, so sie kennen lernen, längst den

Credit verlohren. Allein unerachtet er bey nahe ein gantzes Jahr Zeit dazu nahm und also sich nicht übereilete; so blieb er doch bey seinen Beschuldigungen, und was das ärgste war, da er in der Antwort auf die Anmerckungen schon vieles nachgegeben hatte; so änderte er sich abermahls und suchte die ersten Beschuldigungen hervor, indem er böse war, daß ich seine gefährliche

Irr-

Irrthümer rege gemacht hatte. In seiner
dritten Schrifft nun that er weiter nichts,
als daß er von neuem wiederhohlete, was er
in den beyden ersten gesagt hatte, und setzte
vollends hinzu, was er von meinen Widersachern anfangs nicht angenommen hatte.
Denn an statt daß er meine Schrifften hätte lesen und alles mit Bedacht erwegen sollen, damit er nicht der Wahrheit widerstreb-
te; so suchte er nur die Schrifften meiner
Widersacher durch, ob er noch einige Beschuldigungen finden könte, die er noch nicht
ausgeschrieben hatte. Was er nun bey ihnen fand, nahm er mit beyden Händen
an; schlug nicht einmahl nach, ob auch
die Irrthümer, welche man mir Schuld
gab, würcklich in meinem Buche stünden,
da ich ihm doch schon in den Anmerckungen und der Zugabe gewiesen hatte, wie
er sich das erstemahl hierinnen vergangen
hatte; ja, was noch mehr ist, er nahm
die Irrthümer von ihnen an und brachte
sie wider mich vor, von denen ich schon in
der Vorrede zu der Zugabe angemerckt hatte, daß sie in meinen Schrifften nicht stünden, und gewiesen, daß mit klaren Worten das Gegentheil darinnen zu finden wäre. Uber dieses excerpirte er auch, was meine Widersacher verkleinerliches von mir vorgebracht, damit er ihnen endlich in allem
gleich würde. Ich kan nicht leugnen, daß

Z r

Wie es
der Autor
angese-
ich beu.

ich daran nicht ohne Eiffer gedencken kan,
daß ein Mann, der so lange Jahre der studirenden Jugend die Lehre von Christo vorgetragen, die ein Geheimnis zur Gottseligkeit ist, dieselbe so wenig an sich fruchten lassen. Und dieses Aergernis, das in der That
nicht geringe ist, trieb mich an es an meinem
Fleisse nicht ermangeln zu lassen um es aus
dem Wege zu räumen, und entschloß ich
mich endlich noch einmahl einen Gang mit
ihm zu wagen. Dieser Absicht aber gemäß
war ich darauf bedacht, wie ich die Sache
auf eine solche Art vorstellete, damit den leeren Wiederhohlungen und der Großspreche-
rey, als wenn ich nichts zu antworten wüste,
endlich einmahl gesteuret würde. Also kam
noch im vorigen Jahre (a) der klare Beweiß zum Vorscheine, daß Herr *D.*
*Budde* die ihm gemachte Vorwürffe einräumen und gestehen müsse, er
habe aus Ubereilung die ungegründete Auflagen der Hällischen Widersacher recht gesprochen.

§. 129. In der Zugabe hatte ich wider
Herrn D. *Budden* zweyerley angeführet,
nemlich 1. daß er diejenige Meynungen,
welche er bey mir so gefährlich ausgiebet,
auch zum Theil fälschlich imputiret, selbst
mit klaren Worten in seiner Philosophie
lehret:

*Wie der Autor sich entschlossen den klaren Beweiß heraus zu geben.*

*Was der Autor im klaren Beweise von Hn. Buddens Lehren ausgeführt.*

(a) Anno 1725;

lehret: 2. daß er in der That gefährliche Meynungen hege, indem er dem Materialismo überall auf eine unverantwortliche Weise das Wort redet. Ich zeigte demnach in dem ersten Capitel, wie er in seiner Antwort nichts vorgebracht, was dieses von sich abzulehnen wäre zureichend gewesen: welches auch eine unmögliche Sache war, massen ich nicht nach seiner Manier ihm seine Worte verkehrete und vermeynte Consequentien ihm als Lehren andichtete; sondern vielmehr nichts angab, als was mit klaren Worten in seinem Buche stund, die ich auch deswegen gantz anführete. An statt daß man hätte gestehen sollen, was nicht zu leugnen war, verließ er sich auf das Leugnen, wolte seine Philosophie aus andern Büchern erkläret wissen, die er lange Jahre hernach geschrieben und sich mit Schelten und Großthun an mir rächen. Da er bey mir nicht vertragen wolte, daß ich meine Worte aus den von mir in eben der Schrifft, darinnen sie zu finden, gegebenen Erklärungen auslegte, welches doch geschehen muß, wenn man mir nicht einen falschen Verstand andichten will; so hätte er nimmermehr sich in den Sinn sollen kommen lassen einen gantz widrigen Verstand seinen Worten zu geben, den sie nimmermehr haben können. Weil er nun aber noch darzu bey so seltsamem Verfahren

groß

Warum D. Budde wegen seiner gefährlichen Lehre sich nicht vertheidigen können.

Wie er sich deswegen aufgeführet.

groß thun und mir insultiren wolte; so ward
ich genöthiget ihm zu zeigen, was ich lieber
verschwiegen hätte. Wenn es mit groß thun
und blossem sagen ausgerichtet wäre; so könte ein jeder in Tag hinein schreiben, was er
wolte. Allein es kommet auf Raison an und
ohne diese kan man nicht auskommen. Ich
habe demnach gewiesen, wie sehr es ihm in
diesem Stücke fehlet, und wie er immer tieffer hinein fället, indem er sich retten will.
Insonderheit habe ich auch gezeiget, daß
er mit Unrecht prætendiret, man solle seine Philosophie auß seiner Theologie erklären, die so lange Jahre hernach erst ist geschrieben worden, nicht allein weil dieses
Ansinnen an sich seltsam ist; sondern auch
weil seine Theologie mit der Philosophie
nicht zusammen stimmet, wovon ich Proben eben in den Fällen angeführet, wo er
es prætendiret. Unterdessen da mir wenig
**Warum
sich der
Autor
hiermit
nicht viel
aufgehal-
ten.** daran gelegen ist, was Herr Budde in seinen Schrifften vor Meynungen hat, indem ich einen jeden verantworten lasse, was
er vertheidiget, und mich bloß um dasjenige bekümmere, was ich vortrage, ob es
der Wahrheit gemäß ist, oder nicht; so
habe ich mich auch in diesem Puncte nicht
viel aufgehalten. Nur weil er vermeynte,
ich würde gerne alles mit den Haaren her-
zugezogen haben, was ich davon in seinen
Schrifften hätte finden können, so er bey
mir

mir so gefährlich ausgäbe, unerachtet er
ihm gleich selbst beypflichtete; so wieß ich
ihm, daß es eben nicht Noth habe, wenn
man dergleichen aufsuchen wolte, selbst in
seinem besten Buche der Theologie, die ein
Ausleger der übrigen seyn und seine rechte
Meynung entdecken soll, damit er in der
Philosophie zurücke gehalten. Ich achte
es unnöthig ins besondere davon etwas anzuführen. Denn ungereimtes Geschwätze
ist mir ohne dem verhaßt, und allen ge-
scheiten Menschen beschwerlich.

§. 130. Herr **Budde** hat in seiner dritten Schrifft nichts gethan, als daß er bloß
zum drittenmahl wiederhohlet, was er in
dem Bedencken gesaget hatte, und es mit
abgeschmackten Schelt-Worten von neuem
ausstaffiret. Gleichwie ich aber darüber la-
che, wenn ich auf eine thörichte Weise gescholten werde, und mit solchen Kindereyen
nichts zu thun habe; so bin ich dieses alles
mit Stillschweigen übergangen, und habe
meine Gedancken nur auf das erste gerichtet.
Meines Thuns aber ist nicht ein Ding zehen
mahl zu wiederhohlen und dem Leser einerley auf dreyerley Papier zu verkauffen. Derowegen habe ich darauf gedacht, wie ich
hinzusetzen möchte, was in den vorhergehenden Schrifften noch nicht stünde. Herr
**Budde**, der mit seinen Consorten nicht
das geringste antworten können auf dasjenige,

*Was der Autor zu seiner Verthei-digung anführet.*

*Warum der Autor D. Bud-de alles in Fragen*

vorgele-
get.

jenige, was von seinen Wort-Verkehrungen und seinen mir angedichteten Meynungen erinnert worden, macht sich mit ihnen
noch so groß und scheuet sich nicht frech vorzugeben, ich hätte auf die Einwürffe nichts
zu antworten gewust, ich stünde in meiner
Blöße dar, könte mich nicht retten und würde mich auch inskünfftige nicht retten können. Damit doch dem unbesonnenen
Schreyen ein Ende gemacht würde, so er-
griff ich endlich das Mittel und brachte alles,
was streitiges vorkommet, in Fragen, damit
ein unpartheyischer Leser siehet, daß ich das
Licht zu scheuen nicht Ursache habe, und ich
der Sophisterey ein Ende mache, da man
niemahls ordentlich antwortet, sondern alles untereinander wirfft, damit niemand
klug daraus werden und die Wahrheit einsehen kan. Und so ist es kommen, daß Herr
Budden neun und viertzig Fragen zu beantworten vorgeleget worden, und kan man
schon aus denen beygefügten Erläuterungen
ersehen, wie sie beantwortet werden müssen,
und wie ich dannenhero keinen Theil habe
an denen Irrthümern, die man mir aufdringen will. Wer nun noch nicht sehen
will, was meine Feinde für Unfug treiben,
dem ist nicht zu rathen. Ich aber wolte
Herrn Budden aufrichtig rathen, daß er
doch endlich einmahl in sich gienge und bedächte, was zu einem guten Nahmen bey
der

D. Bud-
den wird
ins Ge-
wissen ge-
redet.

der Nachwelt dienet, wo nicht mehr die
Urtheile so partheyisch ausfallen als zu der
Zeit, da man noch im Leben ist.     May
weiß es gar wohl, daß er sich übereilet und
den Hällischen Widersachern mehr getrauet, als er hätte thun sollen.     Irren ist
menschlich und wird einem von Verständigen zu gute gehalten: aber im Irrthume
verharren und seinen unschuldigen Nächsten darunter kräncken wollen ist meines Erachtens keine Sache, die sich für einen
Mann reimet, der in einem solchen Amte
stehet, als wie Herr **Budde** und bisher
in der gelehrten Welt Figur gemacht hat.

§. 131. Ich habe die Ursachen angezeiget, warum ich Herrn **Budden** ohne
Complimenten die Wahrheit derb unter die
Augen gesaget, als der mich mit Unwahrheit auf eine ehrenrührige Weise angefallen und eine Verfolgung vertheidigen wollen, von der man kein Exempel unter den
Heyden antrifft.     Dessen ungeachtet vermeynet er noch immer es sey ihm zu viel geschehen, und schmälet beständig auf die
grobe Art zu controvertiren.     Er bildet
sich ein es sey damit ausgerichtet, daß er auf
dem Titul seine Schrifft bescheiden nennet,
unerachtet er sie mit lauter Anzüglichkei-
ten und Lästerungen erfüllet, deren er nicht
eine zu erweisen in dem Stande ist, da ich
nichts vorbringe, als daß ich mit Gründen

*Warum der Autor Exempel anführet, wie man sich gegen fälschlich imputirte Irrthü-mer ver-theidiget.*

den erweise, die er nicht umstossen kan,
oder davon ich mich erbiethe den Beweiß
zu geben, wenn er es verlanget, weil ich
ihn auf alle Weise zu schonen suche, so viel
es ohne Abbruch der gerechten Sache geschehen kan.  Ich schreibe auch nochmahls
mit gutem Bedachte, daß, woferne er
vermeynet es sey ein einiger Satz der seinen Verstand und Willen angehet, in
meinen Schrifften zu finden, den er in
Zweiffel ziehet, ich auf Verlangen ihn ohne Verzug geben, ja so gar in Form einer
mathematischen Demonstration bringen
will, damit er sehen kan, was ich für Erklärungen und Grundsätze darzu annehme
und wie ich die Schlüsse einrichte.  Denn
gleichwie ich gewohnet bin alle Lehren, die
ich vortrage, dergestalt miteinander zu verknüpffen, daß sich eine aus der andern erweisen lässet, nachdem man entweder die
eine oder die andere vorher setzet; so bin ich
auch gewiß, daß unter den Sätzen, die
Herrn Buddens Verstand und Willen
angehen, keiner zu finden, der nicht mit
ihnen zusammen hienge und als ein Glied
in meine Kette gehörete.  Ich dringe mich
zu niemanden und lasse gerne einen jeden in
seinen Würden, er mag sie haben, warum

er will. Man wird in allen meinen Schrifften nicht ein einiges Exempel finden, da ich
jemanden angegriffen hätte.  Am aller-
wenig-

wenigsten wird man sehen daß ich von Professoribus, die jetzt auf einer Universität leben, verkleinerlich geurtheilet hätte. Ich trage die Wahrheit mit Gründen vor, und mein Haupt-Werck ist, es dahin zu bringen, daß sie als Wahrheit bekandt wird. Wer diese nicht einsehen kan, oder mag, dem verlange ich nichts einzureden. Es kan sich demnach niemand über mich beschweren, daß ich ihm zu nahe getreten. Wenn aber derjenigen, welchem mein Vortrag gefallen, nicht mehr so viel Gefallen an eines, oder des andern seinen Schrifften gehabt, als er gewünschet; das ist eine Sache, davor ich nicht stehen kan, noch darff. Weil demnach Herr **Budde** noch immer das Ansehen haben will, als wenn er sich in die Art der Schutz-Schrifften nicht finden könte; so habe ich ihm ein Exempel vorhalten müssen, darwider er nichts zu sagen hat. Ich habe ihm nemlich das Exempel des HErrn Christi aus der Evangelischen Historie vorgehalten, der von den Pharisäern auf die gehäßigste Weise verketzert ward, damit sie einen Grund hätten, warum sie ihn verfolgten und aus dem Wege räumeten. Und hieraus kan er sehen, wie weit man mit Schutz-Schrifften wider Verfolger gehen darff. Damit er aber erkennen möchte, daß ich wider ihn noch viel glimpflicher verfahren, als sonst Phi-

*nemlich widerleget.*

*Warum er D. Budd. den anders begegnen müssen.*

A a                          losophi

losophi oder Welt-Weisen mit Leuten von
Herrn Buddens Art umgegangen; so habe ich ihm *Voetii* Exempel vorgestellet, wie
er von *Cartesio* heimgeführet worden, den
er auf Buddische Art anfiel. Daraus kan er
erkennen, daß ich noch vieles zu sagen übrig
habe, wenn meine Schutz-Schrifft seiner
gleich kommen soll, und die Ursachen finden, warum ich von einigem den Beweiß
nicht eher geben will, als biß er ihn von mir
fordert, damit er sich nicht beschweren darf,
als wenn ihm unrecht geschehe. Ja damit
er nicht *Cartesium* lästern und *Voetii* Parthey nehmen möchte, als wie er gegen mich
die Parthey erwehlet, die sich in Contro-
versien längst einen gar schlechten Nahmen
erworben; so habe ihm **Puffendorffs**
Exempel zu Gemüthe geführet, dessen Meynung er nun selbst mit grossem Eiffer vertheidiget, darüber er angefallen worden.

**Warum
der Autor
Herrn
Budden
allein ge-
antwor-
tet.**

§. 132. Unerachtet sich nun ausser Herrn
Budden noch andere darein gemenget und
insonderheit der Hällische Feind ohne Ende
wiederhohlet, was schon mehr als einmahl
beantwortet worden, und durch seine Sophistereyen diejenigen einzunehmen trachtet,
welche entweder nicht Zeit haben, oder auch
sonst nicht in dem Stande sind die Sache
selbst zu untersuchen; so habe ich doch Ursachen genug, warum ich sonst niemanden
als

als Herrn D. Budden geantwortet habe.
Ich rede aber jetzt bloß von denen, welche
den Hällischen Verfolgern mit Hrn. Budden beygepflichtet und ihrer Lästerungen
und Verleumdungen sich theilhafftig gemacht; keinesweges von denen, die nach
der Freyheit zu philosophiren, die einem jeden ungekränckt verbleiben muß, erinnert,
warum sie eine oder die andere Meynung
nicht annehmen könten und was sie für
Bedencken dabey hätten. Denn man handelte wider die Aufrichtigkeit, wenn man
sie zu einer so unanständigen Gesellschafft mit
ziehen wolte. Anfangs ist gewiß, daß keiner was anderes vorgebracht, als was Herr
Budde seinem Bedencken einverleibet,
und in seiner letzten Schrifft noch vollends
passiret, wie ein jeder sehen kan, welcher
die Schrifften meiner Widersacher gegen
einander hält. Derowegen da ich Herrn
Budden auf alle Puncte genug geantwortet und ihm gewiesen, daß es auf blosse
Wortverkehrungen und darinnen gesuch-
te albere Consequentien ankommet, die mir
um so vielweniger können beygemessen werden, je mit kläreren Worten das Gegentheil davon in meinen Schrifften zu finden;
so wäre es eine grosse Thorheit, wenn ich
eine Antwort deswegen vielen zu Gefallen
vielmahl wiederhohlen wolte, weil meine
Feinde die Einfalt haben, als wenn ihre

*Erste Ur-
sache.*

Ver-

Verleumdungen dadurch wahr würden,
daß sie noch andere wiederhohleten, welches
ihnen um so viel mehr verarget und als ein
kräfftiges Zeugniß wider ihre Aufrichtigkeit
in dieser Sache angenommen wird, je bekandter ist, wie viele Zeugen wider ihre Pietisterey oder Abweichung von der Reinigkeit
der Christlichen Lehre zu dem Pharisäischen
Heuchel-Wesen vorhanden, da sie den
Schluß wider sich nicht wollen gelten lassen,
den sie wider mich machen. Und unerachtet
der Hällische Sophiste nach seiner falschbe-
rühmten Kunst, die er zur Vertheidigung
der schlimmen Sache seiner Secte nöthig
hat, einen grösseren Vorrath von ungereimten Consequentien hat, als Herr D. **Budde** anzunehmen sich getrauet; so fallen sie
doch alle von sich selbst weg, wenn man einsiehet, daß sie auf einen falschen Grund gebauet sind.    Ich hätte nicht einmahl nöthig gehabt, auf das **Buddische Bedencken** zu antworten, indem schon Antwort
genug in der *Commentatione* und dem bey-
gefügeten *Monito* zu finden war; jedoch
war aus oben (§. 120.) angeführten Ursachen nöthig etwas überflüßiges zu thun.
Hierzu kommet, daß ich den Anmerckungen über die Metaphysick (§. 114.) genug
beygebracht, welches meine Meynung und
die Wort-Verkehrungen meiner Widersacher seyn, auch denen es begreifflich gemacht,

*Andere*
*Ursache.*

macht, die des demonstrativischen Vortrages nicht gewohnet sind, nachdem ich alles
in meinen Schrifften eingerichtet, so daß
auch meine Feinde und selbst Herr **Budde**
zu dieser Sophisterey ihre Zuflucht nehmen
müssen, als wenn ich in Vertheidigung meiner Säße andere Meynungen und Gründe
annähme, als in meinem Buche zu finden,
weil sie nicht gestehen wollen, daß sie mir
Säße angedichtet, die darinnen nicht stehen,
und also meinen Nahmen mißbrauchen, da
sie nicht wider mich, sondern einen erdichteten Gegner streiten. Darnach haben auch *Dritte*
bereits andere ihnen genug geantwortet *Ursache.*
und noch mehrere solches zu thun versprochen, daß ich nicht nöthig habe die Zeit,
die mir ohne dem edel ist, mit überflüßigen
Wiederhohlungen zuzubringen. Denn es *Verthei-*
hat nicht allein der Wittenbergische Philo- *diger des*
sophus Herr **Hollmann**, als ein unpar- *Wahr-*
theyischer Zeuge der Wahrheit und der *heit.*
frey philosophiret, in seinen beyden Dispu- *Hollmann*
tationibus *de harmonia præstabilita* hin und
wieder erinnert, daß die Auflagen meiner
Widersacher gar nicht gegründet; sondern
auch insonderheit in seinen *Observationibus*
*elencticis in causa Wolfiana* auf das deutlichste gezeiget, wie elend es um die Lan-
gische Sophistereyen stehet und wie sehr
er den widrigen Affecten die Oberhand
über sich lässet. Herr Prof. **Bülffinger,** *Bülffin-*
A a 3 *der ger.*

der gnugsame Proben seiner guten Einsicht
in Metaphysischen Materien abgeleget, hat
in seinen *Dilucidationibus philosophicis de
Deo, anima humana, mundo &c.* alle Einwürffe, die von Herrn **Budden** und seinen
Consorten vorgebracht worden, ja die er nur
von einigen mündlich vorgenommen, auf
das gründlichste und mit ungemeiner und
unverdienter Bescheidenheit beantwortet,
daß es also überflüßig wäre noch einmahl zu
wiederhohlen, was bey ihm zu finden. Er
hat zwar nicht überall die Nahmen angeführet, sondern bloß wie ich in meine Anmerckungen die Sache vorgenommen: allein es kan
ein jeder leicht das seine finden, und hat es
mit Danck zu erkennen, daß er seinen Nahmen verschwiegen, wo ihm seine Einwürffe wenige Ehren bringen, absonderlich da
das Buch in einer Sprache geschrieben,
daß es auch Ausländer lesen können. Unerachtet aber Herr **Bülffinger** nicht alles
in der Ordnung durchgegangen, wie es
von den Gegnern vorgebracht wird; so ist
doch auch deswegen nicht nöthig, daß ich
mich über diese Arbeit mache, indem schon
andere, als Herr **Müller** (a) und Herr
**Riebow** (b) dieses zu thun versprochen,
nemlich jener in dem *demasquirten Philosopho*

**Müller.**

pho, darinnen er den Anfang gemacht; dieser
in den gelehrten Leipziger Zeitungen. Aus
dem *demasquirten Philosopho* und den *Articulis generalibus de veris & falsis Philosophis* hat man Herrn **Müllern** kennen lernen und verspricht sich jederman viel Gu-
tes von seiner Arbeit.    Herr **Riebow** hat   Riebow.
etwas von dem Laster der Trunckenheit drucken lassen, daraus man gleichfals urtheilen kan, daß es ihm an guter Einsicht nicht
fehlet.    Also werden die Sophistereyen
und fälschlich *imputirte* Irrhümer noch zeitig genug denen entdecket werden, die sich
einbilden, es gehe sie nicht an, was nicht
wider sie nahmentlich in guter Ordnung
vorgebracht wird, wie sie es geschrieben.
Uber dieses haben auch schon verschiedene besondere Materien abgehandelt und ist kein
Zweiffel, daß künfftig mehrere dergleichen
thun werden.    Herr Professor **Thümmig**   Thüm-
hat in seiner *Exercitatione philosophica de*   mig.
*vera refutationis notione* gewiesen, wie
Herr **Lange** zwar wider meine Philosophie geschrieben, keinesweges aber sie widerleget.    Und die allgemeinen Gründe lassen sich so wohl auf alle seine Mit-Gehülf-
fen, als auf ihn *appliciren.*    In der *Dissertatione de genuina & completa necessarii
notione* hat er gewiesen, wie ungegründet
die Beschuldigung von der unvermeidlichen Nothwendigkeit, oder dem *Fato Stoi-*

co sey. . In Wittenberg hat Herr M. Bil-
leben in einer Disputation gewiesen, wie
ungereimet das Vorgeben sey, als wenn im
*Systemate harmoniæ præstabilitæ* die Wunder-Wercke unendlich multipliciret würden
und der mit einer reinen Einsicht begabte
Adjunctus der Philosophischen Facultät da-
Schlosser. selbst Herr **Schlosser** (c) hat in seiner Disputation *de cautione philosophica circa defini-*
*tiones* klar und gründlich gewiesen, wie sehr
Herr **Budde** und seine Consorten sich vergangen, wenn sie in meinen Erklärungen
ich weiß nicht was für ungereimtes und gefährliches suchen wollen. In Jena hat Herr
Carpzov. M. *Carpov.* die Wichtigkeit des *principii ra-*
*tionis sufficientis* befestiget, indem er ausgeführet, was der Herr von **Leibnitz** erinnert,
das die Beweißthümer von GOtt ohne dasselbe nicht demonstrativisch sind. Es ist be-
Hart- kandt, wie Herr D. **Hartmann** in Erfurth
mann. dem Hällischen Widersacher in der Disputatione *de Commercio animæ cum Corpore* angefangen auf den Zahn zu fühlen und dieses nach diesem ferner Gelegenheit gegeben in
einer besonderen Schrifft unter dem Titul:
Hr. *Prof.* **Langens** Unfug in der Wolf-
fianischen Philosophie durch verschiedene
Proben zu zeigen, wie gar sehr er neben der
Wahr-

---

(c) nunmehro Prediger der Evangelischen Gemeine in Cassel.

Wahrheit und Aufrichtigkeit vorbey spatzi-
ret, auch das *Nosce te ipsum,* oder ziehe
dich bey der Nasen sehr kräfftig zu
lehren. Insonderheit ist merckwürdig, daß
ein Schmidt in Schmalkalden Johann Wagner.
Valentin Wagner auffstehen und durch
sein Exempel Hn. Langen und seine Mit-
Brüder lehren müssen, woran es lieget, daß
sie alles verkehret verstehen, und zugleich die
Fehltritte in ihrem Wandel auf eine gar
begreiffliche Art gezeiget. Wer seine bescheidene Entscheidung gelesen, der hat
gelernet, daß, wenn sie mit ihm zuerst ihren
Verstand excoliret und etwas genau zu
überlegen fähig gemacht und mehr Zeit und
Fleiß auf meine Schrifften gewandt hätten
sie zu verstehen, als sie dieselben zu tadeln
gebraucht, sie sowohl als er dieselben würden verstanden haben. Dabey ist es an-
muthig gewesen zu sehen, wie Leute, die mit
der Frömmigkeit so lange Figur gemacht,
einen Lehrmeister bekommen, der ihnen auf
eine gar begreiffliche Weise zeiget, wo es
ihnen eigentlich fehlet. Es ist nach diesem
die Entscheidung mit dem anderen Theile
vermehret und einer Vorrede Herrn D.
Cramers, nunmehro Professoris Juris
Ordinarii in Marburg von neuem wieder
aufgeleget worden. So trifft in unseren
Zeiten ein, was vor mehr als 2000. Jahren *Confucius* angemercket, daß ein Heuchler
Aa 5 zuletzt

zuletzt doch noch erkandt wird, ehe er seine
graue Haare in die Grube bringet.　Es
könten in dieser andern Auflage noch viele
andere angeführet werden, welche die Wahrheit wider meine Feinde vertheidiget: allein
ich halte es für überflüßig, da selbst die
Theologi in unserer Kirche dadurch für andern einen Ruhm erhalten, daß sie sich in
meiner Philosophie üben und meine Gründe
und Lehr-Art anbringen.

Es wer-
den noch
mehrere
Ursachen
angeführ-
ret.
Vierdte
Ursache.

§. 133. Unerachtet die bisher angeführte
Ursachen hinreichend genug sind, daß ich
weiter niemanden als Herrn Budden einer
Antwort würdige; so sind doch noch viele
andere Ursachen, welche eben dieses rathen.
Bey Leuten, die keine Liebe zur Wahrheit
haben, sondern nur Meynungen nach Interesse wehlen und davor angesehen seyn wollen, daß sie recht haben, richtet man einerley aus, ob man eine Sache ein-oder zehen-
mahl saget.　Z. E. Es ist so vielmahl gesaget worden, daß, wenn man behauptet,
GOtt habe die beste Welt zur Würcklichkeit gebracht, man die gantze Reihe der
Dinge von ihrem ersten Anfange an, bis so
lange sie dauren, und also auch den Zustand
der Seeligen nach dem Tode zugleich mit
verstehe, und von dieser gantzen Reihe sage,
daß sie besser sey als andere, die ausser ihr
zugleich möglich gewesen.　Man hat auch
erinnert, daß eine Welt besser genennet wird
als

als die andere in Ansehung der Absicht,
warum sie GOtt erwehlet und zur Würcklichkeit gebracht, nemlich weil sie GOtt für
geschickter geachtet seine Absicht zu erreichen,
als alle übrigen. Der Herr von **Leibnitz**
hat es in seiner Theodicée nicht anders, als
so vorgetragen. Ich habe in meiner Metaphysick ( §. 544. ) keine andere Erklärung
gegeben, auch in keinem andern Verstande
erwiesen, daß sie die beste sey ( §. 982. 1026.
&c. ). Ich habe auch vorher in der Ratione
prælectionum sect. 2. c. 3. §. 25. p. 149.
keine andere gegeben gehabt. Da Herr
**Budde** in seiner Disputatione de *Origine*
*mali* Einwürffe wider die Wahl der besten
Welt gemacht, darinnen er von dem Begriffe der Welt abgehet, wie ihn **Leibnitz**
und ich angenommen; so hat Herr Prof.
**Bülffinger** in seinem *Tractatu de origine*
*mali* solches erinnert. Es ist auch dieses in
den Actis Eruditorum, wo derselbe recensiret
wird, angemercket worden. Ich habe die
Erklärung von der Welt in der *Commenta-*
*tione* Sect. I. §. 7. c. 24. wiederhohlet und
daraus gewiesen, wie man in den Einwürffen das Wort in einem andern Verstande
nimmet. Ich habe noch einmahl davon gehandelt im *Monito* §. 5. p. 9. Es ist in den
Anmerckungen über das **Buddische Be-**
**dencken** p. 77. not. r. gewiesen worden,
wie Herr **Budde** diese Erklärung verfäl-
schet,

schet, auch noch an andern Orten sowohl
daselbst, als in der **Zugabe** davon geredet
worden, z. E. c. 3. §. 44. p. 146. 147.
**Zugab.** Ich habe auch nachdrücklich (§.
175. Annot. Met.) angemercket, daß ich
das Wort **Welt** beständig in diesem Verstande nähme, und ausdrücklich dabey erinnert, man müsse dadurch in meinen
Sätzen nicht bloß das **Welt-Gebäu-**
**de,** noch einen einigen Zustand der
**Welt** verstehen, massen aller Zustand,
der vergangene, gegenwärtige und
künfftige, auch selbst der Zustand der
**Menschen** nach dem Tode hier mit
zur **Welt** gerechnet werde ꝛc. Ja ich
habe (§.400. Annot.) gleichfals mit klaren
**Worten** eingepräget, daß vermöge meiner
Metaphysischen Lehren diejenige Welt die
beste zu nennen sey, wodurch er seine Absicht am besten erreichet. Ich habe alles
nochmahls was hieher gehöret, von neuem
eingeschärffet in dem **klaren Beweise**
p. 162. & seqq. Ich habe ihm auch so gar
in der 34. **Frage des klaren Beweises**
p. 160. solches auf sein Gewissen geleget,
**ob man einem** *Autori* **eine andere Aus-**
**legung seiner Worte aufbürden kan,**
**als die seinen Erklärungen und übri-**
**gen Sätzen gemäß ist?** Herr **Bülf-**
**finger** hat in seinen *Dilucidationibus* Sect. 2.
c. 1. §. 139. p. 137. & seqq. nicht allein die
Er-

Erklärung der Welt gleichfals vorgetragen
und ausführlich erläutert, und darauf §.
142. p. 142. wohlbedächtig erinnert, man
müsse nicht von einem Theile der Welt entweder in Ansehung des Raumes, oder der
Zeit annehmen, was von der Welt nach
der gegebenen Erklärung vorgebracht wird:
ja er hat auch von der Wahl der besten
Welt an mehr als einem Orte ausführlich
gehandelt. Herr **Thümmig** hat in seinen
*Institutionibus* (§. 5. *Cosmol.*) die Definition
der Welt gleichfals mit deutlichen Worten
vorgetragen, auch ( §. 39. Theol. nat.)
erkläret, in was für einem Verstande sie die
beste genennet wird. Herr D. **Hartmann**
im Unfuge und Herr **Schlosser** hat l. c.
§. 42. 43. p 34. 35. von derselben gleichfals
geredet. Und also ist, was die Welt und
was die beste Welt zu sagen hat, wenigstens
schon funfzehnmahl gesaget worden. Dessen ungeachtet bringet man noch immer
solche Dinge vor, da man entweder nur
von einem Theile darinnen redet, und will
es demjenigen entgegen setzen, was von der
Welt, dem gantzen Raume und der gantzen
Zeit nach zusammen gesetzet worden. Was
einer nicht verstehen will, wenn es ihm
funfzehenmahl gesaget und auf vielerley
Weise eingepräget worden; das wird er
gewiß nicht verstehen, wenn es ihm auch
gleich noch funfzehenmahl gesaget wird.

Denn

Fünffte
Ursache.

Denn es liegt hier nicht bloß am Verstande,
sondern auch am Willen. Dieses kan man
daraus sehen, weil meine Widersacher diese
Erklärung gar wohl zu finden wissen, wenn
sie darwider etwas zu haben vermeynen:
wie sie dann deßwegen Herr Bülffinger
in seinen *Dilucidat.* Sect. 2. c. 1. §. 141. Herr
D. Hartmann im Langischen Unfuge und
Herr Schlosser loc. cit. wider ihre Einwürffe vertheidiget. Es bekennen aber meine
Gegner selbst, daß sie einen Verstand haben,
der sich nach dem Willen richtet. So lange
sie also recht haben wollen und ihr Wille
feste darauf bestehet, daß ich unrecht haben
soll; so lange hält auch ihr Verstand alles
vor nichts, was ihnen geantwortet wird,
und, wenn man ihnen eine Sache mehr als
funfzehenmal saget, so schreyen sie doch immer
mit vollem Halse, man habe nichts zu sagen
gewust. Wer will aber solchen Leuten ihren
Willen ändern, die keine Raison annehmen
und ein so grosses Interesse dabey haben,
daß es heisset, sie haben recht? Es ist ein
Elend in der Welt, daß diejenigen Gelehrten, welche sich in der Welt-Weisen und anderer Gelehrten Händeln darein zu reden
unterstehen, nicht vorher so viel Fähigkeit zu
erreichen ihnen angelegen seyn lassen als dazu erfordert wird, daß sie wüsten, ob sie
in dem Stande sind eine Sache zu beurtheilen, oder nicht. Ich weiß wohl, daß sie
es

Sechste
Ursache.

es für einen Hochmuth auslegen, wenn man
sie nicht davor ansehen will, was sie nicht
sind, und mit Pedanterey um sich werffen,
damit sie einem eine unmögliche Sache ab-
troßen wollen.    Allein ich habe gelernet,
daß diejenigen eitler Ehre geißig sind, welche
Ehre prætendiren, die ihnen nicht gebühret,
und der Pedanten Art ist, daß man sie davor erkennen soll, was sie nicht sind. Gewiß! dieses ist die Quelle alles übrigen
Elends unter den Gelehrten und alles Ver-
derbens, das durch sie gestifftet wird. Ich
wollte wünschen, daß ich nicht aus der Erfahrung schreiben dörffte.    Es ist aber ein
grosses Glück für meine Widersacher, daß
ich ihnen die Gabe nicht anwünschen kan
einzusehen, ob sie etwas verstehen, oder nicht:
denn sonst möchte sich mancher unter ihnen
zu Tode schämen, zumahl wenn man auch
denen, bey welchen er in Ansehen seyn will,
zugleich diese Gabe mittheilen, oder vielmehr auf einmahl einflössen könnte. Die
Umstände erfordern es, daß ich frey schreibe.    Es wird mir niemand, der sie einsiehet, verargen, daß ich meinen Gegnern nicht
heuchele.    Was ich von der Erklärung
der Welt angeführet, ist kein Exempel,
welches ich mit Fleiß darzu erwehlet, sondern es ist mir eben Gelegenheit darzu gegeben worden, weil mir Einwürffe von den
Consequentien-Krämern zu Gesichte kommen,

*Glück der Widersacher des Autoris.*

*Warum der Autor ihnen nicht heucheln darf.*

men, die darwider lauffen. Es verhält sich
in allen Puncten, die man streitig machen
wollen, auf eben diese Art. Es sagt einer
eben, was der andere. Es ist vielfältig die
Antwort wiederhohlet und eingepräget
worden: allein man erzehlet in allen Fällen den Tauben ein Mährlein. Sie wiederhohlen ihren alten Gesang und schreyen
darzu, es sey nichts geantwortet worden.
Ich habe noch immer an mich gehalten und
Mitleiden, sonderlich mit dem Verführten
gehabt; sonst hätte das Geschrey von
**dem nichts geantwortet haben und
nichts zu antworten wissen** auf eine
gantz besondere Weise sollen beantwortet
werden, welche die Demonstration an die
Hand giebet. Ich nöthige mich zu niemanden und schone jeden so viel ich kan:
wenn man mir es aber so nahe sucht, daß
ich mit einer Nothwehre heraus rücken
muß, so hat sichs derjenige zuzuschreiben,
der nicht ruhen kan. Ich könnte noch weit
mehrere Ursachen anführen, warum ich
nicht für nöthig erachte jemanden mehr als
Herrn Budden einer Antwort zu würdigen: allein es sind dieselben meines Erachtens mehr als wichtig genug, die ich angeführet habe. An das Urtheil derer, welche
vorgeben, ich hielte mich an den Schwäch-
sten, kehre ich mich nicht: es war ja eine
Zeit, da er vor den Stärcksten ausgeschryen
ward.

*(Randnotiz:)* Erinne-
rung.

ward. Was einer sagt, das sagt der an=
dere auch. Wenn ich gewiesen, daß des
einen Consequentien=Kram nichts tauget
(wie ich es denn in dem klaren Beweise
genug erwiesen, wie schlecht es mit diesem
Krame stehet); so fället des andern seiner
zugleich mit.

§. 134. Unerachtet aber die gegenwär= **Nöthige**
tige Umstände es erfordern, daß ich mit der **Erinne=**
Wahrheit nicht zurücke halte, und verlange **rung.**
es soll ein jeder Gelehrter es so weit zu
bringen suchen, daß er wisse, was er verste=
het, oder nicht, und sich dannenhero nicht
in Händel menget, darzu er sich nicht schi=
cket; so verlange ich doch deßwegen weder
mich über andere zu erheben, noch andere
zu verachten, führe auch meine Zuhörer
gantz anders an. Denn ich habe längst
gelernet, daß ein Mensch nicht alles wissen
kan, auch daß des einen Wissenschafft
nicht allein genug ist zur Wohlfahrt des
menschlichen Geschlechtes. Die Gelehrten **Warum**
sind eben wie die Glieder in unserem Leibe. **nicht alle**
Sie haben nicht alle einerley Verrichtun= **Gelehrten**
gen und daher auch nicht einerley Gaben **einander**
vonnöthen. Gleichwie eines jeden Gliedes **gleich seyn**
Verrichtung zur Wohlfahrt des menschli= **dörffen.**
chen Leibes vonnöthen ist und ein jedes sein
Lob hat, weil es zu seiner Verrichtung so
aufgeleget, wie es dieselbe erfordert; also
stehet es wohl um die gelehrte Welt, und

um

um das gantze menschliche Geschlechte, wenn
ein jeder dahin trachtet, daß er zu seinen
Verrichtungen, die ihm obliegen, geschickt
ist, und wer dieses thut, der verdienet
sein Lob, und wird von allen Verständigen werth gehalten, auch fordert niemand
von ihm, daß er andere Sachen zugleich
verstehen soll. Es ist auch niemanden eine
Schande, wenn er es gleich gestehet, daß
dieses, oder jenes nicht sein Werck ist.
Man verlanget nur, daß er davon bleiben
und des Seinen warten soll, und verarget
es denen, die ihr Unvermögen nicht erkennen, sondern vielmehr davor angesehen seyn
wollen, als wenn sie die Leute wären, denen das Richter-Ambt darinnen zukäme,
was ihres Thuns nicht ist. Ich habe demnach in der Commentatione Sect. 1. §. 2.
p. 3. den gelehrten Cantzler zu Tübingen
Herrn **Pfaffen** gelobet, daß er in einer
Anmerckung zu seiner Oration *de Egoismo*
freymüthig bekandt, subtile Materien in
der Philosophie wären nicht sein Werck,
absonderlich wenn sie demonstrativisch vorgetragen werden und also Zeit und Weile
zur Untersuchung gebrauchen, unterdessen
aber nach der Liebe das Beste geurtheilet.
Denn so schreibet er: *Nobis, ut verum
fateamur, nec temporis, nec patientiæ, nec
& ingenii, ut putamus, tanta copia est,
ista ut legere, ista ut capere, ista ut digerere
possimus,*

*Exempel eines aufrichtigen Gelehrten.*

*possimus, qui & quæcunque abstrusa, quæcunque crispa, quæcunque alta sunt, naturali quodam vitio & meticulositate formidamus. Credimus tamen nihilominus, multa tam periculosa haud apparitura, si saltem vocum, queis viri Doctissimi utuntur, nova, quam illis dant, potestas recte evolvatur, multa etiam sic ad communes veritates reditura, si propius inspiciantur.* Ja er leget zugleich ein Bekäntnis von andern ab, daß wenige wären, welche das Systema in seinem Zusammenhange recht einsähen, die Erklärungen der Wörter sich bekandt gemacht und den gantzen Zusammenhang der Vernunfft-Schlüsse erwogen hätten: welches er mit allem Rechte für schlechter Dinges nothwendig darzu erachtet, wenn man von der Sache urtheilen will. Vid. not. r. p. 12. 13. Es hat ein jeder genug mit dem Seinen zu thun und darf sich in fremde Händel nicht mischen. Wer mit Ruhm ein Historicus seyn will, kan seines Ruhmes unbeschadet die Welt-Weisheit andern überlassen und man fordert nicht von ihm, daß er in dieser eben den Ruhm hat, der ihm wegen seiner historischen Erkäntnis gebühret, gleichwie im Gegentheil es niemand vom Verstande verlanget, daß ein Welt-Weiser mit einem andern gleiche Fähigkeit in der Historie besitzen, oder auch ein Mathematicus, der sich diesen oder

*(Randbemerkung:)* Warum man sich nicht in alles mischen darf.

Bb 2                          jenen

jenen Theil zu excoliren vorgenommen, in
einem jeden excelliren, oder zugleich so ein
grosser Philosophus, als Mathematicus seyn
soll.　Daß ein Mensch in diesem oder jenem
Stücke der Wissenschafft und Gelehrsamkeit für andern etwas besitzet, hat er eben
sich nicht selbst zuzuschreiben.　Das meiste
kommet von seinen natürlichen Gaben und
denen Umständen her, darinnen er sich von
seiner Jugend auf befunden, damit er dasjenige bewerckstelligen können, worzu er
aufgeleget war.　Keines von beyden kan
sich der Mensch selbst geben; sondern er hat
es GOtt zuzuschreiben, der einem jeden zu-
theilet, was er will, und wenn der Mensch
sowohl seine natürliche Gaben anwendet,
als auch in die Zeit sich schicket, wie sichs
gebühret, so thut er, was er zu thun schuldig war.

*Wem der
Mensch
seine Wis-
senschafft
zuzuschrei-
ben hat.*

## Das 9. Capitel.
# Von der Moral des Autoris.

### §. 135.

*Wie der
Autor
die Moral
abgehan-
delt,*

Ch habe schon oben (§. 6.) erinnert, daß ich die Moral dergestalt
abgehandelt, daß die Theorie mit
der Praxi beständig verknüpfet
worden. Ich weiß von keiner andern Theorie in der Moral als dem Gesetze der Natur,
und demnach habe ich dasselbe zugleich mit
abge-

abgehandelt. Jedoch da man den Menschen in einem doppelten Stande betrachten kan, entweder in dem **natürlichen**, oder dem **Stande der Freyheit**, wo er keiner weltlichen Macht unterthan, sondern seiner eigenen Handlung Herr ist, oder in dem **bürgerlichen**, wo er der weltlichen Macht unterthan ist und dadurch seine Freyheit eingeschräncket wird; so habe ich nur dasjenige in die Moral gebracht, was den natürlichen Stand, oder den Stand der Freyheit angehet, das übrige aber, was den bürgerlichen Stand betrifft, in die Politick verschoben. Und demnach lehre ich nicht allein in der Moral, welche Handlungen des Menschen recht und löblich sind; sondern zeige auch zugleich, auf was für Art und Weise man dieselben vollbringen und die ihnen entgegen gesetzte vermeiden kan. Ich handele aber anfangs die allgemeine Gründe der Moral ab, darnach komme ich auf die besondere Pflichten gegen GOtt, gegen sich selbst und gegen andere. Die allgemeine Gründe handele ich in dem ersten Theile ab; die Pflichten des Menschen gegen sich selbst in dem andern, die gegen GOtt in dem dritten, und die gegen andere Menschen in dem vierdten.

§. 136. Der erste Theil enthält eigentlich diejenige Lehre in sich, die ich *Philosophiam practicam universalem* zu nennen pflege

Was der Autor in der Philosophia

**Bb 3** und

practica universali vorgetragen.

und deswegen eingeführet, weil ich die Welt-Weisheit auf eine demonstrativische Art abzuhandeln gesonnen, dazu aber überaus dienlich ist, daß die allgemeinen Lehren vorher abgehandelt werden, ehe man zu den besonderen schreitet, indem dieses die Gründe sind, daraus man dieselben herleiten muß.

Erstes Specimen davon.

Ich habe diese Gedancken schon in meinen Studenten-Jahren gehabt. Derowegen als ich A. 1703. mein erstes Specimen academicum auf der Universität zu Leipzig ablegen sollte, damit ich die Freyheit in der Mathematick und Philosophie zu lesen erhielt; so brachte ich meine *Philosophiam practicam universalem methodo mathematica conscriptam* zum Vorscheine und gewann

Was er für Beyfall gefunden.

dadurch nicht allein vieler Herrn Professorum daselbst besondere Gewogenheit, insonderheit unter denen Theologis des Seel. Herrn D. Rechenbergs und der beyden Herren *Oleariorum*, sondern wurde auch dadurch mit dem Seel. Herrn von Leibnitz zuerst bekandt, dem der Seel. Herr Prof. Mencke dieselbe zugeschickt hatte und der mich seiner beständigen Gewogenheit versicherte, die er auch biß an sein Ende unverrückt gegen mich behalten. Ich hatte

Wie er darauf gefallen.

diese Arbeit auf Veranlassung des vortrefflichen Breßlauischen Theologi Herrn Caspar Neumanns vorgenommen, von welchem ich mehr als einmahl vernommen hatte,

hatte, daß man die **Moral**, ja selbst die
*Theologiam moralem*, noch nicht so abge=
handelt hätte, wie es billig seyn sollte, wenn
man sie mit Vortheil zur Ausübung brin=
gen und insonderheit Prediger zur Erbau=
ung ihrer Zuhörer in Predigten anwenden
sollten, und daß zwar der Seel. Herr D.
**Bayer** in seinem *Compendio Theologiæ mo=
ralis* einen guten Begriff von dem, was zu
einer pragmatischen Moral gehöret, gege=
ben, aber alles noch eine gründlichere Aus=
führung erforderte, worzu ein Mann erfor=
dert würde, der des *methodi mathematicæ*
mächtig und in der neueren Physick wohl
geübet wäre, wo man die Gründe dessen,
was man *observiret*, auf eine deutliche
Weise untersuchet. Als ich ihm nun meine
*Disputation* von der *Philosophia practica
universali* überschickte, bezeigte er darüber
seine Freude und urtheilete, daß mich GOtt
der Universität gewidmet hätte. Ich ließ
mir dannenhero angelegen seyn die Beschaf=
fenheit des mathematischen Vortrages be=
ständig weiter zu untersuchen und habe da=
mit bis diese Stunde angehalten, indem ich
bey aller Gelegenheit darüber *reflectire*, ob
ich etwas anmercken kan, was dazu dienlich
ist. Ich habe zugleich die Erkäntnis der
Natur fortzusetzen nicht unterlassen und in=
sonderheit in der Moral dahin getrachtet,
wie ich sowohl in der Theorie, als in deren

*Was der Beyfall anderer bey dem Autore gewürcket.*

Bb 4 Aus=

Ausübung alles auf allgemeine Gründe
 setzen möchte. Daher es auch geschehen,
daß ich nach diesem verschiedenes noch weiter
eingesehen, als ich in meinen gantz jungen
Jahren zu sehen vermocht, unerachtet ich
nicht nöthig gefunden etwas in dem Haupt-
Wercke zu ändern, sondern nur die Sache
weiter hinaus auf ihre fernere allgemeinere
Gründe zu führen. Ich handele demnach,
was die Theorie betrifft, von dem insgemein
so genannten *principio juris naturalis*, oder
dem Grunde des natürlichen Rechts und
erkläre dabey die allgemeinen Begriffe, die
sowohl bey dem Gesetze der Natur, als der
Moral vorkommen, und von dem Gewissen: Hingegen was die Ausübung anlan-
get, untersuche ich die Art und Weise, wie
man zu einem ordentlichen Wandel gelangen und andere in dem inneren Zustande
ihres Gemüthes erkennen soll.

§. 137. Man hat für langen Zeiten
erkandt, daß der Grund, warum eine
Handlung gut, oder böse ist, in der Natur und dem Wesen des Menschen zu finden sey, und diese Wahrheit haben nicht
allein die *Scholastici* unter dem Nahmen
*moralitatis objectivæ* beständig vertheidiget,
sondern auch insonderheit unsere Theologi
mit grossem Eiffer davor gefochten. Ja
es ist dieselbe durchgehends unter uns gelehret worden, biß nach und nach einige
kom-

*Inhalt der Philosophiæ practicæ universalis.*

*Was der Autor von dem Rechte der Natur/ der Tugend und dem höchsten Gute lehret. Begriff vom Rechte der Natur.*

kommen, welche die **puffendorffische**
Meynung angenommen, daß vor dem Gesetze keine Handlung gut oder böse sey, sondern
erst durch das Gesetze darzu wird. Da ich in
der Welt-Weisheit bemühet bin den Grund
von allem anzuzeigen, so habe ich auch diese
gegründete Meynung der andern ungegründeten vorziehen müssen, als der ich in
Erkäntnis der Wahrheit mich nicht nach der
Mode richte, als die einen Satz weder wahr,
noch falsch machen kan. Ich habe demnach
gewiesen, daß die freyen Handlungen der
Menschen entweder zur Vollkommenheit
der menschlichen Natur und ihres äusseren
Zustandes, oder zu deren und dessen Unvollkommenheit gereichen. Das erste geschiehet, wenn die freywillige Handlungen durch eben die allgemeine Gründe determiniret werden, wodurch die natürlichen,
die wir nicht in unserer Gewalt haben, ihre
determination erhalten. Und daher kommet
es, daß, wenn der Mensch seine Handlungen zu seiner Vollkommenheit determiniret, dadurch zugleich die Vollkommenheit der Welt befördert wird. Man kan
demnach den Grund des Gesetzes der Natur in der Vollkommenheit der menschlichen Natur und den ferneren in der Vollkommenheit der Welt suchen. Und demnach
ist der Haupt-Satz, daraus man alles herleitet, was von den freywilligen Handlun-

gen

Grund-
Gesetze
der Natur.

gen der Menschen geurtheilet werden mag,
daß man thun soll, was die Vollkommenheit des Menschen befördert, hingegen unterlassen, was ihr entgegen
ist. Wolte man aber den Grund noch allgemeiner setzen, so könte man sagen: der
Mensch solle thun, was zur Vollkommenheit der Welt gereichet, und unterlassen, was sie stöhret. Auf diesen
weiteren Grund hat man zu sehen, wenn
man auf eine leichte und deutliche Weise begreiffen will, daß die Beförderung der Ehre GOttes und des gemeinen Bestens mit
zu der Vollkommenheit der Natur des Menschen gehöret, und davon nicht abgesondert
werden mag. Und auf solche Weise stimmet

Uberein-
stimmung
der Moral
und Me-
taphysick.

die Moral mit den Gründen der Metaphysick wohl zusammen und lassen sich alle
Handlungen, sie mögen Nahmen haben,
wie sie wollen, daraus determiniren, daß
man keinen allgemeineren Grund als diesen verlangen kan. Es ist mir nicht schwer
gefallen zu erweisen, daß diejenigen gar
weit fehlen, welche den Eigen-Nutz zum

Ob der
Autor den
Eigen-
Nutz zum
principio
juris natu
ræ ma-
chet.

Gesetze der Natur machen, als welcher der
Vollkommenheit der Natur und noch mehr
der Vollkommenheit des gantzen menschlichen Geschlechtes und der Welt zu wider
ist, und mit dem die Beförderung der Ehre GOttes nicht verknüpfft ist. Man muß
sich aber wundern, wie dennoch einige entweder

weder so blind, oder so frevelhafft sind, daß
sie vorgeben, ich machte den Eigen-Nutz
zum Gesetze der Natur.     Man erkennet
aus dieser einigen Probe, was meine Geg-
ner für Leute sind.  Ich habe einen allge- **Begriff**
meinen Begriff von der Verbindlichkeit ge- **von der**
geben, dergleichen man bisher nicht gehabt, **Verbind-**
und, da er wie alle wahre und deutliche Be- **lichkeit.**
griffe fruchtbar ist, daß sich daraus alles
herleiten lässet, was von der Verbindlichkeit erkandt werden mag, daraus erwiesen,
daß in der Natur des Menschen und der
Beschaffenheit der freyen Handlungen eine
Verbindlichkeit gegründet sey, welche ich
**die natürliche** nenne, und die auch derjenige erkennen muß, welcher entweder
GOtt nicht erkennet, was er für ein
Wesen ist, oder wohl gar leugnet, daß ein
GOtt sey.  Ob ich nun aber gleich mit **Urheber**
*Grotio* und unsern Theologis behauptet, **der Ver-**
daß auch *in hypothesi impossibili athei,* oder, **bindlich-**
bey der unmöglichen Bedingung, daß kein **keit.**
GOtt seyn solle, ein Gesetze der Natur ein-
geräumet werden müsse, um diejenigen ihrer Thorheit zu überzeugen, welchen die
Atheisterey deswegen anstehet, weil sie als-
denn ihrer Meynung nach leben möchten,
wie sie wolten; so bin ich doch weiter hinauf gestiegen und habe gezeiget, daß der
Urheber dieser natürlichen Verbindlichkeit
GOtt sey und daß er über dieses den
Men-

Menschen noch auf andere Weise verbindet
seine Handlungen dergestalt zu dirigiren, damit sie zu seiner, ja des gantzen menschlichen
Geschlechtes und der gantzen Welt Vollkommenheit gereichen. In soweit uns nun
GOtt verbindet, haben wir ihn als den
Gesetzgeber des natürlichen Rechtes anzusehen. Weil ich aber gefunden, daß die Menschen das Gesetze als eine Last ansehen und
ihnen einbilden, als wenn GOtt aus einer
blossen Herrschsucht ihre Freyheit eingeschräncket hätte; so habe ich gewiesen, wie
sich GOtt als einen Vater bey dem Gesetz
der Natur aufführet, indem er uns ein Gesetze vorgeschrieben, welche das Mittel ist,
wodurch wir unsere Glückseligkeit auf Erden
erreichen können. Ich habe zu dem Ende
gewiesen, daß die Glückseligkeit ein Zustand
einer beständigen, oder unwandelbahren
Freude ist und daß dieselbe mit der Tugend,
gleichwie die Unglückseligkeit mit dem Laster verknüpfft ist: wie ich dann zugleich die
Begriffe der Tugend, des Lasters, des
Gesetzes, der Seeligkeit oder des höchsten
Gutes, wie es die Welt-Weisen nennen,
der menschlichen Schwachheit auseinander gewickelt, und insonderheit gewiesen,
wie die Tugend was herrlicheres ist als ein
eigennütziges Wesen, oder ein Geschäffte
eines Miedlinges, das bloß durch die
Furcht der Straffe, oder die Hoffnung einer

*Wie sich GOtt als ein Gesetz-geber ge-gen den Menschen bezeiget.*

ner Belohnung ausgepresset wird. In meinen Anmerckungen über die Oration von der Sineser *Philosophia practica*, und zum Theil auch in der Oration selbst, habe ich gewiesen, daß die Sineser und ihr grosser Lehrer *Confucius* den Grund des Gesetzes der Natur und die natürliche Verbindlichkeit nebst der wahren Beschaffenheit der Tugend eingesehen, ob sie zwar diese Begriffe alle aus Mangel der Erkäntnis GOttes nicht ausführlich genug gehabt.

§. 138. Wir eignen dem Menschen ein Gewissen zu, in so weit er vermögend ist von den freyen Handlungen zu urtheilen, ob sie gut, oder böse sind, und ob man sie vollbringen, oder unterlassen soll. Die Schul-Lehrer haben vielen Unterscheid von dem Gewissen beobachtet und daher sehr viele Eintheilungen gemacht. Diejenigen, welchen nicht gegeben ist Wörter und Sachen von einander zu unterscheiden, haben sie als unnütze Grillen verworffen, weil ihnen die Benennung nicht nach der reinen lateinischen Mund-Art und zum Theil ungereimet geklungen, und weil sie ein Vorurtheil haben, als wenn ihre Welt-Weisheit nicht als Mist-Pfützen wären und alles stinckte, was daraus geschöpfft würde. Da ich die Sache aus ihren Gründen, nicht aus ihrem Nahmen beurtheile, und mit keinem Vorurtheile wider jemanden ein-

*Was der Autor von dem Gewissen lehret.*

*Was die Schul-Lehrer hiervon gegeben.*

eingenommen bin, auch durch andere Proben erfahren, daß man bey den Schul-Leh-
rern auch einiges Gold antreffe, welches man
nicht wegwerffen, sondern mit in seinen
Schatz tragen muß; so habe ich auch den
Unterscheid des Gewissens, den die Schul-
Lehrer bemercket, erwogen und ihn gegründet befunden. Ja ich habe bey reiffer Uberlegung gefunden, daß sie noch nicht allen
Unterscheid bemercket, der beobachtet werden muß, und dannenhero noch fernere Eintheilungen gemacht. Damit sich aber niemand an den Nahmen der Schul-Lehrer ärgern möchte; so habe ich deutsche Nahmen
gegeben, die nach der reinen Mund-Art unserer Sprache eingerichtet sind, zumahl da
ich auch die übrigen Kunst-Wörter deutsch
gegeben (§. 16.). Gleichwie ich aber keine
Lehren vortrage, als deren Nutzen sich in
der Ausübung zeiget; so habe ich auch hier
gewiesen, warum der Unterscheid des Gewissens so genau bemercket werden muß.
Ich habe ausgeführet, wie man darauf
acht zu geben hat, wenn man die Fragen
entscheiden will, ob und wie weit einer wider sein Gewissen handeln könne, und wer
gewissenhafft, wer hingegen Gewissen-lo-
se sey. Nächst diesem habe ich durch deutliche Begriffe zu erklären gesucht, was die
Redens-Arten zu bedeuten haben, die man
von dem Gewissen gebraucht, als daß uns
das

Wie es
der Autor
befunden
und ver-
mehret.

das Gewiſſen entſchuldige, daß es uns an-
klage, daß es uns beiſſe, das es ſchlaffe, auf-
wache, eingeſchläffert und aufgeweckt werde, daß es ruhig und unruhig ſey. Auch dieſe Begriffe werden zur Ausübung angewandt, damit wir dasjenige vermeiden,
wodurch uns unſer Gewiſſen unglückſelig
machen kan; hingegen nach dem ſtreben,
wodurch es unſere Glückſeligkeit mit befördert. Bey dieſer Gelegenheit habe ich eine
beſondere Art der Verbindlichkeit in dem
Gewiſſen gezeiget, in derer Anſehung man
das Geſetze der Natur das Geſetze des Ge-
wiſſens nennen kan.

§. 139. In der Ausübung des Guten
richte ich mich nach der Natur der Seele
und inſonderheit des Willens. Wenn wir
etwas wollen ſollen, ſo müſſen wir es erſt
erkennen und einen Gefallen daran haben.
Sollen wir aber einen Gefallen daran haben,
ſo müſſen wir erkennen, was es zu unſerer
Vollkommenheit, wie nicht weniger zu der
Vollkommenheit anderer, ja des gantzen
menſchlichen Geſchlechtes und der gantzen
Welt beyträget. Es muß aber auch die
Intention richtig ſeyn, daß wir alles aus
rechter Abſicht thun. Und weil wir durch
die Vorurtheile der Sinnen von den Sachen anders urtheilen, als wir ſollen und
ſie durch die Vernunfft beurtheilet werden;
ſo ſind die ſinnlichen Begierden dem ver-
nünff-

*Was der Autor von der Ausübung in der Moral lehret.*

nünfftigen Willen entgegen und muß man
dannenhero jene überwältigen und bändi-
gen, damit sie diesem nicht entgegen sind,
sondern eben da hinaus wollen, wohin dieser
gehet. Damit wir nun bey allen unseren

**Absicht bey der Hand- lung.** Handlungen eine richtige Intention oder
Absicht haben, so zeige ich, wie wir bey allem
unserem Thun und Lassen eine Absicht haben und dieselbe mit der letzten Absicht aller
Handlungen zusammen stimmen, damit ein
ordentlicher, weiser und vollkommener

**Beurthei- lung der- selben.** Wandel heraus kommet. Damit wir von
den Handlungen urtheilen können, ob sie
gut oder böse sind, so zeige ich, wie man
seinen Verstand so weit bringen soll, damit er die Fähigkeit erreichet alle freye Hand-

**Begierde zum Gu- ten.** lungen vernünfftig zu beurtheilen. Damit
wir Wohlgefallen an dem Guten und ei-
nen Abscheue an dem Bösen haben; so
führe ich aus, wie man die Begierde zum
Guten in dem Menschen erreget, und im
Gegentheil einen Eckel davor erwecket; ws
ausführlich gezeiget wird, wie man die Bewegungs-Gründe einer Handlung finden

**Anden- cken des Vorsatz** soll. Damit man nicht aus Vergessenheit das
Gute unterlässet und das Böse vollbringet;
so habe ich ausgeführet, wie man es anzustellen hat, daß man sich seines Vorsatzes
beständig erinnert und sein Thun und Lassen zu bedencken gewöhnet. Ich zeige auch,
wie uns die Ceremonie hierzu dienlich sind;
und

und führe nach meiner Gewohnheit aus einem deutlichen Begriffe derselben aus, wie
man Ceremonien sowohl beurtheilen, als er-
finden soll. Damit wir die sinnliche Begier- Herr-<br>schafft<br>über sich<br>selbst.
de mit dem vernünfftigen Willen vereinbah-
ren, so zeige ich, auf wie vielerley Art und
Weise Sinnen und Einbildungskrafft uns
im Guten hindern und zum Bösen verführen können, und wie wir die Herrschafft dar-
über erhalten. Und endlich zeige ich klärlich Tugend-<br>haffter<br>Wandel.
an, wie man vermittelst alles dessen, was
von der Ausübung des Guten gesaget worden, es dahin bringen kan, damit man
dem Gesetze der Natur gemäß, oder wie es
einem vernünfftigen Menschen anständig
ist, lebet. Gleichwie aber vorhin in der Allgemei-<br>ne Grün-<br>de der<br>Aus-<br>übung des<br>Guten.
Theorie die allgemeine Gründe enthalten
sind, daraus man in den vorkommenden
besonderen Fällen urtheilen kan, was recht
und unrecht, löblich und unanständig, Tu-
gend- und Laster-hafft, zur Glückseligkeit
des Menschen dienlich oder daran hinderlich
ist; so habe ich auch hier allgemeine Gründe der Ausübung des Guten angegeben,
daraus man in allen besonderen Fällen
gleich finden kan, was zu thun ist. Gleich- Nutzen<br>derselben.
wie nun in den folgenden Theilen die Pflich-
ten gegen GOtt, gegen den Nächsten und
uns selbst aus den allgemeinen Gründen
des ersten Theiles hergeleitet werden; so
lässet sich auch aus den hier bestätigten allge-
C c       meinen

meinen Gründen finden, wie man es anzufangen hat, damit man die Pflichten gegen GOtt, den Nächsten und uns selbst ausübet, und nach und nach mehrere Fertigkeit darinnen erreichet. Da ich gewöhnet bin alles, so viel möglich, zu der Abficht, in welcher ich etwas schreibe, nöthig, auf die allgemeinsten Gründe hinaus zu führen; so habe ich auch hier anfangs von der allgemeinen Einleitung der freyen Handlungen gehandelt, bloß in so weit sie frey und möglich sind. Derowegen was hier aus dem allgemeinen Begriffe einer freyen und möglichen Handlung gelehret wird, ist so beschaffen, daß es sich sowohl auf die bösen, als auf die guten deuten lässet, indem sowohl die böse Handlungen frey und möglich sind, als die guten. Wir brauchen aber nachdem dieses bloß zur Ausübung der guten und zu Beurtheilung der bösen bey andern, damit wir aus ihrem Schaden klug werden und uns vor dem Bösen desto besser in acht nehmen. Der Hällische Sophiste, der im Lästern und Verleumden Meister ist, hat sich sowohl hier, als an andern Orten dessen bedienet und die allgemeinen Lehren angegeben, als wenn sie in einem bösen Verstande von mir vorgetragen würden, um dadurch seinen Lästerungen bey denen einen Schein zu geben, welche meine Schriften nicht selbst gelesen, und sein sauberes Ge-

**Was von freyen Handlungen insgemein vorkommet.**

**Art des Hällischen Sophistens.**

Gemüthe noch nicht kennen lernen. Aber
eben dieses erfreuet mich, daß ich allzeit jederman mit meinen Schrifften frey unter
die Augen treten und weiter nichts sagen
darf, als: komme und siehe es. In soweit
die guten und bösen Handlungen frey sind,
kommen sie miteinander überein. Was also von einer freyen Handlung gesagt werden kan, ist beyden gemein, und hat noch
keine Moralität in sich. Die Wahrheit
kan niemand ändern. Aber dieses lieget uns
ob, daß wir, was sich sowohl mißbrauchen,
als gebrauchen lässet, zum Guten anwenden: welches wie es in diesem Fall geschiehet,
auch von mir an seinem Orte gezeiget wird.

§. 140. Endlich komme ich auf die Kunst
die Gemüther der Menschen zu erkennen
und handele demnach allgemeine Gründe
ab, daraus man in besonderen Fällen die
Kennzeichen herleiten kan, ob einer dieser
oder jener Tugend ergeben ist, oder nicht,
damit man sich nicht den Schein blenden
lasse. Ich gründe aber diese Kunst theils
in den Affecten, die in den Menschen bey
vorfallenden Gelegenheiten erreget werden,
theils in den Handlungen, die sie vollbringen. Und hier zeige ich einen besonderen Nutzen der förmlichen Schlüsse oder Syllogis-
morum, indem ich erweise, daß es in beyden
Fällen darauf ankommet, wie man aus der
Betrachtung dessen, was man observiret,

*Was der
Autor von
der Kunst
die Ge-
müther
der Men-
schen zu
erkennen
vorträget.*

*Besonde-
rer Nu-
tzen der
Schlüsse.*

C c 2      ein

ein *Enthymema*, oder einen verstümmelten
Schluß formiret und darzu den Fördersatz
oder *Majorem* findet: welches letztere eine
leichte Sache ist, wenn das erste vorhanden.
den. Weil aber die Menschen sich öffters
zu verstellen pflegen, daß die äuffere Handlung
mit dem inneren Zustande des Gemüthes
nicht übereinkommet; so war nöthig,
daß ich auch von den Verstellungen handelte,
damit man dieselben entdecken lernet
und sich in dem Urtheile von andern
nicht betreugt. Ich habe zu dem Ende gewiesen,
was Verstellungen sind, nemlich
Handlungen, die seinen gewöhnlichen Bewegungs-Gründen
entgegen gesetzet sind,
und dannenhero nicht von der Sache selbst,
damit man zu thun hat, sondern von andern
besonderen Umständen genommen werden.
Ich habe ferner gezeiget, wie die Verstellungen
entdecket werden und wie man
sich in eigenen Verstellungen in acht zu nehmen
hat, hingegen aber auch in Beurtheilung
fremder nicht übereilen soll. Hier sehe
ich noch nicht auf die Moralität der Verstellungen,
wie weit dieselbe erlaubet, und
wie weit sie unrecht sind. Und daher ist es
abermahl geschehen, daß meine Gegner,
denen es an nichts mehr als an der Aufrichtigkeit
fehlet und die das Christenthum in
Pharisäisches Heuchel-Wesen verkehren, damit
es ihnen zum Erwerbe wird, Anlaß genommen

*Was von Verstellungen gelehret wird.*

*Lästerung der Widersacher des Autoris.*

nommen mich zu lästern, als wenn ich von
der Aufrichtigkeit abführete, da ich doch in
meiner Moral die Aufrichtigkeit höher treibe,
als sie zugeben wollen, weil sie sonst nichts
davon besässen, indem ich eine Handlung
noch nicht für aufrichtig halte, die bloß die
Furcht für der Straffe, oder die Hoffnung
der Belohnung zum Grunde hat.     Ich *Was der*
weise aber endlich bey dieser Gelegenheit, *Autor*
daß die Physiognomie nicht ungegründet *von der*
ist, ob ich gleich davor nicht stehen mag, *Physio-*
was bisher davon ist geschrieben worden. *gnomie*
Insonderheit führe ich aus, daß die Aehn-  *lehret.*
lichkeit der Gestalt des Leibes mit den Thieren einen sicheren Grund gewähret von den
natürlichen Neigungen zu urtheilen, in welcher Absicht man die Historie der Thiere genauer zu untersuchen hätte, welche heute zu
Tage fast gantz und gar verabsäumet wird.

§. 141. In dem andern Theile komme *Was der*
ich auf die Pflichten der Menschen gegen *Autor*
sich selbst.     Ich betrachte den Menschen *von den*
nach seinem inneren und äusseren Zustande. *Pflichten*
Dem inneren Zustande nach überlege ich, *des Men-*
was er sowohl in Ansehung seiner Seele, *schen ge-*
als des Leibes in seiner Gewalt hat hat: bey *gen sich*
dem äusseren Zustande aber wird erwogen, *selbst ab-*
was er wegen seines Vermögens, seiner *handelt.*
Ehre, der Freunde und Feinde, der Glücks-
und Unglücks-Fälle zu beobachten hat. Ich
erweise, daß man die Pflichten nicht tren-

nen,

nen, sondern vielmehr alle zugleich beobachten muß, denn es will die Vollkommenheit der menschlichen Natur haben, daß alle unsere Handlungen nicht allein untereinander selbst, sondern auch mit den natürlichen zusammen stimmen, keine aber der andern entgegen sey. Ich weise demnach, wie man zu seiner Selbst-Erkäntnis gelangen soll, damit man genugsam einsiehet, was man zu thun nöthig hat, und wie weit man in dieser Absicht auf andere zu sehen hat. Weil aber nicht allen das Vermögen gegeben ist alles vor sich zu thun; so erkenne ich ausser der allgemeinen Verbindlichkeit, welche alle Menschen angehet, auch noch eine Verbindlichkeit, die das gantze menschliche Geschlechte überhaupt, nicht aber einen jeden ins besondere angehet und also diejenigen ins besondere trifft, die das Vermögen dazu haben und in solche Umstände sind gesetzet worden, da sie bewerckstelligen können, was sie zu thun vermögend sind. Ich suche aber auch diejenigen zu rechte zu bringen, die aus allerhand Absichten die verschiedene Pflichten zu trennen pflegen und einigen obliegen mit Verabsäumung der andern. Bey dieser allgemeinen Abhandlung der Pflichten gegen sich selbst, habe ich zugleich den Unterscheid der Güter des Gemüthes, des Leibes und des Glückes gewiesen und ausgeführet, daß der Mensch nach allen zu trachten

**Besondere Verbindlichkeit.**

**Unterscheid der Güter.**

ten verbunden ist, so viel es in seiner Gewalt
ist: zu welchem Ende ich erweise, was wir
in unserer Gewalt haben, nemlich alles, was
wir durch den Gebrauch der Kräffte unserer
Seele und unseres Leibes, wie nicht weniger
unseres äusserlichen Vermögens erhalten,
oder vermeiden können, und hinzu setze, wie
man sich in Beurtheilung dessen in acht zu
nehmen hat, damit man sich nicht in einer
so wichtigen Sache übereilet, wie insgemein zu geschehen pfleget.

§. 142. Die Seele hat Verstand und
Willen. Durch den Verstand sind wir zur
Erkäntnis der Dinge aufgelegt. Sollen
nun unsere Handlungen, die wir dem Verstande zu gefallen vollbringen oder unterlassen, mit den natürlichen übereinstimmen,
wie es unser Haupt-Grund (§. 137.) erfordert; so müssen sie alle auf die Erkäntnis gerichtet seyn, daß derselbe nicht allein zu vieler
Erkäntnis der Wahrheit gebracht, sondern
auch darzu fertiger wird und mehrere Fähigkeit erreichet. Weil es nun nicht möglich ist, daß ein Mensch alle Erkäntnis erlanget; so habe ich gewiesen, wie zwar ein jeder
keine Gelegenheit die Wahrheit zu erkennen
versäumen soll, jedoch hauptsächlich nach
derjenigen trachten, die ihm in seinem Stande nöthig ist, und er zu Ausübung der Tugend und Vermeidung der Laster gebrauchet. Man hat insgemein fünff Tugenden
des Verstandes, *Intelligentiam*, *Scientiam*,

*Was der Autor von den Pflich-ten gegen den Ver-stand vor-träget.*

*Zahl der Tugenden des Ver-standes.*

C c 4　　　*Sapien-*

*Sapientiam, prudentiam, artem,* oder das
**Verständnis, die Wissenschafft, Weißheit, Klugheit** und **Kunst.** Ich finde nöthig ihre Zahl zu vermehren, und setze noch die **Scharffsinnigkeit,** die **Kunst zu erfinden,** die **Erfahrungs-** und **Versuch-Kunst,** den **Witz,** **Verständnis der Sprache** und **Gründlichkeit** darzu. Alle Menschen haben von Natur darzu eine *Disposition* oder ein Geschicke, ob zwar einer in einem grösseren Grade als der andere, und durch die Ubung lassen sie sich gar sehr erweitern und zu einer Fertigkeit bringen, wie wohl bey einem gleichfals zu einer grösseren als bey dem andern, nicht allein wegen des Unterscheides, der sich in der natürlichen *Disposition* befindet, sondern auch nach dem Unterscheide der Ubungen und der anderen Ursachen, die dazu erfordert werden, daß dasjenige, was durch das natürliche Geschicke möglich ist, in den Stand der Würcklichkeit gesetzet wird. Ich gebe von allen diesen Tugenden des Verstandes deutliche Begriffe, die fruchtbar sind, so bald man sie im *raisoniren* brauchet, und leite sie *a priori* oder aus vorher fest gestellten Gründen durch bündige Schlüsse her, damit man an ihrer Richtigkeit nicht zu zweiffeln hat, sondern gleich erkennen kan, daß man durch rechten Gebrauch der Kräffte seiner Seelen dazu gelangen kan. Gleichwie ich aber überall auch

darauf

Ob sie allgemein.

Was der Autor davon beybringet.

darauf bedacht bin, wie ich den Weg zeige,
wie man zu den Tugenden gelangen soll;
so habe ich mich hier gleichfals darnach ge=
achtet und die Mittel angewiesen, die hierzu
dienlich sind.    Weil aber auch viel daran
gelegen ist, daß man nicht vermeynet, man
habe schon erreichet, was man noch lange
nicht besitzet, oder auch andere davor ansie=
het, was sie nicht sind, und sich zu seinem
Schaden in seinen Handlungen darnach
achtet; so findet man zugleich die Kennzei=
chen, daraus man als aus untrüglichen
Proben erlernen kan, ob einer diese oder jene
Tugend des Verstandes besitzet, oder nicht.
In diesen allen bringe ich nichts vor, als
dessen Richtigkeit ich in mir selbst erfahren
und bey allerhand Gelegenheit an andern
wahrgenommen.    Derowegen bin ich um
so vielmehr versichert, daß ein jeder nach
seinem Wunsche fortkommen wird, der sich
dieser Mittel und Wege bedienet, die ich an=
gewiesen.    Es ist nicht zu leugnen, daß die
vorgeschriebene Wege Zeit und Mühe er=
fordern, wenn man sie zurücke legen soll:
allein die angeführte Tugenden des Ver=
standes sind nicht von der Beschaffenheit,
daß man sie ohne viele Bemühung und lange
Ubung erhalten kan. Nun ist es wahr, daß
nicht ein jeder einen hohen Grad davon er=
reichen kan: allein dieses wird auch nicht er=
fordert. Deñ ich habe schon vorhin (§. 144.)

*Wie die Mittel sie zu erhalten be= schaffen.*

Cc 5                              erin=

erinnert, daß einige Verbindlichkeit nur auf einige gehet, weil sie diejenigen sind, die dem menschlichen Geschlechte mit diesen Tugenden dienen sollen. Die Erkäntnis aber dieser Tugenden und die Mittel dazu nutzet insonderheit allen Gelehrten, damit sie sich kennen lernen und nicht dessen anmassen, was ihres Thuns nicht ist. Es ist kein schädlicheres Thier auf dem Erdboden als ein Gelehrter, der die Tugenden des Verstandes nicht kennet und sich davor ansiehet, oder auch einbildet, andere würden ihn davor ansehen, was er nicht ist. Wer vermeynet, als wenn nicht alle Wörter im gewöhnlichen Verstande genommen würden, der darf nur erwegen, was oben ( §. 20. ) überhaupt davon gesaget worden, so wird er sich gar wohl zu rechte finden. Ich habe von der Verbesserung des Verstandes den Anfang gemacht, weil wir bald sehen werden, daß man an die Verbesserung des Willens vergebens gedencket, woferne es nicht vorher um den Verstand recht stehet. Und deswegen haben auch rechtschaffene Gottes-Gelehrten auf die Reinigkeit der Lehre sehr gedrungen, weil sie in den Willen ihren Einfluß hat, unerachtet der Mißbrauch dieses Eiffers, da man den Grund einer muthwilligen Verkehrung darinnen gesucht, lächerlich gemacht, was an sich recht und löblich ist. Ich bin gewohnet in allen

Fäl-

**Warum ihre Erkäntnis Gelehrten nöthig.**

**Warum von Verbesserung des Verstandes der Anfang gemacht wird.**

Fällen die Wahrheit von dem zu unterscheiden, was die Affecten anflicken, indem ich nicht den Willen über den Verstand herrschen lasse.

§. 143. Der Wille strebet nach dem, was wir für gut erkennen, und verabscheuet, was wir vor böse halten. Soll er nun vollkommen werden, so müssen wir es dahin bringen, daß er niemahls nach etwas strebet, als was in der That gut ist, und nichts verabscheuet, als was in der That böse ist. Und hieraus habe ich gewiesen, daß der Wille nicht anders als vermittelst des Verstandes könne gebessert werden. Weil nun aber keine Erkäntnis in den Willen gehet, als die überzeugend ist, die wenigsten Menschen aber durch die Vernunfft überzeuget werden mögen; so habe ich hier den Nutzen der Historien und Fabeln gewiesen. Weil nun der Mensch das Gute freywillig thun und das Böse freywillig unterlassen soll, ohne einen äusserlichen Zwang und ihm gleichgültigen interessirten Absichten; so habe ich auch gewiesen, wie nöthig es sey, woferne man recht tugendhafft werden soll, daß man im Guten vernünfftig wird und daß ein Sclave im Guten bey weitem noch kein tugendhaffter Mensch ist, auch darinnen keine Beständigkeit hat. Ich habe aber zugleich von der Mäßigung der Affecten geredet: wobey man insonderheit darauf zu sehen hat, daß sie einen

nicht

Was der Autor von Besserung des Willens lehret.

Was für Erkäntnis dazu nöthig.

Mäßigung der Affecten.

nicht zum Bösen verleiten, sondern vielmehr
mit der Vernunfft zusammen stimmen. Ich
handele von den Affecten nicht bloß überhaupt; sondern gehe auch ihre besondere
Arten durch, deren Erklärungen ich in der
Metaphysick gegeben und zum Grunde der
gegenwärtigen Abhandlung setze. Ich habe
hier einen besonderen Nutzen der förmlichen
Schlüsse gewiesen, indem ich gezeiget, daß
die Mäßigung der Affecten und Lenckung
des Willens nichts anders sey, als daß man
einem auf einen Syllogismum antwortet
und ihm entweder majorem, oder minorem
ausredet. In jedem Falle wehlet man denjenigen Theil, wo man am leichtesten mit
dem andern auskommet. Z. E. es erzörnet
sich einer darüber, daß ihn der andere an
seiner Ehre angegriffen. Hieraus ist klar, daß
er voraus setzet, was seiner Ehre Eintrag
thut, dasselbe sey für ihn was schlimmes,
und in der Einbildung stehet, der andere
habe ihm Eintrag an seiner Ehre gethan.
Wenn ein Mensch ehrgeitzig ist, oder doch
sonst auf Ehre mehr hält als auf übrige
Güter; so würde es schwer seyn, ihm auszu-
reden, daß er sich aus der Ehre nicht so viel
machen solle, als wie von ihm geschiehet.
Derowegen kommet es in diesem Falle darauf an, daß man ihm ausredet, es thue ihm,
was der andere vorgenommen, nicht so viel
Schaden an seiner Ehre als er vermeynet.

Und

**Besonde-**
**rer Nu-**
**tzen der**
**Schlüsse.**

**Exempel.**

Und auf eine gleiche Weise ist es mit allen
unseren Handlungen beschaffen. Wenn wir
auf unrechtem Wege sind und man will
uns davon wegbringen; so muß uns entweder der Untersatz oder *minor* in unserem
Schlusse, dadurch wir den Willen determiniren, umgestossen werden, indem man
uns zeiget, daß wir uns die Beschaffenheit
einer Handlung gantz anders vorstellen, als
sie ist, oder man muß den Obersatz verwerffen, indem man uns von der Unrichtigkeit
unserer Maxime überführet, darnach wir
urtheilen, ob etwas gut, oder böse sey.
Und hieraus siehet man, daß es bey Besserung des Willens auf zwey Haupt-Puncte
ankommet, nemlich daß man richtige
Maximen zu Beurtheilung des Guten sich
bekand machet und ihrer Richtigkeit sich
versiehet, ja sich passioniret, gegen dieselbe
machet, wodurch die Affecten mit der Vernunfft in Harmonie gesetzet werden, und
nach diesem die Beschaffenheit der Handlungen recht einsehen lernet. Ob nun aber
gleich der Wille noch nicht gebessert ist, wo
man es nur bis dahin bringet, daß die bösen Begierden nicht in äussere Handlungen
ausbrechen, oder man mir aus Gewohnheit
nur Gutes thut, weil sich zum Bösen keine
Versuchungen einstellen; so habe ich doch
nicht vergessen zu zeigen, wie man im Anfange dieses bewerckstelligen kan, ehe man

*Worauf es bey Besserung des Willens ankommet.*

*Vorberei-tung zu Besserung des Willens.*

zu einer rechten Besserung des Willens gelanget.

§. 144. Nachdem ich von dem Leibe erwiesen, daß der Mensch verbunden sey sein Leben zu erhalten, so habe ich auch ferner gezeiget, daß es in keinem Falle erlaubet sey sich selbst um das Leben zu bringen. Damit er aber die Vollkommenheit seines Leibes befördere, so weise ich, wie er für seine Gesundheit und die Geschicklichkeit seines Leibes zu sorgen hat. Und demnach führe ich aus, was er bey Speise und Tranck, bey Kleidung und Wohnung zu bedencken hat. Weil aber eine völlige Ubereinstimmung alles dessen, was in unserer Gewalt stehet, erfordert wird; so habe ich gewiesen, daß man nicht allein auf seine Gesundheit, sondern auch auf sein Vermögen, seinen Stand und ein unschuldiges Vergnügen zu sehen hat. Ich nenne aber ein **unschuldiges Vergnügen**, eine Lust der Sinnen, die keinen Verdruß nach sich ziehet. Und hier findet sich insonderheit die Mäßigkeit, eine sehr nöthige Tugend des Menschen, nebst dem ihr zuwider lauffendem Laster der Truncken- heit mit lebendigen Farben abgemahlet, indem wir nichts vergessen, was zur Erlangung dieser Tugend und zu Vermeidung dieses Lasters dienen kan. Weil aber auch der Mensch seine Sinnen durch unrechten Gebrauch verderben kan; so habe ich auch geleh-

Was der Autor von den Pflichten gegen den Leib lehret.

Worauf man bey Speise und Tranck Kleidung und Wohnung zu sehen.

Bewahrung der Sinnen.

gelehret, wie man Sinnen bewahren soll,
damit man sie nicht verderbet. Indem ich
aber auf eine völlige Ubereinstimmung alles
dessen dringe, was der Mensch in seiner
Gewalt hat, nicht allein aller äusseren und
inneren Handlungen, sondern auch aller
Minen, Worte und Geberden, diese Ubereinstimmung aber erhalten wird, wenn man
alles durch einerley allgemeine Gründe determiniret; so habe ich zugleich die Grund- *Grund*
Lehren gewähret, wodurch man die gute *guter*
und anständige Sitten beurtheilen kan, *Sitten.*
damit man es nicht auf die blosse Mode ankommen lässet, sondern die Moden zu beurtheilen vermögend ist, ob sie vernünfftig
sind, oder nicht. Was ich aber hier bey *Erinne-*
den Pflichten gegen den Leib gezeiget, das *rung.*
lässet sich auch in allen übrigen Fällen anbringen. Mein Haupt-Grund von den
Handlungen der Menschen ist allgemein
und über die Maassen fruchtbar und hat
hierinnen einen Vorzug für andern: welches selbst ein Zeugnis von seiner Richtigkeit
ableget.

§. 145. Bey dem äusseren Zustande des *Was der*
Menschen handele ich anfangs von seinem *Autor*
Vermögen. Es kommet hier auf dreyerley *von den*
an, 1. auf den Erwerb, 2. auf die Ausgabe, *Pflichten*
3. auf die Erhaltung und Vermehrung sei- *in Anse-*
nes Vermögens. Ich zeige, daß der Mensch *hung sei-*
überhaupt darauf zu sehen hat, daß er nicht *standes*

nur

nur einen Zehr-Pfennig, sondern auch einen
Noth=und Ehren=Pfennig habe. Damit
wir uns aber in dieser Materie durch die uneingeschränckte Bedeutung der Wörter
nicht irren; so habe ich durch determinirte
feste gestellet, wenn man einen reich nennen,
und wenn man sagen soll, er habe sein gutes,
reichliches oder nöthiges Auskommen, ingleichen im Gegentheile wenn einer arm, oder

dürfftig ist. Weil die Arbeit das Mittel
ist, wodurch wir etwas erwerben (von dem
aber, was uns durch das Glücke zugeworf-
fen wird, unter den Mitteln etwas zu erwerben, nicht gehandelt werden mag); so
zeige ich wie weit der Mensch zu arbeiten
verbunden ist, er mag durch das Glücke

Reichthum erlanget haben, oder nicht. Da
nun der Fleiß in der Arbeit die Tugend, hingegen der Müßiggang das ihm entgegen
gesetzte Laster ist; so wird nicht allein die
Schändlichkeit und Schädlichkeit desselben
gezeiget, sondern ich untersuche auch die
Ursachen davon, damit ich ferner zeigen kan,
wie man dasselbe vermeiden und andere davon bringen soll. Bey dem Erwerbe zeiget
sich eine Tugend, die dasjenige in sich fasset,
was bey dem Erwerbe recht ist, nemlich die

Vergnüglichkeit, da der Mensch nicht
nach mehr strebet, als er zu seiner Nothdurfft
und zum Wohlstande brauchet, und nach
seinen Umständen vor sich bringen kan, folgends

gends zwar von Seiten seiner nichts unterlässet, womit er etwas erwerben kan nach
den Regeln, die bey dem Arbeiten vorgeschrieben sind; jedoch es annimmet, wie es
kommet.    Wir treffen aber auch zugleich
zwey Laster an, den Geitz und die Sorglo-
sigkeit.    Ein Geitziger thut der Sache zu
viel, denn er will immer mehr haben, als
er brauchet und nach seinen Umständen erwerben kan: ein Sorgloser hingegen lebet
in den Tag hinein und verabsäumet die
Gelegenheit etwas zu erwerben, die er in
acht nehmen sollte.    Weil ich nicht haben
will, daß reiche Leute müßig gehen und ein
Sorgloser die Gelegenheit etwas mit Recht
und ohne Verletzung seines Gewissens zu
erwerben vorbey lassen soll; so nimmet man
davon Gelegenheit mich zu beschuldigen,
daß ich unter die Pflichten des Menschen
den Geitz rechnete und ihn recommendirte.
Es ist nicht nöthig das geringste darauf zu
antworten: denn es ist bloß zu bejammern,
daß Leute, die eine Figur mit der Frömmigkeit machen wollen, sich nun auf einmahl
so gar vergehen und ihren bösen Sinn verrathen. Ich erweise ausdrücklich, daß Geitz
ein Laster sey (§. 541. Mor.).    Ich untersuche, aus was für Ursachen der Geitz kommet und gehe weiter, als bisher geschehen,
um dieses Laster in allen Fällen zu entdecken:
Denn ich zeige, wie man aus Furcht, aus

Geitz und Sorglo-sigkeit.

Unfug der Widersa-cher.

Heuchler verrathen sich.

D d                                einem

einem falschen Wahne von dem guten, aus Ehrgeitz, ja so gar aus Lust zur Verschwendung und aus Wollust geitzig werden kan, und führe mit aller Sorgfalt aus, wie man in einem jeden Falle diejenigen Mittel wider den Geitz erwehlen soll, damit man ihn desto gewisser besiegen kan. Man lese nach, was ich in der Moral (§. 556. biß 567.) auf fünff Blättern davon schreibe und gebe dabey acht, wie ich es aus den vorhergehenden Gründen der Moral und aus den Lehren von der Seele in der Metaphysick bestätige; so wird man sich über die Verleumdung entsetzen und davon überzeuget werden, was die Pietisterey für ein schädliches Gifft ist, die solche Christen machet, und wie schlecht sie gegründet seyn muß, daß sie einen solchen Mann zu ihrem Vertheidiger brauchet. **Christus** hat uns die Regel gegeben Matth. VII. 16. **An ihren Früchten solt ihr sie erkennen.** Bey der Ausgabe betrachte ich als eine Tugend die Sparsamkeit, da man nicht mehr ausgiebet, als die Nothdurfft, der Wohlstand und unterweilen ein unschuldiges Vergnügen nach unserem Stande und Vermögen zulässet, und führe die Verschwendung als ein Laster, das weiter gehet, als man soll, und die Kargheit als ein Laster, das der Sache zu wenig thut, an. Die Sorfalt aber, die ich bey dem Geitze bewiesen, erweise ich auch hier

*Entdeckte Schädlichkeit der Pietisterey.*

*Sparsamkeit.*

*Verschwendung.*

hier und untersuche sowohl die Ursachen der
Laster, als auch die Mittel, die man dargegen gebrauchen muß.

§. 146. Die Ehre hat einen grossen
Einfluß in die Handlungen der Menschen.
Derowegen lasse ich mir gleichfals angelegen seyn, was in Ansehung derselben recht,
oder unrecht ist.   Ich bringe für allen
Dingen einen rechten Begriff von der Ehre
bey, damit man sich nicht den Schein
blenden lasse, wie insgemein geschiehet,
und den Schatten für das Wesen ergreif-
fe. Ich zeige, daß der Grund zu einer wahren Ehre das Gute ist, was wir an uns haben, und ohne eine wahre und unver-
fälschte Tugend keine Ehre zu hoffen sey.
Ich erweise, daß wir die Ehre nicht in unserer Gewalt haben, und daher wir bloß
uns der Tugend zu befleißigen haben und
nach dem zu streben, was gut und anständig ist, damit wir uns der Ehre würdig
machen und im übrigen andere thun lassen,
was sie wollen. Es sey genug, wenn man
uns schände, da man uns loben sollte, daß
wir durch kräfftige Proben das Gegentheil
zeigen und dadurch den Lästerer beschämen.
Die Sorgfalt, welche der Mensch hat, daß
er durch sein Thun und Lassen seinem guten
Nahmen nicht schadet, sondern vielmehr
bey Verständigen und Unpartheyischen das
Lob erhält, er habe alles wohl gemacht,

2. In An-
sehung der
Ehre.

Was von
der Ehre
gelehret
wird.

nenne

**Ehrliebe.** nenne ich Ehrliebe und erweise, daß ein ehrliebendes Gemüthe von einem Ehrgeitzigen unterschieden sey, welcher nach der Ehre strebet und mehr Ehre verlanget, als ihm gebühret, und er nach seinen Umständen erhalten kan. Der Unterscheid ist deutlich und wird durch die Handlungen eines ehrliebenden und ehrgeitzigen noch mehr unterschieden, zu geschweigen was ich ausser dem die Schrancken des ehrliebenden Gemüthes und des Ehrgeitzes zu unterscheiden anführe, und weise, wie man sich in acht zu nehmen hat, damit man nicht von der Tugend-Bahne auf die Abwege der Laster abweiche. Die Ehrliebe ist die Tugend, der Ehr-Geitz das Laster, welches der Sache zu viel thut; die Niederträchtigkeit aber das Laster, wel-

**Ehrgeitz.** ches zu wenig thut. Ich habe weitläufftig gezeiget, wie der Ehrgeitz zu ändern sey, nebst der Eitelkeit der Menschen, die sie in Titeln, im Range, und in Lobsprüchen sehen lassen. Ich zeige auch im Gegentheil, was eigentlich Schande ist und was Beschimpffungen sind, wenn uns Unglück und Mangel der Glücks-Güter eine Schande,

**Verleumdung.** wenn sie hingegen uns eine Ehre sind. Ich handele von Verleumdungen und untersuche gründlich, wie man sich dargegen zu verhalten hat. Und da ich (§. 624. 625. Mor.) erwiesen, daß man sich wider offenbahre Verleumdungen, auch wider Verleumleumder, die (nemlich bey Verständigen und Tugendhafften) in keinem Ansehen sind, vertheidigen darf; so finde ich auch nicht nöthig mich wider den Hällischen Lästerer zu vertheidigen, wenn er sich nicht entblödet mich zu beschuldigen, ich recommendirte den Ehrgeitz als eine Pflicht des Menschen, darzu er nach dem Gesetze der Natur verbunden wäre. Ich bejammere vielmehr, daß man sich so vergehet und durch solches Aergernis zur Profanität Anlaß giebet, die man doch zu bestreiten das Ansehen haben will. Da ich die Bedeutung der Wörter genaue von einander zu unterscheiden pflege, zumahl wo ich verschiedene Dinge finde, für die sonst besondere Nahmen fehlen würden; so habe ich auch hier Hochmuth und Ehrgeitz von einander unterschieden, ob gleich die Unbeständigkeit im Reden diese Wörter öffters für gleichgültig ansiehet. Ich behalte demnach den Nahmen des **Hochmuths** für das Laster, da einer mehr von sich hält als sich gebühret. Ihm setze ich demnach die **Demuth** als die Tugend entgegen, da einer nicht mehr von sich hält als sich gebühret. Und gleichwie der Hochmuth der Sache zu viel thut; so findet sich auch ein Laster, da man der Sache zu wenig thut. Die Lateiner deuten es durch *animum abjectum* an: ich nenne es die **Selbst-Verachtung.** Da man insgemein die

*Exempel.*

*Hochmuth.*

*Demuth.*

*Selbst-Verachtung.*

Schran-

Schrancken dieses Lasters und der Demuth
nicht aus einander setzet; so habe ich mich
auch hier bemühet die Schrancken auseinander zu setzen, und ob man zwar daher abermahls Gelegenheit genommen zu lästern, so
kehre ich mich doch nicht daran und zwar
um so vielmehr, weil es von Leuten geschiehet, die ihren Pharisäischen Hochmuth
durch eine verstellte Selbst=Verachtung
bemänteln wollen, damit sie sich der Demuth rühmen können.   Im übrigen findet
man auch hier, was diese Tugend und die
ihr entgegen stehende Laster für eine Gemeinschafft mit andern Tugenden und Lastern haben, und wie man zu jener gelangen,
diese hingegen vermeiden kan.   Wo man
sich und andere auf den Weg der Tugend
bringen und darauf erhalten, von den Abwegen der Laster aber zurücke ziehen und
halten will; da ist nicht wenig daran gelegen, daß man verstehet, wie eine Tugend
mit der andern und ein Laster mit dem andern verknüpfft ist, dergestalt daß eines das
andere gebiehret, oder auch eines neben dem
andern zugleich bestehen kan.   Und dieses
allein sollte uns antreiben, daß wir die Moral in einer beständigen Verknüpffung einer
Wahrheit mit der andern abhandelten.

**Lästern des Höllischen Feindes.**

**Was der Autor in Ansehung des Glücks**

§. 147. Zu dem äusserlichen Zustande
des Menschen gehören auch die Glücks=und
Unglücks=Fälle, die wir nicht in unserer
Ge=

Gewalt haben und daher annehmen müssen,
wie sie kommen. Hieher gehöret auch die
Gefahr, darein der Mensch gerathen kan.
Ich bin nicht in Abrede, daß am meisten
fruchtet, wenn der Mensch bey Glück und
Unglück seine Gedancken zu GOtt richtet
und dabey an seine Vorsorge gedencket,
wie ich auch ihn (§.644. Mor.) darauf führe: allein da dieses unter die Pflichten gegen
GOtt, und insonderheit zu dem Vertrauen
gegen ihn und der Zufriedenheit mit seiner
Regierung und Einrichtung in der Welt
gehöret, wovon in dem folgenden Theile
ausführlich gehandelt wird; so habe ich hier
das übrige beygebracht, was aus andern
Gründen von den Pflichten des Menschen
in Glück und Unglück hergeleitet werden
mag. Weil aber die erste Betrachtung das
vornehmste ist; so bin ich auch in dem übrigen gantz kurtz gewesen und habe gewiesen,
warum und wie der Mensch weder in Unglück kleinmüthig und verzagt, noch im Glück
allzu grosses Vertrauen dazu haben muß.
Die Tugend, welche sich hier zeiget, ist die
Gedult; die Untugend hingegen die Unge-
dult, und das Haupt-Werck darbey sind
die Mittel, wodurch wir uns zur Gedult
bringen und wider Ungedult verwahren.
Bey instehender, insonderheit unvermuthe-
ter Gefahr, kan man Furcht und Schrecken
mehr Raum geben, als man sollte. Und

und Un-
glücks
lehret.

Gedult
und Un-
gedult.

Dd 4 dem-

**Hertzhaff-**
**tigkeit.**
**Furcht-**
**samkeit.**
**Zaghaff-**
**tigkeit.**

**Verwe-**
**genheit.**

demnach handele ich hier von der **Hertzhaff-**
**tigkeit,** wodurch die Furcht gemäßiget wird,
und von der **Furchtsamkeit,** die ihr zu viel
einräumet, welche man auch die **Zaghaff-**
**tigkeit** nennen könnte. Weil man aber
auch unter dem Scheine der Hertzhafftigkeit
der Sache zu viel thun und auf die Gefahr
weniger acht haben kan, als man sollte; so
führe ich auch das Laster der **Verwegen-**
**heit** an und beschliesse mit den Mitteln wider diese beyde Laster den andern Theil.

**Wie der**
**Autor die**
**Pflichten**
**gegen**
**GOtt**
**abhandelt.**

§. 148. Die Pflichten gegen GOtt,
als eine sehr wichtige Materie, habe ich
mir insonderheit angelegen seyn lassen auf
eine gründliche Weise abzuhandeln. Herr
**Bülffinger** hat einen sonderbahren Geschmack daran gefunden, wie aus seinen Dilucidationibus §. 494. p. 596. zu ersehen, und
daher der Moral bey uns Europäern einen
Vorzug für der Sinesischen gegeben, die er
sonst in vielen Stücken erhebet, im *Epilogo*
*ad Specimen doctrinæ veterum Sinarum*

**Was sie**
**sind.**

*moralis ac politicæ* §. 233. p. 281. Ich
habe gewiesen, daß die Pflichten gegen
GOtt diejenige Handlungen sind, deren
Bewegungs-Gründe die Eigenschafften
GOttes seyn, und man solchergestalt GOtt
ehret und seine Handlungen zu seiner Ehre
einrichtet, indem man durch dieselbe be-
zeuget, daß man ihn für das vollkommene
Wesen hält, davor man ihn erkandt hat.
Und

Und aus diesem Begriffe ist mir nicht schwer
gefallen zu zeigen, wie der Mensch alles zur
Ehre GOttes thun, ja so gar zur Ehre
GOttes essen und trincken kan. Und eben
hierdurch wird der Mensch ein Werck zur
Ehre GOttes, gleichwie seine übrige Wercke sind, und seine freywillige Handlungen
zeugen alsdenn auf eben eine solche Weise
von GOtt, als wie die natürlichen, von
denen ich in dem dritten Theile der Physick
oder den **vernünfftigen Gedancken
von dem Gebrauche der Theile** ausgeführet, wie sie Proben der göttlichen
Vollkommenheiten sind. Aus diesen Gründen lassen sich die Pflichten gegen GOtt
auf eine deutliche Weise in beständiger Verknüpffung miteinander herleiten, nemlich
die Erkäntnis, Liebe und Furcht GOttes,
das Vertrauen auf ihn, die Zufriedenheit
mit seiner Einrichtung und Regierung in
der Welt, die Anruffung GOttes und
Danckbarkeit gegen ihn. Ich habe auch
gewiesen, wie sich die Gottseligkeit durch
alle Tugenden erstrecket und dieselbe über
die Maassen erhöhet, dergestalt daß ohne die
Gottseligkeit der Mensch unmöglich ein Gefässe der Ehren seyn kan zur Herrlichkeit
GOttes. Bey dieser Gelegenheit habe ich
einen Grund geleget die sonst schwere Materie von dem Unterscheide der Natur und
Gnade auf eine deutliche und demonstrati-

*Wie der Mensch ein Werck zur Ehre GOttes wird.*

*Zahl dieser Pflichten.*

*Gottseligkeit.*

*Unterscheid der Natur und Gnade.*

D d 5 tivische

tivische Art abzuhandeln. Denn ich habe
gewiesen, daß ein innerlicher Unterscheid
zwischen einer natürlichen Tugend der Gottseligkeit und einer Christlichen Tugend sey.

**Natürli-**
**che Tu-**
**gend.**
Nemlich in der natürlichen Tugend siehet
man auf die innerliche Moralität, in so weit
sie unsere und anderer Menschen ihre Vollkommenheit befördert und nimmet daher die
Bewegungs-Gründe, wie ich auch in dem
vorigen gethan habe, weil ich als ein Welt-
Weiser bloß die natürliche Tugend abzu-

**Gottselig-**
**keit.**
handeln Vorhabens gewesen bin. In der
Gottseligkeit nimmet man die Bewegungs-
Gründe von den göttlichen Eigenschafften,
die man entweder aus dem Lichte der Natur,
oder durch die göttliche Offenbahrung, das
ist, aus der Heiligen Schrifft erkennet.

**Christli-**
**che Tu-**
**gend.**
Endlich die Christliche Tugend nimmet ihre Bewegungs-Gründe von dem Wercke
der Erlösung und insonderheit auch von den
Eigenschafften GOttes, in so weit sie durch
dasselbe uns von GOtt geoffenbahret sind.
Wie nun dieses dienet den Unterscheid zwischen Natur und Gnade zu erkennen und
die Lehren unserer Symbolischen Bücher
und der reinen Lehre unserer Kirchen
auf eine demonstrativische Art auszuführen, habe ich mit mehrerem in den Anmerckungen über die Oration de *Sinarum*
*philosophia practica* gewiesen und will es hier
nicht

nicht wiederhohlen. Ich erinnere nur noch
dieses, daß, unerachtet man in der Welt-
Weißheit und in der Gottes-Gelahrtheit von
einerley Handlungen der Menschen handelt
und von ihnen einerley Gesetze als Regeln
vorträget, mit denen sie übereinstimmen, woferne sie gut seyn sollen, dessen ungeachtet
dasjenige, was zur Ausübung der Tugenden und zur Vermeidung der Laster gehöret und das innere in der Seele betrifft, was
zu der Handlung erfordert wird, gantz anders in der *Theologia,* als *Philosophia morali* lautet.   Und wer dieses alles wohl erweget, der kan gantz deutlich erklären, wie
ein gantz anderer Zustand des Gemüthes
bey einem Christen ist, als bey einem andern Menschen, der nichts als die nach dem
Falle noch übrigen Kräffte zur natürlichen
Tugend, oder, wie die Gottes-Gelehrten
reden, der bürgerlichen Gerechtigkeit brauchet, und wie bloß die Christliche Tugend
und Gottseligkeit GOtt gefallen kan, auch
von ihm gewürcket werden muß. Ich handele die Pflichten gegen GOtt auf eben eine solche Weise wie die übrigen ab, daß ich
nicht vergesse, was zu deren Ausübung gehöret.   Man siehet aber aus der Ausführung, daß es auf eine Erkäntnis ankommet, davon man überzeuget ist.   Derowegen da man in der Welt-Weißheit nicht
weiter gehet, als das Licht der Natur zureichet.

Wie die *Philosophia* und *Theologia moralis* unterschieden.

Was der *Autor* in Ansehung der natürlichen Tugenden gethan.

reichet, so habe ich nicht allein in der Metaphysick die Lehre von GOtt aus den Gründen der Vernunfft auf eine demonstrativische Art ausgeführet, sondern auch in den Gedancken von den Absichten der natürlichen Dinge Anleitung gegeben, wie man durch Betrachtung derselben sich in der Erkäntnis GOttes immer mehr und mehr befestigen soll, als wodurch man erfähret, daß dasjenige Wahrheit sey, was durch die Gründe der Vernunfft erwiesen worden; ja ich habe (§. 205. *Annot. Met.*) überhaupt ausgeführet, welches bisher noch nicht wahrgenommen worden, wie ein jedes Ding von den göttlichen Eigenschafften als den *primis possibilibus* auf verschiedene Art dependiret, damit man durch die Betrachtung eines jeden als auf einer Leiter zu GOtt hinauf steigen und dasjenige in ihm finden kan, wodurch die Eigenschafften GOttes erkandt werden. Man zeige mir

*Die Feinde des Autoris werden beschämet.*

einen einigen Philosophum, der die Erkäntnis GOttes aus dem Lichte der Natur so sehr befestiget und in ein solches Licht gesetzet, wie ich, und der dieselbe zur Ausübung der Pflichten nicht allein gegen Gott, sondern auch aller übrigen so deutlich angewandt wie ich? Ich kan in diesem Stücke meinen Feinden Trotz bieten? Haben sie den Muth und nennen mir einen: so will ich ihnen gleich das Gegentheil zeigen. Wir

wollen

wollen die Lehren und Beweise gegen einander halten und Verständige und Unpartheyische sollen Richter darinnen seyn, der
klare Buchstabe soll uns scheiden. Mit
Sophistereyen habe ich nichts zu thun: ich
halte sie einem redlichen Manne für unanständig. Daß meine Feinde mir das Gegentheil aufbürden wollen, darff sich niemand befremden lassen, denn die Pharisäer beschuldigten gleichfals Christum, daß
er den Teuffel habe, da er doch kommen
war des Teuffels Wercke zu verstöhren.
Gleichwie es aber nichts mehr braucht den
Ungrund dieser Lästerungen zu erkennen, als
daß man Christi Lehren lieset; so brauche
ich auch weiter keine Vertheidigung, als
daß ich sage, man soll meine Schrifften
selber lesen, und insonderheit in der Moral
erwegen, wie sehr ich darauf dringe, daß
der Mensch eine überzeugende Erkäntnis
von GOtt bekommet, auch daher weise,
was das Christenthum in diesem Stücke
für einen Vorzug hat, da wir durch übernatürliche Krafft des Geistes GOttes überzeuget werden, so daß ein einfältiger Christ
durch diese göttliche Erkäntnis in den Pflichten gegen GOtt brünstiger wird, als durch
alle natürliche Kräffte der scharffsinnigste
Welt-Weise nicht erreichen kan, indem ich
erweise, daß der Grad der Brünstigkeit
nicht von dem Maasse der Erkäntnis, sondern

**Was von dem Gottesdienste beygebracht worden.** dern von dem Grade der Uberzeugung kommet (§. 681. Mor.) (a) Ich habe aber auch gezeiget, daß einer ein guter Christ und ein Welt-Weiser zugleich seyn könne (§. 684. Mor.). Endlich habe ich bey den Pflichten gegen GOtt den Begriff von dem Gottes-Dienste untersuchet und, da der innere in der Ausübung der Pflichten gegen GOtt bestehet, insonderheit erwiesen, worauf es bey dem äusseren ankommet. Ich suche in allem eine völlige Ubereinstimmung des äusseren mit dem inneren, und lasse demnach keinen äusseren Gottesdienst zu, als der in dem inneren gegründet ist. Zu dem Ende zeige ich insbesondere, was bey dem Gebete und der Erkäntnis GOttes auf den äusserlichen Gottesdienst ankommet, was dabey für ein Gebrauch der Ceremonien ist, daß man dazu öffentliche Zusammenkünffte zu gesetzten Zeiten nöthig habe, darinnen man lehret, betet und singet. Alles dieses wird in unverrückter Verknüpffung aus den vorhergehenden Gründen der Moral und Metaphysick durch bündige Schlüsse hergeleitet, damit man denen Trotz bieten kan, die

---

(a) Die Erfahrung hat nun selbst an vornehmen Theologis und geschickten Predigern gewiesen, daß dieses Wahrheit seye, was ich hier geschrieben. Die Feinde aber meynen doch, ihr lästern soll kräfftiger als die Wahrheit seyn.

die mit Gründen wider dasjenige streiten
wollen, was wir bey unserem Gottesdienste im Brauch haben, indem ich erweise,
daß er vernünfftig ist, oder eigentlicher die
Gründe gewähre, daraus man es wider einen Verächter der Religion und des öffentlichen Gottesdienstes erweisen kan. Wären meine Feinde Bienen, so würden sie
Honig genug finden, den sie aus meinen
Schrifften saugen könten, und da ihre Beschuldigungen dabey nicht bestehen mögen,
sich ihrer Wort-Verkehrungen schämen,
woferne sie nur noch die geringste Schaam
übrig hätten. Allein was sie nicht erkennen wollen, das sehen andere, und erkennen dadurch, was in ihnen verborgen lieget. Die Sache betrifft die Ehre GOttes, die man zu hindern suchet: und also
rede ich mit aller Freymüthigkeit, wie sichs
gebühret, wo man davor interessiret ist.

§. 149. Ich habe oben erinnert (§. 137), *Wie der*
daß die innerliche Beschaffenheit der Hand- *Autor die*
lungen zu ihrem Grunde die Vollkommen- *Pflichten*
heit des Menschen und zu ihrem ferneren *gegen an-*
*dere ab-*
Grund die Vollkommenheit der gantzen *handelt.*
Welt und also des gantzen menschlichen Geschlechtes hat. Und demnach hat es so viel *Grund*
Grund vor sich, daß einer anderer Men- *dieser*
schen ihre Vollkommenheit befördert, als *Pflichten.*
daß er seine eigene ihm angelegen seyn lässet.
Solchergestalt führe ich aus, daß der Mensch

andern

andern eben dasjenige schuldig ist, was er
sich selbst schuldig ist. Allein eben weil das
Gesetze der Natur zu seinem Grunde die
Vollkommenheit des gantzen menschlichen
Geschlechtes hat, in so weit dadurch die
Vollkommenheit der gantzen Welt befördert wird; so darf niemand feyren, sondern
ein jeder ist verbunden zu würcken, und gutes zu schaffen, so weit seine Kräffte zurei-
chen und die Umstände, darein er gesetzet
worden, förderlich sind. Derowegen kan
niemand prætendiren, daß der andere mit
Verabsäumung seiner eigenen Pflicht die
Nachläßigkeit eines andern ersetze. Und
demnach habe ich die Pflicht gegen andere
in diese Schrancken eingeschlossen: 1. Wir
sind nicht verbunden andern dazu zu ver-
helffen, was sie selbst in ihrer Gewalt haben: aber wohl 2. dazu, was er nicht, hingegen wir in unserer Gewalt haben. Wie
nützlich diese Regeln sind, habe ich durch
ein Exempel gezeiget; aber auch zugleich angewiesen, wie ihr Gebrauch erleichtert wird.
Ich erweise hierauf aus dem Begriffe der
Liebe und der Natur des Willens, daß der
Mensch verbunden sey einen jeden Menschen als sich selbst zu lieben, das ist, ein
solches Gemüthe zu haben, daß er aus des
anderen Glücke sich ein solches Vergnügen
macht als aus seinem eigenem. Wo diese
Liebe ist, da wird man die vorhergehende
Regeln

Schran-
cken der-
selben.

Liebe des
Nächsten.

Regeln bald practiciren: fehlet aber dieselbe, so wird nur der äussere Schatten,
nicht aber das innere Wesen von denen
Handlungen zugegen seyn, die ihnen gemäß sind. Damit aber die allgemeine Liebe der Menschen gegen einander, als der
wahre Grund der zeitlichen Glückseligkeit
des menschlichen Geschlechtes erkandt und
beliebt werde; so habe ich ihre Würckung
deutlich vor Augen gemahlet. Aus dieser **Freund-**
Liebe fliesset der Begriff der Freundschafft **schafft.**
und folgends lässet sich daraus ferner der
Begriff der Feindschafft zeigen: bey welcher **Feind-**
Gelegenheit ich zugleich gewiesen, wie weit **schaffe.**
man Freundschafft zu erhalten und Feindschafft zu vermeiden hat. Ich handele aber
zugleich nach meiner Art von den Hinder-
nissen und Mitteln der Liebe. Weil der- **Hoffart**
jenige, so sich über andere erhebet, hoffär- **und Stoltz**
tig ist; so handele ich zugleich von der Hoffart und dem Stoltze, dadurch das innere
sich äusserlich zeiget. Ich zeige die Schändlichkeit und Schädlichkeit dieses Lasters
und wie man es vermeiden soll. Ich kom- **Beschei-**
me zugleich auf die entgegen gesetzte Tugend **denheit.**
der Bescheidenheit, die einem jeden so viel
Ehre giebet als ihm gebühret. Und da man
insgemein einen sehr schlechten Begriff von
dieser Tugend hat; so beschreibe ich ausführlich ihre Art, jedoch so daß ich nach meiner Gewohnheit nichts sage, als was ich

E e

aus

Feinde
des Auto-
ris haben
keinen Be-
griff von
der Be-
scheiden-
heit.

aus dem vorhergehenden erweisen kan. Ich
habe es selbst von meinen Feinden erfahren,
wie schlecht es mit dem Begriffe der Bescheidenheit bey ihnen stehet, und m sie vermeynet, verachten, verleumden, tadeln,
beschimpffen, könne bey der Bescheidenheit
bestehen, ob man gleich die Bitterkeit des
Hasses und den daraus fliessenden Vorsatz
zu schaden in allen Worten abdrucket, wie
man demonstrativisch zu zeigen in dem
Stande ist, wo man die Natur der Seele kennet und von einander absondern kan,
was von dem, so die Worte ausdrucken,
zu dem Verstande und was zu dem Willen gehöret, und was beydes für Grund
sowohl in dem Verstande, als im Willen
hat.     Hingegen habe ich von meiner Seite erfahren müssen, daß man es der Bescheidenheit entgegen zu seyn erachtet, wenn
ich aus einem gerechten Eiffer über das un-
billige und ungerechte Verfahren das ungeziemende mit seinem Nahmen nenne und
nach meiner Einsicht den Ungrund der Beschuldigungen aus der wahren Beschaffenheit des Verstandes derer, die sie vorgebracht, deutlich vor Augen lege, gleich als
wenn die Schuld meine wäre, daß sie es
so sehr an ihrem Verstande und Willen feh-
Hoffnung
besserer
Zeiten.
len liessen.     Allein es soll bald die Zeit kommen, daß man aus den Worten und Wer-
cken der Menschen den inneren Grund in
ihrem

ihrem Gemüthe mit solcher Deutlichkeit zeigen kan, als wir das sehen, was vor Augen ist. Und dann wird die unpartheyische
Welt sich nicht mehr mit Schreyen über-
täuben und mit fremden Gründen blenden
lassen. Indem ich erkläre was aus der allgemeinen Liebe als aus einer Quelle für
Pflichten fliessen; so führe ich unter andern
aus, wie wir alles zum besten kehren, den
andern retten und niemanden beleidigen sollen. Dabey handele ich von dem Scha- **Beleidi-**
den, der aus Beleidigungen erfolget, und **gung/ und**
weise, wenn man den Schaden, der durch **Schaden.**
uns geschiehet, ersetzen soll, wenn man ihn
nicht ersetzen darf, wenn andere die Erse-
tzung des Schadens uns nachlassen und
wie wir dieses aufnehmen sollen. Ich führe ferner aus, wie man Schaden abzuwenden hat.

§. 150. Freunde sind diejenigen, die uns **Was der**
lieben, Feinde hingegen die uns hassen. Es **Autor in-**
ist delicat sich gegen Freunde und Feinde so **sonderheit**
aufzuführen, daß man der Vernunfft und **von den**
dem ihr gemässen Gesetze der allgemeinen **Pflichten**
Liebe nicht zu nahe tritt und den Affecten **gegen**
die Oberhand einräumet: Dieses hat mich **Freunde**
bewogen, denen Pflichten gegen Freunde **und Fein-**
und Feinde ein besonderes Capitel meiner **de lehret.**
Moral einzuräumen, welches an Grösse
dasjenige übertrifft, darinnen die Pflichten gegen andere überhaupt abgehandelt

Ee 2 wer-

**Danck-barkeit.** werden. Ich zeige, daß Freunde bemühet sind uns wohl zu thun und wir gegen sie als unsere Wohlthäter danckbar seyn sollen. Ich stelle die Schändlichkeit des Undanckes vor und erweise, daß diejenigen, welche ihre Freunde und Wohlthäter hassen, die schlimmsten unter dem menschlichen Geschlechte sind. Weil ich aber alles nach seiner Schärffe beurtheile und nicht miteinander vermenge, was von einander unterschieden ist; so habe ich auch den Unterscheid gewiesen, der zwischen einem unerkäntlichen und einem undanckbaren sich befindet. **Unerkänt-lichkeit.** Und dieses ist um so viel mehr nöthig, weil der Undanck ein so gar schändliches Laster ist, und man dannenhero einem, der bloß unerkänntlich ist, zu nahe treten würde, wenn man ihm die gantze Last des Undanckes aufbürden wolte. Es ist auch eine Billigkeit, der man sich gegen die schlimmen bedienen muß, damit sie nicht Ursache haben sich über uns zu beschweren und von uns verstockt werden, indem sie sich dadurch zu rechtfertigen vermeynen, worinnen man ihnen zu viel thut. Deswegen aber billige ich das Böse nicht, sondern verwerffe die Unerkäntlichkeit sowohl, als den Undanck, und um beyden Lastern zu entgehen weise ich die Mittel an, wodurch man zur Danckbarkeit gelanget. Ich rechne unter die Pflichten gegen Freunde noch ferner, daß man von

Freun-

Freunden nicht gleich alles übel aufnehmen
müſſe und warum man Urſache hat mit
Freunden vorſichtig um zu gehen, auch wie
dieſes ins Werck zu richten. Bey den Pflichten gegen die Feinde erweiſe ich für allen
Dingen, daß man Feinden nichts zu wider
thun ſoll, daß man ſie nicht haſſen, noch
ſich an ihnen rächen; ſondern ihnen vielmehr vergeben und ſie lieben ſoll. Weil die
Sache ſehr delicat und der Menſch ſeinen
Affecten in dem Verfahren mit ſeinen Feinden gar gerne Platz giebet; ſo habe ich nicht
allein alle dieſe Pflichten durch deutliche Erklärungen in ihre Schrancken geſchloſſen,
damit man nicht einen Schlupff-Winckel
finden kan, wenn man ſich ſelbſt heucheln
will; ſondern zugleich kräfftige Bewegungs-
Gründe hervorgeſucht, die in das Gemüthe eines Vernünfftigen ſtarck eindringen,
und ſo wohl die Mittel zur Liebe der Feinde, als auch die Hinderniſſe derſelben ſorg-
fältig erwogen. Hier findet die Sanfftmuth ihren Sitz nebſt den ihr entgegen ge-
ſetzten Laſtern der Unverſöhnlichkeit und
Rachgier. Derowegen habe ich zugleich
abgehandelt, was zu dieſer Tugend und dieſen Laſtern gehöret. Da es aber der Liebe
der Feinde nicht entgegen iſt, daß wir um
den Schaden abzuwenden, den er uns zu-
fügen will, uns gegen ihn wehren, ſo habe
ich mit aller Sorgfalt die verſchiedene Fäll-

Schran-
chen der
Aufführ-
rung ge-
gen Fein-
de.

Sanfft-
muth.

Gegen-
wehre.

E e 3 deter-

determiniret, die hier vorkommen, und in
einem jeden gewiesen, wie man der Gewalt
des Feindes widerstehen soll. Weil aber
Haß und Rachgier den Menschen gar leichte dahin verleitet, daß er weiter gehet als er
solte; so habe ich alle Regeln mit besonderen Exempeln erläutert, damit man sie wohl
verstehen kan und sich nicht heuchelt, wenn
man in besonderen Fällen dieselbe anbringen

**Noth-**
**wehr.**

soll. Ich handele hier demnach zugleich die
Gesetze der Nothwehre ab und wie weit man
einem ein dabey begangenes Versehen zu
gute halten muß. Hier zeiget sich eine Hel-

**Großmü-**
**thigkeit.**

den-Tugend die Großmüthigkeit, die sich
in einem beständigen Vorsatze äussert seinem
Feinde nicht zu schaden, sondern viemehr
Gutes zu thun, und ich handele von den
Mitteln, wodurch man einen so grossen
und raren Schatz erhalten soll. Es stehet
derselben ein grosses Laster die Grausamkeit

**Grau-**
**samkeit.**

entgegen, die sich durch eine unersättliche
Rachgier äussert. Ich führete, als ich die
Moral schrieb, ein Exempel an, welches
ich aus der Erfahrung an gewissen Leuten
wahrgenommen hatte, und zeigte, daß es
eine Grausamkeit sey, wenn man einen
Menschen um alle seine zeitliche Wohlfahrt,
ja wohl gar um das Leben bringen will,
weil er mit uns nicht einerley Meynung ist,
und wenn man einen um seine gantze zeitliche Wohlfarth bringen will, weil er sich
nicht

nicht in allem nach unserem Willen richtet. Ich erwieß zugleich, daß ein Grausamer nicht mitleidig, noch versöhnlich ist. Und aus diesen Proben und Kennzeichen erkennet man, daß die verstellte gedultige und sanfftmüthige Schäflein grausame Thiere sind, die nicht Christi Sinn haben. Damit man dieses erfahren kan, so lässet es GOtt nach seiner Weißheit zu, daß sie sich in Proben vergehen müssen. Weil in dem bisherigen, was von dem Verfahren mit seinen Feinden erwiesen worden, der Begriff von dem Kriege lieget und daraus zugleich herg. leitet werden mag, was dabey Rechtens ist; so habe ich auch diese Materie nicht übergangen und dadurch den Grund zu demjenigen geleget, was in der Politick von dem Kriege und Frieden abgehandelt wird. Weil wir endlich in der Welt auch Menschen antreffen, die uns unbekandt sind und von denen wir nicht wissen, ob sie Feinde, oder Freunde sind, ja die auch in der That keines von beyden seyn; so habe zugleich gelehret, wie man sich gegen dieselben zu verhalten hat.

§. 151. Der Mensch braucht vieles zu seinem Unterhalt und zur Bequemlichkeit des Lebens, insonderheit wenn er zugleich mit auf den Wohlstand siehet. Es gehet auch nicht an, daß er ohne den Gebrauch äusserlicher Dinge den Pflichten gegen die Seele,

Ee 4 inson=

*Marginalien:*

Wie die stoltzen Heiligen ihre Grausamkeit verrathen.

Krieg und Friede.

Pflicht gegen Unbekandte.

Was der Auto von den Pflichten in Ansehung des Eigenthumes lehret.

insonderheit des Verstandes, ein Gnügen
thut. Ich habe erwiesen, daß die Gemeinschafft der Güter nicht angehet, die *Campa-
nella* in seiner Republica Solis mit unter die
Grundsteine einer glückseligen Republic
rechnet; sondern wie vielmehr nöthig ist,
daß man das Eigenthum einführe und niemand in seinem Eigenthum beunruhiget
werden darf. Also finde ich Gelegenheit die
Begriffe eines Eigenthums-Herrns, des
Raubes, Diebstahles und der Betrügerey
zu erklären und die unter diesen Nahmen
begriffene Laster nach ihrer schändlichen Unart vorzustellen.    Ich führe nachdem weiter aus, wie man das Eigenthum einer Sache rechtmäßiger Weise erhält und wie der
Mensch mit dem Seinen umgehen muß, damit der Mißbrauch vermieden wird.    Ich
erweise, was unsere Pflicht dabey ist, wenn
der andere sein Vermögen mißbrauchet. Da
es aber unmöglich angehet, daß das Eigenthum dergestalt eingerichtet wird, damit ein
jeder alles vor sich hat und nichts von dem
andern brauchet; sondern wir vielmehr vieles
von andern, gleichwie andere dieses, oder jenes von uns nöthig haben: so kommet die
meiste Weitläufftigkeit bey dieser Materie
darauf an, wie man das Eigenthum einer
Sache von einem auf den andern bringen
soll, damit den allgemeinen Regeln von den
Pflichtē gegen andere (§. 149.) nicht zu nahe
getre-

**Ob das Eigenthum der Gemeinschafft der Güter vorzuziehen.**

**Wie dasselbe erhalten wird.**

**Wie man es verwalten soll.**

**Wie man es auf andere bringet.**

getreten wird, und in sich ereignenden Fäl=
len auch diejenigen beobachtet werden, die
von besonderen Pflichten angeführet wor=
den. Ich führe demnach aus, daß man de=
nen Dingen, deren Eigenthum von einem
auf den andern gebracht werden soll, einen
gewissen Werth geben muß und aus was
für Gründen derselbe determiniret wird.
Hier zeige ich wie die Arbeit eines Menschen
als sein ihm eigenthümliches Werck und der
Lohn, der ihr gesetzet wird, als ihr Werth
anzusehen, und aus diesem Begriffe urtheile
ich von dem, was recht ist, wenn man an=
dern arbeitet. Die erste Art das Eigenthum
einer Sache auf den andern zu bringen ist
der Tausch. Ich zeige, daß man damit
nur auskommen kan, wo wenige Menschen
bey einander leben und nicht vielerley zu ih=
rer Lebens=Art brauchen, und wie man dan=
nenhero nöthig gehabt auf das Geld zu kom=
men, damit man den Kauff einführen könn=
te. Ausser dem Kauffe betrachte ich ferner
das Leihen und Verpachten, den Vorschuß,
das Geld leihen, Pfand, Unterpfand, Ge=
schencke, Allmosen und die Bürgschafft,
und zeige nicht allein, was darinnen rech=
tens, sondern auch was löblich ist. Ich han=
dele hier von der Freygebigkeit, Dienstfertig=
keit und Gutthätigkeit, als Tugenden,
die in den hier vorfallenden Pflichten ihren
Grund haben. Endlich handele ich auch

**Werth der Sachen und Arbeit.**

**Tausch=Arten das Eigenthum oder den Gebrauch des Seinigen auf andere zu bringen.**

**Tugenden die hierbey vorkommen.**

das=

Pflicht bey den Verträgen Lügen und Lästerung.

dasjenige ab, was von den Verträgen überhaupt zu beobachten und weil man dazu als Gründe braucht, was unter die Pflichten im Reden gehöret, so habe ich zugleich an diesem Orte dieselben vorgetragen. Ich stelle die Schändlichkeit und Schädlichkeit der Lügen vor und muß man über die Lästerung des Sophisten erstaunen, wenn er diejenigen, welche meine Schrifften nicht gelesen, überreden will, daß ich die Lügen als eine Pflicht des Menschen recommendirte, weil ich die gemeine Lehre zugleich beygefüget, daß, wenn man durch verstellte Worte niemanden schadet, sondern vielmehr Schaden abwendet und Vortheil schaffet, solches keine Lügen sey: wovon das Exempel bekandt, das man zu geben pfleget, wenn einer seinen Feind mit blossem Degen verfolgte, man liesse ihn in sein Hauß hinein und sagte zu dem rasenden Menschen, es sey derselbe jene Strasse hinum gegangen, oder auch das andere in der Schrifft von den Wehe-Müttern der Egyptier. Es wird hier ins besondere

Wahrhafftigkeit Verschwiegenheit, Aufrichtigkeit Gerechtigkeit.

von der Wahrhafftigkeit, der Verschwiegenheit und der Aufrichtigkeit als drey besonderen Tugenden gehandelt und was bey Eyd-Schwüren zu beobachten ausgeführet. Endlich mache ich mit der Lehre von der Gerechtigkeit den Beschluß, und erweise, daß derjenige gerecht ist und alles das thut,

was

was man von einem in diesem Stücke erfordert, der die Liebe durch die Weisheit
zu moderiren weiß.

## Das 10. Capitel.
# Von der Politick des Autoris.

### §. 152.

Ch habe in meiner Philosophie auf **Wie der**
zweyerley gesehen, 1. darauf, daß **Autor die**
alles gründlich ausgeführet wür- **Politick**
de, wohin dasjenige gehöret, was **abhan-**
ich in dem gantzen dritten Capitel von der **delt.**
Lehr-Art weitläufftig angeführet: 2. auf
den Nutzen in höheren Facultäten und dem
menschlichen Leben, wovon unten ausführlich geredet werden soll. Beydes habe ich **Absicht**
auch in der Politick vor Augen gehabt und **des Au-**
mag ein verständiger Leser selbst urtheilen, **toris.**
wie weit ich meinen Zweck erreichet, und wie
weit ich diese Disciplin verbessert, die deswegen in Verachtung kommen ist, weil man
weniges darinnen abgehandelt, was im Leben genutzt werden mag. Ich habe mir **Wie er**
angelegen seyn lassen, von allem demjeni- **dieselbe zu**
gen, was bey der Regierung und Einrich- **erreichen**
tung eines Staates unter uns üblich ist, **getrach-**
richtigen Grund anzuzeigen, damit man **tet.**
dessen Werth beurtheilen kan, ob ich gleich
auch hin und wieder von einigen Dingen
gehandelt, die nützlich einzuführen wären,

und

und zu Besserung dessen dieneten, was üblich ist. Das gemeine Wesen ist die gröste Gesellschafft, darinnen die Menschen in einer Vereinigung mit einander leben; sie wird aber aus kleineren zusammen gesetzt und kan ohne dieselben nicht bestehen. Derowegen habe ich auch von diesen zuerst geredet, wie bisher üblich gewesen, indem ich nicht gerne etwas ändere, was bleiben kan. Ich verlange keine neue Philosophie zu schmieden, sondern gehe bloß auf eine Verbesserung und lege die so genannte alte zum Grunde, die so lange Zeit auf den Protestirenden Universitäten ist gelehret, mit Eiffer vertheidiget und in den höheren Facultäten appliciret worden. Es gilt aber bey mir in Verbesserungen die Regel gar viel, welche haben will, daß man so viel beybehalten soll als möglich ist, als wornach sich auch ein guter Politicus in Verbesserung des gemeinen Wesens richtet.

§. 153. Nachdem ich die allgemeine Gründe von der Gesellschafft abgehandelt, woraus das besondere erwiesen wird; so komme ich auf den Ehestand. Ich leite hier alles aus der Absicht her, Kinder zu erzeugen und zu erziehen: denn ich erweise, daß beydes bey einander seyn müsse. Ich erweise für allen Dingen, daß der Ehestand nöthig sey und die Kinder nicht ausser der Ehe dörffen erzogen werden. Und bey dieser fer Gelegenheit handele ich von der Keusch= **Keusch-** heit und Geilheit, ingleichen der Hurerey **heit und** und andern Lastern.  Ich erweise, daß die **Unkeusch-** Viel=Männerey und Viel=Weiberey der **heit.** Vernunfft nicht gemäß, und daß die Ehe Lebenslang dauren soll.   Weil Personen **Verlöb-** sich verloben, ehe sie die Ehe vollziehen; so **nis.** wird auch erwogen, was bey der Verlöbnis rechtens ist und wie weit sowohl diese, als die Ehe wieder könne getrennet werden. Ich handele ausführlich von den Pflichten der Eheleute, wie die Ehe glückselig und wie sie unglückselig wird, zeige die Ursachen an, warum so wenige Ehen gerathen, stelle die Gefährlichkeit des Heyrathens vor und füh= re endlich aus, wie es mit den Gütern der Ehe=Leute nach dem Absterben des einen Theiles solle gehalten werden.

§. 154. In der väterlichen Gesellschafft **Was der** wird alles aus ihrer Absicht, nemlich der **Autor von** Erziehung der Kinder erwiesen.  Zu der **der väter-** Auferziehung gehöret zweyerley: Eltern **lichen Ge-** sollen die Kinder versorgen und sie regieren **sellschafft** Was zu beyden erfordert wird, führe ich **vorträget.** deutlich aus.  Ich handele aber die Aufer= ziehung viel sorgfältiger ab, als bisher von andern geschehen.  Denn ich gehe durch die Pflichten des Menschen gegen sich selbst, gegen GOtt und andere, welche in der Mo= ral erwiesen worden, und zeige bey einer jeden ins besondere, was den Eltern in der

**Auf=**

**Auferziehung der Kinder.**

Auferziehung der Kinder dabey oblieget, wie man für ihre Sinnen, Gedächtnis und Einbildungs-Krafft zu sorgen hat, ihren Verstand und Willen bessert, ihnen Lust zur Arbeit machet, was man für sie für eine Lebens-Art erwehlet, wie man sie gewöhnen soll einen jeden zu ehren, zur Wahrhafftigkeit, Verschwiegenheit, Gottseligkeit, Erkäntnis GOttes 2c. anführet.

**Gewalt der Eltern.**

Ich weise, woher die Gewalt der Eltern über die Kinder kommet und wie weit sie gehet, auch sie dieselbe gebrauchen sollen. Was es für eine Beschaffenheit mit Unmündigen hat und wie lange die Kinder darinnen verbleiben.

**Pflichten der Kinder.**

Aus der väterlichen Gewalt und der Auferziehung leite ich die Pflichten der Kinder gegen die Eltern her, daß ich nicht allein zeige, worinnen sie bestehen, sondern auch wie die Eltern sie dazu bringen müssen.

**Erb- und Vormundschafft.**

Endlich handele ich auch davon, wie es die Eltern sowohl mit ihrem Vermögen, als Vormundschafften halten sollen und was den Vormündern oblieget, auch wie die Unmündigen sich gegen sie zu verhalten haben. Was in bürgerlichen Gesetzen mit dem Rechte der Natur überein kommet, wird hier wie in andern Fällen das übrige aus seinen richtigen Gründen in beständiger Verknüpffung mit denen übrigen Wahrheiten erwiesen.

§. 155.

§. 155. Von der herrschafftlichen Gesellschafft erweise ich für allen Dingen, daß
sie in dem Rechte der Natur gegründet ist
und durch diesen Beweiß giebt sich zugleich
der Grund, wodurch alles, was hieher
gehöret, bestätiget wird, nemlich daß gewisse Personen sich für einen gewissen Lohn,
der ihnen zum Unterhalt zureichend ist, andern zu gewissen Verrichtungen verdingen.
Und eben hieraus werden die Begriffe von
Herrn und Frau, Knecht und Magd, Herrschafft und Gesinde determiniret.    Ich erkläre hierauf die Pflichten sowohl der Herrschafft als des Gesindes, und führe die Tugenden aus, die sie zieren, Fleiß und Wil-
ligkeit nächst Unterthänigkeit, Danckbarkeit, Furcht und Scheu für der Herrschafft,
dergestalt daß auch in acht genommen wird,
was zur Ausübung dieser Tugenden gehöret.    Weil nun aber nicht alles Gesinde
von einerley Art ist; so zeige ich wie jedes
unter ihnen zu tractiren sey.    Endlich handele ich auch von den Sclaven, oder Knech-
ten und Mägden, die eigenthümlich sind,
erörtere die Fragen, ob es recht sey Menschen zu Sclaven zu machen und wie man
sich zu halten hat.    Insonderheit weise ich
einen grossen Nutzen der vorgetragenen
Lehren von der herrschafftlichen Gesellschafft, weil man daraus mit einer geringen Veränderung alles herleiten kan, was

von

Wie der Autor die herr-schafftli-che Ge-sellschaffe abhan-delt.

Pflichten der Herr-schafften und des Gesindes.

Sclaven.

Nutzen dieser Lehre.

von anderen hohen und niederen Bedienten
zu behalten ist.

**Was der Autor von dem Hauſe vorträget.**

§. 156. Das Letzte, was in der Abhandlung von den einfachen und kleinen Geſellſchafften vorgetragen wird, iſt die Lehre von
dem Hauſe. Ein Hauß beſtehet aus der
ehelichen, väterlichen und herrſchafftlichen
Geſellſchafft, obwohl unterweilen eine davon wegbleiben kan. Ich erweiſe, daß es
bey dem Hauſe auf eine ſolche Einrichtung
ankommet, daß keine von den einfachen
Geſellſchafften die Abſicht der andern ſtöhre,
ſondern vielmehr eine jede das ihre mit dazu
beyträget, daß die andere ihre Abſicht deſto
bequemer erreichen kan. Wie nun dieſes
zu erhalten ſey, führe ich umſtändlich aus.
Nachdem ich die Herrſchafft des Hauß-
Vaters im gantzen Hauſe behauptet, ſo
zeige ich, wie die Hauß Mutter das Anſehen des Hauß-Vaters erhalten, ſich gegen
ihn verhalten und Kinder und Geſinde zu
Beobachtung ihrer Pflicht bringen, in nöthigen Fällen mit Beſcheidenheit den Hauß-
Vater erinnern ſoll; aber auch im Gegentheile, wie der Hauß-Vater für das Anſehen der Hauß-Mutter ſorgen muß. Nach
dieſem führe ich ins beſondere aus, wie zu
verhüten, daß das Geſinde die Auferziehung
der Kinder nicht hindert, noch ſchwer macht,
noch die Kinder durch ſie verdorben werden,
wobey die übele Folgen gezeiget werden,
wenn

**Einrich-tung des Hauſes.**

**Pflichten der Hauß-Mutter.**

**Des Hauß-Vaters.**

**Der Hauß-Genoſſen.**

wen man verstattet, daß Kinder dem Gesinde befehlen dörffen.  Insonderheit lasse
ich mir angelegen seyn zu zeigen, wie der
Hauß-Vater im Hause Ordnung erhalten
kan, warum dieses schwer ist und er darüber
desto fester zu halten hat.  Die Tugend des **Tugend**
Hauß-Vaters ist die Wachsamkeit, deren **des Hauß-**
Nothwendigkeit und Nutzen bestätiget wird. **Vaters.**
Andere Materien, die hier abgehandelt werden, übergehe wie im vorigen mit Stillschweigen, damit wir uns nicht zu lange
aufhalten.  Wer ein mehreres zu wissen **Erinne-**
verlanget, darf nur die Beyschrifften auf **rung.**
dem Rande durchgehen, die ich zu dem Ende
in den neuen Auflagen reichlicher beygesetzt,
damit man die Materien, welche abgehandelt werden, desto leichter sehen und daraus
urtheilen kan, was man aus meinen Schrifften lernet.  Und hiermit wird die so genannte *Oeconomica* beschlossen.

§. 157. Nachdem ich zu Ende gebracht, **Wie der**
was von den einfachen Gesellschafften und **Autor die**
dem Hause beyzubringen war, so komme **Politick**
ich auf die eigentlich so genannte Politick **abhan-**
und lege anfangs die allgemeine Gründe **delt.**
von dem gemeinen Wesen, daraus das
übrige hergeleitet wird.  Darnach gehe ich
die verschiedene Regierungs-Formen durch
und beurtheile dieselben. Hierauf führe ich
weitläufftig aus, was zur Einrichtung im
gemeinen Wesen gehöret.  Ich zeige ins
F f beson-

besondere, was man in acht zu nehmen hat,
wenn das gemeine Wesen mit Gesetzen zu
versehen, wie dieselben eingerichtet werden
müssen und wie darüber zu halten ist. Ich
erkläre die Macht und Gewalt der hohen
Landes-Obrigkeit und was davon dependiret. Ich erkläre die Beschaffenheit der
Regierung und beschliesse mit dem Kriege.

**Art des Vortrages.** Unerachtet diese Materien dasjenige vorstellen, was in unseren Regierungs-For-
men und nach unseren Einrichtungen üblich
ist; so wird dessen ungeachtet alles in einer
solchen Verknüpffung mit einander vorgestellet, als wie ich in den übrigen Disciplinen gethan habe, und alles mit tüchtigen
Gründen, insonderheit aus der Moral be-
wöhret. Und kan nun ein jeder hieraus
handgreiflich sehen, was eine wohleingerich-
tete Moral zu rechtem Verstande der Politick beyträget, und wie auch die Metaphysick zu gründlichem Verstande derselben erfordert wird.

**Lästerungen der Feinde.** Es haben zwar die Widrig-
gesinnten daher Gelegenheit genommen zu
lästern und vermeynet mich bey Staats-
Leuten anzuschwärtzen durch albere ungegründete Consequentien.

**Werden widerleget.** Allein sie bedencken nicht, daß Staats-Leute durch die
Affairen Begriffe in Kopff bekommen, die
man ihnen in den Disciplinen nicht gewehr-
ret, und durch die Erfahrung vieles erlernen, auch der gegenwärtigen Einrichtungen
sich

sich bedienen, die von den Vorfahren auf
uns kommen. Ein anders aber ist es, wenn
man hiervon den Grund untersuchet und
die Güte der Anstalten und des Verfahrens
aus den Gründen der Vernunfft erweiset.
Man stoße die Gründe um, die ich angeführet, und zeige, daß es nicht die rechten
sind, wenn man vermeynet bessere zu wissen. So lange man aber dieses muß bleiben lassen; so zeiget der Augenschein, daß die
Sätze der Politick aus der Moral und diese
aus der Metaphysick bestätiget worden.

§. 158. In Disciplinen, die zur Ausübung gewidmet sind, kommet alles auf
die Absicht an, die man zu erreichen gedencket. Ich erweise demnach, daß man im
gemeinen Wesen auf zweyerley zu sehen hat,
1. wie man die gemeine Wohlfahrt mit
vereinigten Kräfften befördern kan, 2. wie
man sich in den Stand setzet wider alle Gewalt und Unrecht zu schützen. Und dieser
Absicht gemäß bestätige ich den Haupt-
Grund alles dessen, was in der Politick erwiesen wird: Daß man dasjenige thun soll,
was die gemeine Wohlfahrt befördert und
die gemeine Sicherheit erhält; hingegen alles unterlassen, was beyden zuwider ist.
Man hat demnach im gemeinen Wesen
nicht allein darauf zu sehen, was seine
Handlungen veränderliches in Ansehung
seiner eigenen Person und anderer Menschen,

Was der Autor für Gründe der Politick leget und von den Regierungs-Formen lehret. Haupt-Grund der Politick.

son-

sondern auch was sie in Ansehung des gemeinen Wesens nach sich ziehen, wenn man der bürgerlichen Pflicht zugleich ein Gnügen thun will. Ich gebe zu gleich einen Begriff von der Vollkommenheit des gemeinen Wesens, der von grosser Wichtigkeit in der Politick ist, und leite ihn als den Begriff der Art aus dem allgemeinen Begriffe der Vollkommenheit, den ich in der Metaphysick gegeben. Und hier haben wir ein Exempel, wie die Metaphysick zu gründlicher Erkäntnis in der Politick dienet. Die gemeine Wohlfahrt gründet sich in der Beobachtung des Gesetzes der Natur und dadurch zeiget sich der Nutzen der Moral in der Politick. Die

**Verschiedene Regierungs-Formen.**

verschiedene Regierungs-Formen sind bekandt und entstehen daher, nachdem die Sorge für die gemeine Wohlfahrt entweder einem, oder vielen, und zwar entweder schlechterdinges, oder unter einigen Bedingungen aufgetragen wird. Ich zeige demnach, wie weit man in einer jeden derselben die gemeine Wohlfahrt erhalten kan, und man siehet, daß sehr viel daran gelegen ist, wenn diejenigen, so herrschen, einen geübten Verstand und Tugend besitzen.

**Erfindungs-Kunstgriffe.**

Gleichwie ich aber zeige, daß eine Republic in Ansehung der andern wie eine Person anzusehen ist, die mit einer andern Person zu thun hat, damit man aus diesem Grunde herleiten kan, was unter ihnen rechtens

tens ist: eben so erweise ich, daß regierende
Personen sich gegen die Unterthanen verhalten, wie Väter zu ihren Kindern, oder
auch wie Haußväter im Hause, damit man
ihre Pflichten daraus zeigen kan.

§. 159. Die Einrichtung des gemeinen
Wesens machet einen grossen Theil der Politick aus. Ich erweise, es komme hauptsächlich darauf an, daß diejenigen, so willig
sind dem Gesetze der Natur ein Gnügen zu
leisten, nicht allein von andern nicht gehindert, sondern vielmehr gefördert werden;
hingegen die andere, welche es aus den Augen setzen, dazu angehalten werden, daß sie
wenigstens die äusserliche Handlungen vollziehen. Und demnach gehe ich alle Pflichten
des Menschen sowohl gegen sich selbst, als
gegen andere, ja selbst gegen GOtt durch,
und führe in Ansehung einer jeden aus, was
für Anstalten zu machen sind, damit das
vorgesetzte Ziel erreichet werde. Es würde
zu weitläufftig fallen alles ins besondere anzuführen. Derowegen will ich nur eines
und das andere zur Probe berühren. Z. E.
ich handele in Ansehung der Pflichten gegen
den Verstand, wie Schulen, Academien,
und insonderheit auch Academien der Wissenschafften und Künste beschaffen seyn sollen: Ich weise, was man für Personen zu
Lehrenden zu nehmen hat, wie wegen ihres
Fleisses zu sorgen, wie man ihnen Lust machet,

*Wie der Autor die Einrichtung des gemeinen Wesens abhandelt.*

*Erläuterung durch ein Exempel.*

Ff 3

chet, warum sie ihr gutes Auskommen und
Ehre haben sollen, warum sie in Ansehen
seyn, sich sowohl für sich selbst als einer den
andern in gutem Ansehen erhalten und Liebe
bey den Lernenden haben sollen und endlich
wie ihre Vorsorge für die Lernenden soll
beschaffen seyn und was ihnen für Gewalt
über die Lernenden gebühret. Gleichergestalt zeige ich in Ansehung der Lernenden,
was für eine Wahl mit ihnen anzustellen
und wie viel die Wohlfahrt des Landes dabey interessiret, wie es mit Stipendien zu
halten, warum man die Menge der Studirenden abzuhalten hat, warum man ihnen
die Gelegenheit zur Wollust benehmen, jedoch einige Ergötzlichkeiten zulassen, und
**Academie** sie nicht allzustrenge halten soll. Der Aca-
**der Wis-** demie der Wissenschafften eigene ich die
**senschaff-** Verrichtungen zu, daß sie 1. alle Wahrheit
**ten.** sammlet, 2. sie mit gehöriger Schärffe,
auch tüchtigen Proben untersucht, 3. was
richtig befunden wird, in Ordnung bringet,
und 4. aus den erkandten fernere unbekandte
herleitet, auch 5. die Fehler und Mängel,
welche sich in Wissenschafften und Künsten
finden, anmercket. Ja ich eigene ihr auch
gewisse Verrichtungen in Ansehung der
Handwercke und Staats-Wissenschafften
zu, denn mein Zweck gehet darauf, daß
man die Erkäntnis sowohl mathematischer, als philosophischer Wahrheiten im
mensch-

menschlichen Leben zum Nutzen des menschlichen Geschlechtes anwenden soll, und daß
man die Verbesserung der Künste, Hand-
wercker und verschiedener im gemeinen
Wesen nützlicher Anstalten nicht auf Versuchen und blosses Glück darf ankommen
lassen. Ob nun aber gleich die Academie **Academie**
der Wissenschafften sich auch um die Künste **der Kunst.**
bekümmert; so gewähret sie doch bloß die
Wissenschafft davon, hingegen die Academie
der Künste gewähret durch geschickte Ubungen die Fertigkeit. Ich zeige in Ansehung **Predig-**
der Besserung des Willens die Nothwen- **Amt.**
digkeit öffentlicher Lehrer, was sie verstehen
und wie sie in ihrem Wandel beschaffen seyn
sollen, warum man über ihrem Ansehen
halten soll und wie sie sich selbst bey gutem
Ansehen zu erhalten haben, wie die Bücher
zur Tugend-Ubung beschaffen seyn müssen,
warum ein jeder die Predigten zu besuchen
hat und was dergleichen mehr ist. Mit
einem Worte, man wird nicht eine unter
uns übliche Anstalt finden, welche nicht aus
dem angegebenen allgemeinen Grunde vermöge der Lehrsätze in der Moral und denen
daselbst vorgetragenen natürlichen Gesetzen
wäre verständlich erkläret worden. Da nun **Feinde**
aber meine allgemeine Gründe der Politick **des Auto-**
und alles, was ich von den Pflichten des **ris werden**
**mit ihren**
Menschen in der Moral vorgetragen habe, **Conse-**
so beschaffen sind, daß unsere Anstalten sich **quentien**
Ff 4 **dar- beschämet.**

daraus vernünfftig erklären und rechtfertigen laſſen, dieſe aber hinwiederum aus den Gründen der Metaphyſick beſtätiget worden; ſo erkennet man daraus, daß meine Lehren der Metaphyſick nicht der Moral, und dieſe mit jenen nicht dem Staate entgegen ſind. Ja da ich auch daraus die Anſtalten in der Religion, welche man bey uns antrifft, rechtfertige und als vernünfftig vorſtelle, daß man nicht mit Grunde ſie tadeln kan; ſo erhellet ferner, daß durch meine Lehren keinesweges die Religion aufgehoben, ſondern vielmehr beſtätiget wird. Ich ziehe demnach gantz andere Sätze aus meinen Grund-Lehren, als die angegebenen Conſequentien meiner Gegner ſind. Soll man nun aus dem, was daraus folget, von der Güte der Grund-Lehren urtheilen, ſo müſſen ſie richtig und ſehr nützlich ſeyn. So wenig man aber erweiſen können, daß die Conſequentien, damit man mich beläſtiget, aus meinen Lehren in der Metaphyſick flieſſen; ſo wenig hat ſich noch jemand darzuthun, ja nur zu leugnen unterſtanden, daß diejenige richtige und nützliche Sätze, die ich daraus herleite, nicht daraus flieſſen ſollten.

**Was der Autor von den bürgerlichen Geſetzen lehret.**

§. 160. Die Nothwendigkeit der bürgerlichen Geſetze erweiſe ich nicht, wie unterweilen geſchiehet, daher, daß die natürlichen nicht zureichend wären; denn

durch

durch den Grund des natürlichen Gesetzes,
den ich anführe, sind alle Handlungen in
ihren Fällen determiniret; sondern weil die
natürliche Verbindlichkeit nicht allzeit hin- Ursachen
länglich ist den Menschen zu Beobachtung derselben.
seiner Pflicht zu bringen, und weil in einigen Fällen das Gesetze der Natur sich nicht
genau beobachten lässet, indem es zu vielem
Streite und Uneinigkeit würde Anläß geben, wenn man dem Recht verschaffen solte, der Unrecht leidet, ja weil unterweilen
das Gesetze der Natur allzuviele Fälle zu
unterscheiden hat, woferne eine Handlung
nach den verschiedenen Umständen richtig
determiniret werden soll. Nachdem ich nun
dasjenige ausgeführet, was man überhaupt
von den bürgerlichen Gesetzen zu mercken
hat; so habe ich auch allerhand Exempel von Exempel.
bürgerlichen Gesetzen gegeben, deren Be- bürgerli-
schaffenheit ich aus den erst angeführten cher Ge-
Gründen gezeiget. Und ich zweiffele nicht setze.
im geringsten, daß, wenn man die bürgerliche Gesetze auf eine solche Weise überhaupt durchgienge und ihre Übereinstim-
mung mit den natürlichen Gesetzen und Ab-
weichungen von denselben nach dem gegebenen Vorbilde erwegte; so würde man die
Erkäntnis der Gesetze mit vielem Vortheile
treiben und würden auch diejenigen Vergnügen daran haben, die jetzt daran nicht so
viel Geschmack wie an andere finden können.

**Was der Autor von der Macht und Gewalt der Obrigkeit beybringet.**

§. 161. Weil die Obrigkeit im gemeinen Wesen Anstalten machen und Gesetze geben muß; so muß sie auch Freyheit haben zu befehlen und zu thun, was sie für gut befindet. Und dieses nennen wir die Gewalt. Wiederum weil die Gesetze ohne Straffen nicht bestehen können, indem sich nicht ein jeder mit Vernunfft denselben unterwirfft, und viele durch Zwang dazu angetrieben werden müssen, was man haben will; so muß sie auch Macht haben, das ist, sie muß in dem Stande seyn zu bewerckstelligen, was sie haben will. Aus diesen Begriffen leite ich her, was aus der Gewalt und Macht der Obrigkeit fliesset. Aus der Gewalt kommet der Gehorsam der Unterthanen, so lange nichts befohlen wird, was wider das Gesetze der Natur ist und man sich durch den verweigerten Gehorsam nicht mehr Unheil über den Halß ziehet, als wenn man gehorchet. Und nachdem diese Gewalt so, oder auf eine andere Art eingeschräncket wird, entstehen daraus die Grund- oder Fundamental-Gesetze eines Staates. Weil aber auch diese nichts helffen, wo keine Verbindlichkeit ist; so zeige ich wie die hohe Landes-Obrigkeit dazu verbunden werden kan. Ich weise hierbey, wie nöthig es sey, daß eine Obrigkeit GOtt fürchtet, und wie nützlich einem Staate die Christliche Religion sey, sonderlich in Monarchien, auch warum Hof-Predi-

**Gewalt der Obrigkeit.**

**Grund-Gesetze des Reiches.**

Prediger bey ihren Herren in Ansehen seyn
sollen. Ich erwege die Arten der Einschränckung von der Gewalt der Obrigkeit und
die gantz uneingeschränckte Gewalt und
Macht giebt den Begriff von der *Souvrai-*
*nität.* Endlich findet man erwiesen, warum die Obrigkeit das Recht über Leben und
Tod der Unterthanen haben muß, und wie
weit sich dieses erstrecket. Zu der Macht gehöret das Geld, es gehören dazu die Soldaten, ja es gehöret dazu die Freyheit Richter
zu bestellen und abzusetzen, ingleichen die
Bedienungen zu vergeben. Ich zeige die
Mittel, wodurch die Macht in allen diesen
Stücken eingeschräncket wird. Und bey dieser Gelegenheit rede ich von dem Schatzmei-
ster und Feldherrn, von dem Rechte zu de-
nominiren und andern hieher gehörigen Sachen. Ich erweise daß die Einschränckung
der Macht und Gewalt das Ansehen der
Landes-Obrigkeit nicht vergeringert, indem
es von der Macht und Gewalt des Staates
bey auswärtigem dependiret, welche in jedem in Ansehung desselben uneingeschränckt
ist. Ich rede hier von der Majestät und erkläre daraus den Begriff von einem Könige
und Königreiche, erweise daß in jedem Staate gleichviel Gewalt, aber nicht gleichviel
Macht ist, und daß die gröste Macht in dem
Reichthume des Landes bestehet, folgends
der Staat mächtig gemacht wird, wenn man
ihn

*Ein-*
*schrän-*
*ckung der*
*Obrig-*
*keitlichen*
*Gewalt.*

*Macht*
*der Obrig-*
*keit.*

*Majestät.*

ihn bevölckert und die Unterthanen bereichert.
Ich handele ferner von der Beleidigung der
Majestät, zeige wie die Obrigkeitliche Macht
und Gewalt befestiget wird, als durch
Straffen und die Huldigung, und führe
die Nothwendigkeit des königlichen Staates aus.

Was der
Autor von
der Re-
gierung
der hohen
Landes-
Obrigkeit
vorträ-
get.

§. 162. Die Regierung, äussert sich in
dem Gebrauche der Macht und Gewalt zu
Beförderung der gemeinen Wohlfahrt und
Sicherheit, und aus diesem Begriffe erweise ich, so wohl was von der Regierung überhaupt, als ins besondere vorkommet. Ich
zeige daraus, wer wohl und wer übel regieret und was in dieser Beurtheilung für Behutsamkeit nöthig sey, wie man neue Gesetze zu geben hat, und die alten nur zu verbessern sind, was bey Straffen in acht zu neh-
Gerichte. men ist. Ich komme auf die Gerichte, erkläre ihre Nothwendigkeit und ihren Unterscheid, und wie eines an das andere zu verweisen, was die Jurisdiction ist, sowohl die
Civil-als Criminal-Jurisdiction, was für
Personen zu Richtern zu bestellen sind
und worauf es in Gerichten sowohl bey Ci-
vil als Criminal-Sachen ankommet; wie
sich ein Richter in Verwaltung der Gerichte aufzuführen hat, warum man die Processe nicht verzögern soll und worinnen die Mittel zu suchen die Processe zu verkürtzen; wie
man sich gegen die niedrige Obrigkeit zu verhalten

halten hat und was weiter hieher gehöret.
Ich zeige ferner die Nothwendigkeit der
Lands-Hauptleute und des Stadt-Rathes
und was es mit ihnen für eine Bewandnis
haben soll. Ich komme auf die Vergebung
der Bedienungen und führe umständlich
aus, was dabey in acht zu nehmen und was
es mit der Denomination für eine Bewandnis hat. Ich gehe fort zu den Anstalten wegen Bereicherung des Staates: wobey ich
ausführe, wie es mit der Einfuhre fremder
Waaren zu halten, was wegen der Reisen
junger Leute in fremde Länder zu verordnen,
wie zu verhüten, daß durch das Studiren
nicht zu viel Geld aus dem Lande kommet,
was man wegen der Vermehrung der Vi-
ctualien zu besorgen hat; wie man bey vor-
fallendem Mißwachse das Geld im Lande
behalten soll; wie zu verhüten, daß die Land-
streicher kein Geld aus dem Lande führen,
und reiche Unterthanen nicht das Geld aus
unserem Lande in ein anderes tragen; welches die Mittel sind, die Unterthanen im Lande zu behalten; was Bergwercke für Nutzen schaffen; wie durch Niederlassung Fremder im Lande dasselbe reicher wird; wie von
Reisenden Geld ins Land kommet; wie dieses
durch den Handel und die Land-Wirthschafft
geschiehet, und endlich wie dafür zu sorgen,
daß das Geld wohl rouliret. Endlich komme
ich auch auf dasjenige, was die hohe Landes-
                                   Obrig-

*Lands-Hauptleu-te und Stadt-Raths-Bedie-nungen.*

*Bereiche-rung des Staates.*

*Veran-staltungen wegen der*

gemeinen<br>Wohl-<br>farth.

Obrigkeit wegen der gemeinen Wohlfart zu
veranstalten hat, zeige die Grösse der Regie-
rungs-Last, die Nothwendigkeit und den
Unterscheid der Räthe, was von ihrer Geschicklichkeit zu mercken, und warum ein besonderes Untersuchungs-Amt in Staats-
Angelegenheiten nöthig wäre, dessen Stelle
die Raths-Collegia nicht vertretten können.
Endlich beschliesse ich diese Materie von der
Regierung mit den Landsherrlichen Ein-
künfften und den Gaben, damit die Unterthanen zu belegen sind.

Was der<br>Autor von<br>dem Krie-<br>ge lehret.

§. 163. Der Krieg ist das Mittel, wodurch man einen Staat wider auswärtige
Feinde schützet. Ich zeige, warum man weder Krieg anfangen, noch dazu Anlaß geben
soll; wenn es zu kriegen erlaubet; was man
zu thun hat, ehe man zum Kriege schreitet,
und was für Mittel sind ihn zu verhüten,
ingleichen wie weit ein Potentat dem andern
nachgeben soll; wie man sich im Kriege aufzuführen hat, und wie man sich davor in acht
zu nehmen hat, wohin die Bündnisse, die
Festungen, die Zurüstung zum Kriege bey
Friedens-Zeiten gehören; ja endlich was die
Friedens-Tractaten für einen Grund haben,
darauf man alles bauen soll. Und weil das
Land durch den Krieg herunter kommet; so
weise ich zugleich, wie man ihm wieder auf-
helffen soll, ingleichen wie man dem Verderben desselben vorkommen kan und was in
diesem

diesem Falle für besondere Vorsicht nöthig
ist. Man kan auch hieraus erwegen, was
von der Politick angeführet worden, noch
mehr aber, wenn man sich die Mühe nicht
will dauren lassen dieselbe durchzulesen,
oder wenigstens die Marginalien anzusehen, die insonderheit in der andern Aufla- Widersa-
ge gar häuffig angetroffen werden; wie es cher des
mit der Beschuldigung meiner Widersa- Autoris
cher stehet, daß ich die gantze Politick über werden be-
den Hauffen würffe. Eben weil sie es so schämet.
bund machen, verlieren sie gleich allen Glauben; so bald nur einer meine Schrifften in
die Hände bekommet. Gewiß! Die Nachwelt, bey der die Affecten verschwinden,
welche jetzund noch einige auf verkehrten
Sinn treiben, wird nicht begreiffen können, wie Menschen so gar unartig seyn
können, daß sie sich unterstehen mit solcher
Hefftigkeit wider die Sonnen-klare Wahrheit zu schreiben.

## Das 11. Capitel.

# Von der Experimental-Phi-
losophie.

### §. 164.

Durch die Experimental-Philosophie Wie der
legen ich den Grund zur Physick: Autor die
denn wir sind noch nicht in dem Experi-
mental-
Stan- Philoso-

Stande, daß wir die Würckungen der Natur und die Eigenschäfften der natürlichen Dinge aus einigen allgemeinen Gründen durch die Vernunfft herleiten könten. Was ich in der Moral und Politick gethan, ja was ich schon selbst in der Metaphysick auch von unserer Seele unternommen, gehet in der Physick noch nicht an. Diejenigen, welche dergleichen zu thun sich unterwunden, haben zur Gnüge durch ihr Exempel gewiesen, wie schlecht man in der Erkäntnis der Natur fortkommet, wo man auf einen so sandigen Grund bauen will. Gleichwie ich aber überall so viel Nutzen zu gewehren suche, als nur angehen will; so habe ich auch solches bey der Experimental-Philosophie bedacht.

**Ubung in der Versuch-Kunst.**

Damit man in der Versuch-Kunst sich übet; so habe ich nicht allein die Versuche auf das umständlichste mit allen dazu gehörigen Instrumenten beschrieben und überall von der Beschaffenheit der Instrumente richtigen Grund angewiesen; sondern ich habe zugleich angezeiget, wie man aus der gemeinen Erfahrung und durch Muthmassungen von den natürlichen Dingen zu den Versuchen Anlaß bekommet.

**Nutzen der Versuche.**

Damit man die Versuche nutzen lernet, so ziehe ich überall diejenige Sätze heraus, die durch sie bestätiget werden, und so bekommet man einen Vorrath von gewissen Gründen.

Dar-

darauf man in der Physick bauen kan. Damit sich aber auch ein Versuch aus dem andern erklären lässet, so habe ich sie in einer
solchen Ordnung abgehandelt, wie zu diesem Zwecke nöthig ist. Und aus diesen Ursachen ist es geschehen, daß die Experimental-
Philosophie weitläufftiger worden, als ich
anfangs vermeynet.

*Ordnung im Versuchen.*

§. 165. Es sind drey Theile dieser Versuche, davon der erste jetzund zum andern
mahle aufgeleget worden. In dem ersten
habe ich anfangs angewiesen, wie man die
verschiedene Art der Schweere in verschiedenen Cörpern determiniret. Ich untersuche
nach diesem den wagerechten Stand der flüs-
sigen Materien und bestätige die Regeln von
dem Drucke derselben. Ich beschreibe die
Lufft-Pumpe auf das genaueste und erkläre
nach diesem die Versuche von der Lufft, dadurch ihre Eigenschafften und Würckungen
bestätiget werden. Ich zeige, daß in allen
Cörpern, sowohl flüßigen, als festen, Lufft
verborgen ist. Ich erkläre die Würckungen
der Dampff-Kugeln, untersuche die Beschaffenheit der Schwere fester Cörper in
flüßigen Materien und weise, wie eine flüßige Materie von leichterer Art durch eine
schwerere hinauf, diese hingegen in jener herunter steiget. In dem andern Theile mache
ich den Anfang von dem Falle der schweren
Cörper. Ich beschreibe und erkläre die sehr

*Was in einem jeden Theile abgehan-delt wird.*

*Inhalt des ersten Theiles.*

*Inhalt des an-dern Thei-les.*

G g                wunder-

wunderbahre Bewegungen der Täucherlein im Wasser. Hiervon schreite ich fort zu
der Betrachtung der Wettergläser, als des
Barometers, Manometers, Thermome-
ters, Hygrometers und untersuche dabey zugleich, was sich durch Versuche von Winden, Dünsten und dem Regen heraus bringen lässet. Nachdem ich hier mit zu stande
bin, komme ich auf die Wärme, die Kälte
und das Feuer. Und endlich geben Licht und
Farben zu gar vielen Versuchen Gelegenheit
an die Hand. Endlich in dem dritten Theile
beschreibe ich anfangs ein besonderes Lufft-
Druckwerck, damit man Versuche in zusammen gedruckter Lufft bequem anstellen
kan, und komme sodann auf den Schall, wobey den ihm zu Gefallen anzustellenden Versuchen desselben Nutzen sich äussert. Weil
auch die Glaß-Tropffen oder so genannte *la-
chrymæ vitreæ* gantz besondere Eigenschafften haben, und man sie in Collegiis experi-
mentalibus zu erläutern pfleget; so habe ich
sie gleichfals mitgenommen und meine Gedancken darüber eröffnet. Der Magnet giebet eine sehr weitläufftige Betrachtung an
die Hand, welche ich anzustellen mich um so
viel weniger entbrochen habe, je nützlicher
diese Materie ist. Ich zeige die Poros oder
Lufft-Löcher der Cörper und erweise, daß
so gar die allerdichteste Materien, als das
Geld, davon nicht befreyet sind. Damit
man

man auch lernen möchte, wie man mit Vergrösserungs-Gläsern umgehen soll, damit
man dadurch zu verborgener Erkäntnis der
Natur gelanget, so habe ich auch hierinnen
nicht ermangelt ausführliche Anleitung zu
geben. Es folgen endlich die Versuche mit
den Thieren und von den Sinnen, und
wird der Beschluß sowohl mit der Bewegung flüßiger Materien, als mit dem wagerechten Stande und der Bewegung fester
Cörper gemacht.

§. 166. Unerachtet es aus dieser Erzehlung das Ansehung gewinne, als wenn die
Materien, so hier abgehandelt werden, gar
nicht zusammen hiengen, sondern in der höchsten Unordnung unter einander geworffen
wären; so wird doch derjenige das Gegentheil daraus ersehen, welcher sich angelegen
seyn lässet alles in gehöriger Ordnung mit
Bedacht durchzugehen. Denn er wird finden, daß ich von allem demjenigen, was
durch den Versuch sich zeiget, Raison gebe
und dadurch so erkläre, daß man es begreiffen kan, warum es geschiehet, unterdessen doch in der Erklärung nichts annehme, was nicht im vorhergehenden
durch untrügliche Versuche wäre ausgemacht worden. Und demnach habe ich hier
eine solche Ordnung observiret, wie *Euclides* in seinen Elementis beobachtet, und wie
beobachtet werden muß, woferne man zu
gründlicher Erkäntnis gelangen will, als

*Besondere Anmerckung von dem Vortrage des Autoris.*

G g 2　　　welche

welche allerdings erfordert, daß man nichts als bekandt voraus setzet, davon nicht schon im vorhergehenden gehandelt worden, und nichts als wahr annimmet, was man nicht schon im vorhergehenden bestätiget. Und hieraus siehet man, daß man auch in solchen Fällen die Wahrheit in einer steten Verknüpffung einer mit der andern vortragen kan, wo man kein gantzes Systema giebet; sondern zerstreute Materien eintzeln miteinander abgehandelt.

**Was der Autor von der Schwere der Cörper beybringet.**

§. 167. Nachdem ich gewiesen, daß nicht alle Cörper einerley Art der Schwere haben und wie man die verschiedene Art derselben sowohl in flüßigen, als festen Materien determiniren kan; so führe ich aus,

**Waagenrechter Stand der flüßigen Materien**

daß die schwere flüßige Materien in allen Fällen, man mag die Umstände ändern, wie man will, einander die Waage halten, wenn die obere Flächen in Röhren oder anderen Behältnissen, die miteinander communiciren, in einer Horizontal-Linie stehen: wobey beyläufftig die Schwere der Lufft auf eine sehr leichte Art erwiesen wird. Ich erweise ferner, daß die flüßige Materien von schwerer Art auf die von leichterer drucken und ihren Druck mit diesen ver-

**Druck derselben.**

einigen, und daß sie sowohl über sich als unter sich und nach der Seite auf einerley Art drucken, nemlich allzeit nach Proportion ihrer Höhe und der Grundfläche, darauf

auf sie drucken: wobey zugleich auf eine leich=
te Art die Zusammendruckung der Lufft und
ihre Elasticität oder ausdehnende Krafft er=
wiesen wird. Insonderheit aber zeige ich, wie
das Wasser eine über die massen grosse Krafft
bekommet, wenn es aus dem wagerechten
Stande gesetzet wird und wie es dieselbe er=
hält. Von der Schweere der festen Cörper
mache ich durch die Versuche klar, was
man aus mathematischen Gründen zu de=
monstriren pfleget, nemlich daß sie in einer
flüßigen Materie nicht so viel wiegen, als
wie in der andern, und zwar daß ein jeder
Cörper so viel von seiner Schweere zum Ex=
empel im Wasser verlieret, als die Menge
Wasser wieget, die mit ihm gleichen Raum
einnimmet, und daß der Abgang. der
Schweere nicht verlohren gehet, sondern
der flüßigen Materie zuwächst: wobey zu=
gleich gewiesen wird, wie man sowohl die
Verhältnis der Schweere flüßiger, als
fester Cörper untereinander determiniren
soll. Ja ich weise zugleich, daß, wenn
ein Cörper leichter ist, als das Wasser oder
eine andere flüßige Materie und mit Ge=
walt eingetauchet wird, dieselbe dadurch
um so viel schwerer wird, als man Kräff=
te anwenden muß ihn unter zu tauchen.
Insonderheit wird auch erwiesen, daß ein
Cörper nicht mit seiner gantzen Schweere
drucket, indem er durch eine flüßige Ma=

**Schweere der festen Cörper.**

Gg 3                              terie

terie hinunter fället, und was dergleichen mehr ist. Man findet auch hier die Beschreibung verschiedener *Aræometrorum*, oder solcher Instrumente, dadurch man den Unterscheid der Schweere in verschiedener Materie untersucht. Man hat einen gemeinen Versuch, daß in einem vollen Gläßlein mit einem engen Halse, wenn die Eröffnung in eine flüßige Materie von leichterer Art getauchet wird, die schweerere Materie sich Fadenweise in die untere und die untere leichtere hingegen sich bis an den Boden des einfachen Glases hinauf ziehet. Ich habe diesen Versuch mit verschiedenen Materien angestellet, davon ein jeder zu besonderen Sätzen Anlaß gegeben, die man in der Erklärung der Natur gar wohl gebrauchen kan. Endlich habe ich gezeiget, wie durch Versuche ausgemacht wird, was *Galilæus* von dem Falle der schweeren Cörper erfunden und nebst *Hugenio* und andern von mir in den lateinischen *Elementis Mechanicæ* demonstriret worden. Endlich kan man auch hieher rechnen, was von dem wagerechten Stande fester Cörper beygebracht worden. Ich erzehle hier die Materien miteinander, die zusammen gehören, unerachtet ich sie nicht in einem jeden Orte miteinander abhandele, indem ich andere Gründe vor mir gehabt, wodurch ich einer jeden Wahrheit und dem für sie gehörigen Versuche ihre Stelle zugeeig-

**Arænome-**
**tra,**

**Bewe-**
**gung ei-**
**ner flüßi-**
**gen Ma-**
**terie durch**
**die andere.**

**Fall der**
**schweeren**
**Cörper.**

**Wagen-**
**rechter**
**Stand fe-**
**ster Cör-**
**per.**

**Erinne-**
**rung.**

zugeeignet, nemlich theils daß das vorhergehende zum Verſtande und zur Erklärung
des folgenden dienete, theils damit meine Zuhörer in der Experimental-Philoſophie, denen zu Gefallen dieſe Verſuche beſchrieben
worden, nicht durch einerley oder auch durch
dasjenige, wovon ſie den Werth nicht einſehen können, nicht verdrießlich gemacht würden. Uber dieſes erinnere ich einmahl für allemahl, daß man in der Experimental-Philoſophie auch Vorhabens iſt, diejenigen Sätze durch Verſuche zu beſtätigen, die man in
der Mathematick zu demonſtriren pfleget,
und in Erklärung der Begebenheiten der
Natur brauchet, theils damit dieſelben durch
Proben feſte geſtellet, als auch mit Gewißheit von denen erkandt werden, welche die
mathematiſche Beweiſe nicht verſtehen.

§. 168. Was von dem wagerechten
Stande der flüßigen Cörper und ihrem
Drucke geſaget wird, ſind die Gründe,
daraus dasjenige erwieſen wird, was die
Verſuche von der Lufft zeigen. Und zu dem
Ende habe ich auch dieſelben zuerſt abgehandelt, ehe ich auf die Verſuche von der Lufft
komme. Zu dieſen braucht man gröſten-
theils die Lufft-Pumpe und deswegen habe ich auch dieſes nützliche Inſtrument
nach allen ſeinen Theilen auf das deutlich-
ſte beſchrieben und den Grund von der Beſchaffenheit eines jeden angezeiget. Bey der

*Was der Autor von der Lufft ausfüh-ret.*

*Lufft-Pumpe.*

*Eigen-ſchafften der Lufft.*

G g 4 Lufft

Lufft kommet es auf zweyerley an, auf ihre Schweere, und ihre Elasticität oder ausdehnende Krafft. Und also siehet man sie hier nicht weiter an, als eine flüßige Materie, die die einen determinirten Grad der Schweere und ausdehnenden Krafft hat. Was demnach von der Lufft bloß in so weit erwiesen wird, als sie eine Schweere und ausdehnende Krafft hat, dasselbe gilt von einer jeden flüßigen Materie, die dergleichen Eigenschafften besitzet: was aber von ihrem determinirten Grade der Schweere und der ausdehnenden Krafft herrühret, dasselbe ist ihr eigenthümlich und kommet ausser ihr keinem andern Dinge zu. Es wird demnach nicht allein durch Versuche gezeiget, daß die Lufft schwer und mit einer ausdehnenden Krafft begabet sey; sondern auch der determinirte Grad ihrer Schweere und ausdehnenden Krafft bestätiget. Und da man die Schweere auf zweyerley Art betrachten kan, entweder in einer gewissen Menge der Lufft, z. E. in einem Cubic-Schuhe, oder in dem gantzen Raume von der Erde an bis an ihr Ende; so habe ich auch auf eines so wohl gesehen, als auf das andere. Die Schweere sowohl, als die ausdehnende Krafft der Lufft kan durch Zusammendrucken, durch Wärme und durch Kälte verändert werden. Wie dieses geschiehet, findet man gleichfals durch Versuche erwiesen. Von der Schwee-

*Schweere ausdehnende Krafft der Lufft.*

Schweere und ausdehnenden Krafft der Lufft kommen allerhand Würckungen her, welche hier nicht allein durch Versuche empfindlich, sondern auch durch die vorher bestätigte Kräffte und ihre Veränderungen begreiflich gemacht werden. Man hat vielerley Versuche erdacht, die man insgemein nur als Proben von der Schweere und ausdehnenden Krafft der Lufft angiebet. Allein ich habe einem jeden Versuche einen besonderen Gebrauch zugeeignet, indem meine Absicht ist den Leser zugleich zum Experimentiren und dabey zur Uberlegung anzuführen. Ich habe zugleich überall gewiesen, wie man die gemeinen Gründe der Geometrie bey den Versuchen anbringen kan, damit man zu gantz genauer Erkäntnis gelanget und völlige Gewißheit erhält: wie ich denn schon A. 1709. in der Vorrede zu den Elementis Aerometriæ erinnert, daß es geschehen müsse. Es zeiget sich eine angenehme Würckung der Lufft bey den Täucherlein, ja man kan gewisser maassen alles, was von den Eigenschafften der Lufft, insonderheit ihrer ausdehnenden Krafft, beygebracht worden, dadurch auf die Probe stellen. Die Täucherlein sind gläserne Figuren, die wegen ihrer Höhle sich bey nahe im Wasser gantz eintauchen, und an einem Ort ein subtiles Löchlein haben, dadurch die innere Höhle, so mit Lufft erfüllet, communi-

Wür-
ckung
dieser
Kräffte.

Täu-
cherlein.

G g 5

nication mit dem Wasser erhält. Da man
diesen Versuch bloß zur Kurtzweile anzustellen pfleget ; so gebe ich ihm einen Nutzen,
der in der That nicht geringe ist.   Ich bestätige dadurch viele Wahrheiten, die man
in Erklärung der Natur mit gutem Vor-
**Beschaf-**  theile gebrauchen kan.   Ich erläutere da-
**fenheit der**  durch die Versuch-Kunst, und präge durch
**Versuch-**  dieses anmuthige Exempel den Proceß desto
**Kunst.**  fester ins Gedächtnis, als dessen Beschaffenheit man vermöge der Lust, die man hier
hat, besser einsiehet und in andern Fällen
desto leichter nachahmet. Ja ich zeige durch
**Ernst der**  dieses Exempel, wie die Natur bey dem
**Natur bey**  Spiel-Wercke der Menschen ernsthafft ver-
**Spiel-**  fähret und einem, der darauf acht hat, ihre
**Wercken.**  Geheimnisse zeiget.   Und durch dergleichen
Exempel will ich den Leser anführen auf
alles genau acht zu haben, was ihm vorkommet, und darüber nachzudencken : Denn ich
bin dessen genug aus eigener Erfahrung
vergewissert, daß dieses das rechte Mittel
ist die allgemeine Wahrheiten, die einen
sicheren und unbeweglichen Grund aller
übrigen abgeben, in Gewißheit einzusehen
und sich unvermerckt einen nicht geringen
**Lufft-**  Vorrath derselben zu sammlen.   Die Lufft
**Löcher in**  dringet in die Lufft-Löcher sowohl der festen,
**Cörpern.**  als flüßigen Materien hinein, und ist aus einer schwerer heraus zu bringen, als aus der
andern. Ich habe demnach durch verschiedene

ne Versuche gewiesen, daß viele Lufft im
Wasser, Spiritu vini, Urin, Blute, Biere,
Weine, Eßige, in Eyren, im Teige, Mehle,
Holtze, Gurcke, Leder, Peche, in Früchten
und ihren Kernen, vorhanden ist und warum
sie aus einigen Materien nicht eher heraus
gehet, als biß sie erwärmet worden. Ich
zeige wie schwer sich die Lufft mit ihnen ver-
mischet, und warum dieses geschiehet.

§. 169. In der Lufft ereignen sich die **Was der**
Witterungen, welche von der Verände- **Autor**
rung ihrer Schweere und Dichtigkeit, ihrer **von den**
Feuchtigkeit und Trockne, ihrer Wärme **Witte-**
und Kälte, ihrer Stille und Bewegung **rungen**
herrühren. Man hat besondere Instru- **anführet.**
mente erdacht, welche zu denen hier anzustellenden Observationen und Versuchen
dienen. Die Veränderungen der Schwee- **Instru-**
re der Lufft zeiget das **Barometer**, wel- **mente die**
ches ich den **Wettersager** nenne, weil **Verände-**
man daraus die Veränderungen des Wet- **rungen in**
ters ersehen kan. Die Veränderungen in **der Lufft**
der Dichtigkeit der Lufft zeiget das **Ma-** **zu ent-**
nometer, welches ich den **Lufft-Messer** **decken.**
nenne, weil es dienet die Art der Schweere
in der unteren Lufft zu determiniren. Die
Veränderungen in der Feuchtigkeit und
Trockne der Lufft zeiget das **Hygrometer**,
welches ich die **Wetter-Wage** nenne, weil
man daraus die Grösse der Feuchtigkeit und
Trockne der Lufft erkennen mag, darauf bey

den

den Witterungen gar vieles ankommet. Die
Veränderungen der Wärme und Kälte zei=
get das **Thermometer,** welchem ich den
Nahmen des Wetter = Glases gelassen, den
es anfangs bekommen, da es unter allen
bisher erzehleten Instrumenten allein be=
kandt war, unerachtet man es nach diesem
als einen allgemeinen Nahmen für alle In=
strumente gebraucht, die zu observationibus
meteorologicis genommen werden und aus
Gläsern bestehen, als da sind das Barome=
ter, Manometer und Thermometer.    Ich
habe nicht allein die Historie und Verferti=
gung dieser so nützlichen Instrumente voll=
ständig beschrieben; sondern auch ihren Ge=
brauch und was sich dabey veränderliches
zeiget auf das genaueste angemercket und
nach meiner Art von einem jeden den Grund
aus dem vorhergehenden angezeiget, derge=
stalt daß nichts angenommen worden, als
was im vorhergehenden schon als gewiß
ausgemacht worden.    Denn ich liebe über=
all Gewißheit in der Erkäntnis und es thut
mir wehe, wenn ich etwas sagen soll, wo=
von ich den Leser nicht auf das vorhergehen=
de weisen kan, damit er versichert ist, es
werde in dem Beweise nichts angenommen,
was nicht seine Richtigkeit hat.    Gleichwie
ich aber neben der Gewißheit auch allzeit
auf den Nutzen der Erkäntnis sehe; so habe
ich zugleich aus den Observationen mit den

*Observa=*
*tionen mit*
*Wetter=*
*Gläsern.*

Wet=

Wetter-Gläsern allerhand Lehren gezogen, welche man als Gründe in Erklärung der Natur gebrauchen kan und die ich auch dazu angewandt. Von den Winden mache **Winden,** ich durch Versuche die Ursachen aus, daraus sie entstehen, erkläre, wie man ihn in der Kunst durch Blase-Bälge und den Fall des Wassers erreget; lehre, wie man die Winde observiren und durch die Wetter- oder Wind-Zeiger unterscheiden soll, und mercke an, was ich von den Winden observiret. In die Witterungen haben die **Witte-** Dünste grossen Einfluß, und deßwegen ha- **rungen.** be ich auch die nöthige Versuche nicht ver- gessen, wodurch man ihre Beschaffenheit entdecket, und erfähret, wie sie sowohl den Tag über, als im kalten Wetter ausdünsten. Endlich habe ich von der *Hydrometrie* ge- **Hydro-** handelt, oder wie man die Menge des Re- **metrie.** gens ein Jahr lang über observiret. Und da wir dergleichen Observationen in Engel- land von dem Herrn *Townley,* in Franck- reich von dem Herrn *de la Hire* und in Deutschland von dem Herrn Algöwer in Ulm haben; so habe ich dieser drey berühm- ten Männer Observationen in Tabellen ge- bracht und einige Lehren daraus gezogen, die man in der Physick gebrauchen kan, denn dieses ist der Zweck, den wir bey allen Versuchen und Observationen haben sollen, und insonderheit meiner Absicht gemäß, die

ich

Dampff-
Kugeln.

ich schon öffters angeführet um mein Verfahren zu rechtfertigen. Man hat vor alten Zeiten her die *Æolipilas* oder Dampff-
Kugeln zu Erklärung des Windes gebraucht, wie niemanden unbekandt seyn
kan, der sich um die Physick bekümmert.
Ich habe deßwegen zwar auch die Versuche,
welche man damit anstellen kan, ausführlicher beschrieben und aus ihren Gründen
erkläret; allein eben daher gewiesen, daß
man so wenig dadurch den Ursprung des
Windes begreiflich machen kan, als die
Alten ihre so genannte *Transelementation*,
oder Verwandelung der Lufft in Wasser
und des Wassers in Lufft dadurch feste gestellet.

Was der
Autor
von der
Wärme/
Kälte
und dem
Feuer bey-
gebracht.

§. 170. Ich habe durch Versuche klärlich gezeiget, daß eine besondere Materie
in der Natur ist, durch deren Bewegung
die Wärme entstehet; warum die Wärme
sowohl flüßige als feste Cörper ausbreitet
und aus einander treibet; daß die Cörper
nur einen gewissen Grad der Wärme an sich
nehmen und darnach von den grösten vernichtet, jedoch nicht alle in einerley Wärme
gleich warm werden; wie und warum kalte
Materien durch ihre Vermischung mit einander Wärme erreget; warum feste Cörper durch Reiben und Schlagen warm werden; was es mit der Wärme des Kalckes
für eine Beschaffenheit habe. Gleichwie ich
aber

aber überall die zu denen Versuchen nöthige Instrumente auf das allergenaueste beschreibe; so habe ich unter andern auch hier insonderheit ein Instrument vorgestellet, darinnen man Sachen in einem Lufftleeren Raume erwärmen kan. Ich zeige ferner, daß die Cörper kalt werden, wenn ihnen die Wärme entgehet; mit was für einem Unterscheide die Saltze das Wasser kalt machen und warum sie es kalt machen; wie und warum Salpeter Eiß machen; was bey dem gefrierenden Wasser ins besondere zu beobachten, sowohl wenn man es von oben hinunter, als von unten herauf durch die Kunst gefrieren lässet; was für Stärcke das gefrierende Wasser hat und woher sie kommet; was sich für ein Unterscheid im Eise aus gesottenem und ungesottenem Wasser zeiget; wie gefrorne Sachen am besten aufthauen und wie starck das Wasser von der Kälte ausdunstet. Bey dem Feuer erzehle ich eine seltsame Begebenheit von dem auslauffenden Feuer aus dem Back-Ofen, welches man den **Wolff** nennet, und weil es in allem gleiche Würckung mit dem Blitze gehabt, so untersuche ich mit grossem Fleisse die Ursachen von allem, was dabey vorkommet, um in der schweren Materie der Natur-Lehre von dem Blitze ein Licht anzuzünden. Ich weise, wie tief die Wärme in feste Cörper drin-

Seltsame Begebenheit.

dringet, und durch ihre gehörige Dicke lange Zeit eingeschlossen erhalten werden kan; daß das Feuer ohne Lufft nicht dauret, noch auch erreget wird, ingleichen ohne Lufft sich kein Feuer schlagen lässet; wie man mit glüenden Kohlen in die Weite von 20. und mehr Schuhen anzünden, und durch Vermischung kalter Materien, auch starckes Reiben fester Cörper aneinander eine Flamme erregen kan. Ich erkläre hier zugleich die Würckungen der Brenngläser und Brennspiegel und erweise, daß das Mond-Licht weder warm, noch feuchte macht. Ich erkläre ferner, warum man mit Wasser anzünden kan und was die entzündete Dämpffe für Würckungen haben, auch wie diese sich selbst entzünden: wodurch abermahl der Natur-Lehre von dem Blitze ein nicht geringes Licht angezündet wird. Zum Beschluß handele ich auch von dem *Phosphoro* und dem sich selbst entzündenden Pulver.

§. 171. Von dem Lichte erweise ich für allen Dingen seine Eigenschafften, daß es sich in einer geraden Linie beweget, reflectiret, gebrochen und inflectiret wird. Ich zeige, daß es unter einem solchen Winckel reflectiret wird, als es einfället. Ich erkläre, wie es in den verschiedenen Arten der geschliffenen Gläser gebrochen, durch die erhabenen zusammen gebracht, durch

die

*Marginalien:*

Brenn-Gläser und Brenn-Spiegel.

Was der Autor von Licht und Farben lehret.

Eigenschafften des Lichtes.

die Hohl-Gläſer aber zerſtreuet wird. Ich
erweiſe die Refraction in der Lufft und be-
ſchreibe ein Inſtrument, dadurch man die
Strahlenbrechung in allerhand Arten der
Materie genaue determiniren kan. Ich
erweiſe ferner mit dem Herrn *Newton*, daß
nicht alle Strahlen des Lichtes gleich
ſtarck gebrochen, noch auch gleich geſchwin-
de reflectiret werden. Ich weiſe, wie
lange die Strahlen des Lichtes die Speci-
em objecti mit ſich führen, oder das Vermögen behalten in dem Auge die Sachen
abzubilden; daß alle Materie durchſichtig
iſt und woher die Cörper undurchſichtig
werden. Ich weiſe noch weiter, wie das *Verwand-*
Licht durch die Refraction in Farben ver- *lung in*
wandelt wird und daß dieſe Farben unver- *Farben.*
änderlich ſind, wenn ſie recht von einander abgeſondert werden, und eben die
Strahlen des Lichtes von verſchiedener
Farbe ungleich gebrochen und reflectiret
werden. Ich beſtätige durch verſchiedene *Verände-*
Verſuche, daß die Farben nicht in denen *rung der*
Sachen ſind und ſich mit der Textur der *Farben.*
Sachen ändern; wie durch Vermiſchung
zweyer flüßigen Materie ohne Farbe eine
Farbe heraus kommet, wie ein bloſſer
Dampff ſie ändert, wie ſie ſich mit dem
Lichte ändern und durch Vermiſchung ein-
facher Farben zuſammen geſetzte entſtehen:
wo zugleich von allerhand Arten ſympa-

thetí-

*Kunst-Regenbo-gen.*

thetischer Dinten gehandelt wird. Endlich zeige ich, wie man auf verschiedene Art
durch die Kunst Regenbogen hervor bringet und wie man durch blosses Reiben auf
allerhand Art und Weise im finstern Licht
machen kan: wo zugleich der so genannte
*Phosphorus Mercurialis* des Herrn *Ber-
noulli* beschrieben wird. Unter diesen Versuchen ist insonderheit dasjenige vergnüg-
lich anzusehen, da man durch blosses Reiben
an einem von Lufft ausgeleeretem Glase
Licht hervor bringen kan.

*Was der Autor von dem Schalle abhandelt.*
*Eigen-schafften des Schalles.*

§. 172. Von dem Schalle erweise ich
deutlich, daß er durch die Lufft fortgebracht
wird, daß er zunimmet, wenn die Lufft
dichter wird, daß ihn das Wasser hindert;
wie geschwinde er fortgehet; daß ein jeder
sich gleich geschwinde beweget, seine Geschwindigkeit im Fortgange unveränderlich bleibet, auch wenn sich der Zustand
der Lufft gar mercklich ändert, und der
Wind dieselbe unterweilen vermehret,
wenn nemlich derselbe mit ihm nach einer
Gegend gehet, oder vermindert, wenn er
*Wie er entstehet.*
sich ihm entgegen beweget. Ich zeige, woher es kommet, daß eine Glocke ihren Klang
verlieret, wenn sie auch nur einen subtilen
Riß bekommet, den man mit den Augen
nicht einmahl sehen kan. Ich untersuche
die Art der Bewegung in der Lufft, welche

che den Schall machet; wie es zugehet,
daß Sachen, die mit Gewalt zerspringen,
einen grossen Knall geben; was es für eine
Beschaffenheit mit dem Knalle des Knall-
Pulvers und Prassel-Goldes hat; wie sich
der Schall in langen Röhren vermehret
und auf was für einem Grunde die Sprach-
Gewölber beruhen.   Und hierdurch werde **Sprach-**
ich auf die Sprach-Röhre geleitet, wovon **Röhre.**
ich umständlich handele.      Endlich führe
ich aus, wie und warum gleichstimmige
Saiten zugleich klingen, obgleich nur eine
von ihnen gerühret wird, und beschliesse diese Abhandlung mit dem Glaßzerschreyer, **Glaß zer-**
den berühmten Ingenieur *Meyer*, den der **schreyen.**
Pabst nach Rom kommen ließ, um die
Tiber wieder Schiffreich zu machen.

§. 173.  Die Glaß-Tropffen, die **Warum**
man *lachrymas vitreas* zu nennen pfleget, **der Autor**
sind eines der seltsamsten Dinge in der **von den**
Kunst und zeigen durch ihr Zerspringen **Glaß-**
eine wunderns-würdige Würckung der **Tropffen**
Natur. Und dieses hat mich auch ange- **handelt**
trieben, daß ich eine besondere Betrach- **und was**
tung von ihnen angestellet.   Ich beschrei- **er davon**
be anfangs, wie sie in den Glaß-Hütten **beybrin-**
verfertiget werden, weil dieses Anlaß ge- **get.**
ben muß die wahre Ursache von ihrem Zerspringen zu finden.      Darnach zeige ich ihre
Festigkeit, da der Kopff sich nicht durch

einen starcken Schlag mit einem Hammer
zerschlagen lässet, und man ohne Gefahr,
daß er zerspringet, einen grossen Theil
davon auf einem nassen Sandsteine ab-
schleiffen kan. Ich bemercke hierauf auf
das genaueste alle Umstände, die sich bey
dem Zerspringen ereignen, um desto sicherer
die wahre Ursache dieser wunderbahren Begebenheit auszumachen. Ich zeige durch
Versuche unwidersprechlich, daß die Lufft
die Glaß-Tropffen nicht zersprenget, und
zwar um so vielmehr, weil der Herr von
**Leibnitz** in seiner Jugend selbst dieser
Meynung beygepflichtet, viele aber gewöhnet sind noch für seine Meynung auszuge-
ben, was er in seiner Jugend geschrieben, da
er noch nicht der Mann war, der er hernach
worden, und durch seine Autorität im Alter
sich aus einem Vorurtheile blenden lassen.
Ich führe nach diesem aus, welches die
wahre Ursache sey und um ihre Gewißheit
zu versichern zeige ich an, wie ihnen ihre
zerspringende Krafft benommen wird, erkläre daraus auch das übrige, was man von
ihnen observiret.

**Was der
Autor
von dem
Magne-
ten aus-
führet.**

§. 174. Unter denen natürlichen Dingen treffen wir nichts lebloses an, das so
wunderbahre Eigenschafften hätte als der
Magnet, und es ist uns daran gelegen,
daß wir dieselben auf das sorgfältigste
untersuchen, da der Magnet, insonderheit
bey

bey der Schiffart zur See, von ungemei= **Eigen=**
nem Nutzen ist.  Der Magnet ziehet das **schafften**
Eisen an sich, er richtet sich gegen Norden, **des Ma=**
wenn er frey aufgehangen wird, seine Axe **gnetens.**
ist nicht horizontal, sondern von der einen
Seite gegen den Horizont incliniret, er
theilet seine Krafft durch blosse Berührung
in einem Augenblicke dem andern mit.
Bey allen diesen Eigenschafften fället gar
viel vor auszumachen.  Ich erkläre an= **Anziehen=**
fangs, wie die anziehende Krafft der Ma= **de Krafft**
gneten nicht in allen in einerley Grad anzu= **des Ma=**
treffen, noch wie die Schweere der Menge **gnetens.**
der Materie proportional ist, und wie man
sie durch die Armirung verstärcket.  Ich
zeige, daß sie sich in den beyden Polen mit
einigem Unterscheide äussert, dergestalt
daß ein Magnet den andern nicht in einerley
Pole anziehet, sondern bloß in dem ent=
gegen gesetzten, ja einerley Pole einander
von sich stossen: wobey ich zugleich den Un=
terscheid des südlichen und nördlichen Po=
les und ihre Freund=und Feindschafft unter
einander erkläre. Ich erweise aus den Ver= **Magne=**
suchen, daß es eine besondere magnetische **tische**
Materie in der Natur giebet, welche um **Materie.**
und durch den Magneten circuliret, und
davon er seine Krafft erhält, bringe auch
die Art der Bewegung dieser Materie her=
aus. Nachdem ich gewiesen, wie der Ma=
gnet seine Krafft dem Eisen mittheilet; so

han=

**Magnet-
Nadel.**

handele ich auch von der Magnet-Nadel
und zeige ihre Bewegungen durch die Gegenwart eines Magnetens, oder auch Eisens. Ich weise, daß die magnetische
Krafft wunderbahrer Weise durch allerhand Cörper würcket, und die Lufft nicht
das geringste zum Anziehen des Eisens etwas beytrage, wie Sturm und andere
geglaubet; wie das Eisen sowohl den Magneten, als dieser das Eisen ziehet; wie
das Feuer die magnetische Krafft tilget;
warum ein schwacher Magnet dem stärcke-
ren das Eisen wegnimmet, das für ihn
nicht zu schwer ist; wie die Stärcke des
Magnetes vermehret und im Gegentheile
geschwächt wird; warum zwey Nadeln,
die an einem Pole hangen, nicht mehr an
einander hangen bleiben, wenn sie davon
loß kommen; wie einem Eisen die magnetische Krafft nach der Länge mitgetheilet wird;
warum ein Pol des Magnetens dem Eisen
beyde Krafft mittheilen kan; wie ein Magnet dem andern behülfflich ist; daß ein jeder seine Krafft nur auf eine gewisse Weite
erstrecket und dieselbe nach und nach abnim-
met; wie währender Bewegung das Eisen
an den Magnet angezogen wird, und was
dergleichen mehr ist, was sich bey der an-

**Declina-
tion des
Magne-
tens.**

ziehenden Krafft des Magnetens anmercken lässet. Bey der Direction des Magnetens ist die Declination oder Abweichung

chung von Norden entweder gegen Abend,
oder gegen Morgen das vornehmste, darauf man zu sehen hat. Derowegen da dieselbe sowohl an einem Orte sich von Jahre
zu Jahre ändert: als auch zu einer Zeit über
den gantzen Erdboden nicht einerley ist;
so habe ich nicht allein die Observationen
in einem Täffelein beygebracht, wie *de la
Hire* von 1699. an die Abweichung der
Magnet-Nadel auf dem Observatorio zu
Paris von Jahre zu Jahre gefunden; sondern ich habe dergleichen Anmerckungen
auch von Londen angeführet, und nächst
diesem gewiesen, wie sie an verschiedenen
Orten über den Erdboden gefunden worden: wo ich insonderheit auch des Wohl-
Ehrw. P. *Francisci Noel* Observationes in
Tabellen gebracht, die er auf der Reise von
Lisabon an bis nach Indien angemercket,
wie nicht weniger die Observationes des gelehrten Minoritens *Feuillée*, die er auf
seiner Reise nach America gesammlet. Auf
eine gleiche Weise verfahre ich auch mit der
Inclination der Magnet-Nadel, wovon
ebenfalls der gelehrte Jesuite *Noel* gar nützliche Observationes gesammlet, wo ich zugleich zeige, daß das Bemühen derer vergeblich gewesen, die daraus die Länge des
Meeres oder *Longitudinem maris* finden
wollen und warum man daraus noch nicht
das grosse Werck zu Stande bringen kan.

*Inclinati-
on des
Magne-
tens.*

Hh 4 End-

Terella
magne-
tica.

Endlich erkläre ich, was die Terella magnetica sey, und füge einen besonderen Versuch bey, da ich dem Eisen ohne Berührung eines Magnetens magnetische Krafft mitgetheilet.

Von den
Poris der
Cörper.

§. 175. In Erklärung der natürlichen Begebenheiten hat man offters acht zu geben auf die Räumlein, welche von derjenigen Materie leer sind, daraus die Cörper bestehen. Derowegen habe ich mir auch angelegen seyn lassen diese Materie sorgfältig abzuhandeln. Ich habe demnach anfangs zu erst gewiesen, wie schon aus den vorhergehenden Versuchen, die in einer andern Absicht angestellet werden, sich beyläuffig gezeiget, daß nicht allein Lufft-Löcher, das ist, solche Räumlein vorhanden, die mit Lufft erfüllet werden; sondern auch die Cörper noch auf andere Art durchlöchert und in den kleineren Räumleinen andere subtilere Materien als die Lufft vorhanden sind. Nach diesem führe ich bloß in dieser Absicht besondere Versuche an, dadurch beydes überflüßig bestätiget wird. Ich zeige, daß das Holtz dergestalt durchlöchert sey, daß das Wasser wie durch ein Sieb durchläufft, wenn die Lufft aus den Lufft-Löchern heraus ist; ja daß selbst das Queckfilber durch die Lufft-Löcher durchdringet: wobey ich einen besonderen Versuch anführe, wie man

Durchlö-
cherung
des Hol-
tzes.

man mit wenigem Wasser, welches sich in die Lufft-Löcher des Holtzes hinein ziehet, starcke höltzerne Büchsen zersprengen kan. Vermittelst meines anatomischen Hebers zeige ich die Schweiß-Löcher in der Blase und in andern häutigen Theilen der Thiere. Durch einen besonderen Versuch, den ich zum Behuff der Anatomie der Pflantzen erdacht, zeige ich die Lufft-Löcher in Pflantzen, Früchten und dem Holtze. Und endlich habe ich auch auf eine besondere Art erwiesen, daß das Gold, welches die allerdichteste Materie ist, die wir kennen, durchlöchert sey: wovon sich mit dem besten Grunde auf alle übrige Materien schliessen lässet.

§. 176. Von Observationen, welche durch Hülffe der Vergrösserungs-Gläser erlanget werden, handele ich nicht allein zu dem Ende, damit einige Gründe bestätiget werden, die ich in der Physick zu Erklärung der natürlichen Begebenheiten anbringen kan; sondern auch damit man lernet, wie man mit dergleichen Observationen zu verfahren hat. Ich beschreibe zu dem Ende die Vergrösserungs-Gläser, welche ich zu diesen Observationen gebrauche, nemlich die beyden Musschenbrockischen, die sonderbahre Gestelle und vielerley Instrumente haben, damit man eine jede Sache, die

*Marginal notes:* Schweiß-löcher in Häuten der Thiere. Lufft-Löcher. Was der Autor von observationibus microscopicis beybringet. Arten der microscopiorum.

H h 5

die man besehen will, auf eine bequeme Weise an das Vergrösserungs-Glaß bringen kan, das Teuberische und das Leutmannische, deren jenes der Ober-Hof-Prediger in Zeitz Herr Teuber, dieses der nach St. Petersburg beruffene Professor Mechanicæ practicæ Herr Leutmann, bisheriger Pastor zu Dabrun, mit eigener Hand verfertiget, und mir zum Andencken und Gebrauch verehret, nebst einem auf Englische Manier zusammengesetzten Vergrösserungs-Glase. Ich zeige aus eben dieser Absicht, was man bey Observationen mit Vergrösserungs-Gläsern in acht zu nehmen hat und streue hin und wieder bey Gelegenheit nützliche Anmerckungen mit ein, die denen zu statten kommen, welche durch Vergrösserungs-Gläser observiren wollen. Ich führe eben zu dem Ende die Betrachtung gemeiner Sachen an, weil man mit leichten Proben den Anfang machen muß. Diese Exempel haben zugleich den Nutzen, daß man im Beobachten aufmercksam wird, indem man lernet, wie bey gemeinen Dingen, die man kaum anzusehen würdiget, so vieles zu observiren vorkommet, und sich zugleich gewöhnet durch Betrachtung gemeiner Dinge einen Vorrath von Grund-Wahrheiten zu sammlen, die man zu nützlicher Betrachtung der Natur gebrauchen kan.

*Was bey Observationen damit in acht zu nehmen.*

*Warum gemeine Observationen angeführet werden.*

kan. Die Grund-Wahrheiten sehen Ungeübten gemeiniglich schlecht aus, eben
weil sie nicht einsehen, auf was für gemeine und dem Ansehen nach verächtliche
Grund-Wahrheiten die wichtigste und
tieffsinnigste Erfindungen von den Erfindern gegründet sind: wovon ich bey anderer Gelegenheit Proben geben werde. Unter diesen gemeinen Exempeln findet man
gleich anfangs die Betrachtung des gemeinen weissen subtilen Streusandes, davon die Körnlein mit blossem Auge sich ein-
zeln kaum erkennen, vielweniger von einander unterscheiden lassen. Es erhellet aus
dieser Betrachtung, daß ein jedes unter
ihnen von dem andern nicht allein seiner
äusserlichen Gestalt und Grösse nach, sondern auch in seiner inneren Beschaffenheit
unterschieden sey; daß sie insgesamt durch-
sichtig sind, jedoch eines mehr als das andere; daß in dem kleinen Räumlein, welches das Sandkörnlein einnimmet, gar
viele wunderbahre und von einander unterschiedene Dinge enthalten sind; daß sie in
allzugrosser Vergrösserung wieder undurch-
sichtig und undeutlicher werden; daß sehr
subtile Räumlein in einem Sand-Stäub-
lein vorhanden, die von der Materie des
Sandes leer, aber mit einer andern sehr
subtilen Materie erfüllet ist, die von der
Materie des Lichtes unterschieden und diese

*Beschaf-
fenheit
des San-
des und
viele da-
her gelei-
tete Er-
käntnis
der Na-
tur.*

se in ihren Zwischen-Räumleinen reflectiret; daß es also flüßige Materien giebet,
die subtiler sind als die Lufft und doch grö-
ber als die Materie des Lichtes oder die
Himmels-Lufft; daß der Satz des nicht
zu unterscheidenden durch die Sand-
Stäublein bestätiget wird, und folgends
keine *materia similaris* sey, da ein Theil
dem andern völlig ähnlich ist; daß man in
Wissenschafften den Sinnen nicht weiter
trauen muß, als in so weit sie den Unterscheid der Dinge deutlich vorstellen; daß
man daher Muthmassungen von dem
Ursprunge des Sandes nehmen kan;
daß man in einer Sache mit blossen Augen unterscheiden kan, was man vorher
nicht sahe, nachdem man es durch ein Vergrösserungs-Glaß entdecket und genaue betrachtet. Ich führe dieses mit gutem Bedachte an, damit man nemlich urtheilen kan,
ob ich der vorhin angegebenen Absicht gemäß verfahren, indem man vermeynet Ursache gehabt mich zu tadeln, daß ich bey
dem heutigen grossen Lichte der Wissenschafften nicht hätte gemeine Dinge beschreiben sollen, die nichts zu sagen hätten, sondern vielmehr rare und unbekandte. Ausser dergleichen dem Ansehen nach verächtli-
chen Dingen, dergleichen ausser dem San-
de die Puder-Stäublein, die Faden Sei-
de, die seidenen Zeuge, die Haare, Spin-
ne-

**Erinnerung.**

**Frühzeitige Tadeler.**

**Wie verschiedene andere Dinge durch das Vergröß-**

ne-Faden ꝛc. sind, dabey ich wie bey dem Sand-Körnlein eine erbauliche Betrachtung anstelle, habe ich auch den Roggen, die Kirschen, Blätter, Rinde der Bäume, das Holtz und dessen Marck, Würmer im Regen-Wasser, den Umlauff des Geblütes, die Thierlein im männlichen Saamen, ꝛc. betrachtet und überall vieles angemercket, das man als Grunde in Wissenschafften gebrauchen kan.

§. 177. Von den Thieren bringe ich hauptsächlich diejenige Versuche bey, die sich durch die Lufft-Pumpe anstellen, wenigstens durch die Eigenschafften der Lufft erklären lassen. Man findet hier anfangs diejenigen, wodurch das Athemhohlen erläutert wird. Ich zeige, wie es Vögeln in Lufftleerem Räume, ingleichen vierfüßigen Thieren, Fröschen und Fischen ergehet, und was die eigentliche Ursache sey, daß sie darinnen bald sterben. Dabey erkläre ich die Jenatsche Christnachts-Tragödie durch einen Versuch, da Vögel von einem Kohlen-Dampffe in feuchter Lufft gleich sterben: dergleichen Exempel wir auch hier vor wenigen Tagen erfahren, da man aus dem Back-öfen Kohlen in eine Stube getragen um sich bey der grossen Kälte dabey zu wärmen, ein alter Mann aber davon gleich gestorben, und die Weibs-Person, die bey

serungs-Glaß erscheinen.

Was der Autor von den Thieren und Sinnen beybringet.

Jenaische Christnachts-Tragödie.

Parallel. Exempel.

bey ihm gewesen, einige Tage halb todt,
ohne Empfindung und ohne sich zu besinnen dargelegen. Man hat auch eben
dergleichen Exempel unlängst in den Zeitungen gelesen, da viele Personen zugleich
dieser Unfall getroffen. Von den Sinnen erkläre ich die Veränderung, welche in dem Auge durch die chrystalline
Feuchtigkeit verursachet wird und dabey
zugleich die optische Versuche, wodurch
das Sehen erläutert wird. Uber dieses
bringe ich andere Versuche bey, wodurch
man einige Einsicht in die Beschaffenheit
des Geschmackes und des Geruches bekommet.

§. 178. Von der Bewegung der flüs-
sigen Materien erläutere ich durch Versuche die Gründe der Hydraulick, daraus sich die Wasser-Künste und Spring-
Brunnen erklären lassen, weil dieses eine
angenehme Materie ist, und die so wohl
im menschlichen Leben, als in Wissenschafften, ihren Nutzen hat. Ich zeige
dabey, wie man erfähret, wie viel flüßige Materie durch eine gegebene Eröffnung
in einer gegebenen Zeit heraus fleußt,
und erkläre einen und den andern nicht
unangenehmen Versuch, den man hieher
ziehen kan. Von den festen Cörpern bestätige ich anfangs ihren wagerechten Stand
und weise nach diesem, wie man die Regeln
der

---

Marginal notes (left column):

Veränderung in Augen wenn man stehet.

Geschmack und Geruch.

Was der Autor von der Bewegung flüßiger und fester Cörper vorträget.

Wagerechter Stand der festen Cörper;

der Bewegung unterſuchet, welche von den neueren Mathematicis erfunden worden. Es werden zwar dieſe Sachen, wie viele andere, in der Mathematick demonſtriret: allein dieſes hindert nicht, daß man ſie nicht auch durch Verſuche erklären kan. Wie *Galilæus* die Regeln heraus gebracht hatte, darnach ſich die ſchweeren Cörper bewegen, indem ſie ſteigen, fallen oder geworffen werden; ließ er es nicht bey den mathematiſchen Demonſtrationen bewenden, ſondern beſtätigte es auch durch Verſuche. Und eben ſo verfuhren die groſſen Mathematici *Hugenius* und *Wrenn*, da ſie die Regeln der Bewegung der Cörper heraus gebracht hatten, welche diejenigen durch den Stoß einander mittheilen, die eine ausdehnende Krafft haben. Sie hatten auch guten Grund dazu. Denn die Verſuche ſind die Proben, die man anſtellet um ſich deſto mehr zu verſichern, daß man in ſeinem Nachdencken nicht unglücklich geweſen. Uber dieſes kan man denen durch Verſuche die Wahrheiten beybringen, die ſie ſonſt nicht erkennen können und doch ihnen zu wiſſen nützlich ſind, welche mathematiſche Demonſtrationen nicht faſſen, und alſo die dadurch beſtätigte Wahrheiten entweder gar nicht, oder doch nicht als Wahrheit erkennen können. Wer dieſes

*Warum bey Demonſtrationen Experimente nöthig.*

dieses weiß, der wird niemand verargen, daß er dasjenige, was er entweder selbst an einem andern Orte mathematisch, oder auch durch philosophische Gründe erwiesen, oder was von andern erwiesen worden, durch Versuche erläutert. Man

muß sich im Urtheilen nicht übereilen und nach seiner Einsicht anderer ihr Thun und Laßen richten wollen. Ich habe Leuten vom Verstande allzeit mehr zugetrauet als mir, und bin wohl dabey gefahren. Denn dadurch bin ich aufgemuntert worden denen Sachen nachzudencken und habe gegründet gefunden, was mir bey angehendem Verstande ungereimet, einfältig und unbedachtsam vorkam.

# Das 12. Capitel.

# Von der Physick.

## §. 179.

Erinnerung.

Auf wie vielerley Art der Autor die Physick abgehandelt.

IN der Physick erkläre ich die Begebenheiten in der Natur und zeige nicht allein die Ursachen an, wodurch die Würckungen der natürlichen Dinge hervor gebracht werden; sondern untersuche auch die Absichten, die GOTT dabey gehabt, und den Nutzen, den die Menschen denenselben gemäß

maß davon haben. Und deswegen ist es
geschehen, daß ich die Physick auf zweyerley Weise abgehandelt, einmahl nach
den würckenden Ursachen; darnach nach
den Absichten, die GOTT dabey gehabt. Und durch diese doppelte Betrachtung der natürlichen Dinge habe ich dasjenige durch besondere Proben erwiesen,
was ich in der Metaphysick von der Verknüpffung der natürlichen Dinge dem
Raume und der Zeit nach aus allgemeinen Gründen hergeleitet und zu seiner Zeit
aus den ersten Begriffen der Dinge demonstriren werde. Wer diese doppelte Betrachtung erweget, der wird sich nicht mehr
befremden lassen, viel weniger für gefährlich ansehen, daß die natürlichen Dinge
nicht allein dadurch miteinander verknüpfft
sind, daß eines des andern Ursache ist,
sondern auch daß immer eines um des
andern willen von GOTT gemacht worden. Die erste Betrachtung stelle ich in
meinen Gedancken von der Natur; die
andere in denen von den Absichten der
natürlichen Dinge und von dem Gebrauche der Theile im Menschen, Thieren und
Pflantzen an. In beyder enthalte ich
mich von erdichteten Gründen und leeren
Einbildungen und baue auf den Grund
untrüglicher Erfahrungen und vorhin be-
stätigter Wahrheiten.

Ji                    §. 180.

Wie der
Autor die
erste Ab-
handlung
einrich-
tet.

§. 180. Ich richte mich in allen meinen Schrifften nach der Absicht, die ich dabey habe. Und so mache ich es auch in der Physick. Da ich nun die Ursachen der Würckungen der Natur erklären will; so lasse ich mir auch angelegen seyn dieselben in denen Fällen, wo sie verborgen sind, zu entdecken und in allem, so viel möglich, umständlich auszuführen, auf was für Art und Weise die Ursachen die Veränderungen in der Natur hervor bringen. Weil ich aber alles in einer beständigen Verknüpffung miteinander vortrage, so habe ich mich auch nicht nach der bisher üblichen Ordnung gerichtet, sondern vielmehr diejenige erwehlet, bey der das vorhergehende zur Erklärung des folgenden angebracht werden mag. Ich habe die gantze Betrachtung in vier Theile abgetheilet. Im ersten handele ich von den Cörpern und ihren Eigenschafften überhaupt; in dem andern von dem gantzen Welt = Gebäude; im dritten von dem Zustande der Erde und endlich im vierdten von den Pflantzen, Thieren und Menschen. Uberall wird man finden, daß die in den Versuchen bestätigte Wahrheiten als Gründe gebraucht werden, dadurch dasjenige erkläret wird, was in der Natur geschiehet. Und dadurch zeiget sich der Nutzen, den die Versuche haben.

§. 181.

§. 181. In dem allgemeinen Theile der Physick bekümmere ich mich nicht um dasjenige, was man insgemein darinnen abgehandelt: denn unerachtet ich kein Verächter des alten, so wenig als ein Anbeter des neuen bin, indem ich den Werth einer Sache aus ihren inneren Gründen zu beurtheilen gewohnet bin und um die auswärtigen mich wenig bekümmere; so nehme ich doch keines von beydem an, als dazu ich gnugsamen Grund finde, und wo beydes nicht gegründet ist, da suche ich die Sache vor mich. Ich habe demnach zu erst von dem Wesen und der Natur der Cörper gehandelt und ihre daher rührende Eigenschafften erkläret. Indem ich diese allgemeine Erkäntnis untersuche, so habe ich ausgeführet, wie subtil die Natur die Materie zu theilen pfleget; warum man ihre Theilbarkeit nicht durch die Geometrie erweisen kan; daß zwischen den subtilen Theilen der Materie kein leerer Raum ist; daß alle Materie in steter Bewegung ist und die Cörper dadurch eine veränderliche Krafft haben, die man ihre Natur zu nennen pfleget; daß in einem jeden Cörper zweyerley Art der Materie anzutreffen, eine eigenthümliche und eine fremde; daß die eigenthümliche Materie von zweyerley Art sey, eine beständige und eine veränderliche; daß durch die Veränderung in der

*Wie der Autor den allgemeinen Theil der Physick abhandelt.*

*Wesen und Natur der Cörper.*

*Theilung der Materie.*

*Ihre stete Bewegung.*

*Verschiedene Art der Materie.*

bestän-

beständigen Materie eine wesentliche; durch Veränderung in der veränderlichen und fremden Materie der Zustand verändert wird. Ich zeige ferner insbesondere, was für Unterscheid der cörperlichen Dinge aus der beständigen Materie kommet, und was für eine von der veränderlichen herrühret.

**Eigenschaften der Cörper.** In der ersten Absicht handele ich von der Dichtigkeit, der Härte und ihren verschiedenen Arten, der Rauhigkeit, Zerbrechlichkeit, Festigkeit ꝛc. in der andern aber von dem Aufschwellen, der Flüßigkeit, Weiche, Wärme, Kälte, Schweere und ausdehnenden Krafft der Cörper. Uberall erkläre ich nicht nur die Eigenschafften, sondern führe auch aus, wie sie verändert werden.

**Wie der Autor die Lehre vom Welt-Gebäude abhandelt.** §. 182. Von dieser allgemeinen Betrachtung der Cörper komme ich auf das grosse Welt-Gebäude. Ich erzehle anfangs die Welt-Cörper, die man so wohl mit blossen Augen, als auch mit den Fern-Gläsern observiret. Ich untersuche die Beschaffenheit der Welt-Cörper und zeige endlich, wie das Welt-Gebäude daraus zusammen gesetzet wird. Ich nehme nichts an, als was man entweder insgemein observiret, oder von den Astronomis observiret worden. Und gebe weiter nichts zu, als was man daraus schliessen kan, wo nicht mit völliger Gewißheit,

jedoch

jedoch mit der grösten Wahrscheinlichkeit.
Ich erweise demnach, daß die Sonne ein **Sonne.**
würckliches Feuer ist, und die Flecken aus
ihren Dämpffen entstehen; daß sie sich um
die Axe beweget, die Figur einer Kugel hat
und von einer Lufft umgeben wird. Ich
erkläre, wie die Sonne das Licht hervor
bringet und es mit so unbegreifflicher Geschwindigkeit durch den Planeten-Raum
ausbreitet: wobey zugleich die Beschaffenheit des Lichtes und der Farben überhaupt abgehandelt wird. Endlich füge
ich bey, wie die Sonne die Erd-Cörper
erwärmet. Von dem Mond und den **Mond**
übrigen Planeten lasse ich mir insonderheit **und Pla-**
angelegen seyn zu erweisen, daß sie eben **neten.**
solche Cörper sind wie unsere Erde und al-
so vermuthlich auch wie sie bewohnet. Hin- **Fixsterne.**
gegen erweise ich von den Fixsternen, daß
sie lauter Sonnen, und von den Cometen, daß sie beständige Welt-Cörper sind,
die sich wie die Planeten um die Sonne
bewegen. Indem ich das Welt-Gebäu- **Welt-**
de aus den Welt-Cörpern zusammen setze, **Gebäude.**
nehme ich nichts an, als was den Observationen gemäß ist. Und so kommet dann
der Copernicanische Welt-Bau heraus,
dem heute zu Tage alle beypflichten, welche
die Astronomie verstehen.

§. 183. Nach der allgemeinen Betrach- **Was der**
tung der Welt-Cörper und des aus ihnen **Autor von**
**dem Zu-**
Ji 3 zusam- **stande der**

Erde aus-
führet.

Figur und
Bewe-
gung der
Erden.
Lufft.

Was dar-
innen ver-
änderli-
ches vor-
gehet.

Wasser.

zusammen gesetzten Welt-Gebäudes komme ich auf den Zustand der Erde insbesondere und handele anfangs von ihrer Figur,
woher sie kommet und warum sie durch die
Bewegung um die Axe nicht vernichtet
wird.  Hierauf komme ich auf die Lufft,
wo man die Ursache findet, warum sie die
gantze Erde rings herum umgiebet, in alle Zwischen-Räumlein der Cörper, die ihr
proportioniret sind, hinein dringet und
oben immer dünner wird; wie durch die
Refraction des Lichtes und dessen Reflexion der Anbruch des Tages und die Abend-
Dämmerung geschiehet, und was sonst
dadurch veränderliches in dem Anblicke der
himmlischen Cörper und der Gestalt des
Himmels verursachet wird.  Wie die starcke Bewegungen darinnen entstehen, die
wir den Wind nennen, und woher dieser
seine verschiedene Eigenschafften hat; wie
durch den Lauff der Sonnen die beständige, und durch die Winde die veränderliche Witterungen darinnen entstehen; wie
die Dünste aufsteigen und daraus Nebel
und Wolcken und aus diesen hinwiederum
Thaue, Reiff, Regen, Schnee, Hagel,
der Regenbogen, die Neben-Sonnen,
Neben-Monden, der Hof, der Blitz und
Donner nebst andern Feuer-Zeichen erzeuget wird. Von der Lufft begebe ich mich auf
den Erdboden selbst, der aus Wasser und
festem

festem Lande bestehet. Ich stelle zuerst die
Betrachtung des Wassers an und zeige,
woher die Quellen ihr Wasser bekommen,
wie daraus die Flüsse kommen und in diesen das Wasser fort fleußt, warum die
See nicht völler wird, unerachtet alles
Wasser von den Flüssen hinein geführet
wird, warum es in einer See höher stehet,
als in der andern, woher sie ihr Saltz hat,
warum das Wassee sich daselbst von Morgen gegen Abend beweget und was es insonderheit mit dem Wunder der Natur,
der Ebbe und Fluth, für eigentliche Beschaffenheit hat, auch was für verborgene
Ursachen dieselbe zu wege bringen mögen.
Bey dem festen Lande führe ich an den
Unterscheid des Erdbodens an einem Orte, wenn man tief hinunter gräbet, die
Beschaffenheit der Berge, die verschiedene Arten der Mineralien, Metalle und
Steine, und lasse mir insonderheit angelegen seyn die sonderbahre Würckungen
des Magnetens zu entdecken und die Ursachen der Erdbeben und feuerspeyenden Berge zu untersuchen.

*Beschaf-
fenheit
des Erd-
bodens
und was
darinnen
erzeuget
wird.*

§. 184. Unter denen Dingen, die sich
auf dem Erdboden befinden, sind die le-
bendige Creaturen, als die Pflantzen,
Thiere und Menschen, die vornehmsten
und dabey besondere Dinge zu observiren
sind, die man bey den übrigen nicht findet.

*Was der
Autor
von den
Pflantzen
erkläret.*

Ji 4

Deros

Derowegen stelle ich auch von ihnen eine besondere Betrachtung an und suche dasjenige zu erklären, was an ihnen besonders für andern Geschöpffen angemercket wird. Die Pflantzen wachsen und nehmen zu, so lange sie leben; sie zeugen ihres gleichen und sterben endlich. Damit man die Ursachen davon finden kan, untersuche ich für allen Dingen die Structur der Pflantzen und führe nicht allein an, was *Malpighius*, *Grew*, *Leeuwenhoeck*, Thümmig hiervon nützliches bekandt gemacht, sondern auch was ich selbst über dieses vor mich gefunden: wie ich denn überhaupt auch in denen Stücken, wo ich beybringe, was andere *observiret*, zugleich mit meinen eigenen Augen sehe, als der ich nichts eher annehme, als bis ich es selbst in der Untersuchung richtig befunden. Ich untersuche die Nahrung der Pflantzen, und was eigentlich im Wasser ist, das sie nähret; wie das Wasser in die Wurtzeln dringet, darinnen zu einem Nahrungs-Saffte zubereitet wird, auch wie Blätter und Rinde, Regen, Thau und andere Feuchtigkeiten der Lufft an sich ziehen, wie der Nahrungs-Safft in die Höhe steiget, und, indem er sich überall hin beweget, Pflantzen und Bäumen ihre Nahrung giebet. Hierauf weise ich ferner, wie Pflantzen und Bäume aus dem Saamen erwachsen und immer grös-

**Anatomie der Pflantzen.**

**Erklärung derselben.**

**Wachsthum derselben.**

grösser werden, worinnen das Leben der
Gewächse bestehet und wie sie sterben, was
zu ihrem guten Wachsthume nöthig ist,
wie sie fortgepflantzet werden und woher
die kleinen Pfläntzlein in den Saamen kommen: welcher letztere Punct noch vielen
Schwierigkeiten unterworffen.

§. 185. Menschen und Thiere haben
dieses mit den Pflantzen gemein, daß sie
wachsen, leben, ihres gleichen zeugen und
endlich sterben: aber über dieses noch besonders, daß sie mit Sinnen und einer bewegenden Krafft aus einer Stelle in die andere sich zu bewegen und die Menschen zugleich mit Vernunfft begabet sind. Ich
zeige demnach, wie Menschen und Thiere
ernähret werden, wie sie empfinden, wie
sie sich bewegen, wie sie ihres gleichen zeugen, wie sie leben und endlich sterben.
Bey dem ersten Puncte fället gar vieles
vor. Denn ich erkläre, wie die Speise
abgebissen, gekauet, hinunter geschluckt,
im Magen verdauet, in Gedärmen geschie-
den und die Nahrungs-Milch davon abgesondert, durch die Milch-Adern und
die Milch-Brust-Ader ins Geblüte gebracht und endlich zu Blute wird; wie
sich das Blut im Leibe herum beweget,
warum es so offte die Lunge passiret,
was sich hin und wieder davon abson-
dert, wie diese Absonderung geschiehet,

Was der
Autor von
Menschen
und Thie-
ren vor-
träget.

Ernäh-
rung der
Menschen
und Thie-
re.

Erhal-
tung des
lebens.

J i 5       wie

wie das unnütze transpiriret, und wie endlich der Leib dadurch ernähret wird, daß er groß wachsen und, wenn er erwachsen, bey Kräfften erhalten werden kan. Von den Sinnen erkläre ich weiter nichts als was im Leibe vorgehet, indem wir sehen, hören, riechen, schmecken, fühlen: das übrige, was zu gleicher Zeit sich in der Seele ereignet, und mit diesem die Empfindung in einem Menschen ausmachet, habe ich in der Metaphysick und zwar in der Psychologie ausgeführet. Derowegen unerachtet auch selbst die Würckungen des Verstandes und die Appetite der Seele mit Veränderungen im Gehirne vergesellschafftet sind; so habe ich doch hiervon nicht handeln wollen, weil man aus Mangel genugsamer Erkäntnis von der Structur des Gehirnes und anderer darzu benöthigter Observationen und Versuche nichts gewisses ausmachen kan und ich in den Gedancken von dem Gebrauche der Theile hiervon beybringe, was sich mit einiger Wahrscheinlichkeit muthmassen lässet. Ich handele aber zugleich von der Stimme und von der Rede, als welche Betrachtung verständlich machet, warum man Taube und Stumme von Geburt kan reden lernen, ob sie gleich taub verbleiben. Die Bewegung geschiehet durch die Mäuslein und hier erkläre ich bloß überhaupt,

*Sinnen.*

*Stimme und Rede.*

*Bewegungen.*

haupt, wie sie geschiehet durch Zusammen-
ziehung der Fäsern, ausser daß ich die Art
des Athemhohlens ins besondere vorstelle,
weil diese Bewegung vor der andern viel
besonderes hat. Die Erzeugung der Men- *Erzeu-*
schen und Thiere ist eine schwere Materie: *gung sei-*
jedennoch wenn man die besondere Obser- *nes glei-*
vationen, welche man hin und wieder an- *chen.*
trifft, wohl zu gebrauchen weiß und sich dabey an die Structur der Geburts-Glieder
hält; lässet sich mehreres in Deutlichkeit
setzen, als man vermeynen sollte. Jedoch
bleibet freylich noch verschiedenes einigen
Schwierigkeiten unterworffen, insonderheit
wo die Saamen-Thierlein herkommen,
daraus das Thier in Mutter-Leibe erzeuget
wird.

§. 186. Nachdem ich die Ursachen der *Wie der*
Würckungen der natürlichen Dinge er- *Autor die*
kläret, so komme ich auf die Absichten, die *Lehre von*
GOtt dabey gehabt. Und weil bey dieser *den Ab-*
Materie sich ein mehreres zu sagen gefun- *sichten der*
den, als ich anfangs selbst vermeynete; so *natürli-*
habe ich in zweyen besonderen Schrifften *che Din-*
diese Materie abgehandelt, davon die erste *ge ab-*
den Nahmen von den natürlichen Dingen; *handelt.*
die andere hingegen von dem Gebrauche der
Theile in dem Leibe der Menschen, der
Thiere und der Pflantzen handelt. Die *Einthei-*
erste Schrifft wird in zwey Theile abge- *lung.*
thei-

theilet, davon der erste von den Absichten
der Welt und der Welt-Cörper überhaupt;
der andere hingegen von den Absichten der
besonderen Arten der Dinge redet. Gleichergestalt hat die andere Schrifft zwey
Theile, davon der erste den Gebrauch
der Theile in Menschen und Thieren; der
andere hingegen den Gebrauch der Theile
in Pflantzen erkläret. Ich habe in der
Metaphysick erwiesen, daß aller Nutzen
der Dinge göttliche Absichten sind, und
dannenhero wird zugleich von dem Nutzen
der natürlichen Dinge gehandelt. Weil
ich aber meiner Gewohnheit nach von einem jeden, was ich behaupte, den Grund
anzuzeigen pflege, so viel als nur immer
möglich ist; so habe ich auch hier vieles erkläret, was zu der ersten Betrachtung der
Physick gehöret, daselbst aber übergangen worden, weil ich besondere Begebenheiten nicht erkläret, als welches für mein
Vorhaben zu weitläufftig würde gewesen
seyn.

**Was der Autor von den Absichten der Welt und der Welt-Cörper lehret.** §. 187. Nachdem ich beygebracht,
was wir durch die Absichten der natürli-
chen Dinge verstehen, und gewiesen, daß
dergleichen in der Natur vorhanden, auch
einen vierfachen Nutzen dieser Betrachtung
bestätiget; so erweise ich, wie die Welt
seyn müsse, damit sie zu der Haupt-Absicht,
die GOtt in der Schöpffung gehabt, geschickt

schickt ist, nemlich daß man daraus als in
einem Spiegel seine unsichtbare Vollkommenheiten erblicket. Ich zeige demnach, wie es möglich ist aus der Welt zu
erkennen, daß ein GOtt sey, und wie die
Welt ein Spiegel des freyen Willens,
der unendlichen Erkäntnis, der Weisheit,
Macht, hohen Vernunfft, Güte und
Regierung, auch Gerechtigkeit GOttes
wird. Und an diesem Probiersteine erkennet man, daß die allgemeine Betrachtung der Welt in der Metaphysick von mir
so abgehandelt worden, wie sie zu diesem
Beweise dienet. Daher man dann siehet,
daß man die Welt nicht müsse für einen
Spiegel der göttlichen Vollkommenheiten
paßiren lassen, woferne man die Lehren von
der Welt für gefährlich halten will, weil sie
noch niemahls von jemanden so aus einander gewickelt worden, wie von mir geschehen. Insonderheit habe ich auch ausgeführet, wie die weise Verknüpffung der
Dinge von einer dummen Fatalität gar
weit unterschieden sey, dergleichen man den
Stoicis und Türcken zueignet. Ich zeige
aber hierauf ferner ins besondere, wie die
Zahl der Welt-Cörper die Grösse und Unermeßlichkeit des göttlichen Verstandes
und der göttlichen Macht: ihre besondere
Arten die Fülle der Güte GOttes, die
Unermeßlichkeit seiner Gegenwart, die en-

*Möglich-
keit GOtt
aus der
Welt zu
erkennen.*

*Eigen-
schafften
GOttes,
so aus der
Zahl der
Welt-
Cörper zu
erkennen.*

gc

ge Schrancken der Erkäntnis der Natur und die Erweiterung der Erkäntnis GOttes in den Creaturen zur Freude der Gottseligen und zum Eiffer in Beförderung der Ehre GOttes zeiget. Uber dieses zeige ich

**Nutzen der Sterne.** auch den Nutzen der Sterne für die Inwohner auf dem Erdboden und widerlege den von den Sterndeutern behaupteten Einfluß der Sternen. Bey der Grösse des Welt-Gebäudes, die erstaunend ist und, so viel möglich, begreiflich gemacht wird, führe ich auf die Unermeßlichkeit GOttes und nehme daher Bewegungs-Gründe zur Demuth und zum Vertrauen auf GOtt. Dabey weise ich die enge Schrancken der Sinnen und Einbildungs-Krafft und nach Entdeckung der inneren Beschaffenheit der Sinnen erweise ich, daß die cörperlichen Dinge an sich gantz anders seyn

**Erkäntnis GOttes aus der Sonne und der Sternen.** müssen als sie uns vorkommen. Von dieser allgemeinen Betrachtung der Welt-Cörper komme ich ins besondere auf die Sonne, die Fixsterne und die Planeten, zu denen auch die Erde, in so weit sie ein Welt-Cörper ist, gerechnet wird. Die Sonne erhält den veränderlichen Zustand der Erde und der übrigen Planeten, machet Tag, zeuget von GOttes Macht, seiner Weisheit und Güte, und treibet da-

**Nutzen der Erkäntnis** durch zur Tugend an. Sie dienet zur Abmessung und zum Unterscheide der Zeit und ge-

gewähret noch sonst vielen Nutzen, den ich der Kürtze halber nicht anführen will. Die Fixsterne haben sonder Zweiffel in der Nähe einen solchen Nutzen, wie uns und den Planeten unsere Sonne gewähret; wir aber haben ihnen vieles in der Geographie, Schiffart zur See, Gnomonick, Astronomie rc. zu dancken und können Zeichen der Witterungen von ihnen nehmen. Sie können uns auch zur Gottseligkeit leiten. Die Erde hat GOTT dazu gemacht, daß sie bewohnet würde, auch in dieser Absicht sie so zugerichtet, daß sie zu einer Wohnung für Menschen und Thiere geschickt wäre. Die Planeten, welche der Erde in allem ähnlich, sind sonder Zweiffel auch von Creaturen bewohnet: sie können aber in unsere Erde durch ihr Licht keine merckliche Veränderungen hervor bringen, dessen ungeachtet aber doch damit einander nutzen. Sie haben auf dem Erdboden zu Wissenschafften und Gelehrsamkeit Anlaß gegeben und GOtt hat dadurch die Menschen zum Gebrauch der Vernunfft aufgemuntert. Ein jeder aber ist ein besonderer Schauplatz der göttlichen Vollkommenheiten. Die unaussprechliche Grösse des Welt-Gebäudes stellet die Vollkommenheiten GOttes als unermeßlich dar. Die Planeten bringen durch ihre Bewegung um die Axe die Abwechslungen des Tages und der Nacht hervor,

*(Marginalien:)* der Sonne und Sternen.

Absichten GOttes bey der Erde und Planeten.

Nutzen den die Menschen von Planeten haben.

vor, die verschiedenen Nutzen gewähren. Die jährliche Bewegung bringet die Veränderung der Jahres-Zeiten der beständigen Witterungen hervor. Der Unterscheid in der Länge der Bewegung und ihre Weite von einander zeiget göttliche Absichten, die ins besondere erzehlet werden und insonderheit bestätigen, wie GOtt dadurch mehrere Proben seiner Weisheit, Macht und übrigen Vollkommenheiten ableget: wie dann der Lauff der Planeten ins besondere von GOttes Weisheit und Verstande durch die Regeln der Bewegung zeiget.

**Den sie von Fixsternen haben.** Die Finsternisse dienen uns zu vielem und der Ring um den Saturnus ist ein unverwerfliches Exempel, daß wir die Weißheit, Vernunfft und Erkäntnis GOttes in seinen Wercken nicht ergründen können, folgends daß GOtt unerforschlich ist in seinen Wercken.

**Theologia experimentalis.** Wer diese Abhandlung mit Bedacht durchgehen will, der wird finden, daß hierinnen eine *Theologia experimentalis* enthalten, darinnen durch seine Wercke bestätiget wird, was wir in der *Theologia naturali* durch Vernunfft-Schlüsse heraus gebracht.

**Was der Autor von den Absichten der besonderen Arten der** §. 188. Die besondere Arten der Dinge, die auf dem Erdboden vorkommen, gehe ich in eben der Ordnung durch, wie sie in Erklärung der Würckungen der Natur abgehandelt worden. Ich rede von
der

der Lufft, dem Winde, den Witterun-
gen, Dünsten, Nebel, Wolcken, Thaue, Reiffe, Regen, Schnee, Hagel, dem
Regen-Bogen, den Neben-Sonnen und
andern Lufft-Erscheinungen, dem Blitze,
den Feuer-Zeichen, der Erde, dem Feuer
und der Wärme, den innerhalb der Erde
befindlichen Sachen und den lebendigen
Creaturen. Alles hat seinen vielfältigen
Nutzen, wodurch wir zur Erkäntnis der
Weißheit, Macht und Güte, auch übrigen Vollkommenheiten GOttes geleitet
werden. Z. E. die Lufft erhält einerley
Menge der Materie in jedem Welt-Cörper und den veränderlichen Zustand der
Planeten, dienet zu allerhand Veränderungen, erzeiget ihren Nutzen bey dem Leben der Menschen, Thiere und Pflantzen,
machet daß ein grösserer Theil von der Erde erleuchtet wird und wir länger das Tage-
Licht geniessen, ist nöthig zu den veränderlichen Witterungen, dienet zum Gehöre und der Sprache, und zeigt auf besondere Art von GOttes Weißheit und Güte. Es würde zu weitläufftig fallen, wenn
ich von den übrigen Dingen auch alles ins
besondere berühren wollte. Derowegen
will ich nur eines und das andere anführen.
Ich zeige, daß GOtt einerley Ding,
z. E. den Wind, sowohl zum Nutzen, als
zur Straffe gebrauchen kan. Damit ich

Dinge vorbrin-
get.

Nutzen der Lufft.

Wie er-
was zum
Nutzen
und zur

K k                        eine

**Straffe der Menschen dienet.**

eine Sache nicht vielmahl wiederhohlen darf; so erweise ich überhaupt, man müsse es so offte als ein Mittel ansehen, wodurch uns GOtt gutes thut, als wir finden, daß uns eine Creatur Vortheil schaffet, und hinwiederum jederzeit für ein Mittel, wodurch GOTT die Menschen straffen kan, wenn wir sehen, daß eine Creatur dem Menschen schaden kan. Ich zeige, daß die

**Nutzen der beständigen Witterungen.**

Erde sich mehr bewohnen lässet, indem die beständige Witterungen abwechslen, als wenn sie einerley verblieben, und dadurch ein grösserer Unterscheid der Dinge entstehe, als sonst statt finden würde. Ich erkläre

**Unterscheid der fruchtbaren und unfruchtbaren Jahre.**

die Ursache des Unterscheides der fruchtbaren und unfruchtbaren Jahre und erkläre die gegründete *Prognostica* oder Zeichen von der instehenden Veränderung des Wetters, als warum der blasse Mond auf Regen, der rothe auf Wind deutet; wie starcker Geruch, das ausserordentlich Krähen der Hähne, die zeitige Zurückkunfft der Bienen Regen verkündiget, und was dergleichen mehr ist. Ich berühre auch die

**Wie Gott durch schlechte Mittel grosse Dinge ausführet.**

Zeichen der Fruchtbarkeit des Jahres. Ich weise bey den Dünsten, wie GOtt durch schlechte und an sich geringe Mittel sehr viele und grosse Dinge ausrichtet, davon man nimmermehr geglaubet hätte, daß sie sich dadurch bewerckstelligen liessen, und selbst darinnen seine Weißheit und Erkäntnis

käntnis unerforschlich sey. Ich erweise, daß eine jede Creatur dergestalt unter GOttes Bothmäßigkeit stehet, daß sie seinen Willen ausrichten muß, nachdem er es entweder für nöthig erachtet den Menschen gutes zu erweisen, oder ihnen zu schaden. Ich erkläre auf eine begreifliche Art, warum der Maythau fruchtbarer, als der zu einer andern Zeit fället und wie der Thau überhaupt Zeichen der Witterungen abgiebet, er aber im May am häuffigsten fället. Ich führe den Leser an GOttes Güte auch in solchen Fällen zu erkennen, wo man insgemein wenig daran gedencket. Ich recommendire besondere Observationen von dem Zustande eines jeden Gewächses, so offte sich was veränderliches darinnen zeiget, nach der verschiedenen Beschaffenheit des Wetters, um Lehren für den Garten- und Acker-Baue, auch die Gesundheit des Menschen daraus zu ziehen und Anlaß zu bekommen sie durch Versuche ferner zu bestätigen. Ich erkläre die Gewalt, welche ein Wolckenbruch hat, und gebe daraus Raison von denen hin und wieder vorhandenen Würckungen. Ich halte es für rathsam, daß man zum Nutzen derer, die vor sich nicht einsehen, was sie eigentlich zu observiren haben, eine Vorschrifft aufsetzte, worauf man bey einer jeden natürlichen Begebenheit eigentlich zu sehen hat,

*Wie alle Creaturen unter GOttes Bothmäßigkeit stehen.*

*Unerkañte Güte GOttes.*

*Gewalt des Wolckenbruches.*

K k 2　　　　　　　　wo-

woferne man nach diesem die Observation
in Erkäntnis der Natur nutzen soll. Ich
führe aus, daß es GOtt nicht unanständig sey, Dinge, die aus natürlichen Ursachen entstehen und nach dem ordentlichen
Lauffe der Natur sich einstellen zu einem
Zeichen entweder seiner Gnade, oder seines
Zornes zu machen. Ich weise, wie man
bey genauer Betrachtung der Dinge findet, daß das Gute in der Natur den
Schaden überwieget und GOtt selbst den
Letzteren zum Besten der Menschen wendet,
und sonst auf andere Weise in der Regierung der Menschen anbringet, um dadurch
die weltlichen Gemüther zu überzeugen, daß
sie ohne Ursache wider GOTT, oder seine
Vorsehung und Regierung deßwegen
Zweiffel machen, daß ihrer Meynung nach
mehr Ubel, als Gutes in der Welt ist. Und
führe ich eine besondere Probe der göttlichen
Vorsorge darinnen an, daß er nach seiner
unaussprechlichen Weißheit den Lauff der
Natur dergestalt eingerichtet, daß er den
Schaden, den einige natürliche Dinge
anrichten, durch andere wieder ersetzet, ja
den einige verursachen würden durch andere
verhindert, und zeige, wie man durch dergleichen Anmerckungen zur Erkäntnis der
Maximen gelangen kan, nach welcher
GOtt die Wercke regieret, und solchergestalt noch immer mehr und mehr versichert
wird,

Zeichen
der Gnade
und des
Zornes
GOttes.

Güte
überwie-
get den
Schaden
in der
Natur.

Besonde-
re Vor-
sorge
GOttes.

wird, daß die Welt ein Werck der Weißheit GOttes ſey, darinnen keine Fatalität,
oder unvermeidliche Nothwendigkeit ſtatt
findet. Ich erinnere, was noch übrig zu
thun iſt, damit die Wiſſenſchafften zum
Nutzen des Lebens eingerichtet werden.
Ich zeige, was der Unterſcheid in der
Farbe des Blitzes zu ſagen hat. Ich
ſetze weder andern, noch mir ſelbſt durch
dasjenige, was ich vortrage, Schrancken, als wenn man nicht weiter kommen könnte, ſondern ermahne andere
und mich ſelbſt immer weiter zu gehen
und die erlangte Erkäntnis GOTT zu
Ehren und zum Nutzen des Menſchen
anzuwenden. Ich erweiſe nicht weniger
aus den in der Metaphyſick beſtätigten
Gründen, es ſey dem Willen GOttes
gemäß, daß wir bey allen ſeltenen Begebenheiten der Natur Gelegenheit nehmen an ihn zu gedencken, und ſey nicht
verwerflich, daß ſich nach dem ferner ein
jeder nach ſeinem Begriffe ſo erbauliche
Gedancken macht, als ihm ſeine Andacht
giebet und ſich dadurch nach der in der
Moral vorgeſchriebene Weiſe zur Gott-
ſeligkeit aufmuntert: wobey ich zugleich
zeige, daß man jedem die Freyheit laſſen muß nach ſeiner Einſicht ſich zu erbauen, und weder der Welt-Weiſe des
Einfältigen Erbauung verwerffen, noch

*Wie die Welt als ein Werck der Weiß-heit GOttes zu erkennen.*

*Andacht bey den Wercken der Na-tur.*

K k 3                    dieſer

**Zufällige Andachten.**

Dieser jenem seine aufdringen muß. Ich zeige die Art der zufälligen Gedancken, dadurch man sich bey täglicher Betrachtung der natürlichen Dinge erbauen kan und die auch bey der Schärffe der Vernunfft bestehen mögen zum Trotz derer, die sich am Verstande starck düncken. Und Herr Scheurer, Prediger und Theologiæ catecheticæ und L. L. O. Professor zu Bern, gestehet in einem Schreiben an meinen werthen Herrn Collegen den Prof. Santoroc, daß er dadurch bewogen worden nach der daselbst gegebenen Vorschrifft seine kurtz gefaßte Natur- und Schrifft-mäßige Land-Theologie heraus zu geben. Ich erweise und gewähre es durch Proben, daß in Erklärung der Natur aus den Absichten der natürlichen Dinge einige Sachen sich ausmachen lassen, die wir sonst nicht würden errathen können, und wie angenehm es sey, wenn man auch durch die Absichten bestätiget, was man auf andere Art heraus gebracht. Ich erweise ferner, daß, woferne man alle Güte GOttes erkennen will, die er uns durch die Creatur erweiset, so er zu unserem Besten erschaffen, wir auch auf das gemeineste acht haben müssen, was wir täglich geniessen, und bestätige dadurch die Güte meiner metaphysischen Gründe, weil dadurch bey aller Gelegenheit in der Natur GOt-

**Nutzen der Erkäntnis der Absichten der Natur in ihrer eigenen Erkäntnis.**

**Erkäntnis der Güte GOttes.**

GOttes Vollkommenheit erhoben wird,
wie es vermöge der Haupt-Absicht, die
GOtt dabey gehabt, billig geschehen soll.
Ich übergehe das meiste mit Stillschweigen, was ich hier erzehlen könnte, indem
ein Leser, der sich an GOtt durch die Betrachtung seiner Wercke vergnügen will,
diese Schrifft selbst zu lesen nicht ermangeln wird, zumahl da sie leicht verstanden
werden mag und nicht ohne Vergnügen
gelesen wird.

§. 189. In der andern Schrifft, die
zu gegenwärtiger Materie gehöret, und
darinnen der Gebrauch der Theile in dem
Leibe der Menschen und Thiere und der
Pflantzen gelehret wird, bestätige ich anfangs die Absichten, die GOtt bey dem
Leibe der Menschen und Thiere gehabt,
damit man daraus als aus Gründen
den Gebrauch der Theile bestätigen kan.
Ich erweise demnach, daß GOTT den
Leib dergestalt zubereitet, damit er sich
in seinem Zustande und bey dem Leben
erhalten, von einer Stelle nach der andern bewegen und verschiedene Lagen annehmen, empfinden, reden, oder eine
Stimme von sich geben und seines Gleichen erzeugen sollen, und demnach die
Haupt-Absicht GOttes dabey sey, daß
der Mensch und das Thier eine Zeitlang

*Was der Autor von dem Gebrauche der Theile lehret.*

*Wie Gott den Leib des Menschen zubereitet.*

Kk 4                    sein

sein Leben fristen und sein Geschlechte, so
lange die Erde dauret, erhalten soll, indem er den Zustand der Erde von einerley Art haben will. Ich zeige dabey,
warum er nach den Regeln der Wohl-
gereimheit und der Symmetrie zubereitet. Hierauf komme ich zu den verschiedenen Arten der Theile, daraus der Leib bestehet, die Fasern und Fäserlein, die Knochen und das Marck nebst ihrer Haut,
das Knorpel, die Bänder oder Sehnen,
Nerven oder Spannadern, die Mäuslein
und Flechsen, Puls- und Blut-Adern,
Fließwasser-Gänge, Milch-Adern, Drü-
sen, das Blut, die Nahrungs-Milch,
das Saltz-Wasser, das Fließ-Wasser,
den Magen-Drüsen-Safft, Gekröse-
Drüsen-Safft, das Glied-Wasser, den
Saamen, den Nerven-Safft oder die Lebens-Geister, Urin und Schweiß. Die
festen Theile untersuche ich auf das genaueste, als nur möglich ist, aus was für
kleineren Theilen und wie sie daraus zusammen gesetzet sind, und zeige nicht allein den
Nutzen der grossen Theile, sondern auch
zugleich den Grund von den kleineren an,
daraus sie bestehen, damit erhellet, wie
sie zu dem Gebrauche geschickt sind, den sie
haben sollen. Was nun die besonderen
Theile betrifft, daraus der Leib zusammen
gesetzet ist; so erkläre ich anfangs den Gebrauch

**Verschie-dene Arten der Theile desselben.**

**Theile die zur Er-nährung**

brauch derer, die er zu seiner Ernährung des Lebens
vonnöthen hat; darnach derjenigen, die gehören.
zur Erhaltung des Lebens dienen; ferner
der andern, die zur Empfindung und den
Verrichtungen der Seele erfordert werden, und endlich nach den Geburts-Glie-
dern der übrigen, die man zur Bewegung
vonnöthen hat.    In der ersten Classe
kommen vor der Mund mit den Lippen,
der Kinnbacken mit denen Mäusleinen,
die ihn und die Lippen bewegen, die Zähne,
die Speichel-Gänge nebst den Gaumen-
Lippen- und Ohren-Drüsen, die Zunge,
nebst denen Mäusleinen, die sie bewegen,
der Schlund nebst seinen Mäusleinen, der
Magen, der Kropff des Feder-Viehes,
die Gedärme, das Gekröse, die Milch-
Adern, der Sammel-Kasten, die Milch-
Brust-Ader, das Netze.    In der andern Die zu
Classe zeigen sich das Hertze mit den Blut- Erhal-
Gefässen, die grosse Hohl-Ader mit allen tung des
ihren Aesten, die Zungen-Puls-Ader, die Lebens
Zungen-Blut-Ader, die grosse Puls-Ader gehören.
mit ihren Aesten; die Pfort-Ader mit
ihren Aesten, der Hertz-Beutel, die Lun-
ge, die Lufft-Röhre, das Zwergfell,
die Ribben mit ihren Mäusleinen, das
Rücken-Häutlein, das Mittel-Fell, die
Brust-Drüse, die Leber, mit der Galle,
die Gekröse-Drüse, der Miltz, die Nieren,
Harn-Gänge, Harn-Blase, Harn-Röh-

re-

re, Mäusleinen des Unterleibes, Neben-
Nieren, Haut und das Häutlein nebst
dem Fette, Fleisch- und Darm-Felle.   In
**Die zu den Verrichtungen der Seele gehören.** der dritten Classe stellen sich dar das Auge
mit seinen Mäusleinen, den Augebramen
und Augenliedern, die Ohren, die Nase
mit ihren Mäusleinen, die Zunge, die
Nerven-Wärtzlein in der Haut, das Gehirne mit den Nerven, die daraus entspringen, die Lebens-Geister, die Hirn-Schaa-
le mit ihren Bedeckungen, das Rücken-
Marck mit den Nerven, die daraus hergeleitet werden, das Werckzeug der Stimme und Sprache.   In der vierten Clas-
**Die zu Erzeugung seines gleichen gehören.** se treffen wir die Hoden mit ihrem dreyfa-
chen Häutlein, die Oberhoden, die zuführ-
rende Gefässe, die Saamen-Bläßlein die
Vorsteher, die männliche Ruthe mit ihren Mäusleinen, die Mutter mit ihren
breiten und runden Bändern, die Eyer-
Stöcke, Mutter-Trompeten, Scheide,
Schaam-Flügel oder Nymphen und das
**Die zu den Bewegungen und Verrichtungen gehören.** Jungfrauen-Häutlein an.   Endlich in der
letzten Classe befinden sich die Füsse, Hände
und Armen, das Haupt, der Halß, Rücken nebst ihren vielfältigen Mäusleinen
und dem Rückengrade, ingleichen die Flü-
gel und der Schwantz in Vögeln, und der
Schwantz, die Blase und Floß-Federn in
Fischen.   Ich untersuche wie vorhin den
Gebrauch aller dieser Theile und zeige von
allem

allem dem, was in ihrer Structur vor=
kommet, den Grund an, erötere aber zu=
gleich vielerley Fragen, die in der Erkänt=
nis dessen, was in unserem Leibe vorgehet,
ihren Nutzen haben.

§. 190. Von den Pflantzen erweise ich
anfangs überhaupt, daß GOttes Absicht
dabey sey, daß sie eine Zeitlang fort wach=
sen, auf einer Stelle, jedoch nicht gantz
unbeweglich stehen bleiben und ihr Ge=
schlechte erhalten sollen. Darnach kom=
me ich wiederum auf die verschiedene Ar=
ten der Theile, daraus sie in ihren Theilen
zusammen gesetzt werden, als da sind die
Fasern und Fäserlein, die Safft=und Lufft=
Röhren, die Adern, das bläsige Wesen,
die Häutlein. Ich zeige hier die Beschaf=
senheit dieser Theile und was ein jeder von
ihnen für Nutzen hat. Ich erweise augen=
scheinlich, daß besondere Röhren vorhan=
den, die den zur Nahrung zubereiteten
Safft allen Theilen der Pflantze zufüh=
ren, die von den übrigen Fasern, welche
die Pflantze nur steiff machen und die Stel=
le der Knochen vertreten, unterschieden
sind. Insonderheit weise ich auch, daß
in der That Lufft=Röhren vorhanden, wie
*Malpighius* angegeben, und wie man die
Observation mit besonderen Vergrösse=
rungs=Gläsern anzustellen hat, nachdem
man sie entweder in diesem, oder in einem
andern

Was der
Autor von
dem Ge-
brauche
der Theile
in Pflan-
tzen vor-
träget.
Verschie-
dene Ar-
ten der
Theile.

andern Holtze entdecken will. Endlich erweise ich, daß der Nahrungs-Safft in dem
bläsigen Wesen zubereitet wird, daraus
ihn die Adern an gehörigen Ort leiten.

**Besonde-**
**re Theile**
**der Pflan-**
**tzen.**
Von dieser allgemeinen Betrachtung komme ich auf die besondere Theile der Pflantzen, als die Wurtzel, den Stengel oder
Stamm, die Blätter, die Augen oder
Knospen und endlich die Blumen und den

**Wurtzel.**
Saamen. Die Wurtzel führet den Pflantzen die Nahrung zu, und befestigen sie in
der Erde: in welcher Absicht sie auch mit
der Pflantze wachsen. Sie verfertigen den
Nahrungs-Safft und verwahren ihn in
vielen Pflantzen für den Saamen. Sie
haben eine grosse Aehnlichkeit mit den Aesten des Baumes und bestehen aus der
Rinde, dem holtzigen Wesen und Marcke.

**Rinde.**
Die Rinde ist so beschaffen, daß sie die
Feuchtigkeit aus der Erde reichlich an sich

**Holtz.**
ziehen kan: das holtzige Wesen bestehet aus
Fasern und Bläseleinen, deren Nutzen aus
der allgemeinen Betrachtung erhellet. Das

**Marck.**
Marck ist ein ein bläsiges Wesen und dienet zur Zubereitung und Verwahrung des
Safftes, auch entspringen aus ihm die
neuen Reiserlein von den Wurtzeln. Und
habe ich durch Versuche und Gründe ge-

**Der**
**Stengel.**
zeiget, wie die Wurtzeln wachsen. Der
Stengel trägt die Blätter, treibet Zweige,
wann die Pflantze in Saamen gehet um
einen

einen grösseren Vorrath desselben zu erhalten, und erhöhet die Blume und den Saamen, damit er im Reiffen besser trocknen und im Wachsthume transpiriren kan. Endlich führet er auch dem Saamen aus der Wurtzel, den Blättern, dem Marcke des Stengels die nöthige Nahrung zu. Ich zeige insonderheit von der Rinde, daß **Rinde.** sie gleichfals Nahrung zuführet, verdauet und verwahret. Die Fasern des holtzigen **Holtz.** Wesens führen ebenfals Safft und das Marck bringet die Augen hervor, die bey **Marck.** den Blättern ausschlagen und gewähret ihnen ihre erste Nahrung, wenn sie ausschlagen. Hingegen die Blätter bringen **Die Blätter.** es zur Vollkommenheit, indem es daselbst hervor bricht und bereiten Nahrung für den Saamen und die Früchte zu. Das **Das Auge.** Auge hält das Reiß im kleinen in sich, welches darauserwächset, indem es ausschläget, und habe ich gewiesen, wie man es anzufangen hat, damit man seinen Durchbruch aus dem Marcke deutlich observiren kan. Die Blume oder Blüthe hält den **Die Blüthe.** Saamen im kleinen in sich und ist um des Saamens willen: jedoch lässet sich der Nutzen aller Theile, daraus sie bestehet, noch nicht mit völliger Gewißheit bestimmen. Hingegen habe ich gewiesen, daß der Nu- **Der Saame.** tzen der Theile des Saamens mit viel grösserer Klarheit sich zeigen lässet und mehrere

Gleich-

Gleichheit zwischen ihm und einem Eye erwiesen, als man vermuthen solte, indem kein einiger Theil in einem Eye vorhanden, mit dem nicht einer in dem Saamen überein käme, der gleichen Nutzen hat. Und kan man demnach aus dem Wachsthume der Pflantze aus dem Saamen die Formirung der Frucht im Eye, indem es ausgebrütet wird, und aus dieser hinwiederum jenen erklären, daß solchergestalt eines dem andern ein Licht geben kan in dieser sonst schweren Materie. Und hiermit beschliesse ich meine deutsche Wercke von der Welt-Weißheit, die ich denen zu Gefallen geschrieben, die an gründlicher Erkäntnis der Wahrheit Lust haben.

## Das 13. Capitel.

# Von dem Nutzen der Welt-Weißheit.

### §. 191.

Wie weit hier von dem Nutzen der Welt-Weißheit gehandelt wird.

Enn man von dem Nutzen der Welt-Weißheit reden will, so kan solches auf zweyerley Weise geschehen. Entweder man setzet die Erklärung der Welt-Weißheit, oder die Schrifften gewisser Welt-Weisen zum Grunde, daraus man dasjenige bestätiget,

tiget, was man davon rühmet. Beyde
Abhandlung hat ihren Nutzen. Jene dienet diejenigen, welche Zeit und Fähigkeit
haben durch eigene Uberlegung die Wahrheit zu untersuchen und verborgene an das
Tagelicht zu bringen, aufzumuntern, daß
sie die Welt-Weißheit zu grösserer Vollkommenheit zu bringen ihnen angelegen
seyn lassen. Diese hingegen giebet einen
Trieb ab dieselbe mit allem Fleisse zu lernen
und nicht eher aufzuhören, als bis man
alles wohl begriffen hat. Dieses mahl habe ich mir nicht vorgenommen von dem
Nutzen der Welt-Weißheit zu reden, den
wir noch nicht gewähren können. Denn
ich lege durch diese Betrachtung den Grund,
wie man die Welt-Weißheit studiren soll,
als wovon ich in dem folgenden Capitel
handele. Und demnach muß ich von dem
Nutzen der Welt-Weißheit reden, in so
weit sie in gewissen Schrifften vorgetragen
wird. Da ich nun alle Theile der Welt-
Weißheit selbst abgehandelt, zum Gebrauch
derer, die an meinem Vortrage ein Gefallen haben; so muß ich auch den Nutzen der
Welt-Weißheit dergestalt abhandeln, wie
er sich aus demjenigen, was man in meinen Schrifften antrifft, rechtfertigen lässet. Wer demnach von demjenigen, was Nöthige
ich von dem Nutzen der Welt-Weißheit Warnung
beybringe, urtheilen will, der muß es auch

in

in Ansehung derjenigen Gründe thun, um deren Willen ich ihn behaupte. Denn wenn einer in Ansehung anderer Schrifften nicht wolte gelten lassen, was ich in Ansehung meiner behaupte, der muß seinen Satz mir nicht entgegen setzen. Es gehet gar wohl an, daß wir beyde die Wahrheit sagen, indem kein Widerspruch in gegenwärtigem Falle statt findet. Ein Verständiger siehet, daß ich keinen andern Grund zu Beurtheilung des Nutzens der Welt=Weißheit annehmen kan als meine eigene Abhandlung. Dessen aber ungeachtet lasse ich einem jeden frey, daß er grösseren, oder geringeren Nutzen von der Welt=Weißheit in Ansehung seiner, oder eines andern von ihm werth gehaltenen Mannes erweiset, oder nur rühmet. Ich bekümmere mich niemals um andere und bringe niemanden etwas auf. Wen meine Gründe nicht überzeugen, der mag verwerffen oder verachten, was ich sage. Ich werde mich deswegen an ihn nicht reiben. So lange ich nicht Schutz=Schrifften wider Verfolger nöthig habe, so ist es nicht meine Art jemanden wieder zu schelten, weil ich von ihm gescholten werde. Ich verlange mich auch nicht dadurch groß zu machen, daß ich sehe, wo es andere verse-hen. Ich liebe Wahrheit und Friede.

Billigkeit des Autoris.

Man

Man lese alle meine Schrifften, die ich
von der Welt = Weißheit geschrieben; so
wird man sie so finden, wie ich es hier sa=
ge: ich trage meinen Satz vor und setze ihn
recht zu verstehen die gehörige Erklärun=
gen vorher. Ich füge meine Gründe bey und
enthalte mich von aller Redens=Art, dadurch
entweder ein Satz eingelobet, oder das Ge=
gentheil davon getadelt und verachtet wird.
Ich dringe niemanden etwas auf, ich be=
rede niemanden um mir beyzupflichten: ich
lasse es lediglich darauf ankommen, was
meine Gründe vermögen.

§. 192. Alles was der Mensch erkennet,
erkennet er durch den rechten Gebrauch
des Verstandes.    Der Verstand hat nicht
mehr als drey Würckungen und wir mö=
gen die verborgene Wahrheit suchen, oder
die gefundene untersuchen, so kommet alles
auf den Gebrauch dieser drey Würckungen
an.    Wir stellen uns etwas vor, wir fäl=
len davon ein Urtheil und bringen hernach
durch Schlüsse andere heraus, zu denen
wir durch die blosse Vorstellung nicht ge=
langen konten. Ich erkläre diese Würckun=
gen auf das deutlichste in der Logick (§. 56.
58. & seqq.).    Ich zeige ihren vielfältigen
Nutzen, den sie haben kan (§. 67.), und
zeige den Weg, wie man die natürliche
Art zu dencken, damit wir in unseren täg=

*Aus der Welt-Weißheit lernet man, wie man recht studiren, darinnen glücklich fortgehen und das gelernete am rech= ten Orte anbringen soll.*

L l                    lichen

Nutzen der Logick.

lichen Verrichtungen des Lebens so wohl fort kommen, auch in Wissenschafften gebrauchen sollen (§. 66.). Und demnach lernet man aus der Logick, wie man so wohl vor sich studiren, als auch von andern nützlich lernen, und was man gelernet hat, nicht allein in dem Fortgange seines Studirens, sondern auch im künfftigen Leben recht anbringen soll. Dieses ist gewiß nicht ein geringer Nutzen: Denn man siehet es leyder! wie die meisten, entweder weil sie gar keine Logick gelernet, oder doch dieselbe nicht gelernet, wie sichs gebühret, wenn man sie nutzen soll, mit vieler Bemühung nichts taugliches lernen. Und hieraus erwächset ferner der Schade, daß wenn sie andere lehren sollen, und doch nichts auf eine begreifliche und überzeugende Weise vorzutragen wissen, diejenigen, welche sich ihrer Anweisung bedienen müssen, nicht gründliches lernen: woraus ferner in allen Ständen ein grosser Verfall erfolget. Man hat nicht nöthig, dieses alles mit Gründen, weitläufftig zu bestätigen. Die Erfahrung lehret es leyder! allzuviel, und wolte ich nichts mehr wünschen, als daß man es daraus nicht überflüßig erkennen könte. Ich wolte die Mühe des Beweises mit allen Freuden über mich nehmen. Es ist aber wohl

Nöthige Erinnerung.

zu mercken, daß, wenn ich hier von dem

**rechten**

rechten Studiren rede und wie man dasjenige, was man gelernet, im künfftigen
Leben an seinem Orte anbringen soll, solches nicht allein auf die Welt-Weißheit,
sondern auch die sogenannte höhere Facultäten gehet, ja alles übrige, was man
nur in Künsten und Wissenschafften erlernen kan.      Denn gleichwie ich gewiesen,
daß man in den mathematischen Demonstrationen auf eben die Art dencket, wie
man im gemeinen Leben bey dem, was wir
täglich vornehmen, die Gedancken auseinander herleitet (§. 66); so ist auch gewiß, daß weder in den höheren Facultäten, noch in Künsten eine andere Art zu
dencken vorkommet. Wer sich demnach
eine Sache ordentlich vorstellen; davon
gehörig urtheilen und raisoniren will; der
muß bey den Regeln verbleiben, die ich in
der Logick erkläret und so glücklich auf die
Probe gestellet (§. 66).      Ich kan auch Erkänt-
aufrichtig versichern, daß mir nicht eher nis des
alles licht und helle gewesen, als bis ich Autoris
dasjenige, was ich von den dreyen Wür- von sich
ckungen des Verstandes vorgebracht, als selbst.
Wahrheit erkandt und ohne Anstoß brauchen können.      Und da einige Streit mit
mir angefangen und durch ungereimten
Consequentien-Kram andere wider mich
einnehmen wollen; so hat man gesehen,
wie schlecht es mit denen stehet, welche

dieses

dieses Nutzens nicht theilhafftig worden.
Man darff nur meine Schutz-Schrifften
lesen, so wird man dieses überflüßig erkennen. Und wie lieb wäre mir, wenn nicht
solche Proben vorhanden wären. Unterdessen kan und wird es dazu dienen, daß
man den hier angepriesenen Nutzen der
Welt-Weißheit und insonderheit der Logick erkennen lernet, und dannenhero begreifft, wie viel daran gelegen ist, daß man
die Welt-Weißheit nicht nur obenhin,
**Vorur-**
**theil wird**
**abgeleh-**
**net.**
sondern gründlich studiret. Jch erinnere
noch dieses, daß man diesen Nutzen nicht
durch die Logick allein erhält; denn diese
gewähret bloß Regeln. Wer die Regeln
verstehet, kan sie deswegen noch nicht gebrauchen. Der Gebrauch kommet durch
die Ubung. Wer Ubung haben will, muß
die Welt-Weißheit dergestalt erlernen,
wie sie nach der Schärffe dieser Regeln abgehandelt wird. Und deswegen habe ich
auch diese Lehr-Art erwehlet (§. 22. &
seqq.)

**Die Welt-**
**Weißheit**
**macht,**
**daß man**
**die höhe-**
**ren Facul-**
**täten ge-**
**schwinder**
**und**
**gründli-**
§. 193. Wer nach unseren Gewohn-
heiten studiret, erwehlet entweder die Theologie, oder die Rechts-Gelehrheit, oder
die Medicin. Daher man dieses die oberen Facultäten zu nennen pfleget. Wer
nun darinnen wohl fortkommen will, derselbe hat gewisse Grund-Lehren vonnöthen, daraus er den Grund von demjenigen
anzei-

anzeigen kan, was dort gelehret wird. Er cher studi-
brauchet Begriffe von vielen Wörtern, die ren kan.
man daselbst ohne Erklärung angenom-
men und als bekandt voraus gesetzt werden. Endlich hat er auch eine Fähigkeit
nöthig etwas mit Uberlegung zu fassen und
dasjenige, was vorgetragen wird, wohl
zu untersuchen, ob er es verstehet und als
wahr befindet. Dieses alles muß man aus
der Welt-Weißheit nehmen und kan ohne
sie nicht erreichet werden. Ich mache von
dem letzteren den Anfang, und beruffe mich
auf dasjenige, was erst vorhin (§. 192.)
ausgeführet worden, wie wir aus der Logick die Regeln lernen, nach welchen wir
etwas zu überlegen und zu untersuchen haben, und durch geschickte Abhandlung der
übrigen Theile von der Welt-Weißheit
die Fähigkeit erreichen diese Regeln überall
und also auch in den höheren Facultäten
geschickt anzubringen. Wer nun diese Was der
Mittel versäumet, der muß alles auf das Mangel
blosse Gedächtnis ankommen lassen und derselben
dasjenige, was er höret, oder lieset, bloß verursacht
auswendig lernen. Er muß alles auf gu-
ten Glauben annehmen und kan nicht vor
sich urtheilen, was wahr, oder falsch ist.
Ja den grösten Theil verstehet er entweder
gar nicht, oder doch nicht recht, bis nach
diesem in den vorkommenden Fällen seines Amtes sich dann und wann von ei-

nem

Philoso-
phische
Kunst-
Wörter
in höhe-
ren Facul-
täten.

nem und dem andern ein klarer Begriff
ereignet. Daß in allen drey oberen Facultäten viele Wörter vorkommen, deren Erklärungen man aus der Welt-
Weißheit zu hohlen hat, kan niemanden
unbekandt seyn, der weiß, was in den
höheren Facultäten für Wörter vorkommen und welche man in der Welt-Weißheit erkläret. Z. E. Man redet in allen Facultäten von dem Widerspruche, vom
möglichen und unmöglichen, vom nothwendigen, vom zufälligen, von der Zeit,
von der Wahrheit, von der Ursache, von
der Absicht und was dergleichen mehr ist.
Von diesen Wörtern gewähret man in
der Grund- Wissenschafft oder Ontologie die gehörigen Begriffe. Wer nun
diesen Theil der Welt-Weißheit nicht
studiret, der hat bey diesen Wörtern keine abgemessene Bedeutung, öffters weiß
er auch gar keinen Begriff damit zu verknüpffen. Derowegen wenn sie in den
höheren Facultäten gebraucht werden;
so verstehet er entweder gar nicht was
gesagt wird, oder dichtet sich öffters einen gantz unrechten, auf das höchste kaum
halb rechten Verstand. Man hat aber
in den übrigen Theilen der Welt-Weißheit gar viele Wörter, davon ein deutlicher Begriff gewähret wird, und die zum
Verstande dessen dienen, was in höheren
Facul-

täten vorkommet. Selbst diese deutliche Nutzen
Begriffe sind Gründe, daraus man den ihrer Be-
Grund von vielem anzeigen muß. Denn griffe.
die eine Art der Schlüsse bestehet in An=
bringung der Erklärungen (§. 29). Z. E.
wenn einer den Grund anzeigen will, war=
um ein Widerspruch vorhanden sey, der
muß dasjenige inne haben, wodurch der=
selbe erkandt und beurtheilet wird. Wer
begreiffen will, ob etwas unmöglich sey,
oder nicht, der muß einen Begriff von
dem unmöglichen haben, damit ihm die
Merckmahle bekandt sind, woraus man
die Unmöglichkeit beurtheilet und so wei=
ter. Wem es nun an gehörigen Begrif=
fen fehlet, der weiß niemahls die Gründe
aus der inneren Beschaffenheit der Sache
her zu hohlen; sondern will sie auswärtig
suchen und verfället daher öffters auf un=
tüchtige, dadurch nichts weniger erwiesen
wird, als was man erweisen soll. Es wä=
re gut, wenn wir nicht so viele Erfahrung
hiervon vor uns hätten und wenn nicht in=
sonderheit diejenigen, die mir ohne Ursache
zuwider sind, so nachdrückliche Exempel
an die Hand gäben. Daß man aber auch Gründe/
auffer den Erklärungen selbst die Lehr=Sä= so aus der
tze der Welt=Weißheit als Gründe zu Nach= Welt=
Urtheilen in den höheren Facultäten ge= Weißheit
brauchet, kan niemand in Abrede seyn, der zum Be-
nur einen Versuch thut einen Satz in den weise in
höhern

Ll 4　　　höheren Facultä-

höheren Facultäten zu erweisen. Derowegen hat man längst, wiewohl mit einer etwas hochmüthigen Redens-Art, gesaget, die Welt-Weißheit sey die Magd der höheren Facultäten, weil sie ihnen so treue Dienste thut, indem sie durch ihre Begriffe Licht hinein bringet, damit alles verständlich wird, durch ihre Lehren Gründe gewähret, dadurch alles gewiß wird, und endlich durch ihre Regeln Ordnung stifftet, damit man siehet, wie alles miteinander wohl zusammen hänget. Daher pflege ich ich im Schertze zu sagen: die Welt-Weißheit sey in soweit die Magd der höheren Facultäten, in so weit die Frau im finstern tappen müste und öffters fallen würde, wenn ihr die Magd nicht leuchtete. Denn keinen Ernst braucht es, wo man aus Unbedacht einfältig redet. Die Grund-Wissenschafft oder Ontologie gewähret die allgemeine Gründe und Lehren, die man in allen übrigen Theilen der Welt-Weißheit und in allen höheren Facultäten gebrauchet, woferne man was verständliches und gründliches erlernen will (§. 69. & seqq.) In der Psychologie oder Seelen-Lehre findet man die Gründe, dadurch die Regeln in der Logick bestätiget werden (§. 91. & seqq.) und zugleich die Gründe von demjenigen, was in der Moral von Einrichtung der freyen Handlungen gelehret wird (§. 94. & seqq.)

Sie

ten nöthig.

Nutzen der Ontologie.

Der Psychologie.

Sie dienet demnach einem Theologo nicht allein in der Theologia morali, sondern auch um den Unterscheid zwischen der Natur und Gnade recht einzusehen, und in dem Streite vom Pelagianismo, Naturalismo und Enthusiasmo die rechte Gräntzen zu finden, auch die bürgerliche Erbarkeit von der christlichen Tugend wohl zu unterscheiden. Ein Staats-Mann erkennet hieraus von vielem den Grund, ob es sich im gemeinen Wesen mit gutem Fortgange verordnen lässet, oder nicht. Ja ein Medicus findet, worauf er bey den Gemüths-Neigungen der Menschen zu sehen hat, damit sie ihm nicht in seiner vorgenommenen Cur hinderlich fallen, und was er in Ansehung derselben verordnen kan, damit nicht Kranckheiten durch sie befördert werden. In der Cosmologie werden die Gründe zur Theologia naturali geleget und wird zugleich die allgemeine Erkäntnis abgehandelt, die man in der Physick vielfältig nutzen mag. Es dienet also dieselbe einem Theologo, wenn er die Feinde nicht allein der natürlichen, sondern auch zum Theil der christlichen Religion gründlich widerlegen soll. Und da ein Medicus die Physick nöthig hat, so muß auch ihm die allgemeine Welt-Betrachtung nicht undienlich seyn, damit er verstehet, wie es anzufangen ist, wenn er von natürlichen Dingen gründlich und mit

*Der Cosmologie.*

Ll 5                     Be-

**Der Theologiæ naturalis.**

Bestande der Wahrheit urtheilen will, auch sichere allgemeine Gründe hat, darauf er sich in seinen Urtheilen gründen kan. Endlich die Theologia naturalis beweiset ihren Nutzen in der Moral, wo man von den Pflichten gegen GOTT redet, giebet ein Licht selbst der Theologiæ revelatæ in denen so genannten Articulis mixtis, das ist, in denjenigen Articuln, welche aus dem Lichte der Vernunfft und der göttlichen Offenbahrung zugleich erkandt werden, und gewähret die Waffen wider die Atheisterey und selbst zur Vertheidigung der christlichen Religion. Denn unerachtet man die Wahrheiten der christlichen Religion keinesweges aus der Vernunfft erweisen kan, als welche über die Vernunfft sind; so kan man sie doch aus der Vernunfft vertheidigen, indem sie nicht wider dieselbe sind. Man siehet demnach, daß die Haupt-Wissenschafft oder Metaphysick einem jeden nützlich und nöthig ist, er mag sich auf eine von denen drey so genannten oberen Facultäten legen, auf welche er will.

**Der Moral und Politick.**

Moral und Politick erklären nicht allein das Gesetze der Natur sowohl in der natürlichen Freyheit, als auch im bürgerlichen Stande; sondern zeigen zugleich, wie es anzugreiffen ist, damit der Mensch so wohl für seine Person, als insonderheit viele zusammen mit vereinigten Kräfften dem-

demſelben ein Gnügen thun. Derowegen
begreifft man leicht, daß beyde Diſciplinen
ſowohl einem Theologo, als Juriſten gute
Dienſte leiſten, denn jener hat davor zu
ſorgen, wie er durch Unterricht und Er-
mahnen, auch Beſtraffung der Laſter die
Menſchen tugendhafft mache und von den
Laſtern abführe; dieſer hingegen muß daraus verſtehen lernen, wie weit die bürgerlichen Geſetze mit dem natürlichen eines
ſind, und ob man in denen Fällen, wo
man davon abweichet, gnugſamen Grund
dazu vor ſich hat. Er lernet alſo dadurch
ſeine Geſetze beſſer verſtehen und den Grund
davon einſehen, anderes Nutzens nicht zu
gedencken, wo ich bloß von dem rede, was
man von der gantzen Diſciplin insgemein
zu erwarten hat. Und da ein jeder Menſch
verſtehen ſoll, was recht und unrecht iſt,
und auf was für Art und Weiſe man zur
Ausübung des erſten und zu Unterlaſſung
des andern dadurch gelanget; ſo findet ein
jeder in der Moral und Politick gar vieles,
daraus er ſich erbauen, und was er in ſeinem künfftigen Leben nutzen kan, er mag
ſich zu einer von den höheren Facultäten
bekennen, zu welcher er will. Endlich die
Experimental-Philoſophie zeiget nicht allein einem Medico, wie er behutſam bey
der Erfahrung ſich aufzuführen hat, und
ihm dieſelbe zu nutze machen kan; ſondern

*Der Ex-*
*perimen-*
*tal-Phi-*
*loſophie.*

ge-

gewähret ihm auch viele Gründe, dadurch
er seine Lehren erweisen und vermittelst seiner
Erfahrungen noch mehrere heraus bringen
kan. Und eben dergleichen hat er sich auch
von der Physick zu getrösten. Da ich nun

Der
Physick.

in der Physick nicht allein die Ursachen,
sondern zugleich die Absichten ausführe,
die GOtt gehabt, indem ich die Würckungen der Natur erkläre; so erkennet man
daraus zugleich GOtt in seinen Wercken
und stellet gleichsam dasjenige, was von
ihm sowohl in der Theologia naturali, als
auch zugleich in der Schrifft gelehret wird,
auf die Probe, damit man der Wahrheit
desto mehr versichert wird Und so dienet
dann nicht allein diese Disciplin einem Gottes = Gelehrten; sondern auch einem jeden
Menschen, und träget insonderheit vieles
zur Ausübung der Pflichten gegen GOtt
bey. Wenn man demnach die Theile der
Welt = Weisheit nur überhaupt ansiehet
und dabey voraus setzet, daß sie auf gehörige Weise abgehandelt worden; so kan
niemand in Abrede seyn, daß einer in den
höheren Facultäten viel besser zu rechte kommen kan, wenn er sich vorher in der Welt=
Weisheit umgesehen und durch diese zu den
höheren Facultäten zubereitet worden. Man
hat solches auch selbst von Seiten der Theologorum in der protestirenden Kirche erkandt, und kan das widrige Urtheil einiger

ger Neulinge um so vielweniger in Betrachtung gezogen werden, je mehr man weiß, wie sie alles auf einen blossen äusserlichen Schein richten und daher ihr Interesse ist die Leute in Unwissenheit zu erhalten, damit sie den Schein von dem Wesen nicht unterscheiden lernen: wie sie allein groß seyn wollen, aber selbst erkennen, daß dieses nur von denen geschehen kan, die in Unwissenheit stecken.

§. 194. Nachdem einige ungeartete Gelehrten Recht zu haben vermeynen das Meinige entweder zu lästern, oder zu tadeln; so haben sich auch einige gefunden, die vorgeben wollen, als wenn von meiner Philosophie die höheren Facultäten nicht die Hülffe haben könnten, die sie bisher von der anderen gehabt; ja deßwegen an höheren Oertern angetragen, man sollte auf den Universitäten meine Philosophie nicht lehren lassen, weil zu besorgen stünde, daß die Studenten ihre Professores critisiren und diese bey ihnen in Verachtung kommen würden, weil durch dieselbe eine allgemeine Verachtung anderer Gelehrten entstünde, dergleichen noch bey keiner Philosophie sich gefunden. Meine Philosophie ist von der gemeinen darinnen unterschieden, daß ich von allem deutliche Begriffe gewähre und die zum Grunde des gantzen Vortrages lege,

*Ob des Autoris Philosophie den höheren Facultäten weniger Hülffe gewähren kan / als sie bisher davon gehabt.*

Warum die Philosophie des Autoris von andern unterschieden.

lege, daß ich keinen Satz annehme, als den ich durch innere Gründe erweisen und durch Erfahrungen bestätigen kan und daß ich alles in einer beständigen Verknüpffung mit einander vortrage, wie das Vorhergehende zum Verstande und Beweise des Folgenden dienet (§. 22.), da man insgemein von vielem gar keine Erklärungen giebet, von andern Dingen aber Erklärungen, die nur den Schein haben keinesweges aber durch innere Merckmahle den Unterscheid der Sache von andern ausdrucken und sie in ihrer Art determiniren; vieles ohne Beweiß annimmet und die Beweise nicht ausführet, sondern nur mit ein paar Worten, ja öffters gar nur mit einem andeutet und endlich die Sachen nicht so ordiniret, wie die Erkäntnis des einen von der Erkäntnis des andern dependiret, sondern wie man es am leichtesten behalten kan, wo man entweder bloß auswendig lernet, oder im Nachdencken sich nicht viel Mühe geben will. Der gantze Unterscheid kommet also hauptsächlich auf den Vortrag an. Ich gehe darauf, daß alles wohl verstanden und als Wahrheit mit einer wahren Uberzeugung erkandt wird: insgemein ist man vergnüget, wenn man nur undeutliche, ja öffters einige dunckele Begriffe von den Dingen hat und einiger massen sich und andere überreden kan, daß

das-

dasjenige wahr sey, was man behauptet, ja
öffters gar nur deßwegen es annimmet,
weil es gilt, indem es diejenigen sagen, die
auf weltliche Macht trotzen, daß sie niemand
meistern darf.    Warum nun die Wahrheit, wenn sie gründlich erkandt und deutlich verstanden wird, nicht mehr den Nutzen
haben soll, den sie gehabt, indem sie nur
undeutlich und obenhin eingesehen wird,
kan ich nicht begreiffen. Ich halte vielmehr
das Gegentheil davor, daß, wenn man alles
in völliger Deutlichkeit verstehet und mit
Uberzeugung als Wahrheit erkennet, auch
dabey nach der Schärffe der Vernunfft-
Kunst seine Urtheile recht einzurichten und
an gehörigem Orte anbringen lernet, man
von der Welt-Weißheit viel grösseren Nutzen in den höheren Facultäten zu gewarten
hat, als wenn man bey der heute zu Tage
einreissenden gar seichten Art zu philosophiren verbleibet.    Man nenne mir eine
Philosophie, die bessere Dienste gewähren
soll; so will ich sie mit meiner confrontiren.
Soll es die Buddische seyn, die so grossen
Nutzen in den höheren Facultäten hat?
Man siehet aus Herrn D. **Buddens** Institutionibus Theologiæ, wie viel sie bey
ihm gefruchtet, und wie er ihr überall selbst
widersprechen müssen.    Von seiner Logick
bekennet er selbst, wenn man sie gleich gelernet, so sey man doch noch nicht dadurch
geschickt

Ob gründ-
licher
Vortrag
nützlicher
als der
gemeine.

Ob die
Buddische
Philoso-
phie in
höheren
Facultä-
ten nutz-
bar.

geſchickt die Wahrheit zu erkennen, ſondern
bleibe ein Patiente am Verſtande: welches
offenhertzige Bekäntnis niemand in Zweiffel ziehen wird, der meine Schutz-Schrifften geleſen. Was meine Philoſophie in
höheren Facultäten nutzet, davon ſind nun,
da die andere Auflage dieſer Nachrichten
heraus kommen, herrliche Proben in allen
Facultäten vorhanden. Und was in der
Theologie ſo einen ungemeinen Beyfall findet und als was beſonders ausnehmendes
angeſehen wird; das iſt durch meine Philoſophie dazu kommen. Ich nenne mit
Fleiß niemanden, da, was in unſeren Bogen vorgehet, jedermann bekandt iſt und
vor Augen lieget.

§. 195. Wer vernünfftig und ohne
Ubereilung urtheilen will, der muß nicht
allein wiſſen, wie er ein Urtheil einzurichten hat, ſondern braucht auch allgemeine
Gründe. Wenn uns in unſerem Amte,
oder auch im menſchlichen Leben etwas vorkommet, davon wir urtheilen ſollen; ſo
müſſen wir ein Grund-Urtheil formiren
und dannenhero wiſſen, wie dieſes einzurichten iſt, ob man den Fördersatz bloß unter der Bedingung der Erklärung, oder unter einer andern annehmen ſoll, und was
man ihm hernach für einen Hinterſatz bey-
zugeſellen hat. Aus dieſem einigen Satze
kan

Die Welt-
Weißheit
macht
einen
geſchickt
ohne
Uberei-
lung und
vernünff-
tig zu
urtheilen.

kan man kein Nach-Urtheil ziehen. Man
muß einen allgemeinen haben und dieser
wird nicht bloß aus den höheren Facultäten,
sondern gar offt, ja bey vielen meistentheils
aus der Welt-Weißheit genommen. Die
Welt-Weißheit zeiget demnach in der Logick, wie man die Kräffte des Verstandes
in Beurtheilung der vorkommenden Sachen zu gebrauchen hat, die übrige Disciplinen gewähren einem die Gründe, die man
zu Försätzen nöthig hat, und, indem
man sie gründlich studiret, erhält man das
Vermögen die Regeln der Logick in vorkommenden Fällen ohne Anstoß anzubrin-
gen. Ich will ein bekandtes Exempel ge- **Exempel.**
ben. Man fraget: ob ein Comet etwas
bedeuten könne, das ist, ob es möglich
sey, daß er eine Bedeutung habe. Einer
antwortet ja, der andere nein. Beyde
führen einen Grund ihres Urtheiles an, a-
ber ein jeder hat wider des andern seinen
etwas zu sagen. Dadurch kommet es zum
disputiren und endlich verwirret man sich
so darinnen, daß man selber nicht mehr
weiß, wie man heraus kommen soll. Und
dann kommet der dritte, der klüger seyn
will, als die andern, und behauptet, man
könne gar nichts gewisses davon sagen,
weil er nemlich nicht siehet, wer von den
streitenden Partheyen Recht haben soll.
Wie macht es nun einer, der die Welt-

Weißheit gründlich studiret. Der hat gelernet, man müsse von einer jeden Sache
aus ihren Begriffen urtheilen, oder aus
denen Säzen, die daraus hergeleitet worden, weil man nicht jederzeit die Begriffe
unmittelbahr anbringen kan, und in der
That dasjenige auch zu dem Begriffe einer Sache gehöret, was sich aus ihm durch
richtige Folge herleiten lässet. Und demnach erkennet er, man müsse auch hier aus
dem Begriffe von der Möglichkeit urtheilen, ob der Comet eine Bedeutung haben
könne oder nicht. Nun weiß er, wenn
er die Ontologie gelernet, daß dasjenige
unmöglich sey, was einen Widerspruch
in sich enthält. Und demnach ist ihm klar,
es komme darauf an, ob man erweisen
könne, die Bedeutung, sie mag nun gut,
oder böse seyn, widerspreche einem von
demjenigen, was man dem Cometen seinem Wesen und seinen Eigenschafften nach
beylegen muß. Und solchergestalt wird
mir die so verachtete Ontologie ein Licht,
welches mir den Weg weiset, wo ich mich
zu rechte finden kan. Denn nun erkenne
ich, ehe sich urtheilen lässet, ob der Comet eine Bedeutung haben könne, oder
nicht; so müsse man für allen Dingen dahin trachten, daß man eines und das ander mit Gewißheit erkennet, was den
Cometen zukommet. Wer nun nach diesem
unter-

untersuchen will, was von ihnen mit Gewißheit angegeben wird, ja nachdem ferner,
ob die Bedeutung einen Widerspruch mit
demselben in sich enthält, der hat im ersten
Falle die Regeln der Logick, im andern den
Begriff des Widerspruches vonnöthen,
den die Ontologie abermahls wie vorhin
den Begriff des unmöglichen gewähret.
Und so siehet man, wie man keine Ubereilung zu besorgen hat, wo man die Welt-
Weißheit gründlich gelernet; sondern wie
man vielmehr dadurch erkennen lernet, ob
man in dem Stande ist vernünfftig zu urtheilen, oder nicht, und wie man es anzufangen hat, damit man ein gegründe-
tes Urthel heraus bringet.    Man hat aus
dem Streite, den meine Widerwärtigen
angefangen um ihre bey der unparheyischen
Welt verhaßte Art zu verfolgen, woferne
es angehen wollte, zu bescheinigen, zur
Gnüge ersehen, wie man sich im Urtheilen
übereilet und verwirret, daß man sich entweder gar nicht zu rechte finden kan, oder
mit elenden Sophistereyen behilfft, darinnen Unwahrheit zum Grunde gesetzt
wird und doch kein vernünfftiger Schluß
darinnen ist, wo man entweder gar keine
Philosophie studiret, oder die seichte, welche um bey der Menge Beyfall zu erhalten
nach den Regeln der Faulheit eingerichtet
worden.

*Wie sich die Feinde des Autoris bloß gegeben.*

§. 196. Wer die Logick gelernet hat, der weiß, was dazu erfordert wird, wann man eine Sache verstehen soll. Es ist ihm bekandt, daß man einen Begriff von einer Sache haben muß, damit man daraus ersiehet, unter welche Art der Dinge sie gehöret. Es ist ihm nicht minder bewust, daß man entweder durch die Erfahrung, oder durch eine Demonstration erkennen muß, ob etwas einer Sache mit Recht und zwar entweder vermöge seiner Erklärung, oder gewisser Umstände halber beygeleget werde. Es ist ihm auch nicht verborgen, daß die besondere Urtheile in vorkommenden Fällen nichts anders als ein Satz sind, der aus einem allgemeinen Urtheile entweder wegen der Definition, oder der vorhandenen Umstände halber geschlossen wird. Wer die Logick verstehet, wie sie von mir abgehandelt worden, der wird an keinem zweiffeln, was hier gesaget wird. Wer die Welt-Weißheit so erlernet, wie es die Vorschrifft der Regeln in der Logick erfordert; der erlanget eine Fertigkeit diese Regeln zu gebrauchen und folgends zu urtheilen, ob man in einem vorkommenden Falle einen Begriff habe, daraus man urtheilen kan, unter welche Art der Dinge die vorkommende Sache gehöre; ob die Sätze, welche er gelernet, nach ihren Erklärungen und anderen accuraten

*Es wird weiter ausgeführet.*

*Beweiß wie durch die Philosophie die Gabe gründlich zu urtheilen erhalten wird.*

raten Determinationibus oder Bedingungen eingerichtet sind und ob der Beweiß eine
völlige Uberzeugung gewähre; ob er in einem vorkommenden Falle einen allgemeinen Satz habe, den er anbringen kan.
Wo er nun findet, daß es ihm entweder
an Begriffen, oder an allgemeinen Urtheilen, die gehöriger Weise eingerichtet sind,
oder auch an der Einsicht in die allgemeine Wahrheiten fehlet, dadurch man sie
als Wahrheit erkennet; da enthält er sich
seines Urtheiles, oder zeiget auch wohl die
Ursachen an, warum er sich nicht in dem
Stande findet zu urtheilen, ob das Wahrheit sey, was man behauptet, oder nicht.
Und also findet bey ihm keine Ubereilung
statt. Da er nun aber ferner nicht eher
urtheilet, als bis er aus dem ihm beywohnenden Begriffe ersehen kan, unter was für
eine Art der Dinge eine Sache gehöret, und
ihr nichts beyleget, als was ihr entweder
vermöge ihres Begriffes, oder gewisser Bedingungen halber beygeleget werden muß;
der urtheilet vernünfftig. Denn keine andere Art als diese ist vorhanden, wo man
vernünfftig urtheilen will (§. 29.). Es ist
demnach die Welt = Weißheit das Mittel,
wodurch man die einem Gelehrten höchst
nöthige und so anständige Gabe ohne Ubereilung und vernünfftig eine Sache zu beurtheilen erhält. Und es rächet sich leider!

die

**Wie sich die Verachtung der Welt-Weißheit rächet.**

die Welt-Weißheit an denen, welche sie verachten, oder nicht tauglich studiren, zur Gnüge in diesem Stücke, daß sie sich in ihren Urtheilen allzusehr übereilen und von Dingen zu urtheilen unternehmen, denen sie nicht gewachsen sind, folgends bey Verständigen sich prostituiren. Man darf nicht weit Exempel herhohlen, meine Widersacher geben mehrere, als mir lieb ist, und da sie es nicht erkennen oder vielmehr bekennen wollen, fallen sie immer tieffer darein und verrathen sich noch mehr.

**Die Welt-Weißheit macht redliche und aufrichtige Leute.**

**Beweiß für Verständige.**

§. 197. Wo das innere mit dem äusseren überein kommet, da handelt man aufrichtig, und wo man nach der Wahrheit mit andern umgehet, da handelt man redlich. Wer die Welt-Weißheit auf eine gründliche Weise studiret, der hat die Gabe ohne Übereilung und vernünfftig von einer Sache zu urtheilen ( §. 69), und die Moral und Politick gewähret ihm die Gründe, wenn er von dem, was gut oder böse, was zu thun und was zu lassen ist, urtheilen soll. Derowegen ist kein Zweiffel übrig, daß er nicht die Wahrheit einsehen sollte. Er ist auch versichert, daß andere die Wahrheit einsehen, die von geübtem Verstande sind, und ihnen nicht verborgen, daß er in diesem Falle die Wahrheit einsehen muß. Derowegen wenn

wenn er bloß als ein vernünfftiger Mensch
handelt, und die Erkäntnis des allwissen-
den GOttes, davon er doch auch durch die
Welt-Weißheit überzeuget wird, nicht
mit in Betrachtung ziehet, vielweniger
auf die Bewegungs-Gründe acht hat, die
ihm das Christenthum gewähret; so schämet er sich schon vor seinem eigenen Gewissen und für der verständigen und unpartheyischen Welt, daß er mit seinem Nächsten anders als nach der Wahrheit handeln sollte. Da es nun aber nicht angehet, daß er GOtt und seinen Heyland aus
den Augen setzen sollte in solchen Fällen,
wo ihn selbst die Vernunfft hintreibet; so
muß ein Welt-Weiser, der zugleich in der
Erkäntnis GOttes fest gesetzet und von den
Wahrheiten der christlichen Religion überzeuget ist, noch vielmehr darauf sehen,
daß er nach der Wahrheit in seinen Handlungen mit andern verfähret, indem er sich
auch in seinem Gewissen für GOtt schämet,
und aus Liebe gegen ihn und seinen Erlö-
ser besorget ist, daß er nichts thue, als
was er für wahr erkennet. Und aus gleich-
mäßigen Ursachen handelt er überhaupt
nach der Wahrheit, die er erkennet. Derowegen ist er in allem seinem Thun und
Lassen aufrichtig und gehet mit seinem
Nächsten redlich um. Wer nicht so viel
Einsicht hat, daß er aus den angeführten

Grün-

Beweiß
für Leute
von enger
Einsicht.

Gründen überzeuget werden könnte, dem
kan man es auch nach seiner engen Einsicht,
begreiflich machen. Man siehet es unter
den Gelehrten, wie sie es gar nicht wollen
an sich kommen lassen, daß sie sich in ihrem
Urtheile übereilet, und daher auf Thorheit und Laster gerathen, damit sie sich retten und andere überreden wollen, daß sie
recht haben. Wir dörffen abermahls die
Für die
Feinde des
Autoris.
Exempel nicht weit hohlen: meine Widersacher geben mehrere, als mir lieb ist,
und die Verständigen so in die Augen fallen, daß sie anzuzeigen überflüßig wäre.
Wie nun diesen lieben Leuten angst und
bange wird, wenn sie gestehen sollen, daß
sie sich in ihrem Urtheile übereilet, und
wünschen, daß sie die Sache nicht angefangen hätten, absonderlich wenn sie sehen,
es wolle sich nicht die gantze Welt so äffen lassen, wie sie sichs nach ihrer engen
Einsicht anfangs eingebildet; so dörffen sie
nur gedencken, daß Leuten von geübtem
Verstande eben so bange wird, wenn sie
wider die Wahrheit handeln sollen und
mit ihren Handlungen von aussen anders
vorgeben, als sie es meynen. Denn es
kommet auch hier auf ein Urtheil an, welches sie nemlich von der Beschaffenheit der
Handlung fällen, und sie sehen Verständige nicht für so einfältig an, daß sie sich
durch Verstellungen blenden liessen. Da
sie

sie nun keine verdorbene Sachen haben,
die sie durch Vorstellung gut machen dörff=
ten; so handeln sie auch nach der Wahr=
heit, wie sie die Sache einsehen und wie
es ihre wahrhaffte Meynung ist.

§. 198. Insonderheit giebet auch die
Welt=Weißheit, wenn sie gründlich ab=
gehandelt wird, die sicherste Waffen in
die Hand, damit man Atheisterey und Pro=
fanität besiegen kan.      Wer nur obenhin
verfahren will, der richtet nichts aus; son=
dern machet nur übel ärger.      Es ist besser
gar keinen Beweiß führen, als einen Be=
weiß vorbringen, der gar nicht ausge=
führet wird, und dabey man vieles annim=
met, was man nicht erweiset, und davon
doch der andere den Beweiß mit Recht
fordert.      Denn man stärcket den andern
bloß in seinem Irrthume, indem er ver=
meynet, man könne keinen tüchtigen Be=
weiß führen.      Will man nun gar mit dem
Schwerdte darein schlagen und soll die
weltliche Macht die Fördersätze der Schlüs=
se probiren, die man beweisen soll und
doch nicht kan; so wird der andere in sei=
nem Irrthume noch mehr verstärcket. Eben
diejenigen befördern die Atheisterey, wel=
che darwider mit ohnmächtigen Waffen
streiten und meynen, es sey damit ausge=
richtet, wenn sie die Atheisten schelten und
ihre Beweißthümer rühmen, wie kräff=

Welt=
Weißheit
des Auto=
ris giebet
die sicher=
sten Waf=
fen die
Profani=
tät zu be=
siegen.

Wie Anti=
Atheisten
die Athei=
sterey frey
befördern.

tig und überzeugend sie sind. Wie ich
selbst in keiner Sache mir etwas einloben,
oder abschelten lasse, sondern alles selbst
gehöriger Weise untersuche, ob ich es als
Wahrheit erkennen kan, oder nicht, auch
mir angelegenseyn lasse die Wahrheit, wel=
che ich erkandt, dergestalt vorzutragen,
damit sie von einem fähigen und begierigen
Leser als Wahrheit erkandt wird; so habe
ich es auch in dieser wichtigen Materie ge=
macht, wie sonst, und alles auf das ge=
naueste untersucht, was nur wider die Be=
weise, welche man wider die Atheisterey
und Profanität führet, eingewendet wer=
den mag, damit ich alles aus dem Wege
räumete, was nur hinderlich seyn möchte
sie völlig zu besiegen. Ich verlange mir
nichts zu erbetteln; denn man richtet we=
nig aus, wo man sich einige Gründe er=
betteln will, damit man wider Leute, die
zur Atheisterey und Profanität geneigt sind,
einen Beweiß führen kan. Ich habe, wie
nirgends, also auch hier nicht die Gewohn=
heit, dasjenige, was eingewendet wird,
nur zu verlachen. Meine Art ist es des
Gegners Einwürffen alle force zu geben,
die man ihnen nur geben kan, und sie als=
denn erst über den Hauffen zu werffen. So
siehet man, daß man nicht zaghafft ist,
sondern behertzt an den Kampff gehet. Man
erkennet, daß man ehrlich und aufrichtig
ist

*Wie der Autor ge= gen die Atheisten verfähret*

ist und daß es einem um die Warheit zu thun
sey. Meines Erachtens richtet man auf
diese Weise mehr aus, als wenn man auf
wiedrige Weise verfähret. Damit man
nun aber die Waffen genauer kennen lernet, die ich gewähre; so will ich eines und
das andere insbesondere anführen.

§. 199. Wer daran zweiffelt, ob ein
GOtt sey, oder nicht, bey dem lieget es
entweder am Verstande, oder am Willen.
Am Verstande lieget es, wenn er in den
Gedancken stehet, mann könne die Existentz
GOttes nicht erweisen, sondern habe vielmehr Gründe dargegen. Am Willen hingegen lieget es, wenn man sich einbildet,
das natürliche Gesetze sey einem zur Last geleget, und, wenn kein GOtt wäre, möchte man leben, wie man wolle. Wer in
den Gedancken stehet, man könne die Existentz GOttes nicht erweisen, der weiß, was
zu einem überzeugenden Beweise erfordert
wird aus der Logick und hat durch Ubung
eine Fähigkeit erreichet nach denen daselbst
vorgeschriebenen Regeln ihn zu beurtheilen.
Derowegen wenn man unausgeführte Beweise, darinnen vieles angenommen wird,
so vorhero erwiesen werden muß, woferne
einer überzeuget werden soll, einem für die
kräfftigsten Beweißthümer aufdringen will;
so kan es nicht anders seyn, als daß er an
der Sache zweiffelt, indem der Verstand
zum

Der Au-
tor wirfft
die Athei-
sterey
gäntzlich
zu Boden,
wo sie von
einem
Fehler des
Verstan-
des her-
rühret.

Wie die-
ser Fehler
erzeuget
wird.

zum Beyfall sich nicht zwingen lässet, und
zwar um so viel weniger, je mehr er deutlich einsiehet, was ihm noch im Wege stehet, daß er nicht Beyfall geben kan, und
man ihm entweder durch Loben einreden,
oder durch Schelten und Bedrohungen,
ja gar durch äusserliche Gewalt als etwas
Sonnen-klares aufdringen will. Woferne man nun nicht leiden will, daß Leute,
die ihnen angelegen seyn lassen die demonstrativische Lehr-Art einzusehen und sich bemühet eine Fertigkeit zu erreichen dieselbe
auch ausser der Mathematick anzubringen,
dasjenige, was angenommen wird, weiter ausführen und den Beweiß auseinander wickeln, wie sichs zur Uberzeugung für
einen geübten Verstand gehöret; so werden die Zweiffel nicht gehoben und kan man
den irrenden nicht zu rechte bringen. Er
bildet sich vielmehr ein, er sey starck am
Verstande, indem er er sehe, was zu einem
überzeugenden Beweise noch fehlet, da andere vermeynen, es fehle nicht das geringste mehr dazu, sondern sey alles vollständig

**Wie der Autor demselben abgeholf-fen, da er 1.) die Gründ-lichkeit**

vorhanden. Damit nun diesem Mangel
abgeholffen würde; so habe ich mir angelegen seyn lassen die natürliche Erkäntnis von
GOtt auf eine demonstrativische Art auszuführen. Und daß ich mich nicht in einer
so wichtigen Sache übereilen möchte, habe
ich nicht allein die Mathematick der Lehr-
Art

Art halber studiret, sondern auch insonderheit darauf acht gehabt, wie dieselbe beschaffen, wo man die Beweise auf das or-
dentlichste und vollständigste vorträget: wie
man dieses zur Gnüge, insonderheit aus
den lateinischen Elementis Matheseos ersehen kan.     Damit man aber nicht ferner
einwenden könte, man suchte die mathematische Lehr-Art am unrechten Orte anzubringen; so habe ich sowohl in dem Lexico
Mathematico unter dem Worte *Demon-*
*stratio*, als auch nach diesem in der Metaphysick gezeiget, daß die natürliche Art zu
dencken, die wir alle Augenblicke brauchen,
nach eben den Regeln geschehe, nach welchen der mathematische Vortrag eingerichtet wird, ja ich habe ferner gewiesen, daß
die künstliche Logick nichts anders sey als
eine deutliche Erklärung der natürlichen,
und der mathematische Vortrag in einer steten Ausübung derselben bestehe.     Ja damit man destoweniger an der Richtigkeit
des Vortrages zu zweiffeln hätte; so habe
ich gleich anfangs ausgemacht, woher uns
die grosse Gewißheit kommet, daß wir sind,
und gezeiget, wie dieselbe auf eben dem
Grunde beruhet, worauf die Gewißheit
unserer Erkäntnis beruhet, die wir davon
haben, daß wir sind.     Bildet sich jemand
ein, ich habe nicht in allem das vorgesetzte
Ziel erreichet; der mache es besser und ersetze

*des Vor-
trages
ausser
Zweiffel
gesetzet.*

*Erinne-
rung.*

ke, was seiner Meynung nach noch fehlen soll. Mir wird lieb seyn, wenn jemand alles noch deutlicher und gewisser machen kan, und ich werde mich freuen, wenn mein Saame in einem fremden Garten gute Früchte bringen wird: denn es wird doch kein Unpartheyischer in Abrede seyn können, daß ich in dieser wichtigen Materie nicht ohne Nutzen gearbeitet habe. Und wenn ein Atheist was aussetzen will; so fordere man nur von ihm, er solte von seiner Meynung nach dieser Forme seine Gedancken aufsetzen. Ich bin versichert, man wird ihm alsdenn überflüßig zeigen können, daß er seine Meynung noch lange nicht auf eine solche Art demonstriren könne, als ich verfahren, und folgends Ursache habe von unzulänglichen Beweisen stille zu schweigen. Man lese in der Metaphysick das Capitel von GOtt und erwege dabey alles, was aus dem vorhergehenden angeführet wird; so wird man überflüßg erkennen, was ich hier geschrieben.

Was nun ferner die Gründe betrifft, welche die Atheisten vor sich zu haben vermeynen, warum sie nicht zugeben könten, daß ein GOtt sey; so lasse ich mich bedüncken auch in diesem Stücke ein mehreres gethan zu haben, als bisher von andern geschehen. Der Grund der Atheisterey ist die Selbständigkeit der Welt, und diese räumet man ein, weil man

2.) Den rechten Grund der Atheisterey über einen Hauffen geworffen.

man sie für unvermeidlich nothwendig hält.
Mit der Selbständigkeit ist die unvermeid=
liche Nothwendigkeit verknüpfft; aber nicht
mit dieser jene. Und demnach begehet man
im Raisoniren schon einen Fehltritt, wenn
man von der Nothwendigkeit auf die Selb=
ständigkeit schleußt. Jedoch kan man nicht
leugnen, daß, wenn die unvermeidliche Noth=
wendigkeit erwiesen wäre, man auf die
Selbständigkeit mit einiger Wahrscheinlich=
keit schliessen könte. Und deswegen ist die
Selbständigkeit jederzeit für die Stütze der
Atheisterey gehalten worden; keinesweges
aber die Ewigkeit. Denn die Anfänger
lernen aus Scherzers Systemate Theologiæ und aus andern, daß man einen des=
wegen nicht könne für einen Atheisten hal=
ten, weil er die Ewigkeit der Welt behaup=
tet. Die Ursache ist leicht zu errathen,
weil die meisten von den alten Theologis
davor gehalten, es sey möglich, daß GOtt
die Welt von Ewigkeit hätte erschaffen kön=
nen: welcher Meynung auch Herr D.
Budde in seiner Philosophie beypflichtet,
ob er sie zwar in seiner Theologie verwirfft.
Ich habe demnach die Selbständigkeit der
Welt über den Hauffen geworffen, indem
ich in der Cosmologie (§. 561. usque ad §.
581. Met.) erwiesen, daß die gantze Welt
und alle ihre Begebenheiten, ja auch ihre
Ordnung zufällig ist, und die Gründe der
Fata=

Fatalisten widerleget, indem ich gewiesen,
daß die Nothwendigkeit der Natur keine
unvermeidliche Nothwendigkeit, sondern
nur eine Nothwendigkeit unter einer Bedingung sey. Was demnach unsere Gottes-Gelehrten bekräfftiget, das habe ich nach
dem demonstrativischen Vortrage ausgeführet, eben zu dem Ende, damit man die
Atheisten überzeugen kan, daß, wenn sie nicht
wider die Vernunfft handeln wollen, sie
ihre Lehren annehmen, keinesweges aber
verwerffen müssen. Daß ein Satz nicht
demonstrativisch erwiesen worden, deswegen hat man, weder den Satz, noch den
Beweiß zu verwerffen Ursache. Man muß
erst zusehen, ob der Beweiß etwas wider-
sprechendes in sich enthält. So lange man
dieses nicht zeigen kan, verwirfft man den
Beweiß und den Satz aus Übereilung.
Man muß auch nicht von seinem Unvermögen auf die Unmöglichkeit der völligen
Ausführung schliessen. Was uns nicht
angehet; das kan einem andern wohl möglich seyn. Man überlege demnach die Art
meines Verfahrens, wie man will; so wird
ein Atheist nicht allein dasselbe höchst billigen, sondern auch zugleich nichts dargegen
zu erinnern finden. Diejenigen, bey denen
es am Verstande lieget, daß sie entweder
zweiffeln, ob ein GOtt sey oder nicht, oder
auch wohl gar leugnen, sind unter die Jr-
renden

*Erinne-*
*rung we-*
*gen Uber-*
*eilung ei-*
*nen Satz*
*zu ver-*
*werffen.*

*Wie man*
*Irrende*
*zu rechte*
*bringet.*

renden zu rechnen. Wenn man aber einen Irrenden zurechte bringen will, so muß man ihn unterrichten. Mit Schelten und Drohen bringet man keinen Beyfall zu wege. Man muß auch bloß behaupten, was wahr ist, und erweisen, daß es wahr sey. Denn sonst macht man sich gleich verdächtig, daß man entweder nicht fähig sey die Sachen einzusehen, oder keine Liebe zur Wahrheit habe.

§. 200. Wie ich nun aber es an dem rechten Orte angefangen wie ich die Atheisterey besiegen wollen, die als ein Fehler des Verstandes anzusehen; so habe ich mich auch nicht ohne Uberlegung an diejenigen gewaget, bey denen sie von dem Willen herrühret. Diese sehen das Gesetze als eine Last an und vermeynen, wenn kein GOtt wäre, so gelte alles gleich viel, wie man lebte. Da sie nun wünschen, daß kein GOtt seyn möchte; so gehet es nach dem gemeinen Sprichworte: was einer am liebsten will, das glaubet er am ersten. Und diesen sind gleich überzeugende Beweise für die Atheisterey, darinnen sie vieles annehmen, was sie nicht erweisen können, und die sie auseinander zu wickeln keineswegs im Stande sind. Damit ich nun auch die Atheisterey in diesem Stücke besiegen möchte, so habe ich den Grund davon über den Hauffen geworffen. Ich habe §. 53. & seqq.

*Der Autor wirfft auch die Atheisterey zu Boden, wo sie vom Willen herrühret.*

*Woher dieser Fehler kommet.*

*Wie der Autor den Grund davon über den Hauffen wirfft.*

N n

seqq. Mor.) gewiesen, daß das Gesetze das
Mittel ist, wodurch unsere Glückseligkeit
befördert und ein Mensch, wenn er als ein
vernünfftiger Mensch, und nicht wie ein
Viehe leben will, seine Handlungen darnach einrichten müsse, auch wenn es möglich wäre, daß kein GOTT wäre. (§. 20.
21. Mor.). Es ist nicht zu leugnen, daß
ein Mensch diesen Vorstellungen widerstehen und aus Halsstarrigkeit in seiner Boßheit verbleiben kan: allein es ist hier nicht
anders als wie in allen übrigen Fällen, wo
man mit dem Willen zu thun hat. Der
Wille lässet sich nicht zwingen, sondern
nur lencken: denen Lenckungen aber kan der
Mensch widerstreben. Unterdessen wenn
den Menschen von Kindheit auf dieses feste
eingepräget würde; so würden sie nicht auf
die Thorheit gerathen, daß eine Glückseligkeit darinnen bestünde, wenn sie leben möchten, wie sie wolten, und daher das Gesetze
nicht als eine Last ansehen. Damit aber
der Mensch um so viel weniger auf diese
Thorheit gerathen kan, als wenn es besser
um ihn stünde, wenn kein GOtt wäre; so
habe ich in der Moral (§. 673. 675. Mor.)
ausgeführet, wie die Erkäntnis GOttes
nicht allein dazu dienet, daß er seine Handlungen dem Gesetze der Natur gemäß und
also zu seiner Glückseligkeit desto leichter einrichtet; sondern auch (§. 729. 730. 731.
736.

736. &c. Mor. ) wie sie selbst das Gemüthe
des Menschen in ein dauerhafftes Vergnügen und eine unveränderliche Freude verse-
tzet, worinnen die wahre Glückseligkeit bestehet. Hierdurch wird man überzeuget,
daß es um einen Menschen, welcher glaubet, daß ein GOtt sey, viel besser stehet,
als um einen andern, der entweder zwei-
felt, ob ein GOtt sey, oder ihn gar verleugnet, oder wenigstens seine Erkäntnis
zur Besserung des Willens nicht anwendet. Ich sehe demnach nicht, was ich
auch in diesem Stücke vergessen hätte,
welches den Grund des Atheismi practici
zerstöhren kan. Ich habe aber hierinnen
gleichfals dasjenige wider die Atheisten ausgeführet, was die Gottesgelehrten als ein
Grund wider den Atheismum practicum erkandt, indem sie den Grund der freyen
Handlungen warum sie gut oder böse sind
in der Natur und gegenwärtigen Ordnung
derselben gesucht.

§. 201. Es ist nicht genug, wenn man
einen überführet, daß ein besonderes Wesen seyn müsse, welches die Welt hervorgebracht und erhält; man muß auch mit
eben der Gewißheit erkennen, daß es diejenigen Eigenschafften hat, welche wir
Christen ihm aus dem geoffenbahrten Worte GOttes beylegen. Denn die Heyden
haben auch erkandt, daß ein GOtt sey; aber

*Der Au-
tor hat
angewie-
sen, wie
man den
wahren
GOtt fin-
den, und
ihn als ei-
nen GOtt
verehren
soll.*

ihn

ihn nicht finden können; sondern sie sind eitel worden in ihren Gedancken und haben eine Gottheit erdichtet, die nichts weniger, als die wahren Eigenschafften des göttlichen Wesens an sich hat. Die Sineser haben mit den Heydnischen Irrthümern nichts mögen zu thun haben; sie sind aber dabey in der Unwissenheit stecken blieben und haben die Eigenschafften GOttes nicht erkandt, vielweniger zur Tugend angewandt, da sie doch so begierig waren diese in den höchsten Flor zu bringen: wie ich insonderheit in den Anmerckungen zu der Rede von den Sinesern erst neulich gewiesen habe. Nachdem ich also ausgemacht, daß ein GOtt sey; so habe ich ferner gewiesen, daß er einen unermeßlichen und unendlichen Verstand (§. 955. Met.), einen freyen Willen (§. 980. Met.) und eine gantz unumschränckte Macht (§. 1020. & seqq. Met.) besitze. Daß er allwissend sey (§. 972. Met.) und alles, auch die freye Handlungen der Menschen vorher wisse (§. 969. Met.): daß er die allerhöchste Vernunfft (§. 974. Met.) und die gröste Weißheit hat (§. 1036. Met.) daß er im höchsten Grade gütig (§. 1063. Met.), und doch dabey gerecht, ja der Allergerechteste (§. 1084. Met.): daß er ist der Schöpffer (§. 1053. Met.) und Erhalter der Welt (§. 1054. Met.), der sowohl das Wesen der Dinge von Ewigkeit her ausgedacht

**Warum dieses nothwendig.**

**Wie es der** Autor **bewerckstelliget.**

gedacht (§. 975. Met.), als auch ihnen, da
sie bloß durch die Krafft seines Verstandes
möglich waren, durch seine Allmacht die
Würcklichkeit ertheilet (§. 988. 1020. 1021.
Met.), und nach seiner Weißheit alles so
eingerichtet, daß nichts von ohngefehr kommet, welches er nicht in seinem ewigen
Rathe vorher bedacht hätte ( §. 1037.
Met.) und die Welt ein Spiegel seiner Vollkommenheit ist (§. 1046. Met.): daß er zum
Bösen nichts beyträget (§. 1056. Met.),
sondern es blos zuläßet ( §. 1057. Met.)
aus gerechten Ursachen ( §. 1058. Met.)
und es zum Besten dirigiret (§. 1060.
Met.): daß er unendlich (§. 1072. Met.),
unveränderlich (§. 1073. Met.) und der allein Selige (§. 1086. & seqq. Met.), ein
einiger GOtt (§. 1080. Met.) und der voll-
kommenste Geist sey (§. 1083 Met.). Gleichwie es nun eine Gottes-Lästerung ist, wenn
man dieses Wesen nicht für den wahren
GOtt erkennen will, ich auch noch keinen
Gottesgelehrten gefunden, der ein anderes
Wesen als dieses für den wahren GOtt
ausgegeben; so habe ich auch davor Sorge getragen, daß alle diese Eigenschafften
aus eben dem Grunde erwiesen würden,
daraus wir die Existentz GOttes erkandt.
Denn da ich gewiesen, daß die Welt als
ein zufälliges Wesen keinen zureichenden
Grund in sich habe, und wir demnach ein

*Aus was für Grün- den die Eigen- schafften GOttes zuerwei- sen.*

von ihr unterschiedenes einräumen müssen,
darinnen wir ihn finden können; so kommet der gantze Beweiß darauf an, daß ich
ausführe, woferne wir nicht alle diese bisher erzehlete Eigenschafften und, was ferner
davon dependiret, GOtt zueignen, wir
keinen zureichenden Grund haben, warum
die Welt vielmehr so, als anders sey, oder
(wie man accurater redet) warum vielmehr
diese, als eine andere Welt ihre Würcklichkeit erreichet. Ich mache demnach die allgemeine Betrachtung der Welt zu einer
Leiter, darauf wir zu GOtt hinauf steigen
und führe aus, was der Apostel (Röm. 1.
20.) saget, daß GOttes unsichtbahres Wesen aus den Wercken der Schöpffung erkandt werde. Ja damit die Erkäntnis des
wahren GOttes auch bey dem Menschen
fruchtbar wird; so zeige ich in dem dritten
Theile der Moral, wie der Mensch ein
Werckzeug der Ehre GOttes wird, ihn
liebet, fürchtet, ihm vertrauet, mit seiner
Regierung in allem zufrieden ist, und in
allem Anliegen ihn anruffet und für alles
Gute dancket, wenn er die Eigenschafften
GOttes als Bewegungs-Gründe seiner
Handlungen gebrauchet.

*Wie sie zu unserm Wandel einen Zufluß haben.*

§. 202. Wenn man etwas durch Vernunfft-Schlüsse erkandt hat; so fället es
einem angenehm, woferne man auch desselben durch die Erfahrung versichert wird.
Denn

*Der Autor hat gewiesen, wie man sich in der*

Denn dadurch wird man überzeuget, daß man in seinen Schlüssen keinen Fehltritt gethan, und folgends in der Gewißheit seiner Erkäntnis bestätiget. Weil nun an der Erkäntnis GOttes gar viel gelegen ist; so habe ich auch ausführlicher, als bisher von jemanden geschehen, gewiesen, wie man durch die Betrachtung der natürlichen Dinge als durch sichere Proben sich der Eigenschafften GOttes immer mehr und mehr versichern kan, und eine Theologiam experimentalem gegeben, darinnen GOttes unsichtbares Wesen in den Wercken der Schöpffung vor Augen gestellet wird (S. 187). Und damit man niemahls müde würde seine Zeit mit der Erkäntnis GOttes zuzubringen, sondern beständig anhielte sich immer mehr und mehr darinnen zu befestigen, indem sie das grosse Mittel der Gottseligkeit ist, wodurch der Mensch in seinem Thun und Lassen ein Werckzeug der Ehre GOttes wird; so habe ich nicht allein (§. 8. & seqq. Phys. II. gezeiget, wie man jede von den Eigenschafften GOttes aus der Betrachtung der natürlichen Dinge erkennet, sondern auch die Dependentz eines jeden Dinges von GOttes Eigenschafften aus den allgemeinen Eigenschafften eines Dinges gewiesen (§. 205. Annot. Met.), dergleichen man bisher noch nicht angemercket. Und hierdurch habe ich es mög-

Erkäntnis GOttes feste setzen kan.

Wie jedes Ding zur

**Betrach-**
**tung Got-**
**tes dienet.** möglich gemacht, daß der Mensch bey einem jeden Dinge, was ihm in der Natur vorkommet, eine Betrachtung der göttlichen Eigenschafften anstellen kan, und solchergestalt von einerley Wahrheit immer auf eine andere Art überzeuget wird. Ich habe aber hierbey nicht bloß auf zufällige Gedancken gewiesen; sondern die Sache so angegeben, daß sich alles, was man erweget, durch die bündigsten Schlüsse vor dem schärffsten Richter-Stuhle der Vernunfft justificiren lässet und diejenigen, welche sich am Verstande starck zu seyn düncken, nichts daran aussetzen können.

**Erinne-**
**rung.** Ich habe auch erinnert (§. 8. c. 12. Log.), daß die Wercke im Reiche der Gnaden eben solchen Nutzen haben, den ich von den Wercken der Natur ausgeführet. Und wäre nun gut, wenn man auch die göttliche Wahrheiten in eine solche Verknüpffung setzte, wie ich die natürlichen gebracht, und sie sowohl zur Bestätigung der Erkäntnis GOttes als zur Tugend-Ubung anwendete, wie bey den natürlichen gethan.

**Der Au-**
**tor hat**
**durch die**
**Philoso-**
**phie zur** §. 203. Ich habe es dabey nicht bewenden lassen, daß ich die Gründe der Atheisterey über den Hauffen geworffen und die natürliche Religion feste gestellet; sondern ich habe auch zugleich zu der christlichen Reli-

Religion auf vielerley Weise den Weg gebahnet. Ich rechne hieher 1. daß ich verschiedene Lehren erwiesen, die in der Christlichen Religion behauptet, zum Theil aber
den Feinden der Religion schwer eingehen,
zum Theil verlachet werden. Unter die
erste Art rechne ich die, daß die Welt aus
nichts erschaffen worden, wie dann die
Heyden lieber eine ewige Materie erdichten, als die Schöpffung aus nichts zugeben wollen. Ich habe diese zu behaupten in der Cosmologie die innere Beschaffenheit der Elemente untersucht, so weit
als es zu dieser Absicht zureichend, und
die Dependentz der Cörper davon begreifflich gemacht, nach diesem aber an seinem
Orte (§. 24. 25. Phys. II.) gewiesen, wie
daraus die Beschaffenheit der erschaffenden
Macht GOttes ersehen werden mag.
Und ich habe noch andere Gründe gewähret,
die Leute von Fähigkeit zu dem Zwecke brauchen können. Wenn Leute von Verstande und Redlichkeit über meine Schrifften
kommen, die werden, wie ich, gantz andere Lehren daraus folgern, als die ab-
geschmackte Consequentien meiner Widersacher sind, denn sie nehmen meine Sätze
in ihrem rechten Verstande an, den sie haben, und folgern daraus nichts als durch
bündige Schlüsse. In die andere Classe
setze ich, daß man als göttliche Straffen

*Christlichen Religion den Weg gebähnet / 1. indem er verschiedene Lehren erwiesen / als die Erschaffung der Welt aus nichts.*

*Die göttliche Straffen*

Nn 5 und

und Belohnungen ansehen kan, was nach dem ordentlichen Lauffe der Natur erfolget, und, wie bey den Bösen eine Straffe seyn kan, was den Frommen aus Liebe von GOtt über sie verhänget wird. Es ist leyder! bekandt genug, wie viele auch unter den Christen dieses verlachen und es für eine Postillen-Wahrheit ausgeben: welches nicht wenig Schaden thut, indem daher Anlaß genommen wird nicht allein viele Warnungen der Prediger in den Wind zu schlagen, ja die Prediger selbst deswegen andern verächtlich zu machen; sondern auch viele ungegründete Urtheile zu fällen, dadurch den Pflichten gegen GOtt, seinen Nächsten und sich selbst zu nahe getreten wird. Ich übergehe mit Stillschweigen, was für Gutes nachbleibet, das sonst erfolgen würde, wenn man diese Wahrheit erkennte und sie gehöriger Weise zu Bewegungs-Gründen seiner Handlungen gebrauchte. Ich habe demnach dieselbe (§. 39. 31. 37. Mor.) gerettet, ihren vielfältigen Nutzen gewiesen und insonderheit auch gezeiget, wie darinnen eine besondere Verbindlichkeit zu dem Gesetze der Natur gegründet sey. Ja ich bin noch weiter gegangen und habe so gar aus den gehörigen Begriffen dargethan, daß so gar dasjenige, was aus den Handlungen der Menschen nothwendig erfolget,

als

als göttliche Straffen und Belohnungen
anzusehen (§. 37. Mor.) und auch hierin=
nen der Grund von einer göttlichen Ver=
bindlichkeit zu dem Gesetze der Natur anzu=
treffen sey (§. 29. Mor.).   Eben so stossen Von den
sich diejenigen daran, welche sich für an= göttlichen
dern am Verstande starck zu seyn düncken, Absich=
daß man dasjenige, was aus dem We= ten.
sen und der Natur der Dinge nothwen=
dig erfolget, für göttliche Absichten hal=
ten solle.   Und wenn man ihnen das Ge=
gentheil einräumet, so gehen sie weiter
und wollen gar keine göttliche Weißheit
in den Wercken der Schöpffung er=
kennen.   Da nun aber dadurch ein gar
wichtiger Grund der Verherrlichung
GOttes weggenommen wird, daß ich
von anderem Schaden schweige, der
daraus erfolget, weil der Beweiß weiter
herzuhohlen ist, als daß er sich an die=
sem Orte ausführen liesse; so habe ich
diese Wahrheit aus den Eigenschafften
GOttes erwiesen (§. 1028. & seqq.
Met.).   Ja ich habe so gar gezeiget, daß
man auch den Nutzen, den unsere Wer=
cke der Kunst haben und wir nicht in=
tendiret hätten, der göttlichen Direction
unterwerffen und ihn für göttliche Ab=
sichten erkennen muß (§. 1031. Met.).
Eben so stossen sich, die sich verständiger Von der
als andere düncken, daran, daß in der Depen=
Schrifft denz der

natürlichen Würckungen von Gott.

Schrifft die natürliche Würckungen alle GOTT unmittelbahr zugeschrieben werden, als wenn sie keine natürliche Ursache hätten. Ich habe zu dem Ende nicht allein erwiesen, daß nichts in der Natur von ohngefehr, sondern alles nach seinem Rathschlusse geschiehet (§. 999. Met.), auch ohne ihn nichts möglich ist (§. 989. Met.) viel weniger würcklich werden kan (§. 988. Met.), auch die natürlichen Dinge ihre Krafft zu würcken von GOTT haben (§. 1055. Met.). Da man nun solchergestalt bey allem, was in der Natur geschiehet, GOtt als die *Causam primam*, oder die erste Ursache ansehen und erkennen muß, da noch über dieses alles unter seiner weisen Direction stehet, wie erst angeführet worden; so habe ich gewiesen (§. 993. Met.), daß in der Absicht, wo die Schrifft die Würckungen der Natur GOTT zuschreibet, ein Welt-Weiser es gleichfalls thun müsse. Ja ich habe so gar (§. 996. Met.) gewiesen, daß alle Erfindungen eigentlich von GOtt kommen, und nicht von Menschen, die bloß durch ihr Nachsinnen GOttes Wercke ansichtig werden. Ich habe in Erweisung der Unsterblichkeit der Seele es nicht dabey bewenden lassen, daß sie nach dem Tode des Leibes übrig bleibet; sondern auch gewiesen, daß sie in dem Zustande klarer Gedancken verbleibet, ja gar zu

Von der Unsterblichkeit der Seele.

kläre-

kläreren Gedancken kommet, sich ihres vorhergehenden Zustandes im Leben erinnert und der künfftige Zustand seinen Grund in dem gegenwärtigen finde, das ist, daß man aus dem gegenwärtigen anzeigen kan, warum sich die Seele nach dem Tode in diesem, und keinem anderen befinde: wodurch man dazu geleitet wird, was Christus von der Unsterblichkeit der Seele und ihrem Zustande nach dem Tode gelehret. Ich könnte noch mehrere dergleichen Lehren anführen, wenn ich es nicht für überflüßig hielte.

§. 204. Ausser dergleichen Lehren habe ich auch die Moral in einer solchen Verfassung vorgetragen, wie sie von Christo und in der Schrifft gelehret wird, damit man erkennen kan, es lasse sich vor dem Richter-Stuhle der Vernunfft rechtfertigen, was wir von unserem Thun und Lassen in der Schrifft finden, in so weit man von dem Wercke der Erlösung und Erlangung der ewigen Seeligkeit abstrahiret, als worinnen die Vernunfft uns nicht zurechte weisen kan. Christus fasset die gantze Lehre des Gesetzes der Natur Matth. V. in diese kurtze Worte ein: **Ihr sollt vollkommen seyn, gleich wie euer Vatter im Himmel vollkommen ist.** Ich habe gleich-

2. Indem er die Moral in einer solchen Verfassung vorträget, wie sie der Schrifft gemäß ist.

Inhalt des Gesetzes der Natur.

gleichfals keinen andern Grund des Gesetzes der Natur als die Vollkommenheit
unserer gewiesen und gezeiget, daß dieselbe der Absicht gemäß sey, warum GOtt
die Welt gemacht hat, und die Beförderung der Ehre GOttes und des gemeinen
Bestens davon nicht abgesondert werden
könne. Ich habe ausgeführet, daß das
Gesetze der Natur das Mittel ist, wodurch
unsere zeitliche Glückseligkeit erhalten werden kan, woferne man ihm völligen Gehorsam zu leisten vermag: davon sich selbst
in der Erfahrung das Gegentheil zeiget.
Ich habe daraus ferner dargethan, daß
uns GOtt das Gesetze nicht zur Last bloß
als ein gebietender Herr aufgeleget; sondern sich dabey zugleich als einen liebreichen
Vater bezeiget. Ich habe deutlich angewiesen, wie der Mensch, er möge thun,
was er wolle, alles zur Ehre GOttes thun
könne, ja wie man so gar zur Ehre GOttes isset und trincket und andere diesen Verrichtungen ähnliche verrichtet. Ich habe
die Gottseligkeit, wie es **Johannes**
lehret, aus der Erkäntnis GOttes hergeleitet und die Verknüpffung zwischen
beyden gezeiget, damit man sehen kan,
was er saget, derjenige sey ein Lügner,
welcher sage, er kenne GOTT, und liebet
ihn nicht. Ich habe erwiesen, daß man
auch seine Feinde lieben müsse, daß die
Regel

**Wie das Gesetze der Natur beschaffen.**

**Wie Gottes Ehre in allem befördert wird.**

**Liebe der Feinde.**

Regel, *ordinata charitas incipit a seipso,*
oder wie der Deutsche saget, **das Hemde
ist mir näher als der Rock,** die
Schrancken der Liebe nicht genau setze, und
dannenhero eine bessere Regel gegeben,
darnach man die Wercke der Liebe gegen
andere bestimmen kan, damit man seinen
Nächsten beständig liebet als sich selbst,
ja wie diese Liebe so gar bestehen kan und
muß, wenn man sich gegen die Grausam=
keit der gewaltthätigsten Feinde zu wehren
hat. Ja ich habe ausgeführet, wie Rich=
ter in Ausübung der strengesten Gerechtig=
keit der frevelhafftesten Ubelthäter dennoch
Zeichen dieser Liebe gegen sie können spüren
lassen. Ich habe ferner erwiesen, daß ei=
ne Obrigkeit nicht allein für die äusserliche
Zucht und Ehrbahrkeit, sondern auch für
den Wachsthum einer wahren Tugend und
Erhaltung der Religion zu sorgen habe,
und wie alles in dem gemeinen Wesen
darauf ankomme, daß die Menschen dem
Gesetze der Natur und der Religion ein
Gnügen leisten. Ich könnte noch weit
mehreres hiervon anführen, wenn ich die=
ses nicht genug zu seyn erachtete, indem
einer meine Schrifften nur lesen darf,
wann er ein mehreres zu wissen verlan=
get.

§. 205. Ich lasse es aber auch hierbey
noch nicht bewenden, sondern gebe noch
über

*Marginalia:*
Schran-
cken der
Liebe des
Nächsten.

Pflicht der
Obrigkeit.

3. Indem
der die
Gewisheit

und Vor-
treflichkeit
der christ-
lichen Re-
ligion zu
behaupten
Gründe
an die
Hand
giebet.
Als 1.
Kennzei-
chen der
göttlichen
Offen-
bahrung.

über dieses Gründe an die Hand, wodurch
man von der Gewißheit, Vortrefflichkeit,
ja Nothwendigkeit der christlichen Religion überzeuget werden kan. Ich will auch
hiervon nur das Vornehmste anführen,
damit man sehen kan, daß ich nicht mehr
vorgebe als sich würcklich befindet. Ich
habe in der Theologia naturali die Kennzeichen auf eine demonstrativische Art
bestätiget, welche die GOttes-Gelehrten als Kennzeichen einer göttlichen Offenbahrung angeben, wo sie überführen wollen, daß die Schrifft GOttes Wort sey. Und wer diese Kennzeichen auf die Schrifft mit Uberzeugung
appliciren will, findet bey mir gleichfals
alle darzu benöthigte Gründe, und aus
der Logick lernet er die Art und Weise,
wie man die Application auf eine demonstrativische Art machen soll. Da es aber
in derselben zugleich mit auf die Auslegung der Schrifft ankommet; so habe ich
auch hierzu in der Logick in einem besonderen Capitel von Auslegung der H. Schrifft
die Gründe gewähret, dadurch man einen
überzeugen kan, daß man den rechten
Sinn der Schrifft getroffen. Ich zeige
den Unterscheid der christlichen Tugenden
von den natürlichen in der grösten Deutlichkeit (§. 676. Mor.) und wie man die
Lehren von dem Wercke unserer Erlösung
und

2. Den
Unter-
scheid der
christli-
chen und
natürli-

und Seeligkeit zur Gottseligkeit anwen= chen Tu=
den soll, damit die christliche Tugend her= genden.
aus kommet, die eine gantz andere Gestalt
gewinnet als die natürliche, und wie der
Mensch dadurch zu einem gantz anderen
Menschen wird, daß er nicht mehr bloß
als ein vernünfftiger Mensch, sondern auch
zugleich zur Ehre GOttes und Christi le=
bet (§. 677. Mor.). Ich behaupte durch
begreifliche Gründe, daß ein einfältiger
Christ in der Liebe GOttes inbrünstiger
seyn kan, als ein scharffsinniger Welt=
Weiser (§. 681. Mor.), ja daß überhaupt
einfältige Christen in Ausübung des Gu=
ten eiffriger seyn können als gelehrte und
auch gar scharfsinnige Welt=Weisen (§.
682. Mor.), und lehre (§. 684. Mor.),
wie bey der Tugend Vernunfft, Erfahrung
und Glaube zusammen stimmen können.
Ich habe aber gefunden, daß nicht allein bey
mir, sondern auch bey andern eine sonder=
bahre Neigung für die christliche Religion
gewürcket worden, da ich gewiesen, wie
die Lehren der christlichen Religion Bewe=
gungs=Gründe zu eben denjenigen Hand=
lungen sind, die wir als an sich gut, oder
böse erkennen, und dazu wir zugleich durch
die göttliche Eigenschafften angetrieben
werden, welche wir auch aus der Ver=
nunfft erkennen. Ja ich habe in der Lo 3. Die
gick gezeiget (§. 11. c. 12.), wie man aus Erwei=
dem sung der

O o

göttlichen
Eigen-
schafften
aus dem
Wercke
der Erlö-
sung.

dem Wercke der Erlösung eben die Eigenschafften GOttes auf eine solche Art herleiten kan, wie ich in dem Buche von den
Absichten angewiesen, daß sie aus den
Wercken der Schöpffung erkandt werden.
Und wenn man dieses thut, so findet man,
daß das Werck der Erlösung mit dem
Wercke der Schöpffung einerley Absicht
hat, nemlich die Verherrlichung GOttes,
und daß der letzte Grund von allem, was
wir in dem Wercke der Erlösung erkennen,
eben in denen göttlichen Eigenschafften
müsse gesucht werden, darinnen wir die
letzten Gründe von allem finden, was uns
die Schrifft von dem Reiche der Gnaden
lehret. Wie verlanget man deutlicher
einzusehen, daß der Urheber von dem Reiche der Gnaden einer ist mit dem Urheber
des Reiches der Natur, und folgends daß
unsere Religion von eben dem GOtt her-
rühre, der Himmel und Erde gemacht hat
und erhält. Ich habe noch anderen Vorzug der christlichen Religion erwiesen und
ihre Nothwendigkeit dadurch bestätiget,
als bisher angeführet worden. Hieher
rechne ich, daß ausser der christlichen Religion kein festes und nicht wanckendes
Vertrauen auf GOtt (§. 719. Mor.), vielweniger eine völlige Zufriedenheit mit ihm
zu erhalten stehet, (§. 723. Mor.) und daß
die christliche Religion allein die Gewissens-
Bisse

4. Den
Vorzug
der christ-
lichen Re-
ligion in
Ansehung
des Zu-
standes

Wisse heilen könne, und dadurch einen Vor-des Ge-
zug für der natürlichen und allen andern müthes.
Religionen erhalte ( §. 113. Mor. ). Es sind
viele Jahre verflossen, daß ich in den Actis
Eruditorum meine Gedancken von der Art
und Weise die Wahrheit der christlichen
Religion zu demonstriren eröffnet, als ein
Werck von einem Engelländer recensiret worden war, der diese Materie abgehandelt hatte. Was man zu Ausführung derselben Demonstration braucht,
findet man in den deutschen Schrifften von
der Welt-Weißheit hin und wieder zer-
streuet. Der gelehrte und bescheidene Erinne-
Theologus Herr D. Fabricius in Hamburg rung.
hat in seinem Buche de veritate religionis
Christiana dieses Schediasma angeführet:
aber Herr Budde mit seinen Consorten
wissen nichts davon, denn es reimet sich
nicht zu ihrer Beschuldigung, daß durch
meine Lehren so gar die Heydnische Religion
mit zu Grunde gehe.

§. 206. Es ist mehr als zu bekandt, 4. Indem
daß viele Schwierigkeiten wider die christ-er Gründe
liche Religion gemacht werden, die selbst zur Ver-
unter Leuten im Schwange gehen, welche theidi-
unter den Christen gefunden werden. gung der
Vor wenigen Zeiten hat sie der gelehrte Religion
Bayle in seinen Schrifften vorgebracht an die
und grösten Theils zu nicht geringem Nach- Hand
Oo 2 theile giebet.

theile der Religion bey vielen, welche nicht in dem Stande sind sie aus dem Wege zu räumen, für unanstößlich ausgegeben. Die Höchstseeligste Königin in Preussen Seiner jetzt regierenden Königl. Majestät Frau Mutter, welche in Erkänntnis der Wahrheit gerne den Grund einsahen und zu der guten Einsicht und damit verknüpfften bescheidenen Aufrichtigkeit des Herrn von **Leibnitz** beständig ein gutes Vertrauen hatten, verlangten von ihm, daß er die von **Baylen** gemachte Zweiffel untersuchen und gründlich beantworten möchte. Und dadurch ist die Theodicée erwachsen, darinnen diejenigen Gründe enthalten, dadurch der Herr von **Leibnitz** der Königin in Preussen die **Baylische** Knoten, welche er wider die Religion geknüpfft, aufgelöset. Das vornehmste, woraus die Zweiffel gehoben werden, kommet darauf an, daß man das Mögliche auch in seiner Combination als in gewisse Systemata gebracht ansehen müsse, wodurch viele **Welten** oder, wie vor diesem *Thomas* und mit ihm andere geredet, viele *Ordines rerum* oder **Ordnungen** der Dinge entstehen, und daß GOTT aus diesen diejenige erwählet und zur Existentz gebracht, die mehrere Vollkommenheit überhaupt als eine andere in sich gehabt. Ich habe nach genauer Uberlegung gefunden, daß diese Hypo-

*(marginalia)* Nachricht von der Theodicée des Herrn von Leibnitz.

Haupt-Grund die Einwürffe

Hypothesis von der Möglichkeit vieler Welten und der Wahl der besten, oder derjenigen, darinnen überhaupt mehr Voll- *wider die
Religion zu heben.*
kommenheit angetroffen wird als in einer
andern in der That zureichend ist die
Schwierigkeiten zu heben, die man wider
die Religion in Ansehung der Eigenschafften GOttes zu machen pfleget, als mit denen man einige Lehren zu streiten vorgiebet. Dieses war die Ursache, daß ich mich
ferner auch um die Richtigkeit derselben
bekümmerte. Da ich nun gefunden, daß
sie sich aus demjenigen, was in allen alten
Metaphysicken von der Einheit eines Dinges, der Möglichkeit und der Nothwendigkeit des Wesens, deßgleichen von dem
Willen stehet, auf eine demonstrativische
Art herleiten lässet; auch dadurch in die
Welt nicht weiter als eine Nothwendigkeit unter einer Bedingung kommet, welche man insgemein *necessitatem hypotheti-*
*cam,* **Danhauer** und einige andere GOttesgelehrten *Fatum hypotheticum* genannt,
und von dem so genannten *Fato Stoico* gar
sorgfältig unterschieden: so habe ich kein
Bedencken getragen diese erkandte und
längst aus dem Thoma mir bekandte und so
nutzbahre Wahrheit meiner Metaphysick
mit einzuverleiben, und dieselbe bey vorfallenden Gelegenheiten zu Rettung der göttlichen Eigenschafften in denen Fällen zu ge-

O o 3        brau-

brauchen, wo man die Lehren der natürlichen und insonderheit der christlichen Religion denenselben entgegen zu seyn erachtet.

**Zulassung des Bösen.**

Aus dieser Quelle fliesset, was von der Zulassung des Bösen der Heiligkeit und Güte GOttes ohnbeschadet ausgeführet wird, und wie die göttliche Præscienz oder Vorsehung der Freyheit des Menschen und der Zufälligkeit der Begebenheiten ohnbeschadet bestehen könne, anderer Materien jetzt nicht zu gedencken.

**Straffende Gerechtigkeit GOttes.**

Man weiß, daß eine von den grösten Schwierigkeiten die *justitia vindicativa* oder **straffende Gerechtigkeit** GOttes und die in Ansehung derselben erforderte Genugthuung ist. Sie kommet eigentlich daher, daß man den Begriff von der Gerechtigkeit nicht aus ihrer rechten Quelle herleitet: derowegen habe ich diesem Mangel (§. 1084. Met.) abgeholffen und die Gerechtigkeit in ihrem ersten Ursprunge gezeiget. Weil aber meine Widersacher den Nutzen davon nicht sehen wollen, den der Begriff in der Application hat; so habe ich in der neuen Auflage der Metaphysick, die im vorigen 1725ten Jahre heraus kommen, daraus erwiesen, daß GOtt das Böse straffen und das Gute belohnen müsse und zu diesem Beweise in denen dazu erforderten Schlüssen keinen ferneren Fördersatz angenommen, als der in meinen Schrifften zu finden: wie dann alle

bis

bis auf den Begriff von der Straffe, den
ich aus der Moral annehme, aus der Metaphysick allein angenommen sind. Ich habe (§. 423. Annot. Met.) erinnert, daß ich
ohne Mühe aus diesem Begriffe alles demonstriren wollte, was man der Gerechtigkeit GOttes zuzuschreiben pfleget, woferne es nur Wahrheit ist, und insonderheit
in den Anmerckungen über das Buddische Bedencken p. 50. angemercket, wie
aus diesem Begriffe fliesse, daß GOTT
das Böse straffe. Man siehet demnach,
daß mein Vorgeben gegründet sey. Verständige und die Fähigkeit haben vor sich
etwas heraus zu bringen werden die Fruchtbarkeit dieses Begriffes noch weiter finden.
Man macht noch eine grosse Schwierigkeit Wörter
wider die christliche Religion, daß darin- ohne
nen Wörter vorkämen, davon wir keinen Begriffe.
Begriff hätten, noch haben könnten,
und die also nur ein leerer Thon wären.
Damit man auch diese heben könnte, so
habe ich die beyden Fälle, die hierbey vorkommen, gar sorgfältig von einander unterschieden, und für beyde an gehörigem
Orte (§. 11. 12. c. 2. & §. 6. c. 12. Log.)
die Gründe dazu gewähret.

§. 207. Es sind drey schlimme Secten Der Autor
unter den Philosophis, nemlich die Scepti- hat dem
ci, Materialisten und Idealisten. Die Scepticismo ab-
geholffen.

Scepti-

Sceptici zweiffeln an allem und setzen nichts gewisses, weil sie vermeynen, es gehe nicht an, daß man etwas mit Gewißheit erkenne. Der Scepticismus ist gefährlich. Denn

**Schäd-lichkeit des Scepticismi.** unerachtet man anfangs, wie *Huetius* in seinem Buche von der Schwäche des Verstandes gethan, denselben nur auf die Welt=Weißheit ziehet; so extendiret man ihn doch nach diesem gar bald auch auf die Religion, weil man daselbst eben mäßige Ursachen dazu zu finden vermeynet. Daraus erwächset der Indifferentismus, daß einem eine Religion so viel gilt als die andere und man bloß seines Interesse halber eine der andern vorziehet. Endlich kommet man leicht dahin, daß man aus der Re-

**Wie man darein verfället.** ligion gar nichts macht. Man verfället in Scepticismum, wenn man erkennet, daß in Disciplinen gar keine Gewißheit ist; sondern wenn man untersuchet, was vorgetragen wird, man überall stecken bleibet und nicht heraus kommen kan, man mag einen Satz entweder verstehen, oder erweisen wollen. Denn in Ansehung des ersten werden viele Wörter angenommen, die nicht erkläret werden; in Ansehung des andern aber braucht man viele Sätze als Gründe des Beweises, die man noch nicht ausgemacht hat. Da nun Herr D.

**Wer ihn in Deutsch-land fort-gepflantzet.** Buddens Philosophie dergestalt eingerichtet, daß weder die Wörter gehöriger Weise

Weiſe erkläret, noch die Beweiſe ausgeführet werden, ja da er ſelbſt öffters nicht
weiß, was er für eine Meynung wehlen ſoll
und ſich vielfältig in einer Schrifft, ge-
ſchweige dann in verſchiedenen widerſpricht; ſo kan man nicht leugnen, daß
nur ein wenig aufgeweckte Köpffe, ge-
ſchweige dann diejenigen, die eine gute Logick gelernet und ihren Verſtand durch die
Mathematick geübet, dadurch zum Scepticiſmo müſſen gebracht werden. Und habe
ich ſchon in den Anmerckungen über das
**Buddiſche Bedencken** erinnert, p. 1. daß
der gelehrte **Bernhard** in Holland von
ihm das Urtheil gefället, als er ſeine Philoſophie heraus gab, er führe ſich ſelbſt mei-
ſtentheils als einen Scepticum auf. Und
es wird noch eine Zeit kommen, da vieler
Zeugnis von dieſer Frucht der **Buddi-**
ſchen Philoſophie kund werden wird.
Da ich nicht aus widrigem Affecte, ſon- Ob es mit
dern aus Liebe der Wahrheit dieſes ſchrei- Intention
be, ſo geſtehe ich gantz gerne, daß er nicht geſchehen.
durch ſeine Philoſophie intendiret hat
andere zum Scepticiſmo zu verführen, indem ich gar wohl weiß, das es ſein Werck
nicht ſey eine Sache ſo auszuführen, damit man ſie als Wahrheit erkennen kan:
allein ob ihn gleich ſeine gute Intention von
der Verführung frey ſpricht; ſo kan dieſelbe doch nicht machen, daß ſeine Philo-

O o 5 ſophie

sophie nicht eine ihrer Beschaffenheit gemäs-
se Würckung hat. Und eben weil ich seiner guten Intention versichert bin, so hof-
fe ich, es werde ihm lieb seyn, wenn man
die Ursache dessen entdecket, damit er nicht
wider seinen Willen und wider seine
Meynung Schaden stifftet. Damit ich
nun dem Scepticismo und dem daraus ferner zu besorgendem Indifferentismo in der
Religion abhelffen möchte; so habe ich eben
(§. 22. & seqq.) davor gesorget, daß ich die
Welt = Weißheit auf eine solche Weise abhandelte, damit man die Wahrheit als
Wahrheit erkennen könte. Und ich werde mir angelegen seyn lassen künfftig noch
weiter daran zu arbeiten. Mir wird auch
lieb seyn, wie ich schon vorhin (§. 199.) erinnert, wenn andere mit Hand anlegen wollen. Es soll mir eine Freude seyn, wenn
sie verbessern, was bey mir noch fehlet.
Ich will der Erste seyn, der sie lobet und
es für meinem eigenen recommendiren. Ja
damit man dem Scepticismo desto gewisser entgehen und nicht Schwierigkeiten
dichten möchte, wo keine sind; so habe
ich schon vorhin (§. 199.) gezeiget, was ich
von der Beschaffenheit einer richtigen Demonstration und der Probe einer gewissen
Erkäntnis ausgeführet. GOtt lob! ich
erhalte auch noch täglich von Gelehrten
Brieffe, die mich versichern, wie sie durch
die

*(Marginal notes:)*

**Wie der Autor den Scepticismo abgeholffen.**

**Erinnerung.**

die angeführte Ursachen in Scepticismum
verfallen; aber durch fleißige und stete Lesung meiner Schrifften endlich wieder daraus gezogen worden. Und mir wird eine
grosse Freude seyn, wenn ich sehe, daß
noch mehrere sich dieses Mittels, das ich
ihnen gewähre, bedienen. Denn mein
Zweck ist die Wahrheit als Wahrheit zur
Ehre GOttes und der Glückseligkeit der
Menschen bekandt zu machen.

§. 208. Die Materialisten geben nichts
als blosse Cörper zu und leugnen, daß die
Seelen des Menschen von dem Leibe unterschieden sind. Sie vermeynen, die Gedancken würden durch eine blosse cörperliche
Krafft im Leibe bewerckstelliget. Und so
fället die Freyheit mit der Unsterblichkeit
der Seele hin: woraus man nach diesem
mehreres folgert, was der Religion und
Tugend nachtheilig ist, zumahl wenn man
im Raisoniren nicht geübet ist und aus Mangel der Vernunfft den Verstand durch die
Affecten zum Urtheile determiniret, weil
man die Meynung in zweiffelhafften Fällen
wehlet, die einem am vorträglichsten zu
seyn scheinet. Man wird finden, daß
diejenigen, welche der Profanität ergeben
sind, insgemein Materialisten sind: ja ich
weiß kaum, ob es Materialisten giebet,
die im Hertzen von der Religion etwas halten.

*Der Au-
tor hat
den Mate-
rialismum
über den
Hauffen
geworf-
fen.*

*Schäd-
lichkeit
des Mate-
rialismi.*

ten. Warum ich es aber nicht gantz vor
unmöglich halte, kommet daher, weil die
meisten Menschen ihre Lehren nicht mit
einander verknüpffen und daher nicht ge-
wahr werden, ob einige einander schnur-
stracks widersprechen, oder nicht. Man
weiß, daß *Hobbesius* in Engelland den
*Materialismum* behauptet und noch bis
auf diesen Tag daselbst öffentliche Anhänger
hat. Einige hängen ihm verdeckt an, wie
**Locke**, welche vorgeben, der *Materia-*
*lismus* sey wenigstens möglich und könne
aus der Vernunfft nicht widerleget werden. Diese Meynung hat auch Herr
**Budde** angenommen und sie in seiner
Philosophie vorgetragen, und daher auch
selbst in seiner Theologia morali die Seele
zu einem puren Sclaven des Leibes gemacht, und mit ausdrücklichen Worten
in der Philosophie keine fernere Freyheit zu-
gegeben, als daß man mit Straffen und
Belohnungen den Menschen lencken kan,
wo er nicht hin will: dergleichen gleichfals
bey einem Hunde statt findet, der durch
Schläge und ein Stücke Brod darzu gebracht werden mag, was er sonst durch
seinen natürlichen Trieb nicht thun will,
und bey ihm als möglich erkandt wird, auch
wenn man ihn mit den *Cartesian*ern zu einer
blossen Machine macht. Der berühmte
Criticus und Theologus Herr **Reimman**
urthei-

*Wer ihn*
*fortge-*
*pflantzet*
*hat.*

urtheilet in seiner Diatribe anticritica hiervon c. I. §. 21. p. 24. gar wohl bedächtig: *quod si non est Pneumatica & Theologiæ naturalis nervos incidere, eamque paradoxologiis suis obscurare atque tantum non exstinguere, nescire nos profitemur, quid demum sit,* das ist, wenn dieses nicht heisset der Pneumatick oder Lehre von den Geistern und der natürlichen Gottes-Gelehrheit alle überzeugende Krafft benehmen und dieselbe durch seine wunderliche Meynungen verduncfeln, ja gar auslöschen, so gestehe ich gantz gerne, daß ich nicht weiß, was es eigentlich heissen soll. Man kan nicht in Abrede seyn, daß bey einiger Zeit der Materialismus in Deutschland überhand genommen, nachdem eben die Buddische Philosophie der studirenden Jugend in die Hände gegeben worden. Und ich weiß Exempel, welche selbst sich in der Materialisterey auf diese Stütze gegründet, die ich aber wieder zurechte gebracht. Da ich die Wahrheit liebe und derselben zuwider niemanden weder zu Liebe, noch zu Leide rede, so sey es ferne, daß ich Herrn Budden Schuld geben wolte, er habe diese Verführung intendiret. Vielmehr ist es von ihm aus einer Ubereilung geschehen, daß er so gefährliche Grund-

*Warum er in dem Deutschland überhand genommen.*

Grund-

Warum die Buddische Theologia moralis nichts tauget.

Grund-Lehren in seiner Philosophie angenommen und selbst die Theologiam moralem darauf gebauet, die aber eben deswegen wenig erbauliches hat, und den Predigern zum erbaulichen Predigen gar schlechte Dienste thut. Und derowegen wird ihm um so viel angenehmer seyn, wenn der Schaden, den er wider seine Intention verursachet, geregt wird, damit er wider diese ungeheure Lehren selbst seinen Eiffer bezeuge und inskünfftige seine Philosophie von diesen gefährlichen Lehren säubere. Da ich nun insonderheit erfahren, daß der Materialismus heute zu Tag so einreisset und dadurch für die Religion, Gerechtigkeit und Tugend so ein ungemeiner Schade erwächset; so habe ich mir auch angelegen seyn lassen diese schädliche Secte der Materialisten auf das gründlichste zu widerlegen und die von ihnen verworffene Lehren zu erweisen. Ich habe zu dem

Wie der Autor den Materialismum bestritten.

Ende nicht allein erwiesen, daß weder ein Cörper (§. 738. Met.), noch eine subtile Materie (§. 739. Met.) dencken kan, und den Unterscheid eines Gedancken und einer Vorstellung in einer Machine (§. 740. Met.) klärlich gezeiget; sondern auch gewiesen (§. 741. Met.), daß nicht einmahl GOtt eine Krafft zu dencken beylegen kan, indem es an sich unmöglich ist. Uber dieses habe ich

ich sehr umständlich untersucht, auf was
für eine Art und Weise die Veränderungen so wohl in der Seele, als in den cörperlichen Dingen erfolgen, und gewiesen,
daß zwar beyderseits gewisse Regeln in acht
genommen werden, daraus sie sich verständlich erklären lassen, jedoch dieselbe so beschaffen sind, daß man aus den Regeln
der Gedancken und des Appetites wohl die
Veränderungen in der Seele, keinesweges aber die in Cörpern, und hinwiederum
aus den Regeln der Bewegung wohl die
Veränderungen in dem Cörper, keinesweges aber die in der Seele erklären kan.
Und hierdurch zeiget sich auf das deutlichste, daß Seele und Leib zwey unterschiedene Dinge sind, deren eines mit dem andern gar nichts gemein hat, sondern die ihrem Wesen und Natur nach gantz unterschieden sind. Ich führe nicht ein mehreres an, weil ich hier bloß Proben von dem
Nutzen meiner Philosophie gebe: keinesweges aber diese Materien alle nach meiner
Art ausführlich abzuhandeln gesonnen, als
welches zu anderer Zeit geschehen kan,
wenn mir GOTT Leben und Gesundheit
verleihet.

§. 209. Endlich die Idealisten vergön- Der Au-
nen der materiellen Welt keinen andern tor giebt
Platz als in den Gedancken der Geister, die tüch-
derglei- tigste

Gründe
den Idea-
lismum
zu wider-
legen an
die Hand

dergleichen unsere Seelen sind. Die
scharffsinnigsten unter den Welt-Weisen
haben es vor sehr schwer gehalten sie zu
widerlegen. *Cartesius* vermeynte, man
müsse sie durch die Wahrheit GOttes widerlegen, weil er in den Gedancken stund,
wenn die materielle Welt nicht würcklich
vorhanden seyn solte, so würde es der
Wahrheit GOttes entgegen stehen, daß
das Zeugnis der Sinnen so grosse Klarheit hat. *Malebranche* in seinen Entretiens
sur la Metaphysique räumete eine besondere
Art einer göttlichen Offenbahrung ein, dadurch wir der würcklichen Gegenwart der
cörperlichen Dinge versichert würden. Wie
weit die Idealisten diesen Beweißthümern
statt geben, kan ich nicht sagen, und lasse es
demnach an seinen Ort gestellet seyn. Ich
will nun aber zeigen, was ich für Gründe
gewähret den *Idealismum* zu besiegen. Die
*Idealisten* wollen deswegen keinen Platz der
materiellen Welt ausser ihren Gedancken
vergönnen, weil sie vermeynen, man könne ihre würckliche Gegenwart nicht erweisen, und, so bald man dieselben annähme,
verfiele man in Widersprechungen und
unauflößliche Knoten. *Cartesius* hat in
seinen Meditationibus erkandt, daß das
Zeugniß der Sinnen keinen Beweiß abgeben kan, indem die Seele die Welt ausser sich sehen würde, wenn auch gleich dieselbe

Grund
der Idea-
lismi.

selbe nicht würcklich zugegen wäre: welches *Malebranche* gleichfalls erkandt, anderer zu geschweigen, welche den *Mundum idealem* oder das Bild der Welt in der Seele genauer kennen lernen. Nachdem ich untersucht, was dazu erfordert wird, daß wir etwas ausser uns sehen, und was dazu nöthig ist, daß der *Mundus idealis* in der Seele existiret, oder ein veränderliches Bild derselben beständig hervor gebracht wird, so habe ich die Meynung *Cartesii*, sowohl als *Malebranche*, **Leibnitz** und anderer gegründet gefunden und dannenhero derselben beygepflichtet. Denn ich verlange nicht einen mit Gründen zu widerlegen, damit ich bey dem andern nichts ausrichte. Ich verlange auch niemanden durch mein Exempel einen Beweiß einzuloben, daß er eine so grosse überzeugende Krafft hat. Am allerwenigsten suche ich, daß meinen Gründen das Schwerdt den Nachdruck geben soll, damit andere mir zu gefallen mit dem Munde anders reden müssen, als sie es meynen. Ich liebe Wahrheit und Aufrichtigkeit, und suche durch deutliche Vorstellungen der Wahrheit Beyfall zu schaffen. Ich habe auch vielmehr Ehrerbietigkeit gegen die Mächtigen dieser Welt, als daß ich ihre Macht zu meinem *Interesse* mißbrauchen solte, wenn ich es auch gleich thun könte, und bey

P p        Unpar-

Unpartheyischen die eine Einsicht haben,
und der Nachwelt einen Nachtheil für sie
zu erwecken verlangte: als welches nach
meinem Begriffe ein grosses und schändliches Verbrechen ist. Derowegen gehe
ich mit einem jeden Irrenden billig um,
und leugne ihm nicht, worinnen er recht
hat. Ich habe es auch nicht nöthig die
Wahrheit mit Unwahrheit zu vertheidigen:
denn ich mache mich lieber an die Gründe,
darauf sich einer stützet, so fället seine Meynung nach diesem von sich selbst, wenn
man dieselbe zerstöhret. Was demnach
die unauflößliche Knoten betrifft, darein
man nach der Idealisten Meynung verfället, so bald man die würckliche Gegenwart
der materiellen Welt einräumet; so ist
der eine die Gemeinschafft zwischen Leib und
Seele, der andere hingegen die Theilung
und Zusammensetzung der steten Materie,
oder die *divisio & compositio continui*, welche man vor langer Zeit den Irrgarten der
Welt-Weisen genannt. Die Gemeinschafft zwischen Leib und Seele gibt man
deswegen für einen unauflöslichen Knoten
aus, weil man vermeynet, es lasse sich
dieselbe auf keine verständliche Weise erklären. Das Gegentheil nun zu zeigen dienet das *Systema harmoniæ præstabilitæ*, oder
des Herrn von **Leibnitz.** Und deswegen habe ich ausführlich gewiesen, wie
man

*Knoten,
welche die
Idealisten
für un-
auflößlich
angeben.*

*Wie die
eine Stü-
tze des
Material-
ismi um-*

man nach demselben die Gemeinschafft
zwischen Leib und Seele auf eine verständ=
liche Weise erklären kan. Was von der
Seele gesaget wird, gibt ein Idealiste zu:
es dienet aber wider die Materialisten, die
gleichfals sich auf diesen Knoten beruffen.
Wenn aber gleich ein Idealiste das *Systema
harmoniæ præstabilitæ* nicht als eine Wahr=
heit annimmet (welches man von ihm auch
nicht verlanget und am allerwenigsten ver=
langen kan, da man ihm die Gegenwart
der materiellen Welt noch nicht erwiesen
hat); so kan er doch nicht leugnen, daß,
wenn die Sache sich so verhielte, die Ge=
meinschafft zwischen Leib und Seele als=
denn an sich begreiflich wäre und sich auf
eine verständliche Art erklären liesse. Und
solchergestalt kan er nicht mehr sagen, die
Gemeinschafft zwischen Leib und Seele
sey ein unauflöslicher Knoten, der an sich
unbegreiflich ist und nicht verständlich er=
kläret werden mag. Und so zeiget sich ein
Nutzen des *Systematis harmoniæ præstabi=
litæ*, daß man dadurch eine Stütze des *Idea=
lismi* und *Materialismi* umwerffen kan:
und dieses ist allein genug, warum man
ihm unter den philosophischen hypothesi=
bus einen Platz vergönnet. Was nun für
das andere den Irrgarten der Welt=Wei=
sen betrifft; so habe ich gleichfals gewiesen,
wie man sich darinnen zurechte finden soll.

geworffen wird.

Wie die andere Stütze umge= worffen wird.

Pp 2 Man

Man vermeynet in der Lehre von der Theilung und Zusammensetzung der steten Materie Widersprüche zu finden, weil man den natürlichen und mathematischen Cörper für einerley hält und keinen deutlichen Begriff von dem steten hat. Derowegen habe ich den Unterscheid des natürlichen und mathematischen Cörpers klärlich gezeiget (§. 4. Phys.), unerachtet ihn grosse Gelehrten mit Jungen und *Cartesio* nicht erkandt, und den Ursprung der Widersprüche auf eine begreifliche Art gewiesen, auch nicht minder den Ursprung des Begriffes von dem geometrischen Cörper angegeben und den Unterscheid durch die Erfahrung auf die Probe gestellet. Ich habe gewiesen, daß es uns bey dem Begriffe der Materie eben so gehet, wie *Cartesius* angemercket, als es uns bey den Farben gehet. Ich habe (§. 58. Met.) einen deutlichen Begriff von dem steten gegeben und (§. 603. & seqq. Met.) gezeiget, daß man die Materie nicht aus materiellen Theilen zusammen leimen müsse, sondern sie aus einem wahren einfachen ihren Ursprung nehmen kan. Und hierdurch kan man die andere Stütze des Idealismi niederreissen.

**Erinnerung.** Es ist wohl wahr, daß viele Erkäntnis darzu gehöret, ehe man die Stütze des Idealismi niederreissen kan: allein es ist ein falscher Wahn, daß alles gleich gründlich

lich könne widerleget werden, ohne daß
man viel wissen und eine gehörige Fähigkeit etwas zu begreiffen haben könne. Ein
Idealist, der sich auf die vorher berührte
Stützen lehnet, der ist auch in dem Stande die Sache zu begreiffen, die man wider ihn vorbringet. Mit Leuten, die
keine Raison annehmen, sondern aus Vorurtheilen einer Meynung anhangen, habe
ich nichts zu thun. Nachdem ich aber die
Stützen des Idealismi niedergerissen; so
kan ich auch die würckliche Gegenwart der
Welt ferner erweisen. Erstlich muß ich
aus den Gründen des Idealisten demonstriren, daß ein GOtt sey und er die Welt
zu dem Ende gemacht, damit er dadurch
seine Vollkommenheit offenbahre. Und
aus dieser Ursache habe ich in dem Beweise auf GOtt zugleich mit auf die Idealisten
reflectiret, damit sie gleichfals zugeben
müsten, daß ein GOtt sey und er die Creaturen und in den Seelen der Menschen
den Mundum idealem zu dem Ende hervor gebracht, damit dadurch seine Vollkommenheit erkandt werden möchte. Denn
unerachtet ich die Idealisten nicht auf die
Art und Weise, wie *Cartesius,* von der
Würcklichkeit der materiellen Welt zu
überführen gemeynet; so bin ich doch darinnen mit ihm eines, daß man erst erweisen
muß, es sey ein GOtt, und zwar ohne

*Wie die würckliche Gegen- wart der Welt er- wiesen wird.*

die Würcklichkeit der materiellen Welt
voraus zu setzen, ehe man diese wider einen Idealisten, oder auch zu seiner eigenen
Vergnügung demonstriren kan. Fället einem der Beweiß, den ich von der würcklichen Welt genommen, zu beschwerlich,
wenn er ihn auf den Mundum intellectua-
lem appliciren und wider einen Idealisten
gebrauchen soll; so habe ich in der Commentatione (§. 5. p. 12.) gewiesen, wie man
*Cartesii* Beweiß, daß ein GOtt sey, demonstrativisch machen kan. So bald
man zugibt, daß ein GOtt sey, und
daß er die Creatur um seine Herrlichkeit
zu offenbahren erschaffen; so kommet die
Frage darauf an, ob es an sich möglich
sey, daß GOtt eine materielle Welt erschaffen können und ob er sie erschaffen
wollen. Nachdem ich gewiesen, daß
es nicht an dem sey, daß die materielle
Welt Widersprüche in sich hält; so darf
man an ihrer Möglichkeit nicht länger
zweiffeln. Daß aber GOtt dieselbe hervor
gebracht, erhellet aus seiner Absicht, warum er Creaturen erschaffen, und aus der
Vollkommenheit seines Willens, da er
dasjenige vorziehet, wodurch er auf eine
herrlichere Weise seinen Zweck erhält. GOtt
handelt nicht nur nach Nothdurfft, sondern führet alles herrlich aus. *Non tan-*
*tum agit ex necessitate, sed & ex magnifi-*
*centia,*

*centia.* Und hierzu dienet, daß ich so
wohl in der Metaphysick, als in dem
Buche von den Absichten erwiesen, das
Systema harmoniæ præstabilitæ erhöhe die
Weißheit und Herrlichkeit GOttes vielmehr, als was man sonst zu dem Ende in
der Natur finden kan. Es lässet sich aber
auch aus meinen Gründen von der Vollkommenheit überhaupt, die ich in der Ontologie erkläret, erweisen, daß sich GOtt
auf eine herrlichere Art durch die Schöpffung offenbahret, wenn die materielle
Welt würcklich vorhanden, als wenn sie
bloß in den Gedancken der Seele zu gegen
ist. Auf diese Weise habe ich schon in mei- Erinne-
ner Jugend die Würcklichkeit der materiel- rung.
len Welt behauptet, als ich in Leipzig
über die Physick zu lesen anfieng, und mir
*Cartesii* und *Malebranche* Beweiß nicht
ein Gnügen thun wolte. Ich führe jetzt
den Berweiß nicht ordentlich aus, indem
mein Vorhaben ist bloß zu zeigen, daß hin-
reichende Gründe den Idealismum zu widerlegen in meinen Schrifften enthalten
sind und aus der Logick zu ersehen, wie
man sie gebrauchen muß, wenn man den
Beweiß ordentlich ausführen will.

§. 210. Ich könte die Gründe der Entschluß
Welt-Weißheit, wie ich sie erkläret, des Auto-
noch zu gar vielem gebrauchen, und, wenn ris.

P p 4      mir

mir GOTT Leben und Gesundheit giebet, soll es auch geschehen: denn ich werde nicht ablassen Gutes zu thun, so lange ich lebe, und die Wahrheit zu Bestätigung der Religion, zu Fortpflantzung
einer wahren und aufrichtigen Tugend
und zu Tilgung der Profanität, Materialisterey, Idealisterey und Atheisterey
mehr und mehr in helles Licht zu stellen,
indem kein anderes Mittel übrig ist diese
schädliche Irrthümer zu tilgen und die Gemüther der Menschen davor zu bewahren.
So sehr der Satan bisher dargegen ge-
wütet, daß das Reich der Finsternis nicht
möge zerstöhret werden; so stehet doch
GOtt durch seine sonderbahre Providentz
der Wahrheit bey und dirigiret alles Wü-
ten und Toben eben dazu, daß die Wahrheit von mehreren eingesehen wird. Was
ich damahls geschrieben, als ich diese Nachrichten zuerst heraus gab, das kan ich nun
mit mehrerem Nachdrucke sagen, da sie
wieder aufgeleget werden: und mir ist bekandt, daß es viele erkennen. Da ich
zur Gnüge überzeuget bin, daß ich die
Sache an dem rechten Ende angreiffe,
auch von Tage zu Tage mehrere Proben davon erfahre; so verlasse ich mich
auch gantz und gar auf seine Vorsorge
und kehre mich nichts an alle Lästerungen und hinterlistige Nachstellungen.
Eben

Eben jetzt, da ich dieses schreibe, erhalte ich von einem gelehrten Manne, der in einer ansehnlichen Bedienung stehet, ein Schreiben, darinnen er unter andern dieses Bekäntnis von sich ableget: *Ego sane multis scrupulis fui involutus, priusquam tua legerem, ex vitio argumentationis modo huc, modo illuc transilientis, nec uni catenæ immorantis. At Deus æternus, sapientiæ ac lucis abyssus, æternum a me laudabitur, quod occasione scriptorum tuorum firmitatem ac tranquillitatem mentis mihi reducere dignatus sit. Inde enim factus sum intentus* Λογικὴ λατρεία, *orthodoxus ad normam sacri codicis & ecclesiæ evangelicæ, magistratus venerator strenuus & omnium orbis eventuum patientissimus spectator, immo voluntatis meæ in divinam sapientiam ac bonitatem, hoc est, justitiam rectam & paternam, flexibilis deditor. Tu modo Deo, æternæ luci, confisus persta. Hujus donum est veritas, animæ lux & omne* ἀπόδειξεως *lumen. Hic est rationis humanæ opifex & largitor. Hic est unius veritatis, non diversæ vel contradictoriæ, concordissimus sibi autor. Hic mentem tuam occasionibus innumeris præ reliquis mortalium inlustravit, ut vespertiliones fugares, qui scepticismum, atheismum & fanaticismum & imaginationis opio ac papavere datirisque conspersæ monstra ex-*

cludunt

Bekäntnis von der Würckung der Schrifften des Autoris.

*cludunt &c.* das ist, Er sey mit vielen
Scrupeln eingenommen gewesen,
ehe er meine Schrifften gelesen, aus
Mangel eines ausgeführten und zu-
sammenhangenden Beweises. (Eben
dieses ist es, was ich gleichfals bald in meiner Jugend wahrgenommen, da ich bey
Zeiten (§. 136.) auf die demonstrativische
Lehr-Art war gewiesen worden, und dem ich
ich (§. 22. & seqq.) abzuhelffen gesucht
und es zur vornehmstē Absicht meiner Arbeit
gemacht.) Aber der ewige GOtt,
der ein Abgrund ist der Weißheit
und des Lichtes, soll von mir in
Ewigkeit gepriesen werden, daß er
mich durch ihre Schrifften zur Gewißheit und Beruhigung des Gemüthes bringen wollen; denn dadurch habe ich meine Gedancken auf
den vernünfftigen GOttesdienst gerichtet (denn ich weise eben deutlich, wie
man aus Erkäntnis in der Wahrheit GOtt
dienen soll, daß alle innere Kräffte der Seele mit allen Kräfften des Leibes zusammen
stimmen) und bin rechtgläubig worden nach der Vorschrifft der Heiligen Schrifft und der Evangelischen
Kirche (indem ich eben diejenigen Lehren,
welche man bey unseren GOttes-Gelehrten
von der natürlichen Erkäntnis GOttes und
der Moral findet, auf eine demonstrativische

vische Art aus deutlichen Begriffen ausgeführet ) ein williger Verehrer der
Obrigkeit (weil ich eben in der Politick
ausgeführet, wie die weltliche Obrigkeit
von GOtt dazu geordnet worden, daß
wir durch Ausübung der natürlichen Pflicht
unsere zeitliche Glückseligkeit finden und
böse Menschen uns daran nicht hindern,
wir aber unseren Gottesdienst in Ruhe und
Friede abwarten können) und ein gantz
gelassener Zuschauer aller Begebenheiten in der Welt (massen ich demonstrativisch ausgeführet, daß nicht das allergeringste ohne GOttes Willen uns begegnen kan, und GOtt nichts zulässet,
als was er auch zu unserem Besten zu dirigiren weiß): ja ich lasse mich gantz
willig lencken meinen Willen in die
göttliche Weißheit und Güte, das
ist, die wahre und väterliche Gerechtigkeit zu ergeben (denn ich habe
diesen Begriff von der Gerechtigkeit GOttes gegeben, daß ein Mensch, der GOtt
kennet, auch bey der grösten Strenge derselben, noch immer nach der Lehre des Apostel Johannis GOtt als die Liebe erblicket). Ihnen lieget ob GOtt dem
ewigen Lichte zu vertrauen und fest
und unbeweglich zu stehen. Seine
Gabe ist die Wahrheit, das Licht
der Seele und alle Klahrheit der
Demon-

Demonstration. Dieser ist der Werck-
Meister und Geber der menschlichen
Vernunfft. Dieser ist der niemahls
verleugnende Urheber der einigen
Wahrheit, die nicht von sich selbst
unterschieden ist und ihr selbst widerspricht (wie ich alles in der Metaphysick, wo ich vom Verstande GOttes handele, auf das deutlichste erwiesen habe).
Dieser hat ihre Seele bey unzehli-
chen Gelegenheiten für andern Menschen erleuchtet, damit sie die Irr-
geister vertrieben, die sich bey dem
hellen Lichte nicht heraus wagen
dörffen, und nur in der Demmerung
den *Scepticismum*, die Atheisterey und
Schwermereyen nebst andern Un-
geheuren einer im Schlaffe verrück-
ten und träumenden Phantasie ausbrüten (wovon diejenigen urtheilen mögen, die mit Bedacht und Fähigkeit
(§. 44. & seqq.) meine Schrifften gelesen
haben).

§. 211. Es soll niemand kommen, der
mir zeigen kan, daß ich aus meinen
Schrifften bisher etwas angeführet, so
nicht darinnen stehet. Herr D. Budde,
der sich nun auf heimliche hinterlistige Verleumdungen leget, nachdem er öffentlich
nicht auskommen kan, zeige solches, wenn
er es thun kan. Da er mich aber noch
fort

Der Au-
tor ist
begierig
zu hören/
wie Herr
Budde
den Nu-
tzen seiner
Philoso-
phie zei-
get.

fort fähret auf heimtückische Weise zu lästern, als wenn er mit seinen Verleumdungen und Beschuldigungen gantz recht
hätte; so weise er nun auch, wo die Gründe
in seiner Philosophie zu finden, dadurch
1. die Atheisterey über den Hauffen geworffen wird, sowohl die von dem Verstande,
als die von dem Willen herrühret; 2. dadurch man GOtt, den Schöpffer und Erhalter der Welt, als den wahren GOtt
erkennen kan; 3. dadurch man lernet, wie
man sich in der Erkäntnis GOttes feste
setzen kan; 4. dadurch zur christlichen Religion der Weg gebahnet, und insonderheit ihre Gewißheit und Vortreflichkeit erwiesen und dieselbe gegen die Einwürffe der
Feinde der Religion vertheidiget wird;
5. dadurch man dem *Scepticismo* abhilfft;
6. den *Materialismum* und 7. den *Idea-*
*lismum* über den Hauffen wirfft. Wir
wollen mit einander diese sieben Puncte,
einen nach dem andern, ausführen. Es ist
nicht genug unverschämter Weise einen andern, der sich angelegen seyn lässet das Gute
zu befördern, zu lästern, und sich erheben und
groß zu machen. Man muß es im Wercke
zeigen können. Das Werck lobet den Meister. Es ist nun schon lange Zeit verflossen,
daß ich eine ausgeführte Demonstration
nach denen Argumentis von der Existentz
GOttes von ihm gefordert, dabey ich et-

*Herr D.*
*Budde*
*wird seiner*
*Schuld*
*erinnert.*

was

was erinnert. Ich fordere sie von neuem!
Warum macht er sich nicht darüber und
erweiset dadurch, daß man nicht nöthig
habe darauf zu reflectiren, was ich erinnert? So würde die Welt erkennen,
**Wird von** daß er sich seiner Sache gerecht wüste. Ich
**neuem** fordere von ihm, daß er diese Puncte, die
**heraus** ich specificiret, einen nach dem andern aus-
**gefordert.** führe und zu den Gründen des Beweises
nichts annehme, als was in seiner Philosophie stehet. Er sage mir, von welchem
Puncte er den Anfang machen will: ich
will es auch thun. Ich will gleichfals nichts
annehmen als einen Grund des Beweises,
als was in meiner Philosophie stehet.
Wir wollen in Lateinischer Sprache schreiben, damit die Ausländer auch urtheilen
**Wie Herr** können. Er darf nicht einwenden, als
**D. Bud-** wenn dieses in seinen Thesibus de Atheismo
**dens** schon geschehen wäre: denn dieses sind
**Theses de** blosse Theses und nichts ausgeführtes.
**Atheismo** Ich fordere einen ausgeführten Beweiß,
**beschaffen.** da nichts unerkläret und unerwiesen angenommen wird, und da man nichts wegläs-
set, was nicht ein jeder Verständiger gleich
für sich ergäntzen kan. Ich will ihm nicht
das Urtheil aus Engelland vorhalten, welches er aus einem benachbarten Orte haben
kan, da man sich gewundert, wie man mit
so schlechten Sachen aufgezogen kommet,
da man schon viel bessere Schrifften in dieser

ser Materie hat; sondern nur dessen erinnern, was Herr Reimman, ein Theologus, nachdem er dieselben gelesen und ge-
prüfet, nicht bloß nach dem Urtheil anderer
in seiner Diatribe anticritica p. 18. & seqq.
ihm von dieser Schrifft gewiesen, daß er
zweiffelhafft ist und sich nicht zu finden weiß, so wohl wenn er anderer
ihrer Meynung anführen und beurtheilen, als wenn er seine erklären
und seine angefochtene Lehren entschuldigen soll. Er zeiget auch vorher
p. 17. die Ursache an, weil er so fleißig
andere ausschreibet. Er hält ihm vor
p. 22. wie er zum grösten Nachtheil
der christlichen Religion die Väter
der ersten Kirchen beschuldiget, als
wenn sie dieselbe mit Lügen wider
ihr besser Wissen und Gewissen vertheidiget hätten. Er überführet ihn
p. 23. wie er wissentlich den Hobbe-
sianern und Spinosisten das Wort
redet und ihnen in solchen Dingen
recht giebet, wodurch die gantze
Pneumatick und Theologia naturalis zu
Grunde gehet. Er zeigt ihm pag. 24.
wie verdächtig er die göttliche Ein-
gebung der Schrifft macht. Er
weiset p. 25. wie er nach seiner Art in
einer Sache, und zwar noch darzu
in einer Schrifft, sich mehr als einmahl

mahl widerspricht und erinnert, daß
viele irrige Lehren in seinen Thesibus
enthalten wären, die mit dem Sinne der GOttes-Gelehrten gar nicht
überein kämen. Wir werden sehen, mit
was für Gründen sich Herr Budde dargegen vertheidigen wird. Siehet nun die
unpartheyische Welt nicht, daß Herr
Budde nach sich urtheilen wollen, indem
er mich so harte in seinem Bedencken beschuldiget. Denn alles, was er mit Un-
grunde mir vorgerücket, trifft ihn nun selber.
Diejenigen, die auf Autorität gehen, werden nun mehr darauf sehen und die Ohren
spitzen, nachdem es ein gelehrter und in der
Lehre reiner Theologus gesagt, und sich
nicht weiter mit der kahlen Antwort abwei-
sen lassen, die man mir gegeben, es werde nur ein Blendwerck gemacht. Ich wollte nicht gerne, daß Herr Buddens philosophische Schrifften meine wären, wie
würde man triumphiren, wenn man mir
mit klaren Worten vorhalten könnte,
was man mir durch Consequentien aufbringen will, die nicht einmahl aus den
verkehrten, geschweige dann aus den nach
den gegebenen Erklärungen ausgelegten
Worten fliessen. Da Herr Budde sich
gar wohl bewust ist, wie er in allen Sachen zweiffelhafft ist und nicht weiß, wo er
sich hiwenden soll, so bald es auf ihn ankommet

Herr D. Budden wird sein Unfug vorgehal-ten.

kommet, es auch so gar vor den Studenten nicht verbergen kan, die ein wenig
Nachdencken haben, und daher mit den
*Patribus ignorantiæ* zu Halle sich auf das
äusserste bemühet sie in Unwissenheit zu erhalten; so wäre es freylich vor ihn rathsamer, daß er des Seinen wartete und andere Leute in ihren Würden liesse: aber so
kan er noch nicht ruhen und schadet doch
endlich sich am meisten. Denn wie nur
seine erste Schrifft heraus kam, machten
Verständige und und Unpartheyische gleich
grosse Augen. Ich will ihm mit vielen Urtheilen dienen, die mir kund worden, jetzt
aber nur bloß anführen, was ein hochbe-
rühmter Mann an mich schrieb: *Non sine* **Urtheil**
*horrore & indignatione legere potui Buddei* **von Herrn**
*dolosum scribendi modum, quo philosophiam* **D. Bud-**
*tuam conatus est reddere odiosam,* das ist, **deu.**
**Ich habe nicht, ohne daß mir die**
**Haare gen Berge gestanden und ich**
**in Eiffer entbrandt, die betrügli-**
**che Art zu schreiben Herrn D. Bud-**
**dens lesen können, damit er ihre**
**Philosophie verhaßt zu machen sich**
**bemühet.**

§. 212. Da man nun nicht in Abrede **Eines**
seyn kan, daß die ärgerliche Auffführung **gelehrten**
Herrn D. **Buddens** und D. **Langens** **und from-**
bey widrigen Religions-Verwandten der **men The-**
Evangelischen Kirche einen grossen Vor- **ologi**
**urtheil**

Q q                          wurff

von den Lästerungen wider die Philosophie des Autoris.

wurff macht; so erfordert es meine Pflicht, daß ich erinnere, wie man nicht der gantzen Kirche beymessen könne, was einige Ungeartete unternehmen, die ohne dem bey den reinen Lehrern der Evangelischen Kirche nicht in dem Ansehen sind, daß man mit ihnen in allem zu frieden ist. Wir haben erst vorhin gesehen, was Herr **Reimman** von Herrn **Budden** hält, und mir ist bekandt, wie Theologi mit denen, welche vorgeben, daß sie *Speneri* Orthodoxiam defendirten, gar nicht zu frieden sind, daß sie nicht auch in dieser Verfolgung, die sie wider mich erreget, **Speners** Fragen in seinem Catechismo über das vierdte und achte Gebot durch ihren Wandel defendiren. Ich will aber vor dieses mahl bloß anführen, was ein gelehrter und frommer Theologus unserer Kirche den 30. Jul. 1725. an mich geschrieben, nachdem er nicht allein beyderseits Streit-Schrifften, sondern auch meine Metaphysick und Moral mit Fleiß durchgelesen, damit er sich nicht in dem Urtheile übereilen möchte, und mehr als ein Jahr Zeit dazu genommen. Seine Worte sind diese:

„Ich als ein Theologus kan des
„Herrn D. L. 20. Argumenten, wo-
„mit er das *patrocinium atheismi* über
„Sie bringen will, e diametro ent-
„gegen setzen,

„1. Wer

„ 1. Wer GOttes Selbständiges We-
„ sen solidissimè, wie die accuratesten
„ Theologi beschreibet.

„ 2. Wer diesem hohen Wesen alle gött-
„ liche Eigenschafften zueignet und sol-
„ che aus der Selbständigkeit deriviret,
„ wie der Seel. D. *Majus* alle attributa
„ divina ex voce Jehovah herleitet.

„ 3. Wer infinitam differentiam inter
„ Deum & Creaturas lehret. Anmerck.
„ über die *Met.* p. 53.

„ 4. Und expresse die Schöpffung be-
„ hauptet,

„ 5. auch die Conservationem lehret
„ und sie continuatam creationem nen-
„ net, wie die Theologi pflegen ꝛc.

„ 6. Wer wichtige und solide argu-
„ mente contra atheos führet,

„ 7. zur Veneration gegen GOtt an-
„ weiset,

„ 8. das Gebeth inculciret und dessen
„ Unterlassung ernstlich bestraffet. Mo-
„ ral. p. 473.

„ 9. Von Gebeths-Formulen pie ac
„ docte redet, nach Art rechtschaffener
„ Theologorum.

„ 10. Verlanget, daß man GOtt al-
„ les Gute zuschreibe, *Met.* §. 996.

Qq 2                          „ 11.

» 11. falsche Eydschwüre verwirfft,

» 12. das Christenthum der natürl.
» Erkäntnis vorziehet, Anmerck. p. 77.
» & p. 572. **Moral** §. 113. 677. 723.
» mithin über die Naturalisten hinauf
» steiget in höhere Erkäntnis.

» 13. Die Erlösung Christi sonderlich
» erhebet. Nöthige Zugabe p. 187.

» 14. Herrliche moralia ex Theologia
» naturali de amore, timore & fiducia
» erga Deum vorträget.

» 15. Den Heil. GOtt nicht als einen
» bloß gebietenden Herrn, sondern als
» einen liebreichen Vatter modo evan-
» gelico vorstellet. **Moral** p. 37.

» 16. Die Straffen GOttes von na-
» türlichen Ursachen wohl distinguiret.
» **Moral** p. 470.

» 17. Treibet in genere auf die Voll-
» kommenheit nach der Lehre Christi
» Matth. V. **Anmerck.** p. 82.

» 18. in specie inculciret die Liebe ge-
» gen die Feinde juxta exemplum Dei.
» **Moral** p. 576. *Met.* §. 858.

» 19. Redet gründlich de beatitudine
» Dei, welches man in manchem Sy-
» stemate Theologiæ nicht findet.

» 20. Bekennet ausdrücklich ein ewi-
» ges

„ ges Leben : anderer Argumentorum
„ jetzo zu geschweigen ꝛc.

„ NB. Ein solcher giebt nicht einmahl
„ den Schein des Atheismi, vielweni-
„ ger, daß er sollte ansam und patro-
„ cinium an die Hand geben.

„ Nun müste Herr D. **Lange** claris-
„ sime & solidissime solche Theses an-
„ führen, da M. H. H. Hoffrath
„ e diametro sich selbst refutirte und
„ contradicirte. Aber der Beweiß wird
„ auf ihm sitzen bleiben.

Was hier prophezeyet worden, ist auch
geschehen. Der Beweiß ist auf ihm sitzen
blieben, den er so wenig geben können, als
Herr D. **Budde** demjenigen ein Genügen
thun können, was vorhin von ihm gefordert
worden (§. 211).

§. 213. Es sind mehrere von recht-
schaffenen Lehrern der Evangelischen Kirche und andern Gelehrten vorhanden,
welche einen Abscheu an dem Hällischen und
Buddischen Unfuge haben, und ich habe
noch von keiner einigen Person vernommen,
daß sie auf die Beschuldigungen meiner
Widersacher reflectiret, die nicht entweder freywillig bekandt, daß sie weiter nichts
als die Läster-Schrifften meiner Widersacher gelesen, wie dann so gar das Haupt
der Verfolger solches bey gewisser Gele-

*Warum
der Autor
nieman-
den mit
Nahmen
nennet.*

*Erste
Ursache.*

Q q 3        genheit

genheit nicht in Abrede gewesen, oder von
denen man gleich zeigen können, was sie
für ein Interesse zu einem widrigen Affecte
gegen mich verleitete. Und ich bin vielfältig versichert worden, daß man an andern
Orten eben diese Anmerckung gemacht.
Vor wenigen Tagen erhielt erst von einem
ansehnlichen Manne ein Schreiben, darinnen unter andern diese Worte zu finden: *Id tibi non est ignotum, non omnes esse
Wolfios, hoc est, plurimos hominum notionibus vagis & indeterminatis uti, ratione seu analogia equina gaudere & intra
expectationem similium eventuum subsistere & rodere, quicquid non intelligunt.
Qui libros celerrime transvolant & superci-
liose omnia sese intelligere posse arbitrantur,
ei obscuritatem vel opinionum pravitatem
tibi vindicant. Nemo maculam in oculo
quærit, sed in objecto omnes. Qui medi-
tando non adsueti sunt vel memoria utuntur
infirma, ei infulsa ex tuis scriptis exscul-
punt, quia articulos catenæ apodicticæ vel
non tenent, vel ex parte negligunt & obli-
viscuntur.* Derowegen ist um so vielweniger nöthig, daß ich mich mit Autorität
schütze, unerachtet meine Feinde, die keine
Gründe vor sich haben, und gegen meine
Gründe nichts vorzubringen wissen, recht
ängstiglich darnach trachten, wie sie mit
Autorität die Einfältigen bethören wollen,
welche

welche glauben, *multitudo errantium parit errori patrocinium.* Und deßwegen ist auch nicht nöthig, daß ich jemanden mit Nahmen nenne, der mir seine Gedancken in Brieffen eröffnet. Ich führe ihr Urtheil an nicht mich mit ihrer Autorität zu schützen; sondern die Evangelische Kirche von dem Vorwurffe zu befreyen, als wenn darinnen Verstand und Aufrichtigkeit den Abschied genommen hätte, indem GOtt lob! noch viele sind, welche dergleichen unerhörten und unmenschlichen Unfug nicht billigen. Es hat aber noch eine andere Ursache, warum ich niemanden, der sich nicht selbst öffentlich nennet, als einen Zeugen wider meine Feinde mit Nahmen anführen mag. Denn da meine Feinde zur Verwunderung der gantzen unpartheyischen Welt, der ihr Zustand noch in frischem Andencken ist, sich dadurch zu rechtfertigen vermeynen, wenn sie sich rühmen könnten, es wäre niemand auf meiner Seite, damit sie auch hierinnen das Ebenbild der stolzen Heiligen in den Tagen Christi würden, als welche sich damit rechtfertigen wollten, glaubet auch einer von den Pharisäern und Schrifftgelehrten an ihn? so lästern sie diejenigen auf das ärgste, welche sich nur blicken lassen, daß sie an ihrem Unfuge kein Gefallen haben. Es sey aber ferne von mir! daß ich jemanden

*Andere Ursache.*

den

den geringsten Verdruß verursachen sollte!
Es sey ferne! daß ich ohne Noth zu mehreren Lästerungen Anlaß geben sollte! Es
sey ferne! daß ich deßwegen Freude daran
hätte, weil meine Feinde sich dadurch noch
immer mehr und mehr verrathen, wessen
Geistes Kinder sie sind! Ich bedaure vielmehr um des Aergernisses willen, welches daher kommet, daß sie sich leider! ohne dem mehr allzuviel verrathen und zeitig
genug eintrifft, was gleich im Anfange
des Lermens ein gewisser Theologus an
einen andern schrieb: Die Wolffische
*Controvers*-Sache wird noch manchem Scheinheiligen die Larve ab-
ziehen: wenigstens verrathen seine
*Adversarii* ihre Schwäche und daß sie
weder so fromm, noch so gelehrt
seyn, als sie gerne hätten scheinen
mögen. Ich kenndsie gar wohl, als
der ich ehedessen bey ihnen *lac igno-*
*rantiæ* eingesogen und in Erlernung
der *Theologie* die Pferde hinter den
Wagen gespannet und *theologica*
*ante philosophica* zu *tractiren* die verkehrte Anweisung gehabt habe ꝛc.
Dieses ward geschrieben, wie erst das
Buddische Bedencken und die Hällische
Entdeckung heraus war, als aber die
Buddischen Wiederhohlungen und die
Hällische *Recension* dazu kam, so hörete
man

Urtheil
eines
Theologi
von den
Feinden
des
Autoris.

man noch kräfftigere Urtheile davon, wie
nun meine Feinde der Welt öffentlich vor
Augen legten, was in ihnen verborgen
wäre, und für das wahre Christenthum
interessirte preiseten GOtt, daß das Zeugnis der reinen Lehrer wider sie nun vor aller Welt als wahr müste erkandt werden.

## Das 14. Capitel.

# Von Bestätigung der gerechten
## Sache des Autoris durch das
### Verfahren seiner Widersacher.

### §. 214.

DA nun die Wahrheit allen denen
in die Augen leuchtet, welche meine Schrifften mit Bedacht und
Fähigkeit durchlesen und kein Interesse darbey finden, warum sie wider ihr
besser Wissen und Gewissen meinen Feinden recht geben; so habe ich auch gar nicht
vor nöthig geachtet dieselbe einer Antwort
zu würdigen, nachdem ich mit ihnen in keiner Connexion mehr stehe, ob sie gleich bey
aller Gelegenheit mich mit Unwahrheit lästern, damit die unpartheyische Welt nicht
zweiffeln soll, daß man sie mit Recht durch
das dreyfache L. characterisiret. Sie mögen aber bellen, so lange sie wollen, so werden
sie mich nimmermehr dadurch bewegen,

Warum
der Au-
tor die
Häßischen
Feinde
seiner
Antwort
würdiget.

Q q 5 daß

daß ich mich daran kehre Apoc. XXII, 15.
Was gehen mich die an, die draussen sind.
Ich habe mich niemahls zu dem Glauben
bekennet, der die Christliche Tugend
ihrer Aufrichtigkeit und ihres Lichtes beraubet. Derowegen ob ich gleich vernommen, daß sie nun die sechste Probe ihrer
berühmten Kunst zu låstern ablegen wollen;
so bleibe ich doch bey der Lehre des Apo-
stels, daß ein **Knecht des HErrn nicht
zånckisch ist** 2. Tim. II. 24. und diejenigen, die seuchtig sind in Wort-Krie-
gen, aus welchen Neid, Hader, Lå-
sterung, böser Argwohn und Schul-
Gezåncke entstehen, zerrüttete Sinnen haben, der Wahrheit beraubet
sind und meynen, Gottseligkeit sey
ein Gewerbe und folge seiner Ermahnung:
**Thue dich von solchen,** 1. Tim. VI.
4. 5. Unterdessen werde ich meiner Regel
folgen, die ich in der Moral gegeben, daß
man sich bemühen soll durch Gutes thun
seine Verleumder zu widerlegen, und dannenhero fortfahren in Erkåntnis der Wahrheit noch immerfort sowohl mich, als andere zu erbauen. Und meine Feinde sollen
erfahren, daß alle ihre Låsterungen die Wahrheit und deren Aufnahme nicht hintertreiben
können, wenn man auch gleich nicht das geringste dargegen sagt. Und dadurch sollen sie
desto

desto mehr beschämet werden, und ihre Schande tragen.

§. 215. Ich weiß wohl, daß auch dieses eine Materie zu lästern oder vielmehr die alte Lästerungen zu wiederhohlen seyn wird, ich stünde dar in meiner Blösse und wüste nichts zu antworten. Allein da meine Feinde ihre Lästerungen wiederhohlen werden bis ihnen die Seele ausfähret und alles werden mich zu lästern, wer sich nur will werben lassen; so will ich dieselbe beständig als einen Bewegungs-Grund brauchen Gutes zu thun und nicht müde werden, und aus Mitleiden gegen sie ihnen nur noch zu erkennen geben, daß sie durch ihr Verfahren ihre schlimme Sache verrathen und dargegen dadurch selbst bestätigen, daß sie wider die gerechte Sache toben. Denn ihr gantzes Verfahren wider mich, findet kein Exempel, dem es gleichte als das Verfahren der Pharisäer mit Christo, wie zum Theil aus demjenigen zu ersehen, was ich in dem **klaren Beweise** (§. 72.) von Christi Apologie wider seine Verfolger ausgeführet. *Wie sie ihre schlimme Sachen verrathen.*

§. 216. Damit man nicht meyne, als wenn ich von dem Verfahren meiner Feinde zu strenge urtheilete; so wollen wir *Galilæi* Exempel vor uns nehmen, den man wegen des Systematis Copernicani in die Inqui- *Wie man mit Galilæo wegen des Systematis Copernicani verfahren.*

Inquisition gezogen. *Copernicus* hatte sein Buch, darinnen er die Bewegung Erde behauptete, dem Pabste dediciret, dem es durch einen Cardinal, der ihn wohl vermochte, war recommendiret worden. Er hatte es auch nicht weiter gebraucht als eine hypothesin die Bewegungen der Planeten verständlicher zu erklären und besser zu berechnen. Derowegen kam er in Ruhe und Friede damit durch, ohne daß **Wie Gali-** sich jemand wagte ihn anzubellen. *Gal-* **læus ange-** *liläus*, ein Mann von grosser Einsicht und **geben** ungemeiner Begierde die Wissenschafften **ward.** in Aufnahme zu bringen, hatte Gelegenheit dieses *Systema mundi* zu untersuchen, da er sich selbst mit auf die Astronomie legte, und also war unmöglich, daß er nicht die Vortrefflichkeit desselben einsehen solte. Weil er es andern in Wissenschafften zuvor that und für andern seines gleichen gantz sonderbahres Glück hatte; bekam er viele Neider und Feinde, und dadurch geschahe es, daß man ihn bey der Inquisition zu Rom angab, als wenn es ketzerischen Lehren zugethan wäre, die der Schrifft widersprechen, indem er vorgäbe, die Sonne stünde stille und die Erde bewegte sich. Das **Wie ihn** Officium Inquisitionis belehrete ihn, man **das Offi-** hielte diese Meynung dem Buchstaben der **cium In-** Schrifft zuwider, von dem man abzugehen **quisitionis** keine Ursache hätte, indem keine Demon- **gewarnet.** stration

stration dargegen vorhanden wäre, und erkläret sie daher dem Glauben nachtheilig
und ärgerlich, legte ihm dabey vermöge
habender Gewalt auf von dieser Meynung
abzustehen und sie nicht weiter zu vertheidigen.  *Galilæus* ließ es hierbey nicht bewenden; sondern schrieb seine Gespräche
vom Welt-Gebäude, darinnen sich einige
Personen von denen drey *Systematibus* mundi dem *Ptolemaico, Copernicano* und *Tycho-*
*nico* unterredeten, die Gründe für jedes
erwegeten und die Einwürffe untersuchten
und beantworteten: wodurch das *Systema*
*Copernicanum* für den andern viel Ansehen
erhielt, ob gleich *Galilaus* vorgab, als wenn
er es nicht defendiren wolte.  Denn in
der Vorrede gab er diese Ursache an, warum er diese Gespräche geschrieben hätte.
Man hätte sich nemlich auswärtig verwun-
dert, daß man in Italien das *Systema Co-*
*pernicanum* für eine Ketzerey hielte, und
es einer groben Unwissenheit zugeschrieben.
Er wolte demnach die Ehre der *Inquisito-*
*rum* retten und weisen, daß man in Italien die Sache vielleicht noch tieffer einsähe
als an andern Orten und sie gar nicht aus
Ubereilung verdammet hätten, was sie
nicht verstünden.  Das *Officium Inqui-*
*sitionis* nahm dieses als einen Ungehorsam
wider die Kirche auf, hielt daher den *Ga-*
*lilæum* der Ketzerey gar sehr verdächtig, und

**Wie er dieser Warnung zuwider gehandelt.**

**Wie es das *Officium Inquisitionis* angesehen.**

da

da er die That nicht leugnen konte und
doch nicht das Ansehen haben wolte, als
wenn er im Ernste als eine Wahrheit die
Bewegung der Erde und den Stillstand
der Sonne vertheidiget hätte, legte man
ihm auf sich durch einen Eyd von dem
Verdachte der Ketzerey zu reinigen und die
Meynung von der Bewegung der Erde
und dem Stillestande der Sonne ab-
zuschweren. Weil er doch aber wegen
des Ungehorsams gegen die Kirche sehr
graviret war; so ward ihm eine leidliche

**Wie man in Rom wegen des Systematis Copernicani Bescheide aufgeführet.** Gefängnis-Straffe auferleget. Ob man
nun aber gleich in Rom das *Systema Co-
pernicanum* nicht als eine Wahrheit wolte
behaupten lassen, indem man davor hielt,
man solle von dem Buchstaben der Schrifft
nicht eher abgehen, als bis eine Demonstration dargegen vorhanden sey; so ließ
man es doch frey in solchen Fällen als eine
*hypothesin* zu gebrauchen, wo man mit
den andern Systematibus nicht auskommen
könte, nemlich in der Astronomie die Bewegungen der Planeten zu erklären und zu
berechnen. Und dieses hat der berühmte
Astronomus, der Jesuit *Ricciolus*, in Jta-
lien selbst gethan, wie aus seiner Astronomia
Reformata zu ersehen, unerachtet er in seinem Almagesto weitläufftig auszuführen
gesucht, daß die Bewegung der Erde zu
seiner Zeit noch nicht demonstriret sey, und
der

der Jesuit *Dechales* ist seinem Exempel
nachgefolget, als worauf er sich auch in
seinem Mundo Mathematico berufft. Ja
daß die Römische Kirche sich nicht der
Demonstration widersetzen, sondern de-
clariren wolle, man müsse die Worte der
Schrifft nicht nach dem Buchstaben erklären, so bald dieselbe vorhanden; hat schon
der Jesuit *Fabri*, der Pœnitentiarius an
der Peters-Kirche zu Rom war, rescribi-
ret, wie das Rescript in den Transactio-
nibus Anglicanis A. 1665. im Monath Ju-
nio zu finden. Und wem ist nicht bekandt,
daß heute zu Tage auch unter den Astronomis in der Römischen Kirche jederman
das *Systema Copernicanum* in der Astronomie ohne die geringste Anfechtung gebrauchet, und wie man es duldet, daß man sich
bemühet eine Demonstration davon zu suchen und sie zur Untersuchung der Welt öffentlich vor Augen zu legen, wenn man sie
gefunden zu haben vermeynet, auch deswegen demjenigen, der sie heraus gegeben,
nicht im geringsten wehe thut, unerachtet
Verständige mit Bestande etwas dargegen einzuwenden haben; Wir haben das
Exempel an dem jüngeren *Cassini* zu Rom,
der in den Memoires de l'Acad. Roy. des Sciences A. 1717. eine Demonstration gegeben zu haben vermeynet, dargegen aber der
berühmte Astronomus in Engelland Herr
**Halley**

Halley in den Transact. Anglic. verſchie-
denes eingewandt.

§. 217. Damit wir dieſes Verfahren
mit *Galilæo* richtig einſehen und mit dem
Hälliſchen vergleichen lernen, ſo finde ich
vor nöthig einige Anmerckungen darüber zu
machen. Man ſiehet demnach 1. wie man
zu Rom die Freyheit zu philoſophiren ein-
geſchränckt, nemlich daß man in der Philoſophie nicht als eine Wahrheit ausgeben
ſoll, was einer recipirten Erklärung der
Schrifft, die dem Buchſtaben gemäß,
widerſpricht und doch noch nicht demonſtriret iſt; ſondern daſſelbe nur als eine hypotheſin gebrauchen, dieſelbe weiter unterſuchen, und wenn man eine Demonſtration gefunden zu haben vermeynet, dieſelbe zu Beurtheilung Verſtändiger heraus
geben darf. Die Urſache davon iſt dieſe:
weil man von dem Buchſtaben der Schrifft
nicht ohne dringende Noth abweichen ſoll.
Es iſt aber keine dringende Noth vorhanden, ſo lange man nicht das Gegetheil als
wahr demonſtriret, wie man den Buchſtäb-
lichen Verſtand der Schrifft annimmet.
Es wäre auch anſtößig, wenn man einer
philoſophiſchen Probabilität zu gefallen von
einer recipirten Erklärung der Schrifft abgehen wolte. Genug daß man die Freyheit hat hypotheſes zu fernerer Unterſu-
chung andern darzulegen, ja die Demon-
ſtratio-

Beſonde-
re Anmer-
ckungen
über das
Verfah-
ren mit
Galilæo.
1. Wie
man in
Rom die
Freyheit
zu philo-
ſophiren
einge-
ſchrän-
cket.

strationen, welche man gefunden zu haben
vermeynet, öffentlich zu Beurtheilung der
Verständigen vortragen darf. Auf solche
Weise wird die Wahrheit nicht gehindert,
noch der Fortgang der Wissenschafften aufgehalten. 2. Wie man *Galilæum* bey
dem Officio Inquisitionis angegeben, so
hat man einen Satz specifice angeben müssen, den er mit klaren Worten behauptet
und zu dem er sich verstanden, und der einer recipirten Auslegung der Schrifft entgegen stund, welches er selber zugestand
und nicht leugnen konte. 3. Als die
Sache wider ihn denunciret worden war
und er dessen, was ihm Schuld gegeben
ward, nicht leugnen konte; so sagte ihm
das Officium Inquisitionis, daß man für
anstößig im Glauben hielte, wenn er die
Bewegung der Erde als eine Wahrheit
lehren wolte, die man bißher dem Buchstaben der Schrifft zu wider zu seyn erachtete, und von welcher Erklärung man nicht
eher abgehen könte, als bis eine Demonstration dargen vorhanden, dergleichen
aber noch niemand gegeben hätte. 4. Damit *Galilæus* sich darnach achtete, so untersagte man ihm die Bewegung der Erde um
die Sonne und um ihre Axe weiter zu lehren. 5. Als er wider dieses Verboth gehandelt zu haben angegeben ward, und
Ausflüchte suchte sich zu entschuldigen,

2. Wie Galilæus angegeben worden.

3. Wie das Officium Inquisitionis ihn anfangs gewarnet.

Darnach 4. ein Verboth gethan.

Und darauf 5. die Ubertretung des

Durch

ſen geahndet.

durch den Ungehorſam aber ſich nach den
Grund-Lehren der Römiſchen Kirche verdächtig gemacht hatte, als wenn er ihren
Lehren nicht in allem zugethan wäre; ſo
erkandte man ihm den Eyd zu, um theils
den Verdacht der Ketzerey von ſich abzulehnen, theils das Officium Inquiſitionis zu
verſichern, daß er nicht weiter ſeine hypotheſin als eine Wahrheit ausbreiten wolte.
Endlich wurde 6. mit einer leidlichen Straffe geahndet, daß er den denen Inquiſitori-
bus als ſeinen Superioribus in Glaubens-
Sachen ſchuldigen Reſpect aus den Augen
geſetzt und wider ihr Verboth gehandelt
hätte.

Wie die Hälliſche Widerſä-
cher mit dem Au-
tore ver-
fahren.

§. 218. Unerachtet nun bey den Proteſtirenden die Freyheit zu philoſophiren eingeführet worden und man auf niemandes
Autorität gewieſen iſt; unerachtet man
dieſelbe inſonderheit auf der Univerſität zu
Halle behauptet und ſie dadurch für andern
in Flor gebracht; ja unerachtet man daſelbſt
das Ketzermachen und den Geiſt der Verfolgung am meiſten beſtritten und man
überhaupt bey den Proteſtirenden in dieſem
Stücke glaubet, als wenn die Römiſche
Kirche über Maas und Ziel ſchritte, daß
ſie die Verfolgungen ſo gar auf philoſophi-
ſche hypotheſes erſtreckte, und dieſes für
kein gutes Kennzeichen anſehen will; ſo habe ich doch niemahls mehr Freyheit zu phi-

Daß der Autor kei-

loſo-

losophiren prætendiret, als man in der
Römischen Kirche bey dem *Systemate Co-*
*pernicano* verstattet, auch bey dem *Syste-*
*mate harmoniæ præstabilitæ* mich keiner mehreren angemasset, und als man meine
Freyheit zu philosophiren kräncken wollen,
nicht mehr Recht verlanget, als man
*Galilæo* wiederfahren lassen: allein meine
Widersacher sind von dem Geiste der
Sanfftmuth mehr entfernet gewesen, als
daß sie mir eine solche Freyheit hätten vergönnen, noch ein solches Recht wiederfahren lassen wollen. Ich will demnach ihr
Verfahren auf eben die Weise beschreiben,
wie das vorige, damit ein Unpartheyischer
selbst urtheilen kan. Wir haben vorhin
gehöret, daß meine Feinde nach Geständ-
nis derer, die es erfahren, der studirenden
Jugend das *Lac ignorantiæ* oder die Milch
der Unwissenheit einflössen und daher *Pa-*
*tres ignorantiæ* oder die **Lehrer der Un-**
**wissenheit** genennet werden, auch deswegen nicht verstatten wollen, daß man
sich durch das Studium philosophicum zum
theologico vorbereiten und geschickt machen
soll, auch nach dem theologico keine andere Philosophie verstatten als die der Unwissenheit keinen Eintrag thut (§. 213).
Derowegen da diejenigen Studiosi, welche
Lust hatten etwas zu lernen, und erkandten,
daß sie besser fort kamen, indem sie meine

*(Randglossen:)*
ne grösse-
re Frey-
heit præ-
tendiret
als man
Galilæo
verwilli-
get.

Woher
seine Fein-
de Anlaß
genom-
men ihn
zu lästern.

Lectio-

Lectiones besuchten, ihnen widersprachen, und mit ihrer verkehrten Anführung nicht zufrieden waren; so nahmen sie Anlaß mich zu lästern, als wenn ich gefährliche Lehren hätte, wodurch die Jugend verführet würde, nemlich abgeführet von dem blinden Gehorsam und der verkehrten Art zu studiren, auch der durch Unwissenheit erzeugten Scheinheiligkeit. Ich habe von diesen Verleumdungen schon in dem **Klaren Beweise** ein solches Zeugnis angeführet.

**Wie sie den Verräther aufgenommen.** Da sich nun ein Verräther einfand, der sein Interesse bey ihnen zu finden vermeyte, wenn er mich öffentlich lästerte; so ergriffen sie diese Gelegenheit mit beyden Händen, indem sie vermeynten, sie würden daher Anlaß nehmen können mich heimlicher Weise zu verfolgen, damit sie sich noch immer des Geistes der Sanfftmuth rühmen könten, wenn sie andern den Geist der Verfolgung als ein Kennzeichen vorrückten, daß sie Unchristen wären.

**Wie sie den Grund zur Verfolgung geleget.** Sie beförderten demnach durch ihren Anhang zu Jena die Schrifft zum Drucke, nahmen sich des Unfuges an, als ich mich dargegen regete, wie es die Statuta erforderten, und wolten die gantze Universität wider mich aufbringen, so daß auch ihre Auflagen in allgemeinen Terminis nach Hofe gelangten.

**Wie ihre Verfol-** Man erkandte daselbst die Unbilligkeit der Sache und

und ergieng deßwegen ein ernſtliches Re-
ſcript wider ſie, darinnen ihre allgemeine
Beſchuldigungen höchſt gemißbilliget worden. Ich hatte ſchon in dem ſicheren Mittel verlanget, man ſolte Sätze, die ich in
meinen Schrifften behauptete, heraus ziehen, und diejenigen aus der Theologie anführen, die ihnen ſchnurſtracks widerſprechen: man ſolte mich mündlich in Gegenwart anderer anhören, was ich dargegen zu
erinnern hätte, oder auch ſchrifftlich meine
Erklärung dargegen hören. Allein da man
bey ſolchem ordentlichen Verfahren, welches doch in der gantzen Welt gebräuchlich
iſt und beobachtet werden muß, ſo lange
man nur den Schein einer Gerechtigkeit
beybehalten will, auch denen Statutis der
Univerſität gemäß, nichts anſtößiges auf
mich bringen konte; ſo blieb man bloß
bey den allgemeinen Auflagen von den
*Principiis atheiſmi,* der Ewigkeit der Welt,
der unvermeidlichen Nothwendigkeit, der
negirten Freyheit des Menſchen und der
Entkräfftung der Beweißthümer von der
Exiſtentz GOttes, welche man durch
Wort-Verkehrungen und ungegründete
Conſequentien auf mich bringen wolte:
wie ſolches in den Schutz-Schrifften wider Herrn D. Budden Sonnen-klar ausgeführet worden. Man verlangte, es ſolte
die gantze Univerſität causam communem
machen,

gung nicht fortgehen wolte.

Wie ſie billigen Vorſchlä-
gen nicht Gehör ge-
ben wol-
ten.

Wie ſie die gantze Univerſi-

*tät wider die Auto- res aufre- gen wol- len.*

machen, damit sie keinen Vorwurff hät- ten, sondern die Schuld auf andere legen könten; allein sie erhielten nicht ihren Zweck. Der Decanus Facultatis philoso- phicæ war ein Theologus und wolte haben, es solte die philosophische Facultät beytre- ten, allein was er hier vor Gehöre gefun-

*Wie man nicht in ihr Horn mit blasen wollen.*

den, mag man aus dem ersten Voto des Senioris der philosophischen Facultät, des- sen Abschrifft er mir so gleich den 1. May A. 1723. in einer kleinen Zuschrifft zugeschickt, abnehmen. Es lautet aber also: *Meta- physicam & Pneumatologiam Dn. Wolfii cum non legerim, de sententiis autoris ju- dicium ferre nequeo. Id tamen monendum puto, Professorem Collegam non esse temere & præcipitanter ad aulam deferendum, & quod longa experientia pluribus constat, multos sæpe ex principiis ab aliquo autore positis consequentias eruere, quas postea illi imputant, quamvis eas formaliter ne- get: quo quid injustius esse non potest!* das ist: Da ich die Metaphysick und Pneumatick des Herrn Wol- fens nicht gelesen habe, so kan ich auch von seinen Meynungen kein Urtheil fällen. Jedoch habe ich zu erinnern, daß man einen *Professorem*, der ein *Collega* ist, nicht ohne Noth und aus Ubereilung bey Hofte an- geben müsse, und was aus langer Er-

Erfahrung vielfältig bekandt ist,
daß viele öffters aus den *principiis*
oder Grund-Lehren eines *Autoris Consequentien* ziehen, die sie ihm nachhero *imputiren*, unerachtet er dieselbe mit klaren Worten leugnet. Was
kan aber ungerechter seyn als dieses!
Niemand wird leugnen, daß alles dieses
der Billigkeit gemäß sey. Warum aber
meine Feinde auf dergleichen Rath nicht
acht hatten, kan man aus der Antwort
eben des damahligen *Decani* ersehen, die
er einem andern *Professori* gab, als er
herum gieng die *Vota* zu erbetteln, die
er nicht durch seine schrifftliche Vorstellung
hatte erhalten können. Denn als ihm
dieser nach den *Statutis,* darüber er als Decanus hätte halten sollen, vorhielt, man
solte erst mit mir reden und meine Erklärung davon vernehmen, was bey ihnen
wäre angegeben worden; so war die Antwort diese: Es gienge nun nicht mehr
an, da die Sache so weit kommen
wäre, sie müsten recht haben. Und
diese aufrichtige Bekäntnis ist der Ausleger alles dessen, was nach diesem weiter
geschehen und noch geschiehet. Es kommet auch mit dem überein, was sie selbst
öffentlich angeführet, warum sie noch
nicht ruhen könten, unerachtet ich nun
von ihnen weg wäre, auch auf ihre

*Wie sie sich daran nicht ge-kehret.*

R r 4 　　　　Schrifft-

Schrifften nichts geantwortet, nemlich
sie müsten es deswegen thun, daß
sie wegen ihres Verfahrens mit mir
keinen Vorwurff hätten.  Man
fürchte GOtt, ehre den König und thue
niemanden Gewalt; so darf man sich für
keinem Vorwurffe fürchten.  Damit sie
nun recht behalten möchten, so sandten sie
ihre Auflagen nach Hofe und schlugen Leute zu Richtern vor, von denen gantz Berlin wuste,  daß sie ihnen gantz zugethan
und der Sache nicht gewachsen waren.
Man kandte daselbst schon ihre Kreide,
wie sie schrieb, und konte es auch aus
diesem Umstande sehen.  Dannenhero
schickte man mir was sie eingegeben hatten, in originali zu, damit ich meine Anmerckungen darneben schreiben möchte:
welches ich auch that und mit denselben
wieder zurücke sandte, nachdem ich sie vorher einigen in Halle communiciret und
schrifftlich ihre Approbation erhalten hatte.  Es wurden ohne mein Ansuchen (indem ich mich auf die Gerechtigkeit der Sache verließ, da mich in allem mein Gewissen und der klare Buchstabe meiner
Schrifften frey sprach) verständige und
unparthenische Commissarii gesetzt, welche
die Sache untersuchen und ihre Gedancken
davon zum Vortrage zu höherer Verord-
nung mittheilen solten.  Allein da meine
Feinde

*Wie sie
den Auto-
rem ange-
klaget.*

*Wie man
den Auto-
rem hö-
ren wol-
len.*

Feinde Recht haben wollten und dieses nicht der Weg war, wodurch sie Recht behalten konnten; erwählten sie den Weg heimlicher Verleumdungen und extrahirten wider mich eine einseitige eigenhöchsthändige Ordre, davon ich unter der Universität Hand und Siegel zu meiner Vertheidigung aufweisen kan, daß man keine andere Ursache als diese angeben können, **daß hinterbracht worden, daß ich in öffentlichen Schrifften und** *Lecti-*onen **solche Lehren vortragen sollte, welche der im göttlichen Worte ge-offenbahrten Religion entgegen ste-hen.** Durch wen sie dieses hinterbringen lassen und wie sie die Hinterbringer instruiret, damit sie ihren Zweck so wohl erhalten können, wird ihnen am besten bekandt seyn und GOTT zu seiner Zeit ans Licht bringen. Die Beschuldigung, dargegen mich meine Feinde nicht haben wollen lassen gehöret werden und die sie einem unpartheyischen Urtheile nicht haben wollen unterwerffen lassen, ist eben diejenige, welche wider sie nicht in terminis generali-bus, sondern specifice so viele Theologi der Evangelischen Kirche ausgeführet, sie aber wider mich auszuführen sich nicht getrauet und daher auch noch nicht dazu zu bringen sind, daß sie ordentliche Sätze, die ich behaupte, den Sätzen der christlichen

*Wie sie darauf gedrungen daß er unverhö-ret verdammet worden.*

*Was sie den Au-torem beschul-diget.*

N r 5 　　　　Reli-

Religion, den ſie widerſprechen ſollen, entgegen ſetzten, wie man es mit *Galilæo* gemacht; ſondern bloß Beſchuldigungen feſte ſtellen und ſie auf die gehäßigſte Weiſe mit bitteren Worten vorbringen, nach dieſem aber zuſehen, ob man nicht durch Wort=Verdrehungen und unanſtändige Conſequentien=Macherey, die ich im klaren Beweiſe mit lebendigen Farben (§. 41.) abgemahlet, denen einen blauen Dunſt machen können, die nicht Zeit haben, oder ſonſt nicht im Stande ſind die Sache zu unterſuchen. Wie ſehr ſie nun aber contra fidem publicam, den ich jederman gewähren kan, noch fort fahren zu läſtern als wenn ich wegen frey ausge= breiteter Grund=Lehren der Atheiſterey von Halle wegkommen wäre, kan man aus dem ermeſſen, was ich erſt mit unverän= derten Worten angeführet. Man wird ſich aber darüber nicht wundern, wenn man ſich beſinnet, daß nach ihrem eigenen Geſtändniſſe ſie alles darnach einrichten, wie es glaubbahr wird, daß ſie recht haben, weil ſie ſich für dem Vorwurffe deſſen fürch= ten, was ihnen ihr Gewiſſen ſaget. Chri= ſtus fürchtete ſich nicht vor dem Vorwurffe. Er hat der Nachwelt kund machen laſſen, was die ſtoltzen Heiligen ihm Schuld ge= geben. Ich bin dieſem Exempel gefolget und habe die Beſchuldigungen meiner

**Wie ſie ihren Unfug durch aus= gebreite= te Un= wahrhei= ten zu juſtificiren geſucht.**

Fein=

Feinde zum Zeugniſſe wider ſie vor meine
Metaphyſick drucken laſſen. Haben ſie
ein gutes Gewiſſen, ſo folgen ſie mir nach
und laſſen für ihre Schrifften gleichfals
ſetzen, was man ihnen Schuld gegeben
und noch giebet. Wenn ich bedencke, was
es für einen Lermen gegeben, da vor mehr
als 20. Jahren die Gewiſſens-Rüge mit
Anmerckungen heraus kam; ſo mache ich
mir ſchlechte Hoffnung darauf. So bald
ich von Halle weggieng, ſuchte man ſeinen
Zweck zu erhalten, warum man es ſo gar
bund angefangen hätte und die gantze Abſicht ward verrathen. Allein da das Gewiſſen ſie wegen des Vorwurffes beunru-
higte, ſo giengen die Circular-Brieffe in
alle Lande aus, daß jederman auf mich
loßfallen ſollte. Man war dabey ſo un-
verſchämt, daß man ſelbſt an Orte ſchrieb,
wo man ihren Abfall von der Reinigkeit
des Glaubens mißbilliget. Ich habe ſchon
im klaren Beweiſe Exempel davon angeführet (§. 54.). Und ſo kam Herr **Budde**
mit darein, der ſich willig finden ließ ihnen
heimlich beyzutreten, theils weil er vermeynte, ich hätte das Urtheil von ſeinen
Theſibus de Atheiſmo gefället, die ich doch
niemahls geſehen hatte, welches in Engelland war gefället worden (§.212.), theils
weil ihn der Brief von dem Herrn von
**Leibnitz** ſchmertzte, darinnen er ihn für
einen

*Wie ſie andere wider den Autorem deßwegen aufgewie-gelt.*

*Warum Herr D. Budde ſich mit dazu zie-hen laſſen.*

einen Anfänger in diesen Materien erkandte, der noch vieles lernen müste, ehe er sich
darein mengen dürffte, und den der Herr
D. Koch in Helmstädt eben erst hatte drucken lassen. Weil aber meine Feinde sich
trösten, daß der Vorwurff ihrem Interesse
nicht schadet, wenn andere mit darein gezogen werden, und ihr und des Wäysen-
Hauses Interesse, darauf das erste als auf
seiner Stütze ruhet, die Richtschnur aller
ihrer Handlungen ist; so muste auch Herr
Budde erfahren, wie aufrichtige Freunde
er an ihnen hätte und sie liessen zu seinem
grossen Nachtheile das Bedencken drucken,
das er aus ihren Läster-Schrifften heraus
gezogen und so eingerichtet hatte, wie sie es
zu ihrem Zwecke (§. 121.) nöthig hatten.

**Wie sie die Beschuldigungen und Censuren der aufgebrachten ausgebreitet.**

So bald sie einen bekamen, der in einer
Disputation etwas für irrig erkläret, liessen
sie dieselbe gleich in Halle wieder auflegen
und schickten sie an andere Orte mit Verlangen, man solle diesem Exempel beytreten,
ob man ihnen gleich bald zeigen konnte,
daß sie sich mit diesem Beyfalle nicht breit
zu machen hätten, z. E. wie *Andala* zu
Francquer meine Schrifften niemahls selbst
gelesen, sondern alles auf Hällischen Glauben nachgesagt, weil man ihm weiß machen wollen, man wolle sich mit seiner Autorität schützen, warum man dem Spinosismo
beypflichte: wie dieses längst aus öffentlichen

lichen Schrifften bekandt und zum Theil
schon in dem **Klaren Beweise** berühret
worden.    Wenn das Oraculum, welches man bisher gefraget hatte, die Unrichtigkeit dessen zeigte, was in einer Disputation behauptet ward, wie wir das Exempel an der Königsbergischen haben, deren
Autor durch seinen Schwieger-Vater,
den grossen Beystand meiner Feinde, war
aufgebracht worden; so stifftete man Oppo-
nenten an den zu prostituiren, der durch
eine Probe ihre Recommendation öffentlich legitimiren sollte.    Wie man die zurücke halten will, welche der Wahrheit
Beyfall geben wollen, habe ich schon vorhin (§. 218.) angezeiget. Wie man endlich
die vermeynte Zeugen vor sich aufgeführet,
ist in dem **Klaren Beweise** (§. 45.)
schon erinnert worden, und ein gelehrter
Mann schreibet erst dieser Tagen hiervon
also an mich :   *Miseratus sum imbecillita-*
*tem humanam, ubi* Joachimi Langii *suffra-*
*gia conlecta & Academiarum calculos legi.*
*Nam 1. Auctores illi inter se non conveniunt*
*& sæpius fronte invicem adversa contra*
*Te pugnant. 2. Academiæ totæ videntur ti-*
*bi contrariæ, uti quidem inscriptio habet.*
*At Magister unus vel Professor unus & al-*
*ter non sunt tota Academia aliqua.   Miror,*
Lutherum *a Pontificiis hoc argumento non*
*esse ad Garamantas ejectum.   Nam quid*

*unus*

*Wie sie den Verräther prostituiret um ihn feste auf ihrer Seite zu erhalten.*

*Unpartheyisches Urtheil hiervon.*

*unus* Zwinglius, *unus* Lutherus *contra tot Academias Pontificias.* 3. *Tot in eo scripto sunt falsa*, *contradictiones*, *mutilationes*, *falsæ interpretationes*, *ut numerus vix iniri queat &c.* Das ist: Ich habe die menschliche Schwachheit bedauret, als ich Hrn. Joachim Langens gesammlete Stimmen und den Beyfall der Academien gelesen. Denn 1. kommen die *Autores* nicht mit einander überein, und sind öffters einander selbst zuwider, indem sie wider Sie streiten (weil man nemlich Beschuldigungen erweisen soll, davon nicht das geringste in meinen Schrifften stehet, und daher nicht weiß, wo man den Grund dazu finden soll). Gantze Academien scheinen ihnen zuwider zu seyn, wie die Aufschrifft lautet. Allein macht ein *Magister*, oder ein und der andere *Professor* eine gantze Academie aus? Mich wundert, daß Lutherus von den Römisch-gesinnten (ja meine Widersacher selbst mit ihrem Waffenträger, der sich mit dem Zeugnisse der Academien sehr breit macht, damit man wider seinen Orden noch einen gegründeten Vorwurff bekommet, von den reinen Lehrern der Evangelischen Kirche) mit diesem Argumente nicht bis unter die Ostiaken gejaget worden. Denn

Denn was ist ein Zwinglius, ein Luther wider so viele Catholische Universitäten (ein Francke wider so viele protestirende und catholische Universitäten) zu rechnen? 3. In dieser Schrifft sind so viele Unwahrheiten (weil es das dreyfache L so mit sich bringet), so viele Widersprüche (denn das Sprüchwort sagt: ein Lügner will ein gutes Gedächtnis haben), so viele Verstümmelungen (weil das Zeugnis für die Wahrheit eines wider dieselbe abgeben und alles harte heraus kommen soll), so viel falsche Auslegungen (weil die Gewohnheit zur anderen Natur worden, da man sich dingen lassen mit Sophistereyen Irrthümer zu defendiren, die nach dem Urtheile der Evangelischen Lehrer und leider! nach der Erfahrung, die selbst meine Verfolgung an die Hand giebet, das wahre Christenthum in ein pharisäisches Heuchel-Wesen verkehren), daß man sie fast nicht zehlen kan *ec.* (weil man sich nach der sauberen Regel richtet: *calumniare audacter, semper aliquid hæret*). Dieses wenige mag zur Zeit genug seyn von dem Verfahren meiner Feinde, damit die Welt erkenne, daß ich ihrer schone, so viel an mir ist und so lange zurücke halte, bis man mich nöthiget den Schaffs-Peltz ein wenig aufzudecken.    Ich halte aber

*Warum der Autor nicht ein mehreres anführet.*

noch

noch zur Zeit mit dem übrigen zurücke, und wünsche, daß sich GOtt ihrer erbarmen möge, damit sie Wahrheit und Aufrichtigkeit lieben und bald davon unverwerfliche Proben ablegen.

**Vergleichung des Hällischen Verfahrens mit dem Römischen.**

**Was die harmonia præstabilita ist.**

§. 219. Das Hauptwerck, welches man bey mir auszusetzen hat, ist die *Harmonia præstabilita,* und deßwegen giebt man vor, meine gantze Philosophie sey darauf gebauet, und vermeynet Recht zu haben alles zu verkehren, was nach dem klaren Buchstaben und den von mir gegebenen Erklärungen richtig ist. Die *Harmonia præstabilita* ist eine philosophische hypothesis, dadurch der Herr von **Leibnitz** die Gemeinschafft zwischen Leib und Seele auf eine begreiffliche Art zu erklären gesucht. *Jaquelot,* ein Theologus, der nicht allein zu Berlin in grossem Ansehen gestanden, sondern dessen Einsicht und Eiffer für die natürliche und christliche Religion selbst Herr **Budde** rühmet, hat vor mehr als 20. Jahren dieses Systema harmoniæ præstabilitæ für dasjenige erkandt, was den Begriffen, die wir von der Seele und dem Leibe haben, gemäß sey, auch deutlich gezeiget, daß es der Freyheit und Moral keinen Eintrag thue. Es ist nun fast ein halbes Jahrhundert verflossen, da man an **Sturmen** und andern auf den protestirenden

renden Univerſitäten gedultet, daß man von
dem Ariſtoteliſchen Syſtemate influxus phy-
ſici in dieſer Materie abgienge. Ja Herr
Budde hat dieſes in Halle ſelbſt gethan
und Sturm hat das Syſtema cauſarum
occaſionalium gar als eine Lehre gebraucht,
und eine demonſtrativiſche Grund-Lehre
daraus gemacht, als er die Exiſtentz GOttes erweiſen wollte. Ich habe in meiner
Metaphyſick ausgeführet, was *Jaquelot*
geurtheilet, nemlich daß die *harmonia præ-
ſtabilita* in den Begriffen des Cörpers und
der Seele gegründet ſey und die Freyheit
dabey ſtehe: aber ſie nicht weiter als eine
hypotheſin gebraucht, und zu Beſtätigung
keiner einigen Lehre angewandt, ſondern
ihr bloß einen Platz in ſolchen Fällen aus-
erſehen, wo man einer hypotheſi einen vergönnen kan (§.209.). Ich habe von meinen Widerſachern ſo offt verlangt und
verlange es noch, ſie ſollen mir eine eintzige Lehre in der gantzen Philoſophie zeigen, da ich die *harmoniam præſtabilitam*
als einen Grund zu Beſtätigung derſelben
angeführet, welches ſie aus den *citatis*
gleich ſehen könnten: allein ſie haben bis dieſe
Stunde keine finden können und werden
in Ewigkeit keine finden. Alſo habe ich
nicht mehr Freyheit zu philoſophiren mich
angemaſſet, als die man in der Römiſchen
Kirche verſtattet, die wir wegen der

*Was der Autor davon ausge- führet.*

*Wie viel Freyheit zu philo- ſophiren der Autor*

S f                         Scla-

Sclaverey zu philosophiren mit grosser Erhebung unserer Glückseeligkeit anklagen (§. 217.), und doch soll dieses ein solcher Mißbrauch zu philosophiren seyn, daß man mich deßwegen bis auf Ehre, Gut und Blut zu verfolgen berechtiget zu seyn vermeynet, ob man sich gleich die verfolgten und gedultigen Schäflein Christi nennet. 1. Wie man *Galilæum* zu Rom angab, so brachte man die That mit seinem Nahmen vor, nemlich er lehre: die Sonne stünde stille und die Erde bewege sich um dieselbe (§. 217). Wenn also meine Feinde mit mir eben so hätten verfahren wollen, so hätte ihr Angeben dieses seyn sollen: Ich gäbe vor, die Seele brächte ihre Empfindungen, indem die Veränderung in den äusserlichen Sinnen geschiehet, durch ihre eigene Krafft hervor, und der Leib seine Bewegungen, die auf den Willen der Seele erfolgen, gleichfals durch seine Krafft, Leib und Seele aber stimmten in ihren Würckungen zusammen, weil GOtt durch seine unendliche Erkänntniß, Weißheit und Macht den Leib so künstlich zubereitet. Denn dieses ist die philosophische hypothesis, welche man das Systema harmoniæ præstabilitæ nennet. Allein so sagten sie, ich statuirte ein Fatum

Stoi-

*dabey gebraucht.*

*Wie die Feinde ihre Klage vorbringen sollen.*

*Sie aber es nicht*

Stoicum, beraubte die aller Seele Freyheit, *gethan.*
unterwürffe sie dem mechanischen Fato und
hübe alle Religionen und Moralität auf, ja
würffe die gantze Policey über den Hauffen,
daß nicht einmahl eine Heydnische Religion übrig bliebe.   Man zeigte 2. bey *Was sie*
*Galilæo*, welchem Satze in der Theologie *zu zeigen*
*unterlas-*
seine Lehre in terminis contradictoriis ent- *sen.*
gegen stünde, nemlich dem klaren Buchstaben der Schrifft nach der durchgängig
recipirten Auslegung derselben: **die Er-**
**de stehet stille und die Sonne bewe-**
**get sich.**   Meine Feinde hätten nun
gleichfals sagen sollen, welchem Satze in
der Theologie das Systema harmoniæ præstabilitæ in terminis contradictoriis entgegen stünde. Denn das Aristotelische Systema
influxus physici ist kein Glaubens-Articul,
auch noch nicht der Schrifft gemäß in unseren Libris Symbolicis erkläret worden.
3. In Rom bedeutete man erst den *Gali-* *Wie sie*
*læum*, daß man die Bewegung der Erde *den*
für irrig und der Schrifft zuwider hielte. *Spruch*
Meine Feinde aber haben nicht abwarten *nicht ab-*
wollen, was die von ihnen selbst veranlaß- *warten*
te, aber nicht nach ihrem Sinne erwähl- *wollen.*
te Commissarii von der harmonia præstabilita urtheilen würden.   4. *Galilæo* ward
erstlich verbothen, die Bewegung der Erde
nicht zu lehren.   Meine Feinde haben noch
kein Verboth heraus gebracht gehabt, daß

man

man in Halle das Systema harmoniæ præstabilitæ nicht lehren sollt.    Es ist bis diese

**Sondern durch heimliche Verleumdungen zu stürtzen gesucht.**

Stunde noch keines vorhanden  (a.) 5.
*Galilæus*, als er wider das Verboth gehandelt hatte, ward angeklagt, er hätte
dessen ungeachtet ein Buch geschrieben,
darinnen er mit vielen Argumentis die Bewegung der Erde behauptete, und also eines richtigen Facti wegen.    Ehe noch meine Feinde ein Verboth heraus gebracht
und da ich noch keinem zuwider gehandelt
hatte, liessen sie heimlich in allgemeinen
Terminis hinterbringen, ich sollte solche
Lehren in öffentlichen Schrifften vortragen, die der in GOttes Wort geoffenbahrten Religion entgegen stünden, nemlich

**Ungrund derselben.**

weil ich von einer philosophischen hypothesi, eines scharffsinnigen Theologi Urtheil ausgefuhret, die nicht anders bestehen kan, als wenn ein GOtt der Schöpffer der Welt ist, der eine unendliche Erkäntnis und Weißheit, die gröste Freyheit
und Allmacht besitzet, und selbst in den
Begebenheiten der Welt keine unvermeidliche

---

(a) Nachdem ich dieses geschrieben hatte / hat
man durch krumme Wege ein Verboth heraus
gebracht : aber das rechtfertiget ihre Sache
nicht.    Macht auch meine Sache nicht schlim.
Wie viel sind Edicta wider sie ergangen an
allen Orten?

liche Nothwendigkeit ist, dergestalt daß ihre Contingenz mit der Freyheit des Menschen nothwendig verknüpfft ist. Bey dem sechsten Puncte waren andere Umstände, dabey ich bloß anführen will, daß *Galilæi* Discipul *Torricellius* seinem Lehrmeister an Wissenschafft und Sitten gleich war, der dasjenige weiter ausführen konnte, was *Galilæus* angefangen hatte, und nicht eher nach seiner Bedienung stund als bis er todt war. Der Leser urtheile nun selbst, warum sich meine Feinde so vor dem Vorwurffe fürchten, und ob man so zu verfahren Ursache hat, wo man die Gerechtigkeit der Sache vor sich hat.

*Umstände die der Autor verschweigen will.*

§. 220. Als *Galilæi* Sache bey der Inquisition zu Ende war, ließ man ihn mit Ruhe und Friede in seiner Bedienung sein Leben zu Ende bringen. Diejenigen, welche ihn bey dem Officio Inquisitionis angegeben hatten, suchten niemanden wider ihn aufzubringen, noch die zu lästern und denen zu schaden, welche dem Systemati Copernicano von der Bewegung der Erde beypflichteten, auch wenn man sie deßwegen in öffentlichen Schrifften höhnete! Kepler, der Käyserlicher Mathematicus war und dessen Glück von dieser Station dependirte, schrieb nicht allein ein Buch unter dem Titul: *Epitome Astronomiæ Copernicanæ,* und

*Fortsetzung des vorigen.*

be=

behauptete darinnen die Bewegung der
Erde; sondern triumphirte auch darüber,
*vicimus melioribus suffragiis*, wir haben
durch den Beyfall der **Verständigen** ge-
sieget, hieß die abergläubisch, die sich
Bedencken machten es anzunehmen, und
nennte die Angeber *Cleanthes*, weil vor diesem *Cleanthes* wegen dieser Meynung den
*Aristarchum* anklagte, als wenn er der
Religion zu nahe träte, weil die Bewegung
der Erde der Ehre der Göttin *Vestæ* zuwider wäre. Allein man stellte deßwegen
Keplern nicht nach und suchte ihn um seine Bedienung zu bringen, denn man vermeynte recht gethan zu haben (§. 216.) und
war daher nicht wie meine Widersacher
wegen des Vorwurffes so beängstiget,
daß man es nicht einmahl bey sich behalten
konnte, sondern so gar der Mund davon
übergieng (§. 218.). Wie nun meine
Feinde noch bis diese Stunde verfahren,
da ich schon in das dritte Jahr von ihnen
weg bin, unter dem Vorwande, sie müsten sich für dem künfftigen Vorwurffe
befreyen, lieget zum Theil der Welt vor
Augen und wird zur Zeit aus Liebe von mir
noch verschwiegen, was nicht jederman
bekandt ist. Ich will also noch bloß fol-
gendes insgemein erinnern. Man redet
1. von meiner gantzen Philosophie, da
man doch nur mit der Metaphysick zu thun
hat,

**Wie man fortfähret mich zu lästern.**

**Unverantwortliche Griffe, die man**

hat, ja eigentlich nur mit einer einigen dabey
hypotheſi von der Gemeinſchafft zwiſchen brauchet.
Leib und Seele.   Ja es hat ſchon Herr D.
**Hartmann** im Langiſchen Unfuge angemercket, daß man zu meiner Philoſophie
rechnet, was gar nicht darinnen ſtehet,
als den ſo offt wiederhohleten Vorwurff
von den Argumenten, damit man die
Exiſtentz GOttes erweiſet, der doch nichts
zu ſagen hat, und ein von alten Ketzerma-
chern entliehenes Lied iſt.   2. Man macht
keinen Unterſcheid, ob jemand in einigen
Puncten anderer Meynung iſt als ich, oder
ob man die harte Beſchuldigungen und
Verfolgungen billiget; ſondern hält alles
vor einerley, da doch kein einiger Profeſſor
was ſchreibet, von dem nicht andere in
vielen Stücken diſſentiren: und leider!
ſie ſelbſt diejenigen ſind, denen von andern
am meiſten widerſprochen wird.   3. Man
will ſich noch nicht entſchlieſſen die Sätze ordentlich, wie ſie in meinem Buche ſtehen,
den Sätzen der chriſtlichen Religion in terminis contradictoriis entgegen zu ſetzen,
weil man den Vorwurff (§. 212.) noch
deutlicher beſorget, man werde müſſen
den Beweiß auf ſich ſitzen laſſen.   4. Man
will auf mich durch Conſequentien bringen
um die Verfolgung und das unaufhörli-
che Läſtern zu rechtfertigen, was wider
ſie von Theologis aus ihren eigenen Schriff-

ten

ten mit klaren Worten angeführet wird
(§. 211.) 5. Man will deßwegen recht haben, weil einige Profeſſores und Magiſtri ihnen Beyfall geben, und zwar nicht einmahl
in der Haupt-Sache der unmenſchlichen
Verfolgung, und doch ſollen ſie nicht unrecht haben, da alle Theologiſche Facultäten wider ſie aufgeſtanden. 6. Wenn
ich ihnen bey ſo unmenſchlichen Anfällen
(§. 218. 219.) durch unumſtößliche Gründe zu meiner Nothwehre zeige, wie ſie es
an ihrem Verſtande und Willen fehlen
laſſen und auch Theologi gleich im Anfange
voraus geſehen, daß es ſo kommen müſſe
(§. 213.); ſo führet man groſſe Klagen
darüber und beſchweret ſich beſtändig
über das grobe Controvertiren, wider alle
Raiſon (§. 131.). Sie aber nennen bey
ihnen Beſcheidenheit, wenn ſie mich ſo
dumm und einfältig beſchreiben, daß ſich
Deutſchland meiner zu ſchämen habe.
**Leibnitz**, der ein Held in Wiſſenſchafften
und der Gelahrtheit war, iſt ein Mann,
der wenig oder gar kein Judicium gehabt.
Ja man flattiret Leuten in Brieffen, die
wenig Ehre zu verlieren haben, und fri-
ſchet ſie an mir recht grob zu begegnen,
und macht hernach Excerpta, die man
noch darzu verkehret, damit ſie deſto nachtheiliger lauten ſollen. Und dieſes iſt die
ſonderbahre Beſcheidenheit derer, die ſich
allein

allein für heilig halten. 7. Man will mir
saltus im Demonstriren vorrücken, wo
man selbst circulos vitiosos für die kräfftigsten Beweißthümer ausgiebet, und sich
doch nicht dazu verstehen, daß man seine Demonstrationen, die niemand davor
ansehen will, nach den Regeln der Logick
rechtfertigen liesse, ob es gleich Herr D.
**Hartmann** im Langischen Unfuge gar
weißlich gefordert, weil kein besseres Mittel ist sie zu überführen, daß sie von diesem Puncte hohe Ursache haben stille zu
schweigen. 8. Man rückt mir vor, ich
hielte von Theologis nichts, weil ich wichtige Ursachen gehabt, warum ich nicht den
Hällischen Glauben angenommen (§. 215.)
und mich jetzt wider Lästerer und Verfolger mit Ernst wie Christus gegen die stoltzen Heiligen seiner Zeit in einem gleichen
Falle (§. 131.) vertheidige. Bey ihnen aber
ist es eine Hochachtung der Theologorum,
wenn sie die ansehnlichsten für alte Weiber
schelten und ihnen öffentliche Kirchen-Bus-
se zuerkennen, daß sie ihre Verfälschung
der Lehre und Verkehrung der Gottseligkeit in Gewerbe nicht billigen können.
Was ich von dem Ansehen der Theologorum halte, habe ich (§. 367. Polit.) gewiesen und man zeige mir einen einigen Satz
in allen meinen Schrifften, der ihm entgegen stehet. Wenn ich mich wider Ver-
S s 5

leumdungen, Lästerungen und Verfolgungen defendire, so habe ich nicht mit
Theologis zu thun.    Wenn *P. Abraham
a S. Clara* den **Judas Ischarioth** einen Ertz-Schelmen nennet, so schimpfft
er deswegen nicht das Apostolische Col-
legium, noch setzt den Respect aus den
Augen, den man für die Aposteln haben
soll.    Es gereichet vielmehr zur Hochachtung rechtschaffener Theologorum. daß
man den Unfug, den diejenigen begehen,
welche aus der Art schlagen, nicht Theologis imputiret.

## Das 15. Capitel.

# Wie man die Welt-Weißheit studiren soll.

### §. 221.

**Warum man Arithmetick und Geometrie vor der Welt-Weißheit studiren soll.**

EHe man die Welt-Weißheit zu studiren beginnet, soll man vorher die
Arithmetick und Geometrie studiren.    Ich bin hierinnen der Meynung der Alten, weil ich dieselbe gegründet
finde. Und dieses ist eben die Ursache, warum man ihre Sachen gegründeter findet,
als was heute zu Tage von Leuten vorgebracht wird, die sie sich um die Mathematick
nichts bekümmern.    Ich fordere nemlich
dieses zu dem Ende, damit man einen

**Erste Ur-sache.**

Begriff von einem ausgeführten Beweise
und

und der Verknüpffung einer Wahrheit
mit der andern bekommet und dabey eine
Fertigkeit nachzudencken , auch Gedult
im Nachdencken außzuhalten erreichet. Es
muß zu dem Ende die Arithmetick und Geometrie dergestalt tractiret werden , daß
alle Beweise in einer natürlichen Ordnung
auseinander gewickelt werden , wie diejenigen gedacht, welche die Sätze durch
ordentliches Nachsinnen heraus gebracht
haben , wie ich in der Ratione prælectionum, auch in der Logick (c. 4. §. 23.) gewiesen habe. Wer sich noch nicht auf eine
solche Weise geübet, der vermag sich nicht
einmahl einen rechten Begriff von demjenigen zu machen , was in der Logick vorgetragen wird, ja er kan nicht einmahl unterscheiden, ob man ihm in der Logick die
rechte Regeln gewähret, oder nicht, vielweniger besitzet er eine Fähigkeit, die daselbst
erlernete Regeln anzubringen. Wenn man Anders
dieses bedächte, und ins Werck richtete ;
so würde man gar bald diejenigen, welche in Wissenschafften und den höheren
Facultäten was rechtes thun können, von
denen unterscheiden, die nur geschickt sind
auswendig zu lernen. Man würde als- Dritte.
denn im Stande seyn zu urtheilen, ob man
eine Sache verstehe, oder nicht, da je-
zund leider! diejenigen sich das meiste zutrauen, die am wenigsten Einsicht haben.

Ja

**Vierdte.** Ja man würde sich schämen so wider die Wahrheit zu bellen und so erbärmliche Einwürffe auf die Bahn zu bringen, wie **Fünffte.** jetzund geschiehet. Es würde mehrere Einigkeit unter den Gelehrten seyn und sie würden mit besserem Fortgange den Baue der Wissenschafften fördern und die erkandte Wahrheit zum gemeinen Nutzen anwen= **Wenn die** den. Man könte dieses schon auf Schu= **Arithme-** len lernen, wo man es gleichsam spielende **tick und** als ein Neben = Werck tractiren könte. **Geome-** Auf Universitäten können es Studiosi Theo= **trie zu ler-** logiæ neben den Grund = Sprachen und **nen.** der Philologie, den Antiquitäten und der Kirchen=Historie; Studiosi Juris nebst der Geographie, Genealogie und Reichs= Historie; Studiosi Medicinæ nebst der Ana= tomie, Chymie und Botanick tractiren. Nemlich alles findet dabey Platz, was bloß auf das Gedächtnis ankommet. Wer sich Zeit nimmet, könte in einem Viertel= Jahre mit der Arithmetick und Geometrie es so weit bringen, als in dieser Absicht nöthig ist. Kan es einer in der Mathe= matick weiter bringen, ehe er zu der Welt= Weißheit schreitet; so ist es um so viel bes= **Wie weit** ser. Wenn man die mathematische Wis= **man ge-** senschafften gründlich tractiret, so kan man **hen soll.** darinnen niemahls zu viel thun. Man übet den Verstand immer mehr und mehr, je länger man damit zu thun hat und je weiter

weiter man es darinnen bringet. Jedoch
ist höchst nöthig, daß man sich auf die vorgeschriebene Weise darinnen übet. Denn
nicht die Sachen, welche in der Mathematick abgehandelt werden, sondern die
Ordnung und gründliche Abhandlung
setzen den Kopff in Ordnung. Derowegen ist es gar wohl möglich, daß es einer
in der Mathematick weit bringet und
dessen ungeachtet nicht ordentlich dencken lernet.

§. 222. In der Logick findet man,
wie die Würckungen des Verstandes in
Erkäntnis der Wahrheit gebraucht werden,
sowohl wenn andere sie uns vortragen, als
wenn wir sie durch eigen Nachdencken heraus bringen wollen (§. 56. & seqq.). Derowegen machet man hiervon billig den
Anfang, wenn man die Welt-Weißheit
erlernen will. Die klare, aber noch undeutliche Begriffe, die man durch fleißige und geschickte Erlernung der Arithmetick und Geometrie erhalten, werden nun
in der Logick deutlich erkläret, und, was
man in diesen und andern mathematischen
Wissenschafften erlernet, das giebet herrliche Exempel ab, wodurch die Regeln
können erläutert werden. Wer demnach
die Arithmetick und Geometrie auf vorbe-
schriebene Art und Weise erlernet (§. 221),
derselbe wird viel geschwinder und glücklicher

*Wie man sich darinnen üben soll.*

*Warum man den Anfang von der Logick machen soll und was dabey in acht zu nehmen.*

*Wer geschwinder mit der Logick zu rechte kommet.*

licher in der Logick fortkommen als ein anderer, nicht allein daß er alles geschwinder
und richtiger verstehet, sondern auch mit
leichterer Mühe dieselbe ohne Anstoß ge-
**Was man** brauchen lernet. Es ist auch nicht undien-
**dabey** lich, wenn man neben der Logick das
**nützlich** Studium mathematicum weiter fortsetzet
**tractiret.** und dabey die Regeln der Logick anmercket,
wie sie hier und dar angebracht worden.
Auf solche Weise wird der Verstand der
Regeln uns immer klärer, wir bringen
sie fester ins Gedächtnis und prägen uns
ein lebhafftes Muster ein, wie man in der
Application der Regeln verfahren müsse.
Ich habe den Nutzen der Logick in viel-
**Nöthige** fältigen Fällen gewiesen. Wer nun des-
**Ubung der** selben theilhafftig werden will, der muß
**Logick.** nach diesem alles in die Ubung zu bringen
suchen, was er in der Logick erlernet. Ja
ein Anfänger muß allzeit, wenn er eine Disciplin zuerst lernet, sorgfältig darauf acht
haben, wie er alles nach den Regeln der
Logick überleget. Daß heute zu Tage bey
vielen die Disciplinen zu einem blossen Ge-
wäsche werden, da man weder nach dem
Verstande der Wörter fraget und um einen deutlichen Begriff bekümmert ist, noch
in ordentliche Sätze die Lehren einschrän-
cket, am allerwenigsten aber einen Beweiß
völlig ausführet, kommet eben daher, weil
man entweder die Logick gantz verachtet,

oder

oder eine Logick erlernet, die mit der natürlichen nicht überein kommet, wenigstens sie nicht deutlich erkläret.

§. 223. Nachdem man sich durch die Mathematick und Logick zu hurtigem Gebrauch des Verstandes gewöhnet, insonderheit wenn man die Lateinische Anfangs-Gründe der Arithmetick und Geometrie sich bekandt gemacht währender Zeit, daß man die Logick studiret; so kan man sich gewissen Fortgang in der Welt-Weißheit und in den höheren Facultäten versprechen und auf gründliche Erkäntnis Rechnung machen. Damit man nun aber nicht überall anstösset, Zweiffel bekommet und stecken bleibet, daß man nicht heraus kan, auch vor der Welt-Weißheit und den höheren Facultäten nicht einen Eckel bekommet; so muß man alles in gehöriger Ordnung studiren, wie eine Wahrheit zur Erkäntnis der andern führet. Wir haben oben (§. 213.) ein offenhertziges Bekäntnis, wie man den Schaden künfftig in seinem Amte verspüret, wenn man nach der verkehrten Anweisung der *Patrum ignorantiæ* die Pferde hinter den Wagen spannet, und die Welt-Weißheit erst nach der Theologie studiret. Eben so gehet es einem, wenn man die verschiedenen Theile der Welt-Weißheit nicht in ihrer gehö-

*In was für einer Ordnung man die übrigen Theile der Welt-Weißheit studiren soll.*

*Warum Ordnung gehalten werden muß.*

gehörigen Art studiret. Ich habe demnach
die verschiedenen Theile der Welt-Weißheit
dergestalt abgehandelt, daß man nicht allein
in einer jeden Disciplin alles in einer solchen
Ordnung findet, wie eines durch das andere verstanden und begriffen werden mag,
sondern auch aus den Citationibus, die in einem Theile vorkommen, gleich siehet,
welcher vorher durchgegangen werden muß.

**Warum man von der Metaphysick den Anfang machet.** Wer sich demnach die Mühe geben will
meine zur Welt-Weißheit gehörige Schriff-
ten nur durch zu blättern, der wird gleich
sehen, daß man von der **Metaphysick**,
die ich deswegen die Haupt-Wissenschafft
nenne (§. 4.), den Anfang machen muß,
weil diese keine Gründe aus den übrigen
Theilen, wohl aber alle Gründe aus ihr
entlehnen. Nebenst der Metaphysick kan
man die **Experimental-Philosophie**
tractiren, als in welcher es mehr auf Erfahrungen ankommet und auf eine geschickte Application der Logick um dieselbe recht
zu nutzen und einen Grund zu gründlicher
Erkäntnis der Natur zu legen, als daß
viele Gründe aus andern Disciplinen darzu erfordert würden. Die Gründe der
Mathematick, wodurch man seine Sätze,
die daraus gezogen werden, in Gewißheit
setzet, hat man schon vor der Logick und neben derselben gelernet (§. 221.), und kan
dieses einen nicht aufhalten. Man hat
aber

**Warum die Experimental-Philosophie daneben zu tractiren.**

aber den Vortheil darbey, wenn man die Experimental-Philosophie neben der Metaphysick studiret, daß man dadurch Gelegenheit bekommet viele Begriffe und Lehren der Ontologie oder Grund-Wissenschafft zu erläutern: in welcher Absicht man wohl auch diesen ersten Theil der Metaphysick (§. 69.) bey nahe zu Ende bringen könte, ehe man sich an die Experimental-Philosophie macht. Wer nebenst der Metaphysick zugleich die Experimental-Philosophie tractiret, der ist in dem Stande die Physick zu verstehen, indem weiter keine Gründe als aus der Metaphysick, insonderheit aus der Ontologie, und aus der Experimental-Philosophie angenommen werden.

*Wenn man zur Physick und Moral schreiten kan.*

Er kan sich aber auch so gleich über die Moral machen, die bloß aus der Metaphysick ihre Gründe annimmet, und von dieser zu der Politick fort schreiten, als worinnen insonderheit die Moral-Gründe gewähret.

*Wenn zur Politick.*

In der Moral kan der andere Theil der Physick von den Absichten der natürlichen Dingen und insonderheit auch der dritte von dem Gebrauche der Theile in Menschen, Thieren und Pflantzen Nutzen schaffen.

*Wenn zum andern Theile der Physick.*

Und also ist es nicht ohne Nutzen, wenn man die Physick vor der Moral und Politick erlernet. Nach unserer Art zu studiren, da einem gemeiniglich nicht viel Zeit zur

*Was nach unser Art zum Stu-*

Tt Ma-

direnno-
thig.

Mathematick und Welt-Weißheit übrig
verbleibet, muß einer in diesem Stücke den
Ausschlag darinnen suchen, welche Theile er zur höheren Facultät, darauf er sich
leget, am nöthigsten hat, damit er nicht
ohne Noth länger davon zurücke gehalten
wird, als es sich thun lässet. Und deswegen erwehlet ein Liebhaber der Theologie
und Jurisprudentz die Moral und Politick;
ein Liebhaber aber der Medicin die Physick
nach der Metaphysick. Man siehet zugleich, daß die Anfangs-Gründe der
Arithmetick und Geometrie in ihrem demonstrativischen Vortrage, die Logick
und Metaphysick einem jeden unentbehrlich sind, er mag studiren, was er will;
von den übrigen aber die Moral und Politick einem, der die Theologie und Juri-
sterey; die Physick aber nebst der Experimental-Philosophie einem, der die Medicin
studiret. Jedoch habe ich schon oben (S.
193.) gewiesen, wie einem jeden, er mag
studiren, was er will, die gantze Philosophie zu statten kommet.

Wie es
mit der
Mathe-
matick zu
halten.

§. 224. Es sind nicht alle von gleicher
Fähigkeit, noch von gleichem Fleisse. Und
daher kommet einer geschwinder fort als
der andere, einer kan es auch weiter bringen als der andere. Diejenigen nun,
welche Fähigkeit genug besitzen, daß sie
es

es bis dahin bringen können nicht allein
von andern erfundene Wahrheiten zu
begreiffen, sondern auch durch eigenes
Nachsinnen heraus zu bringen, was sie
bey andern nicht finden, müssen neben der
Welt-Weißheit insonderheit die Algebra
und, woferne einer die Medicin erwehlet, **Was einem Medico nöthig.**
die Astronomie gründlich studiren, indem der berühmte Medicus *Pitcarn* längst
angemercket, daß eine gründliche Einsicht
in die Astronomie einem Medico den Begriff gewähret, wie man es anzufangen
hat, wenn man die Medicin immer nach
und nach zu mehrerer Gewißheit bringen
will. Ich könte dieses gar leicht begreiflich machen, wenn ich weitläufftig
seyn dörffte. (a) Allein so will ich nur mit
wenigen zu weiterem Nachdencken übergehen, daß man in der Medicin nöthig
hat aus der Erfahrung anfangs zu Muthmassungen zu gelangen und nach diesem
dieselben durch fernere Erfahrung nach
und nach zur Gewißheit zu bringen.
Eben dieses ist das Vorhaben derer, die
mit der Astronomie beschäfftiget sind,
und sie haben diese Arbeit schon mehr als
ein paar tausend Jahre mit gar gutem
Fortgange getrieben, und kan demnach
dieselbe in einem gleichen Falle zum Muster

T t 2     ster

(a) Es ist nun in den Horis subsecivis A. 1729.
Trim. Vern. num. ult. zu finden.

ster dienen. Wer es in der Erkäntnis
der Natur und Medicin bis auf den Grad
der mathematischen bringen will, der hat
nöthig die Mechanick nebst der Hy-
drostatick, Aerometrie und Hydraulick
nach der Algebra so zu erlernen, daß zugleich die höhere Erfindungen mitgenommen werden, die wir in den Actis
Eruditorum, den Memoires de l'Academie
des Sciences und des Herrn *Newtons*
Principiis Philosophiæ naturalis mathematicis finden, und davon ich nun das vornehmste in den andern Theil meiner Lateinischen Elementorum Matheseos gebracht.
Ich zweiffele nicht, daß des Herrn *Varig-*
*nons* Buch, welches von dieser Materie
heraus kommen und dasjenige weiter ausgeführet, in sich enthalten wird, was er
in den erst angeführten Memoires gegeben,
ein dienliches Werck seyn wird, das man
mit Nutzen nach meinen Elementis Mechanicæ Latinis wird durchgehen können. Was
diejenigen Theile der Mathematick betrifft,
die ihren Nutzen im menschlichen Leben
haben, oder auch in der Physick und
in andern Studiis sich nutzen lassen, davon muß ein jeder erwehlen, was er seiner
Absicht gemäß befindet. Die deutschen
Anfangs-Gründe, oder der Auszug
aus denselben gewähren eine Erkäntnis,
die

die niemanden uunütze ist, er mag studiren, was er will.

§. 225. Wenn man nun die Welt-Weißheit gründlich studiren will, so kommet es auf dreyerley an. Man muß alles recht verstehen und begreiffen lernen, und was man verstanden und begriffen, sich geläuffig machen. Wenn man alles wohl will verstehen lernen, so kommet es auf die Erklärungen an und daß man dasjenige, was man behauptet, in ordentliche Sätze bringet. Die Erklärungen werden nach denen in der Logick davon gegebenen Regeln untersucht und auf die gegebene Exempel fleißig appliciret, damit man aus dem letzten siehet, wie sie zutreffen, und durch die anschauende Erkäntnis in der figürlichen mehr Licht bekommet, und aus dem ersten ihrer Richtigkeit versichert wird. Die Einrichtung der Sätze geschiehet und wird beurtheilet nach den Regeln, welche in der Logick von den Sätzen vorkommen. Sie werden durch die vorhergehende Erklärungen (§. 47.) verstanden und die Erklärungen verstehet man deutlicher und macht seinen Begriff vollständiger, wenn man die folgende in die vorhergehende auflöset. Und man kommet mit dieser Arbeit um so viel glücklicher zu stande, woferne man vorher in der Mathematick

*Wie man in Erlernung der Welt-Weißheit zu verfahren hat.*

*Wie man alles wohl verstehen lernet.*

Tt 3      eben

eben auf eine solche Art verfahren, wozu insonderheit die lateinischen Anfangs-Gründe der mathematischen Wissenschafften eingerichtet sind. Man begreifft eine Wahrheit durch die Demonstration. Derowegen ist nöthig, daß man nach denen in der Logick von der Demonstration gegebenen Regeln den Beweiß sich jederzeit ordentlich vorstellet: welches einem nicht schwer fallen wird, der insonderheit nach den deutschen Anfangs-Gründen der Arithmetick und Geometrie, oder auch nach dem Auszuge derselben, die lateinischen Elementa Arithmeticæ & Geometriæ auf meine Manier durch gegangen, die ich in der Ratione Prælectionum beschrieben. Hat man mit Sachen zu thun, die bloß auf der Erfahrung beruhen, so muß man dasjenige zu Rathe ziehen, was man in der Logick von der Erfahrung gelernet. Hieher gehöret auch, was oben (§. 49.) beygebracht worden, wie man einen Beweiß begreiffen lernet. Und in der That bringet man bey dieser Arbeit in eine stete Ubung, was in der Logick von Beurtheilung der erfundenen Wahrheit und wie man Bücher lesen soll, gelehret worden. Endlich wenn einem dasjenige, was man gelernet, geläuffig werden soll; so muß man es öffters überlegen und in Uberlegung mit unermüdetem Fleisse anhalten. Je öffter man

eine

Wie man es begreiffen soll.

Wie einem was man gelernet geläuffig wird.

eine Sache überleget, je tieffer lernet man
dieselbe einsehen. Und also hat man ausser
dem, daß sie einem bald einfället, wenn
man an sie zu dencken vonnöthen hat, auch
noch diesen besonderen Nutzen dabey.
Ich habe meine Philosophie so eingerichtet, daß man in Erlernung derselben auf
eine solche Art verfahren kan. Und also schreibe ich Regeln vor, die bey meinen
Schrifften anzubringen sind, ja angebracht
werden müssen, woferne man sich darinnen zurechte finden und daraus erbauen
will. Und nun wird man das Urtheil des
gelehrten Mannes verstehen, das ich oben
(§. 213.) angeführet habe, warum einige
meine Schrifften für dunckel halten und
schlimme Meynungen darinnen anzutreffen
vermeynen.

§. 226. Wer nun auf solche Weise die
Welt = Weißheit erlernen will (man muß
aber auf solche Weise verfahren, woferne
man zu einer gründlichen Erkäntnis gelangen soll) der muß Zeit darzu haben.
Es wird nicht allein deswegen Zeit dazu
erfordert, damit man alles auf gehörige
Weise überlegen kan; sondern auch damit
es einem geläuffig und man so zu reden
recht mit ihm bekandt wird. Die Erkäntnis in der Seele muß nach und nach zu-
nehmen, daß man unvermerckt darzu gelanget, und wenn man alles wohl behalten

*Warum man sich Zeit dazu nehmen muß.*

Tt 4 soll,

soll, so muß man das Gedächtnis nicht mit
zu vielem auf einmahl beschweren. Diejenigen, welche zu geschwinde gehen, bringen
es nicht weit. Sie machen sich viele vergebene Mühe und hätten, wenn sie langsamer
gegangen wären, in weniger Zeit es noch
weiter bringen können, als sie in vieler nicht
gelangen. Derowegen wäre es allerdings
ein grosser Vortheil, wenn man der Jugend
schon auf Schulen die Erklärungen und vornehmste Sätze aus der Welt-Weißheit
bloß in das Gedächtnis brächte; so könten
sie nach diesem in gar viel weniger Zeit dieselbe auch in den Verstand bringen. Da aber
beydes zugleich geschehen soll; so fället es etwas schwerer; noch schwerer aber, wenn
man mit ungeübtem Verstande darüber
kommet.

Warum
man nicht
vielerley
auf ein-
mahl ler-
nen soll.
§. 227. Da die Disciplinen von einander dependiren und eine aus der andern ihre
Gründe nimmet; so kommet man auch darinnen nicht wohl fort, wenn man mehr als
eine zugleich tractiret. Viel besser ist es,
wenn man eine nach der andern allein vornehmen kan. Ausser diesem hat es auch noch
eine andere Ursache, die männiglich aus der
Erfahrung bekandt ist. Wenn ein Anfänger, der erst eine Sache lernen soll, viel
untereinander tractiret, so wird er irre,
menget eines in das andere und macht sich
nach diesem wunderliche Begriffe von einem

nem Dinge. Uber dieses geschiehet es auch,
daß er eine Sache nicht so wohl behält, als
wenn er bey einer allein verbleibet. Wir
werden daher auch auf Universitäten finden,
wie viele es ihnen den gantzen Tag sauer
werden lassen und an natürlicher Geschicklichkeit keinen Mangel verspüren, dessen
aber ungeachtet es nicht weit bringen. Ich
habe grossen Vortheil dabey gefunden, daß
ich mich nicht mit vielem auf einmahl bela-
den; sondern einer Sache auf einmahl
mich allein gewiedmet und, wenn ich damit
fertig gewesen, zu einer andern geschritten.
Und dieses ist mir nach diesem sonderlich zu
statten kommen, da ich die Welt-Weißheit
aus der Verwirrung bringen wollen und
die Sätze dergestalt geordnet, wie die Erkäntnis und Gewißheit des einen von dem
andern dependiret. Weniges recht lernen
ist ungemein besser als viel nur obenhin:
denn wenn man weniges recht inne hat, so
kan man nach diesem in kurtzer Zeit und
mit weniger Mühe es sehr weit bringen, im
letzten Falle aber bleibet man beständig ein
Stümper.

§. 228. Vielleicht wird einer und der **Es wird**
andere einwenden, wenn man eine Disciplin **einem**
nach der andern tractiren, (§.227.) und **Einwurffe**
auf jede so viel Zeit wenden soll (§.226.); **begegnet.**
so würde man mit der Welt-Weißheit
allein die gantze Zeit zubringen müssen, die

T t 5

man

man auf Universitäten zuzubringen hat,
und gleichwohl müsse man auf das Haupt=
Werck am meisten bedacht seyn. Ich habe
schon oben ( §. 193.) gewiesen, daß, wer in
der Welt=Weißheit was gründliches gethan
hat, nach diesem in den höheren Facultäten
gar kurtze Arbeit machen und in einem
Jahre mehr thun kan, als sonst in dreyen.
Allein wer deßwegen besorget ist, daß er
nicht Zeit genug zu der höheren Facultät
übrig behalten möchte, der darf nur die
Welt=Weißheit allein tractiren, so lange
als er dadurch zu der höherer Facultät den
Grund leget. Wer die Theologie ergreifft,
der lernet die Logick, Metaphysick und Mo=
ral allein. Einer, der sich auf die Rechte
leget, nimmet noch die Politick darzu.
Wer aber ein Medicus werden will, der
schreitet von der Logick, Metaphysick und
Physick zur Medicin. Das übrige nim=
met man nebst der höheren Facultät mit
durch.

*Warum die Disci-plinen sich auf einander beziehen müssen.* §. 229. Wenn man zu gründlicher Er=
käntnis gelangen will, so muß man die
Wahrheiten einer Disciplin durch die
Wahrheiten der andern verstehen und be=
greiffen lernen: auch muß man bey einer=
ley Grund=Lehren verbleiben, damit man
nicht gar unvermerckt in Widersprechun=
gen verfället und Irrthümer an statt der
Wahrheit ergreiffet. Und eben dieses ist die
Ur=

Ursache, warum ich mich nicht die Mühe
verdriessen lassen alle mathematische und
philosophische Disciplinen in eine beständige Verknüpffung mit einander zu bringen.
Die Erfahrung bekräfftiget es selbst, wie
man auf solche Weise ohne Anstoß und
Auffenthalt fortkommen und geschwinde es
weit bringen kan.  Es ist dannenhero ein
grosses Hindernis, wenn man in einer
Disciplin wieder verlernen muß, was man
in der andern gelernet, und in der folgenden nicht nutzen kan, was einem in der
vorhergehenden gewähret worden. Gewiß!
das hält den Fortgang im Studiren gar
sehr auf, daß man auf Universitäten nicht
eben wieder auf dasjenige bauet, was man
von Schulen mitbringet und in der folgenden Disciplin auf dasjenige, was man aus
der vorhergehenden gelernet, ja in den höheren Facultäten auf dasjenige, was man
in der Welt-Weißheit begriffen.  Es wäre
von der daher stehenden Verwirrung bey
der studirenden Jugend und dem unum-
gänglichen Zeit-Verlust gar vieles zu erinnern: allein man beliebe nur die Uniformi-
tät im Studiren zu bedencken und mache in
der Mathematick und Philosophie mit meinen Schrifften den Versuch; so wird sich
gar bald der Unterscheid zeigen.

§. 230.

Warum
ein An-
fänger
nicht viel
Bücher
lesen muß.

§. 230. Wenn man im Studiren wohl
fort kommen will; so muß man sich nicht,
so lange man nicht in einer Disciplin feste
sitzet, mit Lesung vieler Bücher irre machen.
Denn in der Welt=Weißheit ist bey den
Autoribus, sonderlich heute zu Tage, ein gar
grosser Unterscheid in den Grund=Lehren.
Und daher bekommet einer, der viel liefet,
wohl allerhand Meynungen in den Kopff
und kan sich geschwinde in Gesellschafften
mit seiner Gelehrsamkeit breit machen: al=
lein er gelanget zu keiner gründlichen Er=
käntnis und machet sich selbst irre, daß ihm
bald aus diesem, bald aus jenem etwas kle=
ben bleibet, wodurch öffters ein seltzames
Mischmasch in den Begriffen wird. Wenn
auch gleich die Bücher, die von einerley
Materie handeln, beyde gründlich geschrie=
ben sind; so sind sie doch nicht in der Ein=
richtung und Erklärung einer Sache aus
der andern und in der Verknüpffung einer
Wahrheit mit der andern eines, und daher
wird man gehindert, daß einem die Wahr=
heiten nicht so geläuffig werden, wie sie sol=
len, und man kein ordentliches Systema in
den Kopff bekommet. Derowegen kan ich
nicht anders rathen, als daß man anfangs
kein anderes Buch liefet, als dasjenige, dar=
aus man eine Disciplin zu erlernen geden=
cket, und dasselbe recht zu verstehen und die
darinnen enthaltene Wahrheiten sich ge=
läufe

läuffig zu machen allen Fleiß anwendet.
Denn wenn man erstlich ein Systema ordentlich im Kopffe hat; so kan man nach
diesem in Geschwindigkeit viele Bücher, die
dahin gehören, durchgehen, und ohne irre zu
werden dasjenige, was man noch nicht gelernet, mit dem, was man weiß, ordentlich
verknüpffen und als eine Wahrheit erkennen.
Hat man gleich eine Weile nicht so gelehrt
geschienen, wie andere; so wird man doch
nach diesem gar bald zwischen sich und andern, die viele Bücher unter einander gelesen, einen über alle Massen mercklichen
Unterscheid finden.

§. 231. Insonderheit dienet auch die
Sachen besser und geschwinder zu begreiffen, wenn man die Lernenden examiniret
und sie gegen das, was sie gelernet, einander
opponiren lässet. Denn wenn man einen
examiniret; so siehet man, wer alles recht
verstanden hat, oder nicht. Wenn man ihn
opponiren lässet, so wird man inne, was er
noch für Zweiffel übrig hat und bekommet
Gelegenheit ihm dieselben zu benehmen, auch
zugleich die Quellen der Irrthümer begreifflich anzuzeigen. Wenn man aber ihm oppo-
niret; so wird man inne, wie er dasjenige,
was er gelernet, vertheidigen kan und dadurch in seiner Sache immer gewisser. Man
lernet dabey zugleich, wie man Einwürffe
machen muß, damit sie nicht abgeschmackt

*Was Examini- ren und Disputi- ren nutzet.*

her-

heraus kommen, und, wie man ordentlich
dargegen antworten muß, damit nicht das
Controvertiren zu einem Gezäncke wird. Es
kan alles gemißbraucht werden: aber eben
deßwegen muß man die Sache recht lernen,
damit man den Mißbrauch vermeidet.

**Beschluß.**
**Der Autor**
**hat seine**
**Arbeit**
**vollendet.**

§. 232. Und also haben wir endlich unsere Arbeit völlig zu Ende gebracht, die wir
uns mit GOtt vorgenommen gehabt, daß
wir denen zur Welt-Weißheit einen ebenen
Weg gebähnet, die an gründlicher Erkäntnis ein Gefallen haben und die Wahrheit
als Wahrheit erkennen wollen. Zwar ist
meine Arbeit gegen das Ende von ungezo-
genen Leuten unterbrochen worden, daß ich
die Zeit auf Schutz-Schrifften habe wenden müssen, die ich zu anderer Arbeit gewiedmet hatte: allein es hat doch auch bey
dieser Gelegenheit nicht gefehlet eines und
das andere auszuführen, daran ich sonst
nicht gedacht hätte. Und ich bin gewiß,
daß GOtt nach seiner Weißheit und Güte
auch dieses zum besten dirigiren werde, damit doch am Ende diejenigen das Gute selbst
haben befördern müssen, die es zu hindern
gedachten, auch vieles Ubel wegbleibe, was
sich sonst würde weiter eingeschlichen haben.

**Achtet**
**nicht nö-**
**thig seine**

Ich habe nun auch nicht nöthig mit Schutz-
Schrifften die Zeit weiter zu zubringen.
Denn so lange nicht meine in dem klaren
**Be-**

Beweise vorgelegte 49. Fragen positive lehren mit ja oder nein, nebst angeführten Ratio-ferner zu nibus, und ohne Consequentien-Macherey vertheidigen. mit einem klaren Gegensatze meiner und der christlichen Lehren, nach dem Beyspiel, wie man mit *Galilæo* verfahren (§. 217.) und dem Urtheile frommer und gelehrter Lehrer unserer Kirchen (§. 212.), beantwortet, die sowohl im klaren Beweise (§. 26. pag. 60.), als insonderheit auch in dieser Schrifft (§. 211.) geforderten Beweise, und zwar in lateinischer Sprache, damit auch die Auswärtigen davon urtheilen können, von Herrn **Budden** gegeben worden, und ordentlich, wie es Leuten von Verstande und Tugend anstehet, auf alle Antworten Herrn **Bülffingers** repliciret, auch über dieses aus dem Wege geräumet wird, was noch besonders in vielen andern Schrifften zu finden ist, hauptsächlich auch Herr D. **Budde** die durch einen Mann von seinem Stande dem Herrn **Reimman** auf ihn gebrachte Vorwürffe auf sich sitzen lassen muß; so lange würde es das Ansehen haben, als wenn ich wie meine Feinde an Zänckereyen Lust und gegen sie, wie sie gegen mich, ein feindseliges Gemüthe hätte, woferne ich die Feder noch weiter gegen sie ergreiffen wollte. Da nun von allem demjenigen, was ich hier gefordert, nichts geschehen, auch dadurch viele aufgemuntert wor-

worden meine Schrifften selbst mit Bedacht
zu lesen, und den Nutzen wider ihr Vermuthen bey sich verspüret, den ich denen Lehr-
begierigen Lesern versprochen, auch davon
öffentliche Proben und Bekäntniß gegen
mich in Brieffen abgeleget; so bleibet es
auch jetzt bey wiederhohleter Auflage noch
vielmehr dabey, daß es mir mit Recht würde übel ausgeleget werden, wenn ich nun
erst in Streitigkeiten mich einlassen wollte,
da die Wahrheit so herrlich sieget. Und
würde es unverantwortlich seyn, wenn ich
die Zeit verschwenden wollte, die ich nützlicher anzuwenden und sorgfältig in acht
zu nehmen verbunden bin. Man wird
auch aus dieser Schrifft abnehmen können,
daß ich so lange an mich halte, als nur immer möglich ist, und als ein Geheimnis bey
mir verwahre, was am meisten zu meiner
Vertheidigung dienet, wenn es vor meine
Verfolger nicht wohl ausfället. Ich liebe
Wahrheit und Friede, nöthige mich zu niemanden und freue mich nicht, wenn
es übel gehet.

### ENDE.

Regi-

# Register/
## darinnen die vornehmsten Sachen nach
### den §. §. zu finden.

U u           nim=

# Register.

# Register.

# Register.

Uu 3                    Feuer.

# Register.

Pflan

# Register.

# Register.

# Register.

## Ende des Registers.